ICSE – CLASS X

FINAL REVISION OF
SEMESTER-I
2021 EXAMINATION

Content Covered as per Latest SQP Issued by Board in October

As per the Modified Assessment Plan Released on 6th Aug, 2021 & Strictly Based on the Reduced Syllabus Prescribed by the Council on 19th July, 2021

Hindi, English I, English II, History & Civics, Geography, Physics, Chemistry, Mathematics, Biology, Computer Applications

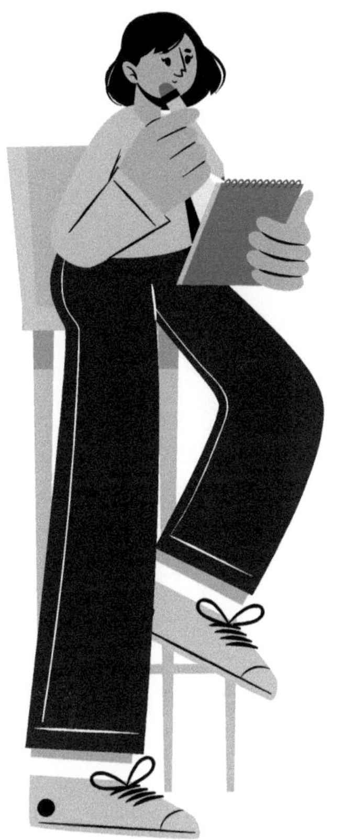

FIND OUT WHAT'S INSIDE

- Chapter at a Glance
- MCQs Covering Entire Syllabus
- Self-Assessment Papers
- OMR Sheets Included
- Self-Assessment Marking Sheets

BY
PANEL OF AUTHORS

DISCLAIMER

With the ambition of providing standard academic resources, we have exercised extreme care in publishing the content. In case of any discrepancies in the matter, we request readers to excuse the unintentional lapse and not hold us liable for the same. Suggestions are always welcome.

EDITION : 2021

ISBN : 978-93-91184-97-1

PRICE : ₹ 599.00

PRINTED AT : Upkar Printing Unit, Agra

PUBLISHED BY

 **OSWAL PUBLISHERS**

Head Office: 1/12, Sahitya Kunj, M.G. Road, Agra - 282002

Phone   : (0562) 2527771-4, +91 7534077222

E-mail   : info@oswalpublishers.in

Website   : www.oswalpublishers.com

The cover of this book has been designed using resources from Freepik.com

How to Finally Revise for Semester - I ICSE Exams?

Team Oswal understands how daunting the upcoming Semester 1 Exams may seem, especially after looking at the Sample Question Papers released by the Board. Worry not! We've come up with an ingenious solution which will assist you to set a rigorous revision regime for yourself.

We've compiled a few points below on how to best use Oswal's Final Revision of Semester I Book.

1. At first, we've included a **Chapter at a glance** that will aid you to visually recap quickly before exams.

2. This book entails all the **New Types of MCQs** asked in the Board Sample Papers. These MCQs are presented to you in a shuffled manner allowing you to test your knowledge in the best way possible. This way you'll feel more confident sitting for your exams.

3. After going through the mix bag of these MCQs, find the time to attempt an **Unsolved Self Assessment Paper** in the same time duration given for the paper. Mark your answers in the **OMR Sheet** at the end of each paper, just like you would do during your board exam.

4. Answers for these unsolved papers can be found online by scanning the **QR code** given at the end of each self assessment paper. For smart self-feedback, there is **Self-Assessment Sheet** for each subject which will help you to mark yourself and gauge your current performance.

If you still feel overwhelmed to give your exams (which you won't after going through this book), check out our 61 Sample Question Papers and Chapterwise MCQs for Term I only.

Good Luck & Stay Confident !

⊕ oswal.io

create your own exam sample papers in 2 mins

Prepare a chapter, take practice test & get evaluated to perform better

Create unlimited tests based on the latest board paper pattern once you are done practicing the book questions

Scan the **QR code** and get instant access to **oswal.io** for **free**. Just register & get started!

A winning effort begins with daily practice of tests

Easy steps to follow :

Step 1 - In a few clicks, you can completely customize your test

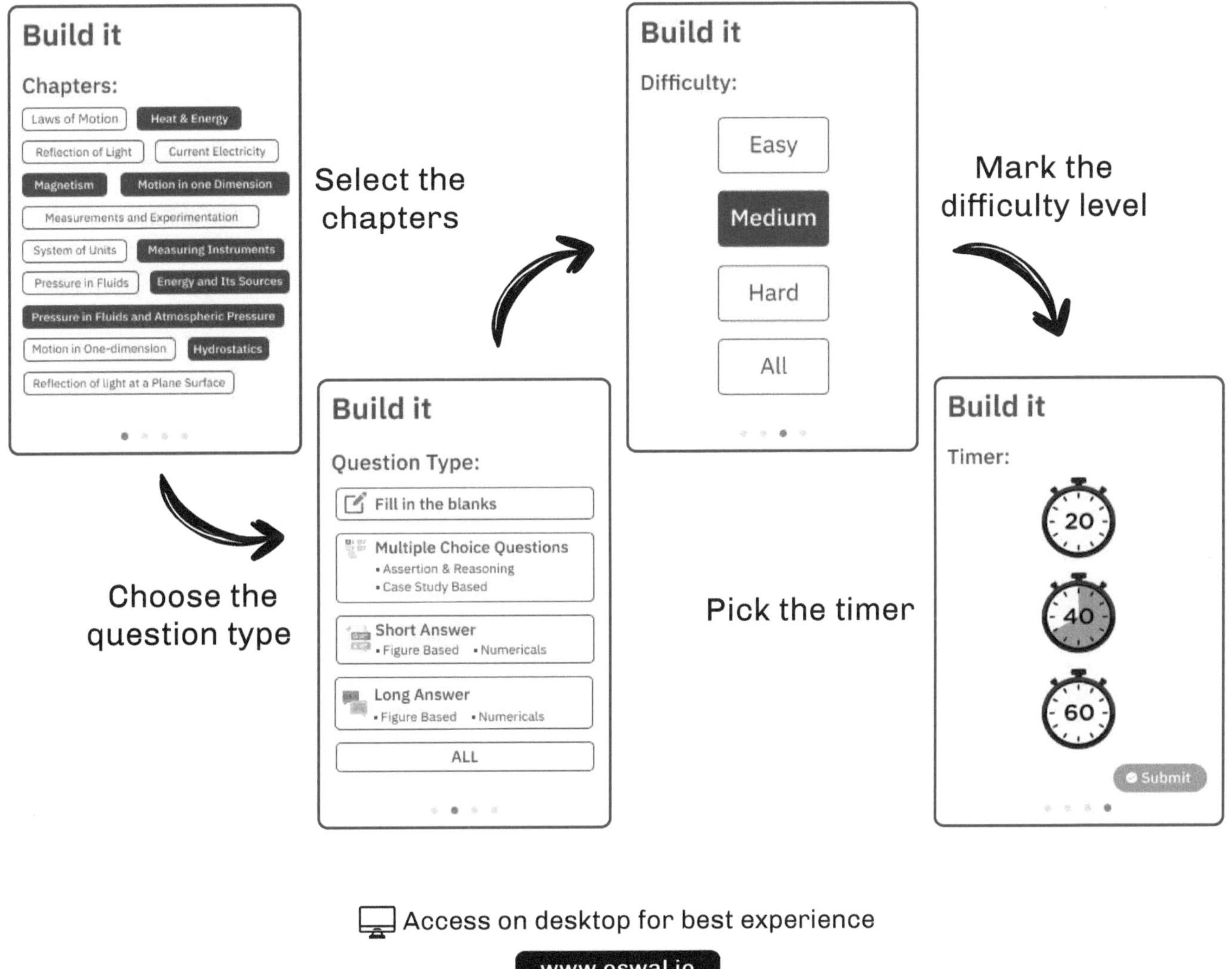

Step 2 - Test is based on the selected question type, chapters, difficulty, time

Step 3 - Click on start and type your answers in the given space

Step 4 - Use insert $\TeX$ equation editor to quickly & accurately insert the difficult math/physics/chem formulas

Step 5 - Skip any question if not sure, proceed to next & submit

Step 6 - You will get your result emailed right away

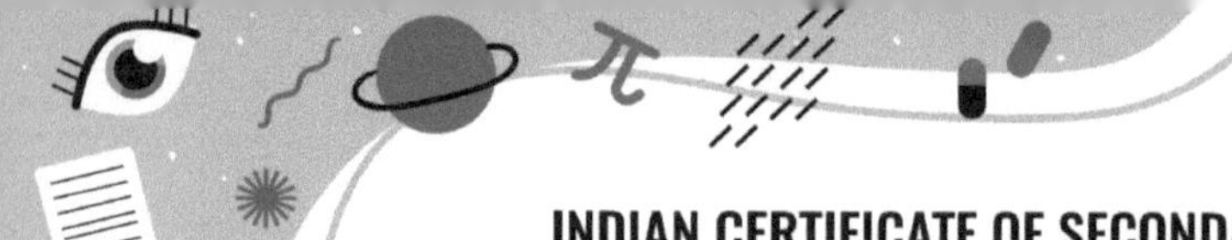

REVISED TIMETABLE

Day & Date	Time	Subject	Duration
Monday November 29	11.00 a.m.	English Language – English Paper 1	1 hr.
Tuesday November 30	11.00 a.m.	Literature in English - English Paper 2	1 hr.
Wednesday December 01	11.00 a.m.	Commercial Studies (Group II Elective)	1 hr.
Thursday December 02	11.00 a.m.	History & Civics - H.C.G. Paper 1 History & Civics - H.C.G. Paper 1 (Thailand)	1 hr.
Friday December 03	11.00 a.m.	Hindi	1½ hr.
Monday December 06	11.00 a.m.	Mathematics	1½ hr.
Tuesday December 07	11.00 a.m.	Geography - H.C.G. Paper 2 Geography - H.C.G. Paper 2 (Thailand)	1 hr.
Wednesday December 08	11.00 a.m.	**(Group III Elective)** Carnatic Music, Commercial Applications, Computer Applications, Cookery, Drama, Economic Applications, Environmental Applications, Fashion Designing, French, German, Hindustani Music, Home Science, Hospitality Management, Indian Dance, Mass Media & Communications, Physical Education, Spanish, Western Music, Yoga Technical Drawing Applications	1 hr. 1½ hr.
Thursday December 09	11.00 a.m.	Physics - Science Paper 1	1 hr.
Friday December 10	11.00 a.m.	**Second Languages:** Ao-Naga, Assamese, Bengali, Dzongkha, Garo, Gujarati, Kannada, Khasi, Lepcha, Mizo, Malayalam, Marathi, Nepali, Odia, Punjabi, Sanskrit, Tamil, Tangkhul, Telugu, Urdu **Modern Foreign Languages:** Arabic, Chinese, French, German, Modern Armenian, Portuguese, Spanish, Thai, Tibetan	1½ hr.
Monday December 13	11.00 a.m.	Chemistry - Science Paper 2	1 hr.
Tuesday December 14	11.00 a.m.	Economics Sanskrit/French **(Group II Elective)**	1 hr.
Wednesday December 15	11.00 a.m.	Biology - Science Paper 3	1 hr.
Thursday December 16	11.00 a.m.	Environmental Science **(Group II Elective)**	1 hr.

Note : 1. In addition to the time indicated on the Timetable for writing the paper, 10 minutes time is given for reading the question paper.

2. The Question Paper-cum-Answer Booklet will be made available at 10:50 a.m. on the day of the Examination.

CONTENTS

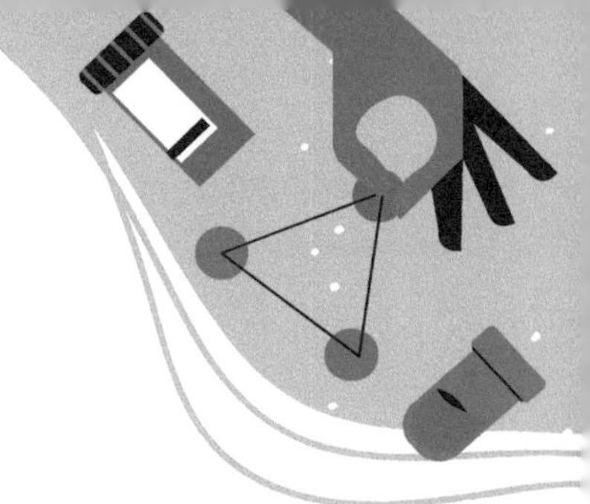

Hindi

Hindi
बहुविकल्पीय प्रश्न

1. अपठित गद्यांश 

निम्नलिखित गद्यांशों को ध्यानपूर्वक पढ़कर पूछे गए प्रश्नों के लिए सही विकल्प चुनकर लिखिए:

1. "यद्यपि सम्पूर्ण विश्व के ज्ञानवान, पुरुष, जब भी अपना विचार करते हैं तो उनके मन में एक यही भावना उद्दीप्त होती है कि हमारी मानवता का पल्लवन यथासम्भव होता चला जाय। कहीं भी किसी प्रकार का कलंक मानवता के माथे पर न लगे। शुभचिन्तक व्यक्ति चाहे कितना ही शक्तिशाली हो और किसी भी क्षेत्र में कार्यरत हो, उसका चिन्तन मानवता का पोषण और कल्याण ही होगा। प्राचीन साहित्य और वर्तमान साहित्य भी इसी का पोषण करता है, एक जन सामान्य का भी विचार यही है। इतना सब कुछ होते हुए भी विश्व में कहीं-न-कहीं समाज में विध्वंसक शक्तियाँ उभर के आ जातीं हैं जो मानवता के विरुद्ध नंगा नाच करती हैं। समाज की मर्यादा को तार-तार कर देती हैं किन्तु आज सबसे बड़े शर्म की बात यह है कि कुछ राष्ट्र परोक्ष रूप में इसे बढ़ावा देते हैं, आखिर उन्हें ऐसा नहीं करना चाहिए।"

(i) एक शुभचिन्तक का चिन्तन मानवता के प्रति क्या होता है?
   (क) पोषण और कल्याण
   (ख) कर और आय
   (ग) शोषण और विध्वंस
   (घ) वृद्धि और विस्तार

उत्तर: (क) पोषण और कल्याण

(ii) ज्ञानवान पुरुष के मन में कौन-सी भावना उद्दीप्त होती है?
   (क) परमार्थ की
   (ख) मानवता के पल्लवन की
   (ग) मानवता की हानि की
   (घ) स्वार्थ की

उत्तर: (ख) मानवता के पल्लवन की

(iii) विश्व में कैसी शक्तियों का आगमन होता है?
   (क) पोषक
   (ख) विध्वसंक
   (ग) सृजनात्मक
   (घ) रचनात्मक

उत्तर: (ख) विध्वसंक

(iv) समाज की मर्यादा को तार-तार कौन कर देता है?
   (क) आध्यात्मिक शक्तियाँ
   (ख) सामाजिक शक्तियाँ
   (ग) विध्वंसक शक्तियाँ
   (घ) संपोषित शक्तियाँ

उत्तर: (ग) विध्वंसक शक्तियाँ

(v) प्राचीन और वर्तमान साहित्य किस बात का समर्थक रहा है?
   (क) विध्वंस का
   (ख) मानवता के कल्याण का
   (ग) नवीन मूल्यों का
   (घ) मानवता की हानि का

उत्तर: (ख) मानवता के कल्याण का

(vi) विध्वंसक शक्तियाँ मानवता के विरुद्ध _______ करती हैं।
   (क) युद्ध
   (ख) नर संहार
   (ग) यज्ञ
   (घ) नंगा नाच

उत्तर: (घ) नंगा नाच

(vii) समाज में विध्वंसक शक्तियाँ _______ आ जाती हैं।
   (क) मिलकर के
   (ख) दब के
   (ग) अचानक
   (घ) उभर के

उत्तर: (घ) उभर के

(viii) 'शुभचिन्तक' शब्द का अर्थ क्या है?
   (क) कल्याण चाहने वाला
   (ख) कल्याण करने वाला
   (ग) कल्याण देखने वाला
   (घ) कल्याण लाने वाला

उत्तर: (क) कल्याण चाहने वाला

(ix) क्या शर्म की बात है–
   (क) विध्वंसक शक्तियों को बढ़ावा देना
   (ख) समाज की मर्यादा को तार-तार करना
   (ग) साहित्य सृजन करना
   (घ) इनमें से कोई नहीं

उत्तर: (क) विध्वंसक शक्तियों को बढ़ावा देना

(x) 'परोक्ष' का विलोम शब्द लिखो।
   (क) आँखों से ओझल
   (ख) आँखों के पीछे
   (ग) प्रत्यक्ष
   (घ) आँखों के निकट

उत्तर: (ग) प्रत्यक्ष

2. संसार में कुछ भी असाध्य नहीं है। कुछ भी असंभव नहीं है क्योंकि दृढ़ इच्छाशक्ति, परिश्रम और अभ्यास द्वारा असंभव को भी संभव किया जा सकता है। असंभव, असाध्य आदि शब्द कायरों के लिए हैं। नेपोलियन के लिए ये शब्द उसके कोष में ही नहीं थे।

साहस के पुतले बापू ने विश्व को चकित कर दिया। क्या बापू शरीर से शक्तिशाली थे? नहीं, वे तो पतले-से, एक लँगोटी पहने लकड़ी के सहारे चलते थे। परन्तु उनके विचार सशक्त थे, भावनाएँ शक्तिशाली थीं। उनके साहस को देखकर करोड़ों भारतीय उनके पीछे थे। ब्रिटिश साम्राज्य उनसे काँप गया। अहिंसा के सहारे बिना रक्तपात के उन्होंने भारत को स्वतंत्र कराया। यह विश्व का अद्वितीय उदाहरण है।

जब गाँधीजी ने अहिंसा का नारा लगाया तो लोग हँसते थे। कहते थे, अहिंसा से कहीं ब्रिटिश साम्राज्य से टक्कर ली जा सकती है? परन्तु वे डटे रहे, साहस नहीं छोड़ा। अंत में अहिंसा की ही विजय हुई। कहते हैं, 'अकेला चना क्या भाड़ फोड़ सकता है' हाँ, फोड़ सकता है, यदि उसमें साहस हो तो।

  (i) संसार में सब कुछ इनमें से किसके द्वारा संभव है?

    (क) दृढ़ इच्छाशक्ति   (ख) परिश्रम

    (ग) अभ्यास   (घ) इन सभी

उत्तर: (घ) इन सभी

  (ii) नेपोलियन के कोष में ये शब्द नहीं थे—

    (क) संभव   (ख) साध्य

    (ग) असंभव, असाध्य   (घ) परिश्रम

उत्तर: (ग) असंभव, असाध्य

  (iii) गाँधीजी ने नारा लगाया था—

    (क) अहिंसा का   (ख) रक्तपात का

    (ग) शक्ति का   (घ) साहस का

उत्तर: (क) अहिंसा का

  (iv) गाँधीजी पुतले थे—

    (क) शक्ति के   (ख) साहस के

    (ग) अहिंसा के   (घ) दुर्बलता के

उत्तर: (ख) साहस के

  (v) उपर्युक्त गद्यांश का उचित शीर्षक लिखिए—

    (क) संसार में कुछ भी असाध्य नहीं है

    (ख) परिश्रम का महत्व

    (ग) दृढ़ इच्छाशक्ति

    (घ) साहस से सब संभव है

उत्तर: (घ) साहस से सब संभव है

3. 'भारत की स्थापत्य कला' प्राचीन काल से ही अद्वितीय रही है। विदेशों में भी स्थापत्य कला के बहुत से उदाहरण मिलते हैं, इनको स्थानीय शैली के नाम से जाना जाता है। जैसे 'तुर्की शैली' भारतीय स्थापत्य शैली का विश्व प्रसिद्ध उदाहरण 'ताजमहल' है जो कि आगरा में यमुना नदी के दक्षिणी किनारे पर स्थित है। सम्पूर्ण विश्व के लोग इसके दर्शनार्थ आते हैं। इसके अतिरिक्त भारतीय स्थापत्य कला के बेजोड़ नमूने हमारे देश में देखने को मिलते हैं। इनमें गुरुकुल आश्रम पाली, रणकपुर के जैन मन्दिर, तमिलनाडु के एकम्बरेश्वर मन्दिर, शिवमंदिर शिरूमायम जम्बुकेश्वर मन्दिर, कर्नाटक के वीरनारायण मन्दिर, अमृतेश्वर मन्दिर, गुजरात का द्वारिकाधीश मन्दिर, सूर्य मन्दिर मोढेरा, छत्तीसगढ़ का ओना कोना मन्दिर, उड़ीसा का पापनाशिनी शिवमन्दिर आदि से सभी स्थापत्य कला के अप्रतिम उदाहरण हैं। सातवीं शताब्दी में बनाया गया ग्वालियर 'शेर स्तम्भ' इस बात पर सोचने को विवश कर देता है कि आखिर हमारे पूर्वजों ने इन भवनों का निर्माण कैसे किया?

  (i) भारतीय स्थापत्य शैली का विश्व प्रसिद्ध उदाहरण कौन-सा है?

    (क) जैन मन्दिर रणकपुर   (ख) ताजमहल

    (ग) वीरनारायण मन्दिर   (घ) ओना कोना मन्दिर

उत्तर: (ख) ताजमहल

  (ii) 'मुगल काल' के अधिकांश भवन किस शैली में बनाए गये?

    (क) तुर्की शैली   (ख) भारतीय शैली

    (ग) अफगानी शैली   (घ) राजस्थानी शैली

उत्तर: (क) तुर्की शैली

  (iii) 'शेरस्तम्भ' कौन-सी शताब्दी में बनाया गया?

    (क) पहली   (ख) पाँचवीं

    (ग) सातवीं   (घ) छठी शताब्दी

उत्तर: (ग) सातवीं

  (iv) ताजमहल यमुना के कौन से तट पर स्थित है?

    (क) पश्चिमी   (ख) उत्तरी

    (ग) पूर्वी   (घ) दक्षिणी

उत्तर: (घ) दक्षिणी

  (v) 'ओना कोना मन्दिर' किस राज्य में स्थित है?

    (क) राजस्थान   (ख) कर्नाटक

    (ग) छत्तीसगढ़   (घ) तमिलनाडु

उत्तर: (घ) तमिलनाडु

  (vi) क्या देखकर हम सोचने को विवश हो जाते हैं कि इनका निर्माण कैसे किया गया?

    (क) कुतुबमीनार   (ख) विजय स्तम्भ

    (ग) शेरस्तम्भ   (घ) लौह स्तम्भ

उत्तर: (ग) शेरस्तम्भ

  (vii) शेर स्तम्भ किस शहर में है?

    (क) आगरा   (ख) दिल्ली

    (ग) ग्वालियर   (घ) मुम्बई

उत्तर: (ग) ग्वालियर

  (viii) सम्पूर्ण विश्व के लोग किसके दर्शनार्थ आते हैं?

    (क) कोणार्क मन्दिर   (ख) ताज होटल

    (ग) ताजमहल   (घ) द्वारिकाधीश मन्दिर

उत्तर: (ग) ताजमहल

(ix) जम्बुकेश्वर मन्दिर किस राज्य में है?

  (क) उड़ीसा   (ख) गुजरात

  (ग) तमिलनाडु   (घ) मध्य प्रदेश

उत्तर: (ग) तमिलनाडु

(x) स्थापत्य कला का अर्थ क्या है?

  (क) भवन निर्माण कला

  (ख) वस्त्र निर्माण कला

  (ग) भोजन निर्माण कला

  (घ) बर्तन निर्माण कला

उत्तर: (क) भवन निर्माण कला

4. आत्मविश्वास मनुष्य की सबसे बड़ी पूँजी है। यह हमारे सभी आंतरिक गुणों का शिरोमणि है, जिसके अभाव में हम लक्ष्य सिद्धि के प्रयत्नों से दूर हो जाते हैं। विद्यार्थी जीवन से ही हमें इस गुण का विकास स्वयं अपने अंदर विकसित करना चाहिए ताकि आने वाला हमारा भविष्य तात्कालिक लक्ष्यों से ओतप्रोत और परिपूर्ण हो। आत्मविश्वास वस्तुत: अपनी शक्तियों की सच्ची पहचान का नाम है अर्थात् अपनी कार्यक्षमता, कार्यकुशलता और योग्यता का ज्ञान और परख से रूबरू होना और उस दिशा में अपने आप को झोंक देना, और अपनी शक्तियों को कार्यरूप में परिणत करने की वास्तविकता ही आत्मज्ञान और आत्मविश्वास है। हमें जिस पदार्थ की कामना है, लिप्सा है उसकी सिद्धि के लिए हमें आत्मविश्वासी बनकर फल की प्राप्ति की साधना करनी होगी। दृढ़ निश्चय कीजिए, अटूट, अक्षय संकल्प कीजिए, और अपने मार्ग की रुकावटों को प्रबल आत्मविश्वास से पराजित कीजिए। जिस प्रकार का व्यक्ति का आत्मविश्वास होगा, वैसी ही उसकी योग्यता होगी, यदि हमारी इच्छा अदम्य है तो प्रयत्न भी अदम्य होना चाहिए और उसका मूलाधार आत्मविश्वास ही है। जिसमें आत्मविश्वास प्रबल होगा, दृढ़ इच्छाशक्ति होगी, वह व्यक्ति विपुल ज्ञान, अदम्य साहस और धन संपत्ति का स्वामी होगा, हर मनोनुकूल क्षेत्र में विजेता होगा। आत्मविश्वास एक भावना है, एक अद्भुत गुण है, एक सर्वश्रेष्ठ आंतरिक शक्ति है, एक आंतरिक भावातिरेक है। जहाँ और जिस व्यक्ति के अंदर इन गुणों को कार्य रूप में परिणत करने का साहस है, उत्साह है और शक्ति है उसे सफलता और कार्य-सिद्धि स्वत: ही प्राप्त हो जाती है। आत्मविश्वास ही साहस और उत्साह का जनक है, जीवन में कठोर परीक्षाएँ सम्मुख आएँ या कठिनाइयाँ बाधा डालें आत्मविश्वासी को कोई भी परिस्थिति हतोत्साहित नहीं कर सकती।

(i) मनुष्य की सबसे बड़ी पूँजी है–

  (क) विद्यार्थी जीवन   (ख) योग्यता

  (ग) आत्मविश्वास   (घ) कार्यक्षमता

उत्तर: (ग) आत्मविश्वास

(ii) जीवन में आने वाली कठिनाइयाँ किसे हतोत्साहित नहीं करतीं?

  (क) विपुल ज्ञानी को

  (ख) साहसी व्यक्ति को

  (ग) धन-संपत्ति के स्वामी को

  (घ) आत्मविश्वासी को

उत्तर: (घ) आत्मविश्वासी को

(iii) आत्मविश्वास के अभाव में हम किससे दूर हो जाते हैं?

  (क) लक्ष्यसिद्धि के प्रयत्नों से

  (ख) आत्मज्ञान से

  (ग) मार्ग की रुकावटों से

  (घ) पराजय से

उत्तर: (क) लक्ष्यसिद्धि के प्रयत्नों से

(iv) साहस और उत्साह का जनक किसे कहा गया है?

  (क) दृढ़ निश्चय को

  (ख) अक्षय संकल्प को

  (ग) आत्मविश्वास को

  (घ) जीवन में आने वाले संघर्षों को

उत्तर: (ग) आत्मविश्वास को

(v) उपर्युक्त गद्यांश के लिए उपयुक्त शीर्षक होगा—

  (क) विद्यार्थी जीवन

  (ख) कार्यक्षमता

  (ग) आंतरिक शक्ति

  (घ) 'आत्मविश्वास मनुष्य की सबसे बड़ी पूँजी'

उत्तर: (घ) 'आत्मविश्वास मनुष्य की सबसे बड़ी पूँजी'

5. किसी के भी जीवन में सफलता का बहुत महत्व है। परिश्रम सफलता की कुंजी है। यह तो सभी जानते हैं। इसका अर्थ यह हुआ कि यदि जीवन में सफलता पाना चाहते हो तो परिश्रम करो। वही व्यक्ति अपने लक्ष्य को प्राप्त करता है; जो मेहनत करता है। भाग्य और परिश्रम गाड़ी के दो पहियों के समान हैं। दोनों जीवन के साथ चलते हैं। जो लोग केवल भाग्य के सहारे चलते हैं उनका काम कभी पूरा नहीं होता। गीता में श्रीकृष्ण ने भी कहा है—कर्म करो और फल ईश्वर पर छोड़ दो। यानि परिश्रम करते रहो और फल ईश्वर पर छोड़ दो। यदि हम परिश्रम न करें तो सामने थाली में पड़ा हुआ खाना भी अपने आप पेट में नहीं जाएगा। केवल भाग्य के भरोसे रहने वाला व्यक्ति आलसी तथा निकम्मा होता है। वह हर बात का दोष केवल किस्मत को देकर हाथ पर हाथ रखकर बैठ जाता है।

(i) जीवन में सफलता किसे मिलती है?

  (क) परिश्रमी व्यक्ति को   (ख) आलसी को

  (ग) पुरुष को   (घ) किसी को नहीं

उत्तर: (क) परिश्रमी व्यक्ति को

(ii) गाड़ी के दो पहियों के समान किसे कहा गया है ?

    (क) भाग्य   (ख) भाग्य और परिश्रम

    (ग) परिश्रम   (घ) कोई नहीं

उत्तर: (ख) भाग्य और परिश्रम

(iii) भाग्य के भरोसे रहने से क्या हो जायेगा ?

    (क) आलसी हो जायेंगे   (ख) निकम्मे हो जायेंगे

    (ग) असफल रहेंगे   (घ) ये सभी

उत्तर: (घ) ये सभी

(iv) गीता का क्या संदेश है ?

    (क) कर्म करो, फल की चिंता छोड़ दो

    (ख) फल की इच्छा करो

    (ग) परिश्रम करो

    (घ) परिश्रम के साथ फल प्राप्त करो

उत्तर: (क) कर्म करो, फल की चिंता छोड़ दो

(v) उपर्युक्त गद्यांश का उचित शीर्षक क्या होगा ?

    (क) भाग्य और परिश्रम

    (ख) भाग्य ही बलवान है

    (ग) परिश्रमी सदा सुखी

    (घ) परिश्रम सफलता की कुंजी है।

उत्तर: (घ) परिश्रम सफलता की कुंजी है।

(vi) गीता में किसके उपदेश संकलित हैं ?

    (क) भगवान शिव के

    (ख) भगवान श्रीकृष्ण के

    (ग) अर्जुन के

    (घ) बलराम के

उत्तर: (ख) भगवान श्रीकृष्ण के

(vii) कर्म करो __________ की इच्छा मत करो।

    (क) धन   (ख) गाड़ी

    (ग) फल   (घ) सम्पदा

उत्तर: (ग) फल

(viii) आलसी व्यक्ति किसे दोष देता है ?

    (क) किस्मत को   (ख) स्वयं को

    (ग) दूसरों को   (घ) भगवान को

उत्तर: (क) किस्मत को

(ix) जीवन में किसका बहुत महत्व है ?

    (क) गाड़ी का   (ख) धन का

    (ग) परिश्रम का   (घ) भाग्य का

उत्तर: (ग) परिश्रम का

(x) केवल कौन अपने लक्ष्य को प्राप्त कर पाता है ?

    (क) आलसी   (ख) परिश्रमी

    (ग) निकम्मा   (घ) (क) और (ख) दोनों

उत्तर: (ख) परिश्रमी

2. व्याकरण

निम्नलिखित प्रश्नों के उत्तर निर्देशानुसार बताए:

1. पर्यायवाची बताइए :

    'अनुराग' का पर्यायवाची बताइए—

    (क) प्रेम-ममता   (ख) राग-विराग

    (ग) आदर-बिरादर   (घ) नेह-प्रेम

उत्तर: (क) प्रेम-ममता

2. शब्दों को शुद्ध करें :

    'रमायना' शुद्ध करें—

    (क) रामायण   (ख) रामयण

    (ग) रामायना   (घ) रामाय

उत्तर: (क) रामायण

3. मुहावरे का अर्थ बताइए :

    'गले का हार' का अर्थ बताइए—

    (क) पीछे पड़ जाना   (ख) बहुत प्रिय

    (ग) लालच होना   (घ) बहुत कष्ट देना

उत्तर: (ख) बहुत प्रिय

4. विशेषण बनाइए :

    'अर्थ' का विशेषण बताइए—

    (क) अर्थी   (ख) अंकित

    (ग) आर्थिक   (घ) अधर्म

उत्तर: (ग) आर्थिक

5. अनेक शब्दों के स्थान पर एक शब्द लिखें :

    जो कम बोलता हो—

    (क) वाचाल   (ख) मितव्यई

    (ग) मितभाषी   (घ) बातूनी

उत्तर: (ग) मितभाषी

6. पर्यायवाची बताइए—

    'कमल' शब्द का पर्यायवाची—

    (क) कन्द   (ख) मूल

    (ग) नीरज   (घ) जलधि

उत्तर: (ग) नीरज

7. भाववाचक संज्ञा बनाइए—

'बड़ा'

(क) बड़ा   (ख) बड़प्पन

(ग) बढ़ाना   (घ) बदलना

उत्तर: (ख) बड़प्पन

8. मुहावरे का अर्थ लिखो—

'दीप बुझ जाना' का अर्थ—

(क) अन्य व्यक्ति का न आना

(ख) उत्तराधिकारी का न होना

(ग) अधिकारी का न आना

(घ) दीपक को पुन: जलाना

उत्तर: (ख) उत्तराधिकारी का न होना

9. तत्सम शब्द बताइए—

'कंजूस' का तत्सम बताइए—

(क) तरपण   (ख) कृपण

(ग) अरपन   (घ) कृपाण

उत्तर: (ख) कृपण

10. अनेक शब्दों के स्थान पर एक शब्द लिखें—

जिसका कोई स्वामी नहीं हो—

(क) अनाथ   (ख) दिग्नाथ

(ग) सनाथ   (घ) नेमिनाथ

उत्तर: (क) अनाथ

11. पर्यायवाची बताइए—

आग का पर्यायवाची बताइए—

(क) अनिल   (ख) पवन

(ग) अनल   (घ) पावन

उत्तर: (ग) अनल

12. शब्दों को शुद्ध करें—

'उत्जवल' को शुद्ध करें—

(क) उद्जवल   (ख) उत्ज्वल

(ग) उज्ज्वल   (घ) उद्ज्ज्वल

उत्तर: (ग) उज्ज्वल

13. निर्देशानुसार वाक्य शुद्ध करें—

सीता जी के साथ कोई नहीं था, अत: लक्ष्मण को वन जाना पड़ा। (सरल वाक्य)

(क) लक्ष्मण जी अकेली सीता के साथ वन गये।

(ख) सीता जी अकेली होने के कारण ही लक्ष्मण जी वन गये।

(ग) अकेली सीता जी वन जा रही थीं तभी लक्ष्मण जी को उनके साथ जाना पड़ा।

(घ) लक्ष्मण जी के कहने पर ही सीता जी उनके साथ वन गयीं।

उत्तर: (ग) अकेली सीता जी वन जा रही थीं तभी लक्ष्मण जी को उनके साथ जाना पड़ा।

14. विशेषण बताइये—

'आकाश' का विशेषण बताइए—

(क) नाभिकीय   (ख) आकांक्षीय

(ग) आकाशीय   (घ) अतुलनीय

उत्तर: (ग) आकाशीय

15. तत्सम शब्द बताइए—

'घर' का तत्सम शब्द बताइए—

(क) भवन   (ख) निकेतन

(ग) सदन   (घ) गृह

उत्तर: (घ) गृह

16. वचन बदलें—

'मानसिकताएँ—

(क) मनों की   (ख) मनवालियाँ

(ग) मानसिकता   (घ) मानसिक

उत्तर: (ग) मानसिकता

17. पर्यायवाची बताइए—

'पर्वत' का पर्यायवाची बताइए—

(क) गिरि   (ख) जड़

(ग) व्योम   (घ) निधि

उत्तर: (क) गिरि

18. भाववाचक संज्ञा बताइए—

'पढ़ना' की भाववाचक संज्ञा बताइए—

(क) पाठकपन   (ख) पढ़ाई

(ग) पढ़ते हुए   (घ) पढ़ने से

उत्तर: (ख) पढ़ाई

19. मुहावरे का अर्थ लिखो—

'नाकों चने चबाना' का अर्थ बताइए—

(क) नाक से भोजन करना   (ख) डट कर मुकाबला करना

(ग) अत्यधिक कष्ट झेलना   (घ) शत्रु को परास्त करना

उत्तर: (ग) अत्यधिक कष्ट झेलना

20. निर्देशानुसार वाक्य शुद्ध करें—

विद्यालय में छात्र नाटक प्रस्तुत करेंगे। (भूतकाल में)

(क) विद्यालय में छात्र नाटक करने वाले थे।

(ख) विद्यालय में छात्रों ने नाटक प्रस्तुत किया।

(ग) विद्यालय में छात्र नाटक कर रहे थे।

(घ) विद्यालय में छात्रों का नाटक हुआ।

उत्तर: (ख) विद्यालय में छात्रों ने नाटक प्रस्तुत किया।

21. अनेक शब्दों के स्थान पर एक शब्द लिखें :
जो कम खर्च करता हो—

(क) कंजूस   (ख) फिजूलखर्च

(ग) मितव्ययी   (घ) मक्खीचूस

उत्तर: (ग) मितव्ययी

22. ऋणात्मक का विलोम है—

(क) धनात्मक   (ख) रिणात्मक

(ग) मानात्मक   (घ) अनात्मक

उत्तर: (क) धनात्मक

23. भाववाचक संज्ञा बताइए—
'शत्रु' की भाववाचक संज्ञा बताइये—

(क) शत्रुता   (ख) वीरता

(ग) रिपुता   (घ) शत्रुपन

उत्तर: (क) शत्रुता

24. शब्दों को शुद्ध करें—
'अन्वेशण' शुद्ध करें—

(क) अन्वेषण   (ख) अनवेषण

(ग) अन्वेशण   (घ) अन्वेशण

उत्तर: (क) अन्वेषण

25. मुहावरे का अर्थ बताइए—
'आसमान पर चढ़ाना' का अर्थ बताइये—

(क) बहुत घमंड करना

(ख) कठिन काम के लिये उकसाना

(ग) बहुत हल्ला करना

(घ) अत्यधिक प्रशंसा करना

उत्तर: (घ) अत्यधिक प्रशंसा करना

26. विशेषण बनाइए—
'धर्म' का विशेषण बताइए—

(क) धर्मी   (ख) धार्मिक

(ग) अधर्म   (घ) अनर्थ

उत्तर: (ख) धार्मिक

27. अनेक शब्दों के स्थान पर एक शब्द लिखें—
जो अधिक बोलता हो—

(क) मितव्ययी   (ख) मितभाषी

(ग) अतिव्ययी   (घ) वाचाल

उत्तर: (घ) वाचाल

28. वचन बदलें—
बालक

(क) बालकों   (ख) बालकें

(ग) बालिका   (घ) बालक

उत्तर: (क) बालकों

29. जिससे सब कुछ कहा जा सके

(क) अभिन्न   (ख) अंतरंग

(ग) घनिष्ठ   (घ) सहृदय

उत्तर: (ख) अंतरंग

30. स्वकीय का विलोम शब्द है—

(क) स्वीकृत   (ख) अस्वीकृत

(ग) नारकीय   (घ) परकीय

उत्तर: (घ) परकीय

31. आजकल ऐसी-ऐसी इमारतें बनने लगी हैं, जो .... है।
रिक्त स्थान की पूर्ति सटीक मुहावरे से कीजिए।

(क) बाजी लगाती हैं   (ख) आसमान से बातें करती हैं

(ग) ताकत लगाती हैं   (घ) आहुति देती हैं

उत्तर: (ख) आसमान से बातें करती हैं

32. जिसका मूल्य न किया जा सकता हो

(क) बहुमूल्य   (ख) अद्वितीय

(ग) अमूल्य   (घ) निर्मूल्य

उत्तर: (क) बहुमूल्य

33. बहिरंग का विलोम शब्द है—

(क) अंतरंग   (ख) रंगारंग

(ग) जलतरंग   (घ) रागरंग

उत्तर: (क) अंतरंग

34. आलस्य शब्द का विशेषण क्या होगा?

(क) आलसीपन   (ख) अलस

(ग) आलस   (घ) आलसी

उत्तर: (घ) आलसी

35. निम्न में से कौन-सा शब्द विशेषण है?

(क) फुफेरा   (ख) वृक्ष

(ग) बेकार   (घ) सौंदर्य

उत्तर: (क) फुफेरा

36. 'गंगा' का पर्यायवाची है—

(क) गंगोतरी   (ख) गांगेय

(ग) त्रिपथगा   (घ) कोशी

उत्तर: (ग) त्रिपथगा

37. 'ससुर' का तत्सम शब्द है—

(क) श्वसुर   (ख) स्वसुर

(ग) श्रुसुर   (घ) सुसुर

उत्तरः (क) श्वसुर

38. शुद्ध वर्तनी का चयन कीजिये।

(क) हाथिनी   (ख) हथिनि

(ग) हथिनी   (घ) हथीनी

उत्तरः (ग) हथिनी

39. शुद्ध वर्तनी का चयन कीजिये।

(क) व्यवसायिका   (ख) व्यावसायिक

(ग) व्याबसायिक   (घ) व्यवसायिक

उत्तरः (ख) व्यावसायिक

40. 'तिथि' शब्द का बहुवचन है—

(क) तिथियों   (ख) तिथियों

(ग) तिथियाँ   (घ) इनमें से कोई नहीं

उत्तरः (ग) तिथियाँ

41. गुड़िया का बहुवचन होगा—

(क) गुड़ियाँ   (ख) गुड़ियों

(ग) गुडियों   (घ) गुड़ियायें

उत्तरः (क) गुड़ियाँ

42. वर्तनी की दृष्टि से सही शब्द का चयन कीजिये।

(क) ज्योतासना   (ख) ज्योतिश्रा

(ग) ज्योत्सना   (घ) ज्योत्स्ना

उत्तरः (ग) ज्योत्सना

43. 'दामिनी' का पर्यायवाची शब्द है—

(क) वर्षा   (ख) नीरद

(ग) बादल   (घ) विद्युत

उत्तरः (घ) विद्युत

44. मुहावरे का उचित विकल्प चुनें "पाँव में शनीचर होना"

(क) दुर्घटना होना

(ख) एक स्थान पर स्थिर न रहना

(ग) दुःख सहना

(घ) कष्ट में आना

उत्तरः (ख) एक स्थान पर स्थिर न रहना

45. 'कठोर' के लिए समानार्थक शब्द है—

(क) पौरुष   (ख) परुषि

(ग) परुष   (घ) परुषत्व

उत्तरः (ग) परुष

46. "खूब लड़ी मर्दानी वह तो झाँसी वाली रानी थी" में 'मर्दानी' शब्द का क्या अर्थ है?

(क) वीरांगना   (ख) पुरुषों जैसी

(ग) पुरुषत्व वान   (घ) दुष्टों का मर्दन करने वाली

उत्तरः (घ) दुष्टों का मर्दन करने वाली

3. साहित्य सागर : संक्षिप्त कहानियाँ

1. रमजान कौन था?

(क) इंजीनियर साहब का नौकर

(ख) शेख सलीमुद्दीन का चौकीदार

(ग) हलवाई

(घ) जज

उत्तरः (ख) शेख सलीमुद्दीन का चौकीदार

2. 'दिल्ली चलो' आदि नारे किसको देखकर याद आने लगते थे?

(क) शहर के चौराहे को

(ख) ड्राइंगमास्टर मोतीलाल को

(ग) चौराहे पर लगी मूर्ति को

(घ) उनके चश्मे को देखकर

उत्तरः (ग) चौराहे पर लगी मूर्ति को

3. उन दिनों क्या प्रथा प्रचलित थी?

(क) यह प्रथा प्रचलित थी कि यज्ञों के फल का क्रय-विक्रय होता था।

(ख) दूसरी जगह जाकर यज्ञ कराया जाता था

(ग) यज्ञ में केवल सेठ-सेठानी सम्मिलित हो सकते थे।

(घ) यज्ञ में गाय दान में दी जाती थी।

उत्तरः (क) यह प्रथा प्रचलित थी कि यज्ञों के फल का क्रय-विक्रय होता था।

4. श्यामू को कौनसी बात अच्छी लगी है?

(क) पतंग उड़ाने की

(ख) पतंग को राम के यहाँ भेजने की

(ग) पतंग पर काकी लिखने की

(घ) उपरोक्त सभी

उत्तरः (घ) उपरोक्त सभी

5. रसीला की उदासी का क्या कारण था?

(क) उसकी पत्नी बीमार थी।

(ख) उसका मालिक बीमार था।

(ग) उसका बच्चा बीमार था।

(घ) उसके पिता बीमार थे।

उत्तर: (ग) उसका बच्चा बीमार था।

6. सेठ कुन्दनपुर क्यों गए थे ?

(क) सेठ कुन्दनपुर में घर खरीदने गए थे

(ख) सेठ मन्दिर में पूजा करने गए थे

(ग) सेठ कुन्दनपुर अपना यज्ञ बेचने गए थे

(घ) कुन्दनपुर में सेठ जी अपनी बहन के पास गए थे

उत्तर: (ग) सेठ कुन्दनपुर अपना यज्ञ बेचने गए थे

7. चौराहे पर नेताजी सुभाष चन्द्र बोस की प्रतिमा किसने लगवाई ?

(क) चेयरमैन ने

(ख) उत्साही बोर्ड या प्रशासनिक अधिकारी ने

(ग) जिलाधिकारी ने

(घ) नगर पंचायत ने

उत्तर: (ख) उत्साही बोर्ड या प्रशासनिक अधिकारी ने

8. योजना को प्रयुक्त करने में कठिनता क्या थी ?

(क) राम के पास बहुत से लोग थे।

(ख) पतंग ऊँची नहीं उड़ सकती।

(ग) पतंग की रस्सी बहुत पतली थी।

(घ) पतंग की रस्सी बहुत मोटी थी।

उत्तर: (ग) पतंग की रस्सी बहुत पतली थी।

9. रसीला को किसकी आवश्यकता थी ?

(क) नौकरी की   (ख) रुपयों की

(ग) रोटी की   (घ) घर की

उत्तर: (ख) रुपयों की

10. श्यामू और भोला प्रफुल्ल मन से पतंग में रस्सी क्यों बाँध रहे थे ?

(क) इसलिए पतंग कट न जाए

(ख) श्यामू की माँ को नीचे उतारने के लिए

(ग) रस्सी बाँधने से पतंग खूब ऊँची उड़ेगी

(घ) रस्सी बाँधने से पतंग अच्छी लगेगी

उत्तर: (ख) श्यामू की माँ को नीचे उतारने के लिए

11. सेठानी ने सेठ को क्या सलाह दी ?

(क) सेठानी ने सेठ को बाजार से मिठाई लाने की सलाह दी

(ख) सेठानी ने सेठ को आराम करने की सलाह दी

(ग) सेठानी ने सेठ को एक यज्ञ बेचने की सलाह दी

(घ) सेठानी ने सेठ को यह सलाह दी कि आज तो मौसम खराब है, बाहर न जाएँ।

उत्तर: (ग) सेठानी ने सेठ को एक यज्ञ बेचने की सलाह दी

12. मोतीलाल जी को क्या मान लिया गया ?

(क) मूर्तिकार   (ख) ठेकेदार

(ग) कटरमास्टर   (घ) ड्राईंग मास्टर

उत्तर: (क) मूर्तिकार

13. 'नेताजी का चश्मा' कहानी के लेखक कौन हैं ?

(क) सुदर्शन   (ख) प्रेमचंद

(ग) सियाराम शरण गुप्त   (घ) यशपाल

उत्तर: (क) सुदर्शन

14. इन दोनों में समझदार कौन था ?

(क) भोला समझदार था

(ख) श्यामू समझदार था

(ग) श्यामू से भोला कम बुद्धि वाला था

(घ) श्यामू भोला की समझदारी नहीं चलने देता था

उत्तर: (क) भोला समझदार था

15. सेठ के कुन्दनपुर जाने के लिए सेठानी ने क्या तैयारी की ?

(क) सेठानी ने सेठ को देने के लिए लड्डू बनाए

(ख) सेठानी ने चार मोटी-मोटी रोटियाँ बनाकर सेठ को दे दीं

(ग) सेठानी ने बाजार से फल मँगाकर सेठ को दे दिए

(घ) सेठानी ने सेठ को ढेर सारी सब्जियाँ मँगाकर दे दीं।

उत्तर: (ख) सेठानी ने चार मोटी-मोटी रोटियाँ बनाकर सेठ को दे दीं

16. हालदार साहब को कौन-सा आइडिया अच्छा लगा ?

(क) मूर्ति के कपड़े बदलना

(ख) मूर्ति का चश्मा बदलना

(ग) मूर्ति का रंग बदलना

(घ) मूर्ति का स्थान बदलना

उत्तर: (ख) मूर्ति का चश्मा बदलना

17. रसीला ने अपनी परेशानी किससे साझा की ?

(क) पत्नी से   (ख) इंजीनियर साहब से

(ग) रमजान से   (घ) हलवाई से

उत्तर: (ग) रमजान से

18. श्याम और भोला के शुभ कार्य में विघ्न किसने डाला ?

(क) शुभ कार्य में विघ्न जवाहर भैया ने डाला

(ख) पड़ोसी ने शुभ कार्य में विघ्न डाला

(ग) शुभ कार्य में विघ्न विश्वेश्वर ने डाला

(घ) इनमे से कोई नहीं

उत्तर: (ग) शुभ कार्य में विघ्न विश्वेश्वर ने डाला

19. हालदार साहब ने पान वाले से क्या पूछा ?

(क) नेताजी के कपड़े कैसे बदल जाते हैं ?

(ख) नेता जी का रंग कैसे बदल जाता है ?

(ग) नेताजी का चश्मा कैसे बदल जाता है ?

(घ) नेता जी का स्थान कैसे बदल जाता है ?

उत्तर: (ग) नेताजी का चश्मा कैसे बदल जाता है ?

20. विश्वेश्वर का पुत्र कौन है ?

(क) भोला   (ख) श्यामू

(ग) काकी   (घ) इनमें से कोई नहीं

उत्तर: (ख) श्यामू

21. रसीला को रमजान ने क्या सलाह दी ?

(क) मालिक से पेशगी माँग लो

(ख) चोरी कर लो

(ग) डाका डालो

(घ) किसी से उधार ले लो

उत्तर: (क) मालिक से पेशगी माँग लो

22. भोला की बात सुनकर कौन हतबुद्धि होकर खड़ा रह गया ?

(क) श्यामू हतबुद्धि होकर खड़ा रह गया

(ख) काकी हतबुद्धि होकर खड़ी रह गई

(ग) विश्वेश्वर हतबुद्धि होकर खड़ा रह गया

(घ) सभी लोग हतबुद्धि होकर खड़े रह गए।

उत्तर: (ग) विश्वेश्वर हतबुद्धि होकर खड़ा रह गया

23. सेठ जी भोजन के लिए कहाँ बैठे ?

(क) सेठ जी भोजन के लिए नदी के किनारे बैठे

(ख) सेठ जी भोजन के लिए सड़क किनारे बैठ गए

(ग) सेठ जी भोजन के लिए एक भोजनालय में जाकर बैठ गए

(घ) वृक्षों के कुंज और कुएँ के पास सेठ जी भोजन के लिए बैठे।

उत्तर: (घ) वृक्षों के कुंज और कुएँ के पास सेठ जी भोजन के लिए बैठे।

24. नेता जी का चशमा कौन बदलता है ?

(क) पान वाला   (ख) हालदार साहब

(ग) प्रशासनिक अधिकारी

(घ) कैप्टन चशमे वाला

उत्तर: (घ) कैप्टन चशमे वाला

25. रसीला की बात सुनकर रमजान कहाँ गया ?

(क) कोठरी में

(ख) घर के बाहर

(ग) इंजीनियर बाबू के घर

(घ) बैंक में

उत्तर: (क) कोठरी में

26. 'हतबुद्धि' शब्द का क्या अर्थ है ?

(क) जिसकी बुद्धि समाप्त हो गई हो

(ख) जिसकी बुद्धि काम न कर रही हो

(ग) मंद बुद्धि वाला

(घ) तीव्र बुद्धि वाला

उत्तर: (ख) जिसकी बुद्धि काम न कर रही हो

27. रमजान ने रसीला को क्या संकेत किया ?

(क) चले जाने का   (ख) रोने का

(ग) कभी न आने का   (घ) ठहरने का

उत्तर: (घ) ठहरने का

28. नेताजी के चेहरे पर चशमा क्यों नहीं था ?

(क) पूरा बाजार बन्द था।

(ख) पान वाले की दुकान बन्द थी।

(ग) कैप्टन चशमे वाला मर गया था।

(घ) कैप्टन कहीं बाहर चला गया था।

उत्तर: (ग) कैप्टन चशमे वाला मर गया था।

29. रमजान ने रसीला की हथेली पर क्या रख दिया ?

(क) खाना   (ख) तिजोरी की चाबी

(ग) रुपये   (घ) चवन्नी

उत्तर: (ग) रुपये

30. हालदार साहब बार-बार किसके विषय में सोचते ?

(क) कौम के   (ख) कैप्टन के

(ग) पान वाले के   (घ) मास्टर के

उत्तर: (क) कौम के

31. रसीला ने रुपये पाकर रमजान के विषय में क्या सोचा ?

(क) ये आदमी नहीं शैतान है।

(ख) ये आदमी नहीं देवता है।

(ग) गरीब होकर भी कृपण है।

(घ) रमजान बहुत उदार है।

उत्तर: (ख) ये आदमी नहीं देवता है।

32. हालदार साहब का नेता जी के विषय में क्या ख्याल था ?

(क) मूर्ति नहीं होगी   (ख) चशमा नहीं होगा

(ग) कैप्टन नहीं होगा   (घ) वहाँ पान नहीं खायेंगे

उत्तर: (ख) चशमा नहीं होगा

33. श्यामू पतंग के माध्यम से किसको नीचे उतारना चाहता था ?

(क) श्यामू को   (ख) भोला को

(ग) विश्वेश्वर को   (घ) काकी को

उत्तर: (घ) काकी को

34. किसके टूटने का डर है ?

(क) भोला के   (ख) मोटी रस्सी के

(ग) गुरुजनों के   (घ) पतली रस्सी के

उत्तर: (घ) पतली रस्सी के

35. जवाहर भैया से एक कागज पर '........' लिखवा रखूँगा।

(क) पतंग   (ख) भोला

(ग) काकी   (घ) श्यामू

उत्तर: (ग) काकी

36. बच्चों ने नेताजी को कैसा चशमा पहना दिया ?

(क) सरकंडे का   (ख) गोल फ्रेम वाला

(ग) चौकौर फ्रेमवाला   (घ) काले रंग का

उत्तर: (क) सरकंडे का

37. श्यामू किसके लिए बहुत उत्कंठित था ?

(क) काकी के लिए

(ख) विश्वेश्वर के लिए

(ग) मोटी रस्सी के लिए

(घ) पतंग के लिए

उत्तर: (घ) पतंग के लिए

38. दूसरी बार विश्वेश्वर के कोट से कितने पैसे निकाले गये ?

(क) एक रुपया (ख) अठन्नी

(ग) पच्चीस पैसे (घ) चवन्नी

उत्तर: (क) एक रुपया

39. किस बात को सोचकर श्यामू गंभीर हो गया ?

(क) पतंग कैसे उड़ाई जाये ?

(ख) मोटी रस्सी कैसे मंगाई जाये ?

(ग) काकी को नीचे कैसे उतारा जाये ?

(घ) इनमें से कोई नहीं

उत्तर: (ख) मोटी रस्सी कैसे मंगाई जाये ?

40. 'सुखिया' के लड़के का नाम क्या था ?

(क) विश्वेश्वर (ख) भोला

(ग) शरण (घ) श्यामू

उत्तर: (ख) भोला

4. साहित्य सागर : कवितायें

1. विकीर्ण का क्या अर्थ है ?

(क) बिखरा हुआ (ख) विकसित

(ग) दिया हुआ (घ) इनमें से कोई नहीं

उत्तर: (घ) बिखरा हुआ

2. हिमालय को क्या कहा जाता है ?

(क) यह भारत की शोभा में चार चाँद लगा देता है

(ख) इसको भारतमाता का मुकुट कहा जाता है

(ग) यह शत्रुओं से देश की रक्षा करता है

(घ) ये सभी

उत्तर: (ख) इसको भारतमाता का मुकुट कहा जाता है

3. कवि ने ''स्वर्ग बना सकते हैं।'' कविता में क्या इच्छा व्यक्त की है ?

(क) हम प्रयत्न करें तो देश को स्वर्ग के समान बना सकते हैं।

(ख) मनुष्य आलसी है वह केवल अपना जीवन सुखमय बना सकता है।

(ग) देशवासी तो जातिवाद में उलझे हुए, विकास कैसे करें

(घ) नेता बनकर देश की प्रगति में हिस्सेदार हो सकते हैं।

उत्तर: (क) हम प्रयत्न करें तो देश को स्वर्ग के समान बना सकते हैं।

4. क्या कबीर पढ़े-लिखे थे ?

(क) वे पढ़े-लिखे नहीं थे

(ख) उन्होंने पीएचडी की थी

(ग) उन्होंने कई उपाधियाँ प्राप्त कीं

(घ) वे अल्पज्ञान रखते थे

उत्तर: (क) वे पढ़े-लिखे नहीं थे

5. कवि ने भारत को युद्धभूमि क्यों कहा है ?

(क) वीरों की वीरता के कारण

(ख) अधिक युद्ध होने के कारण

(ग) दूसरा विश्वयुद्ध होने के कारण

(घ) कोई युद्ध न होने के कारण

उत्तर: (क) वीरों की वीरता के कारण

6. 'गिरिधर कविराय' ने अपनी कविता को किस छन्द में लिखा ?

(क) दोहा (ख) सोरठा

(ग) रोला (घ) कुण्डलिया

उत्तर: (घ) कुण्डलिया

7. कबीरदास जी की भाषा को क्या कहा जाता है ?

(क) ब्रज भाषा (ख) अवधी भाषा

(ग) पंचमेल खिचड़ी (घ) मैथिली भाषा

उत्तर: (ग) पंचमेल खिचड़ी

8. 'संतुष्ट' का पर्यायवाची निम्न में से कौनसा है ?

(क) विकीर्ण (ख) जगत

(ग) तुष्ट (घ) इनमें से कोई नहीं

उत्तर: (ग) तुष्ट

9. 'नीचे चरण तले पड़, नित सिंधु झूमता है' का क्या अर्थ है ?

(क) नीचे चरणों पर सिंधु झूमता है

(ख) भारत माता के नीचे समुद्र उसके चरण चूमता है

(ग) सारे समुद्र यहीं आकर मिलते हैं

(घ) चरणों पर नित्य सिंधु तैरता रहता है

उत्तर: (ख) भारत माता के नीचे समुद्र उसके चरण चूमता है

10. 'गिरिधर कविराय' की कितनी कुण्डलियाँ संकलित की गई हैं ?

(क) सौ से अधिक (ख) दो सौ से अधिक

(ग) चार सौ से अधिक (घ) पाँच सौ से अधिक

उत्तर: (घ) पाँच सौ से अधिक

11. किसने जन्म लेकर यहाँ सुयश बढ़ाया है ?

(क) मीरा ने (ख) कबीर ने

(ग) श्रीकृष्ण ने (घ) गौतम बुद्ध ने

उत्तर: (घ) गौतम बुद्ध ने

12. धरती को स्वर्ग कैसे बनाया जा सकता है ?

(क) संतुष्ट हो के

(ख) न्यायोचित अधिकार प्राप्त करके

(ग) सुख प्राप्त करके (घ) ये सभी

उत्तर: (घ) ये सभी

13. कबीरदास जी किसके उपासक थे ?

(क) शिव-पार्वती के

(ख) राम-सीता के

(ग) हनुमान जी के

(घ) निर्गुण तथा निराकार ईश्वर के

उत्तर: (घ) निर्गुण तथा निराकार ईश्वर के

14. गंगा, यमुना, त्रिवेणी नदियाँ क्या करती हैं ?

(क) गंगा, यमुना और त्रिवेणी नदियाँ लहराकर बहते हुए भारतभूमि को हरा भरा बनाती हैं। उनकी छटा निराली है।

(ख) गंगा, यमुना और त्रिवेणी बस प्रदूषित हमेशा बहती रहतीं हैं

(ग) इन तीनों नदियों से चारों ओर अद्भुत शोभा दिखाई देती है

(घ) इन तीनों के कारण ही देश की महिमा बढ़ रही है।

उत्तर: (क) गंगा, यमुना और त्रिवेणी नदियाँ लहराकर बहते हुए भारतभूमि को हरा भरा बनाती हैं। उनकी छटा निराली है।

15. गिरिधर कविराय की कुण्डलियाँ जनमानस में बहुत लोकप्रिय क्यों हैं ?

(क) नीति परक तथ्यों का कथन

(ख) प्रभावशाली वर्णन

(ग) व्यावहारिक पक्ष

(घ) जनमानस पर पैठ

उत्तर: (क) नीति परक तथ्यों का कथन

16. 'जग को दिया दिखाया' 'दिया' का यहाँ क्या अर्थ है ?

(क) दीपक (ख) रोशनी

(ग) ज्ञान (घ) कुछ प्रदान करना

उत्तर: (ग) ज्ञान

17. ईश्वर ने सुख के साधन किस रूप में उपलब्ध कराये हैं ?

(क) धन-सम्पदा

(ख) सूरज, चाँद, फूल, फल

(ग) उपजाऊ, मिट्टी, वायु, पर्वत

(घ) (ख) और (ग) दोनों

उत्तर: (घ) (ख) और (ग) दोनों

18. हिमालय बहुत ऊँचा होने के कारण कैसा प्रतीत होता है ?

(क) मानो आकाश को चूम रहा है।

(ख) हिमालय आकाश में स्थित है।

(ग) हिमालय आकाश की शोभा बढ़ा रहा है।

(घ) हिमालय पर कोई चढ़ नहीं सकता।

उत्तर: (क) मानो आकाश को चूम रहा है।

19. 'वह जन्मभूमि मेरी' कविता प्रदर्शित करती है—

(क) यह कविता मनुष्य के स्वार्थ को प्रदर्शित करती है

(ख) मनुष्य-मनुष्य में विभिन्नता का भाव प्रदर्शित करती है।

(ग) मनुष्य के स्वयं विकास के भाव को प्रदर्शित करती है।

(घ) यह कविता राष्ट्रीयता से प्रेरित है।

उत्तर: (घ) यह कविता राष्ट्रीयता से प्रेरित है।

20. कबीरदास जी ने किसका विरोध किया ?

(क) नदियों की पूजा का

(ख) वृक्षों की पूजा का

(ग) मूर्ति-पूजा, कर्मकांड तथा बाहरी आडम्बरों का

(घ) उपरोक्त सभी का

उत्तर: (ग) मूर्ति-पूजा, कर्मकांड तथा बाहरी आडम्बरों का

21. 'दाम' से यहाँ क्या अभिप्राय है ?

(क) मूल्य (ख) पैसा

(ग) दबा हुआ (घ) इनमें से कोई नहीं

उत्तर: (ख) पैसा

22. गौतम ने जग को क्या सिखाया ?

(क) अहिंसा (ख) हिंसा

(ग) दया (घ) क्रूरता

उत्तर: (ग) दया

23. 'कहाँ अभी इतने नर' पंक्ति से कवि का क्या अभिप्राय है ?

(क) मनुष्यों की संख्या कम है

(ख) सुख-संसाधन अधिक हैं

(ग) धरती पर मौजूद मनुष्यों के लिए पर्याप्त संसाधन हैं

(घ) इनमें से कोई नहीं

उत्तर: (ग) धरती पर मौजूद मनुष्यों के लिए पर्याप्त संसाधन हैं

24. वह भारतभूमि कैसी है ?

(क) जन्मभूमि हमेशा भरी-भरी है

(ख) पुण्यभूमि और स्वर्णभूमि है

(ग) मातृभूमि में असंख्य नदियाँ बहती हैं

(घ) भारतीय भूमि का कहीं वर्णन न हो, ऐसा नहीं है

उत्तर: (ख) पुण्यभूमि और स्वर्णभूमि है

25. क्या कबीरदास जी ने हिन्दू-मुसलमानों की एकता का प्रयास किया ?

(क) वे हिन्दु-मुसलमानों के बीच मतभेद करते रहे

(ख) वे हिन्दु-मुसलमानों में दंगे-फसाद करवाते थे

(ग) उन्होंने हिन्दु-मुस्लिम एकता का नारा भी बुलन्द किया

(घ) वे जातिवाद के प्रबल समर्थक थे

उत्तर: (ग) उन्होंने हिन्दु-मुस्लिम एकता का नारा भी बुलन्द किया

26. 'वह जन्मभूमि मेरी' कविता का मूलभाव क्या है ?

(क) देश की महिमा का बखान करना

(ख) देशभक्ति का प्रदर्शन करना

(ग) देश के लिये गौरवान्वित महसूस करना

(घ) देश के लिये जान देना

उत्तर: (ग) देश के लिये गौरवान्वित महसूस करना

27. धरती पर मौजूद संसाधनों पर सबको न्यायोचित अधिकार क्यों नहीं मिल पाता ?

(क) कुछ स्वार्थी और चालाक लोग औरों का अधिकार छीन लेते हैं

(ख) धरती सिर्फ चुनिंदा लोगों को संसाधन प्रदान करती है

(ग) प्रकृति सबके लिए नहीं है

(घ) न्याय जैसी कोई चीज़ नहीं होती

उत्तर: (क) कुछ स्वार्थी और चालाक लोग औरों का अधिकार छीन लेते हैं

28. कौन-से पथ पर विघ्न अड़े हुए हैं?

(क) हमारे विकास के पथ पर

(ख) महात्मा गाँधी मार्ग पर

(ग) चन्द्रशेखर आजाद मार्ग पर

(घ) राष्ट्रीय राजमार्ग पर

उत्तर: (क) हमारे विकास के पथ पर

29. कबीर मूर्ति पूजा के खिलाफ क्यों थे?

(क) क्योंकि भगवान की प्राप्ति के लिए उनकी भक्ति और सच्चे मन से स्मरण आवश्यक है

(ख) क्योंकि पत्थर में भगवान नहीं बसते।

(ग) कबीरदास जी मुसलमान होने के कारण मूर्ति पूजा के खिलाफ थे।

(घ) वे ईश्वर में आस्था नहीं रखते थे।

उत्तर: (क) क्योंकि भगवान की प्राप्ति के लिए उनकी भक्ति और सच्चे मन से स्मरण आवश्यक है

30. बुद्ध-भूमि से क्या तात्पर्य है?

(क) बुद्धिरहित भूमि   (ख) गौतम बुद्ध की भूमि

(ग) बौद्ध धर्म की भूमि   (घ) (क) और (ग) दोनों

उत्तर: (ख) गौतम बुद्ध की भूमि

31. नाव में पानी भर जाने पर सयाने व्यक्ति को क्या करना चाहिये?

(क) नाव से कूद जाना चाहिये।

(ख) नाव में छेद करके पानी बाहर निकाल देना चाहिये।

(ग) दोनों हाथों से पानी बाहर फेंक देना चाहिये।

(घ) इनमें से कोई नहीं।

उत्तर: (ग) दोनों हाथों से पानी बाहर फेंक देना चाहिये।

32. मानवता की राह रोककर कौन अड़े हुए हैं?

(क) अनेक रुकावटें पर्वतों के समान अडिग खड़ी हुई हैं।

(ख) जमीन धसकने से रास्ता बन्द हो गया है

(ग) बाढ़ आने पर रास्ता बंद है

(घ) खराब बर्फीले मौसम से रास्ता बंद हो गया है।

उत्तर: (क) अनेक रुकावटें पर्वतों के समान अडिग खड़ी हुई हैं।

33. कबीरदास जी ने चाकी को भला क्यों बताया है?

(क) क्योंकि चाकी (चक्की) पत्थर से बनी होने के कारण कुछ बोलती नहीं है

(ख) क्योंकि चाकी किसी में भेद नहीं करती।

(ग) क्योंकि महीन आटा पीसती है

(घ) क्योंकि चाकी अनाज पीसकर आटा बनाती है जिससे बनी हुई रोटी खाकर सब अपना पेट भरते हैं।

उत्तर: (घ) क्योंकि चाकी अनाज पीसकर आटा बनाती है जिससे बनी हुई रोटी खाकर सब अपना पेट भरते हैं।

34. 'स्वर्ग बना सकते हैं' कविता में किस वर्ग के अधिकारों की बात की गयी है?

(क) समृद्ध वर्ग के   (ख) शोषित वर्ग के

(ग) मजदूर वर्ग के   (घ) इनमें से कोई नहीं

उत्तर: (ख) शोषित वर्ग के

35. 'स्वर्ग बना सकते हैं' कविता के रचनाकार का निधन कब हुआ?

(क) 1980   (ख) 1988

(ग) 1987   (घ) 1990

उत्तर: (ख) 1988

36. इन विघ्नों को कैसे दूर किया जा सकता है?

(क) नये उपाय सोचकर   (ख) सच्चे परिश्रम से

(ग) सबकी मदद से   (घ) उपरोक्त सभी से

उत्तर: (ख) सच्चे परिश्रम से

37. 'सयानो काम' से क्या अभिप्राय है?

(क) बेवकूफी का काम   (ख) समझदारी का काम

(ग) आलस्य करना   (घ) कोई काम ना करना

उत्तर: (ख) समझदारी का काम

38. जन्मभूमि का पर्यायवाची 'वह जन्मभूमि मेरी' कविता में कौन-सा है?

(क) पुण्यभूमि   (ख) मातृभूमि

(ग) युद्धभूमि   (घ) बुद्धभूमि

उत्तर: (ख) मातृभूमि

39. 'वह जन्मभूमि मेरी' के रचनाकार कौन हैं?

(क) सुमित्रानंदन पंत   (ख) सोहन लाल द्विवेदी

(ग) नागार्जुन   (घ) हरिकृष्ण प्रेमी

उत्तर: (ख) सोहन लाल द्विवेदी

40. कबीरदास जी के गुरु कौन थे?

(क) संत रैदास   (ख) संत स्वामी रामानंद

(ग) संत ज्ञानेश्वर   (घ) संत तुकाराम

उत्तर: (ख) संत स्वामी रामानंद

41. घर में 'दाम' बढ़ने पर क्या करना चाहिये?

(क) उलीचना चाहिये

(ख) दान-पुण्य करना चाहिये

(ग) तिजोरी में रख देना चाहिये

(घ) इनमें से कोई नहीं

उत्तर: (ख) दान-पुण्य करना चाहिये

42. कवि को किस बात पर गर्व है?

(क) भारत में जन्म लेने पर

(ख) गौतम बुद्ध के जन्म लेने पर

(ग) भारत के युद्धभूमि होने पर

(घ) उपर्युक्त सभी

उत्तर: (क) भारत में जन्म लेने पर

43. 'स्वर्ग बना सकते हैं' कविता के रचनाकार किस दैनिक राष्ट्रीय पत्र का संपादन करते थे ?

(क) आवाह्न   (ख) अधिकार

(ग) आवाज़   (घ) आरोहण

उत्तर: (ख) अधिकार

44. 'सुचाल' का अर्थ–

(क) कुत्सित गति   (ख) स्वर्णिम गति

(ग) उचित गति   (घ) मन्थरगति

उत्तर: (ग) उचित गति

45. भूमि का पर्यायवाची बताएँ–

(क) धरा   (ख) अचला

(ग) धरती   (घ) ये सभी

उत्तर: (घ) ये सभी

46. 'काज' का तत्सम लिखिए–

(क) कारण

(ख) घर

(ग) निमित्त

(घ) कार्य

उत्तर: (घ) कार्य

47. 'नौका' का तद्भव लिखिए–

(क) नौ वस्तुएँ

(ख) नाव

(ग) नौ लोग

(घ) नौ वस्तुओं का समूह

उत्तर: (ख) नाव

5. नया रास्ता

1. आशा किन से बातें कर रही थी ?

(क) मेरठ वालों से   (ख) अलीगढ़ वालों से

(ग) मीरापुर वालों से   (घ) दिल्ली वालों से

उत्तर: (क) मेरठ वालों से

2. किसके रूप में निखार आ गया था ?

(क) मीनू के   (ख) आशा के

(ग) अमित के   (घ) रोहित के

उत्तर: (ख) आशा के

3. माँ ने कमरे से किसको बुलाया ?

(क) मीनू को   (ख) आशा को

(ग) सरिता को   (घ) मधु को

उत्तर: (ख) आशा को

4. आशा किस तरह से बात कर रही थी ?

(क) झुँझला कर   (ख) शरमाकर

(ग) मुस्कराकर   (घ) हँसकर

उत्तर: (घ) हँसकर

5. आशा ने क्या अनुचित नहीं माना ?

(क) प्रश्नों को पूछना   (ख) प्रश्नों के उत्तर देना

(ग) चुप रहना   (घ) बोलते ही चले जाना

उत्तर: (ख) प्रश्नों के उत्तर देना

6. आशा का इस तरह से उत्तर देना किसको अच्छा नहीं लगा ?

(क) मीनू की माँ को   (ख) दयाराम जी को

(ग) अमित की माँ को   (घ) मेरठ वालों को

उत्तर: (क) मीनू की माँ को

7. 'मीनू' इस तरह की परीक्षा में कई बार असफल हो चुकी थी इसलिए उसके हृदय का.........और अधिक तीव्र हो गया था।

(क) झंझावात्   (ख) संदेह

(ग) अन्तर्द्वन्द्व   (घ) प्यार

उत्तर: (ग) अन्तर्द्वन्द्व

8. 'जी, घर जाकर विचार करेंगे। उसके बाद आपको पत्र लिखेंगे।' यह किसने कहा ?

(क) दयाराम जी ने   (ख) धनीमल जी ने

(ग) मायाराम जी ने   (घ) अमित की माता जी ने

उत्तर: (ग) मायाराम जी ने

9. किसकी बचकानी हरकत को देखकर माँ को क्रोध आ गया ?

(क) आशा की   (ख) माया की

(ग) मधु की   (घ) सरिता की

उत्तर: (क) आशा की

10. 'मीनू' किससे अधिक सुन्दर दिख रही थी ?

(क) आशा   (ख) माया

(ग) मधु   (घ) सरिता

उत्तर: (ग) मधु

11. किसके तर्कों के आगे मायाराम जी की एक न चली ?

(क) धनीमल के   (ख) दयाराम के

(ग) मधु की माँ के   (घ) मीनू की माँ के

उत्तर: (क) धनीमल के

12. अन्त में निर्णय क्या लिया गया ?

(क) मधु के साथ शादी का

(ख) आशा के साथ शादी का

(ग) नीलिमा के साथ शादी का

(घ) सरिता के साथ शादी का

उत्तर: (घ) सरिता के साथ शादी का

13. किस के लिए पत्र लिखा गया ?

(क) अमित की माँ को   (ख) अमित के पिता को

(ग) आशा की बहिन को   (घ) मीनू के पिता को

उत्तर: (घ) मीनू के पिता को

14. वर पक्ष में अन्तर्द्वन्द्व क्यों उत्पन्न होता है ?
    (क) लड़की देखने के बाद मना करने पर
    (ख) धन व शिक्षा को लेकर
    (ग) सभी के सामंजस्य को लेकर
    (घ) सामाजिक दबाव को लेकर
उत्तर: (क) लड़की देखने के बाद मना करने पर

15. 'वर-पक्ष रिश्ता' लेने से क्यों इनकार कर देता है ?
    (क) केवल कन्या के कारण
    (ख) केवल परिवार के कारण
    (ग) केवल शिक्षा के कारण
    (घ) केवल धन के कारण
उत्तर: (घ) केवल धन के कारण

16. उस विद्यालय की पहली छात्रा कौन थी ?
    (क) नीलिमा   (ख) मीनू
    (ग) सरिता   (घ) मधु
उत्तर: (ख) मीनू

17. बाद में किस प्रकार की लड़कियाँ आ गयीं थीं ?
    (क) जिनकी नृत्य में रुचि थी
    (ख) जिनकी पढ़ने में रुचि थी।
    (ग) जिनकी खेलने में रुचि थी
    (घ) जिनकी गायन में रुचि थी।
उत्तर: (क) जिनकी नृत्य में रुचि थी

18. पहले दिन गुरू जी ने क्या सिखाया ?
    (क) कमर चलाना   (ख) हाथ चलाना
    (ग) पैर चलाना   (घ) आँख चलाना
उत्तर: (ग) पैर चलाना

19. 'मीनू' के पैरों में दर्द होने का कारण क्या था ?
    (क) अधिक समय तक खड़े रहना
    (ख) पहला दिन होने के कारण
    (ग) बहुत समय तक अभ्यास करना
    (घ) चोट लगने के कारण
उत्तर: (ख) पहला दिन होने के कारण

20. घर पहुँचने पर मीनू ने क्या किया ?
    (क) पैर चलाने का अभ्यास
    (ख) गीत गाने का अभ्यास
    (ग) गृह कार्य
    (घ) तबला बजाने का अभ्यास
उत्तर: (क) पैर चलाने का अभ्यास

21. "शादी के बाद प्रीतिभोज करना है कि नहीं।" ये किसने पूछा ?
    (क) अमित की माँ ने अमित के पिता से
    (ख) अमित के पिता ने अमित की माँ से
    (ग) मायाराम जी ने दयाराम जी से
    (घ) मीनू ने दयाराम जी से
उत्तर: (क) अमित की माँ ने अमित के पिता से

22. "यदि हम लोग प्रीतिभोज नहीं देंगे तो दुनिया वाले क्या कहेंगे।" यह विचार किसका है ?
    (क) अमित का   (ख) अमित की माता जी का
    (ग) मायाराम जी का   (घ) मीनू का
उत्तर: (ग) मायाराम जी का

23. "इकलौती बहू के लिए इतना जेवर कम है।" यह किसने कहा ?
    (क) अमित ने   (ख) दयाराम जी ने
    (ग) मायाराम जी ने   (घ) अमित की माता जी ने
उत्तर: (घ) अमित की माता जी ने

24. "अपने बुढ़ापे के लिए रखो अपना सोना" यह किसने किसको समझाते हुए कहा ?
    (क) अमित के पिता ने अमित की माता जी को
    (ख) मायाराम जी ने धनीमल जी को
    (ग) दयाराम जी ने मायाराम जी को
    (घ) मीनू ने अमित को
उत्तर: (क) अमित के पिता ने अमित की माता जी को

25. मधु क्या चाहती थी ?
    (क) अपनी सहेली की शादी में जाना।
    (ख) अपनी सभी सहेलियों को शादी में बुलाना।
    (ग) कार्ड देना चाहती थी।
    (घ) कार्ड छपवाना चाहती थी।
उत्तर: (ख) अपनी सभी सहेलियों को शादी में बुलाना।

26. धनीमल जी सरिता को क्या देना चाहते थे ?
    (क) एक फ्लैट   (ख) एक छोटा-सा घर
    (ग) एक फैक्ट्री   (घ) एक बगीचा
उत्तर: (घ) एक फ्लैट

27. "आज कल के बच्चे तो अलग रह कर ही अपनी गृहस्थी बसाना चाहते हैं।" यह विचार किसने दिया ?
    (क) धनीमल जी ने   (ख) मायाराम जी ने
    (ग) मनीराम जी ने   (घ) दयाराम जी ने
उत्तर: (क) धनीमल जी ने

28. "छोटी बेटी होने के कारण बहुत लाड़ प्यार में पली है।" यह लड़की कौन है ?
    (क) माया   (ख) सरिता
    (ग) मधु   (घ) शालिनी
उत्तर: (ख) सरिता

29. "उनके स्वयं कोई बेटा नहीं है तो वह क्या जानें बेटे के अलग होने का क्या दु:ख होता है।" यह किसने कहा ?
    (क) दयाराम जी ने   (ख) धनीमल जी ने
    (ग) अमित की माँ ने   (घ) मायाराम जी ने
उत्तर: (ग) अमित की माँ ने

30. "बेटा अमित! अब इस बात का फैसला तुम्हारे हाथ में ही है।"
यह किसने कहा ?

(क) धनीमल जी ने (ख) माया जी ने

(ग) मायाराम जी ने (घ) दयाराम जी ने

उत्तर: (ग) मायाराम जी ने

31. मीनू कौन है ?

(क) दयाराम जी की पुत्री

(ख) मायाराम जी की पुत्री

(ग) धनीमल जी की पुत्री

(घ) लाला जी की पुत्री

उत्तर: (क) दयाराम जी की पुत्री

32. मीनू ने क्या निर्णय लिया ?

(क) आगे पढ़ने का

(ख) शादी करने का

(ग) शादी न करने का

(घ) अमित को पत्र लिखने का

उत्तर: (ग) शादी न करने का

33. मीनू की शादी की बात किसके साथ चल रही थी ?

(क) विमल से (ख) रोहित से

(ग) सुमित से (घ) अमित से

उत्तर: (घ) अमित से

34. अमित की छोटी बहन का क्या नाम था ?

(क) आशा (ख) मधु

(ग) सरिता (घ) कमला

उत्तर: (ख) मधु

35. मीनू ने शादी न करने का निर्णय क्यूँ लिया ?

(क) मेरठ से मना होने पर

(ख) आशा की शादी कराने के लिये

(ग) हापुड़ से मना होने पर

(घ) (क) और (ख) दोनों

उत्तर: (क) मेरठ से मना होने पर

36. मेरठ वालों ने क्या जवाब दिया ?

(क) हमें मीनू पसंद नहीं है।

(ख) हमें आशा पसंद है।

(ग) हमें सरिता पसंद है।

(घ) हमें नीलिमा पसंद है।

उत्तर: (ख) हमें आशा पसंद है।

37. मेरठ वालों का जवाब सुनकर मीनू की क्या दशा हुई ?

(क) वह खुश हो गई

(ख) उसका दिल रो पड़ा

(ग) वह घर से बाहर चली गई

(घ) वह गुस्सा हो गई

उत्तर: (ख) उसका दिल रो पड़ा

38. मेरठ वालों ने बहाना क्यों बनाया ?

(क) मीनू के साँवले रंग के कारण

(ख) सरिता के खूबसूरत होने के कारण

(ग) धनीमल के अधिक पैसा देने के कारण

(घ) इनमें से कोई नहीं

उत्तर: (ग) धनीमल के अधिक पैसा देने के कारण

39. आशा का रूप-रंग कैसा था ?

(क) काला और कुरूप (ख) साँवला

(ग) सामान्य (घ) गोरा और सुंदर

उत्तर: (घ) गोरा और सुंदर

40. 'नया रास्ता' के लेखक/लेखिका का नाम बताइए—

(क) महादेवी वर्मा (ख) सुषमा अग्रवाल

(ग) नागार्जुन (घ) सुमित्रानंदन पंत

उत्तर: (ख) सुषमा अग्रवाल

6. एकांकी संचय

1. महाराणा की सेना कहाँ अपना ध्वज फहराना चाहती थी ?

(क) चित्तौड़ के दुर्ग पर

(ख) बूँदी के नकली दुर्ग पर

(ग) बूँदी के दुर्ग पर

(घ) लोहागढ़ पर

उत्तर: (ख) बूँदी के नकली दुर्ग पर

2. अतुल की पत्नी कौन है ?

(क) दिशा (ख) निशा

(ग) उमा (घ) महिमा

उत्तर: (ग) उमा

3. प्रमोद की दृष्टि में जीवनलाल जी कैसे व्यक्ति हैं ?

(क) अविश्वासी सोच वाले

(ख) आर्थिक सोच वाले

(ग) वैचारिक सोच वाले

(घ) निष्कपट

उत्तर: (ख) आर्थिक सोच वाले

4. 'अविनाश' कब बहुत बीमार था ?

(क) पिछले महीने (ख) पिछले सप्ताह

(ग) पच्चीस दिन पूर्व (घ) दस दिन पूर्व

उत्तर: (क) पिछले महीने

5. "हम तो समझते थे कि घड़ी दो घड़ी में खेल खत्म हो जायेगा।" यह कथन किसका है ?

(क) महाराणा का

(ख) अभय सिंह का

(ग) लाखा का

(घ) वीर सिंह का

उत्तर: (ख) अभय सिंह का

6. हम किस आधार पर किसी चीज का विरोध करते हैं ?

(क) सामाजिक   (ख) पारिवारिक

(ग) व्यक्तिगत   (घ) स्थानीय

उत्तर: (क) सामाजिक

7. कमला की दृष्टि में जीवनलाल जी कैसे है ?

(क) उद्दण्ड स्वभाव के

(ख) भुलक्कड़ स्वभाव के

(ग) जिद्दी स्वभाव के

(घ) सरल स्वभाव के

उत्तर: (ग) जिद्दी स्वभाव के

8. "मेरा बेटा बहुत बीमार रहे और मुझे पता भी न लगे।" यह किसने कहा ?

(क) उमा ने   (ख) माँ ने

(ग) पिता ने   (घ) करुणा ने

उत्तर: (ख) माँ ने

9. कमला को लेने कौन आया ?

(क) रोहित   (ख) रमेश

(ग) प्रमोद   (घ) जीवनलाल

उत्तर: (ग) प्रमोद

10. कमला किसकी बहन है ?

(क) प्रमोद की

(ख) रमेश की

(ग) रोहित की

(घ) इनमें से कोई नहीं

उत्तर: (क) प्रमोद की

11. किन कारणों वश व्यक्ति अपने प्राणों का उत्सर्ग करके भी विरोध करता है ?

(क) समाज के प्रति कर्तव्य

(ख) व्यक्तिगत ईर्ष्या

(ग) आत्म सम्मान

(घ) पारिवारिक दबाव

उत्तर: (क) समाज के प्रति कर्तव्य

12. "हमारे इस खेल में कुछ वास्तविकता आ गयी है।" यह विचार किसका है ?

(क) अभय सिंह का   (ख) महाराणा का

(ग) चारणी का   (घ) राव हेमू का

उत्तर: (ख) महाराणा का

13. प्रमोद के अनुसार कमला का भविष्य किस प्रकार का है ?

(क) अन्धकारमय

(ख) स्नेह और प्यार से वंचित

(ग) विषम

(घ) आपदाओं से युक्त

उत्तर: (ग) विषम

14. "हम इतने कायर और निष्प्राण नहीं हैं।" यह किसका कथन है ?

(क) अभय सिंह का   (ख) महाराणा का

(ग) राव हेमू का   (घ) चारणी का

उत्तर: (क) अभय सिंह का

15. बहू यद्यपि अकेली थी फिर भी उसने क्या नहीं किया ?

(क) हाथ नहीं बढ़ाया   (ख) हाथ पीछे खींच लिया

(ग) हाथ नहीं फैलाया   (घ) हाथ उठा लिया

उत्तर: (ग) हाथ नहीं फैलाया

16. "धन्य है वह भूमि जहाँ ऐसे सिंह पैदा होते हैं।" यह कथन किसका है ?

(क) चारणी का   (ख) वीर सिंह का

(ग) महाराणा का   (घ) राव हेमू का

उत्तर: (ग) महाराणा का

17. 'सब एक ही धातु के बने हैं' कहकर प्रमोद किस बात की ओर इशारा कर रहा है ?

(क) सभी एक ही स्वभाव के हैं

(ख) पारिवारिक जीवन कठिनाइयों वाला

(ग) प्रेम का मात्र प्रदर्शन है

(घ) शान्ति का अभाव रहेगा

उत्तर: (क) सभी एक ही स्वभाव के हैं

18. इस तार्किक शक्ति की ऊर्जा को कौन प्रदान करता है ?

(क) धार्मिक रूढ़ता

(ख) व्यक्तिगत सम्बन्ध

(ग) पारिवारिक कारण

(घ) सामाजिक परिवेश

उत्तर: (घ) सामाजिक परिवेश

19. पैसों को देकर भी प्रमोद कमला के लिए क्या नहीं देख पा रहा है ?

(क) उचित वैवाहिक जीवन

(ख) सामान्य दिनचर्या

(ग) नीरस जीवन

(घ) सौम्य पारिवारिक जीवन

उत्तर: (घ) सौम्य पारिवारिक जीवन

20. वीर सिंह का बलिदान किसके (हथियार) द्वारा हुआ ?

(क) गोला से   (ख) तलवार से

(ग) बाण से   (घ) बन्दूक से

उत्तर: (क) गोला से

21. उसने अपने 'पति' को बचा लिया, यह समाचार किसने दिया ?

(क) माँ ने   (ख) अतुल ने

(ग) मिसरानी ने   (घ) अविनाश ने

उत्तर: (ग) मिसरानी ने

22. प्रमोद ने कमला को मायके ले जाने के लिये किससे अनुनय-विनय की ?

(क) राजेश्वरी से

(ख) जीवनलाल से

(ग) रमेश से

(घ) पड़ोसियों से

उत्तर: (ख) जीवनलाल से

23. 'ऐसी वीर जाति को अधीन करना मेरा पागलपन है।' यहाँ पर 'मेरा' शब्द का सम्बन्ध किससे है ?

(क) अभय सिंह से   (ख) राव हेमू से

(ग) वीर सिंह से   (घ) महाराणा से

उत्तर: (घ) महाराणा से

24. अविनाश कितने दिनों से दफ्तर नहीं जा रहे थे ?

(क) दस दिन से   (ख) पाँच दिन से

(ग) बारह दिन से   (घ) तीन दिन से

उत्तर: (क) दस दिन से

25. 'सायत' शब्द का अर्थ ________ है।

(क) समय   (ख) मुहूर्त

(ग) शुभघड़ी   (घ) उचित समय

उत्तर: (ख) मुहूर्त

26. अन्त में मनुष्य उन्हें क्यों स्वीकार कर लेता है ?

(क) उत्साहहीनता

(ख) दया भाव के कारण

(ग) माया और ममता

(घ) सर्वसम्मति के कारण

उत्तर: (ख) दया भाव के कारण

27. प्रमोद कमला को कहाँ ले जाना चाहता है ?

(क) उसके मायके

(ख) उसके ससुराल

(ग) उसके मामा के घर

(घ) बाजार

उत्तर: (क) उसके मायके

28. 'अविनाश' की तुलना निर्मम पिता से किसने की ?

(क) अविनाश ने स्वयं

(ख) अविनाश की पत्नी ने

(ग) अविनाश की माँ ने

(घ) अविनाश के भाई ने

उत्तर: (ग) अविनाश की माँ ने

29. महाराणा ने शव के पास बैठ कर क्या माँगा ?

(क) हाड़ाओं के लिए मृत्यु

(ख) अपने अपराध के लिए क्षमा

(ग) अपनी विजय के लिए गौरव

(घ) इनमें से कोई नहीं

उत्तर: (ख) अपने अपराध के लिए क्षमा

30. माँ से बेटे को अलग करना क्या है ?

(क) पाप   (ख) कल्याण

(ग) पुण्य   (घ) परोपकार

उत्तर: (क) पाप

31. जीवनलाल कमला को क्यों नहीं जाने देना चाहता ?

(क) घर के कामों में व्यवधान के कारण

(ख) दहेज कम मिलने के कारण

(ग) कमला की तबियत खराब होने के कारण

(घ) इनमें से कोई नहीं

उत्तर: (ख) दहेज कम मिलने के कारण

32. हमारी तलवार अपने ही ________ पर न उठनी चाहिए।

(क) सैनिकों   (ख) मालिकों

(ग) स्वजनों   (घ) शत्रुओं

उत्तर: (ग) स्वजनों

33. जीवनलाल ने कमला को भेजने के लिये कितनी राशि की माँग रखी ?

(क) दस हजार

(ख) पाँच हजार

(ग) पंद्रह हजार

(घ) बीस हजार

उत्तर: (ख) पाँच हजार

34. सब पत्नियाँ अपने पतियों को प्यार करती हैं। यह किसका कथन है ?

(क) माँ   (ख) उमा

(ग) अतुल   (घ) अविनाश

उत्तर: (ख) उमा

35. कमला के न जाने पर किसका हृदय टूट जायेगा ?

(क) बहन का

(ख) माँ का

(ग) प्रमोद का

(घ) जीवनलाल का

उत्तर: (ख) माँ का

36. "नहीं भाभी! मैं नहीं छोड़ सकूँगी, चाहूँ तब भी नहीं।" किसको नहीं छोड़ सकेगी ?

(क) पति को   (ख) माँ को

(ग) घर को   (घ) मिसरानी को

उत्तर: (क) पति को

37. प्रमोद कमला को किस अवसर के लिये ले जाने की बात कर रहा है?

   (क) भादों मनाने के लिये

   (ख) सावन मनाने के लिये

   (ग) भाई-दूज के लिये

   (घ) इनमें से कोई नहीं

   उत्तर: (ख) सावन मनाने के लिये

38. सन्तान का पालन करना माता-पिता का नैतिक कर्त्तव्य है। किन्तु इससे अधिक है तो वह क्या है?

   (क) पाप   (ख) पुण्य

   (ग) मोह   (घ) वात्सल्य

   उत्तर: (ग) मोह

39. जीवनलाल का कमला के साथ क्या सम्बन्ध है?

   (क) ससुर   (ख) देवर

   (ग) पिता   (घ) भाई

   उत्तर: (क) ससुर

40. जीवनलाल की पत्नी का क्या नाम है?

   (क) कमला

   (ख) राजेश्वरी

   (ग) मीनू

   (घ) ममता

   उत्तर: (ख) राजेश्वरी

Hindi
Self Assessment Paper

SECTION - A

Question 1

निम्नलिखित गद्यांश को ध्यान से पढ़िए तथा उसके नीचे दिए गए प्रश्नों के उत्तर दीजिए :—

प्रात:काल प्रकृति की शोभा निराली होती है। सूर्य की सुनहरी किरणों के पड़ने से प्रत्येक वस्तु सुनहरी सी लगने लगती है। हरी-भरी घास पर ओस की बूँदे ऐसी प्रतीत होती है मानों सुन्दर चमकीले मोती हों। पेड़ों की चोटियों को छूती हुई सूर्य की किरणें अद्भुत शोभा प्रदान करती हैं। पर्वत शिखर स्वर्ण रेखा से खचित प्रतीत होते हैं। चारों ओर एक स्वर्गीय आभा, एक अलौकिक शोभा होती है। बाग-बगीचों में फूल मुस्कुराने लगते हैं। सरोवर में कमलों ने उनींदी पलकें खोल डालीं। पशु अपने बच्चों को प्यार से पुकारने लगे। पक्षियों ने कलरव गाना आरम्भ कर दिया। प्रात:काल की शोभा का स्वर्गीय आनन्द सभी ले रहे हैं। यह शोभा निराली है। यह विकास की किरण है। यह मन में आशा और उमंग भर रही है।

प्रश्न :—

1. हरी घास पर मोती से क्या चमकते हैं ?
   - (A) वर्षा की बूँदे
   - (B) रक्त की बूँदे
   - (C) ओस की बूँदे
   - (D) मोती

2. पर्वत शिखर कैसे प्रतीत होते हैं ?
   - (A) स्वर्णरेखा से खचित
   - (B) काले रंग से खचित
   - (C) बादलों से गिरे हुए
   - (D) पेड़ पौधों से भरे

3. चारों और कैसी शोभा है ?
   - (A) अलौकिक
   - (B) रहस्यमई
   - (C) लौकिक
   - (D) चमत्कारी

4. प्रात:काल की शोभा किसकी किरण है ?
   - (A) विनाश की
   - (B) विकास की
   - (C) स्वास्थ्य की
   - (D) प्रगति की

5. मन में क्या भर जाता है ?
   - (A) दु:ख और आलस
   - (B) असंतोष
   - (C) आशा और उमंग
   - (D) करुणा

6. प्रात:काल में पशु क्या करते हैं ?
   - (A) भागने लगते हैं
   - (B) गाना गाने लगते है
   - (C) अपने बच्चों को प्यार से पुकारने लगते हैं
   - (D) चिल्लाने लगते हैं

7. यह शोभा .... है। सही शब्द भरो।
   - (A) निराली
   - (B) मतवाली
   - (C) अनोखी
   - (D) खुशहाली

8. 'अद्भुत' शब्द का अर्थ बताइए।
   - (A) अनोखा
   - (B) अच्छा
   - (C) मतवाला
   - (D) अधूरा

9. पक्षियों ने कलरव कब आरम्भ किया ?
   - (A) प्रात:काल
   - (B) संध्या काल में
   - (C) दोपहर में
   - (D) रात में

10. 'उनींदी' शब्द का अर्थ है—
    - (A) नींद से भरी हुई
    - (B) तरोताज़ा
    - (C) नींद ना आना
    - (D) जाग जाना

Question 2

निम्नलिखित प्रश्नों के उत्तर निर्देशानुसार बताएँ—

1. **विलोम शब्द लिखें :**

   'अंतरंग' का विलोम बताइए—

   (A) बहिरंग   (B) काला रंग   (C) संगीत   (D) रंगीन

2. **पर्यायवाची बताइए :**

   'अनुराग' का पर्यायवाची बताइए—

   (A) प्रेम-ममता   (B) राग-विराग   (C) आदर-बिरादर   (D) नेह-प्रेम

3. **भाववाचक संज्ञा बताइए :**

   'उड़ना' का भाववाचक संज्ञा बताइए—

   (A) चढ़ना   (B) उड़ान   (C) पढ़ना   (D) पंख फैलाना

4. **शब्दों को शुद्ध करें :**

   'रमायना' शुद्ध करें—

   (A) रामायण   (B) रामयण   (C) रामायना   (D) रामाय

5. **मुहावरे का अर्थ बताइए :**

   'गले का हार' अर्थ बताइए—

   (A) बहुत बुरी है   (B) बहुत प्रिय   (C) लालच होना   (D) बहुत कष्ट देना

6. **निर्देशानुसार वाक्य शुद्ध करें :**

   मुसाफिर धर्मशाला में विश्राम करते हैं (भूतकाल में बदलें)—

   (A) मुसाफिरों ने धर्मशाला में विश्राम किया   (B) मुसाफिर धर्मशाला में विश्राम करने जाएंगे

   (C) मुसाफिर धर्मशाला में विश्राम करेंगे   (D) धर्मशाला में मुसाफिर विश्राम करेंगे

7. **विशेषण बनाइए :**

   'अर्थ' का विशेषण बताइए—

   (A) अर्थी   (B) अंकित   (C) आर्थिक   (D) अधर्म

8. **तद्भव शब्द बताइए :**

   'दधि' शब्द का तद्भव शब्द बताइए—

   (A) दही   (B) दूध   (C) मटका   (D) मक्खन

9. **अनेक शब्दों के स्थान पर एक शब्द लिखें :**

   जो कम बोलता हो—

   (A) वाचाल   (B) मितव्ययी   (C) मितभाषी   (D) बातूनी

10. **वचन बदलें :**

    तारा—

    (A) तारों   (B) तारी   (C) तारे   (D) सितारे

SECTION – B

*(Questions from only **two** of the following textbooks are to be answered.)*

Sahitya Sagar-Short Stories

Question 3

1. श्यामू की माँ कौन थी ?

   (A) उमा   (B) सुखिया   (C) दासी   (D) रमा

2. घरों में कोहराम क्यों मचा हुआ था ?

   (A) काकी की मृत्यु के कारण   (B) बच्चे की मृत्यु के कारण

   (C) दासी की मृत्यु के कारण   (D) सुखिया की मृत्यु के कारण

3. श्यामू को किसने बताया कि उसकी माँ भगवान के घर गई है ?

(A) उसके दोस्तों ने   (B) अबोध बालकों ने   (C) दासी ने   (D) सुखिया ने

4. आकाश में उड़ती पतंग देखकर श्यामू को कैसा लगा ?

(A) खुश हुआ   (B) दु:खी हुआ   (C) आनंदित हुआ   (D) व्याकुल हुआ

5. बाबू जगत सिंह पेशे से क्या थे ?

(A) डॉक्टर   (B) इंजीनियर   (C) वकील   (D) अध्यापक

6. रमजान कौन था ?

(A) चौकीदार   (B) जमादार   (C) हवलदार   (D) नौकर

7. यज्ञ बेचने के लिए सेठ जी कहां गए ?

(A) कुंदनपुर   (B) फूलपुर   (C) कुंदन नगर   (D) सीतापुर

8. हालदार साहब कस्बे से पहली बार गुजरते समय कहां रुके ?

(A) चौराहे पर पान खाने   (B) विद्यालय के सामने   (C) हलवाई की दुकार पर   (D) मूर्ति को देखने

9. मूर्ति किस चीन की बनी थी ?

(A) सफेद पत्थर की   (B) काले पत्थर की   (C) मिट्टी की   (D) संगमरमर की

10. मूर्ति में नेताजी कैसे लग रहे थे ?

(A) सुंदर और वृद्ध   (B) सुंदर, मासूम और कमसिन   (C) कुरुप   (D) आक्रमक फौजी

Sahitya Sagar-Poems

Question 4

1. कबीरदास जी किस काल के कवि थे ?

(A) आदिकाल   (B) भक्तिकाल   (C) रीतिकाल   (D) आधुनिक काल

2. कबीरदास जी की भाषा कौन–सी थी ?

(A) अवधी   (B) ब्रज   (C) खिचड़ी   (D) फारसी

3. 'मैं' का क्या अर्थ है ?

(A) अपना   (B) अहंकार   (C) कोच   (D) मेरा

4. कबीरदास जी के अनुसार ईश्वर का निवास कहाँ होता है ?

(A) खग में   (B) मृग में   (C) मानव में   (D) हृदय में

5. सभी को क्या सुहावना लगता है ?

(A) कौवे की बोली   (B) कोयल की बोली   (C) सियार की बोली   (D) कौवे का रंग

6. 'बयारि' का अर्थ बताइए।

(A) बाहर   (B) हवा   (C) अंदर   (D) पत्तियां

7. धर्मराज कौन है ?

(A) सत्यवती के पुत्र   (B) गांधारी के पुत्र   (C) कुंती के पुत्र   (D) धृतराष्ट्र के पुत्र

8. 'भव' का अर्थ बताइए।

(A) भावना   (B) मूल्य   (C) संसार   (D) संकट

9. श्री कृष्ण ने गीता किसे सुनाई थी ?

(A) सहदेव को   (B) नकुल को   (C) अर्जुन को   (D) भीम को

10. श्री राम के माता-पिता का क्या नाम है ?

(A) कुंती तथा पांडु   (B) माता यशोदा तथा नंद बाबा

(C) माता कौशल्यां तथा राजा दशरथ   (D) माता सुमित्रा तथा राजा दशरथ

Naya Rasta

Question 5

1. मीनू कौन है ?

   (A) मायाराम जी की बेटी   (B) धनीमल जी की बेटी   (C) दयाराम जी की बेटी   (D) दीपक की बहन

2. मीनू ने किसकी आँखों पर अपने हाथ रख दिए ?

   (A) आशा की   (B) माया की   (C) नीलिमा की   (D) मधु की

3. अमित और उसका परिवार मीरापुर क्यों गए थे ?

   (A) नीलिमा को देखने   (B) मीनू को देखने   (C) सरिता को देखने   (D) आशा को देखना

4. मीनू ने M.A. की परीक्षा किस श्रेणी में पास की थी ?

   (A) प्रथम श्रेणी   (B) तृतीय श्रेणी   (C) द्वितीय श्रेणी   (D) चतुर्थ श्रेणी

5. मीनू को किस नृत्य में निपुणता मिली थी ?

   (A) भरतनाट्यम   (B) कुचिपुड़ी   (C) कत्थक   (D) लावणी

6. मीनू ने नीलिमा को उपहार में क्या दिया ?

   (A) किताब   (B) घड़ी   (C) दीवार घड़ी   (D) झुमके

7. निमंत्रण पत्र मीनू के हॉस्टल कौन लेकर आया था ?

   (A) रिता   (B) नीलिमा   (C) मधु   (D) अशोक

8. मीनू के मधुर गीत की प्रशंसा किसने की ?

   (A) अशोक   (B) रिता   (C) मधु   (D) अमित

9. टेलीग्राम में क्या संदेश था ?

   (A) माता जी बीमार हैं   (B) पिताजी बीमार है

   (C) नीलिमा बीमार है   (D) आशा की शादी तय हो गई

10. पिताजी को देखने कार से कौन आया था ?

    (A) मीनू के मामी-मामा   (B) मीनू के नानी-नाना

    (C) मीनू के चाची-चाचा   (D) मीनू के बुआ-फूफा

Ekanki Sanchay

Question 6

1. जीवनलाल कौन था ?

   (A) राजेश्वरी का पति   (B) विमला का पति   (C) प्रमोद का पिता   (D) कमला का पति

2. प्रमोद कौन था ?

   (A) कमला का पति   (B) राजेश्वरी का पति   (C) जीवनलाल का बेटा   (D) इनमें से कोई भी नहीं

3. कमला को मायके ले जाने कौन आया था ?

   (A) रमेश   (B) प्रमोद   (C) जीवन लाल   (D) राजेश्वरी

4. ''हम गौने में आपकी हर मांग पूरी करेंगे''–किसने कहा ?

   (A) प्रमोद   (B) रमेश   (C) मोहन   (D) राजेश

5. ऐसी वीर जाति को अपने अधीन करने की इच्छा करना ही .... का चिन्ह है।

   (A) देश भक्ति   (B) प्रेम और स्नेह   (C) अहंकार   (D) पागलपन

6. .... ने अपना बलिदान देकर उन्हें सोचने पर विवश कर दिया कि बूंदी पर विजय प्राप्त करने का उनका निर्णय कितना गलत था।

   (A) अभय सिंह   (B) चारणी   (C) राव हेमू   (D) वीर सिंह

7. राव हेमू कौन थे ?

    (A) मेवाड़ का शासक   (B) बूंदी का शासक   (C) मेवाड़ का सेनापति   (D) मेवाड़ का एक सिपाही

8. मिसरानी की बातें सुनकर कौन शर्म से गड़ गया ?

    (A) मां   (B) अतुल   (C) उमा   (D) इनमें से कोई नहीं

9. उमा कौन है ?

    (A) अविनाश की पत्नी   (B) अतुल की पत्नी   (C) अविनाश की बहन   (D) इनमें से कोई नहीं

10. अविनाश कौन है ?

    (A) उमा का पति   (B) अतुल का भाई   (C) कुमार का पुत्र   (D) कुमार का भाई

□□

Name of Exam : ________________________

2021-22

OMR Response Sheet

Roll No.

1	○ ○ ○ ○ ○ ○ ○
2	○ ○ ○ ○ ○ ○ ○
3	○ ○ ○ ○ ○ ○ ○
4	○ ○ ○ ○ ○ ○ ○
5	○ ○ ○ ○ ○ ○ ○
6	○ ○ ○ ○ ○ ○ ○
7	○ ○ ○ ○ ○ ○ ○
8	○ ○ ○ ○ ○ ○ ○
9	○ ○ ○ ○ ○ ○ ○
0	○ ○ ○ ○ ○ ○ ○

Name ____

Class & Section ______________________________

Subject ______________________________________

Subject Code : ☐ ☐ ☐

Date of Exam :   D D   M M   YYYY
☐ ☐ / ☐ ☐ / ☐ ☐ ☐ ☐

Candidate's Sign.

Invigilator's Sign.

Instructions for filling the OMR sheet :

1. Use only black/blue ball point pen to fill the circle
2. Use of pencil is strictly prohibited
3. Circle should be designed completely and properly
4. Cutting and erasing on this sheet is not allowed

Q. No.	A	B	C	D
1. (1)	○	○	○	○
1. (2)	○	○	○	○
1. (3)	○	○	○	○
1. (4)	○	○	○	○
1. (5)	○	○	○	○
1. (6)	○	○	○	○
1. (7)	○	○	○	○
1. (8)	○	○	○	○
1. (9)	○	○	○	○
1. (10)	○	○	○	○
2. (1)	○	○	○	○
2. (2)	○	○	○	○
2. (3)	○	○	○	○
2. (4)	○	○	○	○
2. (5)	○	○	○	○
2. (6)	○	○	○	○
2. (7)	○	○	○	○
2. (8)	○	○	○	○
2. (9)	○	○	○	○
2. (10)	○	○	○	○

Q. No.	A	B	C	D
3. (1)	○	○	○	○
3. (2)	○	○	○	○
3. (3)	○	○	○	○
3. (4)	○	○	○	○
3. (5)	○	○	○	○
3. (6)	○	○	○	○
3. (7)	○	○	○	○
3. (8)	○	○	○	○
3. (9)	○	○	○	○
3. (10)	○	○	○	○
4. (1)	○	○	○	○
4. (2)	○	○	○	○
4. (3)	○	○	○	○
4. (4)	○	○	○	○
4. (5)	○	○	○	○
4. (6)	○	○	○	○
4. (7)	○	○	○	○
4. (8)	○	○	○	○
4. (9)	○	○	○	○
4. (10)	○	○	○	○

Q. No.	A	B	C	D
5. (1)	○	○	○	○
5. (2)	○	○	○	○
5. (3)	○	○	○	○
5. (4)	○	○	○	○
5. (5)	○	○	○	○
5. (6)	○	○	○	○
5. (7)	○	○	○	○
5. (8)	○	○	○	○
5. (9)	○	○	○	○
5. (10)	○	○	○	○
6. (1)	○	○	○	○
6. (2)	○	○	○	○
6. (3)	○	○	○	○
6. (4)	○	○	○	○
6. (5)	○	○	○	○
6. (6)	○	○	○	○
6. (7)	○	○	○	○
6. (8)	○	○	○	○
6. (9)	○	○	○	○
6. (10)	○	○	○	○

Self Assessment Chart

After solving the Self Assessment Paper, with the help of online solutions, mark yourself accordingly.

प्रश्न संख्या	खण्ड	पाठ	अधिकतम अंक	प्राप्त अंक
Q. 1. (1)	अपठित गद्यांश	अपठित गद्यांश	0.67	
Q. 1. (2)	अपठित गद्यांश	अपठित गद्यांश	0.67	
Q. 1. (3)	अपठित गद्यांश	अपठित गद्यांश	0.67	
Q. 1. (4)	अपठित गद्यांश	अपठित गद्यांश	0.67	
Q. 1. (5)	अपठित गद्यांश	अपठित गद्यांश	0.67	
Q. 1. (6)	अपठित गद्यांश	अपठित गद्यांश	0.67	
Q. 1. (7)	अपठित गद्यांश	अपठित गद्यांश	0.67	
Q. 1. (8)	अपठित गद्यांश	अपठित गद्यांश	0.67	
Q. 1. (9)	अपठित गद्यांश	अपठित गद्यांश	0.67	
Q. 1. (10)	अपठित गद्यांश	अपठित गद्यांश	0.67	
Q. 2. (1)	व्याकरण	विलोम शब्द	0.67	
Q. 2. (2)	व्याकरण	पर्यायवाची	0.67	
Q. 2. (3)	व्याकरण	संज्ञा	0.67	
Q. 2. (4)	व्याकरण	वर्तनी शुद्धि	0.67	
Q. 2. (5)	व्याकरण	मुहावरा	0.67	
Q. 2. (6)	व्याकरण	वाक्य रूपांतरण	0.67	
Q. 2. (7)	व्याकरण	विशेषण	0.67	
Q. 2. (8)	व्याकरण	तद्भव शब्द	0.67	
Q. 2. (9)	व्याकरण	अनेक शब्द के लिये एक शब्द	0.67	
Q. 2. (10)	व्याकरण	वचन	0.67	
Q. 3 (1)	साहित्य सागर – संक्षिप्त कहानियाँ	काकी	0.67	
Q. 3. (2)	साहित्य सागर – संक्षिप्त कहानियाँ	काकी	0.67	
Q. 3. (3)	साहित्य सागर – संक्षिप्त कहानियाँ	काकी	0.67	
Q. 3. (4)	साहित्य सागर – संक्षिप्त कहानियाँ	काकी	0.67	
Q. 3. (5)	साहित्य सागर – संक्षिप्त कहानियाँ	बात अठन्नी की	0.67	
Q. 3. (6)	साहित्य सागर – संक्षिप्त कहानियाँ	बात अठन्नी की	0.67	
Q. 3. (7)	साहित्य सागर – संक्षिप्त कहानियाँ	महायज्ञ का पुरस्कार	0.67	
Q. 3. (8)	साहित्य सागर – संक्षिप्त कहानियाँ	नेताजी का चश्मा	0.67	
Q. 3. (9)	साहित्य सागर – संक्षिप्त कहानियाँ	नेताजी का चश्मा	0.67	
Q. 3. (10)	साहित्य सागर – संक्षिप्त कहानियाँ	नेताजी का चश्मा	0.67	
Q. 4. (1)	साहित्य सागर–कवितायें	साखी	0.67	
Q. 4. (2)	साहित्य सागर–कवितायें	साखी	0.67	
Q. 4. (3)	साहित्य सागर–कवितायें	साखी	0.67	
Q. 4. (4)	साहित्य सागर–कवितायें	साखी	0.67	
Q. 4. (5)	साहित्य सागर–कवितायें	साखी	0.67	
Q. 4. (6)	साहित्य सागर–कवितायें	साखी	0.67	
Q. 4. (7)	साहित्य सागर–कवितायें	स्वर्ग बना सकते हैं	0.67	
Q. 4. (8)	साहित्य सागर–कवितायें	स्वर्ग बना सकते हैं	0.67	
Q. 4. (9)	साहित्य सागर–कवितायें	वह जन्मभूमि मेरी	0.67	
Q. 4. (10)	साहित्य सागर–कवितायें	वह जन्मभूमि मेरी	0.67	
Q. 5. (1)	नया रास्ता	अध्याय-2	0.67	
Q. 5. (2)	नया रास्ता	अध्याय-2	0.67	
Q. 5. (3)	नया रास्ता	अध्याय-2	0.67	
Q. 5. (4)	नया रास्ता	अध्याय-2	0.67	
Q. 5. (5)	नया रास्ता	अध्याय-10	0.67	
Q. 5. (6)	नया रास्ता	अध्याय-9	0.67	
Q. 5. (7)	नया रास्ता	अध्याय-8	0.67	
Q. 5. (8)	नया रास्ता	अध्याय-9	0.67	
Q. 5. (9)	नया रास्ता	अध्याय-10	0.67	
Q. 5. (10)	नया रास्ता	अध्याय-11	0.67	
Q. 6. (1)	एकांकी संचय	बहू की विदा	0.67	
Q. 6. (2)	एकांकी संचय	बहू की विदा	0.67	
Q. 6. (3)	एकांकी संचय	बहू की विदा	0.67	
Q. 6. (4)	एकांकी संचय	बहू की विदा	0.67	
Q. 6. (5)	एकांकी संचय	मातृभूमि का मान	0.67	
Q. 6. (6)	एकांकी संचय	मातृभूमि का मान	0.67	

Q. 6. (7)	एकांकी संचय	मातृभूमि का मान	0.67	
Q. 6. (8)	एकांकी संचय	संस्कार और भावना	0.67	
Q. 6. (9)	एकांकी संचय	संस्कार और भावना	0.67	
Q. 6. (10)	एकांकी संचय	संस्कार और भावना	0.67	
How did you perform ? (Marks Achieved/Maximum Marks × 100%)				

English-I

1. Comprehension

2. Grammar

English-I
Multiple Choice Questions

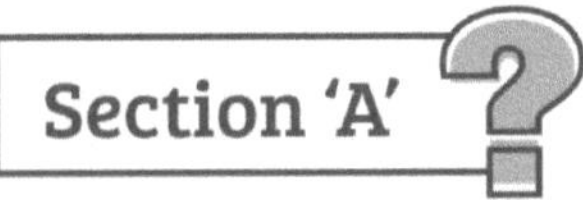

Read the following passages carefully and answer the questions that follow:

Question 1

Attending classes inside a railway carriage seemed unusual enough, but the seating arrangements turned out to be unusual too. At Totto-chan's previous school each pupil was **assigned** a specific desk. But here they could sit anywhere they liked at any time. The most unusual thing of all about this school, however, was the lessons themselves. Schools normally schedule one subject, for example, history, during the first period, when everyone in the class just did history; then say arithmetic in the second period, when you just did arithmetic. But here it was quite different. At the beginning of the first period, the teacher made a list of all the problems and questions in the subjects to be studied that day. Then she would say, "Now, start with any of these you like". So, whether you started on history or arithmetic or something else didn't matter at all. Someone who liked composition might be writing something, while behind you someone who liked chemistry might be doing something in a flask over an alcohol burner.

This method of teaching enabled the teachers to observe–as the children progressed to higher grades– what they were interested in as well as their way of thinking and their character. It was an **ideal** way for teachers to really get to know their pupils.

As for the pupils, they loved being able to start with their favorite subject, the fact that they had all day to cope with the subjects they disliked meant they could usually manage them somehow. So, the study was mostly **independent,** with pupils free to go and consult the teacher whenever necessary. Then pupils would be given further exercises to work at alone. It was studied in the truest sense of the word, and it meant there were no pupils just sitting inattentively while the teacher talked and explained.

The first-grade pupils hadn't quite reached the stage of independent study, but even they were allowed to start with any subject they wanted. Some copied letters of the alphabet, some drew pictures, some read books, and some even did physical exercises. Just then the boy sitting behind her got up and walked towards the blackboard with his notebook, apparently to consult the teacher. Totto-chan stopped looking around the room and fixed her eyes on his back as he walked. The boy dragged his leg, and his whole body swayed from side to side, Totto-chan wondered at first if he was doing it on purpose, but she soon realized the boy couldn't help it. The boy said brightly, "My name's Yasuaki. What's yours?" She was so glad to hear him speak that she replied loudly, "I'm Totto-chan".

Adapted from Totto-chan

1. For each word given below choose the correct meaning (as used in the passage) from the options provided:

    (i)   assigned:
          (a) allocated   (b) reserve
          (c) appropriate (d) permit
    (ii) ideal:
          (a) real   (b) absolute
          (c) imperfect (d) attainable
    (iii) independent:
          (a) self-sufficient (b) unconventional
          (c) undisciplined (d) headstrong

2. (i) What was the most unusual thing about Totto-chan's school?
   (a) The lessons
   (b) The students were assigned a specific desk
   (c) They could sit anywhere they liked.
   (d) Attending classes inside a railway carriage

   (ii) What did the teacher do in the first period?
   (a) Scheduled a timetable for the day
   (b) Taught arithmetic
   (c) Made a list of all the problems and questions
   (d) Taught history

   (iii) What did the teachers observe?
   (a) Whether the child has revised the work or not.
   (b) What the students were interested in.
   (c) Have they completed their homework or not.
   (d) They were prepared for the examination or not.

   (iv) Why did the students like this method?
   (a) Because the teacher was lenient.
   (b) They could escape from the subjects they disliked.
   (c) They could start with their favorite subject.
   (d) They could take breaks in between the class.

   (v) What do the schools normally do?
   (a) Schedule a timetable
   (b) Let students play in the first period
   (c) Let students decide what they want to study
   (d) They do not teach at all

   (vi) What happened when the students faced problems?
   (a) They were supposed to read books.
   (b) They could go to the teacher and discuss.
   (c) They were not allowed to speak to the teacher.
   (d) They had to wait for the teacher to teach the lesson.

   (vii) What was the teacher supposed to do?
   (a) She had to take examinations.
   (b) She had to schedule examinations.
   (c) She had to give exercises to the students to work at.
   (d) She had to sit attentively in the classroom.

   (viii) Whom did Yasuaki talk to?
   (a) His classmates
   (b) Totto-Chan
   (c) His parents
   (d) Nobody

   (ix) What did the students do after the teacher listed down their problems?
   (a) Made noise
   (b) Learned history
   (c) Gave examination
   (d) They used to start with any subject they want.

   (x) What are the students of first grade not capable of?
   (a) Doing independent study
   (b) Learning History
   (c) Making noise
   (d) Giving examinations

   (xi) How did Yasuaki come to Totto-chan?
   (a) Walking stealthily
   (b) Running fiercely
   (c) Dragging his legs and swaying his whole body
   (d) Strolling uncontrollably

3. How did the teachers teach the students in Totto-Chan's school?

   (i) First, the teacher:
   (a) schedules a timetable.
   (b) makes a list of all the problems and questions.
   (c) teaches history.
   (d) takes examinations.

   (ii) Then she:
   (a) scolds the students.
   (b) tells the students to choose a subject they want to study.
   (c) schedules a timetable.
   (d) sits attentively in the classroom.

   (iii) After that, she:
   (a) takes examinations.
   (b) teaches Arithmetic.
   (c) schedule a timetable.
   (d) discusses the problems.

(iv) And the students:
    (a) sit attentively in the class.
    (b) write their problems.
    (c) learn history.
    (d) talk to each other.

(v) The teacher:
    (a) scolds the students.
    (b) observes their interests and thought process.
    (c) makes a question paper for them.
    (d) takes examinations.

(vi) At the end, she:
    (a) takes examinations.
    (b) gives exercises to the students to work at.
    (c) schedule a timetable.
    (d) discusses the problems.

Answer:

1. (i) (a) allocated
  (ii) (b) absolute
  (iii) (a) self-sufficient

2. (i) (a) The lessons
  (ii) (c) Made a list of all the problems and questions
  (iii) (b) What the students were interested in.
  (iv) (c) They could start with their favorite subject.
  (v) (a) Schedule a timetable
  (vi) (b) They could go to the teacher and discuss.
  (vii) (c) She had to give exercises to the students to work at.
  (viii) (b) Totto-Chan
  (ix) (d) They used to start with any subject they want.
  (x) (a) Doing independent study
  (xi) (c) Dragging his legs and swaying his whole body

3. (i) (b) makes a list of all the problems and questions.
  (ii) (b) tells the students to choose a subject they want to study.
  (iii) (d) discusses the problems.
  (iv) (b) write their problems.
  (v) (b) observes their interests and thought process.
  (vi) (b) gives exercises to the students to work at.

Question 2

The story 'Dusk' tells us of darkness where people walking around aimlessly in the park have different problems, each one is concerned with himself, hiding his identity under the cover of darkness. People cannot be judged at this time of the evening, looks can be **deceiving** and mannerisms forced. One cannot tell the true identity and character of a person at dusk because his features are hidden in shadows, his eyes cannot be seen as they are shaded because of the scarcity of light, emotions cannot be revealed on the face as everything is faded by dusk on changing from daylight into night. People's personalities also change and they become very **unpredictable.** The author says that dusk is the hour of the defeated. Gortsby thinks that he is a good judge of places and people. He was very upset that evening while he sat on a bench gazing at everyone. He had an elderly gentleman who shared the bench with him. He soon got up and left. As he left, a young man took his place. He looked very **disgruntled** and upset and let off an expletive while sitting down. Gortsby asked him what his problem was, he promptly replied saying that he was in a fix as he had forgotten the name of the hotel he had booked into and he could not even remember the street. He said that he had gone out to buy a cake of soap as he could not use hotel soap and only taken a shilling with him. He knew no one and he had no option but to spend the night out on the streets. Gortsby asked him where the soap was, he hurriedly got up and started searching for it saying he had lost it too at which Gortsby gave him a look full of uncertainty saying he did not believe him.

The young man hurriedly walked away. Gortsby thought that he had been very clever in summing him up. When he got up to leave he saw a packet on the ground. It was a cake of soap. He felt terrible for having misjudged the young man and hurried in the direction he had taken. He found him eventually standing at the embankment.

Gortsby went up to him and gave him the cake of soap and the man hurriedly took it. He also gave him a sovereign along with his card and his address. On his way back Gortsby had to pass the bench, he was sitting on. He saw an elderly gentleman looking for something and asked him what he was looking for. He recognized him as the elderly gentleman who had shared the bench with him earlier in the evening.

The man replied that he was looking for a cake of soap. Thus, from the story, we see that looks can be deceiving. We should never be taken in by outward appearances, as the saying goes 'All that glitters is not gold. Thus, a person should be judged by his acts and not by his physical appearance. The cake of soap proved to play an important part in the story. It deceived Gortsby and made him believe the young stranger; he even parted with some money. Luck was on the side of the young man, his bluff paid off eventually. The older gentleman was however unlucky, he had lost his cake of soap. Thus, we can see that the story is humorous too in a funny way where chance and luck play an important part.

1. For each word given below choose the correct meaning (as used in the passage) from the options provided:

   (i) deceiving:
      (a) misguiding   (b) convincing
      (c) frail   (d) slender

   (ii) unpredictable:
      (a) certain   (b) unbelievable
      (c) concrete   (d) unforeseenable

   (iii) disgruntled:
      (a) apply
      (b) dissatisfied
      (c) to make request
      (d) elaborate

2. (i) What does the story 'Dusk' tells us about?
      (a) Cloudiness   (b) Darkness
      (c) Light   (d) Haziness

   (ii) Why can one not rely on the looks of a person?
      (a) Because looks can be deceiving.
      (b) Because there is darkness.
      (c) Because we are unable to see others.
      (d) Because looks can say a lot about someone's character.

   (iii) What does the author say about dusk?
      (a) Looks can be deceiving.
      (b) Dusk is the hour of the defeated.
      (c) Dusk is hazy.
      (d) Dusk brings darkness.

   (iv) What did Gortsby think when the young man walked hurriedly?
      (a) That he had lost it somewhere.
      (b) That he has hidden it somewhere.
      (c) That he had been very clever in summing him up.
      (d) That he is not giving the soap intentionally.

   (v) How did Gortsby feel when the young man went away?
      (a) Terrible   (b) Joyous
      (c) Happy   (d) Sad

   (vi) What can we learn from the story?
      (a) We should not trick any body.
      (b) Looks can be deceiving.
      (c) We should play bluffs.
      (d) We should trick people.

   (vii) Why did the young man feel lucky?
      (a) He lost the cake of soap.
      (b) He tricked Gortsby unsuccessfully.
      (c) His bluff paid off eventually.
      (d) He was successful in his plan.

   (viii) Why cannot the dusk reveal the true identity of a person?
      (a) We cannot judge a person unless we see them.
      (b) Features are hidden in shadows.
      (c) Looks can't say everything about a person.
      (d) Looks can be deceiving.

   (ix) What did Gortsby see when he stood up?
      (a) Cake of soap
      (b) An empty packet
      (c) A piece of paper
      (d) Nothing

   (x) How was the cake of soap important in the story?
      (a) It deceived Gortsby and made him believe the young stranger.
      (b) The author had to take a bath.
      (c) The author needed to take the soap.
      (d) He was suspecting the young man because of the soap.

   (xi) What nature does the story reflect?
      (a) Humour   (b) Tragedy
      (c) Suspense   (d) Joyful

3. How did everything go with Gortsby?

   (i) At first, Gortsby shared a bench with:
      (a) a young man   (b) an old man
      (c) nobody   (d) his friends

   (ii) Then he met:
      (a) an old man   (b) a young man
      (c) a child   (d) a women

(iii) Then he gave him:
    (a) a cake of soap
    (b) some money
    (c) a smile
    (d) all of the above

(iv) He also gave him:
    (a) gold
    (b) some money
    (c) a sovereign and his address
    (d) a smile

(v) Then he met:
    (a) the same old man
    (b) a kid
    (c) a lady
    (d) a child

(vi) He was:
    (a) sleeping
    (b) smiling
    (c) searching for something
    (d) crying

Answer:

1. (i) (a) misguiding
   (ii) (d) unforeseenable
  (iii) (b) dissatisfied

2. (i) (b) Darkness
   (ii) (a) Because looks can be deceiving.
  (iii) (b) Dusk is the hour of the defeated.
  (iv) (c) That he had been very clever in summing him up.
   (v) (a) Terrible
  (vi) (b) Looks can be deceiving.
 (vii) (c) His bluff paid off eventually.
(viii) (b) Features are hidden in shadows.
  (ix) (a) Cake of soap
   (x) (a) It deceived Gortsby and made him believe the young stranger.
  (xi) (a) Humour

3. (i) (b) an old man
   (ii) (b) a young man
  (iii) (a) a cake of soap
  (iv) (c) a sovereign and his address
   (v) (a) the same old man
  (vi) (c) searching for something

Question 3

A little girl went to her bedroom and pulled a glass jelly jar from its hiding place in the closet. She poured the change out on the floor and counted carefully. Three times, even. The total had to be exactly perfect. No chance here for mistakes. Carefully placing the coins back in the jar and twisting on the cap, she slipped out from the back door and made her way 6 blocks to Rexall's Drug Store with the big Red Indian Chief sign above the door. She waited patiently for the pharmacist to give her some attention, but he was too busy at this moment.

Tess twisted her feet to make a scuffing noise. Nothing. She cleared her throat with the most disgusting sound she could muster. No good. Finally, she took a quarter from her jar and clanged it on the glass counter. That did it! 'And what do you want?' the pharmacist asked in an annoyed tone of voice. I'm talking to my brother from Chicago whom I haven't seen in ages,' he said without waiting for a reply to his question. 'Well, I want to talk to you about my brother,' Tess answered back in the same annoyed tone. 'He's really really sick... and I want to buy a miracle.'

'I beg your pardon?' said the pharmacist.

'His name is Andrew and he has something bad growing inside his head and my Daddy says only a miracle can save him now. So how much does a miracle cost?'

'We don't sell miracles here, little girl. I'm sorry but I can't help you,' the pharmacist said, softening a little. 'Listen, I have the money to pay for it. If it isn't enough, I will get the rest. Just tell me how much it costs.'

The pharmacist's brother was a well-dressed man. He stooped down and asked the little girl, 'What kind of a miracle does your brother need?'

'I don't know,' Tess replied with her eyes wetting up. I just know he's really sick and Mommy says he needs an operation. But my Daddy can't pay for it, so I want to use my money.'

'How much do you have?' asked the man from Chicago. 'One dollar and eleven cents,' Tess answered **barely** audibly.

'And it's all the money I have, but I can get some more if I need to.'

'Well, what a coincidence,' smiled the man. 'A dollar and eleven cents—the exact price of a miracle for little brothers.' He took her money in one hand and with the other hand he grasped her mitten and said, 'Take me to where you live. I want to see your brother and meet your parents. Let's see if I have the miracle you need.'

That well-dressed man was Dr. Carlton Armstrong, a surgeon, specialising in neuro-surgery. The operation was completely free of **charge** and it wasn't long until Andrew was home again and doing well.

Mom and Dad were happily talking about the **chain** of events that had led them to this place.

'That surgery,' her Mom whispered. 'Was a real miracle. I wonder how much it would have cost?'

Tess smiled. She knew exactly how much a miracle cost....one dollar and eleven cents.... plus the faith of a little child.

1. For each word given below choose the correct meaning (as used in the passage) from the options provided:

   (i) barely:
   (a) considerably   (b) marginally
   (c) copiously   (d) substantially

   (ii) charge:
   (a) price   (b) appeal
   (c) entreaty   (d) assault

   (iii) chain:
   (a) spur   (b) impetus
   (c) stimulant   (d) nexus

2. (i) What did the little girl do?
   (a) She went to her bedroom and pulled a glass jelly jar to eat jellies.
   (b) She went to her bedroom and cried for her brother all night.
   (c) She went to a drug store and bought the miracle medicine.
   (d) She went to her bedroom and pulled a glass jelly jar to get some money.

   (ii) Why does she want the money?
   (a) To buy a medicine.
   (b) For her brother's operation.
   (c) For her brother's medicines.
   (d) To buy a miracle.

   (iii) What made the pharmacist anxious?
   (a) The little girl's plea
   (b) The little girl's nagging
   (c) The brother's interruption
   (d) None of the above

   (iv) What was the pharmacist doing?
   (a) Talking to his brother from Chicago.
   (b) Twisting his feet.
   (c) Making a grumpy sound.
   (d) Dealing with the customers.

   (v) What did the girl want from the pharmacist?
   (a) A medicine
   (b) Money to treat her brother
   (c) Money for the operation
   (d) A miracle

   (vi) How does she managed to buy the miracle?
   (a) By her utmost trust in the pharmacist's brother.
   (b) By her hope and faith in the Lord.
   (c) By her faith in the miracles.
   (d) By paying for it.

   (vii) What was the cost of the miracle?
   (a) A thousand dollars and faith of the little girl.
   (b) A thousand cents plus generosity of the doctor.
   (c) One dollar and eleven cents plus the faith of a little child.
   (d) One dollar and faith of the child.

   (viii) *'He's really really sick… and I want to buy a miracle.'* Who is HE referred to in this line?
   (a) The pharmacist's brother
   (b) The little girl's uncle
   (c) The girl's brother
   (d) The girl's daddy

   (ix) *'One dollar and eleven cents,'* What was Tess' tone in the given line?
   (a) Sarcastic   (b) Melancholic
   (c) Joyous   (d) Tired

   (x) Why did the girl want to buy miracle?
   (a) Because her mom said she wanted the miracle.
   (b) Because her daddy said only a miracle could save her brother.
   (c) Because her brother wanted a miracle before he died.
   (d) Because she wanted to surprise her brother.

   (xi) What actually saved her brother?
   (a) Her persistence
   (b) Her miracle
   (c) Her faith
   (d) Her money

3. How did the little girl manage to save her brother's life?

   (i) She took the money and:
   (a) gave it to her daddy to bring home the miracle.
   (b) gave the money to the doctor to operate her brother.
   (c) went to Rexall's Drug Store with the big Red Indian Chief sign above the door.
   (d) gave it to pharmacist.

(ii) The pharmacist's brother wanted to help the girl:
  (a) by paying her the money to buy the miracle.
  (b) by paying for her brother's operation.
  (c) by paying for the medicines.
  (d) by paying the money to his brother.

(iii) The little girl had only:
  (a) one dollar twenty-seven cents with her.
  (b) one dollar eleven cents.
  (c) one dollar eighteen cents.
  (d) one dollar.

(iv) She had:
  (a) faith   (b) hope
  (c) love   (d) suspicion

(v) The miracle:
  (a) made her brother sick.
  (b) was the surgery.
  (c) was the money.
  (d) was the pharmacist.

(vi) The brother:
  (a) was home again and doing well.
  (b) was suffering from a head disease.
  (c) was suffering from a nerve disease.
  (d) was unable to recover.

Answer:

1. (i)   (b) marginally
   (ii) (a) price
   (iii) (d) nexus
2. (i)   (d) She went to her bedroom and pulled a glass jelly jar to get some money.
   (ii) (d) To buy a miracle.
   (iii) (d) None of the above
   (iv) (a) Talking to his brother from Chicago.
   (v)   (d) A miracle
   (vi) (c) By her faith in the miracles.
   (vii) (c) One dollar and eleven cents plus the faith of a little child.
   (viii)(c) The girl's brother
   (ix) (b) Melancholic
   (x)   (b) Because her daddy said only a miracle could save her brother.
   (xi) (c) Her faith
3. (i)   (c) went to Rexall's Drug Store with the big Red Indian Chief sign above the door.
   (ii) (b) by paying for her brother's operation.
   (iii) (b) one dollar eleven cents.
   (iv) (a) faith.
   (v)   (b) was the surgery.

(vi) (a) was home again and doing well.

Question 4

In China, there is a bride-price, not a dowry. Though the newspapers **inveigh** against this, it is a fact of life for a boy in China and his family. In some cases the parents of the girl make enormous and unreasonable demands on the boys for furniture, clothes and all kinds of fancy appliances—radio, television, watches, bicycle, a sewing machine, etc. In one case, Nanjing University's student stole a thousand yuans from an old couple in order to fulfil his little girlfriend's demands, and, when caught, killed himself. In the area where I did my research [three villages in Jiangsu], one of the larger items of annual expenditure for any family with sons was building materials. These are bought year after year from the boy who is about twelve years old, a few logs one year, some bricks sold cheaply by the local kiln the next, tiles, cement, iron bars for windows and so on. It is almost impossible for a boy in this rural area to get married unless he has a place of his own to live in.

One of the teachers from Liaoning, an untiring young man of twenty-three, insists on speaking in English with me.

This is something that happens ad nauseam on the Nanjing streets whenever foreigners are spotted. No place is safe, no privacy respected by the worst of these 'language rapists', who are interested in you for your language. You may be sitting on the balcony of the Drum Tower, sipping tea, watching the sunset, red and smoky, over the roofs of the city; you may be buying onions in the crowded market and trying to prevent yourself and your purchases from being crushed by your fellow customers; you may be standing in a bus, or at a bus stop or at a counter in the post office; nowhere you are safe from the machinations of the language rapist. He will smile at you determinedly, and begin a conversation – "Hello. Do you speak English ? So do I. What country are you from ?" The first few times this is attractive, but quickly palls. It becomes increasingly apparent that he is not interested in you. You are a punch bag for language practice. It is difficult, therefore, to avoid an immediate sense of irritation, almost a reflex rudeness. But the circumstances that have encouraged this behaviour should in fact arouse sympathy: many people- students, workers, government servants- are anxious [and sometimes compelled] to learn English, but the opportunities for speaking English are almost non-existent. True, there are Chinese Radio and Voice of America and BBC programmes that teach the language, but this is not practiced in conversation. True, there a growing number of English teachers in Chinese Universities and other institutions, some of whom are shamefully overworked by their departments and their own sense of duty or **enthusiasm.** But only a **miniscule** proportion of language learners can get them; and even they do not have much time left after the weary hours of teaching and correction. Small wonder, then, that some students of English batten onto any foreigner they see in the streets.

1. For each word given below choose the correct meaning (as used in the passage) from the options provided:

   (i) inveigh:
      (a) castigate   (b) delight
      (c) rejoice   (d) crow

   (ii) enthusiasm:
      (a) pessimism   (b) weariness
      (c) dullness   (d) zeal

   (iii) miniscule:
      (a) bygone   (b) asinine
      (c) infinitesimal (d) impetuous

2. (i) Why did the boy steal a thousand yuans from Nanjing's University?
      (a) To meet the demands of the girl's father.
      (b) To fulfil his little girlfriend's demands.
      (c) To offer it for dowry.
      (d) To offer the bride-price.

   (ii) Why was it almost impossible for a boy to get married in that village?
      (a) Because the bride price was too high.
      (b) Because there were no girls in the village.
      (c) Because the girls were spendthrift.
      (d) Because the demand for the girls was high.

   (iii) What happens ad nauseam on the Nanjing streets?
      (a) The people call the foreigners, miniscule.
      (b) The people call the foreigners with utmost enthusiasm.

      (c) The people are asked to speak in English.
      (d) All of the above.

   (iv) What is meant by ad nauseam?
      (a) Ferocious   (b) Pricey
      (c) Frequently   (d) Lilliputian

   (v) *"The first few times this is attractive, but quickly palls."* Why did the author feel it will pall?
      (a) Because the people were not interested in the person but were practicing to learn English.
      (b) Because the people of the village were jovial.
      (c) Because the people of the village were greedy.
      (d) Because the people of the village were anxious.

   (vi) Which of the following were not the demands of the girl's family?
      (a) Bicycle, a sewing machine, etc.
      (b) Tiles, cement, iron bars for windows.
      (c) Radio, television, watches, etc.
      (d) None of the above

   (vii) How many villages did the author visit for his research purpose?
      (a) Five villages in all.
      (b) Twenty-five villages till he was seven years of age.
      (c) Three villages in Jiangsu.
      (d) Fifteen villages till he was twenty years of age.

   (viii) Who were 'language rapists'?
      (a) The people who demanded dowry.
      (b) The girl's father.
      (c) The people who were on the streets.
      (d) The people who wanted to speak in English.

   (ix) Who amongst the following were compelled to learn English?
      (a) The Government
      (b) The students
      (c) The government servants
      (d) Both (b) and (c)

   (x) *"But only a miniscule proportion of language learners can get them"*, who are they referring as miniscule?
      (a) The tiny people of the country
      (b) The Government

(c) English teachers in Chinese Universities

(d) The language learners

(xi) What did Liaoning ask the author?

(a) To learn English

(b) To teach English

(c) To speak in English

(d) To speak in Chinese

3. **What all the author went through?**

(i) First, he:

(a) met the girlfriend of the boy.

(b) met the father of the girl.

(c) met one of the teachers from Liaoning.

(d) witnessed the situation of bride-price in China.

(ii) Then he:

(a) blamed the Government for the condition of dowry.

(b) came to know about the boy who killed himself for a girl.

(c) met the people on the streets.

(d) met the situation of poverty in China.

(iii) He met the people whom he considered as language rapists, they were:

(a) people of another village

(b) people in crowded markets

(c) people on streets

(d) both (b) and (c)

(iv) "You are a punch bag for language practice." – this means:

(a) you are a practicing object

(b) you are fat

(c) you are useless

(d) you are timid

(v) He believed that all this was:

(a) greed

(b) enthusiasm

(c) a reflex rudeness

(d) a reflex irritation

(vi) He believed:

(a) Chinese Radio and Voice of America and BBC programmes were not enough to teach the language.

(b) it was the fault of the workers.

(c) Chinese Radio and Voice of America and BBC programmes were making it difficult to learn language even more.

(d) the government servants were making it difficult to learn Chinese.

Answer:

1. (i) (a) castigate

(ii) (d) zeal

(iii) (c) infinitesimal

2. (i) (b) To fulfil his little girlfriend's demands.

(ii) (a) Because the bride price was too high.

(iii) (c) The people are asked to speak in English.

(iv) (c) Frequently

(v) (a) Because the people were not interest in the person but were practicing to learn English.

(vi) (b) Tiles, cement, iron bars for windows.

(vii) (c) Three villages in Jiangsu.

(viii) (d) The people who wanted to speak in English.

(ix) (d) Both (b) and (c)

(x) (d) The language learners

(xi) (c) To speak in English

3. (i) (d) witnessed the situation of bride-price in China.

(ii) (b) came to know about the boy who killed himself for a girl

(iii) (d) both (b) and (c)

(iv) (a) you are a practicing object

(v) (c) a reflex rudeness

(vi) (a) Chinese Radio and Voice of America and BBC programmes were not enough to teach the language.

Question 5

When Farmer Oak smiled, the corners of his mouth spread till they were within an unimportant distance of his ears, his eyes were reduced to chinks, and **diverging** wrinkles appeared round them, extending upon his countenance like the rays in a rudimentary sketch of the rising sun.

His Christian name was Gabriel, and on working days he was a young man of sound judgment, easy motions, proper dress, and general good character. On Sundays, he was a man of misty views, rather given to **postponing,** and hampered by his best clothes and umbrella: upon the whole, one who felt himself to occupy morally that vast middle space of Laodicean neutrality which lay between the Communion people of the parish and the drunken section, that is, he went to church but yawned privately by the time the congregation reached the Nicene creed and thought of what there would be for dinner when he meant to be listening to the sermon. Or, to state his character as it stood in the scale of public opinion when his friends and critics were in tantrums, he was considered rather a bad man; when they were pleased, he was rather a good man; when they were neither, he was a man whose moral color was a kind of pepper and salt mixture. Since he lived six times as many working days as Sundays, Oak's appearance in his old clothes was most peculiarly his own—the mental picture formed by his neighbors in imagining him being always dressed in that way. He wore a low-crowned felt hat, spread out at the base by tight jamming upon the head for security in high winds, and a coat like Dr. Johnson's, for his lower extremities being encased in ordinary leather leggings and boots emphatically large, affording to each foot a roomy apartment so constructed that any wearer might stand in a river all day long and know nothing of damp—their maker being a conscientious man who endeavored to **compensate** for any weakness in his cut by unstinted dimension and solidity. Mr. Oak carried about him, by way of watch, what may be called a small silver clock; in other words, it was a watch as to shape and intention, and a small clock as to size. This instrument being several years older than Oak's grandfather had the peculiarity of going either too fast or not at all. The smaller of its hands, too, occasionally slipped round on the pivot, and thus, though the minutes were told with precision, nobody could be quite certain of the hour they belonged to. The stopping the peculiarity of his watch Oak remedied by thumps and shakes, and he escaped any evil consequences from the other two defects by constant comparisons with and observations of the sun and stars, and by pressing his face close to the glass of his neighbors' windows, till he could discern the hour marked by the green-faced timekeepers within. It may be mentioned that Oak's fob being difficult of access, by reason of its somewhat high situation in the waistband of his trousers (which also lay at a remote height under his waistcoat), the watch was as a necessity pulled out by throwing the body to one side, compressing the mouth and face to a mere mass of ruddy flesh on account of the exertion, and drawing up the watch by its chain, like a bucket from a well.

[From 'Far From the Madding Crowd', by Thomas Hardy]

1. For each word given below choose the correct meaning (as used in the passage) from the options provided:

(i) diverging:
   (a) multi-directional
   (b) widening
   (c) impartial
   (d) confluent

(ii) postponing:
   (a) quick
   (b) putting on
   (c) deferring
   (d) open-mindedness

(iii) compensate:
   (a) pay
   (b) reimburse
   (c) remember
   (d) reward

2. (i) When Farmer Oak smiled, the corners of his mouth:
   (a) spread
   (b) expand
   (c) widen
   (d) none of the above

(ii) On weekdays, he used to:
   (a) made sound judgments.
   (b) dressed up properly.
   (c) both (a) and (b)
   (d) none of the above

(iii) On Sundays, he used to:
   (a) slept all-day.
   (b) went to work.
   (c) had misty views.
   (d) used to roam here and there.

(iv) Which of the following best describes farmer Oak's moral colour?
   (a) Sugar and salt
   (b) Salt and pepper
   (c) Pepper and sugar
   (d) None of the above

(v) By what is the drawing up the watch by its chain compared to?
   (a) pulling a train's chain.
   (b) leash of a dog.
   (c) like a bucket from a well.
   (d) pulling a string.

(vi) What did the narrator compare the rays in a rudimentary sketch of the rising sun with?
   (a) The corners of farmer Oak's mouth that spread till they were within an unimportant distance of his ears.
   (b) Farmer Oak's eyes which were reduced to chinks.
   (c) Diverging wrinkles that appeared round farmer Oak's eyes.
   (d) None of these

(vii) How did Oak's friends judge his character?

    (a) When his friends and critics were in tantrums, he was considered a bad man.

    (b) When his friends and critics were in tantrums, he was considered a good man.

    (c) When his friends and critics were in good mood, he was considered a bad man.

    (d) When his friends and critics were in bad mood, he was considered a bad man.

(viii) When was Gabriel Oak hampered by his best clothes and umbrella?

    (a) On Sundays

    (b) On working days

    (c) On all the days

    (d) On off days

(ix) His face looked like a __________.

    (a) setting sun   (b) scorching sun

    (c) rising sun   (d) rising moon

(x) Which peculiarity about Oak's grandfather's watch has been mentioned in the passage?

    (a) It was a big silver clock and older than Oak's grandfather.

    (b) It was a small golden clock.

    (c) Of going either too fast or not at all.

    (d) Gold watch.

(xi) What character of Mr. oak can be inferred from the passage?

    (a) Funny   (b) Simple man

    (c) Tragic   (d) Excited

3. Gabriel felt himself to occupy morally. When did this happen in the extract?

(i) He went to:

    (a) Church   (b) Market

    (c) Club   (d) Mosque

(ii) Where he:

    (a) played   (b) yawned

    (c) sit idly   (d) offer prayers

(iii) There he thought about:

    (a) congregation (b) people around

    (c) dinner   (d) his friends

(iv) He was supposed to think of:

    (a) congregation

    (b) people around

    (c) dinner

    (d) none of the above

(v) To state his character, he was a:

    (a) spoiled brat   (b) good man

    (c) bad man   (d) both (b) and (c)

(vi) He lived ____________ times as many working days as Sundays.

    (a) six   (b) five

    (c) four   (d) seven

Answer:

1. (i) (b) widening

   (ii) (c) deferring

  (iii) (b) reimburse

2. (i) (a) spread

   (ii) (c) both (a) and (b)

  (iii) (c) had misty views.

  (iv) (b) Salt and pepper

   (v) (c) like a bucket from a well.

  (vi) (c) Diverging wrinkles that appeared round farmer Oak's eyes.

  (vii) (a) When his friends and critics were in tantrums, he was considered a bad man.

 (viii) (a) On Sundays

  (ix) (c) rising sun

   (x) (c) Of going either too fast or not at all.

  (xi) (b) Simple man

3. (i) (a) Church

   (ii) (b) yawned

  (iii) (c) dinner

  (iv) (a) congregation

   (v) (d) both (b) and (c)

  (vi) (a) six

Question 6

The Good Lord was creating teachers. It was His sixth day of 'overtime' and He knew that this was a tremendous responsibility for teachers would touch the lives of so many **impressionable** young children. An angel appeared to Him and said, "You are taking a long time to figure this one out."

"Yes," said the Lord," but have you read the specs on this order ?"

TEACHER :

…must stand above all students, yet be on their level.

…must be able to do 180 things not connected with the subject being taught.

…must run on coffee and leftovers.

…must communicate vital knowledge to all students daily and be right most of the time.

…must have more time for others than for herself/himself.

…must have a smile that can endure through pay cuts, problematic children, and worried parents.

…must go on teaching when parents question every move and others are not supportive.

…must have 6 pair of hands.

"Six pair of hands," said the angel, "that's impossible."

"Well," said the Lord, "It is not the hands that are the problem. It is the three pairs of eyes that are presenting the most difficulty!"

The angel looked **incredulous,** "Three pairs of eyes…on a standard model?"

The Lord nodded His head, "One pair can see a student for what he is and not what others have labelled him as. Another pair of eyes is in the back of the teacher's head to see what should not be seen, but what must be known. The eyes in the front are only to look at the child as he/she 'acts out' in order to reflect, "I understand and I still believe in you", without so much as saying a word to the child."

"Lord," said the angel, "This is a very large project and I think you should work on it tomorrow."

"I can't," said the Lord," for I have come very close to creating something much like myself. I have one that comes to work when he/she is sick….teaches a class of children that do not want to learn….has a special place in his/her heart for children who are not his/her own…..understands the struggles of those who have difficulty….never takes the students for granted…"

The angel looked closely at the model the Lord was creating.

"It is too soft-hearted," said the angel.

"Yes," said the Lord, "but also tough, you cannot imagine what this teacher can **endure** or do, if necessary."

"Can this teacher think?" asked the angel.

"Not only think," said the Lord, "But reason and compromise."

The angel came closer to have a better look at the model and ran his finger over the teacher's cheek.

"Well, Lord," said the angel, your job looks fine but there is a leak. I told you that you were putting too much into this model. You cannot imagine the stress that will be placed upon the teacher."

The Lord moved in closer and lifted the drop of moisture from the teacher's cheek. It shone and glistened in the light.

"It is not a leak," He said, "It is a tear."

"A tear? What is that?" asked the angel, "What is a tear for?"

The Lord replied with great thought, "It is for the joy and pride of seeing child accomplish even the smallest task. It is for the loneliness of children who have a hard time to fit in and it is for compassion for the feelings of their parents. It comes from the pain of not being able to reach some children and the disappointment those children feel in themselves. It comes often when a teacher has been with a class for a year and must say good-bye to those students and get ready to welcome a new class."

"My Lord", said the angel, "The tear thing is a great idea…You are a genius !"

The Lord looked sombre, "I didn't put it there."

1. For each word given below choose the correct meaning (as used in the passage) from the options provided:

  (i) impressionable:
    (a) susceptible   (b) serviceable
    (c) cynical   (d) wary

  (ii) incredulous:
    (a) naïve   (b) unquestioning
    (c) ingenuous   (d) skeptical

  (iii) endure:
    (a) combat   (b) repudiate
    (c) brook   (d) circumvent

2. (i) What was the Good Lord doing?
    (a) Working overtime
    (b) Creating teachers
    (c) Talking to the angel
    (d) All of the above

  (ii) What would the first pair of eye of the teacher do?
    (a) See the student who was cheating.
    (b) See a student for what he is and not what others have labelled him as.
    (c) See what should not be seen, but what must be known.
    (d) Look at the child as he/she 'acts out'.

  (iii) What would the second pair of eye do?
    (a) See the student who was cheating.
    (b) See a student for what he is and not what others have labelled him as.

(c) See what should not be seen, but what must be known.

(d) Look at the child as he/she 'acts out'.

(iv) What according to the angel was 'impossible'?

(a) To have six pairs of eyes.

(b) To have six pairs of hands.

(c) To have three pairs of eyes.

(d) To have three pairs of hands.

(v) What would the third pair of teacher's eye reflect, without even uttering a word?

(a) Believe in child

(b) The teacher's nature

(c) The teacher's distrust

(d) None of these

(vi) What was Lord's tone in this statement? "I can't," said the Lord

(a) Jovial   (b) Angry

(c) Sarcastic   (d) Determined

(vii) Could the teacher think?

(a) Yes, he could think intelligently.

(b) No, he could not think wisely.

(c) Not only he could think but also could reason and compassion.

(d) Not only he could think but also could reason and compromise.

(viii) Who was like Lord, himself?

(a) The angel

(b) The teacher

(c) The students

(d) None of the above

(ix) What was the tear for?

(a) It was to encourage students.

(b) It was to cry when the student fails.

(c) It was for the joy and pride.

(d) It was to understand the Lord.

(x) Why did The Lord look sombre?

(a) Because he was satisfied with his work.

(b) Because he was happy to make the teacher.

(c) Because he was in state of deep seriousness.

(d) Because the angel was proud of Lord.

(xi) Who is soft-hearted according to the passage?

(a) The Good Lord

(b) The Angel

(c) The Teacher

(d) No one

3. What does a teacher must have according to the passage?

(i) He must have:

(a) a good heart

(b) a soft heart

(c) a little knowledge

(d) a limited way of teaching

(ii) He must have:

(a) six pairs of hands

(b) three pairs of eyes

(c) both (a) and (b)

(d) neither (a) nor (b)

(iii) He must have:

(a) a pair of eyes in the back of his head to see what should not be seen, but what must be known.

(b) a pair of eyes in the front in order to see what is right and what is wrong.

(c) a pair of eyes to see a student for what he is and not what others have labelled him as.

(d) both (a) and (c)

(iv) He had a leak:

(a) for the loneliness of children who have a hard time to fit in.

(b) for he had a soft heart.

(c) for the pride of the children.

(d) for the compassion the children endured.

(v) He:

(a) must be able to do 180 things not connected with the subject being taught.

(b) must go on teaching when parents question every move and others are not supportive.

(c) must stand above all students, yet be on their level.

(d) all of the above

(vi) He had a leak :

(a) it was his care.

(b) it was his efforts.

(c) it was his tears.

(d) it was his pride.

Answer:

1. (i) (a) susceptible

(ii) (d) skeptical

(iii) (c) brook

2. (i) (d) All of the above
(ii) (b) See a student for what he is and not what others have labelled him as.
(iii) (c) See what should not be seen, but what must be known.
(iv) (b) To have six pairs of hands.
(v) (a) Believe in child
(vi) (d) Determined
(vii) (d) Not only he could think but also could reason and compromise.
(viii) (b) The teacher
(ix) (c) It was for the joy and pride.
(x) (c) Because he was in state of deep seriousness.
(xi) (c) The Teacher

3. (i) (b) a soft heart
(ii) (c) both (a) and (b)
(iii) (d) both (a) and (c)
(iv) (c) for the pride of the children.
(v) (d) all of the above
(vi) (c) it was his tears.

Question 7

Emile Durkheim, the first person to be formally recognized as a sociologist and the most scientific of the **pioneers,** conducted a study that stands as a research model for sociologists today. His investigation of suicide was, in fact, the first sociological study to use statistics. In suicide (1964, originally published in 1897) Durkheim documented his **contention** that some aspects of human behavior – even something as allegedly individualistic as suicide – can be explained without reference to individuals. Like all of Durkheim's work, suicide must be viewed within the context of his concern for social integration. Durkheim wanted to see if suicide rates within a social entity (for example, a group, organization, or society) are related to the degree to which individuals are socially involved (integrated and regulated). Durkheim describes three types of suicide: egoistic, anomic, and altruistic. Egoistic suicide is promoted when individuals do not have sufficient social ties. Since single (never married) adults, for example, are not heavily involved with family life, they are more likely to commit suicide than are married adults.

Altruistic suicide, on the other hand, is more likely to occur when social integration is too strong. The ritual suicide of Hindu widows on their husband's funeral pyres is one example. Military personnel, trained to lay down their lives for their country, provide another illustration.

Durkheim's third type of suicide – anomic suicide increases when the social regulation of individuals is disrupted. For example, suicide rates increase during economic depressions. People who suddenly find themselves without a job or without hope of finding one are more **prone** to kill themselves. Suicides may also increase during periods of prosperity. People may loosen their social ties by taking new jobs, moving to new communities, or finding new mates. Using data from the government population reports of several countries (much of it from the French Government Statistical Office), Durkheim found strong support for his line reasoning. Suicide rates were higher among single than married people, among military personnel than civilians, among divorced than married people, and among people involved in national economic crises. It is important to realize that Durkheim's primary interest was not in the empirical (observations) indicators he used such as suicide rates among military personnel, married people, and so forth.

Rather, Durkheim used the following indicators to support several of his contentions: (1) Social behavior can be explained by social rather than psychological factors; (2) suicide is affected by the degree of integration and regulation within social entities; (3) Since society can be studied scientifically, sociology is worthy of recognizing the academic world. Durkheim was successful in all three counts.

1. For each word given below choose the correct meaning (as used in the passage) from the options provided:

(i) pioneers:
(a) a disciple
(b) settler
(c) a person who is among the first to study or develop something
(d) a person who is the follower

(ii) contention:
(a) dispute
(b) a fact
(c) a tentative solution
(d) an assertion, especially one maintained in argument

(iii) prone:
(a) slope   (b) resistant
(c) vulnerable   (d) upright

2. (i) Who was the first person to be formally recognized as a sociologist?
   (a) Emile Durkheim
   (b) Albert Einstin
   (c) John Guttenberg
   (d) None of the above

   (ii) Higher suicide rate during rapid progress in a society is a manifestation of:
   (a) altruistic suicide
   (b) anomic suicide
   (c) egoistic suicide
   (d) both (a) and (b)

   (iii) Increase in the suicide rate during economic depression is an example of:
   (a) altruistic suicide
   (b) anomic suicide
   (c) egoistic suicide
   (d) fatalistic suicide

   (iv) In his study of suicide, Durkheim's main purpose was:
   (a) to document that suicide can be explained without reference to the individual.
   (b) to provide an explanation of the variation in the rate of suicide across societies.
   (c) to categorize various types of suicides.
   (d) all of these.

   (v) According to Durkheim, suicide rates within a social entity can be explained in terms of:
   (a) absence of social ties.
   (b) disruption of social regulation.
   (c) strong bond with people.
   (d) both (a) and (b)

   (vi) According to Durkheim, altruistic suicide is more likely among:
   (a) military personnel than among civilians.
   (b) single people than among married people.
   (c) divorcees than among married people.
   (d) children.

   (vii) Suicide rates were _______ among single than married people.
   (a) higher
   (b) lower
   (c) constant
   (d) less

   (viii) Single adults not heavily involved with family life are more likely to commit suicide. Durkheim categorized this as:
   (a) anomic suicide
   (b) altruistic suicide
   (c) egoistic suicide
   (d) both (a) and (b)

   (ix) From where did Durkheim use data for his purpose?
   (a) Indian Government Statistical Office
   (b) American Government Statistical Office
   (c) French Government Statistical Office
   (d) French Government Statistical Office

   (x) People who suddenly find themselves without a job are likely to:
   (a) kill themselves
   (b) sit idle
   (c) look for more jobs
   (d) get depressed

   (xi) Which subject is worthy of recognizing the academic world?
   (a) Sociology   (b) Physiology
   (c) Psychology   (d) Moral Education

3. On the basis of Emily Durkheim's description about suicide, answer the following questions:

   (i) Durkheim wanted to:
   (a) see if suicide rates within a social entity are related to the degree to which individuals are socially involved.
   (b) know the conditions of depressed person.
   (c) see the effect of depression on suicide.
   (d) compare the suicidal rates with birth rates.

   (ii) Durkheim describes:
   (a) four types of suicide.
   (b) three types of suicide.
   (c) different classes of suicide.
   (d) suicidal rates.

   (iii) They are:
   (a) egoistic, anomic, and altruistic.
   (b) altruistic suicide, anomic suicide and fatalistic suicide.
   (c) egoistic, anomic and fatalistic suicide.
   (d) anomic, altruistic and fatalistic suicide.

(iv) Egoistic suicide:
   (a) is promoted when individuals do not have sufficient social ties.
   (b) occurs when the social regulation of individuals is disrupted.
   (c) is more likely to occur when social integration is too strong.
   (d) is committed by individuals who are socially indulged and see themselves as a part of society.

(v) Durkheim found:
   (a) that historically, suicides for people aged 25 to 64 rose during economic downturns.
   (b) there was a significant increase in suicide rates in USA from 1928 to 1932.
   (c) strong support for his line reasoning.
   (d) slavery and persecution are examples of fatalistic suicide.

(vi) Durkheim's primary interest was:
   (a) not in the empirical (observations) indicators he used.
   (b) to use several reasons to his contentions.
   (c) not evident based research.
   (d) to study different reasons for suicide.

Answer:

1. (i) (c) a person who is among the first to study or develop something
   (ii) (d) an assertion, especially one maintained in argument
   (iii) (c) vulnerable

2. (i) (a) Emile Durkheim
   (ii) (b) anomic suicide
   (iii) (b) anomic suicide
   (iv) (a) to document that suicide can be explained without reference to the individual.
   (v) (d) both (a) and (b)
   (vi) (a) military personnel than among civilians.
   (vii) (a) higher
   (viii) (c) egoistic suicide
   (ix) (c) French Government Statistical Office
   (x) (a) kill themselves
   (xi) (a) Sociology

3. (i) (a) see if suicide rates within a social entity are related to the degree to which individuals are socially involved.
   (ii) (b) three types of suicide.
   (iii) (a) egoistic, anomic, and altruistic.
   (iv) (a) is promoted when individuals do not have sufficient social ties.
   (v) (c) strong support for his line reasoning.
   (vi) (a) not in the empirical (observations) indicators he used.

Section 'B'

Fill in the blanks with the correct form of the words provided after the passage:

Question 8

"The door (1) ..... (open) by a young man. His face at first (2) ..... (wear) the melancholy expression, almost despondency, of one who (3) ..... (travel) a wild and bleak road, at nightfall and alone, but soon (4) ..... (bright) up when he saw the kindly warmth of his reception.

1. (a) opened   (b) opens
   (c) was opened   (d) was open
2. (a) wore   (b) were
   (c) wear   (d) wearing
3. (a) travels   (b) travel
   (c) was travel   (d) travelled
4. (a) brightened   (b) brightens
   (c) brighten   (d) brightening

Answer:

1. (c) was opened
2. (a) wore
3. (a) travels
4. (a) brightened

Question 9

The children .....(1)..... (sit) in a neat circle and ..... (2)..... (begin) .....(3)..... (copy) their multiplication tables. Most of them .....(4)..... (scratch) in the dirt with sticks they had brought for that purpose.

1. (a) sits   (b) sat
   (c) sitting   (d) was sat
2. (a) began   (b) begun
   (c) beginning   (d) was beginning
3. (a) copies   (b) copying
   (c) copied   (d) to copying
4. (a) scratching   (b) scratched
   (c) was scratched   (d) were scratched

Answer:
1. (b) sat
2. (a) began
3. (b) copying
4. (b) scratched

Question 10

I ......(1)...... (pull) up into the driveway ......(2)...... (observe) the way they had ......(3)...... (build) up the balcony. I ......(4)...... (forgot) that the bricks of the house were chocolate brown.

1. (a) pulled (b) pulling
   (c) am pulling (d) was pulled
2. (a) observed (b) observing
   (c) observes (d) was observing
3. (a) was building (b) built
   (c) builds (d) was built
4. (a) has forgotten (b) had forgotten
   (c) forgotten (d) forget

Answer:
1. (a) pulled
2. (b) observing
3. (b) built
4. (b) had forgotten

Question 11

By the time she was three, Matilda had (1)..... (teach) herself to read by (2)..... (study) newspapers and magazines that (3)..... (lie) around the house. At the age of four, she could (4)..... (read) fast and well and she naturally began hankering after books.

1. (a) teached (b) taught
   (c) teaches (d) had been taught
2. (a) studied (b) studies
   (c) studying (d) was studying
3. (a) lies (b) lay
   (c) lied (d) was laid
4. (a) read (b) reading
   (c) was reading (d) is reading

Answer:
1. (b) taught
2. (c) studying
3. (b) lay
4. (a) read

Question 12

I .....(1)..... (convince) that my father .....(2)..... (remember) by all those who value integrity. He ..... (3)..... (be) a man of learning and also saw to it that he .....(4)..... (teach) his pupils with passion and patience.

1. (a) convinced (b) am convinced
   (c) convincing (d) am convincing
2. (a) was remembered (b) remembering
   (c) remembers (d) had remembered
3. (a) are (b) was
   (c) were (d) is
4. (a) taught (b) teaching
   (c) teaches (d) had taught

Answer:
1. (b) am convinced
2. (a) was remembered
3. (b) was
4. (a) taught

Question 13

'No for God's sake don't kill him. I agree to everything you say.' The scream of the girl (1)..... (shake) the corner, where she was cringing with fear (2)..... (wear) one shoe on her feet. I was (3)..... (lay) on the floor, a little distance away (4)..... (watch) helplessly this heartrending spectacle.

1. (a) shake (b) shook
   (c) shaken (d) had shake
2. (a) wearing (b) wore
   (c) weared (d) had wore
3. (a) lying (b) lay
   (c) lied (d) was lying
4. (a) has been watching (b) watching
   (c) was watching (d) had watched

Answer:
1. (b) shook
2. (a) wearing
3. (a) lying
4. (b) watching

Question 14

After Christopher Columbus .....(1)..... (return) from his famous voyage across the Atlantic, the King of Spain ......(2)...... (wish) to celebrate the great event and do honour to the man who ..... (3)..... (make) himself a national hero. He ..... (4)..... (do) so by holding a banquet in honour of the explorer.

1. (a) returns (b) returned
   (c) return (d) is returning
2. (a) wishing (b) wishes
   (c) wished (d) had wished
3. (a) had made (b) makes
   (c) making (d) was making

4. (a) does   (b) did
   (c) did not   (d) had been doing

Answer:
1. (b) returned
2. (c) wished
3. (a) had made
4. (b) did

Choose the correct option to fill in the blanks:

Question 15

You cannot expect respect from him because he has lost his sense ________ shame.

(a) in   (b) of
(c) into   (d) for

Answer:
(b) of

Question 16

We have the habit of exulting ________ the discomfiture of our rivals.

(a) at   (b) over
(c) by   (d) to

Answer:
(b) over

Question 17

The Hindus believe in many rituals to ward ______ the evils.

(a) against   (b) off
(c) out   (d) of

Answer:
(b) off

Question 18

At the sight of his former wife, he flew ______ a rage.

(a) in   (b) into
(c) to   (d) for

Answer:
(b) into

Question 19

Dishonesty is always detrimental ______ progress in life.

(a) to   (b) for
(c) in   (d) into

Answer:
(a) to

Question 20

The rich are not inured ______ manual labour.

(a) of   (b) on
(c) to   (d) for

Answer:
(c) to

Question 21

He didn't come ________ his identity proof at the examination hall.

(a) for   (b) with
(c) along side   (d) along

Answer:
(b) with

Question 22

John came back home ________ evening.

(a) through   (b) before
(c) in   (d) to

Answer:
(b) before

Question 23

He purchased it __________ hundred rupees.

(a) from   (b) at
(c) for   (d) by

Answer:
(c) for

Question 24

Do not cry ______ spilt milk.

(a) on   (b) at
(c) over   (d) for

Answer:
(c) over

Question 25

They live __________ the same floor.

(a) in   (b) at
(c) on   (d) upon

Answer:
(c) on

Question 26

The river flowed ______ the banks.

(a) alongside   (b) under
(c) behind   (d) in

Answer:
(a) alongside

Question 27

She filled the jug ______ water.

(a) on   (b) with
(c) over   (d) to

Answer:
(b) with

Question 28

He was patient_____being very annoyed.

(a) yet   (b) because
(c) despite   (d) although

Answer:

(c) despite

Question 29

The teacher finished his class_____ making corrections in the notebooks.

(a) besides   (b) yet
(c) as well   (d) on

Answer:

(a) besides

Question 30

His medical _____ was very successful.

(a) practising   (b) practise
(c) practice   (d) practiced

Answer:

(c) practice

Question 31

He made insulting remarks that are derogatory _____his reputation.

(a) for   (b) to
(c) of   (d) on

Answer:

(b) to

Question 32

Children, by the force of habit are attracted _____ anything that glitters.

(a) by   (b) to
(c) with   (d) for

Answer:

(b) to

Question 33

Everyone was greatly amused _____ her ignorance of simple facts of life.

(a) with   (b) by
(c) at   (d) on

Answer:

(c) at

Question 34

We have decided to adhere _____ the original programme.

(a) by   (b) for
(c) to   (d) upon

Answer:

(c) to

Question 35

Don't mix with those who don't approve _______ your style of living.

(a) with   (b) for
(c) of   (d) in

Answer:

(c) of

Question 36

In the long run, drinking proved fatal both _______ his reputation and health.

(a) from   (b) to
(c) of   (d) on

Answer:

(b) to

Question 37

Kanishka was initiated _____ Buddhism by Buddhist monks.

(a) by   (b) for
(c) into   (d) of

Answer:

(c) into

Question 38

Normally he stays _______ until 11 p.m. these days.

(a) out   (b) on
(c) up   (d) upon

Answer:

(c) up

Question 39

In accordance with the advice of the doctor she is _____ diet

(a) at   (b) off
(c) on   (d) in

Answer:

(c) on

Question 40

After the death of his father the responsibility has devolved _____ him.

(a) on   (b) at
(c) from   (d) around

Answer:

(a) on

Question 41

Co-operation between friends stems ________ mutual consideration.

(a) in   (b) out
(c) from   (d) at

Answer:

(c) from

Question 42

Many Russians name their children ________ Indians.

(a) after   (b) to
(c) on   (d) at

Answer:

(a) after

Question 43

Strangely her name did not occur ______ me on the second meeting.

(a) to   (b) on
(c) about   (d) of

Answer:

(a) to

Question 44

Don't think that there is any exception ________ the rules of moral conduct.

(a) to   (b) for
(c) in   (d) on

Answer:

(a) to

Choose the correct option to join the following sentences without using 'and', 'but' or 'so':

Question 45

Rohan does not like to play cricket. He does not like to play hockey either.

(a) Neither does Rohan like to play cricket, nor does he like to play hockey.
(b) Rohan does not like to play cricket since he does not like to play hockey.
(c) Rohan does not like to play cricket. He also not like to play cricket.
(d) Rohan does not like to play cricket while he does not like play hockey either.

Answer:

(a) Neither does Rohan like to play cricket, nor does he like to play hockey.

Question 46

The school bus drove through the gate. The clock was striking eight at that moment.

(a) The school bus drove through the gate when the clock was striking eight at that moment.
(b) The school bus drove through the gate as the clock was striking eight at that moment.
(c) When the school bus drove through the gate, the clock was striking eight.
(d) The school bus drove through the gate for the clock was striking eight at that moment.

Answer:

(c) When the school bus drove through the gate, the clock was striking eight.

Question 47

We reached the port. The storm came on.

(a) We reached the port so the storm came on.
(b) We reached the port while the storm came on.
(c) As soon as we reached the port, the storm came on.
(d) We reached the port because the storm come on.

Answer:

(c) As soon as we reached the port, the storm came on.

Question 48

The cat is far off. The mice will play.

(a) When the cat is far off, the mice will play.
(b) The mice would play when it finds cat far off.
(c) The cat is far off then mice will play.
(d) The cat is far off while the mice will play.

Answer:

(a) When the cat is far off, the mice will play.

Question 49

Where is the book I gave you? Is it lost?

(a) Where is the lost book which I gave you?
(b) Is the book lost, that I gave you?
(c) Is the book which I gave you, lost?
(d) Where is the lost book which I gave you?

Answer:

(c) Is the book which I gave you, lost?

Question 50

Why he told a lie? The reason is not known.

(a) The reason he told a lie is not known.
(b) The reason why he told a lie is not known.
(c) The reason for which he told a lie is not known.
(d) The reason that makes a lie is not known.

Answer:

(b) The reason why he told a lie is not known.

Question 51

Smitha is usually calm and peaceful. She doesn't lose her temper easily.

(a) She loses her temper easily, therefore, Smitha is calm and peaceful.
(b) Smitha is usually calm and peaceful or she loses her temper easily.
(c) Since Smitha is usually calm and peaceful, she doesn't lose her temper easily.
(d) Smitha usually lose her temper because she is calm and peaceful.

Answer.

(c) Since Smitha is usually calm and peaceful, she doesn't lose her temper easily.

Question 52

The child was safe and secure. He was unaware of the dangers of the world.

(a) Since the child was safe and secure, he was unaware of the dangers of the world.
(b) Unaware of the dangers of the world the child was safe and secure.
(c) Because the child was unaware of the dangers of the world, he was safe and secure.
(d) Since the child is not aware of the dangers of the world he is safe and secure.

Answer:

(a) Since the child was safe and secure, he was unaware of the dangers of the world.

Question 53

The apples were delicious. The children relished them.

(a) The children having relished the apples they were delicious.
(b) Since the children relished the apples were delicious.
(c) The children relished the apples as they were delicious.
(d) As the apples are delicious, children relished them.

Answer:

(c) The children relished the apples as they were delicious.

Question 54

Sarah and Tyra are twins. They look exactly alike.

(a) Sarah and Tyra are twins while they look exactly alike.
(b) Sarah and Tyra are twins because they look exactly alike.
(c) Because Sarah and Tyra are twins, they look exactly alike.
(d) Sarah and Tyra are twins as they look exactly alike.

Answer:

(c) Because Sarah and Tyra are twins, they look exactly alike.

Question 55

One should not borrow money. One should not lend money.

(a) One should neither borrow money nor lend money.
(b) Neither one should borrow money nor one should lend money.
(c) One should not borrow money and one should not lend money.
(d) One should not borrow money while one should not lend money.

Answer:

(a) One should neither borrow money nor lend money.

Question 56

They advertised the job. There was a rush of applicants.

(a) They advertised the job because there was a rush of applicants.
(b) As soon as they advertised the job, there was a rush of applicants.
(c) They advertised the job as there was a rush of applicants.
(d) They advertised the job since there was a rush of applicants.

Answer:

(b) As soon as they advertised the job, there was a rush of applicants.

Question 57

He practiced every day. He came first in the race.

(a) He practiced every day when he came first in the race.

   (b) Since he practiced every day, he came first in the race.
   (c) He practiced every day because he came first in the race.
   (d) Though he practiced every day, he came first in the race.

Answer:
   (b) Since he practiced every day, he came first in the race.

Question 58

They broke open the door. They saw everything was in a mess.

   (a) They broke open the door while they saw everything was in a mess.
   (b) They broke open the door because they saw everything was in a mess.
   (c) When they broke open the door, they saw everything was in a mess.
   (d) They broke open the door but they saw everything was in a mess.

Answer:
   (c) When they broke open the door, they saw everything was in a mess.

Question 59

The train reaches the station. The commuters jostle for their seats.

   (a) As soon as the train reaches the station, the commuters jostle for their seats.
   (b) The train reaches the station when the commuters jostle for their seats.
   (c) While the train reaches the station, the commuters jostle for their seats.
   (d) Although the train reaches the station, the commuters, jostle for their seats.

Answer:
   (a) As soon as the train reaches the station, the commuters jostle for their seats.

Question 60

The profession of nursing is very demanding. It has its own delights.

   (a) The profession of nursing is very demanding since it has its own delights.
   (b) Though the profession of nursing is very demanding yet it has its own delights.
   (c) Not only the profession of nursing is very demanding but it has its own delights (Clhts.
   (d) The profession of nursing is too demanding to be delighted.

Answer:
   (b) Though the profession of nursing is very demanding yet it has its own delights.

Question 61

Wash your hands. You will not catch an infection.

   (a) If you don't wash your hands, you will not catch an infection.
   (b) Wash your hands and you will catch an infection.
   (c) If you wash your hands, you will not catch an infection.
   (d) Wash your hands yet you will not catch an infection.

Answer:
   (c) If you wash your hands, you will not catch an infection.

Question 62

He did not come. He did not write a letter.

   (a) Neither he came nor he wrote a letter.
   (b) He did not come because he did not write a letter.
   (c) He did not come but he didn't write a letter.
   (d) Not only he came, but also he wrote the letter.

Answer:
   (a) Neither he came nor he wrote a letter.

Question 63

He passed the examinations. He got a gold medal.

   (a) On passing the examinations, he got a gold medal.
   (b) Neither he passed nor he got a gold medal.
   (c) He passed the examinations because he got a gold medal.
   (d) He passed the examination while he got a gold medal.

Answer:
   (a) On passing the examinations, he got a gold medal.

Question 64

I studied management. I hope to get a lucrative job.

   (a) I studied management as I hope to get a lucrative job.
   (b) I studied management in the hope of getting a lucrative job.
   (c) I studied management while in the hope of getting a lucrative job.
   (d) I studied management when I hope of getting lucrative job.

Answer:

(b) I studied management in the hope of getting a lucrative job.

Read each sentence with its instruction. Choose the correct answer from the options provided beneath each:

Question 65

He didn't eat his breakfast as he was getting very late.

(Use 'so')

(a) He was getting so late that he couldn't eat his breakfast.

(b) He was getting so late that he didn't eat his breakfast.

(c) He didn't eat his breakfast so he was getting very late.

(d) He didn't eat his breakfast while he was getting very late.

Answer:

(b) He was getting so late that he didn't eat his breakfast.

Question 66

As soon as the teacher sat, he called the names of the selected students.

(Begin: No sooner...)

(a) No sooner did the teacher sit than he called the names of the selected students.

(b) No sooner does the teacher sit than he called the names of the selected students.

(c) No sooner did the teacher sit than he calls the names of the selected students.

(d) No sooner do the teacher sit he called the names of the selected students.

Answer:

(a) No sooner did the teacher sit than he called the names of the selected students.

Question 67

He reached the station on time. He would have lost the train.

(Begin: Had------------------)

(a) Had he not reached the station on time, he would have lost the train.

(b) Had he reached the station on time, he would have not lost the train.

(c) Had he would have lost the train if not reached on time.

(d) Had he reached the station on time, he would have lost the train.

Answer:

(a) Had he not reached the station on time,he would have lost the train.

Question 68

Rohit offered prayers in the temple before going abroad.

(Begin: Rohit did not ------------------)

(a) Rohit did not offer prayers in the temple before going abroad.

(b) Rohit did not go to temple to offer prayers before going abroad.

(c) Rohit did not go abroad without offering prayers in the temple.

(d) Rohit did not went abroad without offering prayers in the temple.

Answer:

(c) Rohit did not go abroad without offering prayers in the temple.

Question 69

Stay away from the sea shore, you may drown.

(Use: lest ------------------)

(a) Stay away from the sea shore lest you may not drown.

(b) Stay away from the sea shore lest you may drown.

(c) Stay away, from the sea shore lest you may not drown.

(d) Stay away from the sea shore lest you will be drown.

Answer:

(b) Stay away from the sea shore lest you may drown.

Question 70

It was a hot day. Everyone bought ice-cream.

(Use: being)

(a) As everyone bought ice cream, it was a hot day.

(b) It being a hot day everyone bought ice-cream.

(c) Being a day that was cold, everyone bought ice-cream.

(d) Being a hot day today, everyone will buy ice-cream.

Answer:

(b) It being a hot day everyone bought ice-cream.

Question 71

She missed the bus. The dog bit her.

(Use: not only)

(a) Not only did she miss the bus, but also the dog bit her.

(b) The dog bit her, not only did she miss the bus.

(c) The bus was missed, not only did the dog bite her.

(d) She missed the bus, not only the dog bit her.

Answer:

(a) Not only did she miss the bus, but also the dog bit her.

Question 72

The fever left him. He got up and worked.

(Use: No sooner-than)

(a) As soon as he got up and worked, the fever left him.

(b) No sooner had he got up and worked than the fever left him.

(c) No sooner had the fever left him than he got up and worked.

(d) No sooner he got up then the fever left him.

Answer:

(c) No sooner had the fever left him than he got up and worked.

Question 73

She was considered a dare devil. She loved adventure sports.

(Use: as a result)

(a) As a result of loving adventure sports, she was considered a dare devil.

(b) As she loved adventure sports, she was a dare devil.

(c) As a result of loving adventure sports , she was not a dare devil.

(d) She was considered a dare devil, as a result she loved adventure sports.

Answer:

(a) As a result of loving adventure sports, she was considered a dare devil.

Question 74

As soon as the vacation begins, my neighbour rushes to the seaside.

(Begin: No sooner...)

(a) No sooner does my vacation begin than the neighbour rushes to the seaside.

(b) No sooner does the vacation begin than my neighbour rushes to the seaside.

(c) No sooner did the vacation begin when my neighbour rushed to the seaside.

(d) No sooner the vacation began, my neighbour rushes to the seaside.

Answer.

(b) No sooner does the vacation begin than my neighbour rushes to the seaside.

Question 75

But for Laila's support, the woman would have lost her job.

(Begin: Had...)

(a) Had Laila supported her, the woman would not have lost her job.

(b) Had Laila supported her, the woman would have lost her job.

(c) Had it not been for Laila's support, the woman would have lost her job.

(d) Had Laila did supported her, the woman would not have lost the job.

Answer:

(c) Had it not been for Laila's support, the woman would have lost her job.

Question 76

Herbert consulted his parents before accepting the job offer.

(Begin: Herbert did not ....)

(a) Herbert did not forgot to consult his parents before accepting the job offer.

(b) Herbert did not forget to consult his parents before accepting the job offer.

(c) Herbert did not consult his parents before accepting the job offer.

(d) Herbert did not consulted his parents before accepting the job offer.

Answer:

(b) Herbert did not forget to consult his parents before accepting the job offer.

Question 77

Put your tools away, the children may fall over them.

(Use: lest..................)

(a) Put your tools away lest the children may fall over them.

(b) Put your tools away lest the children should fall over them.

(c) Put your tools away, children, lest fall over them.

(d) Put your tools away, lest the children would fall over them.

Answer:

(a) Put your tools away lest the children may fall over them.

Question 78

He is so old that he cannot remember events of the past.

(Begin: He is too .....)

(a) He is too old to remember events of the past.
(b) He is too old that he cannot remember events of the past.
(c) He is too old that he remember events of the past.
(d) He is too old, he couldn't remember events of the past.

Answer:

(a) He is too old to remember events of the past.

Question 79

As soon as the bell rings, the children run out to play.

(Begin: No sooner...)

(a) No sooner did the bell rang, than the children run out to play.
(b) No sooner does the bell ring, than the children run out to play.
(c) No sooner does the bell rang, than the children run out to play.
(d) No sooner do the bell rung, the children ran out to play.

Answer:

(b) No sooner does the bell ring, than the children run out to play.

Question 80

I have found my mobile phone that I had lost.
(Begin: I had lost....)

(a) I had lost my mobile phone that I have found.
(b) I had lost my mobile phone, but I have found it.
(c) I had lost my mobile phone that I have found it.
(d) I had lost my mobile phone which I have found it.

Answer:

(b) I had lost my mobile phone, but I have found it.

Question 81

You are too young to understand the ways of the world.

(Begin: You are so)

(a) You are so young that you cannot understand the ways of the world.
(b) You are so young to understand the ways of the world.
(c) You are so young that understand the ways of the world.
(d) You are so young to not understand the ways of the world.

Answer:

(a) You are so young that you cannot understand the ways of the world.

Question 82

He cleaned the house and washed the dishes.
(Begin: Not only …)

(a) Not only did he cleaned the house but he also washed the dishes.
(b) Not only does he clean the house but he also washed the dishes.
(c) Not only did he clean the house but he also washed the dishes.
(d) Not only he washed the dishes, he cleaned the house as well.

Answer:

(c) Not only did he clean the house but he also washed the dishes.

Question 83

Ali returned the book to Soham.
(Begin : The book was ....)

(a) The book was returned by Soham to Ali.
(b) The book was returned by Ali to Soham.
(c) The book was returned to Ali by Soham.
(d) The book was returned to Soham.

Answer:

(b) The book was returned by Ali to Soham.

Question 84

It was raining heavily but Rehana went for her exams.
(Begin : Though ....)

(a) Though it was raining heavily but Rehana went for her exams.
(b) Though it was raining heavily, Rehana went for her exams.
(c) Though it was raining heavily still Rehana went for her exams.
(d) Though it was raining heavily when Rehana went for her exams.

Answer:

(a) Though it was raining heavily but Rehana went for her exams.

English-I
Self Assessment Paper

Question 1

Read the following passage carefully and answer the questions that follow:

Father was standing in the small courtyard, wearing a dhoti and a banian, the dress which, for its very homeliness. Swaminathan **detested** to see him in; it indicated that he did not intend going out in the near future.

"Where are you going?"

"Nowhere."

"Where were you yesterday at this time?"

"Here."

"You are lying. You were not here yesterday. And you are not going out now."

"That is right," Mother added, just appearing from somewhere, "there is no limit to his loafing in the sun. He will die of sunstroke if he keeps on like this."

Father would have gone on forever without Mother's encouragement. But now her words spurred him to action. Swaminathan was asked to follow him to his 'room' in his father's dressing-room.

"How many days is it since you have touched your books?" Father asked as he blew off the fine layer of dust on Swaminathan's books, and cleared the web that an industrious spider was weaving between a corner of the table and the pile of books.

Swaminathan viewed this question as a gross breach of promise.

"Should I read even when I have no school?"

"Do you think you have passed the B.A.?" Father asked.

"I mean, Father, when the school is closed, when there is no examination, even then should I read?"

"What a question! You must read."

"But Father, you said before the examinations that I needn't read after they were over. Even Rajam does not read." As he uttered the last sentence, he tried to believe it; he clearly remembered Rajam's complaining bitterly of a home tutor who came and **pestered** him for two hours a day thrice a week.

Father was apparently deaf to Swaminathan's remarks. He stood over Swaminathan and set him to dust his books and clean his table. Swaminathan vigorously started blowing off the dust from the book covers. He caught the spider carefully, and took it to the window to throw it out. He held it outside the window and watched it for a while. It was swinging from a strand that gleamed in a hundred delicate tints.

"Look sharp! Do you want a whole day to throw out the spider?" Father asked. Swaminathan suddenly realized that he might have the spider as his pet and that it would be a criminal waste to throw it out. He secretly slipped it into his pocket and, after shaking an empty hand outside the window, returned to his duty at the desk.

"Look at the way you have kept your English text! Are you not ashamed of yourself?" Swaminathan picked up the oily red-bound Fourth Reader, opened it, and banged together the covers in order to shake off the dust, and then rubbed **violently** the oily covers with his palm.

"Get a piece of cloth, boy. That is not the way to clean things. Get a piece of cloth, Swami," Father said, half kindly and half impatiently.

Swaminathan looked about and complained, "I can't find any here, father."

"Run and see."

This was a welcome suggestion. Swaminathan hurried out. He first went to his grandmother.

"Granny, get me a piece of cloth, quick."

(a) For each word given below choose the correct meaning (as used in the passage) from the options provided:

   (i)   detested:

      1. detention   2. detained   3. hateful   4. hated

   (ii) pestered:

      1. tiny insect   2. botheration   3. annoyed   4. annoyance

   (iii) violently:

      1. cruelly   2. with great energy   3. loudly   4. with a lot of noise

(b) (i)   What did father's clothes show?

      1. He was relaxed.   2. It was a holiday.

      3. He was planning to stay at home.   4. He was planning to leave shortly.

   (ii) How did mother encourage father?

      1. By appearing suddenly.   2. By following father to his room.

      3. By complaining about Swami.   4. By calling Swami in from the outside.

   (iii) What did the dust on Swami's books indicate?

      1. The house was dusty.

      2. Swami had not touched his books.

      3. The books were old.

      4. Swami had forgotten to pack it in his school bag.

   (iv) What is meant by "breach of promise?"

      1. To go back on one's promise.   2. To make a promise.

      3. To keep a promise.   4. Never to promise.

   (v) What is father's tone when he says, "Do you think you have passed your B.A.?"

      Father's tone was:

      1. jovial.   2. angry.   3. sarcastic.   4. tired.

   (vi) In what way was Rajam situation similar to that of Swami's?

      1. Rajam had gone on holiday.   2. Rajam's tuition teacher had taken a holiday.

      3. Rajam's father also scolded him.   4. Rajam had tuition during the holidays.

   (vii) What attracted Swami to the spider?

      1. Its web.   2. Its colour.

      3. The colour of the thread.   4. The dust on the spider.

   (viii) What does Swami do with the spider?

      1. He shook it.   2. He hid it in the book.

      3. He hid it outside the window.   4. He hid it in his pocket.

   (ix) What was Swami ordered to do?

      1. Get a cloth.   2. Free the spider.   3. Throw the spider.   4. Call grandmother.

   (x) The author says the father's spoke "half kindly and half impatiently".

      This indicates that:

      1. he was really angry.   2. he was complaining.

      3. he really wanted to free the spider.   4. he was not really angry.

(xi) Swami hurried out. Why did he do so?

    1. He wanted to meet his grandmother.   2. He wanted to dust the table.

    3. He wanted to check on the spider.   4. He wanted to run out and play.

(c) How did Swami deal with the spider?

  (i) First, he:

    1. dusted the books.   2. lifted the cover.

    3. wiped the books vigorously.   4. caught the spider.

  (ii) Then he:

    1. took it to the window.   2. put it in his pocket.

    3. hid the spider.   4. got frightened.

  (iii) He wanted to:

    1. keep the spider.   2. hide the spider.   3. throw the spider.   4. kill the spider.

  (iv) But he:

    1. held the spider.   2. squeezed the spider.   3. dusted the spider.   4. hid the spider.

  (v) And he:

    1. watched the spider.   2. swung the spider.   3. held the spider.   4. killed the spider.

  (vi) He decided to:

    1. keep the spider as his pet.   2. put the spider into the dustbin.

    3. throw the spider out of the window.   4. tame the spider and teach it tricks.

Question 2

(a) Choose the correct option to fill in the blanks:

  (i) You cannot expect respect from him because he has lost his sense _________ shame.

    1. in   2. of   3. into   4. for

  (ii) We have the habit of exulting _______ the discomfiture of our rivals.

    1. at   2. over   3. by   4. in

  (iii) On the eve of the Prime Minister's visit, Civil Line has been cordoned________.

    1. off   2. on   3. over   4. in

  (iv) The Hindus believe in many rituals to ward ______ the evils.

    1. against   2. off   3. out   4. at

(b) Fill in the blanks with the correct forms of the words provided after the passage:

By the time she was three, Matilda had (i) ________ (teach) herself to read by (ii) ________ (study) newspapers and magazines that (iii) ________ (lie) around the house. At the age of four, she could (iv) ________ (read) fast and well and she naturally began hankering after books.

  (i) 1. teached   2. taught   3. teaches   4. had taught

  (ii) 1. studied   2. studies   3. studying   4. is studying

  (iii) 1. lies   2. lay   3. lied   4. lays

  (iv) 1. read   2. reading   3. was reading   4. was been read

(c) Choose the correct option to join the following sentences without using 'and', 'but' or 'so'

  (i) Rohan does not like to play cricket. He does not like to play hockey either.

    1. Neither does Rohan like to play cricket, nor does he like to play hockey.

    2. Rohan does not like to play cricket since he does not like to play hockey.

    3. Rohan does not like to play cricket. He also not like to play cricket.

    4. Rohan does not like to play circket while he does not like to play hockey either.

  (ii) Sania pushed as hard as she could. The door would not open.

    1. Sania pushed as hard as she could as the door would not open.

    2. Although Sania pushed as hard as she could, the door would not open.

    3. Sania pushed as hard as she could because the door would not open.

    4. Sania pushed as hard as she could although the door was not opened.

(iii) The school bus drove through the gate. The clock was striking eight at that moment.

    1. The school bus drove through the gate when the clock was striking eight at that moment.

    2. The school bus drove through the gate as the clock was striking eight at that moment.

    3. When the school bus drove through the gate, the clock was striking eight.

    4. The school bus drove through the gate for the clock was striking eight at the moment.

(iv) We reached the port. The storm came on.

    1. We reached the port so the storm came on.

    2. We reached the port while the storm came on.

    3. As soon as we reached the port, the storm came on.

    4. We reached the port because the storm come on.

(d) Read each sentence with its instructions. Choose the correct answer from the options provided beneath each:

(i) He is so old that he cannot remember events of the past.

(Begin: He is too .....)

    1. He is too old to remember events of the past.

    2. He is too old that he cannot remember events of the past.

    3. He is too old that he remember events of the past.

    4. He is too old, he couldn't remember events of the past.

(ii) As soon as the bell rings, the children run out to play.

(Begin: No sooner...)

    1. No sooner did the bell rang than the children run out to play.

    2. No sooner does the bell ring than the children run out to play.

    3. No sooner does the bell rang than the children run out to play.

    4. No sooner do the bell rung, the children ran out to play.

(iii) No other planet is as big as Jupiter.

(Begin: Jupiter....)

    1. Jupiter is bigger than many other planets.

    2. Jupiter is very big as a planet.

    3. Jupiter is the biggest planet.

    4. Jupiter is the biggest planet than any other planet.

(iv) She was so tired that she could not stand.

(Begin: She was too......)

    1. She was too tired to stand.

    2. She was too tired that she could not stand.

    3. She was too tired and could not stand.

    4. She was too tired to stand still.

(v) I have found my mobile phone that I had lost.

(Begin: I had lost....)

    1. I had lost my mobile phone that I have found.

    2. I had lost my mobile phone, but I have found it.

    3. I had lost my mobile phone that I have found it.

    4. I had lost my mobile phone which I have found it.

(vi) You are too young to understand the ways of the world.

(Begin: You are so)

1. You are so young that you cannot understand the ways of the world.
2. You are so young to understand the ways of the world.
3. You are so young that understand the ways of the world.
4. You are so young to not understand the ways of the world.

(vii) He is faster than me.

(Begin: I am....)

1. I am not as fast as him.
2. I am as fast as him.
3. I am faster than him.
4. I am more faster than him.

(viii) He cleaned the house and washed the dishes.

(Begin: Not only ...)

1. Not only did he cleaned the house but he also washed the dishes.
2. Not only does he clean the house but he also washed the dishes.
3. Not only did he clean the house but he also washed the dishes.
4. Not only he washed the dishes, he cleaned the house as well.

Name of Exam : _______________________________

2021-22

OMR Response Sheet

Roll No.

1 ◯ ◯ ◯ ◯ ◯ ◯ ◯
2 ◯ ◯ ◯ ◯ ◯ ◯ ◯
3 ◯ ◯ ◯ ◯ ◯ ◯ ◯
4 ◯ ◯ ◯ ◯ ◯ ◯ ◯
5 ◯ ◯ ◯ ◯ ◯ ◯ ◯
6 ◯ ◯ ◯ ◯ ◯ ◯ ◯
7 ◯ ◯ ◯ ◯ ◯ ◯ ◯
8 ◯ ◯ ◯ ◯ ◯ ◯ ◯
9 ◯ ◯ ◯ ◯ ◯ ◯ ◯
0 ◯ ◯ ◯ ◯ ◯ ◯ ◯

Name ____

Class & Section _______________________________________

Subject ____

Subject Code :

Date of Exam :   D   D   M   M   YYYY

☐☐ / ☐☐ / ☐☐ ☐☐

Candidate's Sign.

Invigilator's Sign.

Instructions for filling the OMR sheet :

1. Use only black/blue ball point pen to fill the circle
2. Use of pencil is strictly prohibited
3. Circle should be designed completely and properly
4. Cutting and erasing on this sheet is not allowed

Q. No.	1	2	3	4
1. a (i)	◯	◯	◯	◯
1. a (ii)	◯	◯	◯	◯
1. a (iii)	◯	◯	◯	◯
1. b (i)	◯	◯	◯	◯
1. b (ii)	◯	◯	◯	◯
1. b (iii)	◯	◯	◯	◯
1. b (iv)	◯	◯	◯	◯
1. b (v)	◯	◯	◯	◯
1. b (vi)	◯	◯	◯	◯
1. b (vii)	◯	◯	◯	◯
1. b (viii)	◯	◯	◯	◯
1. b (ix)	◯	◯	◯	◯
1. b (x)	◯	◯	◯	◯
1. b (xi)	◯	◯	◯	◯
1. c (i)	◯	◯	◯	◯
1. c (ii)	◯	◯	◯	◯
1. c (iii)	◯	◯	◯	◯
1. c (iv)	◯	◯	◯	◯
1. c (v)	◯	◯	◯	◯
1. c (vi)	◯	◯	◯	◯

Q. No.	1	2	3	4
2. a (i)	◯	◯	◯	◯
2. a (ii)	◯	◯	◯	◯
2. a (iii)	◯	◯	◯	◯
2. a (iv)	◯	◯	◯	◯
2. b (i)	◯	◯	◯	◯
2. b (ii)	◯	◯	◯	◯
2. b (iii)	◯	◯	◯	◯
2. b (iv)	◯	◯	◯	◯
2. c (i)	◯	◯	◯	◯
2. c (ii)	◯	◯	◯	◯
2. c (iii)	◯	◯	◯	◯
2. c (iv)	◯	◯	◯	◯
2. d (i)	◯	◯	◯	◯
2. d (ii)	◯	◯	◯	◯
2. d (iii)	◯	◯	◯	◯
2. d (iv)	◯	◯	◯	◯
2. d (v)	◯	◯	◯	◯
2. d (vi)	◯	◯	◯	◯
2. d (vii)	◯	◯	◯	◯
2. d (viii)	◯	◯	◯	◯

Self Assessment Chart

After solving the Salf Assessment Paper, with the help of online solutions, mark yourself accordingly.

Section	Q. No.	Chapter	Marks per Question	Marks Obtained
Comprehension	1a. (i)	Unseen Passage	1	
	1a. (ii)	Unseen Passage	1	
	1a. (iii)	Unseen Passage	1	
	1b. (i)	Unseen Passage	1	
	1b. (ii)	Unseen Passage	1	
	1b. (iii)	Unseen Passage	1	
	1b. (iv)	Unseen Passage	1	
	1b. (v)	Unseen Passage	1	
	1b. (vi)	Unseen Passage	1	
	1b. (vii)	Unseen Passage	1	
	1b. (viii)	Unseen Passage	1	
	1b. (ix)	Unseen Passage	1	
	1b. (x)	Unseen Passage	1	
	1b. (xi)	Unseen Passage	1	
	1c. (i)	Unseen Passage	1	
	1c. (ii)	Unseen Passage	1	
	1c. (iii)	Unseen Passage	1	
	1c. (iv)	Unseen Passage	1	
	1c. (v)	Unseen Passage	1	
	1c. (vi)	Unseen Passage	1	
Grammar	2a. (i)	Preposition	1	
	2a. (ii)	Preposition	1	
	2a. (iii)	Preposition	1	
	2a. (iv)	Preposition	1	
	2b. (i)	Correct from of Verb	1	
	2b. (ii)	Correct from of Verb	1	
	2b. (iii)	Correct from of Verb	1	
	2b. (iv)	Correct from of Verb	1	
	2c. (i)	Conjunction	1	
	2c. (ii)	Conjunction	1	
	2c. (iii)	Conjunction	1	
	2c. (iv)	Conjunction	1	
	2d. (i)	Transformation of sentences	1	
	2d. (ii)	Transformation of sentences	1	
	2d. (iii)	Transformation of sentences	1	
	2d. (iv)	Transformation of sentences	1	
	2d. (v)	Transformation of sentences	1	
	2d. (vi)	Transformation of sentences	1	
	2d. (vii)	Transformation of sentences	1	
	2d. (viii)	Transformation of sentences	1	
How did you perform ? (Marks Achieved/Maximum Marks × 100%)				

English-II

1. **Drama : The Merchant of Venice – Act III (Scenes 1, 2, 3, 4 and 5)**
2. **Treasure Trove : Short Stories –**
    (i)   The Little Match Girl
    (ii) The Blue Bead
3. **Treasure Trove : Poems –**
    (i)   I know Why the Caged Bird Sings
    (ii) The Patriot

English-II

Multiple Choice Questions

Section 'A'

1. There is an allusion to a Greek myth of __________ in "Alack it was I who leaped at the sun".

(a) Iris　　　　　　(b) Icarus
(c) Aphrodite　　　(d) Andromeda

Answer:

(b) Icarus

2. The little match girl was scrawny and had ________hair.

(a) golden　　　　(b) brown
(c) black　　　　　(d) white

Answer:

(a) golden

3. Who quotes the adage *"the sins of the father are to be laid upon the children"*?

(a) Launcelot　　　(b) Gratiano
(c) Lorenzo　　　　(d) Balthasar

Answer:

(a) Launcelot

4. As Solanio departs, Antonio prays desperately that Bassanio will arrive to:

(a) see him (Antonio) pay his (Bassanio's) debt
(b) see him (Antonio) lose his life for his (Bassanio's) debt
(c) see him (Antonio) pay his (Bassanio's extravagance
(d) see him (Antonio) pay his (Bassanio's) rent

Answer:

(a) see him (Antonio) pay his (Bassanio's) debt

5. The caged bird in 'I Know why The Caged Bird Sings' is an analogy created in relation to which of the following?

(a) African Americans
(b) Native Americans
(c) South Americans
(d) European colonizers that settled in North America

Answer:

(a) African Americans

6. __________ said that "whenever a star falls, a soul goes up to God".

(a) The little girl's mother
(b) The man waiting at the bus stop
(c) The little girl's grandmother
(d) The bystanders who gathered the next morning

Answer:

(c) The little girl's grandmother

7. The diamond that cost Shylock 2,000 ducats was bought from __________

(a) Belmont　　　　(b) Frankfurt
(c) Venice　　　　　(d) Treviso

Answer:

(b) Frankfurt

8. Complete the dialogue: "you are no good member of the commonwealth, for in converting Jews to Christians you raise ____________."

(a) the price of pork (b) interreligious marriages
(c) Duke's subjects　(d) borrowers of Antonio

Answer:

(a) the price of pork

9. After a year, the patriot is viewed as________by the people.

(a) a politician　　　(b) a traitor
(c) a spy　　　　　　(d) a leader

Answer:

(b) a traitor

10. The little girl saw her grandmother in the _________ vision.

(a) first   (b) second
(c) third   (d) fourth

Answer:

(d) fourth

11. The crocodile would sometimes go to the ghats to feed on the ___________.

(a) half-burned bodies

(b) fish, deer and monkeys

(c) pi-dog full of parasites

(d) skeleton cow

Answer:

(a) half-burned bodies

12. *"Fie, what a question's that if thou wert near a lewd interpreter!"* Who is being chided by Portia here?

(a) Jessica   (b) Nerissa
(c) Bassanio   (d) None of these

Answer:

(b) Nerissa

13. Tubal told Shylock that Jessica had traded her mother's ring for ___________.

(a) fine clothes   (b) a donkey
(c) a cart   (d) a monkey

Answer:

(d) a monkey

14 What was the use of the pound of flesh Shylock was talking about?

(a) Use it to fish

(b) Use it as a bait to feed his revenge

(c) Use it to kill

(d) Use it to cool his mind

Answer:

(b) Use it as a bait to feed his revenge

15. The stove the girl saw in the light of match stick was made of:

(a) stone   (b) brass
(c) iron   (d) wood

Answer:

(c) iron

16. The "scr-r-ratch!" sound the first match makes is an example of...

(a) Simile   (b) Irony
(c) Metonymy   (d) Auditory Imagery

Answer:

(d) Auditory Imagery

17. Sibia was happy because:

(a) She saved the lady

(b) She killed the crocodile

(c) She found a blue bead

(d) None of the above

Answer:

(c) She found a blue bead

18. Sibia could defeat the crocodile because:

(a) she had immense strength

(b) she was an expert in handling weapons

(c) her jungle instinct prompted her to go for the kill

(d) she hated the animal

Answer:

(c) her jungle instinct prompted her to go for the kill

19. A caged bird has:

(a) suppressed dreams

(b) fulfilled dreams and aspirations

(c) freedom

(d) none of the above

Answer:

(a) suppressed dreams

20. The poem alternates between describing the free bird and the caged bird. This structure emphasizes:

(a) the complicated struggle of being free.

(b) the contrast between being free and confined.

(c) the similarity between the experiences of being free and confined.

(d) the caged bird and free bird are the same species.

Answer:

(b) the contrast between being free and confined.

21. Name the poet of the poem, 'The Patriot'.

(a) Robert Browning

(b) Robert Frost

(c) Maya Angelou

(d) David Roth

Answer:

(a) Robert Browning

22. The reception the patriot is getting today is _________ to what he received this very day a year ago.

(a) very similar   (b) close
(c) slightly contrast (d) in sharp contrast

Answer:

(d) in sharp contrast

23. In Act III, Scene II, Portia compares Bassanio to
_________.

   (a) Alcides   (b) Thor

   (c) Athena   (d) Mercury

Answer:

   (a) Alcides

24. _________ was locked in one of the caskets.

   (a) A mirror

   (b) A letter

   (c) Portia's image and letter

   (d) Nerissa's picture

Answer:

   (c) Portia's image and letter

25. The girl struck all the matches together because:

   (a) she was feeling cold.

   (b) she wanted the company of her grandmother.

   (c) she was feeling bored.

   (d) nobody bought her matches.

Answer:

   (b) she wanted the company of her grandmother.

26. What comment did the people make seeing the
matches in her hand?

   (a) she was hungry

   (b) she might have felt cold

   (c) she might have wanted some light

   (d) she could not sell all the matches

Answer:

   (b) she might have felt cold

27. Why is Sibia called a child woman?

   (a) She is dressed in sari.

   (b) She had grey hair.

   (c) She is in pre-teen but handled responsibilities
like a pro.

   (d) She thought like an adult.

Answer:

   (c) She is in pre-teen but handled responsibilities
like a pro.

28. Sibia was making one _______.

   (a) anklet   (b) earring

   (c) necklace   (d) nose-ring

Answer:

   (c) necklace

29. Which words could be an example of auditory
imagery?

   (a) caged bird sings

   (b) dawn bright lawn

   (c) fearful trill

   (d) opens his throat to sing

Answer:

   (c) fearful trill

30. In addition to the cage and clipped wings,
_________ is mentioned in the poem as binding
the caged bird.

   (a) his tied feet   (b) his mental state

   (c) his soul   (d) his owner

Answer:

   (a) his tied feet

31. The literary device used in-*"The houses roofs
seemed to heave and sway"* is _______.

   (a) Personification (b) Alliteration

   (c) Metaphor   (d) Irony

Answer:

   (a) Personification

32. The poem, 'The Patriot' is a harsh and critical
satire on _________.

   (a) people's fickle minded attitude

   (b) religious intolerance.

   (c) heroic martyrdom

   (d) public hero worship

Answer:

   (a) people's fickle minded attitude

33. False hearts are compared to _________.

   (a) Stairs of sand   (b) Cowards

   (c) Hercules   (d) Alcides

Answer:

   (a) Stairs of sand

34. In Act III scene iii, how does Shylock respond to
Antonio?

   (a) He acts with compassion.

   (b) He gives Antonio an opportunity to state his
case.

   (c) He refuses to let Antonio speak.

   (d) He spits on the Christian.

Answer:

   (c) He refuses to let Antonio speak.

35. The Little Match Girl is set on the _______ day of
the year.

   (a) New Year's Eve (b) Diwali

   (c) Christmas   (d) None of these

Answer:

   (a) New Year's Eve

36. The little match girl wears __________.

(a) an apron

(b) trousers

(c) an evening dress

(d) pyjamas

Answer:

(a) an apron

37. Ai, Ai! What a day! Why does Sibia think in this way?

(a) because she saved a woman

(b) it was a sunny day

(c) she found a blue bead

(d) she killed the crocodile

Answer:

(c) she found a blue bead

38. How did Sibia stem the flow of blood?

(a) With grass and barks

(b) With a cloth bag

(c) With charcoal and mud

(d) With sand and rag

Answer:

(d) With sand and rag

39. How are the slaves from the working fields the same as the caged bird in the poem?

(a) They both sing songs of freedom.

(b) They both fly in the sky.

(c) They both yearn for new beginnings.

(d) They both gain freedom.

Answer:

(c) They both yearn for new beginnings.

40. What does the caged bird represent?

(a) Maya Angelou's anger at being lonely.

(b) A bird with clipped wings and tied feet.

(c) The fight for women's rights.

(d) The oppression of the African-American community

Answer:

(d) The oppression of the African-American community

41. The poem "The Patriot" is a grim reminder that:

(a) Life is uncertain

(b) Public memory is short

(c) Human glory is short-lived

(d) All of the above

Answer:

(d) All of the above

42. In the line *"And you see my harvest, what I reap"* the *patriot expresses his:*

(a) anger   (b) pride

(c) regret   (d) wonder

Answer:

(c) regret

43 Bassanio rejected the golden casket because____.

(a) he knew that Midas had found gold hard to digest.

(b) he knew that outward appearances are often deceptive.

(c) he found gold too shiny for his taste.

(d) he had been told which casket contained Portia's portrait.

Answer:

(a) he knew that Midas had found gold hard to digest.

44. The central message of Browning's poem, 'The Patriot' is __________ .

(a) public adulation and glory are short lived.

(b) as you sow, so you reap.

(c) death comes to all people, even the rich and famous.

(d) God helps those who help themselves.

Answer:

(a) public adulation and glory are short lived.

45. Who/what is Bassanio referring to in the following lines?

"thou pale and common drudge/'tween man and man"

(a) the silver casket (b) the gold casket

(c) the lead casket (d) Portia

Answer:

(a) the silver casket

46. Why was Sibia not able to get the blue bead in the first attempt?

(a) Reflection   (b) Refraction

(c) Darkness   (d) Muddy water

Answer:

(b) Refraction

47. Consonance could be noticed in:

(a) trade wind   (b) seldom see

(c) sighing trees   (d) nightmare scream

Answer:

(a) trade wind

48. *"A free bird leaps ... and floats downstream"* is an example of _________.

(a) Simile
(b) Auditory Imagery
(c) Kinesthetic Imagery
(d) Olfactory Imagery

Answer:

(c) Kinesthetic Imagery

49. The theme of the poem 'The Patriot' is:

(a) Bravery and devotion
(b) Love
(c) Hatred
(d) Both (a) and (b)

Answer:

(a) Bravery and devotion

50. Even after he is sentenced to death, the patriot says, "I am safer so" because:

(a) He has already reaped the benefit
(b) God is on his side
(c) God will save his life
(d) God will reward him in heaven for his good work

Answer:

(d) God will reward him in heaven for his good work

51. The fact that the caged bird has "clipped" wings and "tied" feet reflects how marginalized communities are often stripped of their _______.

(a) autonomy
(b) spirit
(c) freedom
(d) Both (a) and (c)

Answer:

(d) Both (a) and (c)

52. What does Portia say she will do until the return of Bassanio, who has left to save Antonio from Shylock's clutches?

(a) Go into secluded meditation at her mansion in Belmont.
(b) Sulk in jealousy as Bassanio prioritises.
(c) Go into secluded meditation at a monastery.
(d) Go to Padua to visit her cousin, Dr. Bellario.

Answer:

(c) Go into secluded meditation at a monastery

53. Before Bassanio takes his pick from among the caskets, Portia makes a reference to the _______.

(a) tears of Dardanian wives
(d) trident of Neptune
(c) crucifix of Jesus Christ
(d) rivalry of Scylla and Charybdis

Answer:

(a) tears of Dardanian wives

54. The Blue Bird's song cannot be seen as ______ the oppression and ostracising faced by the marginalized African Americans of the poet's time.

(a) an allusian to
(b) a tribute to
(c) a metaphor about
(d) a hyperbole about

Answer:

(d) a hyperbole about

55. The narrator in 'The Patriot' is indifferent about being sent to the gallows by the end of the poem because:

(a) He feels that there is no point in trying to explain himself
(b) He feels that his countrymen have wronged him
(c) He feels that he would be better off in the Lord's embrace anyway
(d) He feels that God would ask him what he contributed to the world

Answer:

(c) He feels that he would be better off in the Lord's embrace anyway

56. The treasure chest mentioned in The Blue Bead was filled with _________

(a) platinum and gold
(b) diamonds and sapphires
(c) turquoises and rubies
(d) opals and turquoises

Answer:

(d) opals and turquoises

57. Which of these does not justify the idea of Portia being an ideal wife?

(a) She constantly shows her affection for Bassanio.
(b) She cares for Bassanio's reputation.
(c) She actively participates in saving Antonio.
(d) She is adamant on adhering to her father's will.

Answer:

(d) She is adamant on adhering to her father's will.

58. The Blue Bead is a story filled with _______

(a) imagery
(b) suspense
(c) personification
(d) All of these

Answer:

(d) All of these

59. Portia's request of Bassanio to delay the casket selection for a while longer shows her_______.

(a) fear of Bassanio picking the wrong casket and being banished

(b) willingness to allow the other suitors to finish choosing caskets

(c) fear of Shylock plotting against Bassanio like he did Antonio

(d) all of these

Answer:

(a) fear of Bassanio picking the wrong casket and being banished

60. Sibia's character in 'The Blue Bead' sets a great example of_______

(a) honesty   (b) perseverance

(c) bravery   (d) hot-headedness

Answer:

(c) bravery

Section 'B'

Read the extracts given below and answer the questions that follow:

61. *"I think they call the place; a very dangerous flat and fatal, where the carcasses of many a tall ship lie buried, as they say, …"*

[*The Merchant of Venice-(Act III)*]

(i) Which place is being referred to as 'dangerous flat and fatal'?

(a) Goodwins   (b) Sandwins

(c) English Channel (d) Narrow seas

Answer:

(a) Goodwins

(ii) What does the word 'carcasses' mean in the extract?

(a) Shipwreck   (b) Bodies

(c) Cadaver   (d) Ships

Answer:

(a) Shipwreck

(iii) Who are the two characters talking in this scene?

(a) Salarino and Solanio

(b) Gratiano and Bassanio

(c) Balthasar and Launcelot

(d) Tubal and Shylock

Answer:

(a) Salarino and Solanio

(iv) Whose ship is rumored to be 'buried' according to the text?

(a) Shylock   (b) The Duke

(c) Bassanio   (d) Antonio

Answer:

(d) Antonio

(v) What do the characters hope after they hear the news?

(a) It is the gossip that lies buried

(b) It is the ship that lies buried

(c) It is the merchants' ships that lie buried

(d) It is the Duke's ship that lies buried

Answer:

(a) It is the gossip that lies buried

62. *"The dearest friend to me, the kindest man,*
The best-condition'd and unwearied spirit
In doing courtesies, and one in whom
The ancient Roman honour more appears
Than any that draws breath in Italy."

[*The Merchant of Venice-(Act III)*]

(i) Who is the dearest friend being referred to?

(a) Bassanio   (b) Portia

(c) Nerissa   (d) Antonio

Answer:

(d) Antonio

(ii) What does "unwearied' mean in the extract?

(a) Untired   (b) Unmanned

(c) Drained   (d) Weakened

Answer:

(a) Untired

(iii) What is friend about to lose for being the kindest man'?

(a) Money   (b) Fame

(c) Love   (d) Life

Answer:

(d) Life

(iv) What does the Roman honour referred to?

(a) Loyalty to friends and country

(b) Greedy about power

(c) Absolute control

(d) Honour and pride

Answer:

    (a) Loyalty to friends and country

(v) What is Bassanio's feeling for the situation his 'dearest-friend' was in?

    (a) Pride   (b) Compassion

    (c) Remorseful   (d) Lazy

Answer:

    (c) Remorseful

63. *She struck another-it burnt clearly and, where the light fell upon the wall, the bricks became transparent, like gauze. She could see right into the room, where a shining white cloth was spread on the table. It was covered with beautiful china and in the centre of it stood a roast goose, stuffed with prunes and apples, steaming deliciously.*

                            [The Little Match Girl]

(i) How did the goose come down the table?

    (a) Jumped   (b) Hopped

    (c) Flew   (d) Slipped

Answer:

    (b) Hopped

(ii) What did the goose have on its back?

    (a) spoon and fork (b) a pot of prunes

    (c) knife and fork   (d) flowers

Answer:

    (c) knife and fork

(iii) Why had the little girl struck the match the very first time?

    (a) To warm her fingers

    (b) To see around

    (c) To search for food

    (d) To see into the room

Answer:

    (a) To warm her fingers

(iv) Where was the little girl sitting when she struck the match?

    (a) on the compound wall of a house

    (b) on the window sill

    (c) on steps leading to a house

    (d) in a corner formed by two houses

Answer:

    (d) in a corner formed by two houses

(v) How many matches did the little girl burnt after this?

    (a) 1   (b) 2

    (c) 3   (d) 4

Answer:

    (b) 2

64. *From that day when he had at once made for the water, ready to fend for himself immediately, he had lived by his brainless craft and ferocity. Escaping the birds of prey and the great carnivorous fishes that eat baby crocodiles, he had prospered, catching all the food he needed and storing it till putrid in holes in the bank.*

                             [The Blue Bead]

(i) What can you say about the basic nature of crocodiles from this extract?

    (a) They are over dependent on mothers in the early stages.

    (b) They are shy animals.

    (c) They are self- sufficient by nature.

    (d) They have no survival instincts.

Answer:

    (c) They are self- sufficient by nature

(ii) Which day is mentioned in the extract?

    (a) The day he floated down to the forest village.

    (b) The day he was hatched.

    (c) The day he attacked the woman.

    (d) The day he swallowed the silver bracelet.

Answer:

    (b) The day he was hatched.

(iii) Give the meaning of 'fend for himself'.

    (a) Live with the help of others.

    (b) Kill all other creatures.

    (c) Lead a recluse life.

    (d) To take care of himself without depending.

Answer:

    (d) To take care of himself without depending.

(iv) The crocodile survived because he was:

    (a) more brainy than ferocious

    (b) crafty and ferocious

    (c) his intelligence helped him

    (d) slow and steady

Answer:

    (b) crafty and ferocious

(v) According to the extract, the huge animal was adapt at:

    (a) Swimming

    (b) Tackling the waves

    (c) Escaping wild animals

    (d) Saving himself from predator birds and fish

Answer:

    (d) Saving himself from predator birds and fish

65. *But a bird that stalks*
down his narrow cage
can seldom see through
his bars of rage
his wings are clipped and
his feet are tied
so he opens his throat to sing.

[I Know Why the Caged Bird Sings]

(i) What do these lines reveal about the caged bird?

(a) The caged bird has strong feelings.
(b) The caged bird is aware of its surroundings.
(c) The caged bird has difficulty flying.
(d) The caged bird is satisfied with its life.

Answer:

(a) The caged bird has strong feelings.

(ii) "Bars of rage" is an example of what literary device?

(a) Metaphor
(b) Simile
(c) Olfactory Imagery
(d) Dramatic Irony

Answer:

(a) Metaphor

(iii) In which line of the poem does Angelou show the anger one would feel at the loss of freedom?

(a) he opens his throat to sing
(b) his wings are clipped
(c) stalks down his narrow cage
(d) his feet are tied

Answer:

(c) stalks down his narrow cage

(iv) Which words provide a negative connotation in the given extract?

(a) floats/dips claims
(b) shouts/sings freedom
(c) clipped/stalks rage
(d) worms/trill tune

Answer:

(c) clipped/stalks rage

(v) Why does the caged bird sing?

(a) because it enjoys singing
(b) because that is what birds do
(c) because it has to find a way to express his pain

Answer:

(c) because it has to find a way to express his pain

66. *Alack, it was I who leaped at the sun*
To give it my loving friends to keep!
Nought man could do, have I left undone:
Any you see my harvest, what I reap
This very day, now a year is run.

[The Patriot]

(i) The word 'alack' means?

(a) Alas!   (b) Kudos
(c) Hurray!   (d) None of these

Answer:

(a) Alas!

(ii) What is the meaning of the word 'leaped'?

(a) jumped/try to attain a goal
(b) swam To safety
(c) Both 1 and 2 are correct
(d) None of the above

Answer:

(a) jumped/ try to attain a goal

(iii) What does "sun" signify in the poem?

(a) Power and dominance
(b) Danger
(c) Heat
(d) A gift from people

Answer:

(a) Power and dominance

(iv) Who are called as 'My Loving Friends'?

(a) His colleague
(b) His Cousin Relatives
(c) His friends
(d) His Countrymen

Answer:

(d) His countrymen

(v) Name the literary device used in:

"You see my harvest, what I reap."

(a) Metaphor   (b) Simile
(c) Personification   (d) Alliteration

Answer:

(a) Metaphor

67. *Salarino : There is more difference between thy flesh and hers than between jet and ivory.*

[The Merchant of Venice-(Act III)]

(i) Where does the above exchange take place?

(a) On the Rialto
(b) On a street outside Shylock's house
(c) On a street in Venice
(d) On a street in Padua

Answer:

(c) On a street in Venice

(ii) Who are the two people being referred to here?

   (a) Shylock and Jessica
   (b) Portia and Nerissa
   (c) Bassanio and Portia
   (d) Lorenzo and Jessica

Answer:

   (a) Shylock and Jessica

(iii) Which of these is not a major point of discussion in this scene?

   (a) Jessica's elopement with Lorenzo
   (b) Jessica running off with Shylock's ring
   (c) Portia asking Bassanio to delay his casket selection
   (d) Antonio losing his merchant ships

Answer:

   (c) Portia asking Bassanio to delay his casket selection

(iv) Who among the following were with Shylock, and took their leave upon the arrival of the speaker?

   (a) Salarino and Solanio
   (b) Antonio and Bassanio
   (c) Jessica and Tubal
   (d) None of the above

Answer:

   (a) Salarino and Solanio

(v) Which of these is one of the two characters Shylock blames for knowing about Jessica's plan to elope and yet doing nothing about it?

   (a) Lorenzo   (b) Bassanio
   (c) Antonio   (d) Solanio

Answer:

   (d) Solanio

68. *She pulled one out — scr–r–ratch! how it spluttered and burnt! It had a warm, bright flame, like a tiny candle when she held her hand over it.*

[The Little Match Girl]

(i) Where did the little girl strike the match?

   (a) on the bundle of matches
   (b) on the nearby stack of cartons
   (c) on the surface of a wall
   (d) None of the above

Answer:

   (c) on the surface of a wall

(ii) How many matches did the little girl light individually?

   (a) 1   (b) 2
   (c) 3   (d) 4

Answer:

   (d) 4

(iii) The girl had to stay out in the cold because:

   (a) she had to earn money.
   (b) she had to go to a shop.
   (c) she had lost her way home.
   (d) she had to look for her lost pet.

Answer:

   (a) she had to earn money.

(iv) What time of the year it was?

   (a) Christmas Eve   (b) New year's Eve
   (c) Easter   (d) Thanks giving

Answer:

   (b) New Year's Eve

(v) Which statement tells you that the little girl had difficulty in walking?

   (a) The little girl was shivering and hungry
   (b) Her naked feet were red and blue with cold
   (c) She was seeing visions of her grandmother
   (d) Both (a) and (b)

Answer:

   (b) Her naked feet were red and blue with cold

69. *He came to rest in the glassy shallows, among logs, and balanced there on tiptoe on the rippled sand.*

[The Blue Bead]

(i) The crocodile was_____________the length of a tall man.

   (a) half   (b) twice
   (c) thrice   (d) quadruple

Answer:

   (b) twice

(ii) There were ________ lying stuck around the stones until someone came to dislodge them and send them on their way.

   (a) rags   (b) jewels
   (c) sleepers   (d) logs

Answer:

   (c) sleepers

(iii) The word closest in meaning to 'rippled' in the above line is:

    (a) wrinkled   (b) lightly ruffled
    (c) lightly rumpled   (d) folded

Answer:

    (a) wrinkled

(iv) The crocodile keeps its nostrils above the water to breathe the _______________.

    (a) clean sunny air   (b) fresh mountain air
    (c) humid forest air (d) None of these

Answer:

    (a) clean sunny air

(v) "The crocodile had no need to hide himself" Why?

    (a) It had no natural predators.
    (b) Humans stayed away from it.
    (c) Its prey could not easily escape it.
    (d) All of the above

Answer:

    (d) All of the above

70. *But a bird that stalks*
down his narrow cage
can seldom see through
his bars of rage

                [I Know Why the Caged Bird Sings]

(i) *"The bird stalks down his narrow cage"* because he:

    (a) is stuck within the cage
    (b) finds it to be a good pastime
    (c) feels safe inside the cage
    (d) is afraid of what lies outside the cage

Answer:

    (a) is stuck within the cage

(ii) Explain: *"...can seldom see through its bars of rage"*

    (a) The bars are too close and cannot be seen through.
    (b) Anger clouds the vision of the bird.
    (c) Depression has physically robbed the bird of its sight.
    (d) None of the above

Answer:

    (b) Anger clouds the vision of the bird.

(iii) The cage is a multi-layered image symbolizing the ________ faced by the African Americans.

    (a) injustices   (b) oppression
    (c) ostracisation   (d) all of these

Answer:

    (d) all of these

(iv) The fact that the caged bird has 'clipped' wings and 'tied' feet reflects how marginalized communities are often stripped of their _______________.

    (a) autonomy   (b) freedom
    (c) both (a) and (b) (d) none of these

Answer:

    (c) both (a) and (b)

(v) The word closest in meaning to the word 'stalks' in the above extract is:

    (a) follows   (b) stares
    (c) creeps   (d) None of these

Answer:

    (b) stares

71. *Thus I entered, and thus I go!*
In triumph, people have dropped down dead.
Paid by the world, what dost thou owe
"Me?"----God might question; now instead
'Tis God shall repay: 1 am safer so.

                      [The Patriot]

(i) What state of mind does the first line depict?

    (a) Dismissive   (b) Forlorn
    (c) Acquiescing   (d) All of these

Answer:

    (d) All of these

(ii) The narrator is being __________ when he talks about his harvest.

    (a) serious   (b) humorous
    (c) sarcastic   (d) petty

Answer:

    (c) sarcastic

(iii) The poet says, *'I am safer so'* which signifies:

    (a) The speaker's complete trust in God
    (b) The speakers optimism
    (c) Both (a) and (b)
    (d) None of the above

Answer:

    (c) Both (a) and (b)

(iv) Identify the literary device: *"In triumph, people have dropped down dead."*

    (a) Simile   (b) Metaphor
    (c) Oxymoron   (d) Alliteration

Answer:

    (d) Alliteration

(v) How is the narrator's head injured?

    (a) By tripping and falling in the rain.

    (b) By the stones people fling at him.

    (c) By the tight helmet cutting into his skin.

    (d) By trying to head-butt a guard.

Answer:

    (b) By the stones people fling at him

72. *Launcelot: Truly then I fear you are damned both by father and mother. Thus when I shun Scylla your father, I fall into Charybdis your mother. Well, you are gone both ways.*

    [The Merchant of Venice-(Act III)]

(i) Where has the analogy of Scylla and Charybdis been derived from?

    (a) Nordic mythology

    (b) Greek mythology

    (c) Egyptian mythology

    (d) Norse mythology

Answer:

    (b) Greek mythology

(ii) Calling Shylock, Scylla, justified because of his ___________ personality.

    (a) childish   (b) petty

    (c) miserly   (d) vengeful

Answer:

    (d) vengeful

(iii) Which of the following is not a justification for the playwright calling Launcelot a clown in the beginning of this scene?

    (a) He jests around with Jessica frequently.

    (b) He previously had a comical scene with Old Gobbo.

    (c) He plays the role of a stress-relieving element in the play.

    (d) He makes multiple mistakes in delivering letters and messages.

Answer:

    (d) He makes multiple mistakes in delivering letters and messages.

(iv) Which character enters the stage next and tease the two already arguing and bantering?

    (a) Jessica   (b) Launcelot

    (c) Balthasar   (d) Lorenzo

Answer:

    (d) Lorenzo

(v) The person entered retorts to teasing by saying, "the ______ is with child by you".

    (a) Moor   (b) Jew

    (c) Christian   (d) None of these

Answer:

    (a) Moor

73. *Portia: Away, then! I am locked in one of them:*

    If you do love me, you will find me out.-

    Nerissa and the rest, stand all aloof.

    [The Merchant of Venice-(Act III)]

(i) Portia says, "I am locked in one of them:" The word 'one' refers to_________ .

    (a) a silver casket   (b) a silver casket

    (c) a bronze casket   (d) a lead casket

Answer:

    (d) a lead casket

(ii) A little later, Portia compares Nerissa and the rest to ___________ .

    (a) Alcides and the sea-monster

    (b) Alcides and the Dardanian wives

    (c) Alcides and Hesione

    (d) the Dardanian wives with tear stained faces

Answer:

    (d) the Dardanian wives with tear stained faces.

(iii) Which of the following statements is NOT true?

    (a) At the beginning of the scene Portia urges Bassanio to wait a while before taking the casket test.

    (b) At the beginning of the scene Bassanio is eager to take the test as he finds the waiting a form of torture.

    (c) At the beginning of the scene Bassanio wants to wait and take the test later as he wants to spend some time with Portia.

    (d) At the beginning of the scene Portia is afraid that Bassanio might choose the wrong casket and be lost to her forever.

Answer:

    (a) At the beginning of the scene Portia urges Bassanio to wait a while before taking the casket test.

(iv) Who arrives from Venice towards the end of the scene bringing news of Antonio's misfortunes?

  (a) Salerio, Lorenzo and Jessica

  (b) Salerio, Gratiano and Nerissa

  (c) Salerio, Lorenzo and Nerissa

  (d) Salerio, Gratiano and Nerissa

Answer:

  (a) Salerio, Lorenzo and Jessica

(v) The word, 'aloof' in the extract can be best replaced by __________ .

  (a) arrogant

  (b) remain silent

  (c) condescending and distant

  (d) aside

Answer:

  (d) aside

74. *There's nobody on the house-tops now —*
Just a palsied few at the windows set;

                    [The Patriot]

(i) The scene of the past was different from the one at present as it had :

  (a) People filled the house-tops

  (b) Everyone welcomed and cheered

  (c) There were roses scattered all the way

  (d) All of the above

Answer:

  (d) All of the above

(ii) How long is the time gap between the two events the narrator reminisces about?

  (a) 1 year   (b) 1 week

  (c) 1 decade   (d) 1 month

Answer:

  (a) 1 year

(iii) The, literary piece where this extract has been taken from, is a commentary on the rise and fall of ______________.

  (a) politics   (b) power

  (c) human nature (d) fortune

Answer:

  (d) fortune

(iv) Identify the correct sequence of the change of thought followed in this literary piece:

  (i) Optimistic   (ii) Dejected

  (iii) Pessimistic   (iv) Acquiescent

  (a) (i), (ii), (iii), (iv)   (b) (i), (iii), (ii), (iv)

  (c) (i), (iii), (iv), (ii)   (d) (iv), (iii), (ii), (i)

Answer:

  (a) (i), (ii), (iii), (iv)

(v) The word closest in meaning to the word 'palsied' in the above context is:

  (a) Antagonistic   (b) Estranged

  (c) Contentious   (d) Disabled

Answer:

  (d) Disabled

75. *Portia: I pray you, tarry.*
Pause a day or two
Before you hazard, for in choosing wrong
I lose your company.

          [The Merchant of Venice-(Act III)]

(i) Who beseeches whom to marry?

  (a) Portia to Bassanio

  (b) Jessica to Lorenzo

  (c) Nerissa to Balthasar

  (d) None of the above

Answer:

  (a) Portia to Bassanio

(ii) What is the person being requested to delay?

  (a) Choosing a casket

  (b) Heading to Padua

  (c) Eloping with Jessica

  (d) None of the above

Answer:

  (a) Choosing a casket

(iii) Portia address these times as :

  (a) joyous   (b) auspicious

  (c) naughty   (d) miserable

Answer:

  (c) naughty

(iv) What news does Bassanio get later in the scene?

  (a) Antonio lost all his argosies.

  (b) Antonio is being persecuted by Shylock.

  (c) Jessica had eloped with Lorenzo.

  (d) Nerissa had fallen in love with Balthasar.

Answer:

  (b) Antonio is being persecuted by Shylock.

(v) From where were Antonio's ships coming?

  (a) New York   (b) London

  (c) Belmont   (d) India

Answer:

  (d) India

76. *In the shrill noisy village above the ford, out of a mud house the same colour as the ground came a little girl...*

[The Blue Bead]

(i) What was Sibia wearing when she exited the hut?

(a) earth-coloured rag
(b) old, dirty frock
(c) large cotton shirt
(d) animal skin

Answer:

(a) earth -coloured rag

(ii) `"Sibia was eating the last of her meal", which did not include _______________.

(a) chapati   (b) green chilli
(c) rancid butter   (d) half an onion

Answer:

(d) half an onion

(iii) Which of these did Sibia see on her way to the bazaar?

(a) Railhead   (b) Sweetmeat Stall
(c) Cloth Stall   (d) All of these

Answer:

(d) All of these

(iv) Which of these words has been used to describe Sibia's skin?

(a) Oiled   (b) Brown
(c) Cream   (d) All of these

Answer:

(d) All of these

(v) Sibia wanted to buy _______________ but couldn't because she didn't have any money.

(a) blown glass beads
(b) thin glass bangles
(c) honey confections
(d) Both (a) and (b)

Answer:

(d) Both (a) and (b)

77. *"I'll hold thee any wager,*
When we are both accoutered like young men,
I'll prove the prettier fellow of the two,
And wear my dagger with the braver grace, ..."

[The Merchant of Venice-(Act III)]

(i) To whom is Portia raising the wager?

(a) Bassanio   (b) Nerissa
(c) Gratiano   (d) Launcelot

Answer:

(b) Nerissa

(ii) What is Portia hoping to do after dressing like a man?

(a) To render justice
(b) To play dress-up
(c) To escape from home
(d) To play any role

Answer:

(a) To render justice

(iii) Who are the two to be dressed as lawyer and assistant?

(a) Salarino and Salanio
(b) Portia and Nerissa
(c) Bassanio and Lorenzo
(d) Launcelot and Balthasar

Answer:

(b) Portia and Nerissa

(iv) What does Portia mean by saying that she would be the 'prettier fellow'?

(a) She can play the role well.
(b) She can put her talents and skills to use.
(c) She can be whoever she wants to be.
(d) All of the above

Answer:

(d) All of the above

(v) What is Portia expressing through the dialogue?

(a) Gender roles of the time
(b) She will use the tricks to win
(c) She will not altercate but there could be conflict
(d) All of the above

Answer:

(d) All of the above

78. *She drew one out—"scratch!" how it sputtered as it burnt! It gave a warm, bright light, like a little candle, as she held her hand over it. It was really a wonderful light. It seemed to the little girl that she was sitting by a large iron stove, with polished brass feet and a brass ornament. How the fire burned! and seemed so beautifully warm that the child stretched out her feet as if to warm them, when, lo! the flame of the match went out, the stove vanished, and she had only the remains of the half-burnt match in her hand., when--*

[The Little Match Girl]

(i) What did she pull out?

(a) A torch   (b) A tiny candle
(c) A match   (d) A flame

Answer:

(c) A match

(ii) Bring out the implication of the usage of 'scratch'.

(a) a wound   (b) a sound
(c) a mark   (d) a line

Answer:

(b) a sound

(iii) What was revealed in the strange light?

(a) roast goose   (b) polished plates
(c) a brick stove   (d) an iron stove

Answer:

(d) an iron stove

(iv) The child had already stretched her feet to warm when:

(a) the flame flared up
(b) the fire exploded
(c) the flame went off
(d) the matches vanished

Answer:

(c) the flame went off

(v) Why is the light described to be strange?

(a) because it was winter
(b) because it was too yellow
(c) because the girl's imagination made it look so
(d) because the match was newly bought

Answer:

(c) because the girl's imagination made it look so

79. *When you had enough of it, you could take it down by bullock cart to the railhead and sell it to the great agent who would arrange for its dispatch to the paper mills. The women often toiled all day at this work, and the agent sat on silk cushions, smoking a hookah. Such thoughts did not trouble Sibia.*

[The Blue Bead]

(i) What is meant by 'it' in the extract?

(a) Bales of cotton   (b) Grains
(c) Paper grass   (d) Fodder

Answer:

(c) Paper grass

(ii) The extract reveals a negative aspect of social life. Identify it.

(a) Patriarchal attitude
(b) Matriarchal attitude
(c) Division of labour
(d) Colour prejudice

Answer:

(a) Patriarchal attitude

(iii) Allude to Sibia's attitude to discrimination.

(a) She was indifferent.
(b) She opposed it.
(c) She raised her voice against it.
(d) She often thought about it.

Answer:

(a) She was indifferent

(iv) Which words would you use to describe Sibia?

(a) courageous
(b) hardworking
(c) complacent with life
(d) all of the above

Answer:

(d) all of the above

(v) Sibia was marked for:

(a) enjoyment   (b) work
(c) luxury   (d) play

Answer:

(b) work

80. *A free bird leaps*
on the back of the wind
and floats downstream
till the current ends
and dips his wing
in the orange sun rays
and dares to claim the sky.

[I Know Why the Caged Bird Sings]

(i) Who wrote the given poem?

(a) Maya Angelou   (b) Walt Whitman
(c) Roald Dahl   (d) Edgar Allen Poe

Answer:

(a) Maya Angelou

(ii) What is the meaning of the word 'leaps'?

(a) jumps
(b) sleeps
(c) both 1 and 2 are correct
(d) none of the above

Answer:

(a) jumps

(iii) The free bird demonstrates freedom and power when it:

(a) stalks down its narrow cage
(b) sings with a fearful trill
(c) shouts on a nightmare scream
(d) claims the sky

Answer:

(d) claims the sky

(iv) The caged bird represents:

    (a) an animal who is locked up

    (b) the hope of the future

    (c) the loss of freedom and choice

    (d) ignorance

Answer:

    (c) the loss of freedom and choice

(v) The first stanza is meant to show:

    (a) the caged bird's feelings of despair and hopelessness

    (b) the beauty of the sun's rays

    (c) the thrill of being free to live your life as you please

    (d) how a bird flies free and claims the sky

Answer:

    (c) the thrill of being free to live your life as you please

81. *It was roses, roses, all the way*

With myrtle mixed in my path like mad:

The house-roofs seemed to heave and sway,

The church-spires flamed, such flags they had,

A year ago on this very day

[The Patriot]

(i) "It was roses, roses, all the way" - which figure of speech is this?

    (a) simile   (b) alliteration

    (c) metaphor   (d) imagery

Answer:

    (c) metaphor

(ii) What does the word "myrtle" signify in the poem?

    (a) bravery   (b) love

    (c) respect   (d) worship

Answer:

    (c) respect

(iii) "With myrtle mixed in my path like mad" - which figure of speech is this?

    (a) simile   (b) metaphor

    (c) imagery   (d) alliteration

Answer:

    (d) alliteration

(iv) What were the people doing on their rooftops?

    (a) dancing

    (b) shouting

    (c) gathered to see the patriot

    (d) throwing stones at the patriot

Answer:

    (c) gathered to see the patriot

(v) Why have the people gathered the next year?

    (a) Executing the patriot

    (b) Awarding the patriot

    (c) Welcoming the patriot

    (d) For celebrating the festival with the patriot

Answer:

    (a) Executing the patriot

82. *Shylock: Gaoler, look to him. Tell not me of mercy.*

This is the fool that lent out money gratis.

Gaoler look to him.

[The Merchant of Venice-(Act III)]

(i) Where does this scene take place?

    (a) Venice

    (b) Belmont

    (c) Padua

    (d) An unknown location

Answer:

    (a) Venice

(ii) What does 'gratis' mean here?

    (a) At reasonable interest rates

    (b) Without any interest

    (c) At exorbitant interest rates

    (d) None of the above

Answer:

    (b) Without any interest

(iii) "It is the most impenetrable cur that ever kept with men." Who says this and about whom?

    (a) Antonio says it about Shylock.

    (b) Salarino says it about Bassanio.

    (c) Solanio says it about Shylock.

    (d) Gaoler says it about Antonio.

Answer:

    (c) Solanio says it about Shylock

(iv) A little later, Antonio calls Shylock ___________.

    (a) blood thirsty creditor

    (b) cruel creditor

    (c) merciless creditor

    (d) heartless creditor

Answer:

    (a) blood thirsty creditor

(v) At the end of the scene Antonio becomes ___________.

(a) Optimistic   (b) Lost
(c) Dejected   (d) Hopeful

Answer:

(c) Dejected

83. *Lorenzo: Even such a husband*
Hast thou of me as she is for a wife.

[The Merchant of Venice-(Act III)]

(i) Where does the scene take place?

(a) at Portia's house, in a garden
(b) at Shylock's house in a garden
(c) on a street in Venice
(d) on a street in Belmont

Answer:

(a) at Portia's house, in a garden

(ii) Portia is being referred to as a good wife here. Which of these does not justify this idea?

(a) She constantly shows her affection for Bassanio
(b) She cares for Bassanio's reputation
(c) She actively participates in saving Antonio
(d) She is adamant on adhering to her father's will

Answer:

(d) She is adamant on adhering to her father's will

(iii) Launcelot's comment about the price of pork rising depicts:

(a) his comedic nature
(b) his dislike of Jews
(c) his disgust towards Shylock
(d) None of the above

Answer:

(a) his comedic nature

(iv) The conversation that follows this extract is ___________.

(a) a lovers' quarrel (b) a friendly banter
(c) a serious debate (d) None of these

Answer:

(a) a lovers' quarrel

(v) Portia caused the whole ring fiasco to:

(a) find out whom Bassanio prioritizes between Antonio and her
(b) tease and make fun of Bassanio
(c) cause a drift between Bassanio and Antonio
(d) break of her engagement with Bassanio

Answer:

(b) tease and make fun of Bassanio

84. *Nobody had bought any from her, and no one had given her a single penny all day. She crept along, shivering and hungry, the picture of misery, poor little thing!*

[The Little Match Girl]

(i) Who wrote 'The Little Match Girl'?

(a) Robert Browning
(b) O. Henry
(c) Margaret Atwood
(d) Hans Christian Andresen

Answer:

(d) Hans Christian Andersen

(ii) What was the little girl wearing?

(a) an old apron
(b) her mother's slippers
(c) both (a) and (b)
(d) none of the above

Answer:

(c) both (a) and (b)

(iii) What does the boy intend to do with the little girl's stolen slipper?

(a) Give it to his mother
(b) Pair it with another stolen slipper
(c) Use is as a mitten
(d) Use it as cradle for his child one day

Answer:

(d) Use it as cradle for his child one day

(iv) Where did the little girl huddle down?

(a) In a nook between two houses
(b) In a dark and damp alleyway
(c) In an abandoned shack
(d) None of the above

Answer:

(a) In a nook between two houses

(v) The savoury smell of ___________ lingered in the air for it was New Year's Eve.

(a) roast turkey   (b) roast chicken
(c) roast goose   (d) roast mutton

Answer:

(c) roast goose

85. *She struck another match on the wall. Once more there was light, and in the glow stood her old grandmother, oh, so bright and shining, and looking so gentle, kind and loving." Granny" cried the little girl." Oh take me with you! I know you will disappear when the match is burnt out; you will vanish like the warm stove, the lovely roast goose and the great glorious--------------.*

[The Little Match Girl]

(i) How many times had the little girl struck the match before this?

(a) Two (b) Three
(c) One (d) Four

Answer:

(b) Three

(ii) What vision did the girl see before this?

(a) iron stove
(b) big Christmas tree
(c) transparent gauge
(d) dinner on the table

Answer:

(b) big Christmas tree

(iii) Where will the girl go with her grandmother?

(a) to another country
(b) to the abode of God
(c) to her house
(d) to granny's old house

Answer:

(b) to the abode of God

(iv) What brings the image of Grandma in front of her?

(a) A star falling
(b) Memory of Christmas
(c) Her current state of misery
(d) New year eve

Answer:

(a) A star falling

(v) Which expression later shows the mental state of the girl at the time of her death?

(a) frozen to death
(b) huddled figure of the girl
(c) with rosy cheeks and smiling lips
(d) teary eyed

Answer:

(c) with rosy cheeks and smiling lips

86. *It was best to have new necklaces each year, instead of last year's faded ones and Sibia was making one too. How nice it was going to be to hear that rattling swish round her neck, as she froushed along with lots of necklaces. But each seed, hard as stone, had to be drilled with a red hot needle.*

[The Blue Bead]

(i) Sibia was unable to make necklace this year as:

(a) the family needle was broken
(b) the scarlet seeds were not available
(c) she was happy with the old one
(d) she did not have a blue bead

Answer:

(a) the family needle was broken

(ii) Apart from the necklace, Sibia was fond of her:

(a) sketches (b) pictures
(c) little clay pots (d) hayfork

Answer:

(c) little clay pots

(iii) Sibia was excited to find the blue bead because she could use it:

(a) as an ear ring (b) for her bracelet
(c) as hair piece (d) for her necklace

Answer:

(d) for her necklace

(iv) What is the literary device used in 'rattling swish'?

(a) Simile (b) Metaphor
(c) Verbal irony (d) Onomatopoeia

Answer:

(d) Onomatopoeia

(v) Why is the story from which the extract is taken titled "Blue Bead"?

(a) Because that was what Sibia was looking for
(b) Because Sibia considered finding it as her triumph
(c) Because Sibia loved blue colour
(d) Because the crocodile was closely associated with the gem

Answer:

(b) Because Sibia considered finding it as her triumph

87. *"If law, authority and power deny not,*
It will go hard with poor Antonio."

[The Merchant of Venice-(Act III)]

(i) Who is saying these words against whom?

(a) Portia to Shylock
(b) Jessica against her father Shylock

    (c) Nerissa about Tubal

    (d) Lorenzo about Antonio

Answer:

    (b) Jessica against her father Shylock

(ii) What do these lines express?

    (a) None can save Antonio.

    (b) All can save Antonio.

    (c) Shylock will fight against the Duke.

    (d) Shylock will accept lot of money.

Answer:

    (a) None can save Antonio.

(iii) What is Jessica's opinion of Shylock?

    (a) Shylock can be forgiving.

    (b) Shylock can never forgive .

    (c) Shylock is hateful.

    (d) Shylock is proud.

Answer:

    (b) Shylock can never forgive.

(iv) What does Jessica do after her flight from home?

    (a) She gets to enjoy the goodness of friends

    (b) She is all alone

    (c) She is lost

    (d) She went to another town

Answer:

    (a) She gets to enjoy the goodness of friends

(v) Jessica cares about her father.

    (a) True   (b) False

Answer:

    (b) False

88. *"But when this ring Parts from this finger, then parts life from hence: O, then be bold to say Bassanio's dead!"*

[The Merchant of Venice-(Act III)]

(i) What does Bassanio receive along with the ring?

    (a) Portia and all that belongs to her

    (b) Portia as a bride

    (c) Portia and no belongings

    (d) Portia and land

Answer:

    (a) Portia and all that belongs to her

(ii) Which figure of speech is used by Bassanio in the text?

    (a) Hyperbole   (b) Exaggeration

    (c) Simile   (d) Metaphor

Answer:

    (a) Hyperbole

(iii) How does Bassanio feel after Portia offers herself and all her belongings?

    (a) Humble   (b) Speechless

    (c) Joyous   (d) Sad

Answer:

    (b) Speechless

(iv) Why did Bassanio give his ring away later in the play?

    (a) His love for friend takes precedence

    (b) He loves Portia less

    (c) He makes thoughtless promises

    (d) He does not keep his promise to Portia

Answer:

    (a) His love for friend takes precedence

(v) *'then be bold to say Bassanio's dead'*- What does bold here mean?

    (a) Confident   (b) Assured

    (c) Certain   (d) Indeterminate

Answer:

    (b) Assured

89. *"Let him alone:*
I'll follow him no more with bootless prayers.
He seeks my life; his reason well I know:
I oft deliver'd from his forfeitures ..."

[The Merchant of Venice-(Act III)]

(i) Where is Antonio at this point of conversation?

    (a) Rialto

    (b) On the Ship

    (c) Portia's residence

    (d) A street in Venice

Answer:

    (d) A street in Venice

(ii) To whom is Antonio talking to?

    (a) Solanio   (b) Bassanio

    (c) Lorenzo   (d) Launcelot

Answer:

    (a) Solanio

(iii) "Bootless Prayers" mean that his pleas are:

    (a) Useful   (b) Futile

    (c) Hopeful   (d) Helpful

Answer:

    (b) Futile

(iv) What can be one of the reasons that might offer no respite from Shylock?

    (a) Antonio's generosity

(b) Antonio's remarks

(c) Antonio's riches

(d) Antonio's friends

Answer:

(a) Antonio's generosity

(v) "Forfeiture" here means:

(a) Award   (b) Reward

(c) Victory   (d) Penalty

Answer:

(d) Penalty

90. *Chattering as they went, the women followed the dusty track toward the river. On their way, they passed a Gujar encampment of grass huts....they would live for a time until their animals had perhaps finished all easy grazing within reach, or they were not able to sell enough of their butter and white milk in the district:*

[The Blue Bead]

(i) How would you describe the way of life of Gujar?

(a) They lived by farming.

(b) They were nomadic graziers.

(c) They were settlers for life.

(d) They were hunters.

Answer:

(b) They were nomadic graziers.

(ii) What happened to one of the Gujar women?

(a) She slipped into the water.

(b) She had a health issue.

(c) She collapsed on the step stone.

(d) She was attacked by an antediluvian.

Answer:

(d) She was attacked by an antediluvian.

(iii) What did the woman have in her hands?

(a) A hayfork

(b) A sickle

(c) A bundle of grass

(d) Two mud pots

Answer:

(d) Two mud pots

(iv) The woman escaped from the clutch of the crocodile:

(a) By swimming across the river

(b) By hitting it

(c) By wrestling with the animal

(d) None of the above

Answer:

(d) None of the above

(v) The Gujar women were generally dressed in:

(a) Saris   (b) Trousers

(c) Skirts   (d) Leaves

Answer:

(b) Trousers

English-II

Self Assessment Paper

Section A

1. The poem, "I know why the Caged Bird Sings" is written by___________
   - (a) Robert Browning
   - (b) William Wordsworth
   - (c) Maya Angelou
   - (d) Ruskin Bond

2. There is an allusion to a Greek myth of _______________ in "Alack it was I who leaped at the sun".
   - (a) Iris
   - (b) Icarus
   - (c) Aphrodite
   - (d) Andromeda

3. *"Oh how wonderful that was!"* What is the little match girl talking about here?
   - (a) The table full of food
   - (b) The weather that afternoon
   - (c) The warmth of fire
   - (d) The sight of her grandmother

4. The little match girl was scrawny and had _______hair.
   - (a) golden
   - (b) brown
   - (c) black
   - (d) white

5. Sibia is _______________ years old in the story, 'The Blue Bead'.
   - (a) 10
   - (b) 12
   - (c) 14
   - (d) 16

6. The travelling merchant in 'The Blue Bead' hailed from which of these states?
   - (a) Kerala
   - (b) Andhra Pradesh
   - (c) Kashmir
   - (d) Punjab

7. Who quotes the adage *"the sins of the father are to be laid upon the children"*?
   - (a) Launcelot
   - (b) Gratiano
   - (c) Lorenzo
   - (d) Balthasar

8. As Solanio departs, Antonio prays desperately that Bassanio will arrive to:
   - (a) see him (Antonio) pay his (Bassanio's) debt
   - (b) see him (Antonio) lose his life for his (Bassanio's) debt
   - (c) see him (Antonio) pay his (Bassanio's) extravagance
   - (d) see him (Antonio) pay his (Bassanio's) rent

9. Who attempts to comfort Antonio by suggesting that the Duke will never allow such a ridiculous contract to stand?
   - (a) Bassanio
   - (b) The Jailer
   - (c) Solanio
   - (d) Portia (disguised)

10. Shylock is learned that Jessica took away a _______________ gifted to him by his late wife in his bachelor days.
    - (a) bracelet
    - (b) ring
    - (c) monocle
    - (d) pocket watch

Section B

I. *Read the following extract from The Merchant of Venice (Act 3) and answer the questions that follow by choosing the most appropriate response from the choices given below:*

Salarino : There is more difference between thy flesh and hers than between jet and ivory

1. Where does the above exchange take place?
   - (a) On the Rialto
   - (b) On a street outside Shylock's house
   - (c) On a street in Venice
   - (d) On a street in Padua

2. Who are the two people being referred to here?
   - (a) Shylock and Jessica
   - (b) Portia and Nerissa
   - (c) Bassanio and Portia
   - (d) Lorenzo and Jessica

3. Which of these is not a major point of discussion in this scene?
   - (a) Jessica's elopement with Lorenzo
   - (b) Jessica running off with Shylock's ring
   - (c) Portia asking Bassanio to delay his casket selection
   - (d) Antonio losing his merchant ships

4. Who among the following were with Shylock, and took their leave upon the arrival of the speaker?
   - (a) Salarino and Solanio
   - (b) Antonio and Bassanio
   - (c) Jessica and Tubal
   - (d) None of these

5. Which of these is one of the two characters Shylock blames for knowing about Jessica's plan to elope and yet doing nothing about it?
   - (a) Lorenzo
   - (b) Bassanio
   - (c) Antonio
   - (d) Solanio

II. *Read the following extract from Act 3 of 'The Merchant of Venice' and answer the questions that follow by choosing the most appropriate response from the choices given below:*

Shylock: Gaoler, look to him. Tell not me of mercy.

This is the fool that lent out money gratis.

Gaoler look to him.

1. Where does this scene take place?
   - (a) Venice
   - (b) Belmont
   - (c) Padua
   - (d) An unknown location

2. What does 'gratis' mean here?
   - (a) At reasonable interest rates
   - (b) Without any interest
   - (c) At exorbitant interest rates
   - (d) None of these

3. *"It is the most impenetrable cur that ever kept with men."* Who says this and about whom?
   - (a) Antonio says it about Shylock
   - (b) Salarino says it about Bassanio
   - (c) Solanio says it about Shylock
   - (d) Gaoler says it about Antonio

4. A little later, Antonio calls Shylock _____________.
   - (a) blood thirsty creditor
   - (b) cruel creditor
   - (c) merciless creditor
   - (d) heartless creditor

5. At the end of the scene Antonio becomes _____________.
   - (a) Optimistic
   - (b) Lost
   - (c) Dejected
   - (d) Hopeful

III. *Read the following extract from the short story, 'The Little Match Girl' and answer the questions that follow by choosing the most appropriate response from the choices given below:*

She pulled one out — scr–r–ratch! how it spluttered and burnt! It had a warm, bright flame, like a tiny candle when she held her hand over it.

1. Where did the little girl strike the match?

    (a) on the bundle of matches
    (b) on the nearby stack of cartons
    (c) on the surface of a wall
    (d) None of these

2. How many matches did the little girl light individually?

    (a) 1
    (b) 2
    (c) 3
    (d) 4

3. The girl had to stay out in the cold because:

    (a) she had to earn money
    (b) she had to go to a shop
    (c) she had lost her way home
    (d) she had to look for her lost pet

4. What time of the year it was?

    (a) Christmas Eve
    (b) New year's Eve
    (c) Easter
    (d) Thanksgiving

5. Which statement tells you that the little girl had difficulty in walking?

    (a) The little girl was shivering and hungry
    (b) Her naked feet were red and blue with cold
    (c) She was seeing visions of her grandmother
    (d) Both (a) and (b)

IV. *Read the following extract from the short story, 'The Blue Bead' and answer the questions that follow by choosing the most appropriate response from the choices given below:*

"They wore trousers, tight and wrinkled at the ankles."

1. Who is the writer of the piece of literature from where this extract has been taken?

    (a) Norah Burke
    (b) Hans Christian Andersen
    (c) Robert Browning
    (d) Maya Angelou

2. Who are the "they" being referred to in this case?

    (a) Nomadic Grazers
    (b) Junglis
    (c) Gujar Women
    (d) Mountain Tribals

3. The word closest in meaning to, 'glanced' in the above line is:

    (a) glimpsed
    (b) stared
    (c) scrutinized
    (d) spied

4. Fill in the blank: "With her _______________ and great eyes, and her skin of oiled brown cream, she was a happy immature child-woman..."

    (a) ebony hair
    (b) lanky build
    (c) scrawny shoulders
    (d) foolish smile

5. Sibia's dismissiveness towards her great feat does not depict her _______________.

    (a) naivety
    (b) lack of common sense
    (c) humility
    (d) courage

V. *Read the following extract from the poem, 'The Patriot' and answer the questions that follow by choosing the most appropriate response from the choices given below:*

There's nobody on the house-tops now —

Just a palsied few at the windows set;

1. The scene of the past was different from the one at present as it had :
   - (a) People filled the house-tops
   - (b) Everyone welcomed and cheered
   - (c) There were roses scattered all the way
   - (d) All of these

2. How long is the time gap between the two events the narrator reminisces about?
   - (a) 1 year
   - (b) 1 week
   - (c) 1 decade
   - (d) 1 month

3. The, literary piece where this extract has been taken from, is a commentary on the rise and fall of ___________.
   - (a) politics
   - (b) power
   - (c) human nature
   - (d) fortune

4. Identify the correct sequence of the change of thought followed in this literary piece:
   (i) Optimistic   (ii) Dejected
   (iii) Pessimistic   (iv) Acquiescent
   - (a) i, ii, iii, iv
   - (b) i, iii, ii, iv
   - (c) i, iii, iv, ii
   - (d) iv, iii, ii, i

5. The word closest in meaning to the word 'palsied' in the above context is:
   - (a) Antagonistic
   - (b) Estranged
   - (c) Contentious
   - (d) Disabled

VI. *Read the following extract from the poem, 'I Know why the Caged Bird Sings' and answer the questions that follow by choosing the most appropriate answer from the choices given below:*

The caged bird sings

with a fearful trill

of things unknown

but longed for still

and his tune is heard

on the distant hill

for the caged bird

sings of freedom

1. What does the poem, 'I Know why The Caged Bird Sings', depict the free bird as?
   - (a) Joyful
   - (b) Carefree
   - (c) Fearless
   - (d) All of these

2. The caged bird's song can be seen as an allusion to:
   - (a) Slaves captured and brought to America against their will
   - (b) Oppressed African-American community singing for freedom
   - (c) Prisoners of War imprisoned during the American Civil War
   - (d) Majority of white racial supremacists

3. The phrase closest in meaning to 'fearful trill' in the above extract is:
   - (a) singing with desperation for freedom
   - (b) singing with hopelessness

    (c)   singing with fear and desperation for freedom

    (d)   singing with hopelessness and fear

4. What is the best example of personification?

    (a)   the trade winds soft through sighing trees

    (b)   his wings are dipped and his feet are tired

    (c)   the caged bird sings with a fearful trill

    (d)   orange sun's rays

5. The 'caged bird' represents in the poem:

    (a)   an animal in confinement   (b) a hope of future

    (c)   the loss of freedom and choice   (d) submissiveness

Name of Exam : _______________________________

2021-22

OMR Response Sheet

Roll No.

| | | | | | | |

1 ○ ○ ○ ○ ○ ○ ○
2 ○ ○ ○ ○ ○ ○ ○
3 ○ ○ ○ ○ ○ ○ ○
4 ○ ○ ○ ○ ○ ○ ○
5 ○ ○ ○ ○ ○ ○ ○
6 ○ ○ ○ ○ ○ ○ ○
7 ○ ○ ○ ○ ○ ○ ○
8 ○ ○ ○ ○ ○ ○ ○
9 ○ ○ ○ ○ ○ ○ ○
0 ○ ○ ○ ○ ○ ○ ○

Name ____

Class & Section _______________________________________

Subject ____

Subject Code : ☐ ☐ ☐

Date of Exam : D D   M M   YYYY
☐☐/☐☐/☐☐ ☐☐

Candidate's Sign.

Invigilator's Sign.

Instructions for filling the OMR sheet :

1. Use only black/blue ball point pen to fill the circle
2. Use of pencil is strictly prohibited
3. Circle should be designed completely and properly
4. Cutting and erasing on this sheet is not allowed

Q. No.	A	B	C	D
1.	○	○	○	○
2.	○	○	○	○
3.	○	○	○	○
4.	○	○	○	○
5.	○	○	○	○
6.	○	○	○	○
7.	○	○	○	○
8.	○	○	○	○
9.	○	○	○	○
10.	○	○	○	○
I. (1)	○	○	○	○
I. (2)	○	○	○	○
I. (3)	○	○	○	○
I. (4)	○	○	○	○
I. (5)	○	○	○	○
II. (1)	○	○	○	○
II. (2)	○	○	○	○
II. (3)	○	○	○	○
II. (4)	○	○	○	○
II. (5)	○	○	○	○

Q. No.	A	B	C	D
III. (1)	○	○	○	○
III. (2)	○	○	○	○
III. (3)	○	○	○	○
III. (4)	○	○	○	○
III. (5)	○	○	○	○
IV. (1)	○	○	○	○
IV. (2)	○	○	○	○
IV. (3)	○	○	○	○
IV. (4)	○	○	○	○
IV. (5)	○	○	○	○
V. (1)	○	○	○	○
V. (2)	○	○	○	○
V. (3)	○	○	○	○
V. (4)	○	○	○	○
V. (5)	○	○	○	○
VI. (1)	○	○	○	○
VI. (2)	○	○	○	○
VI. (3)	○	○	○	○
VI. (4)	○	○	○	○
VI. (5)	○	○	○	○

Self Assessment Chart

After solving the Self Assessment Paper, with the help of online solutions, mark yourself accordingly.

Section	Q. No.	Chapter	Marks per Question	Marks Obtained
Section-A	1	I know Why the Caged Bird Sings	1	
	2	The Patriot	1	
	3	The Little Match Girl	1	
	4	The Little Match Girl	1	
	5	The Blue Bead	1	
	6	The Blue Bead	1	
	7	The Merchant of Venice	1	
	8	The Merchant of Venice	1	
	9	The Merchant of Venice	1	
	10	The Merchant of Venice	1	
Section-B	I (1)	The Merchant of Venice	1	
	I (2)	The Merchant of Venice	1	
	I (3)	The Merchant of Venice	1	
	I (4)	The Merchant of Venice	1	
	I (5)	The Merchant of Venice	1	
	II (1)	The Merchant of Venice	1	
	II (2)	The Merchant of Venice	1	
	II (3)	The Merchant of Venice	1	
	II (4)	The Merchant of Venice	1	
	II (5)	The Merchant of Venice	1	
	III (1)	The Little Match Girl	1	
	III (2)	The Little Match Girl	1	
	III (3)	The Little Match Girl	1	
	III (4)	The Little Match Girl	1	
	III (5)	The Little Match Girl	1	
	IV (1)	The Blue Bead	1	
	IV (2)	The Blue Bead	1	
	IV (3)	The Blue Bead	1	
	IV (4)	The Blue Bead	1	
	IV (5)	The Blue Bead	1	
	V (1)	The Patriot	1	
	V (2)	The Patriot	1	
	V (3)	The Patriot	1	
	V (4)	The Patriot	1	
	V (5)	The Patriot	1	
	VI (1)	I Know Why the Caged Bird Sings	1	
	VI (2)	I Know Why the Caged Bird Sings	1	
	VI (3)	I Know Why the Caged Bird Sings	1	
	VI (4)	I Know Why the Caged Bird Sings	1	
	VI (5)	I Know Why the Caged Bird Sings	1	
How did you perform ? (Marks Achieved/Maximum Marks × 100%)				

History & Civics

Civics

1. The Union Legislature

History

1. The First War of Independence : 1857
2. Rise of Nationalism and Establishment of the Indian National Congress
3. First Phase of the Indian National Movement (1885-1907)
4. Second Phase of the Indian National Movement (1905-1916)
5. Mahatma Gandhi and Popular National Movements
6. Events Leading to the Quit India Movement (1935-1943)
7. Subhash Chandra Bose and the Indian National Army (INA)
8. Towards Independence and Partition of India (1944-1947)

Civics

Chapter - 1 (The Union Legislature)

➢ The Indian Parliament consists of the President and the two Houses, known as the House of the People (Lok Sabha) and the Council of States (Rajya Sabha).

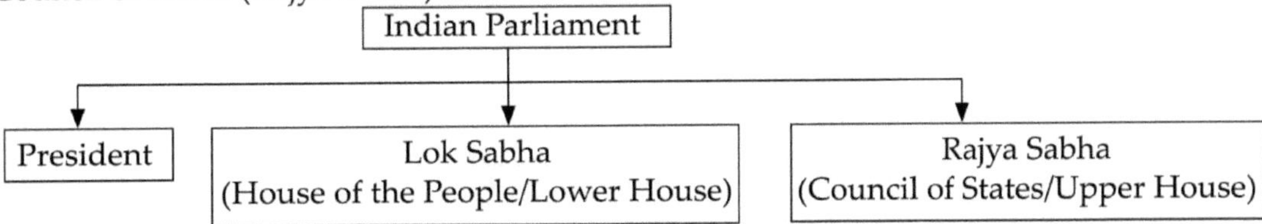

Lok Sabha and Rajya Sabha

Items	Lok Sabha	Rajya Sabha
Qualifications for Membership	1. A citizen of India, name on electoral list, not holding any office of profit under government, not a proclaimed offender. 2. **Age:** Minimum 25 years.	1. Same as for Lok Sabha. 2. **Age:** Minimum 30 years.
Exclusive Powers and Functions	1. Introduce and pass Money Bills. 2. Cabinet is responsible to Lok Sabha only.	1. Declare a subject in State List of national importance and include it in the Union List. 2. Set up a new All India Service.
Composition	530 members to represent the States, 20 members to represent the Union Territories, and 2 members to be nominated by the President.	238 members to represent the States and Union Territories, and 12 to be nominated by the President.
Terms of office of Members	5 years. It can be dissolved before 5 years.	6 years. One-third of its members retire every two years. It cannot be dissolved.
Presiding Officer	Speaker	Vice-President

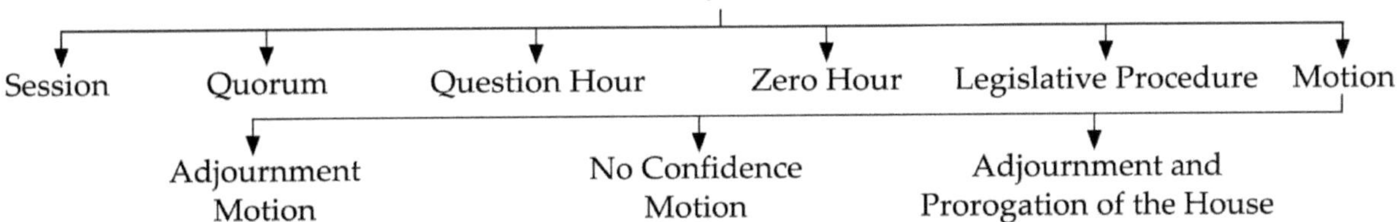

Speaker (Presiding Officer of the Lok Sabha)	
Election	Elected from the members of Lok Sabha soon after the newly elected House meets for the first time.
Term	5 Years
Resignation	Can resign on ill health and other grounds by submitting a letter of resignation to Deputy Speaker.
Removal	Can be removed by passing a resolution by majority of the members.

Deputy Speaker

➢ Constitution provides for the office of the Deputy Speaker.
➢ Preforms the duty of the Speaker in his absence.
➢ He is elected or is removed from the office in the same way as the Speaker.

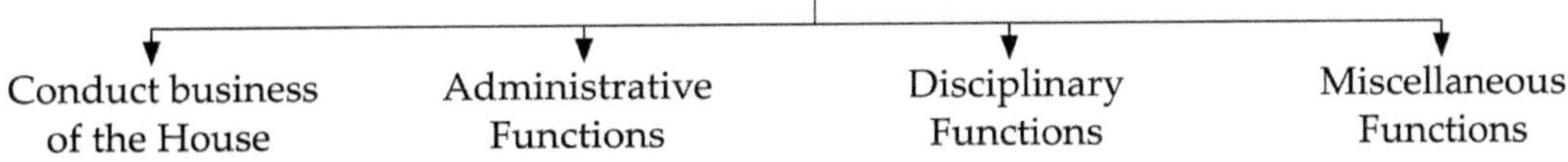

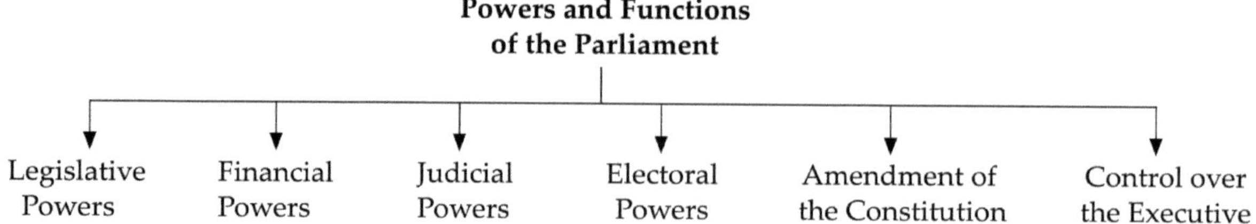

**Powers and Functions
of the Parliament**

Legislative Powers	Financial Powers	Judicial Powers	Electoral Powers	Amendment of the Constitution	Control over the Executive

History

Chapter - 1 (The First War of Independence : 1857)

In 1857, with the First War of Independence; millions of peasants, artisans and soldiers opposed the British rule which shook the British Government.

**Causes of the First War
of Independence**

Immediate Causes

The cartridges used in Enfield rifle were said to be greased with the fat of cow and pig. The greased cartridge has to be bitten off with the teeth before loading it in rifle. This has angered both the Hindu and Muslim sepoys due to their religious faith related to it.

- Indian sepoys charged with killing of two British officers were hanged on April 18, 1857.
- On May 10, 1857, Indian sepoys at Meerut marched to Delhi.

Political Causes

- British Policy of expansion
- The Doctrine of Lapse
- Disrespect shown to Bahadur Shah
- Annexation of Awadh
- Treatment meted out to Nana Saheb and Rani Laxmi Bai
- Absentee sovereignty of the British Government

Socio-Religious Causes

- Interference in socio-cultural customs
- Apprehensions about modern innovations
- Policy of racial discrimination
- Corruption in administration
- Oppression of the poor
- Activities of missionaries
- Fear regarding Western education
- Taxing religious places
- Law of property

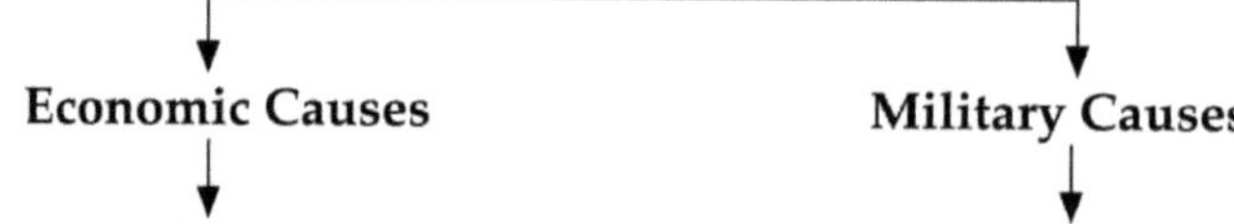

Economic Causes

- Exploitation of economic resources
- Drain of wealth from India
- Decay of cottage industries and handicrafts
- Economic decline of peasantry
- Growing unemployment
- Annexation of rent free lands and other estates
- Inhuman treatment of Indigo cultivators
- Poverty and famines

Military Causes

- Ill treatment of Indian soldiers
- General Service Enlistment Act
- Large number of Indians in the British Army
- Bleak prospects of promotions to higher ranks
- Deprivation of allowances to the Indian soldiers
- Faulty distribution of troops
- Poor performance of the British troops
- Lower salaries of the Indian soldiers

Result of the First War of Independence

- End of the East India Company's Rule
- Queen Victoria's Proclamation
- End of Mughals and Peshwas
- Change in relations with Princely States
- Policy of divide and rule
- Racial antagonism
- Foreign policy
- Religious changes
- Changes in the army
- Increase in dissension between communities
- Economic exploitation
- Rise of nationalism

Drawbacks of the First War of Independence

- Lack of planning, organisation and leadership
- Lack of common cause
- Lack of participation of all sections of society
- Lack of resources
- Lack of nationwide dimensions
- Beginning of the movement before the fixed date

Chapter - 2 (Rise of Nationalism and Establishment of the Indian National Congress)

- National awakening in India originated from the concepts of nationalism and right of self-determination initiated by the French Revolution and the socio-religious reform movements in India.
- The political awareness gave rise to various political associations such as Indian National Congress in 1885.
- This marked the beginning of the organised national movement in India.

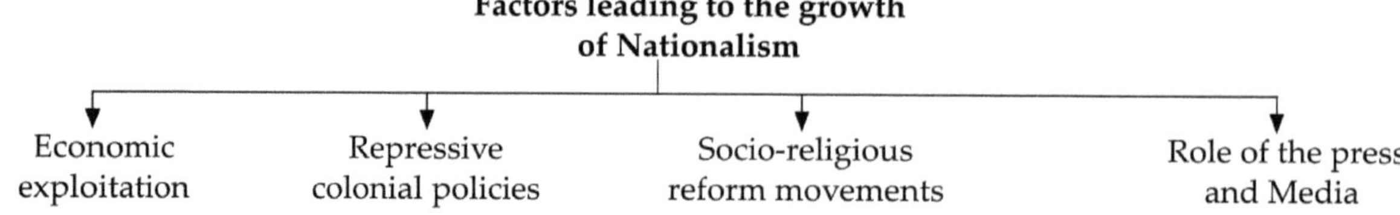

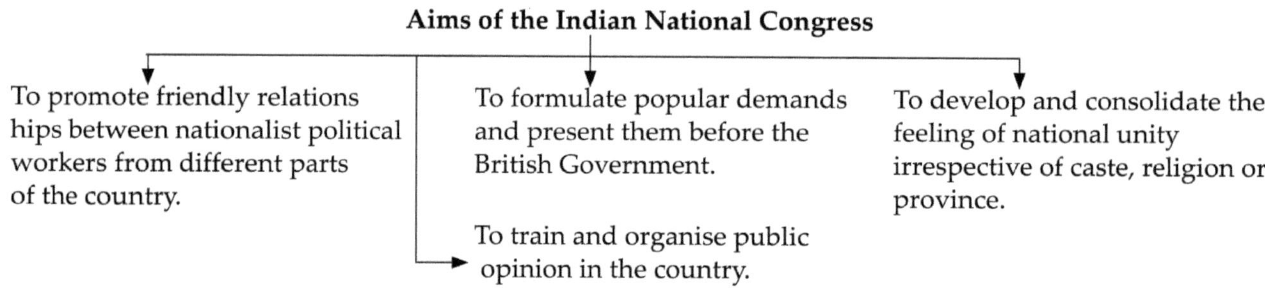

Aims of the Indian National Congress

To promote friendly relations hips between nationalist political workers from different parts of the country.

To formulate popular demands and present them before the British Government.

To train and organise public opinion in the country.

To develop and consolidate the feeling of national unity irrespective of caste, religion or province.

Chapter - 3 (First Phase of the Indian National Movement (1885–1907))

The Early Nationalists (Moderates)

Objectives of the Early Nationalists:
- Demanded abolition of the Indian Council Act.
- Insisted on 'colonial form of self-government' or 'Swarajya' within the British Empire.
- Protested against the abolition of tax on British goods.
- Demanded reduction in land revenue.
- Favoured Indianisation of Civil Services by holding the ICS examination simultaneously both in England and India.
- Demanded restoration of individual liberties.

Methods of the Early Nationalists:
- Relied on constitutional and peaceful methods.
- Followed a policy of three P's- 'Prayer, Petitions and Protest'.

Achievements of the Early Nationalists:
- Aroused the feeling of one nation.
- Created political consciousness among the people.
- Highlighted economic exploitation by the British.
- Pressurised the British government to introduce certain reforms like the appointment of a Public Service Commission.

Contributions of the Prominent Early Nationalists:

Dadabhai Naoroji:
- Founded the East India Association.
- Propounded The Drain of Wealth Theory in his book 'Poverty and Un-British Rule in India.'
- Popularly known as the 'Grand Old Man of India.'

Gopal Krishna Gokhale:
- Founded the Servants of India Society in 1905.
- Gave importance to social reforms along with political work.
- Persuaded Gandhiji to return to India and join the freedom struggle.

Surendranath Banerjee:
- Was the first Indian to qualify for the ICS examination.
- Founded the Indian National Association in 1876.
- Popularly known as the 'Father of Indian Nationalism'.

Chapter - 4 (Second Phase of the Indian National Movement (1905–1916))

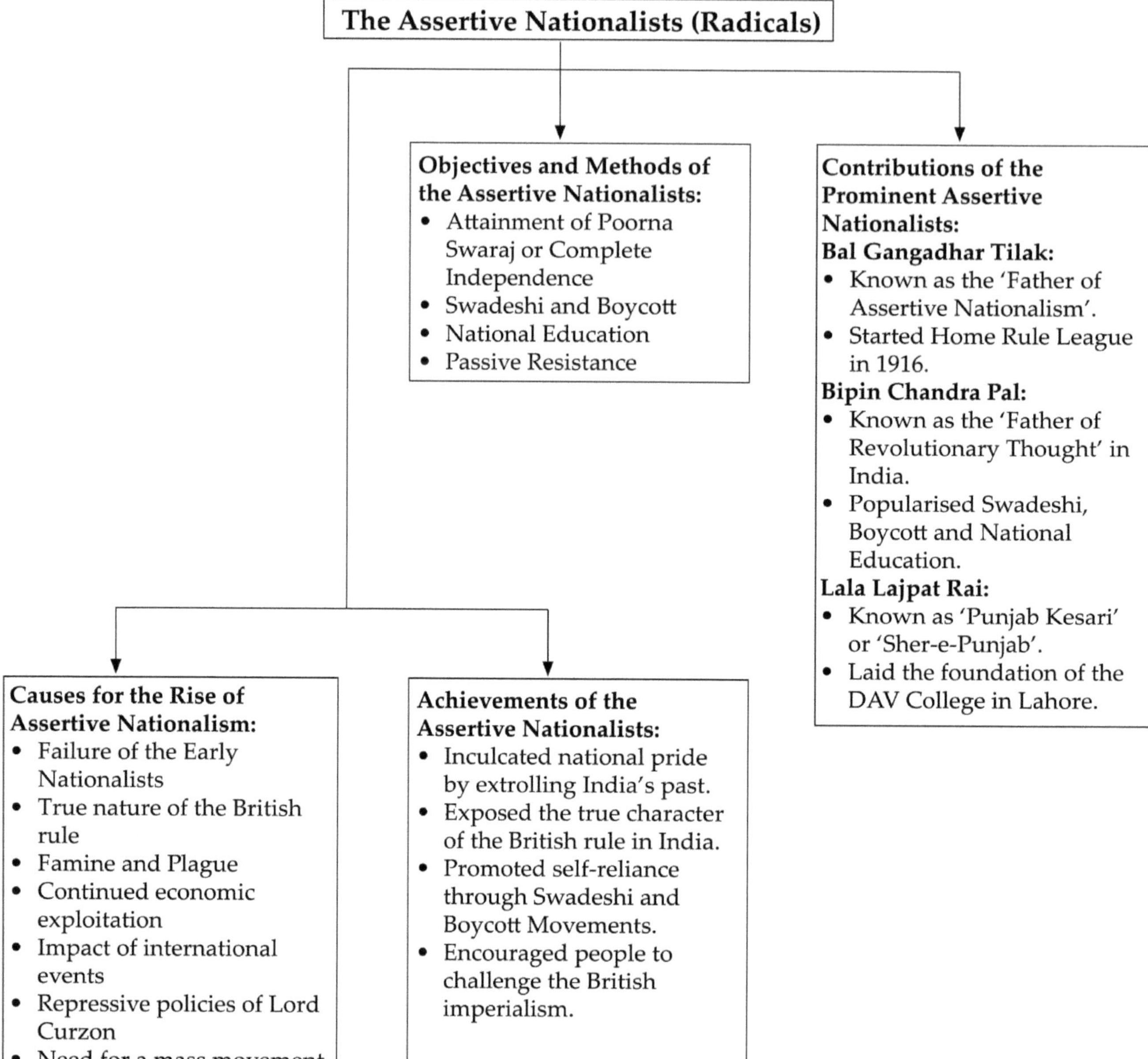

Partition of Bengal 16 October, 1905

Lord Curzon announced the Partition of Bengal into two parts on July 20, 1905

East Bengal and Assam

Rest of Bengal

Reasons behind the Partition of Bengal

- To weaken the Indian national movement
- Vastness of Bengal
- To divide the Hindus and Muslims
- To demonstrate the strength of British Raj
- To reduce the Bengalis to a minority in Bengal itself

Impact of the Anti-Partition Movement

- This movement accelerated the Nationalist Movement by spreading it among the general masses.
- Swadeshi and boycott were used as weapons of political agitation.
- People lost their faith in the fairplay and justice of the British.
- This movement backfired the plans of Lord Curzon and added strength to the National Movement.

Formation of the Muslim League

Factors

- Loss of sovereignty by Mughal rulers
- British policy of Divide and Rule
- Role of Sir Sayyid Ahmad Khan
- Erroneous Interpretation of History
- Rise of Assertive Nationalism
- Economic Backwardness of the Country

Events

- The Hindi-Urdu Controversy
- Foundation of the Mohammedan Anglo-Oriental Association
- The Aligarh Politics
- Partition of Bengal (1905)
- Muslim Deputation to the Viceroy, Lord Minto

Aims/Objectives of the Muslim League

- To promote among the Muslims, support for the British Government
- To protect the political rights and interests of the Muslims
- To present the needs and aspirations of the Muslims to the Government
- To prevent the feelings of hostility among Muslims of India towards other communities

Chapter - 5 (Mahatma Gandhi and Popular National Movements)

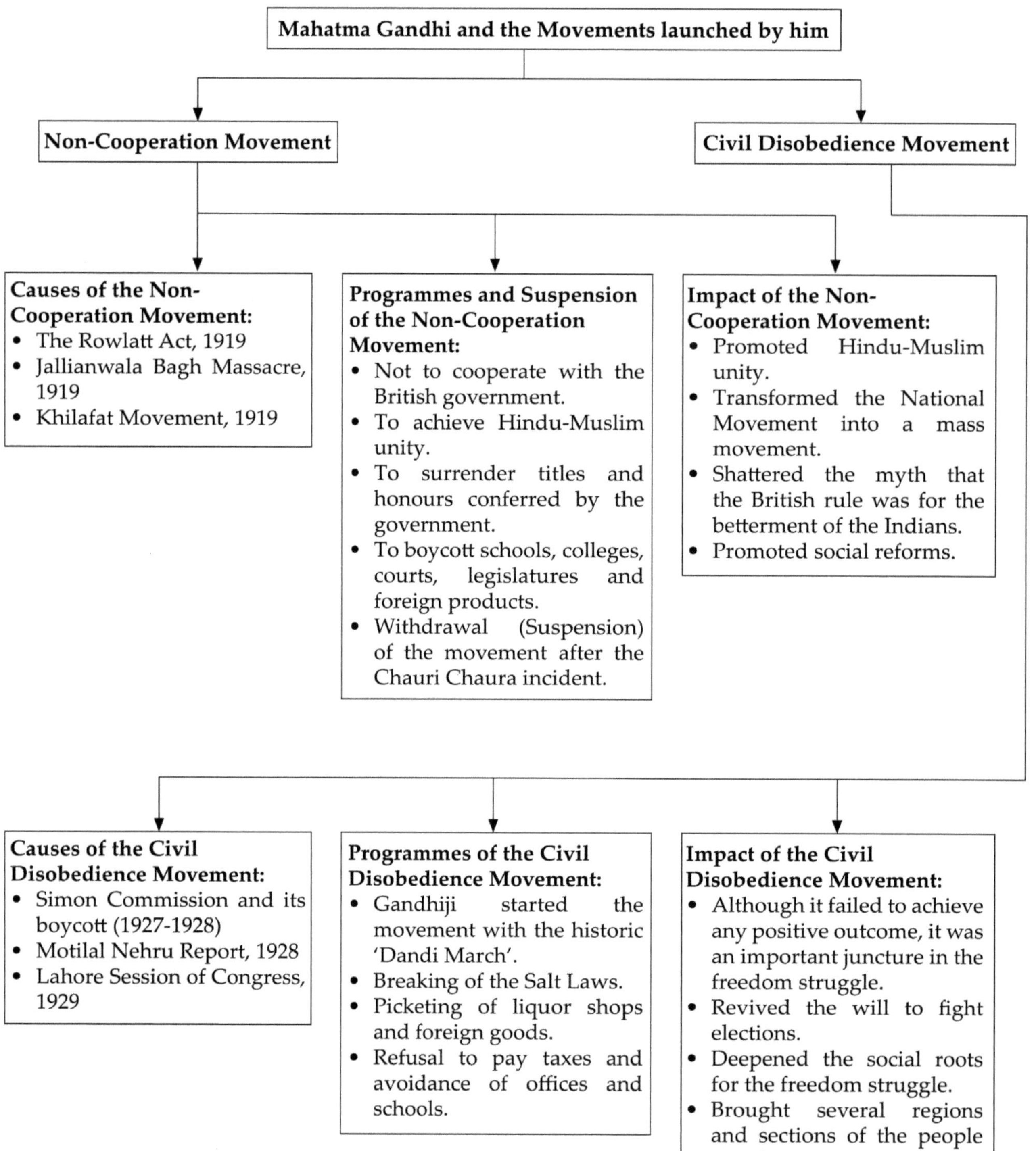

Chapter - 6 (Events Leading to the Quit India Movement (1935-1943))

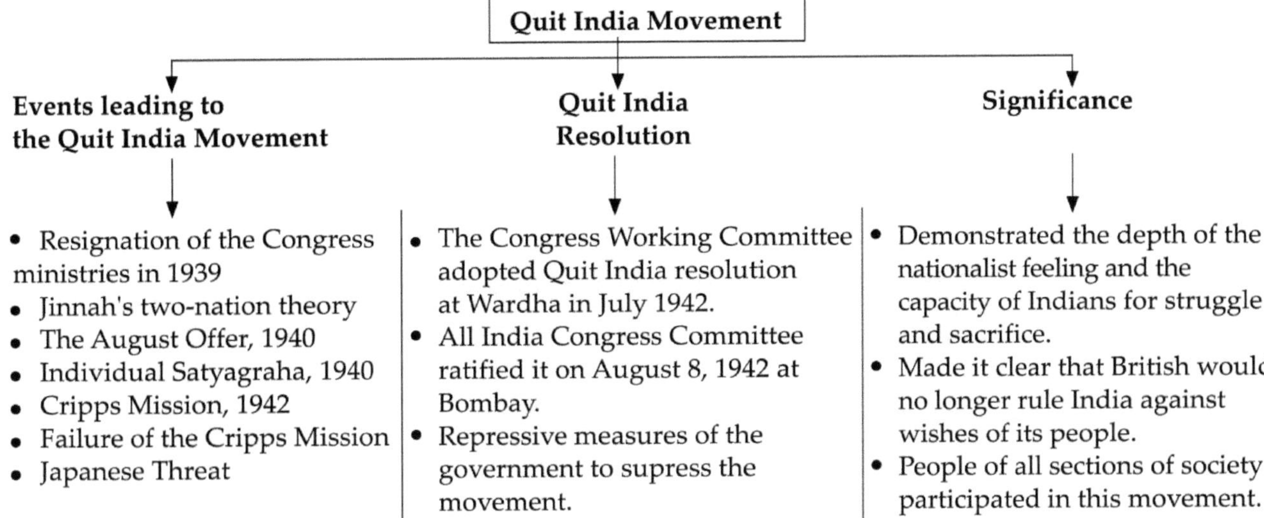

Quit India Movement

Events leading to the Quit India Movement

- Resignation of the Congress ministries in 1939
- Jinnah's two-nation theory
- The August Offer, 1940
- Individual Satyagraha, 1940
- Cripps Mission, 1942
- Failure of the Cripps Mission
- Japanese Threat

Quit India Resolution

- The Congress Working Committee adopted Quit India resolution at Wardha in July 1942.
- All India Congress Committee ratified it on August 8, 1942 at Bombay.
- Repressive measures of the government to supress the movement.

Significance

- Demonstrated the depth of the nationalist feeling and the capacity of Indians for struggle and sacrifice.
- Made it clear that British would no longer rule India against wishes of its people.
- People of all sections of society participated in this movement.

Chapter - 7 (Subhash Chandra Bose and the Indian National Army (INA))

Subhash Chandra Bose was born on January 23, 1897 at Cuttack in Orissa.

He went to England and passed the Indian Civil Service Examination.

He was unanimously elected the President at the Haripura session of Congress in 1938 and was re-elected for the second term at the Tripuri Congress session in 1939.

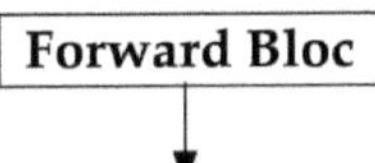

Forward Bloc

Subhash Chandra Bose on account of his differences with Gandhiji and the Congress Working Committee resigned from the Congress in 1939 and founded the Forward Bloc.

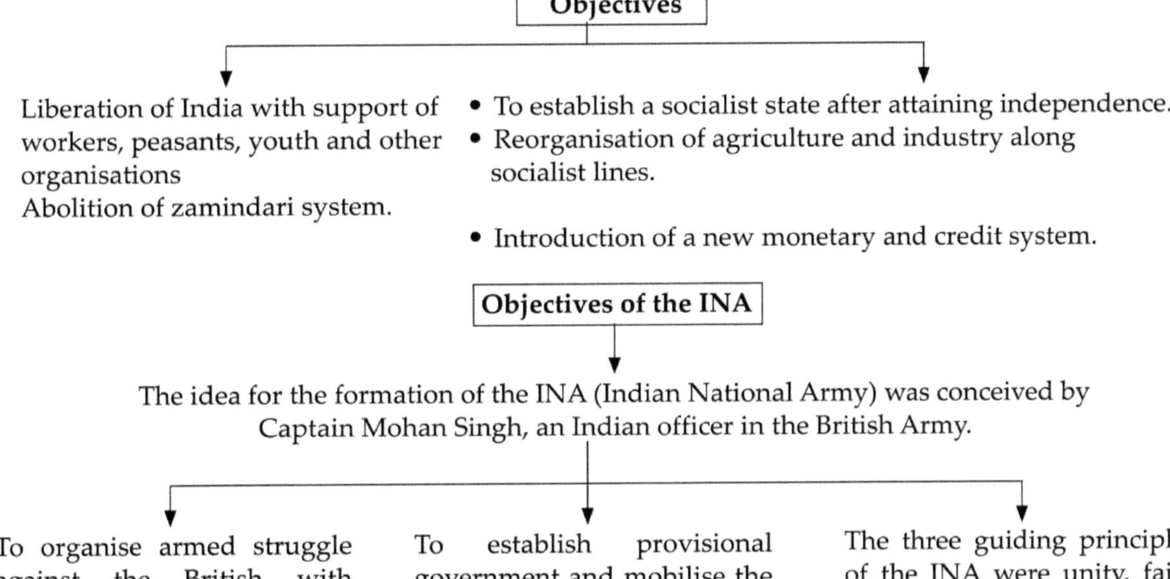

Objectives

- Liberation of India with support of workers, peasants, youth and other organisations
- Abolition of zamindari system.

- To establish a socialist state after attaining independence.
- Reorganisation of agriculture and industry along socialist lines.
- Introduction of a new monetary and credit system.

Objectives of the INA

The idea for the formation of the INA (Indian National Army) was conceived by Captain Mohan Singh, an Indian officer in the British Army.

To organise armed struggle against the British with modern weapons

To establish provisional government and mobilise the armed forces to free India

The three guiding principles of the INA were unity, faith and justice

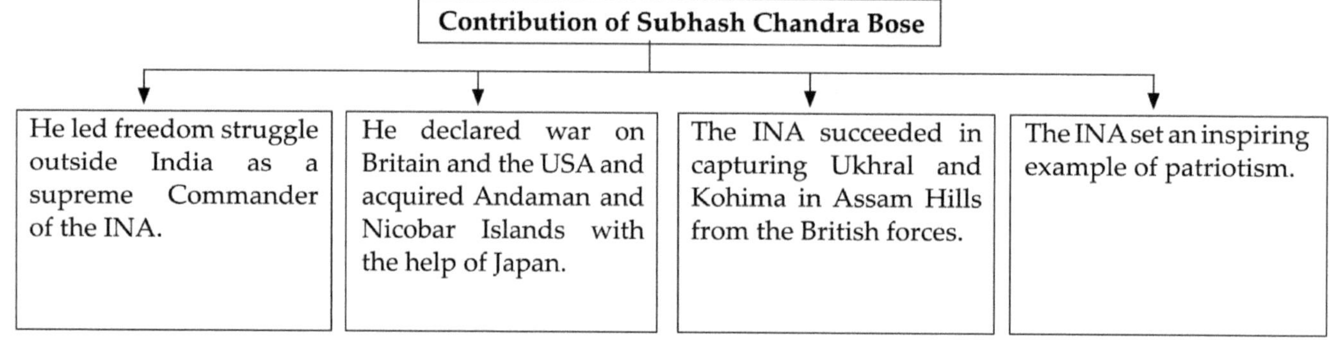

Chapter - 8 (Towards Independence and Partition of India (1944-1947))

Mountbatten Plan
(Congress and Muslim League accepted the Plan)

- Division of the country into India and Pakistan.
- Native states were given freedom to choose either of the two dominions or remain independent.
- A separate Constituent Assembly would be constituted for Pakistan.
- Provinces of Bengal, Pubjab and Assam were to be divided on the basis of religion.
- A Boundary Commission to be set up.
- India was given the option of joining the British Commonwealth.

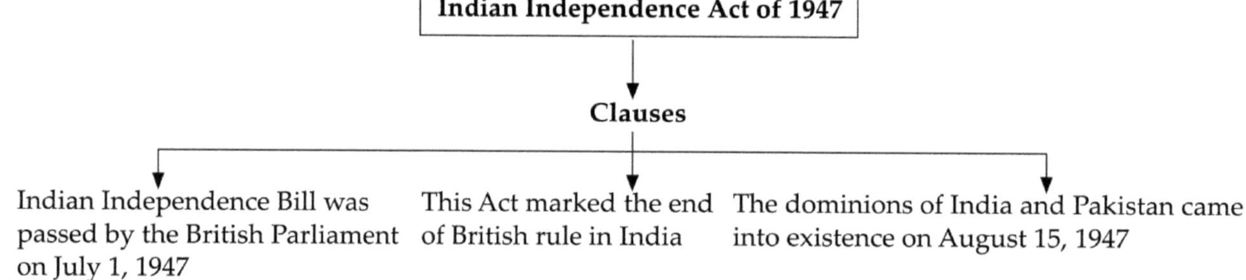

History & Civics

Multiple Choice Questions

1. Who decides whether a bill is a money bill or not?
   - (a) President
   - (b) Chairman
   - (c) Prime Minister
   - (d) Speaker

Answer
   - (d) Speaker

2. Which one of the following motions leads to interruption of normal business of the House?
   - (a) Adjournment motion
   - (b) Cut motion
   - (c) No-Confidence motion
   - (d) Censure motion

Answer
   - (b) Adjournment motion

3. What is the minimum eligibility age for membership to Rajya Sabha?
   - (a) 35 years
   - (b) 30 years
   - (c) 20 years
   - (d) 25 years

Answer
   - (b) 30 Years

4. Indian Constitution has divided the powers and functions of the state into :
   - (a) five lists
   - (b) four lists
   - (c) two lists
   - (d) three lists

Answer
   - (d) three lists

5. A money bill approved by the Lok Sabha is deemed to have been passed by the Rajya Sabha also when no action is taken by the Upper House within:
   - (a) 10 days
   - (b) 14 days
   - (c) 22 days
   - (d) 18 days

Answer
   - (b) 14 days

6. Jyotiba Phule was highly popular .... reformer of the 19th century.
   - (a) Economic
   - (b) Political
   - (c) Social
   - (d) Religious

Answer
   - (c) Social

7. Phule strongly believed that all the problems of the............could be resolved if they are provided proper education.
   - (a) Dalits
   - (b) Kshatriyas
   - (c) Brahmins
   - (d) Vaishyas

Answer
   - (a) Dalits

8. The Congress urged the Government for complete separation of......and..... functions.
   - (a) Press, government
   - (b) Executive, judiciary
   - (c) Social, economic
   - (d) Press, literary

Answer
   - (b) Executive, judiciary

9. The early Congress leaders demanded total abolition of .... and the duty on sugar.
   - (a) Land revenue
   - (b) Foreign goods
   - (c) Press regulation
   - (d) Salt tax

Answer
   - (d) Salt tax

10. With regards to safeguarding the civil liberties, the early Congress leaders demanded the right to .... and to form associations.
    - (a) Revolt
    - (b) Strike
    - (c) Assemble
    - (d) Press Regulation

Answer
    - (c) Assemble

11. The bill of which of the following categories can be initiated only in Lok Sabha?
    - (a) Money Bill
    - (b) Ordinary Bill
    - (c) Private Members Bill
    - (d) Constitution Amendment Bill

Answer
    - (a) Money Bill

12. Which of the following does not lie under legislative control over administration?

(a) Formulation of a Bill

(b) Budget session

(c) Zero Hour

(d) Adjournment motion

Answer

(b) Budget session

13. Which of the following bills can only be introduced in Lok Sabha?

(a) Ordinary Bills

(b) Money Bills

(c) Constitutional Amendment Bills

(d) Financial Bill Category B

Answer

(b) Money Bills

14. Who needs to sign the Bill passed by the Parliament for it to become a law?

(a) President

(b) Prime Minister

(c) Finance Minister

(d) Chief Justice of India

Answer

(a) President

15. Which one of the following is the Legislative power of Union Parliament?

(a) Appointment of Judges

(b) Pardon Power

(c) Matters in the Union List

(d) None of these

Answer

(c) Matters in the Union List

16. The ultimate objective of the assertive nationalists was ....

(a) Boycott

(b) Nationalism

(c) Stern measures

(d) Swaraj

Answer

(d) Swaraj

17. While .... education was aimed to shape people's character, political education meant to carry out one's .... responsibilities.

(a) Religious, civic

(b) National, moral

(c) Economic, social

(d) Health, moral

Answer

(a) Religious, civic

18. Tilak is known for organizing .... and .... clubs in Maharashtra.

(a) Akhara, political

(b) Literary campaigns, religious

(c) Akhara, lathi

(d) Swadeshi, boycott

Answer

(c) Akhara, lathi

19. The popularity of Indian textiles alarmed the policy makers of ....

(a) Scotland

(b) America

(c) China

(d) England

Answer

(d) England

20. Almost..................of the net production was claimed as land revenue.

(a) One-tenth

(b) Two-thirds

(c) Half

(d) One-fourth

Answer

(c) Half

21. Minimum age for the membership of Lok Sabha is .... years.

(a) 18

(b) 25

(c) 30

(d) 20

Answer

(b) 25

22. Match the following:

Group-A	Group-B
(a) The Speaker	(i) Presides over Rajya Sabha
(b) The Vice President	(ii) The legislative organ of the Union Government
(c) The Parliament	(iii) The House of People
(d) The Lok Sabha	(iv) The presiding officer of the Lok Sabha

(a) (a)-(ii), (b)-(iii), (c)-(iv), (d)-(i)

(b) (a)-(iv), (b)-(i), (c)-(ii), (d)-(iii)

(c) (a)-(iii), (b)-(i), (c)-(ii), (d)-(iv)

(d) (a)-(i), (b)-(ii), (c)-(iv), (d)-(iii)

Answer

(b) (a)-(iv), (b)-(i), (c)-(ii), (d)-(iii)

23. Read the passage given and answer the questions that follow-

The Indian National Congress, on 19 December 1929, passed the historic 'Poorna Swaraj' – (Complete Independence) resolution – at its Lahore session. A public declaration was made on 26 January 1930 – a day which the Congress Party urged Indians to celebrate as 'Independence Day'. The declaration was passed due to the breakdown of negotiations between leaders of the freedom movement and the British over the question of dominion status for India. The Poorna Swaraj Resolution was drafted by Jawaharlal Nehru, the "Declaration of Independence" pledge was drafted by Mahatma Gandhi in 1930 and it echoed the essence of American Declaration of Independence. After this pledge January 26, 1930 was declared as Independence Day by Indian National Congress.

A. The 1929 Session of Indian National Congress is of significance in the history of the Freedom Movement because the:

(a) Attainment of self-government was declared as the objective of the Congress.

(b) Attainment of Poorna Swaraj was adopted as the goal of the Congress.

(c) Non-Cooperation Movement was launched

(d) Decision to participate in the Round Table Conference in London was taken.

Answer

(b) Attainment of Poorna Swaraj was adopted as the goal of the Congress.

B. ....was the President of the Lahore session (1929).

(a) Motilal Nehru

(b) Mahatma Gandhi

(c) Vallabhbhai Patel

(d) Jawaharlal Nehru

Answer

(d) Jawaharlal Nehru

C. Who among the following drafted the 'Declaration of Independence' pledge?

(a) Jawaharlal Nehru

(b) Subhash Chandra Bose

(c) Mahatma Gandhi

(d) Bal Gangadhar Tilak

Answer

(c) Mahatma Gandhi

D. Identify the programmes of the 'Poorna Swaraj' resolution.

(a) Observance of 26th January as Independence Day.

(b) Resignations by members of the Legislature.

(c) Preparation for non-cooperation of the Britishers.

(d) Non-payment of taxes and revenues.

Answer

(a) Observance of 26th January as Independence Day.

(b) Resignations by members of the Legislature

24. 

A. Identify the man with Mahatma.

(a) Lord Mountbatten   (b) Lord Curzon

(c) Lord Wavell   (d) Sir Stafford Cripps

Answer

(d) Sir Stafford Cripps

B. He was sent by Prime Minister Winston Churchill to India to discuss the Draft Declaration, as settled by the War Cabinet. What was his main proposal?

(a) India should be granted complete independence

(b) India should be given dominion status

(c) India should be partitioned into two before granting independence

(d) India should be made a republic with the condition that she will join the Commonwealth

Answer

(c) India should be partitioned into two before granting independence

C. Which of the following proposals of Cripps Mission regarding the Princely states is correct?

(a) Any province not willing to join the Union could have a separate constitution and form a separate Union.

(b) Princely states would be given full protection to religious and racial minorities.

(c) Princely states would follow the Divide and Rule policy.

(d) Princely states had to be a part of India or Pakistan.

Answer

(a) Any province not willing to join the Union could have a separate constitution and form a separate Union.

D. Which of the following proposals of the Cripps Mission are correct?

(a) India would be given a dominion status after the Second World War.

(b) There would be grouping of Provinces.

(c) A Constituent Assembly would be set up.

(d) The Provinces would be free to join the British Union.

Answer

(a) India would be given a dominion status after the Second World War.

(c) A Constituent Assembly would be set up.

25. Complete the given analogy.

Lok Sabha : House of the People :: Rajya Sabha : ?

(a) Council of States

(b) House of Commons

(c) Legislative Council

(d) Federation of States

Answer

(a) Council of States

26. A seat of an M. P. can be declared vacant if he absents from the House for a continuous period of _____

(a) Two months (b) Three months

(c) Six months (d) None of these

Answer

(a) Two months

27. What should be the gap between the first No-Confidence motion and the second No-Confidence motion?

(a) 9 months (b) 6 months

(c) 2 months (d) 3 months

Answer

(b) 6 months

28. The Constitution of India vests the executive authorities of the Indian Union in which of the following?

(a) The President

(b) The Council of Ministers

(c) The Prime Minister

(d) The Parliament

Answer

(a) The President

29. Annexation of Indian States meant loss of livelihood for thousands of the .... troops.

(a) British (b) Native

(c) Peasant (d) Sepoy

Answer

(b) Native

30. The big famine of......... made people desert their villages and wander in search of food.

(a) 1837–38 (b) 1798–1805

(c) 1846–1856 (d) 1856

Answer

(a) 1837–38

31. Jyotiba Phule was a Mali by .... and hence came to be called 'Phule'.

(a) Generation (b) Caste

(c) Religion (d) Production

Answer

(b) Caste

32. ....was the founder of the nationalist journals in India.

(a) Dadabhai Naoroji

(b) Pherozeshah Mehta

(c) Justice Ranade

(d) Raja Rammohan Roy

Answer

(d) Raja Rammohan Roy

33. What is the minimum age eligibility for holding office in the Lok Sabha?

(a) 18 Years (b) 21 years

(c) 25 Years (d) 30 years

Answer

(c) 25 Years

34. The Speaker of Lok Sabha is elected by :

(a) President

(b) Prime Minister

(c) Members of both the Houses of the Parliament

(d) Members of Lok Sabha

Answer

(d) Members of Lok Sabha

35. Which of the following techniques of control may be implemented for raising a discussion in the House on a matter of urgent public importance?

(a) Censure motion

(b) Adjournment motion

(c) Calling attention

(d) Cut motion

Answer

(b) Adjournment motion

36. Who determines the salaries and allowances of MPs and Ministers?

(a) The President

(b) The Parliament

(c) The Chairman of UPSC

(d) The Finance Minister

Answer

(b) The Parliament

37. The power to prorogue Lok Sabha rests with:

(a) Speaker

(b) Chief Justice of India

(c) Prime Minister

(d) President

Answer

(d) President

38. The Federal structure of Indian Government provides:

(a) Two-tier system   (b) Three-tier system

(c) Four-tier system   (d) None of these

Answer

(b) Three-tier system

39. The Budget session of the Lok Sabha is held in:

(a) July to August

(b) February to May

(c) November to December

(d) January to April

Answer

(b) February to May

40. Interval between two consecutive sessions shall be ....

(a) More than 6 months

(b) Less than 6 months

(c) 6 months

(d) None of the above

Answer

(b) Less than 6 months

41. Legislative powers of the Union Parliament:

COLUMN I	COLUMN II
I. They have exclusive powers to formulate laws with respect to the Union List	(A) On matters which are not mentioned in any of the three Lists
II. Parliament can legislate on subjects in the State List	(B) Parliament
III. Parliament can make laws	(C) Ordinances
IV. Cease to operate at the expiration of 6 weeks from the re-assembly of Parliament unless they are approved by the Houses	(D) When 2 or more states desire that the Parliament should legislate on a subject given in the State List

Choose the correct option:

(a) I – D, II – B, III – C, IV – A

(b) I – A, II – B, III – D, IV – C

(c) I – B, II – D, III – A, IV – C

(d) I – A, II – B, III – C, IV – D

Answer

(c) I – B, II – D, III – A, IV – C

42.

A. How many days did Gandhi take to complete the Dandi March?

(a) 15   (b) 20

(c) 25   (d) 30

Answer

(c) 25

B. Dandi March began on :

(a) March 11, 1930   (b) March 12, 1930

(c) March 13, 1930   (d) March 14, 1930

Answer

(b) March 12, 1930

C. The famous Dandi March resulted in the beginning of –

(a) The Non-Cooperation Movement

(b) The Champaran Satyagraha

(c) The Kheda Satyagraha

(d) The Civil Disobedience Movement

Answer

(d) The Civil Disobedience Movement

D. Which of the following were the rationale behind Dandi March?

(a) Direct action campaign of tax resistance

(b) Non-violent protest against the British salt monopoly

(c) To make the British quit India

(d) Protest regarding land

Answer

(a) Direct action campaign of tax resistance

(b) Non-violent protest against the British salt monopoly

43. Complete the given analogy.

Lok Sabha seats : 543 :: Rajya Sabha seats : ?

(a) 230   (b) 235

(c) 240   (d) 245

Answer

(d) 245

44. The Joint sitting of both the Houses is chaired by:

(a) President of India

(b) Vice-President of India

(c) Prime Minister of India

(d) Speaker of Lok Sabha

Answer

(d) Speaker of Lok Sabha

45. Expenses from the Consolidated Fund of India are authorised by the :

(a) Money Bill

(b) Appropriation Act

(c) Finance Act

(d) Consolidated Fund Act

Answer

(b) Appropriation Act

46. Which one of the following is not a method of control exercised by the Parliament over the Government?

(a) Asking questions

(b) Committees system

(c) Review of decision

(d) No-Confidence motion

Answer

(c) Review of decision

47. The journal 'Shom Prakash' was started by ....

(a) Bal Gangadhar Tilak

(b) Jyotiba Phule

(c) Ishwar Chandra Vidyasagar

(d) Dadabhai Naoroji

Answer

(c) Ishwar Chandra Vidyasagar

48. The Amrit Bazar Patrika began as the .... weekly.

(a) Maratha   (b) Anglo-Bengali

(c) Bengali   (d) Sanskrit

Answer

(c) Bengali

49. The early nationalists did not believe in .... or .... means.

(a) Agitation, unconstitutional

(b) Revolt, constitutional

(c) Liberty, democratic

(d) British rule, unconstitutional

Answer

(a) Agitation, unconstitutional

50. Dadabhai's historic address, read out by Mr. Gokhale because of Dadabhai's ill health laid stress on the attainment of ....

(a) Seat in House of Commons

(b) Peace

(c) Swaraj

(d) Equality

Answer

(c) Swaraj

51. Through Dadabhai's Drain of Wealth theory, he tried to explain how India's............... was/were being taken away to England.

(a) Talents

(b) Wealth

(c) Knowledge

(d) Traditional cottage industry

Answer

(b) Wealth

52. Surendranath Banerjee supported the .... Movement.

(a) Opposition   (b) Anti-capitalism

(c) Apartheid   (d) Swadeshi

Answer

(d) Swadeshi

53. What enabled distinguished persons to have a place in the Upper Chamber?

(a) Election

(b) To be appointed as Speaker

(c) Principle of nomination

(d) Quorum

Answer

(c) Principle of nomination

54. Who is empowered to summon and to dissolve the Lok Sabha?

(a) Speaker   (b) President

(c) Chairman   (d) Prime Minister

Answer

(b) President

55. The President of India nominates 2 members to Lok Sabha and _______ to Rajya Sabha.

(a) 10   (b) 11

(c) 12   (d) 13

Answer

(c) 12

56. If a Government acts against the Constitutional provisions, it can be voted out of office by passing________ by the opposition.

(a) Interpellation

(b) Vote of no confidence

(c) Adjournment Motion

(d) Vote on account

Answer

(b) Vote of no confidence

57. Which of the following procedures are followed to remove the President of India?

(a) Impeachment   (b) Suspension

(c) Disqualification   (d) Dismissal

Answer

(a) Impeachment

58. Under what matters Lok Sabha and Rajya Sabha enjoy equal powers?

(a) Money Bill

(b) Matters of Union List

(c) Constitutional Amendments

(d) Ordinances

Answer

(c) Constitutional Amendments

59. Who is authorized to decide whether there is a case for a matter relating to a breach of privilege or contempt of the House in Lok Sabha?

(a) Prime Minister   (b) Vice President

(c) Speaker   (d) President

Answer

(c) Speaker

60. .... is a formal proposal made by a member stating that the House should take up some particular matter of public importance.

(a) Session   (b) Motion

(c) Interpellation   (d) Question Hour

Answer

(b) Motion

61. Composition of the Lok Sabha:

COLUMN I	COLUMN II
I. Maximum strength of the Lok Sabha provided by the Constitution	(A) 530
II. Members representing the States	(B) 20
III. Members representing the Union Territories	(C) 552
IV. Members of the Anglo-Indian Community nominated by the President	(D) 2

Choose the correct option:

(a) I – C, II – B, III – A, IV – D

(b) I – B, II – D, III – C, IV – A

(c) I – B, II – C, III – A, IV – D

(d) I – C, II – A, III – B, IV – D

Answer

(d) I – C, II – A, III – B, IV – D

62. Read the passage given and answer the questions that follow:

On 31 January 1930, Mahatma Gandhi sent a letter to Viceroy Irwin stating and imposing eleven demands. Among all the demands, the most stirring of all the demands was to abolish the salt tax that is consumed by the rich and the poor. The demands were needed to be fulfilled by 11 March or else the Congress will initiate a civil disobedience campaign. The popular salt march was started by Mahatma Gandhi and it was accompanied by 78 of his trusted volunteers. The march covered over 240 miles from Gandhi's ashram in a place called Sabarmati to the Gujarati coastal town of Dandi. On 6 April, he reached Dandi, and ceremonially violated the law, and started manufacturing salt by boiling seawater. This movement marked the beginning of the Civil Disobedience Movement.

A. How much distance covered by M. K. Gandhi during Dandi March?

(a) 200 Miles   (b) 240 Miles

(c) 250 Miles   (d) 260 Miles

Answer

A. (b) 240 Miles

B. Which one of the following movement began with the Dandi March?

(a) Home Rule Movement

(b) Non-Cooperation Movement

(c) Civil Disobedience Movement

(d) Quit India Movement

Answer

(c) Civil Disobedience Movement

C. Identify the programmes of the Civil Disobedience Movement.

(a) Non-payment of taxes and revenues

(b) Non-cooperation of the government

(c) Surrender of titles

(d) Boycott of elections

Answer

(a) Non-payment of taxes and revenues

D. Which of the following statements are not true regarding the Gandhi-Irwin Pact of 1931?

(a) Gandhiji decided to call off the Civil Disobedience Movement.

(b) Gandhiji consented to participate in the First Round Table Conference.

(c) The British government agreed to release the political prisoners.

(d) The British government agreed to grant independence.

Answer

(b) Gandhiji consented to participate in the First Round Table Conference.

(d) The British government agreed to grant independence.

63.

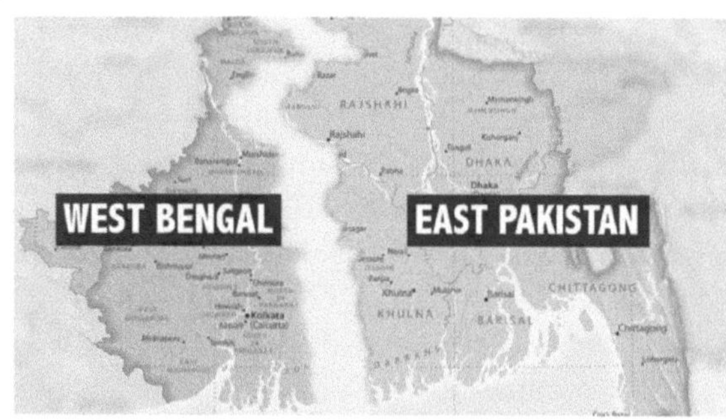

A. Which of the following were the consequences of the partition of Bengal?

(a) Infuriated people all over India

(b) Large public meetings and demonstrations were organized, and novel methods of mass protest developed.

(c) Reduction in indirect taxes of Bengal

(d) Britishers were sent out of India

Answer

(a) Infuriated people all over India

(b) Large public meetings and demonstrations were organized, and novel methods of mass protest developed.

B. The Partition of Bengal was supported by............ .

(a) Swaraj Party   (b) Communist Party

(c) Muslim League   (d) Congress

Answer

(c) Muslim League

C. The Partition of Bengal was cancelled in which year?

(a) 1906   (b) 1909

(c) 1911   (d) 1913

Answer

(c) 1911

D. What was Lord Curzon's argument in favour of the Partition of Bengal?

(a) For effective administration

(b) To help the Muslims

(c) To divide Hindus and Muslims

(d) To stop the spread of Swadeshi

Answer

(a) For effective administration

64. Complete the given analogy.

Lok Sabha : Speaker :: Rajya Sabha : ?

(a) Vice President

(b) Prime Minister

(c) President

(d) Chief Justice of India

Answer

(a) Vice President

65. Who is the ex-officio Chairman of the Rajya Sabha?

(a) Prime Minister   (b) President

(c) Senate   (d) Vice President

Answer

(d) Vice President

66. In general, how many sessions are held in a year?

(a) Six   (b) Five

(c) Four   (d) Three

Answer

(d) Three

67. Rajya Sabha has power to:

(a) Elect and impeach the President

(b) Cast their vote on Demands for Grants

(c) Both (a) and (b)

(d) Only (b)

Answer

(a) Elect and impeach the President

68. Gokhale was a man of .... views and had immense faith in British ....

(a) Moderate, liberalism

(b) Radical, capitalism

(c) Extremist, socialism

(d) Moderate, marketing

Answer

(a) Moderate, liberalism

69. .... headed the Home Rule League in Madras.

(a) Sarojini Naidu   (b) Savitribai Phule

(c) Sister Nivedita   (d) Annie Besant

Answer

(d) Annie Besant

70. Leaders like Tilak, Bipin Chandra Pal and Lala Lajpat Rai transformed the anti-partition movement into a .... Movement.

(a) Swaraj   (b) Political

(c) Extremist   (d) Social

Answer

(a) Swaraj

71. Bipin Chandra Pal started .... Paper in 1901.

(a) Mahratta   (b) New India

(c) Kesari   (d) Sambad Kaumudi

Answer

(b) New India

72. Lala Lajpat Rai elected to the .... and in 1925, became the Deputy leader of the Party.

(a) India Council

(b) Provincial Legislature

(c) Central Legislative Assembly

(d) British Parliament

Answer

(c) Central Legislative Assembly

73. Who decides the salaries and allowances of MPs, Ministers, and Judges of Supreme Court and High Courts?

(a) Comptroller and Auditor-General of India

(b) Parliament

(c) Finance Minister

(d) President in consultation with the Chief Justice of India

Answer

(b) Parliament

74. What do you understand by federal structure of government?

(a) All powers of administration lies with the centre

(b) A union of sovereign groups or states united for certain common purposes

(c) A method of dividing power between a central government and state governments that are connected

(d) Rule by a king or a queen

Answer

(c) A method of dividing power between a central government and state governments that are connected

75. Which of the following circumstances lead to adjournment of the House?

(a) After the business for the day is incomplete

(b) When the death of a sitting/ex-member of the House occurs

(c) When it is difficult to conduct the business due to lack of leadership

(d) All of the above

Answer

(b) When the death of a sitting/ex-member of the House occurs

76. What is Zero Hour in Parliament?

(a) When the proposal of opposition is considered

(b) The first hour of the session

(c) When matters of utmost importance are raised

(d) When a money bill is introduced in Lok Sabha

Answer

(c) When matters of utmost importance are raised

77. How are legislative excesses of Parliament and Assemblies checked?

(a) Through general elections

(b) Through Judicial Review

(c) Through intervention from President / Governor

(d) Through No-Confidence motion

Answer

(b) Through Judicial Review

78. The Speaker of Lok Sabha is elected by :

(a) the members of the majority party in the Lok Sabha

(b) all the members of the Lok Sabha

(c) all the members of Parliament

(d) the people directly

Answer

(b) All the members of the Lok Sabha

79. When are the joint sittings of two Houses of Parliament held?

(a) To elect the President of India

(b) To elect the Vice President of India

(c) To adopt a Constitution Amendment Bill

(d) To consider or pass a bill on which the two Houses disagree

Answer

(d) To consider or pass a bill on which the two Houses disagree

80. ....is moved by the opposition in Lok Sabha only.

(a) Resolution

(b) Adjournment of House

(c) No-Confidence motion

(d) Prorogation of House

Answer

(c) No-Confidence motion

81. Match List I with List II and select the correct answer by using the codes given below :

List-I	List-II
A. Minimum age to be a member of Lok Sabha	(i) Vice-President
B. Minimum age to be a member of Rajya Sabha	(ii) Speaker
C. Chairman of Lok Sabha	(iii) 30 Years
D. Chairman of Rajya Sabha	(iv) 25 Years

(a) A-(iv), B-(iii), C-(i), D-(ii)

(b) A-(ii), B-(iv), C-(i), D-(iii)

(c) A-(i), B-(iv), C-(ii), D-(iii)

(d) A-(iv), B-(iii), C-(ii), D-(i)

Answer

(d) A-(iv), B-(iii), C-(ii), D-(i)

82.

A. What was another name of the Quit India Movement?

(a) August Kranti   (b) Non-Cooperation

(c) Civil Disobedience   (d) None of these

Answer

(a) August Kranti

B. Quit India Movement was launched on:

(a) 5 August 1942   (b) 6 August 1942

(c) 7 August 1942   (d) 8 August 1942

Answer

(d) 8 August 1942

C. Identify the prominent leader during this movement.

(a) Sardar Vallabhbhai Patel

(b) Jawaharlal Nehru

(c) Jai Prakash Narayan

(d) Motilal Nehru

Answer

(c) Jai Prakash Narayan

D. Which of the following were the demands made through Quit India Movement?

(a) To end the British rule in India

(b) To form a provisional government after the withdrawal of the Britishers.

(c) Partition of India and Pakistan

(d) Both (a) and (b)

Answer

(d) Both (a) and (b)

83. Nominated members in Lok Sabha : 2 :: Nominated members in Rajya Sabha : ?

(a) 10   (b) 11

(c) 12   (d) 13

Answer

(c) 12

84. When can the Vice-President cast a vote in the Rajya Sabha?

(a) In case of a tie

(b) During Emergency

(c) If the majority of the members approve the same

(d) Anytime

Answer

(a) In case of a tie

85. The two Houses of the Parliament enjoy co-equal powers in which of the following spheres?

(a) Impeachment of the President

(b) Make laws on a State subject

(c) Introduction of Money bills

(d) Creation of new All-India Services

Answer

(a) Impeachment of the President

86. Why is the Rajya Sabha called a 'Permanent House'?

(a) It is not subject to dissolution.

(b) Its members are elected by the MLAs of each state by means of a single transferable vote.

(c) It has 245 seats.

(d) It has 12 nominated members.

Answer

(a) It is not subject to dissolution

87. All the high ranks in the army were reserved for the .... only.

(a) Sepoys (b) Natives

(c) Indian rulers (d) British

Answer

(d) British

88. The strategic places like .... and .... did not have British armies.

(a) Bengal, Madras (b) Delhi, Allahabad

(c) Mysore, Poona (d) Lucknow, Mysore

Answer

(b) Delhi, Allahabad

89. England was engaged in several hostilities outside India, the..................War and the .... War.

(a) Persian, Chinese (b) Mysore, Plassey

(c) Mysore, Buxar (d) Plassey, Buxar

Answer

(a) Persian, Chinese

90. The first Afghan War was a complete failure from the .... viewpoint.

(a) Afghan (b) Indian

(c) British (d) American

Answer

(c) British

91. The General Service Enlistment Act created great alarm in the minds of the .... army.

(a) British (b) European

(c) Punjab (d) Bengal

Answer

(d) Bengal

92. What is the number of members required for the quorum to constitute a meeting?

(a) One-tenth of the total number of members

(b) Two-thirds of the members of the House

(c) At least 50 members

(d) 530 members

Answer

(a) One-tenth of the total number of members

93. Parliament can amend the provision on official language of India under the Constitution by:

(a) A simple majority of its members

(b) 2/3rd majority

(c) 3/4th majority

(d) Support of 1/3rd of its members

Answer

(a) A simple majority of its members

94. Who elect the members of the Rajya Sabha?

(a) The members of the Lok Sabha

(b) The members of the Vidhan Sabha

(c) The members of the Vidhan Parishad

(d) The Citizens of India

Answer

(b) The members of the Vidhan Sabha

95. The Rajya Sabha has restricted jurisdiction in:

(a) Approving a proclamation of Emergency

(b) The creation and abolition of States

(c) The election of the Vice-President

(d) Authorising Parliament to legislate on a subject mentioned in the State List

Answer

(d) Authorising Parliament to legislate on a subject mentioned in the State List

96. How much is the quorum of a House of Parliament of India?

(a) One-half of the total members of the House

(b) One-third of the total members of the House

(c) Two-third of the total members of the House

(d) One-tenth of the total members of the House

Answer

4. One-tenth of the member of the House

97. Under Article 312 of the Constitution of India, the Rajya Sabha has exclusive authority to mention the Constitution of which one of the following?

(a) River Valley Development Authorities

(b) Zonal Councils

(c) Administrative Tribunals

(d) New All-India Services

Answer

(d) New All-India Services

98. Which of the following statements is related to provisions for eliminating deadlock among the two Houses of the Parliament?

(a) Lok Sabha has taken some action which is beyond its powers.

(b) Rajya Sabha has taken some action which is beyond its powers.

(c) The other House does not accept the Bill.

(d) None of the above

Answer

(c) The other House does not accept the Bill.

99. The normal business of the House is interrupted in the ....motion.

(a) Censure (b) No-Confidence

(c) Adjournment (d) Interpellation

Answer

(c) Adjournment

100. Choose the correct option to match the following:

List-I	List-II
A. Jyotiba Phule	(i) Father of Indian Renaissance
B. Raja Ram Mohan Roy	(ii) Ram Krishna Mission
C. Dayanand Saraswati	(iii) Satya Shodhak Samaj
D. Swami Vivekananda	(iv) Arya Samaj

(a) (A) – (iv),(B) – (i),(C) – (iii),(D) – (ii)

(b) (A) – (ii), (B) – (i), (C) – (iv), (D) – (iii)

(c) (A) – (iii), (B) – (i), (C) – (iv), (D) – (ii)

(d) (A) – (iii), (B) – (i), (C) – (iv), (D) – (ii)

Answer

(c) (A) – (iii), (B) – (i), (C) – (iv), (D) – (ii)

101. Read the passage given and answer the questions that follow-

Rowlatt Acts (February 1919), legislation approved by the Imperial Legislative Council, the legislature of British India. The Acts permitted certain political cases to be tried without juries and permitted internment of suspects without trial. Their object was to replace the wartime Defence of India Act (1915) with a permanent law. They were grounded on the report of Justice S.A.T. Rowlatt's committee of 1918.

An aroused Indian public much resented the Rowlatt Acts. All non-official Indian council members (i.e., those who were not bureaucrats in the colonial government) voted in contradiction of the Acts. Mahatma Gandhi organized a protest movement that directed straight to the Massacre of Amritsar (April 1919) and subsequently to his Non-Cooperation Movement (1920–22). As a result, the Acts were never actually implemented.

A. What was the massacre at Amritsar?

(a) Rowlatt Act

(b) Jallianwala Bagh Massacre

(c) Swadeshi Movement

(d) None of these

Answer

(b) Jallianwala Bagh Massacre

B. After the Amritsar massacre, which movement got started?

(a) Rowlatt Act

(b) Non-Cooperation Movement

(c) Swadeshi Movement

(d) None of these

Answer

(b) Non-Cooperation Movement

C. Identify the clauses of the Rowlatt Act.

(a) Vernacular Press must not publish anything against the British

(b) Arrest people with a warrant

(c) In camera trial

(d) None of the above

Answer

(c) In camera trial

D. Which of the following were the primary rationale behind Rowlatt Act?

(a) To provide for compulsory economic support to British war efforts

(b) To curb the activities of trade unions.

(c) To provide the civil liberties to Indians.

(d) To change the tax provisions of India

Answer

(a) To provide for compulsory economic support to British war efforts

(b) To curb the activities of trade unions

102. During his term as Congress President, he talked of planning in concrete terms, and set up a National Planning Committee in October that year. At the end of his first term, the presidential election to the Tripuri Congress session took place early 1939. He was re-elected, defeating Dr. Pattabhi Sitaramayya who had been backed by Mahatma Gandhi and the Congress Working Committee.

Who in this above passage has been referred to as 'He'?

(a) Mahatma Gandhi

(b) Motilal Nehru

(c) Jawaharlal Nehru

(d) Subhash Chandra Bose

Answer

(d) Subhash Chandra Bose

103. Study the image given below and answer the questions that follow:

A. Identify the person, who is delivering speech in the Constituent Assembly on 14th August, 1947.

(a) Rajendra Prasad

(b) Sardar Vallabhbhai Patel

(c) Jawaharlal Nehru

(d) C. Rajagopalachari

Answer

(c) Jawaharlal Nehru

B. Who took the responsibility of uniting all the Princely States into Indian Union?

(a) Rajendra Prasad

(b) Sardar Vallabhbhai Patel

(c) Jawaharlal Nehru

(d) C. Rajagopalachari

Answer

(b) Sardar Vallabhbhai Patel

C. Who became the first Governor-General of free India?

(a) C. Rajagopalachari

(b) Muhammad Ali Jinnah

(c) Lord Wavell

(d) Lord Mountbatten

Answer

(d) Lord Mountbatten

D. Identify the provisions of the Indian Independence Act.

(a) India would be partitioned into two independent dominions.

(b) A Constituent Assembly would be set up to frame the new constitution of the Indian Union.

(c) A plebiscite would be held in North West Frontier Province (NWFP).

(d) An Interim Government would be formed at the Centre.

Answer

(a) India would be partitioned into two independent dominions.

(c) A plebiscite would be held in North West Frontier Province (NWFP).

104. Complete the given analogy.

Members of Lok Sabha : Five years :: Members of Rajya Sabha : ?

(a) Five years   (b) Seven years

(c) Four years   (d) Six years

Answer

(d) Six years

105. A Bill is deemed to be a Money Bill (which is initiated by Lok Sabha) if it contains only provisions dealing with which of the following?

(a) Alteration or regulation of any tax

(b) Regulation of the borrowing of money by the State Assemblies

(c) Finance related to defence

(d) Finance related to aircraft

Answer

(a) Alteration or regulation of any tax

106. Which of the following qualifications are necessary to become a member of the Rajya Sabha?

(a) He/She may be an Indian citizen.

(b) He/She should has his/her name in the electoral roll in some part of the country.

(c) He/She should not be insolvent.

(d) All of the above

Answer

(d) All of the above

107. Which of these statements is correct about the power of the Houses over financial matters?

(a) A money Bill can only be introduced in the Lok Sabha

(b) The Lok Sabha only has the power to vote on the Demands for Grants

(c) Rajya Sabha can discuss the Grants

(d) All of the above

Answer

(d) All of the above

108. What is the procedure that should be followed if there is a deadlock between the two Houses of the Parliament on a non-money bill?

(a) Adjournment of the House

(b) Joint sitting of the Houses

(c) Dissolving the House

(d) Prorogation of the House

Answer

(b) Joint sitting of the Houses

109. The cartridges used for the Enfield Rifles were greased with the fat of ...... and ....

(a) Buffaloes, cows   (b) Cows, pigs

(c) Eggs, chicken   (d) Pigs, buffaloes

Answer

(b) Cows, pigs

110. .... was sung for the first time in the Indian National Congress of 1896.

(a) Vande Mataram

(b) Jana Gana Mana

(c) Ae mere watan ke logo

(d) Kadam kadam badhaye ja

Answer

(a) Vande Mataram

111. The .... was attended by 72 delegates from all parts of India.

(a) First Congress Session

(b) Second Congress Session

(c) Third Congress Session

(d) Brahmo Samaj

Answer

(a) First Congress Session

112. One of the objectives of the Indian National Congress was to end all ...., religious and .... prejudices and to promote a feeling of national unity among all lovers of the country.

(a) Agitation, white   (b) Association, party

(c) Government, age   (d) Racial, provincial

Answer

(d) Racial, provincial

113. Identify the exclusive powers of the Lok Sabha.

(a) It can introduce Ordinary Bill.

(b) It has the power to set up a new All India Service.

(c) It can introduce Money Bill.

(d) It can amend the Constitution

Answer

(c) It can introduce Money Bill.

114. Suppose you want to become a member of Rajya Sabha, identify an important qualification you should have.

(a) Should have voluntarily acquired citizenship of a foreign state.

(b) Should be at least 25 years of age.

(c) Should not be an insolvent.

(d) Should be a Member of Parliament.

Answer

(c) Should not be an insolvent.

115. What is the term of the Rajya Sabha?

(a) Two-thirds of its members retire at the end of every second year - 5 years

(b) One-third of its members retire at the end of every second year - 6 years

(c) Two-thirds of its members retire at the end of every year - 6 years

(d) One-third of its members retire at the end of every year - 5 years

Answer

(b) One-third of its members retire at the end of every second year - 6 years

116. How are the members of the Rajya Sabha elected?

(a) By the Lok Sabha Speaker in consultation with the President

(b) Nominated by the President in consultation with the Council of Ministers

(c) Directly by the people

(d) By the members of the State Legislative Assembly of each state

Answer

(d) By the members of the State Legislative Assembly of each state

117. Which of these statements is correct about No Confidence Motion?

(a) The Cabinet Ministers are collectively responsible to the Parliament

(b) No Confidence Motion can be moved by the ruling party against the Opposition

(c) The lower House passes No Confidence Motion only when it carries the support of at least 50 members

(d) The Motion has to be taken up for discussion within 15 days from the day on which leave is granted

Answer

(c) The Lower House passes No Confidence Motion only when it carries the support of at least 50 members

118. In view of the financial powers of the Parliament, which option regarding Money Bill is incorrect?

(a) The Chairman of the Rajya Sabha decides whether a Bill is a Money Bill or an Ordinary Bill.

(b) A Money Bill must be recommended by the President.

(c) A Money Bill can be introduced in the Lok Sabha only and not in the Rajya Sabha.

(d) None of the above

Answer

(a) The Chairman of the Rajya Sabha decides whether a Bill is a Money Bill or an Ordinary Bill.

119. Which one of the following is an exclusive power of the Rajya Sabha?

(a) It can pass a resolution and declare a subject in Concurrent List to be of national importance.

(b) It can abolish new All India Services.

(c) During National Emergency when Lok Sabha is dissolved, Rajya Sabha assumes the role of the Union Parliament.

(d) Rajya Sabha has substantial financial powers as compared to Lok Sabha.

Answer

(c) During National Emergency when Lok Sabha is dissolved, Rajya Sabha assumes the role of the Union Parliament.

120. ....is a fresh demand made by the Government if amount authorized for the current financial year is not sufficient.

(a) Vote on account

(b) Budget

(c) Reserve fund

(d) Supplementary Grant

Answer

(d) Supplementary Grant

121. Match the following:

Group-A	Group-B
(a) Chauri Chaura	(i) 1930
(b) Civil Disobedience Movement	(ii) 1922
(c) Non-Cooperation Movement	(iii) 1942
(d) Quit India Movement	(iv) 1920

(a) (a)-(ii), (b)-(i), (c)-(iv), (d)-(iii)

(b) (a)-(iv), (b)-(i), (c)-(ii), (d)-(iii)

(c) (a)-(iii), (b)-(i), (c)-(ii), (d)-(iv)

(d) (a)-(i), (b)-(ii), (c)-(iv), (d)-(iii)

Answer

(a) (a)-(ii), (b)-(i), (c)-(iv), (d)-(iii)

122. Study the picture and answer the following questions:

A. Identify the Lok Sabha Speaker.

(a) Somnath Chatterjee

(b) Manohar Joshi

(c) Om Birla

(d) Shivraj Patil

Answer

(c) Om Birla

B. Who is the principal Presiding Officer of the Lok Sabha?

(a) Deputy Speaker (b) Speaker

(c) President (d) Prime Minister

Answer

(b) Speaker

C. How is the Speaker elected?

(a) By the House from among its members by a simple majority of members present and voting

(b) Nominated by the President of India

(c) Elected by the elected members of the Legislative Assembly of each state

(d) By one-tenth of the total members of the House

Answer

(a) By the House from among its members by a simple majority of the members present and voting

D. What does the Constitution provide for the Deputy Speaker?

(a) Is elected by Universal Adult Franchise

(b) Is the principal Presiding Officer of the Lok Sabha

(c) Sets the policies and programmes of the Government

(d) Performs the duties of the Speaker when the Speaker is absent or while the office of the Speaker is vacant

Answer

(d) Performs the duties of the Speaker when the Speaker is absent or while the office of the Speaker is vacant

123. Complete the given analogy.

Rajya Sabha : Deputy Chairman :: Lok Sabha : ?

(a) Opposition Leader (b) Deputy Speaker

(c) Speaker (d) Chairman

Answer

(b) Deputy Speaker

124. Concerning the powers of Rajya Sabha, which one of the following statements is not accurate?

(a) A money bill cannot be introduced in Rajya Sabha

(b) The Rajya Sabha has no power either to reject or amend a money bill

(c) The Rajya Sabha cannot discuss an annual financial statement

(d) The Rajya Sabha has no power to vote on the demand for grants

Answer

(c) The Rajya Sabha cannot discuss an annual financial statement

125. Which one of these statements best defines an adjournment motion?

(a) To obtain information on a matter of public importance or to ventilate a grievance.

(b) A step taken against a group of Ministers or an individual Minister, expressing a strong disapproval of their policy or a programme.

(c) It can be introduced in the Lok Sabha only to draw attention on a matter of urgent public significance. It stops the normal business of the House for discussing the matter.

(d) A method to check that public money is spent in accordance with Parliament's decision.

Answer

(c) It can be introduced in the Lok Sabha only to draw attention on a matter of urgent public significance. It stops the normal business of the House for discussing the matter.

126. Consider the following statements :

(i) The Lok Sabha passes the Annual Appropriation Bill in the same manner as any other Bill.

(ii) An amendment to the Constitution of India can be initiated by an introduction of a Bill in either Lok Sabha or Rajya Sabha.

Which of the statements given above is/are correct?

(a) Only 2 (b) Both 1 and 2

(c) Only 1 (d) Neither 1 nor 2

Answer

(a) Only 2

127. Which one of the following is the Financial power of the Union Parliament?

(a) The Parliament passes the Budget of the States.

(b) The Parliament determines the salaries and allowances of MPs and Ministers.

(c) Matters in the Residuary List.

(d) The Parliament must approve the ordinance power of the President.

Answer

(b) The Parliament determines the salaries and allowances of MPs and Ministers.

128. .... was the President of the Congress Session held in Calcutta in 1886.

(a) W. C. Bonnerjee (b) Dadabhai Naoroji

(c) Badruddin Tyabji (d) George Yule

Answer

(b) Dadabhai Naoroji

129. The First Session of the Muslim League was held in ....

(a) Amritsar (b) Lahore

(c) Karachi (d) Poona

Answer

(c) Karachi

130. The objective of the Muslim League was to prevent any feelings of hostility between .... and other communities, without adversely affecting the objectives of the League.

(a) Hindus (b) Persians

(c) Turks (d) Muslims

Answer

(d) Muslims

131. In December 1906, the delegates had met at Dacca for............... .

(a) Aligarh Muslim University

(b) Muslim League

(c) Muslim Educational Conference

(d) Congress Session

Answer

(c) Muslim Educational Conference

132. Gandhi-Irwin Pact was focused on .... and ....

(a) release of few political leaders, labourers

(b) release of all political prisoners, cancellation of the oppressive laws

(c) release of few educationists, farmers

(d) None of the above

Answer

(b) release of all political prisoners, cancellation of the oppressive laws

133. Identify the ways in which the Lok Sabha can control the Executive.

(a) In matters of the Concurrent List, if both the Parliament and State Legislatures make law on a subject, the Parliament law will ultimately prevail.

(b) The Union Parliament can legislate in subjects of the State List during the proclamation of an Emergency.

(c) The Lok Sabha can control the Executive via Interpellation and pass a resolution in matters of public interest.

(d) All of the above

Answer

(c) The Lok Sabha can control the Executive via Interpellation and pass a resolution in matters of public interest.

134. Which one of the following is the reason to justify why the Lok Sabha is considered more powerful than the Rajya Sabha?

(a) The Union Parliament can legislate in subjects of the State List during the proclamation of an Emergency.

(b) Motion of No-Confidence can only be introduced and passed in the Lok Sabha.

(c) In matters of the Concurrent List, if both the Parliament and State Legislatures make law on a subject, the Parliament law will ultimately prevail.

(d) None of the above

Answer

(b) Motion of No-Confidence can only be introduced and passed in the Lok Sabha.

135. Identify the functions of the Speaker of the Lok Sabha.

(a) He appoints the Chairman of all the Parliamentary Committees.

(b) After consulting the President, he nominates the personnel for Parliamentary delegations to various countries.

(c) Legislative responsibility: To pass Laws of India in the Lok Sabha.

(d) Oversight responsibility: To ensure that the Executive (i.e. Government) performs its duties satisfactorily.

Answer

(a) He appoints the Chairman of all the Parliamentary Committees.

136. Which one of the following is the judicial power of the Parliament?

(a) Reorganization of States and alteration of the area

(b) Parliament participates in the election of the President and Vice-President of India.

(c) The Parliament can punish a person for its contempt of or for obstructing the work of the Parliament.

(d) None of the above.

Answer

(c) The Parliament can punish a person for its contempt of or for obstructing the work of the Parliament.

137. Which one of these statements is not correct about the Question Hour?

(a) The President from time to time may summon each House of Parliament to the Question Hour as he/she may think fit.

(b) The first hour of a sitting in both Houses is allotted for asking and answering of questions.

(c) Purpose is to obtain information on a matter of public importance or to ventilate a grievance.

(d) It keeps the Ministers on their toes to ensure their accountability individually.

Answer

(a) The President from time to time may summon each House of Parliament to the Question Hour as he/she may think fit.

138. Conferring to the Constitution, the Lok Sabha must meet at least:

(a) Thrice each year with no more than two months break between sessions

(b) Twice each year with no more than three months break between sessions

(c) Twice each year with no more than four months break between sessions

(d) Twice each year with no more than six months break between sessions

Answer

(d) Twice each year with no more than six months break between sessions

139. Which of the following is the Rajya Sabha's power in India's federal set up?

(a) Rajya Sabha can authorise the Parliament to make law on the subject mentioned in State

List by passing a resolution with a 2/3rd majority.

(b) The Rajya Sabha may declare that new All India Services be terminated in the national interest.

(c) It can initiate money bill

(d) It can initiate finance bill

Answer

(a) Rajya Sabha can authorise the Parliament to make law on the subject mentioned in State List by passing a resolution with a 2/3rd majority.

140. At present, the Rajya Sabha comprises................... members.

(a) 250   (b) 238

(c) 245   (d) 240

Answer

(c) 245

141. Match the following:

Group-A	Group-B
(a) First Round Table Conference	(i) 1926 - 1931
(b) Second Round Table Conference	(ii) November 1932 - December 1932
(c) Third Round Table Conference	(iii) September 1931 - December 1931
(d) Lord Irwin	(iv) November 1930 - January 1931

(a) (a)-(ii), (b)-(i), (c)-(iv), (d)-(iii)

(b) (a)-(iv), (b)-(iii), (c)-(ii), (d)-(i)

(c) (a)-(iii), (b)-(i), (c)-(ii), (d)-(iv)

(d) (a)-(i), (b)-(ii), (c)-(iv), (d)-(iii)

Answer

(b) (a)-(iv), (b)-(iii), (c)-(ii), (d)-(i)

142. Read the passage given and answer the questions that follow-

Non-Cooperation Movement, an unsuccessful attempt in 1920–22, organized by Mohandas (Mahatma) Gandhi to persuade the British government of India to grant self-government or Swaraj to India. It was one of Gandhi's first organized acts of large-scale civil disobedience (Satyagraha).

The movement began from the widespread outcry in India over the massacre at Amritsar in April 1919, when the British-led troops killed numerous Indians. That anger was later compounded by indignation at the government's alleged failure to take adequate action against those responsible, notably Gen. Reginald Edward Harry Dyer, who had commanded the troops involved in the massacre. In addition, Gandhi strengthened the movement by supporting (on non-violent terms) the contemporaneous Muslim campaign against the dismemberment of the Ottoman Empire after World War I.

A. Which of the following were the causes of Non-Cooperation Movement?

(a) Jallianwala Bagh Massacre

(b) Resultant Punjab Disturbances

(c) Khadi encouragement

(d) Agriculture Disturbances

Answer

(a) Jallianwala Bagh Massacre

(b) Resultant Punjab Disturbances

B. By whom was the Non-Cooperation Movement started?

(a) Mahatma Gandhi

(b) Pt. Jawaharlal Nehru

(c) Lal Bahadur Shastri

(d) None of these

Answer

(a) Mahatma Gandhi

C. What was the tool of Non-Cooperation Movement during British India?

(a) Violent Protest

(b) Non-violent Means

(c) Violent Means

(d) None of the above

Answer

(b) Non-violent Means

D. Why did Gandhiji withdraw this movement?

(a) Due to Gandhi-Irwin Pact

(b) Due to Chauri Chaura incident

(c) Due to Jallianwala Bagh incident

(d) Due to farmers protest

Answer

(b) Due to Chauri Chaura incident

143. Study the picture and answer the following questions:

A. Identify the personality in the picture.

    (a) Lord Dalhousie   (b) Lord Wellesley

    (c) Lord Curzon   (d) Lord Mountbatten

Answer

    (a) Lord Wellesley

B. What did the policy introduced by him mean?

    (a) When a ruler of a dependent State died without a natural heir, the State passed back to the English Company.

    (b) The British Government had the power to confiscate the printing press in the event of publication of any articles against the British government.

    (c) It was a criminal offence for Indians to keep or bear arms without licence.

    (d) Subordination of Indian princely states to the British Company in their external relations.

Answer

    (d) Subordination of Indian princely states to the British Company in their external relations.

C. What became of the relationship of the Indian princely states with other states under this policy?

    (a) They were not to have any direct correspondence or relations with other States.

    (b) They had to acquire other territories or States.

    (c) They were reduced to the position of a puppet.

    (d) They had to keep correspondence with other States for the British Company.

Answer

    (a) They were not to have any direct correspondence or relations with other States.

D. Identify one of the States which came under British control with this policy.

    (a) Madras   (b) Shimla

    (c) Mysore   (d) Calcutta

Answer

    (c) Mysore

144. Complete the given analogy.

Central Government : Union List :: State Government :?

    (a) Concurrent List   (b) State List

    (c) Residuary Subjects   (d) Union List

Answer

    (b) State List

145. Which of the following statements is incorrect?

    (a) Members of the Lok Sabha are directly elected by the eligible voters.

    (b) The President of India is directly elected by the Lok Sabha.

    (c) The Parliament has exclusive powers to make laws on the subjects mentioned in the Union list.

    (d) The President is empowered to promulgate an Ordinance.

Answer

    (b) The President of India is directly elected by the Lok Sabha.

146. Why will the will of Lok Sabha prevail at a joint sitting with the Rajya Sabha?

    (a) Rajya Sabha has no power to vote.

    (b) The total strength of Lok Sabha is more than the Rajya Sabha.

    (c) No-Confidence Motion can only be moved in the Lok Sabha.

    (d) The Council of Ministers are collectively responsible to the Lok Sabha.

Answer

    (b) The total strength of Lok Sabha is more than the Rajya Sabha.

147. Which of the following Union Territories has the highest number of seats in Lok Sabha?

    (a) Jammu & Kashmir   (b) Delhi

    (c) Puducherry   (d) Ladakh

Answer

    (b) Delhi

148. There were many causes that led to the uprising of 1857. Which one of the following role played by Lord Dalhousie is incorrect?

    (a) The Doctrine of Lapse

    (b) Annexation of Awadh

    (c) Imposed Religious Disabilities Act

    (d) Ill-treatment to Nana Saheb

Answer

    (c) Imposed Religious Disabilities Act

149. Who was the first President of the Indian National Congress?

    (a) Dadabhai Naoroji

    (b) B.C. Pal

    (c) Surendranath Banerjee

    (d) Womesh Chandra Bonnerjee

Answer

    (d) Womesh Chandra Bonnerjee

150. The first mass movement led by Gandhiji in India was ....

    (a) The Rowlatt Satyagraha

    (b) Non-Cooperation Movement

(c) Champaran Indigo Movement

(d) Dandi March

Answer

(c) Champaran Indigo Movement

151. Only the .... Round Table Conference held in London was attended by Gandhiji.

(a) Second   (b) First

(c) Third   (d) Fourth

Answer

(a) Second

152. The slogan given by Gandhiji during Quit India Movement was ....

(a) Delhi Chalo   (b) Jai Hind

(c) Do or Die   (d) Simon Go Back

Answer

(c) Do or Die

153. After all failure of the..............., there was a feeling of frustration among all the sections of people.

(a) Cabinet Mission   (b) Cripps Mission

(c) Simon Commission   (d) August Offer

Answer

(b) Cripps Mission

154. The Indian National Army was formed by ....

(a) Mahatma Gandhi

(b) Rash Behari Bose

(c) Jawaharlal Nehru

(d) Khudiram Bose

Answer

(b) Rash Behari Bose

155. Which of the following was the reason for calling off 'the Non-Cooperation Movement' by Gandhiji?

(a) Pressure from the British Government

(b) Second Round Table Conference

(c) Gandhiji's arrest

(d) Chauri Chaura incident

Answer

(d) Chauri Chaura incident

156. Which of the following method (s) is/are followed by the Early Nationalists or Moderates?

(i) Use of Petitions, Prayers and Protests

(ii) Boycott

(iii) Held meetings for passing of resolutions

(iv) Revivalism

(a) (i), (ii) and (iii)   (b) Only (iv)

(c) Only (i) and (iii)   (d) All of the above

Answer

(c) Only (i) and (iii)

157. A definite shape to 'Indian Independence League' was given by :

(a) Subhash Chandra Bose

(b) Rash Behari Bose

(c) Mohan Singh

(d) Gandhiji

Answer

(b) Rash Behari Bose

158. Which act of racial discrimination alienated the British from the Indian masses?

(a) European officers ill-treated and insulted Indians

(b) British followed western education

(c) Propagated Christianity through missionaries

(d) Erected telegraphic poles in India

Answer

(a) European officers ill-treated and insulted Indians

159. According to the Gandhi-Irwin Pact, the British government agreed to:

(a) Withdraw ordinances, end prosecutions

(b) Stop conversion into Christianity

(c) Restore confiscated properties

(d) Both (a) and (b)

Answer

(a) Withdraw ordinances, end prosecutions

160. What was the highest rank that a native sepoy could rise to?

(a) Subedar   (b) Commander

(c) Colonel   (d) Brigadier General

Answer

(a) Subedar

161. The minimum number of members required to be present in order to enable the House to transact its business is called................... .

(a) Session   (b) Quorum

(c) Question Hour   (d) Zero Hour

Answer

(b) Quorum

162. Match the following:

Group-A	Group-B
(a) Champaran Satyagraha	(i) 6 April 1919
(b) Rowlatt Satyagraha	(ii) 22 March 1918

| (c) Kheda Satyagraha | (iii) 10 April 1917 |
| (d) Non-Cooperation Movement | (iv) 4 September 1920 |

(a) (a)-(ii), (b)-(i), (c)-(iv), (d)-(iii)

(b) (a)-(iv), (b)-(ii), (c)-(iii), (d)-(i)

(c) (a)-(iii), (b)-(i), (c)-(ii), (d)-(iv)

(d) (a)-(i), (b)-(ii), (c)-(iv), (d)-(iii)

Answer

(c) (a)-(iii), (b)-(i), (c)-(ii), (d)-(iv)

163. Study the picture and answer the following questions:

A. Identify the personality in the picture.

(a) Lord Dalhousie   (b) Lord Wellesley

(c) Lord Curzon   (d) Lord Mountbatten

Answer

(a) Lord Dalhousie

B. What was the policy introduced by him?

(a) Vernacular Press Act

(b) Rowlatt Act

(c) Doctrine of Lapse

(d) Religious Disabilities Act

Answer

(c) Doctrine of Lapse

C. Why were many Indian territories taken over by the British Company under this policy?

(a) Indian States under this policy either had to give money or part of their territory to the Company for the maintenance of the British troops.

(b) A ruler of a dependent State when died without a natural heir, his territory passed back to the British Company.

(c) The territories were taken over by the British Company under the pretext of misgovernance.

(d) The territories were divided under the policy of Divide and Rule.

Answer

(b) A ruler of a dependent State when died without a natural heir, his territory passed back to the British Company.

D. Which of the following states was lost to the British Company under this policy?

(a) Pune   (b) Mysore

(c) Lucknow   (d) Satara

Answer

(d) Satara

164. Complete the given analogy.

Lok Sabha : 552 members :: Rajya Sabha : ?

(a) 238 members   (b) 245 members

(c) 240 members   (d) 250 members

Answer

(d) 250 members

165. What economic reform did the early Congress leaders demand regards industries?

(a) Heavy tax on export goods

(b) Abolition of salt tax

(c) Industrial growth through trade protection

(d) Reduction in expenditure

Answer

(c) Industrial growth through trade protection

166. What was the Bengali weekly started by Raja Ram Mohan Roy?

(a) Sambad Kaumudi

(b) Rast Goftar

(c) Shome Prakash

(d) Young India

Answer

(c) Sambad Kaumudi

167. The struggle against the Partition of Bengal was being recognized as :

(a) Khilafat Movement

(b) Swadeshi Movement

(c) Salt Movement

(d) Quit India Movement

Answer

(b) Swadeshi Movement

168. What was changed in the Religious Disabilities Act?

(a) Sati was abolished

(b) Widows were allowed to remarry

(c) Female infanticide was prohibited

(d) Hindu Law of Property

Answer

(d) Hindu Law of Property

169. The Provisional Government of Free India was formed in ....

(a) England   (b) Dhaka

(c) Singapore   (d) Rangoon

Answer

(c) Singapore

170. The name of all women regiment of the INA was ....

(a) Aruna Asaf Brigade

(b) Kamla Nehru Brigade

(c) Ahilyabai Brigade

(d) Rani Jhansi Brigade

Answer

(d) Rani Jhansi Brigade

171. The trial of INA soldiers took place at ....

(a) Vikramaditya Fort, Chunar

(b) Red Fort, Agra

(c) Red Fort, New Delhi

(d) None of the above

Answer

(c) Red Fort, New Delhi

172. The British Government officially conceded partition of India for the first time by enacting ....

(a) Indian Independence Act, 1947

(b) Indian Independence Act, 1946

(c) Indian Independence Act, 1945

(d) Indian Independence Act, 1944

Answer

(a) Indian Independence Act, 1947

173. The demarcation of boundary between India and Pakistan is based on ....

(a) Morley-Minto Award

(b) Durand Award

(c) Radcliffe Award

(d) None of the above

Answer

(c) Radcliffe Award

174. What did Dadabhai Naoroji aim to provide the members of the British Parliament through East India Association?

(a) Praise Government policies

(b) Correct information about India's grievances

(c) Terminate British rule

(d) Become the Viceroy

Answer

(b) Correct information about India's grievances

175. Which of the following leader is not associated with Azad Hind Fauz?

(a) Major General Shah Nawaz Khan

(b) Colonel Prem Kumar Sahgal

(c) Colonel Shaukat Ali Malik

(d) Kartar Singh

Answer

(d) Kartar Singh

176. Name the Persian paper started by Raja Ram Mohan Roy.

(a) Rast Goftar

(b) Punjab Kesari

(c) Mirat-ul-Akhbar

(d) Mahratta

Answer

(c) Mirat-ul-Akhbar

177. This Act mentioned that all who were recruited to the Bengal Army had to serve everywhere, within or outside India.

(a) General Service Enlistment Act

(b) Religious Disabilities Act

(c) Rowlatt Act

(d) Subsidiary Alliance

Answer

(a) General Service Enlistment Act

178. Which paper was started by W. C. Bonnerjee and edited by Surendranath Banerjee for several years?

(a) The Bengali

(b) Amrit Bazar Patrika

(c) Gulamgiri

(d) Sambad Kaumudi

Answer

(a) The Bengali

179. Who apprised the Select Committee of the British Parliament about the poor economic conditions of the people in India?

(a) Jyotiba Phule

(b) Savitribai Phule

(c) A.O. Hume

(d) Raja Ram Mohan Roy

Answer

(d) Raja Ram Mohan Roy

180. At which among the following conferences, a 34 point resolution was passed by which the Indian National Army was made subordinate to the Indian Independence League?

(a) Bangkok Conference

(b) Tokyo Conference

(c) Singapore Conference

(d) Penang Conference

Answer

(a) Bangkok Conference

181. Who among the following annulled the Partition of Bengal?

(a) Lord Hardinge   (b) Lord Minto

(c) Lord Curzon   (d) Lord Chelmsford

Answer

(a) Lord Hardinge

182. The maximum strength of Rajya Sabha is ....

(a) 250   (b) 538

(c) 258   (d) 545

Answer

(a) 250

183. Choose the correct option to match the following:

List-I	List-II
A. Vernacular Press Act	(i) Lord Curzon
B. Dadabhai Naoroji	(ii) Lord Lytton
C. Partition of Bengal	(iii) Punjab Kesari
D. Lala Lajpat Rai	(iv) Grand Old Man of India.

(a) (a)-(ii), (b)-(i), (c)-(iv), (d)-(iii)

(b) (a)-(ii), (b)-(iv), (c)-(i), (d)-(iii)

(c) (a)-(iii), (b)-(iv), (c)-(i), (d)-(ii)

(d) (a)-(iv), (b)-(iii), (c)-(ii), (d)-(i)

Answer

(b) (a)-(ii), (b)-(iv), (c)-(i), (d)-(iii)

184. Read the passage given and answer the questions that follow-

Civil disobedience was started under the leadership of Mahatma Gandhi. It was established after the observance of Independence Day in 1930. The Civil Disobedience Movement began with the famous Dandi March when Gandhi left the Sabarmati Ashram at Ahmedabad on foot with 78 other Ashram members for Dandi on March 12, 1930. After reaching Dandi, Gandhi broke the salt law. It was considered illegal to make salt as it was exclusively an administration monopoly. The Salt Satyagraha directed to a widespread acceptance of the Civil Disobedience Movement across the country. This occasion became symbolic of people's defiance of the government policies.

The influence of the Civil Disobedience Movement reverberated far and wide. It created distrust towards the British Government, placed the foundation for the freedom struggle and popularised the new method of propaganda such as prabhat pheris, pamphlets, etc. Following the defiance of forest law in Maharashtra, Karnataka, and Central Provinces and the refusal to pay the rural 'Chowkidari tax' in Eastern India, the Government ended the oppressive salt tax.

A. In which year, Civil Disobedience Movement was initiated?

(a) 1910   (b) 1920

(c) 1930   (d) 1940

Answer

(c) 1930

B. What was the main aim of the Civil Disobedience Movement?

(a) Complete refusal of cooperation to the British

(b) Boycott of foreign products

(c) Bengal was partitioned

(d) None of these

Answer

(a) Complete refusal of cooperation to the British

C. What was the reason for the withdrawal of this movement?

(a) Chauri Chaura incident

(b) Poona Pact

(c) Simon Commission

(d) Gandhi-Irwin Pact

Answer

(d) Gandhi-Irwin Pact

D. Which of the following conditions were the result of Civil Disobedience Movement?

(a) The defiance of forest law in Maharashtra, Karnataka, and Central Provinces

(b) Refusal to pay the rural 'Chowkidari tax'

(c) Bengal was partitioned

(d) None of these

Answer

(a) The defiance of forest law in Maharashtra, Karnataka, and Central Provinces

(b) Refusal to pay the rural 'Chowkidari tax'

185. Study the picture and answer the following questions:

A. Why is he considered the Father of Indian National Congress?

(a) He was the first President of the Indian National Congress.

(b) He was a political reformer.

(c) He played a major role in the formation of the Congress.

(d) He was a retired civil servant.

Answer

(c) He played a major role in the formation of the Congress

B. When and where was the first session of Indian National Congress held?

(a) 1885, Bombay   (b) 1886, Calcutta

(c) 1887, Madras   (d) 1906, Calcutta

Answer

(a) 1885, Bombay

C. Who was the first President of the Indian National Congress?

(a) Surendranath Banerjee

(b) Gopal Krishna Gokhale

(c) Dadabhai Naoroji

(d) W.C. Bonnerjee

Answer

(d) W.C. Bonnerjee

186. Complete the given analogy.

Kanpur : Nana Saheb :: Lucknow : ?

(a) Bahadur Shah Zafar   (b) Rani Laxmibai

(c) Begum Hazrat Mahal (d) Tantia Tope

Answer

(c) Begum Hazrat Mahal

187. Which freedom fighter from Bengal stood against the Partition of Bengal by the British Government?

(a) Lala Lajpat Rai

(b) Bal Gangadhar Tilak

(c) Bipin Chandra Pal

(d) None of the above

Answer

(c) Bipin Chandra Pal

188. Which of the following was the Surendranath Banerjee's best known book?

(a) Poverty and Un-British Rule in India

(b) Gulamgiri

(c) A Nation in Making

(d) The Call to Young India

Answer

(c) A Nation in Making

189. Name the book written by Jyotiba Phule.

(a) Poverty and Un-British Rule in India

(b) Dharma Marg Darshak

(c) Gulamgiri

(d) A Nation in Making

Answer

(c) Gulamgiri

190. When did Netaji Subhash Chandra Bose escape from his resident to go Russia?

(a) 1938   (b) 1940

(c) 1941   (d) 1943

Answer

(c) 1941

191. The Lahore Resolution of Muslim League for creation of Pakistan was prepared by ....

(a) Maulana Muhammad Ali

(b) Zafarullah Khan

(c) Maulana Shuakat Ali

(d) Allama Iqbal

Answer

(b) Zafarullah Khan

192. The Kheda Satyagraha movement was for ....

(a) remission of taxes of rich farmers

(b) remission of taxes of poor leaders

(c) remission of taxes of rich businessmen

(d) remission of taxes of poor farmers

Answer

(d) remission of taxes of poor farmers

193. The Non-Cooperation Movement launched in 1920 by Gandhiji was a protest movement against ....

(a) The Rowlatt Act

(b) Kheda Satyagraha

(c) Jallianwala Bagh Massacre

(d) Dandi March

Answer

(c) Jallianwala Bagh Massacre

194. On 13 April 1919, people had gathered at .... in Amritsar for a peaceful meeting.

(a) Town Hall   (b) Jallianwala Bagh

(c) Court   (d) Sabarmati Ashram

Answer

(b) Jallianwala Bagh

195. According to the Gandhi-Irwin Pact, the Governor-General agreed to permit people living near the sea-shores to ....

(a) Own shipping companies

(b) Run fishing trawlers

(c) Off-shore drilling for extraction of petroleum

(d) Manufacture salt

Answer

(d) Manufacture salt

196. Why did the Indian sepoys refuse to go outside India?

(a) Sea voyage was forbidden by their religion

(b) They feared they would catch infections and diseases

(c) They feared sea storms

(d) They feared attack by the pirates

Answer

(a) Sea voyage was forbidden by their religion

197. Why Nana Saheb was not acknowledged as the rightful heir to the throne?

(a) Because he was not a responsible ruler

(b) Because he was an adopted son of Baji Rao II

(c) Because he was against the British

(d) Because he was not supported by the People

Answer

(b) Because he was an adopted son of Baji Rao II

198. Who is popularly called as Father of the Assertive Nationalism?

(a) Aurobindo Ghose

(b) Lala Lajpat Rai

(c) Bipin Chandra Pal

(d) Bal Gangadhar Tilak

Answer

(d) Bal Gangadhar Tilak

199. In which year was the Partition of Bengal revoked?

(a) 1905   (b) 1910

(c) 1911   (d) 1906

Answer

(c) 1911

200. Which of the following was the important objective of Muslim League?

(a) To promote and protect the interests of the Muslims

(b) To draw public opinion in the country

(c) To demand Poorna Swaraj

(d) To achieve unity among the Indians

Answer

(a) To promote and protect the interests of the Muslims

201. Who was elected as the President of the Constituent Assembly in 1946?

(a) Dr. Rajendra Prasad

(b) C. Rajagopalachari

(c) Pandit Jawaharlal Nehru

(d) M.A. Jinnah

Answer

(a) Dr. Rajendra Prasad

202. Which State became a victim of Doctrine of Lapse?

(a) Lucknow   (b) Poona

(c) Nagpur   (d) Hyderabad

Answer

(c) Nagpur

203. When a .... is in operation, the life of House may be extended by a law of Parliament.

(a) Question Hour

(b) Proclamation of Emergency

(c) No-Confidence Motion

(d) Budget Session

Answer

(b) Proclamation of Emergency

204. Military causes for the First War of Independence:

COLUMN I	COLUMN II
I. The Sepoys were required to serve in areas far away from their homes without any additional allowance	(A) Ill-treatment of Indian soldiers by British Officers
II. The officers treated their soldiers like menial servants though they were experienced men who had conquered several kingdoms for their masters	(B) Loss of Afghan War by the British

III.	This increased the self-confidence of the Indian soldiers, who felt they could challenge the British in India also	(C)	General Service Enlistment Act, 1856
IV.	This Act caused great alarm in the minds of the personnel of the Bengal Army	(D)	Low salary

Choose the correct option:

(a) I – D, II – A, III – B, IV – C

(b) I – C, II – B, III – D, IV – A

(c) I – B, II – A, III – C, IV – D

(d) I – C, II – D, III – A, IV – B

Answer

(a) I – D, II – A, III – B, IV – C

205. Study the picture carefully and answer the following questions:

A. What was the aim of the Indian Association?

(a) To create a stir for the introduction of political reforms in India

(b) To unite the farmers across India

(c) To create a political blockade to interrupt the working of the British officers

(d) To unite the British officers and nationalist leaders to promote western education

Answer

(a) To create a stir for the introduction of political reforms in India

B. Against which acts did Surendranath Banerjee protest fearlessly?

(a) Rowlatt Act

(b) Vernacular Press Act

(c) Arms Act

(d) Both (b) and (c)

Answer

(d) Both (b) and (c)

C. Where did Surendranath Banerjee work for more than two decades?

(a) British House of Commons

(b) Times of India

(c) Calcutta Corporation

(d) Servants of India

Answer

(c) Calcutta Corporation

D. How did Surendranath Banerjee serve the people of India?

(a) Through serving in British House of Commons

(b) Through fulfilling his civic and political duties

(c) Through Servants of India Society

(d) Through establishing a school

Answer

(b) Through fulfilling his civic and political duties

206. Complete the given analogy.

Doctrine of Lapse : Lord Dalhousie :: Subsidiary Alliance : ?

(a) Lord Wellesley   (b) Lord Curzon

(c) Lord Macaulay   (d) Lord Minto

Answer

(a) Lord Wellesley

207. What did Gokhale plead for regarding the cotton goods?

(a) Reduction in excise duty

(b) Abolition of excise duty

(c) Increase in export of Indian cotton goods into Britain

(d) None of the above

Answer

(b) Abolition of excise duty

208. Why did Phule say that women were superior to men?

(a) They bore children and nursed them.

(b) Women were Bharat Mata.

(c) He regarded women as 'priceless possession'.

(d) If a woman is educated, the whole nation will be educated.

Answer

(a) They bore children and nursed them.

209. Which of the following statements was not the aim of the Indian National Congress in the beginning?

(a) To formulate popular demands and present them before the British

(b) To organize public opinion in the country.

(c) To achieve complete independence.

(d) To promote friendly relationship among the nationalist political workers.

Answer

(c) To achieve complete independence.

210. According to the Government of India Act 1858, identify the changes brought in the army.

(a) The strength of European troops in India was increased.

(b) Indian troops were kept in key geographical and military positions.

(c) Policy of excluding Indians from the officer corps was abolished.

(d) More Indian soldiers were recruited to prevent another anti-British uprising.

Answer

(a) The strength of European troops in India was increased.

211. The Simon Commission did not take responsibility for the fatal blows inflicted on ... during the protest march when the Commission came to India.

(a) Bal Gangadhar Tilak

(b) Lala Lajpat Rai

(c) Mahatma Gandhi

(d) Bipin Chandra Pal

Answer

(b) Lala Lajpat Rai

212. Mahatma Gandhi realised the nation was not ready yet for a non-violent struggle during the ....

(a) Chauri Chaura incident

(b) Kakori conspiracy case

(c) Partition of Bengal

(d) Formation of Muslim League

Answer

(a) Chauri Chaura incident

213. The Muslims of India demanded that the .... and powers which were taken away from the Sultan of Turkey be restored to him.

(a) Resources

(b) Territories

(c) Arms and artilleries

(d) Religion

Answer

(b) Territories

214. Turkey had lost the .... in 1918.

(a) First World War

(b) Second World War

(c) French Revolution

(d) Bolshevik Revolution

Answer

(a) First World War

215. Identify the aims of the Muslim League.

(a) To develop and consolidate the feelings of national unity among Muslims.

(b) To protect and advance the political rights of Muslims.

(c) To train and organize public opinion of the Muslims in the country.

(d) All of the above

Answer

(b) To protect and advance the political rights of Muslims.

216. Which one of the following statements is the part of Gandhiji's Satyagraha?

(a) The two vital ingredients are Truth and Violence

(b) Satyagraha resists the evil by inflicting suffering on himself and not by inflicting suffering on the opponent

(c) Do or Die

(d) Khadi encouragement

Answer

(b) Satyagraha resists the evil by inflicting suffering on himself and not by inflicting suffering on the opponent

217. Identify one of the features of the Subsidiary Alliance.

(a) The Indian rulers had to keep a British Official called 'Resident' at capital of their respective State.

(b) A State was taken over by the British if the ruler died without a natural heir.

(c) The Officials openly preached Christian doctrines in the temples and mosques.

(d) The British Officials took all steps to colonise India as an agricultural nation.

Answer

(a) The Indian rulers had to keep a British Official called 'Resident' at capital of their respective State.

218. The Mountbatten Plan of June 3, 1947 was accepted by all parties. In this context, which clause in the Plan is/are correct?

(i) The country would be divided into two Dominions i.e., India and Pakistan.

(ii) The two Dominions should decide what relations they would have with the British Commonwealth and with each other.

(iii) A Boundary Commission to decide about the boundary disputes.

(iv) A plebiscite was to be held in Sindh to ascertain whether the people wanted to join India or Pakistan.

(a) (i) and (ii)

(b) Only (i)

(c) (i), (ii) and (iii)

(d) All of the above

Answer

(c) (i), (ii) and (iii)

219. Which of the following proposals of the Gandhi-Irwin Pact is incorrect?

(a) Withdrawal of ordinances issued by the British Government imposing curbs on the activities of the Indian National Congress.

(b) Restoration of confiscated properties to the Congressmen.

(c) The removal of the tax on salt, allowed the Indians to produce, trade, and sell salt legally.

(d) Continuation of the Civil Disobedience movement for the advancement of Nationalism.

Answer

(d) Continuation of the Civil Disobedience movement for the advancement of Nationalism.

220. What was the main demand of the Muslim deputation which met Lord Minto on 1st October, 1906?

(a) The Muslims to be granted the right to elect their own representatives on the basis of a separate electorate.

(b) Every High Court must have at least three Muslim judges.

(c) Reservation of seats for Depressed Classes in the State services.

(d) All of the above

Answer

(a) The Muslims to be granted the right to elect their own representatives on the basis of a separate electorate.

221. A person shall not be qualified to be elected for a seat in the Lok Sabha if he/she is not registered as a/an .... in any of the ....

(a) Candidate, States

(b) Anglo-Indian, Reserved constituencies

(c) Member of Legislative Assembly, States

(d) Voter, Parliamentary constituencies

Answer

(d) Voter, Parliamentary constituencies

222. Purna Swaraj was declared at .... Congress Session presided by Jawaharlal Nehru in 1929.

(a) Calcutta

(b) Madras

(c) Lahore

(d) Karachi

Answer

(c) Lahore

223. Non-Cooperation was practiced on mass scale first during ....

(a) 1915–20

(b) 1919–21

(c) 1920–21

(d) 1921–45

Answer

(c) 1920–21

224. The Khilafat Movement contributed to the .... unity.

(a) Turkish

(b) Muslim

(c) Ottoman Empire

(d) National

Answer

(d) National

225. Economic causes for the First War of Independence:

COLUMN I	COLUMN II
I. India was turned into an agricultural colony of British capitalism.	(A) Pandits and maulvis imparting Oriental education would become unemployed
II. Rent-free lands and estates were annexed by the British	(B) Bengal, Bihar and Awadh became major producers of export crops such as jute, opium and indigo
III. Introduction of Western education	(C) After the annexation of Awadh, the landed gentry – the Taluqdars – faced serious hardships
IV. Big famines forced the people to dispose off their lands, cattle and household goods to procure food	(D) Mothers sometimes had to sell away their children for a few days' food.

Choose the correct option:

(a) I – C, II – D, III – A, IV – B

(b) I – D, II – A, III – B, IV – C

(c) I – B, II – C, III – A, IV – D

(d) I – B, II – C, III – D, IV – A

Answer

(c) I – B, II – C, III – A, IV – D

226. Read the passage and answer the questions that follow:

On 7 February, 1856, Nawab Wazid Ali Shah was deposed on grounds that Awadh was not being managed well. On February 13, the Court of Directors ordered Awadh's complete annexation to the Company's dominions. The annexation of Awadh was certainly a case of high-handedness on the part of the Company. The British seemed to have broken all their pledges and promises to the ruling chiefs. This caused resentment among those soldiers of the British Indian army who came from Awadh. The Mughal Emperor, Bahadur Shah, had in those days a 'name' or a title only; in fact he was not at all powerful. But even that was devalued when Lord Dalhousie announced that on the death of the King, his successor would have to leave the Imperial Palace (the Red Fort). Later in 1856, Lord Canning made it known that Bahadur Shah's successor would not be allowed to use the imperial title, i.e., the title of 'King'. Such a discourtesy to the Mughal Emperor hurt people's sentiments considerably. Dalhousie's refusal of pension to Nana Saheb, the adopted son of the ex-Peshwa (Baji Rao II) was very much resented by the Hindus in general and Nana Saheb in particular. It is said that Nana Saheb had inherited the enormous wealth from the ex-Peshwa. He spent that money in sending emissaries to different parts of the country and instigating revolt everywhere. There were several reasons which made British administration highly unpopular. First, people found themselves out of place with the English laws and the English language. The British officials had no knowledge of the manners, customs and habits of the people. Second, Indians were being excluded from all high offices in the army as well as administration. Third, the British officials had great contempt for the Indians.

A. On what pretext was Awadh annexed?

(a) Doctrine of Lapse

(b) Subsidiary Alliance

(c) Misgovernance

(d) General Service Enlistment Act

Answer

(c) Misgovernance

B. How was Lord Dalhousie discourteous to the Mughal Emperor?

(a) Bahadur Shah's successor would not be allowed to use the title of 'King'.

(b) The successors of the King would have to leave the Imperial Palace, the Red Fort.

(c) Bahadur Shah was denounced of his title.

(d) Bahadur Shah was refused a pension.

Answer

(b) The successors of the King would have to leave the Imperial palace, the Red Fort.

C. Why was Nana Saheb refused pension by Dalhousie?

(a) He was an adopted son of ex-Peshwa Baji Rao II.

(b) He lost his territory under Subsidiary Alliance.

(c) He refused to be converted to a Christian.

(d) He did not want to serve in the army.

Answer

(a) He was an adopted son of ex-Peshwa Baji Rao II.

D. Identify one of the reasons which made the British administration unpopular.

(a) Arms Act

(b) Vernacular Press Act

(c) Rowlatt Act

(d) The British officials had no knowledge of Indian customs, manners and habits.

Answer

(d) The British officials had no knowledge of Indian customs, manners and habits.

227. After the outbreak of World War II, Japan invaded Southeast Asia and conducted a lightning campaign which culminated in the fall of the Malay peninsula and Singapore in 1942. From the prisoners of war who were captured, the Japanese created an auxiliary army to fight against the British.

A. What was the name of the force created by the Japanese?

(a) Indian Legion

(b) Indian National Army

(c) Rani Jhansi Brigade

(d) Tipu Sultan Regiment

Answer

(b) Indian National Army

228. Study the picture carefully and answer the following questions:

A. Identify the changes in government which Gopal Krishna Gokhale strongly appealed for in the British government in India?

(a) Reduction of land revenue

(b) Giving cheap credit loans to the peasants

(c) Reform of the Legislative Councils and separation of judiciary from the executive

(d) The Partition of Bengal

Answer

(c) Reform of the Legislative Councils and separation of judiciary from the executive

B. Identify the organisation established by Gopal Krishna Gokhale where men were trained to devote their lives to the cause of the country?

(a) Indian Association

(b) Servants of India Society

(c) Brahmo Samaj

(d) Ramkrishna Mission

Answer

(b) Servants of India Society

C. How did Gokhale decide to carry out constitutional agitation?

(a) Petition, appeals to justice and passive resistance

(b) Strikes and hartals

(c) Boycott movement

(d) Revolts

Answer

(a) Petition, appeals to justice and passive resistance

D. What did Gokhale seek for in one of his budget speeches?

(a) Education of women

(b) Elevation of the depressed classes

(c) Reform of Legislative Councils

(d) Free primary education for all children

Answer

(d) Free primary education for all children

229. Complete the given analogy.

Dadabhai Naoroji : London India Society :: Gopal Krishna Gokhale : ?

(a) Servants of India Society

(b) Indian Association

(c) Brahmo Samaj

(d) Created an All India Political Association

Answer

(a) Servants of India Society

230. As President of the Indian National Congress, Subhash Chandra Bose laid emphasis upon which of the following?

I. India's industrialization

II. Planned economic growth on the Soviet pattern

III. Formation of National Planning Committee

Select the correct option from the codes given below:

(a) Only I   (b) Only II

(c) I and III   (d) All of the above

Answer

(d) All of the above

231. What did an Indian on horseback had to do if he came across a European on his way?

(a) Salute from the horseback

(b) Let the European pass first

(c) Dismount and stand in respectful manner until the European had passed him

(d) Greet him

Answer

(c) Dismount and stand in respectful manner until the European had passed him

232. Where was the Mahalwari system prevalent?

(a) Bengal, Bihar and Orissa

(b) Parts of Central India, the Gangetic Valley and Punjab

(c) Bombay Presidency

(d) Southern India

Answer

(b) Parts of Central India, the Gangetic Valley and Punjab

233. This Act mentioned that all who were recruited to the Bengal Army had to serve everywhere, within or outside India.

(a) General Service Enlistment Act

(b) Religious Disabilities Act

(c) Rowlatt Act

(d) Subsidiary Alliance

Answer

(a) General Service Enlistment Act

234. A Khilafat Committee was formed to support the ....

(a) Sunni Muslims

(b) Germany

(c) Caliph of Turkey

(d) Muhammad Ali and Shaukat Ali

Answer

(c) Caliph of Turkey

235. The Cabinet Mission was headed by ....

(a) Lord Louis Mountbatten

(b) Lord Irwin

(c) Lord Pethick Lawrence

(d) None of the above

Answer

(c) Lord Pethick Lawrence

236. Indian National Congress rejected the Cabinet Mission Plan because the Congress leaders thought that ....

(a) it was not in favour of poor people

(b) it was only favour of Britishers

(c) the proposed federal government was to have very little power, hence it would fail

(d) None of the above

Answer

(c) the proposed federal government was to have very little power, hence it would fail

237. What was introduced by the Bengal Government in 1829 in a Calcutta Madrasa?

(a) Urdu classes

(b) Sanskrit classes

(c) English classes

(d) Persian classes

Answer

(c) English classes

238. Who saw Western education as an attempt to discourage Islamic and Hindu studies?

(a) Christian missionaries

(b) Brahmins

(c) Muslims

(d) Pandits and maulvis

Answer

(d) Pandits and maulvis

239. Which one of these manufacturing towns suffered from ruin of trade and handicrafts?

(a) Jhansi

(b) Murshidabad

(c) Lucknow

(d) Nagpur

Answer

(b) Murshidabad

240. Which army regiment refused to serve in Sindh in 1844 till they got an extra allowance?

(a) Punjab regiment

(b) Garhwal regiment

(c) Bengal regiment

(d) Sikh regiment

Answer

(c) Bengal regiment

241. Which of the following wars revealed the weaknesses of the British government?

(a) Anglo-Mysore war

(b) First War of Independence

(c) Battle of Plassey

(d) Anglo-Afghan war

Answer

(d) Anglo-Afghan war

242. What was the immediate cause of the First War of Independence?

(a) Introduction of Brown Bess Guns

(b) Introduction of Enfield Rifles

(c) Racial discrimination

(d) Establishment of Christian missionaries

Answer

(b) Introduction of Enfield Rifles

243. What did Nana Saheb do with the enormous wealth that he inherited from the ex-Peshwa?

(a) He bribed the British officials to win back his territory

(b) He sent emissaries to establish traditional schools

(c) He sent emissaries to different parts of the country and instigated revolt everywhere

(d) He encouraged the British officials to pay his pension by bribing them

Answer

(c) He sent emissaries to different parts of the country and instigated revolt everywhere

244. A .... is the minimum number of members required to be present before a meeting is allowed to begin.

(a) Zero Hour

(b) Adjournment

(c) Quorum

(d) Term

Answer

(c) Quorum

245. Match List I with List II and select the correct answer by using the codes given below the lists:

	List I		List II
I.	Gopal Krishna Gokhale	(A)	Kaiser-e-Hind
II.	Rabindranath Tagore	(B)	Father of the Nation
III.	Mahatma Gandhi	(C)	Title of Mahatma
IV.	British Government	(D)	Political guru of Gandhi

Codes:

(a) I – D, II – A, III – B, IV – C

(b) I – A, II – D, III – C, IV – B

(c) I – A, II – D, III – B, IV – C

(d) I – D, II – C, III – B, IV – A

Answer

(d) I – D, II – C, III – B, IV – A

246. Match List I with List II and select the correct answer by using the codes given below the lists:

	List I		List II
I.	Ahmedabad Satyagraha	(A)	Remission of tax of the farmers
II.	Poona fast by Gandhiji	(B)	Mill workers
III.	Kheda Satyagraha	(C)	Quit India Movement
IV.	Do or Die	(D)	Communal Award

Codes :

(a) I – D, II – A, III – C, IV – B

(b) I – B, II – D, III – A, IV – C

(c) I – A, II – D, III – B, IV – C

(d) I – D, II – A, III – B, IV – C

Answer

(b) I – B, II – D, III – A, IV – C

247. Study the picture carefully and answer the following questions:

A. Identify the personality in the picture.

(a) Bipin Chandra Pal

(b) Lala Lajpat Rai

(c) Bal Gangadhar Tilak

(d) Aurobindo Ghose

Answer

(c) Bal Gangadhar Tilak

B. Why did he tell the cultivators not to pay land revenue in 1896?

(a) Famine conditions in the Deccan

(b) Very high tax rates

(c) Conditions of drought in the country

(d) To defy British rules

Answer

(a) Famine conditions in the Deccan

C. Who led the Home Rule League in Maharashtra?

(a) Annie Besant

(b) Sarojini Naidu

(c) Savitribai Phule

(d) Bal Gangadhar Tilak

Answer

(d) Bal Gangadhar Tilak

D. What did people call him in respect?

(a) Bagha   (b) Lokmanya

(c) Sher-e-Punjab   (d) Mahatma

Answer

(b) Lokmanya

248. Complete the given analogy.

Doctrine of Lapse : Lord Dalhousie : : Subsidiary Alliance : ?

(a) Lord Wellesley   (b) Lord Curzon

(c) Lord Macaulay   (d) Lord Minto

Answer

(a) Lord Wellesley

249. Which organisation/person established a press at Agra?

(a) The British Administration

(b) Raja Rammohan Roy

(c) Keshab Chandra Sen

(d) The Missionary Society of America

Answer

(d) The Missionary Society of America

250. Who established the Brahmo Samaj in 1828?

(a) Jyotiba Phule

(b) Raja Rammohan Roy

(c) Swami Vivekananda

(d) Dayanand Saraswati

Answer

(b) Raja Rammohan Roy

251. How was Raja Rammohan Roy influenced by Islam?

(a) Ethical teachings

(b) Doctrines of Upanishads

(c) Monotheism

(d) Doctrine of nationalism

Answer

(c) Monotheism

252. What was Rammohan Roy's belief about religion?

(a) Each religion had set up a moral code necessary for social peace and happiness

(b) Believed that women were superior to men

(c) Opposed the caste system

(d) Preached the power of strength and self-reliance

Answer

(a) Each religion had set up a moral code which is necessary for social peace and happiness

253. If the Budget is not passed before the beginning of the financial year, ... authorizes the Executive to draw funds from the Consolidated Fund until the Budget is passed by the Parliament.

(a) Vote on Account

(b) Money Bill

(c) Demands for Grants

(d) Supplementary Grant

Answer

(a) Vote on Account

254. Match List I with List II and select the correct answer by using the codes given below the lists:

	List I		List II
I.	Bombay session of INC	(A)	Declaration of Independence of India
II.	Lahore session of INC	(B)	Resolution on fundamental rights
III.	Karachi session of INC	(C)	Resolution for Pakistan
IV.	Lahore session of Muslim League	(D)	Quit India Movement

Codes :

(a) I – B, II – A, III – C, IV – D

(b) I – A, II – D, III – C, IV – B

(c) I – A, II – D, III – B, IV – C

(d) I – D, II – A, III – B, IV – C

Answer

(d) I – D, II – A, III – B, IV – C

255. Read the passage and answer the questions that follow:

Men kept their women uneducated so that they would never question their domination. In 1848, Phule established one of the first Girls schools in Poona. He established an orphanage in 1854 to provide shelter to poor widows and their children. He also founded a number of schools for girls and the lower castes, i.e., the Mahars and the Mangas. Phule founded the Satya Shodhak Samaj (Society of the Seekers of Truth) on 24 September 1873. The Society endeavoured to mitigate the distress and sufferings of Dalits and women. His wife Savitribai was the head of the Women's Wing of the Society. Phule praised the British rule, because it gave Indians the tools with which to fight against social injustice. It is, however, heartening to find Phule mentioning in his book, 'Gulamgiri' that it were the farmers on whose labours the Government, its army and salaries and pensions of the Whites depended.

A. Why did Phule set up an orphanage in 1854?

(a) To give shelter to the orphaned children

(b) To give shelter to abandoned girls

(c) To give shelter to poor widows and their children

(d) To give shelter to abandoned aged people

Answer

(c) To give shelter to poor widows and their children.

B. What was the purpose of Satya Shodhak Samaj?

(a) To educate girls

(b) To give health care to the poor women

(c) To shelter abandoned girls

(d) To mitigate the sufferings and pain of Dalits and women

Answer

(d) To mitigate the sufferings and pain of Dalits and women.

C. Who was the head of the Women's Wing of the Society?

(a) Savitribai Phule

(b) Sarojini Naidu

(c) Sarala Devi

(d) Annie Besant

Answer

(a) Savitribai Phule

D. Why did Phule praise the British rule?

(a) Their policies and programmes were always for the welfare of the poor.

(b) It gave Indians the tools to fight against social injustice.

(c) They further restricted the freedom of women.

(d) They helped the Indians in promoting the cottage industries.

Answer

(b) It gave Indians the tools to fight against social injustice.

256. Study the picture carefully and answer the following questions:

A. Identify the personality in the picture.

(a) Lala Lajpat Rai

(b) Bal Gangadhar Tilak

(c) Gopal Krishna Gokhale

(d) Bipin Chandra Pal

Answer

(a) Lala Lajpat Rai

B. Who went to England in 1905 to persuade the British leaders not to go ahead with the partition of Bengal?

(a) Bal Gangadhar Tilak and Gopal Krishna Gokhale

(b) Lala Lajpat Rai and Gopal Krishna Gokhale

(c) Bipin Chandra Pal and Gopal Krishna Gokhale

(d) Bal Gangadhar Tilak and Lala Lajpat Rai

Answer

(b) Lala Lajpat Rai and Gopal Krishna Gokhale

C. In which historic Congress Session a resolution on 'Non-Cooperation' was adopted by the Congress?

(a) Nagpur Session, 1891

(b) Calcutta Session, 1901

(c) Banaras Session, 1905

(d) Calcutta Session, 1920

Answer

(d) Calcutta Session, 1920

D. Why was Lajpat Rai and Sardar Ajit Singh convicted in 1907?

(a) Starting indigo revolt

(b) Violating Arms Act

(c) For seditious speeches

(d) Violating Vernacular Press Act

Answer

(c) For seditious speeches

257. Complete the given analogy.

Hugh Rose : Jhansi : : John Nicholson : ?

(a) Delhi

(b) Agra

(c) Kanpur

(d) Lucknow

Answer

(a) Delhi

258. Which social evil was made illegal in India in 1829?

(a) Child marriage

(b) Ban on widow remarriage

(c) Purdah system

(d) Sati system

Answer

(d) Sati system

259. What step did Raja Rammohan Roy take against Press Regulation?

(a) He believed in the ethical teachings of Christianity

(b) He presented a petition to the Supreme Court

(c) He protested against the Press Regulation

(d) He recognised the significance of English education in the modern world

Answer

(b) He presented a petition to the Supreme Court

260. In which year did Phule establish one of the first girls school in India?

(a) 1829

(b) 1848

(c) 1873

(d) 1896

Answer

(b) 1848

261. How did the Indian press influence the Indians?

(a) Encourage Western education and philosophy

(b) Propagate freedom and fraternity

(c) Propagate the path of religion

(d) Fostering patriotism and ideas of liberty and justice in the nation

Answer

(d) Fostering patriotism and ideas of liberty and justice in the nation

262. Which book is known as the "Bible of modern Bengali patriotism"?

(a) Anandamath

(b) Bharat Durdasa

(c) Kesari

(d) Mahratta

Answer

(a) Anandamath

263. To be chosen as a member of the Rajya Sabha, a person must be a citizen of India and not less than .... years of age.

(a) 25 (b) 30
(c) 35 (d) 18

Answer

(b) 30

264. Match List I with List II and select the correct answer by using the codes given below the lists:

	List I		List II
I.	August Offer	(A)	Cripps Mission
II.	Sir Stafford Cripps	(B)	Indian National Army
III.	Winston Churchill	(C)	Lord Linlithgow
IV.	Subhash Chandra Bose	(D)	Prime Minister of United Kingdom

Codes:

(a) I – B, II – A, III – D, IV – C
(b) I – C, II – A, III – D, IV – B
(c) I – D, II – A, III – C, IV – B
(d) I – C, II – A, III – B, IV – D

Answer

(b) I – C, II – A, III – D, IV – B

265. Study the picture carefully and answer the questions that follow:

A. What is Netaji Subhash Chandra Bose doing in the picture?

(a) Inspecting Rani Jhansi Brigade
(b) Inspecting the Chand Bibi Nursing Corps of INA
(c) Inspecting the women's battalion of Indian Legion.
(d) None of these

Answer

(a) Inspecting Rani Jhansi Brigade

B. Who is the lady marching along with Netaji?

(a) Janaky Athi Nahappan
(b) Laxmi Swaminathan
(c) Janki Devar
(d) None of these

Answer

(b) Laxmi Swaminathan

266. Complete the given analogy.

Indian Arms Act : 1878 : : Ilbert Bill : ?

(a) 1870 (b) 1872
(c) 1883 (d) 1885

Answer

(c) 1883

267. Our national song has been taken from which book?

(a) Poverty and Un-British Rule in India
(b) Dharma Marg Darshak
(c) Gulamgiri
(d) Anandamath

Answer

(d) Anandamath

268. Why was the birth of Indian National Congress very significant in the history of India?

(a) Comprised great leaders
(b) First all-India association of a permanent nature, started organising Indian National Movement
(c) An Englishmen helped in the foundation
(d) The British officials supported the Congress

Answer

(b) First all-India association of a permanent nature, started organising Indian National Movement

269. Identify one of the immediate objectives of the Congress as stated by W.C. Bonnerjee.

(a) Holding of Indian Civil Service examination both in England and India
(b) Appointment of a Royal Commission to enquire into the working of the Indian administration
(c) To train and mobilise public opinion all over the country
(d) Expansion of the Legislative Councils

Answer

(c) To train and mobilise public opinion all over the country

270. The early nationalists asked for abolition of:

(a) Legislature (b) India Council
(c) Judiciary (d) Ilbert Bill

Answer

(b) India Council

271. For administrative reforms, the Congress urged the Government for wider employment of whom in the higher services?

    (a) Indians   (b) British

    (c) Professionals   (d) Weavers

Answer

    (a) Indians

272. The Presiding Officer has to adjourn the House or suspend the meeting if the .... of one-tenth of the total number of members of Rajya Sabha are not met.

    (a) Ordinances   (b) Allowances

    (c) Salary   (d) Quorum

Answer

    (d) Quorum

273. Match List I with List II and select the correct answer by using the codes given below the lists:

	List I		List II
I.	Captain Lakshmi Swaminathan	(A)	Founder of Indian National Army
II.	Rash Behari Bose	(B)	Rani Jhansi Brigade
III.	Subhash Chandra Bose	(C)	Founder of Provisional Government of Free India
IV.	Major General Shah Nawaz Khan	(D)	Indian National Army trials

Codes:

    (a) I – B, II – A, III – C, IV – D

    (b) I – A, II – D, III – C, IV – B

    (c) I – A, II – D, III – B, IV – C

    (d) I – D, II – A, III – B, IV – C

Answer

    (a) I – B, II – A, III – C, IV – D

274. Read the passage and answer the questions that follow:

In 1866, Dadabhai Naoroji founded the East India Association in London. Its objective was to inform the British about the true state of affairs in India. During his long stay in England, he made friendship with eminent Englishmen like Gladstone, Bradlaugh and Bright. He was the first Indian to have won a seat in 1892 in the British House of Commons. As Member of British Parliament, he rendered admirable service to the cause of India and the people of Indian origin in South Africa. It was due to the efforts of Dadabhai and Bradlaugh that the British House of Commons passed a resolution recommending that the ICS examination be held simultaneously both in England and in India. The Resolution, however, could not become an Act. He was one of the founders of the Indian National Congress. Thrice he presided over the Sessions of the Congress in 1886, 1893 and 1906. His Presidentship of the Congress in 1906 was memorable in many ways. The partition of Bengal in 1905 had very sadly disillusioned the early nationalists. Their power and prestige were on the decline. They, therefore, persuaded Dadabhai to preside over the Calcutta Session of the Congress in 1906. Dadabhai's name and fame made it difficult for the assertive nationalists to oppose his candidature, although they would have liked Tilak to hold that office.

A. What was the aim of East India Association established in London?

    (a) To inform the British about the true state of affairs in India

    (b) To strive for the introduction of political reforms in India

    (c) To bring about changes in the legislature of India

    (d) To stop the payments to war office for the maintenance of British troops in India

Answer

    (a) To inform the British about the true state of affairs in India

B. In which Parliament Dadabhai was the first Indian to win a seat in 1892?

    (a) Indian Parliament

    (b) Government of South Africa

    (c) British House of Commons

    (d) None of the above

Answer

    (c) British House of Commons

C. Which resolution was passed by the British House of Commons by the efforts of Dadabhai and Bradlaugh but could not become an Act?

    (a) Ilbert Bill

    (b) Holding the ICS examination simultaneously both in England and in India

    (c) The Fire Decree

    (d) Both (a) and (b)

Answer

    (b) Holding the ICS examination simultaneously in both England and in India

D. Why did the early nationalists persuade Dadabhai Naoroji to preside over the Calcutta Congress Session, 1906?

(a) He had a say in the British House of Commons

(b) He had the political power

(c) He was involved in Swadeshi Movement

(d) The early nationalists were disillusioned by the partition of Bengal and their morale was low

Answer

(d) The early nationalists were disillusioned by the partition of Bengal and their morale was low

275. Read the paragraph and answer the following question:

The Rajaji formula was a proposal formulated by Chakravarti Rajagopalachari to solve the political deadlock between the All India Muslim League and the Indian National Congress on the independence of British India. The main provision in the formula was holding a plebiscite based on adult suffrage, about creation of Pakistan in all the provinces in which Jinnah claimed that Muslims formed a majority.

What political deadlock is being referred to in the para given above?

(a) The League demanding Pakistan and the Congress against the partition of India.

(b) The League demanding a federation of provinces with three groupings of provinces while the Congress demanding a strong central government.

(c) Jinnah asking for the Prime Ministership of the interim government of united India for himself while Nehru demanding partition of India.

(d) The British Government laying partition as a precondition for granting independence while both League and Congress rejecting partition.

Answer

(a) The League demanding Pakistan and the Congress against the partition of India

276. Study the picture carefully and answer the questions that follow :

A. What does the picture depict?

(a) Formation of Provincial Government of Azad Hind on 21 October, 1943

(b) Formation of Provincial Government of Azad Hind on 21 October, 1941

(c) Formation of Provincial Government of Azad Hind on 21 October, 1942

(d) None of the above

Answer

(a) Formation of Provincial Government of Azad Hind on 21 October, 1943

B. Which of the following statements is/are correct about Subhash Chandra Bose?

I. He was born on 23 Jan. 1891.

II. He was the founder of the Indian National Army.

III. His father was Janakinath Bose.

(a) I and II   (b) Only III

(c) II and III   (d) None of the above

Answer

(c) II and III

277. Complete the given analogy.

Swami Vivekananda : Ramkrishna Mission :: Jyotiba Phule : ?

(a) Brahmo Samaj

(b) Satya Shodhak Samaj

(c) Arya Samaj

(d) Atmiya Sabha

Answer

(b) Satya Shodhak Samaj

278. What did the early Congress members request for the local municipal bodies?

(a) Abolition of municipal bodies

(b) Increase in the number of local bodies

(c) Local bodies to be run by the Viceroy

(d) Increase their powers and reducing official control over them

Answer

(d) Increase their powers and reducing official control over them

279. The Congress Session of 1906 passed resolution on Swaraj, Swadeshi, and which other two aspects?

(a) Boycott, National Education

(b) Opposition, Wealth management

(c) Provincial Legislature, finance

(d) Agriculture, industries

Answer

(a) Boycott, National Education

280. What is the real basis of political power according to Dadabhai?

(a) Brute force　　(b) Boycott

(c) Swadeshi　　(d) Justice

Answer

(d) Justice

281. Surendranath Banerjee believed elective offices were a means to serve:

(a) Prison mates　　(b) People

(c) British　　(d) Politicians

Answer

(b) People

282. Who said at the Varanasi Congress Session that "the true Swadeshi Movement is both a patriotic and an economic Movement"?

(a) Pherozeshah Mehta

(b) Surendranath Banerjee

(c) Dadabhai Naoroji

(d) Gopal Krishna Gokhale

Answer

(d) Gopal Krishna Gokhale

283. What did Gokhale ask for in the Imperial Legislative Council in 1910 and 1912?

(a) Reduction in Salt Duty

(b) Abolition of excise duty on cotton goods

(c) Relief to Indian bonded labour in Natal

(d) Drain theory

Answer

(c) Relief to Indian bonded labour in Natal

284. Who put into effect the partition of Bengal?

(a) Lord Lytton　　(b) Lord Wellington

(c) Lord Hastings　　(d) Lord Curzon

Answer

(d) Lord Curzon

285. What was the perspective of Indian nationalists about partition of Bengal by the British?

(a) To large to be administered by a single Provincial Government

(b) Policy of Divide and Rule

(c) Oriya speaking people, outside the territorial limits of Orissa, had to be brought under the administration of Bengal

(d) To show the strength of East Bengal

Answer

(b) Policy of Divide and Rule

286. How was Swadeshi popularised?

(a) Bonfire of books, official documents and British flags

(b) Boycott of honours and titles

(c) Bonfires of British cloths, salt and sugar

(d) Boycott of Indian goods

Answer

(c) Bonfires of British cloths, salt and sugar

287. Who gave the slogan, "Swaraj is my birth right and I shall have it"?

(a) Bal Gangdhar Tilak

(b) Lala Lajpat Rai

(c) Gopal Krishna Gokhale

(d) Bipin Chandra Pal

Answer

(a) Bal Gangadhar Tilak

288. The Vice President of India has no right to vote in the Rajya Sabha except to ....

(a) Break a tie

(b) Vote on Account

(c) Demand for Grants

(d) Vote for Speaker

Answer

(a) Break a tie

289 Match List I with List II and select the correct answer by using the codes given below the lists:

	List I		List II
I.	Tej Bahadur Sapru	(A)	Name given to Subhash Chandra Bose by Indian soldiers of German Indische Legion
II.	'Netaji'	(B)	Founder of All India Forward Bloc
III.	Subhash Chandra Bose	(C)	First Commander-in-Chief of the INA
IV.	Mohan Singh	(D)	Lawyer for the defendants of INA trials

Codes:
- (a) I – B, II – A, III – C, IV – D
- (b) I – A, II – D, III – C, IV – B
- (c) I – A, II – D, III – B, IV – C
- (d) I – D, II – A, III – B, IV – C

Answer

(d) I – D, II – A, III – B, IV – C

290. Study the picture carefully and answer the question that follows:

What does the picture depict?
- (a) Mass migration of Indians across the Radcliffe Line
- (b) People thronging to Kumbh at Prayagraj
- (c) Sikhs going for pilgrimage to Nankana Sahib in Pakistan
- (d) None of the above

Answer

(a) Mass migration of Indians across the Radcliffe Line.

291. Complete the given analogy.

First Session of Congress : W.C. Bonnerjee :: Second Session of Congress : ?
- (a) Surendranath Banerjee
- (b) A.O. Hume
- (c) Gopal Krishna Gokhale
- (d) Dadabhai Naoroji

Answer

(d) Dadabhai Naoroji

292. Which two terms became the battle cry of the assertive nationalists?
- (a) Petitions and Appeals
- (b) Swaraj and Resolutions
- (c) Boycott and Petitions
- (d) Swaraj and Boycott

Answer

(d) Swaraj and Boycott

293. Who wrote the weeklies Mahratta and Kesari?
- (a) Mahatma Gandhi
- (b) Gopal Krishna Gokhale
- (c) Bal Gangadhar Tilak
- (d) Lala Lajpat Rai

Answer

(c) Bal Gangadhar Tilak

294. Identify what Bipin Chandra Pal suggested to eradicate India's poverty.
- (a) To develop lot of industries in the country
- (b) To establish libraries
- (c) 48 hours of work in a week and increase in wages
- (d) Both (a) and (c)

Answer

(d) Both (a) and (c)

295. During which incident Lala Lajpat Rai succumbed to injuries and sacrificed his life?
- (a) Jallianwala Bagh tragedy
- (b) Khilafat Movement
- (c) Simon Commission
- (d) Cabinet Mission

Answer

(c) Simon Commission

296. What was Lalaji popularly referred to by people?
- (a) Sher-e-Punjab
- (b) Lokmanya
- (c) Bagha
- (d) Mahatma

Answer

(a) Sher-e-Punjab

297. Where was the Muslim League's Constitution framed?
- (a) Lahore
- (b) Punjab
- (c) Calcutta
- (d) Karachi

Answer

(d) Karachi

298. Who presided over the First Session of the Muslim League in December 1908?
- (a) Muhammad Ali Jinnah
- (b) Syed Ali Imam
- (c) Nawab Salimullah
- (d) Badruddin Tyabji

Answer

(b) Syed Ali Imam

299. What was the objective of Muslim League?
- (a) To present their needs and aspirations before the Government in mild and moderate language
- (b) To follow Swadeshi and Boycott
- (c) To repress the other communities
- (d) To bring about class equality

Answer

(a) To present their needs and aspirations before the Government in mild and moderate language

300. At which place was Gandhiji arrested for the first time by the British Government for sedition?

(a) Bombay   (b) Poona

(c) Calcutta   (d) Ahmedabad

Answer

(d) Ahmedabad

301. When was the Gandhi - Irwin Pact signed?

(a) March 1, 1932   (b) March 5, 1931

(c) March 10, 1935   (d) March 7, 1937

Answer

(b) March 5, 1931

302. In case of conflict between a .... and .... law, the law made by Parliament shall prevail.

(a) Central, Concurrent

(b) Concurrent, State

(c) Central, State

(d) Central, Residuary

Answer

(c) Central, State

303. Match List I with List II and select the correct answer by using the codes given below the lists:

	List I		List II
I.	Gandhiji's first Satyagraha in India	(A)	Kasturba's death
II.	Gandhiji's unconditional release from jail	(B)	Heavy salt tax
III.	Dandi March	(C)	Chauri Chaura carnage
IV.	Bardoli fast by Gandhiji	(D)	Champaran

Codes :

(a) I – D, II – A, III – C, IV – B

(b) I – A, II – D, III – C, IV – B

(c) I – A, II – D, III – B, IV – C

(d) I – D, II – A, III – B, IV – C

Answer

(d) I – D, II – A, III – B, IV – C

304. Read the passage and answer the questions that follow:

Bipin Chandra Pal joined the Congress in 1887. At the Madras Congress in 1887, he made a forceful speech in which he pleaded that the Arms Act should be repealed. He participated in several sessions of the Congress and contributed greatly to the growth of national consciousness in India. After the Surat Session of the Congress, Bipin parted company with the early nationalists. According to him, "great hardship or suffering was the price that had to be paid for freedom." Aurobindo Ghose, the Editor of the Bande Mataram was charged with sedition. The Government wanted Bipin Chandra's testimony in this case. Since he refused to give evidence, he was imprisoned for six months. Bipin Chandra was released on March 9, 1908.

A. When did Bipin Chandra Pal join the Congress?

(a) Congress Session, 1887

(b) Congress Session, 1891

(c) Congress Session, 1901

(d) Congress Session, 1905

Answer

(a) Congress Session, 1887

B. What did he plead for in the Madras Congress of 1887?

(a) Repeal of the Vernacular Press Act

(b) Repeal of the Arms Act

(c) Repeal of the Rowlatt Act

(d) Repeal of the Government of India Act, 1919

Answer

(b) Repeal of the Arms Act

C. When did Bipin Chandra Pal part ways with the early nationalists?

(a) After the Nagpur Session of the Congress

(b) After the Madras Session of the Congress

(c) After the Banaras Session of the Congress

(d) After the Surat Session of the Congress

Answer

(d) After the Surat Session of the Congress

D. Why was Bipin Chandra Pal imprisoned for six months in October 1907?

(a) For supporting the Non-Cooperation Movement

(b) For giving evidence against Aurobindo Ghose in sedition charges

(c) For refusing to give evidence to a sedition charge against Aurobindo Ghose

(d) For hartal against Simon Commission

Answer

(c) For refusing to give evidence to a sedition charge against Aurobindo Ghose

305. Study the picture carefully and answer the question that follows:

What does this picture represent?

(a) Dandi March

(b) Kheda Satyagraha

(c) Delhi March

(d) Champaran Movement

Answer

(a) Dandi March

306. Complete the given analogy.

Servants of India Society : G.K. Gokhale :: Deccan Education Society : ?

(a) Dadabhai Naoroji

(b) Pherozeshah Mehta

(c) M.G. Ranade

(d) Madan Mohan Malaviya

Answer

(c) M.G. Ranade

307. Which of the following according to Gandhiji, is an essential principle of satyagraha?

(a) Infinite capacity for suffering

(b) Non-violence

(c) Truth

(d) All of the above

Answer

(d) All of the above

308. What did Gandhiji mean by 'Swaraj'?

(a) Freedom for the country

(b) Freedom for the most humble of the countrymen

(c) Self - governance

(d) Complete independence

Answer

(b) Freedom for the most humble of the countrymen

309. In which of the following sessions of the INC, Jawaharlal Nehru met Gandhiji for the first time?

(a) Bombay session 1904

(b) Patna session 1914

(c) Lucknow session 1916

(d) Kanpur session 1925

Answer

(c) Lucknow session 1916

310. Which of the following title was given by Mahatma Gandhi to Bal Gangadhar Tilak?

(a) The Maker of Modern India

(b) The Iron Man of India

(c) The father of the Indian unrest

(d) The Indian Lion

Answer

(a) The Maker of Modern India

311. Which of the following dispute made Gandhiji to undertake a fast for the first time?

(a) Minto-Morley Reforms

(b) Ahmedabad Mill Strike

(c) Punjab Unrest

(d) Poona Pact

Answer

(b) Ahmedabad Mill Strike

312. Which among the following date was passed by a resolution by Indian National Congress to observe every year as "Purna Swaraj"?

(a) January 26   (b) August 15

(c) August 30   (d) October 2

Answer

(a) January 26

313. 6th April, 1930 is well known in the history of India because this date is associated with:

(a) Dandi March

(b) Quit India Movement

(c) Partition of Bengal

(d) Partition of India

Answer

(a) Dandi March

314. Identify the concession granted by the Government under the Gandhi-Irwin Pact.

(a) Permission of peaceful picketing without any violation of ordinary laws

(b) Permission to collect or make salt for one's use

(c) Both (a) and (b)

(d) Payment of reparations to those whose lands had been confiscated

Answer

(c) Both (a) and (b)

315. The Muslim League demanded a separate state for the Muslims in the year:

(a) 1920   (b) 1930

(c) 1940   (d) 1946

Answer

(b) 1930

316. 'Khilafat Movement' subsided because of :

(a) The understanding reached between the Congress and the Muslim League

(b) The concessions given to Muslims by the British

(c) Accession of Kemal Pasha to the throne of Turkey

(d) None of the above

Answer

(c) Accession of Kemal Pasha to the throne of Turkey

317. Control over ………………………….. gives proof of the Lok Sabha's superiority.

(a) Censure Motion

(b) National Treasury

(c) Adjournment Motion

(d) The Budget

Answer

(b) National Treasury

318. Match List I with List II and select the correct answer by using the codes given below the lists:

	List I		List II
I.	Khilafat Committee	(A)	On 12 March 1930, Mahatma Gandhi began his famous historic march from Sabarmati Ashram to Dandi
II.	Chauri Chaura incident	(B)	Gandhi saw in it an opportunity of uniting the Hindus and the Muslims
III.	Civil Disobedience Movement	(C)	Gandhiji could not persuade the British Government to grant freedom or Dominion Status to India.
IV.	Second Round Table Conference	(D)	The mob set fire to the police station with around 22 policemen inside it

Codes:

(a) I - B, II - D, III - A, IV - C

(b) I - D, II - B, III - A, IV - C

(c) I - B, II - D, III - C, IV - A

(d) I - B, II - A, III - C, IV - D

Answer

(a) I - B, II - D, III - A, IV - C

319. Study the picture carefully and answer the question that follows:

What does this picture represent?

(a) First Round Table Conference

(b) Second Round Table Conference

(c) Third Round Table Conference

(d) War Council Meeting in London during the First World War

Answer

(b) Second Round Table Conference

320. Complete the given analogy.

Poverty and Un-British Rule in India : Dadabhai Naoroji :: Nation in the Making : ?

(a) Surendranath Banerjee

(b) M.G. Ranade

(c) Pherozeshah Mehta

(d) G.K. Gokhale

Answer

(a) Surendranath Banerjee

321. Who headed the Sedition Committee in 1919?

(a) Justice Rowlatt   (b) General Dyer

(c) Colonel Saunders   (d) David Cameron

Answer

(a) Justice Rowlatt

322. This was one of the programme of the Khilafat Movement:

(a) Adopt Swadeshi and hartals

(b) Go on peace march

(c) Resignation from the government services

(d) Civil disobedience

Answer

(c) Resignation from the government services

323. This was one of the positive programmes of the Non-Cooperation Movement:

(a) Boycott of British goods

(b) Boycott of Legislative Councils

(c) Surrender of titles and honorary posts

(d) Promotion of Swadeshi, especially home-spun and home-woven cloth

Answer

(d) Promotion of Swadeshi, especially home-spun and home-woven cloth

324. Which is one of the negative aspects of the Non-Cooperation Movement?

(a) Removal of untouchability

(b) Boycott of law courts by lawyers

(c) Hindu-Muslim Unity

(d) Prohibition of intoxicating drinks

Answer

(b) Boycott of law courts by lawyers

325. Why did a crowd of people set fire to the police station in Chauri Chaura in February, 1922?

(a) There was a Hindu-Muslim riot

(b) The crowd was attacked by the police during a peaceful march

(c) A police officer had beaten some volunteers picketing a liquor shop

(d) The crowd of people were fired at while trying to sell khadi cloth

Answer

(c) A police officer had beaten some volunteers picketing a liquor shop

326. The Non-Cooperation Movement undermined the power and prestige of the:

(a) British government   (b) Hindus

(c) Muslims   (d) Sikhs

Answer

(a) British government

327. How was the Civil Disobedience Movement different from the Non-Cooperation Movement?

(a) Boycott of government schools and colleges

(b) Promotion of Swadeshi

(c) It involved non-payment of taxes and land revenue, and violation of various laws

(d) Boycott of law courts by lawyers

Answer

(c) It involved non-payment of taxes and land revenue, and violation of various laws

328. What was one of the agreements by the Governor-General in the Gandhi-Irwin Pact?

(a) To open more educational institutions

(b) To release all political prisoners except those guilty of violence

(c) To separate the Hindus from the Muslims

(d) To hold a Cabinet Mission

Answer

(b) To release all political prisoners except those guilty of violence

329. What was seen as a major achievement of the Congress at the Gandhi-Irwin Pact?

(a) Dominion status for India

(b) Independence of India

(c) The Viceroy having to negotiate with Gandhiji as "an equal"

(d) The First Round Table Conference

Answer

(c) The Viceroy having to negotiate with Gandhiji as "an equal"

330. Which Act introduced Federal principle and the principle of Provincial Autonomy?

(a) Government of India Act, 1919

(b) Gandhi-Irwin Pact

(c) Dyarchy

(d) Government of India Act, 1935

Answer

(d) Government of India Act, 1935

331. The salaries and allowances of the President, the Speaker, the Deputy Speaker, the Chairman and the Judges of the Supreme Court and High Courts are a part of ....

(a) Consolidated Fund of India

(b) Other expenditures of the Government

(c) Supplementary Grants

(d) Vote on Account

Answer

(a) Consolidated Fund of India

332. Read the paragraph and answer the following questions:

On the report of a Sedition Committee, headed by Justice Rowlatt, two bills were introduced in the Central Legislature in February 1919. These 'Black Bills' came to be known as the Rowlatt Act. The object was to give government extraordinary powers of search and arrest so as to suppress the national movement. The Rowlatt Act gave enormous powers to the police (i) to search a place, and (ii) arrest any person they disapproved of without warrant. Two other ugly features of the Rowlatt Act were that (a) the trial was to be held in camera, i.e., the public and the newspapermen were not allowed to attend the trial, and (b) there could be no appeal against court's judgement. A well-known description of the Rowlatt Act at that time was: No Dalil, No Vakil, No Appeal, i.e., no pleas, no lawyer, no appeal. Despite much opposition the Rowlatt Act came into operation on 21 March 1919. The purpose of the Act was to curb the growing nationalist upsurge in the country. Gandhi described the Rowlatt Act as "destructive of the elementary rights of an individual". He called upon the people to do Satyagraha against such an oppressive measure, i.e., to disobey the law without resorting to violence. The Satyagraha against the Rowlatt Act began on 6 April, 1919. Gandhi asked the people to fast, pray and hold public meetings against the Black Act.

A. Which one of these statements best defines Rowlatt Act?

(a) It gave enormous powers to the police to search a place and arrest any person they disapproved of without warrant

(b) Restrictions on the Vernacular press to print anything against the Government

(c) Right to arrest any Indian possessing arms without license

(d) It gave enormous powers to the police to arrest the journalists

Answer

(a) It gave enormous powers to the police to search a place and arrest any person they disapproved of without warrant

B. What were the two ugly features of the Rowlatt Act?

(a) It gave enormous powers to the police to search a place and arrest any person they disapproved of without warrant

(b) The public and the journalists were not allowed to attend the trial

(c) There could be no appeal against the court's judgement

(d) Both (b) and (c)

Answer

(d) Both (b) and (c)

C. When did the Rowlatt Act come into force?

(a) 21 February 1919   (b) 21 March 1919

(c) 6 April 1919   (d) 11 April 1919

Answer

(a) 21 March 1919

D. How did Gandhiji ask the people to do Satyagraha against the Rowlatt Act?

(a) Through violent hartals and strikes

(b) Through the press

(c) Through fast, prayers, public meetings

(d) Through appeals with lawyers

Answer

(c) Through fast, prayers, public meetings

333. Study the picture carefully and answer the question that follows:

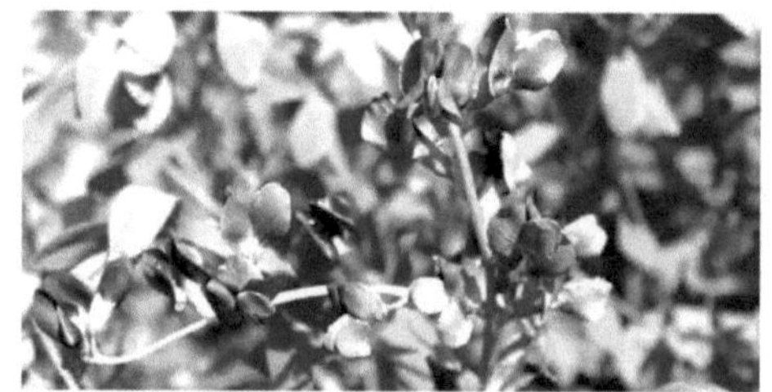

How is the plant associated with Gandhiji?

(a) Dandi March

(b) Kheda Satyagraha

(c) Delhi March

(d) Champaran Movement

Answer

(d) Champaran movement

334. Complete the given analogy.

Indian Association : 1876 :: East India Association : ?

(a) 1885   (b) 1866

(c) 1865   (d) 1863

Answer

(b) 1866

335. Identify the two prominent leaders who were unnecessarily deported from Amritsar in April 1919.

(a) Bhagat Singh and Rajguru

(b) Gandhiji and Sarojini Naidu

(c) Khan Abdul Ghaffar Khan and Vinoba Bhave

(d) Dr. Satyapal and Dr. Kitchlew

Answer

(d) Dr. Satyapal and Dr. Kitchlew

336. Why did the people march towards the residence of the Deputy Commissioner in April 1919?

(a) To demand the repeal of the Rowlatt Act

(b) To protest about the detention of the two leaders

(c) To demand the repeal of the Arms Act

(d) To start the Khilafat Non-Cooperation Movement

Answer

(b) To protest about the detention of the two leaders

337. What did General Dyer proclaim on 11 April 1919?

(a) Prohibited all meetings and processions

(b) Prohibited the Rowlatt Act

(c) Announced the Rowlatt Act

(d) Suspended all business activities in India

Answer

(a) Prohibited all meetings and processions

338. Who opened fire on the peaceful mass of people gathered at the Jallianwala Bagh on April 1919?

(a) Colonel Saunders

(b) Lord Curzon

(c) General Dyer

(d) Sir Stafford Cripps

Answer

(c) General Dyer

339. Gandhiji evolved the method of non-violence in his struggle for freedom because:

(a) Indians were known for their physical force.

(b) Indians were not strong enough to get freedom by any physical force.

(c) Gandhiji thought that violence can make the situation more worse.

(d) British exploited the Indian masses.

Answer

(c) Gandhiji thought that violence can make the situation more worse.

340. The two important methods adopted by Gandhiji in the freedom struggle are:

(a) Satyagraha and non-cooperation.

(b) Extremism and violence.

(c) Charkha and khadi.

(d) Benevolence and sympathy.

Answer

(a) Satyagraha and non-cooperation.

341. Satyagraha means:

(a) Made up of two Persian words

(b) Ahimsa and non-violence

(c) Hunger strike

(d) The force born out of truth and non-violence

Answer

(d) The force born out of truth and non-violence.

342. Two greatest movements organised by Gandhiji during the freedom struggle:

(a) Non-Cooperation Movement and Civil Disobedience Movement

(b) Anti-Partition Movement and Boycott Movement.

(c) Divide and Rule policy

(d) Passive Resistance and National Education

Answer

(a) Non-Cooperation Movement and Civil Disobedience Movement

343. Name the British General responsible for "The Jallianwala Bagh Massacre".

(a) Lord Minto

(b) Sidney Rowlatt

(c) Sir John Simon

(d) Reginald Dyer

Answer

(d) Reginald Dyer

344. The demands of the Non-Cooperation Movement were:

(a) Communal Veto, National Movement, Hindu-Muslim Unity.

(b) Abolition of the Indian Council, Provincial Legislatures, Autonomy in Provinces.

(c) Anti-Partition Movement, Swadeshi and Boycott Movement.

(d) The Khilafat issue, redressal of the Jallianwala Bagh massacre and attainment of Swaraj.

Answer

(d) The Khilafat issue, redressal of the Jallianwala Bagh massacre and attainment of Swaraj.

345. The Rajya Sabha needs to pass a resolution by .... majority so that the Parliament can make a law on matter of State List in national interest.

(a) One-tenth

(b) One-third

(c) Two-third

(d) One-half

Answer

(c) Two-third

346. Study the picture carefully and answer the question that follows:

How is the flag associated with the freedom movement?

(a) Non-Cooperation Movement

(b) Declaration of complete independence in the Lahore session of INC.

(c) Civil Disobedience Movement

(d) Quit India Movement

Answer

(b) Declaration of complete independence in the Lahore session of INC.

347. Complete the given analogy.

Partition of Bengal : Lord Curzon :: Separate electorate : ?

(a) Lord Canning

(b) Lord Hastings

(c) Lord Minto

(d) Lord Lytton

Answer

(c) Lord Minto

348. Khilafat Movement was:

(a) started to bring independence to the Muslims of India.

(b) started to preserve the office of Khalifa (Caliph), the religious head of the Muslims.

(c) started to launch the Non-Cooperation Movement.

(d) started to foster Hindu-Muslim unity.

Answer

(b) started to preserve the office of Khalifa (Caliph), the religious head of the Muslims.

349. The Khilafat Movement is significant in the history of the National Movement:

(a) It was an opportunity to unite the Hindus and the Muslims and putting up a joint front against the British imperialism.

(b) To hold 'hartals' and demonstrations all over India.

(c) It was a way of protesting in which one does not cooperate with the evil-doer.

(d) To bring the peasants in the rural areas and the workers in the urban areas together.

Answer

(a) It was an opportunity to unite the Hindus and the Muslims and putting up a joint front against the British imperialism.

350. The historical significance of 26th January 1930:

(a) Jawaharlal Nehru was made the President of the Congress.

(b) Preparation for Civil Disobedience Movement.

(c) Observance of 'Purna Swaraj' day and hoisting of the tricolour flag.

(d) All India Hartal was organized.

Answer

(c) Observance of 'Purna Swaraj' day and hoisting of the tricolour flag.

351. The reason for Mahatma Gandhi to undertake Dandi March:

(a) Eleven point ultimatum

(b) Defiance of the salt laws

(c) To form the Khudai Khidmatgars popularly known as Red Shirts

(d) To march from the Sabarmati Ashram to Dandi on the Gujarat coast

Answer

(b) Defiance of the salt laws

352. Two main leaders of Khilafat Movement:

(a) Mohammed Ali and Shaukat Ali

(b) Abul Kalam Azad and Khan Abdul Ghaffar Khan

(c) Khudai Khidmatgars

(d) Gandhiji and Sardar Patel

Answer

(a) Mohammed Ali and Shaukat Ali

353. Gandhiji suspended the Non-Cooperation Movement due to:

(a) Terrible massacre at Jallianwala Bagh.

(b) The passing of the Rowlatt Act.

(c) Simon Commission being introduced.

(d) The violent incident that occurred at Chauri Chaura.

Answer

(d) The violent incident that occurred at Chauri Chaura.

354. One of the most important programmes of Swadeshi Movement was:

(a) Establishment of national schools and colleges and private arbitration courts known as panchayats.

(b) Establishment of printing press.

(c) Establishment of Iron and Steel Industry by Jamsetjee Tata.

(d) Establishment of Home Rule League.

Answer

(a) Establishment of national schools and colleges and private arbitration courts known as panchayats.

355. Failure of Simon Commission was due to:

(a) The appointment of Sir John Simon as its Chairman.

(b) Investigation into the need for further constitutional reforms.

(c) Absence of Indians in the commission was seen as an insult of their self-respect and right of self-determination.

(d) Appointment of seven British members of Parliament.

Answer

(c) Absence of Indians in the commission was seen as an insult of their self-respect and right of self-determination.

356. On being arrested for his 'Quit India' programme, where was Gandhiji detained?

(a) Yervada Jail

(b) Byculla Prison

(c) Aga Khan Palace Jail

(d) Ahmedabad Prison

Answer

(c) Aga Khan Palace Jail

357. ....is not subject to dissolution by the President.

(a) Lok Sabha   (b) Rajya Sabha

(c) Both (a) and (b)   (d) None of these

Answer

(b) Rajya Sabha

358. Read the paragraph and answer the following questions:

First, the people were not silent and subdued. The Movement caused a tide of patriotic fervour in the country. It resulted in "mass strikes and the setting up of parallel governments in several places." People's patriotism would not leave the Government in peace. Second, the Government was convinced that bold Constitutional reforms were now essential. The Government of India Act, 1935 introduced the Federal principle and the principle of Provincial Autonomy; i.e., Responsible Government in the provinces. Third, the struggle had a healthy effect upon the life of the exploited, the poor, and the oppressed. The anti-untouchability campaign produced the desired effect. The depressed classes were given entry into the schools, temples and wells which had been denied to them until now. Fourth, the Movement brought women in large numbers out of their homes. They prevented people from buying foreign cloth and liquor. In Nagaland, Rani Gaidinliu led an anti-colonial revolt. Boycott of foreign cloth and British goods also had a good effect on country's economy. Fifth, violence as a political weapon ceased to have much impact on the youth of India because of Gandhi's preaching of non-violence. However, revolutionary movement did not completely die out.

A. What did the Government of India Act, 1935 introduce?

(a) The system of Dyarchy or the Government by two authorities

(b) Federal principle and the principle of Provincial Autonomy

(c) No appeal against a court's judgement

(d) Appointment of a Commission to inquire into the working of the reforms

Answer

(b) Federal principle and the principle of Provincial Autonomy

B. How did the struggle have a positive effect on the poor, exploited and the oppressed?

(a) Seats were reserved for them in the Provincial Legislature

(b) The Government of India Act spelled out several economic benefits for them

(c) They were given entry into temples, schools and wells, which had been denied to them earlier

(d) They represented themselves in the Simon Commission

Answer

(c) They were given entry into temples, schools and wells, which had been denied to them earlier

C. Who led an anti-colonial revolt in Nagaland?

(a) Rani Gaidinliu

(b) Rani of Jhansi

(c) Laxmi Swaminathan

(d) None of these

Answer

(a) Rani Gaidinliu

D. How did Gandhi's preaching of non-violence impact the youth?

(a) Violence took a new heinous turn

(b) Bomb conspiracies

(c) Burning of foreign cloths and other items

(d) Violence as a political weapon ceased

Answer

(d) Violence as a political weapon ceased

359. Read the paragraph and answer the following question:

Among princely states, the violence was often highly organised with the involvement or complicity of the rulers. It is believed that in the Sikh states (except for Jind and Kapurthala), the Maharajas were complicit in the ethnic cleansing of Muslims.

What is the period to which the above passage relates?

(a) The Khilafat Movement (1919 to 1924)

(b) The Lahore resolution of Muslim League

(c) Shortly before the proclamation of Direct Action Day by Jinnah

(d) None of the above

Answer

(d) None of the above

360. Study the picture given and answer the question that follows:

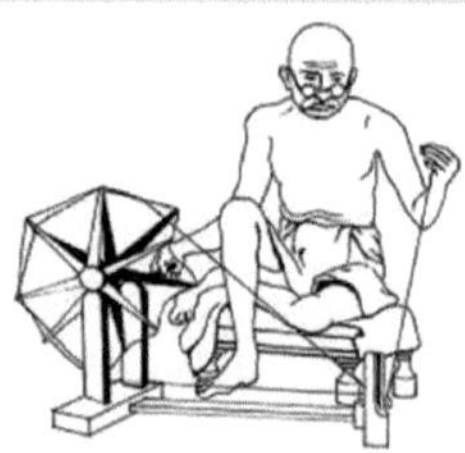

Symbolism of Charkha and Khadi in the National Movement:

(a) Boycott of foreign goods

(b) Picketing of shops selling foreign goods.

(c) Popularisation of swadeshi handicrafts and industries.

(d) Promoted social reforms.

Answer

(c) Popularisation of swadeshi handicrafts and industries.

361. Complete the given analogy.

Bal Gangadhar Tilak : Gita Rahasya :: Lala Lajpat Rai : ?

(a) Vande Mataram   (b) National Education

(c) Punjabi   (d) New India

Answer

(b) National Education

362. The historic August session of the All-India Congress Committee, at which the Quit India Resolution was passed, was held at Gowali Park in ....

(a) Bombay   (b) Calcutta

(c) Ahmedabad   (d) Amritsar

Answer

(a) Bombay

363. In which year did Mahatma Gandhi start the Quit India Movement?

(a) 1940   (b) 1942

(c) 1944   (d) 1946

Answer

(b) 1942

364. The 'Mantra' given by Gandhiji during the Quit India Movement:

(a) An eye for eye only ends up making the whole world blind.'

(b) 'To Do or Die.'

(c) 'If you don't ask, you don't get it.'

(d) 'Hate the sin, love the sinner.'

Answer

(b) 'To Do or Die.'

365. The 'August Offer' was made by:

(a) Viceroy Lord Linlithgow

(b) Muhammad Ali Jinnah

(c) Mahatma Gandhi

(d) Viceroy Lord Irwin

Answer

(a) Viceroy Lord Linlithgow

366. Muslim League's reaction to the resignation of Congress Ministries:

(a) Celebrated the day as 'Independence Day.'

(b) Celebrated the day as 'Deliverance Day.'

(c) Stood by the Congress leaders against the British.

(d) Started to foster Hindu-Muslim unity.

Answer

(b) Celebrated the day as 'Deliverance Day.'

367. British Government's reaction to the resignation of Congress Ministries:

(a) Felt relieved as the Congress controlled eight out of the eleven provinces.

(b) Rejected the resignations and reinstated the Congress leadership.

(c) Requested the Muslim League to control the provinces.

(d) Prisoned all the Congress Ministers.

Answer

(a) Felt relieved as the Congress controlled eight out of the eleven provinces.

368. Individual Satyagraha started on:

(a) 4th July 1937.   (b) 8th August 1942.

(c) 1st June 1940.   (d) 17th October 1940.

Answer

(d) 17th October 1940.

369. Which of the following proposals of Cripps Mission regarding the Princely states is correct?

(a) Any province not willing to join the Union could have a separate constitution and form a separate Union.

(b) Princely states give full protection to religious and racial minorities.

(c) Princely states follow the Divide and Rule policy.

(d) Princely states had to be a part of India or Pakistan.

Answer

(a) Any province not willing to join the Union could have a separate constitution and form a separate Union.

370. Sir Stafford Cripps was sent to India to:

(a) Plan partition of India.

(b) Assure Muslim League of their role in the constitutional scheme.

(c) Divide Pakistan into East and West Pakistan.

(d) Break the political deadlock between Indian leaders and the British Government.

Answer

(d) Break the political deadlock between Indian leaders and the British Government.

371. Important proposal of Cripps offer is:

(a) Viceroy would be the head of the Indian Union.

(b) Creation of 2 states.

(c) India would be given Dominion Status after the end of the war.

(d) No Constituent Assembly would be set up.

Answer

(c) India would be given Dominion Status after the end of the war.

372. The Sessions of each House of the Parliament is summoned by the ....

(a) Lok Sabha   (b) Speaker

(c) Deputy Speaker   (d) President

Answer

(d) President

373. Study the picture given and answer the question that follows:

The famous event resulted in the beginning of:

(a) The Indian National Congress.

(b) The Champaran Satyagraha.

(c) The Kheda Satyagraha

(d) The Civil Disobedience Movement.

Answer

(d) The Civil Disobedience Movement.

374. Complete the given analogy.

Moderates (Early Nationalists) : Pherozeshah Mehta :: Radicals (Assertive Nationalists) : ?

(a) Gopal Krishna Gokhale

(b) M.A. Jinnah

(c) Motilal Nehru

(d) Aurobindo Ghose

Answer

(d) Aurobindo Ghose

375. The Quit India Resolution was passed on:

(a) 8th August 1942 in Calcutta.

(b) 8th August 1942 in Bombay.

(c) 8th July 1942 in Wardha.

(d) 1st June 1940 in Madras.

Answer

(b) 8th August 1942 in Bombay.

376. Quit India Resolution stated:

(a) India is joining the British in the Second World War.

(b) British Rule in India must end immediately.

(c) India will be partitioned into 2 nations.

(d) British to leave India in God's hands.

Answer

(b) British Rule in India must end immediately.

377. Who was Gandhiji's candidate against S.C. Bose in the Tripuri session of the Indian National Congress?

(a) Maulana Mohammed Ali

(b) Jawaharlal Nehru

(c) M.A. Ansari

(d) Pattabhi Sitaramayya

Answer

(d) Pattabhi Sitaramayya

378. At which among the following conferences, a 34 point resolution was passed by which the Indian National Army was made subordinate to the Indian Independence League?

(a) Bangkok Conference

(b) Tokyo Conference

(c) Singapore Conference

(d) Penang Conference

Answer

(a) Bangkok Conference

379. Who among the following leaders joined Subhash Chandra Bose to establish the All India Forward Bloc and also participated in the INA Movement?

(a) Baikuntha Shukla

(b) J.P. Narayan

(c) Ramnarayan Prasad

(d) Sheel Bhadra Yajee

Answer

(d) Sheel Bhadra Yajee

380. Who was defeated by Subhash Chandra Bose during his re-election as President of INC at the Tripuri Session in 1939?

(a) J.B.Kripalani

(b) Pattabhi Sitaramayya

(c) Rajendra Prasad

(d) Abul Kalam Azad

Answer

(b) Pattabhi Sitaramayya

381. The I.N.A. was organized by Netaji Subhash Chandra Bose at which of the following places?

(a) Rangoon (b) Singapore

(c) Taiwan (d) Tokyo

Answer

(b) Singapore

382. Consider the following statements:

1. Indian Civil Liberties Union (ICLU) was established by Jawarharlal Nehru.

2. National Planning Committee was first set up by Subhash Chandra Bose and chaired by Jawaharlal Nehru.

Which of the above statements is/are correct?

(a) Only 1 (b) Only 2

(c) Both 1 and 2 (d) Neither 1 nor 2

Answer

(c) Both 1 and 2

383. In which of the following countries did Subhash Chandra Bose organize the "Tiger Legion"?

(a) Singapore (b) Germany

(c) Japan (d) Italy

Answer

(b) Germany

384. Where did Netaji Subhash Chandra Bose established provisional government of free India?

(a) Singapore (b) Burma

(c) Malaysia (d) Germany

Answer

(a) Singapore

385. The President may promulgate a/an .... when the Parliament is not in session.

(a) Vote on Account

(b) Ordinance

(c) Money Bill

(d) Demands for Grants

Answer

(b) Ordinance

386. Study the picture given and answer the question that follows:

Indian National Congress decided to boycott the commission:

(a) "At every stage and in every form"

(b) 'The cause will prosper by this retreat."

(c) "A way of protesting in which one does not cooperate."

(d) "A new sense of self-esteem and self-confidence."

Answer

(a) "At every stage and in every form"

387. Complete the given analogy.

Non-Cooperation Movement : Chauri Chaura incident :: Civil Disobedience Movement : ?

(a) Dandi March

(b) Gandhi-Irwin Pact

(c) Jallianwala Bagh Massacre

(d) Rowlatt Act

Answer

(b) Gandhi-Irwin Pact

388. During which of the following years, Port Blair was the headquarters of the Azad Hind government under Subhash Chandra Bose?

(a) 1941-42 (b) 1942-43

(c) 1943-44 (d) 1944-45

Answer

(c) 1943-44

389. In which year, Interim Government of India (Arzi Hukumat-i-Hind) was formed by Subhash Chandra Bose?

(a) 1941 (b) 1942

(c) 1943 (d) 1945

Answer

(c) 1943

390. The features of the proposed Union of India by the Cabinet Plan included:

1. Weak Centre with limited powers

2. Residuary powers vested in the Centre

3. India's right to cede from the Commonwealth

4. All the members of the Interim Cabinet would be Indians

Select the correct statements from the codes given below:

(a) 1, 2 and 3   (b) 1, 3 and 4

(c) 3 and 4   (d) 1, 2, 3 and 4

Answer

(b) 1, 3 and 4

391. Which day was declared as the Direct Action Day by the Muslim League?

(a) 3rd September 1946   (b) 16th August 1946

(c) 16th May 1946   (d) 4th December 1946

Answer

(b) 16th August 1946

392. Which party was in power in the U. K. when India became independent?

(a) Liberal

(b) Conservative

(c) Labour

(d) No party, since a National Government was in power there

Answer

(c) Labour

393. .... are those to which member wishes to have an oral answer on the floor of the House.

(a) Starred Questions

(b) Unstarred Questions

(c) Short Notice Questions

(d) Quorum

Answer

(a) Starred Questions

394. In 1939, Bose decided to re-contest for the Congress Presidential candidate against ....

(a) Jawaharlal Nehru

(b) Gandhiji

(c) Pattabhi Sitaramayya

(d) Vallabhbhai Patel

Answer

(c) Pattabhi Sitaramayya

395. The...............was founded in 1893.

(a) Muslim League

(b) Mohammedan Anglo-Oriental Defence Association

(c) Indian National Congress

(d) Communist Party of India

Answer

(b) Mohammedan Anglo-Oriental Defence Association

396. The title of 'Father of the Nation' was given to Mahatma Gandhi by................ .

(a) Rabindranath Tagore

(b) Subhash Chandra Bose

(c) Bal Gangadhar Tilak

(d) None of these

Answer

(b) Subhash Chandra Bose

397. Gandhiji arrived in India from.................in 1915.

(a) Japan   (b) South Africa

(c) USA   (d) China

Answer

(b) South Africa

398. Study the picture and answer the question that follows:

The monument is found in:

(a) Calcutta   (b) Amritsar

(c) Bombay   (d) Sabarmati

Answer

(b) Amritsar

399. Complete the given analogy.

Rowlatt Satyagraha : 1919 :: Kheda Satyagraha : ?

(a) 1918   (b) 1919

(c) 1920   (d) 1917

Answer

(a) 1918

400. Complete the given analogy.

Nagpur Session of 1920 : Non-Cooperation Resolution :: Lahore Session of 1929 : ?

(a) Quit India Resolution

(b) Civil Disobedience Resolution

(c) Declaration of Poorna Swaraj

(d) Khilafat Issue

Answer

(c) Declaration of Poorna Swaraj

401. Lala Lajpat Rai was an active associate of ....

(a) Brahmo Samaj   (b) Prarthana Samaj

(c) Arya Samaj   (d) Ved Samaj

Answer

(c) Arya Samaj

402. The Arms Act was passed in ....

    (a) 1876   (b) 1875

    (c) 1878   (d) 1880

Answer

    (c) 1878

403. ....was the first movement successfully directed by Gandhiji in India.

    (a) Champaran Movement

    (b) Natal Movement

    (c) Quit India Movement

    (d) Punjab Movement

Answer

    (a) Champaran Movement

404. ....was one of the Congress leaders from Bengal with radical purposes.

    (a) Bipin Chandra Pal

    (b) Rabindranath Tagore

    (c) Raja Ram Mohan Roy

    (d) R. C. Mukherjee

Answer

    (a) Bipin Chandra Pal

405. Dandi March was led by.............. in 1930.

    (a) Mahatma Gandhi   (b) Sarojini Naidu

    (c) Indira Gandhi   (d) S. C. Bose

Answer

    (a) Mahatma Gandhi

406. The Interim Government at the centre was formed in 1946 :

    (a) Before the visit of the Cabinet Mission

    (b) After the visit of the Cabinet Mission

    (c) As a result of Cripps Mission

    (d) After Mountbatten came to India for transfer of power to Indians

Answer

    (b) After the visit of the Cabinet Mission

407. Who was the Prime Minister of U. K. at the time of India's Independence?

    (a) Winston Churchill

    (b) Clement Attlee

    (c) Lord Mountbatten

    (d) Ramsay MacDonald

Answer

    (b) Clement Attlee

408. Who was the Viceroy during the time Mr. Attlee of England declared the British intention to transfer power to Indians?

    (a) Lord Wavell   (b) Lord Irwin

    (c) Lord Linlithgow   (d) Lord Mountbatten

Answer

    (a) Lord Wavell

409. Lord Mountbatten came to India as Viceroy along with specific instruction to:

    (a) balkanize the Indian subcontinent

    (b) keep India united if possible

    (c) accept Jinnah's demand for Pakistan

    (d) persuade the Congress to accept partition

Answer

    (b) keep India united if possible

410. According to the Mountbatten Plan, which of the following provinces was not to be included in the Indian dominion ?

    (a) Madras   (b) Bombay

    (c) Sindh   (d) Bihar

Answer

    (c) Sindh

411. Quit India Movement took place in................ .

    (a) 1942   (b) 1949

    (c) 1940   (d) 1939

Answer

    (a) 1942

412. ....was formed by Subhash Chandra Bose.

    (a) Indian National Army

    (b) Army Regiment

    (c) Judicial Movement

    (d) Swaraj Party

Answer

    (a) Indian National Army

413. Provincial autonomy was prescribed under ....of 1935.

    (a) Rowlatt Act

    (b) Vernacular Press Act

    (c) Government of India Act

    (d) Arms Act

Answer

    (c) Government of India Act

414. ....was one of the leaders of the Khilafat Movement.

(a) Mohammed Ali   (b) Indira Gandhi

(c) Badshah Khan   (d) Jawaharlal Nehru

Answer

(a) Mohammed Ali

415. ....gave up his law practice when Gandhiji initiated Non-Cooperation Movement.

(a) C. Rajagopalachari   (b) M. A. Jinnah

(c) Shaukat Ali   (d) Sarojini Naidu

Answer

(a) C. Rajagopalachari

416. Study the picture and answer the question that follows:

Rabindranath Tagore renounced his Knighthood after:

(a) The start of Non-Cooperation Movement.

(b) The violence in Chauri Chaura.

(c) The massacre at Jallianwala Bagh.

(d) The exploitation of the indigo cultivators.

Answer

(c) The massacre at Jallianwala Bagh.

417. Complete the given analogy.

Sir Stafford Cripps : Cripps Mission :: Lord Linlithgow : ?

(a) August Offer

(b) Communal Award

(c) Cabinet Mission

(d) Dominion Status

Answer

(a) August Offer

418. Complete the given analogy.

Civil Disobedience Movement : Lord Irwin :: Quit India Movement : ?

(a) Lord Mountbatten

(b) Lord Minto

(c) Lord Chelmsford

(d) Lord Linlithgow

Answer

(d) Lord Linlithgow

419. All India Muslim League was shaped in.........in 1906.

(a) Dacca   (b) Poona

(c) Lahore   (d) Peshawar

Answer

(a) Dacca

420. Gandhiji led Mill workers' strike in Ahmedabad in ....

(a) 1915   (b) 1918

(c) 1919   (d) 1922

Answer

(b) 1918

421. ....is an honour that the British Crown grants for one's exceptional public service.

(a) Nobel Prize   (b) Leed's Prize

(c) Knighthood   (d) Shikhar Samman

Answer

(c) Knighthood

422. Gandhiji had established.............in South Africa.

(a) Sabarmati Ashram   (b) Natal Congress

(c) Communist Party   (d) Labour Union

Answer

(b) Natal Congress

423. Simon Commission was headed by _____.

(a) Lord Kingsford   (b) Lord Simon

(c) Lord Hastings   (d) Lord Curzon

Answer

(b) Lord Simon

424. Who among the following was not the member of the Cabinet Mission which visited India in 1946 ?

(a) Lord Wavell

(b) Sir Stafford Cripps

(c) A.V. Alexander

(d) Lord Pethick Lawrence

Answer

(a) Lord Wavell

425. In which year did the Indian Naval Mutiny against the British take place?

(a) 1857   (b) 1940

(c) 1942   (d) 1946

Answer

(d) 1946

426. Who headed the Cabinet Mission 1946 ?

(a) A.V. Alexander

(b) Sir Stafford Cripps

(c) Lord Pethick Lawrence

(d) None of the above

Answer

(c) Lord Pethick Lawrence

427. Who was responsible for the integration of Indian Princely States ?

(a) Lord Mountbatten

(b) Jawaharlal Nehru

(c) C. Rajagopalachari

(d) Sardar Vallabhbhai Patel

Answer

(d) Sardar Vallabhbhai Patel

428. Who voted against the partition of India in the A.I.C.C. meeting held on 14 June 1947 ?

(a) Sardar Patel

(b) Abul Kalam Azad

(c) Khan Abdul Ghaffar Khan

(d) Govind Ballabh Pant

Answer

(c) Khan Abdul Ghaffar Khan

429. The proposals for the partition of India into India and Pakistan were contained in the:

(a) Cabinet Mission Proposals

(b) Cripps Mission Proposals

(c) Mountbatten Plan of 3rd June, 1947

(d) Prime Minister Attlee's statement of 20th February, 1947

Answer

(c) Mountbatten Plan of 3rd June, 1947

430. On February 20, 1947, British Prime Minister Clement Attlee announced what deadline to solve issues for granting of independence to India ?

(a) June, 1947   (b) August, 1947

(c) June, 1948   (d) August, 1948

Answer

(c) June, 1948

431. Complete the given analogy.

'Delhi Chalo' : Subhash Chandra Bose :: 'Do or Die' : ?

(a) Jawaharlal Nehru

(b) Mahatma Gandhi

(c) Bal Gangadhar Tilak

(d) Ram Manohar Lohia

Answer

(b) Mahatma Gandhi

432. Complete the given analogy.

Congress Session in 1938 : Haripura :: Congress Session in 1939 : ?

(a) Nagpur   (b) Tripuri

(c) Karachi   (d) Lahore

Answer

(b) Tripuri

433. The Rowlatt Act authorized the government to ....

(a) Imprison all the satyagrahis

(b) Imprison and trial immediately

(c) Imprison any person without trial and convict him in a court

(d) Imprison a person with warrant

Answer

(c) Imprison any person without trial and convict him in a court

434. The Supreme Commander of the Azad Hind Fauj was ....

(a) Mohan Singh

(b) Rash Behari Bose

(c) Aruna Asaf Ali

(d) Subhash Chandra Bose

Answer

(d) Subhash Chandra Bose

435. The important impact of the Quit India Movement was.............. .

(a) It shattered people's faith in the British Government.

(b) It revived the will to fight the elections.

(c) People of all sections of society participated in this movement.

(d) It promoted social reforms.

Answer

(c) People of all sections of society participated in this movement

436. The Subsidiary Alliance had reduced the ruler of an Indian State to the position of ....

(a) Clown   (b) Puppet

(c) Peasant   (d) Sepoy

Answer

(b) Puppet

437. The adopted son of Rani Jhansi was not recognised as a lawful .... to the throne.

(a) Successor   (b) Court official

(c) Army official   (d) Advisor

Answer

(a) Successor

438. Complete the given analogy.

Forward Bloc : Subhash Chandra Bose :: Indian Independence League : ?

(a) Mohan Singh

(b) Shah Nawaz Khan

(c) Kartar Singh

(d) Rash Behari Bose

Answer

(d) Rash Behari Bose

439. Complete the given analogy.

Indian National Army : 1942 :: Forward Bloc : ?

(a) 1938 (b) 1939

(c) 1940 (d) 1942

Answer

(b) 1939

440. Raja Rammohan Roy stressed on the .... of all religions.

(a) Awakening (b) Validity

(c) Unity (d) Division

Answer

(c) Unity

441. The papers published by Raja Rammohan Roy had a distinct .... and .... character.

(a) Repressive, dominating

(b) Nationalist, progressive

(c) Superior, progressive

(d) Humanist, economic

Answer

(b) Nationalist, progressive

442. The Congress at its very first session asked for the expansion of the ....

(a) Legislative Councils

(b) Judiciary

(c) Press Regulations

(d) None of these

Answer

(a) Legislative Councils

443. The Congress leaders insisted on colonial form self-government, like the administrative system found in the dominions of .... and ....

(a) Africa, Greenland

(b) Norway, Belgium

(c) Canada, Australia

(d) Tasmania, New Zealand

Answer

(c) Canada, Australia

444. The capital of East Bengal was Dacca with subsidiary headquarters at ....

(a) Cuttack (b) Murshidabad

(c) Chittagong (d) Calcutta

Answer

(c) Chittagong

445. Complete the given analogy.

Wavell Plan : Lord Wavell :: Cabinet Mission : ?

(a) Lord Pethic Lawrence

(b) Lord Mountbatten

(c) Lord Linlithgow

(d) Lord Irwin

Answer

(a) Lord Pethic Lawrence

446. Complete the given analogy.

Winston Churchill : Cripps Mission :: Clement Attlee : ?

(a) Wavell Plan

(b) August Offer

(c) Mountbatten Plan

(d) Communal Award

Answer

(c) Mountbatten Plan

447. Complete the given analogy.

Governor-General of Pakistan : M.A. Jinnah :: Governor-General of India : ?

(a) Lord Mountbatten

(b) Jawaharlal Nehru

(c) C. Rajagopalachari

(d) Dr. Rajendra Prasad

Answer

(a) Lord Mountbatten

448. Lord Curzon believed that the Indian people were illiterate and could have no .... aspirations.

(a) Economic (b) Political

(c) Social (d) Health

Answer

(b) Political

449. Indians were excluded from all high offices in the .... as well as ....

(a) Court, clubs

(b) Court, administration

(c) Army, administration

(d) Administration, educational institutions

Answer

(c) Army, administration

450. The .... and .... were looked down upon as means to break social order and caste rules.

(a) Army, court

(b) Western education, lawyers

(c) Pandits, maulvis

(d) Railways, telegraphs

Answer

(d) Railways, telegraphs

451. Shifting of emphasis from .... to .... was not well received by the people.

(a) Oriental learning, Western education

(b) Western education, Oriental learning

(c) English, Sanskrit

(d) Sanskrit, Persian

Answer

(a) Oriental learning, Western education

452. Raja Rammohan Roy wanted the...... Budget to be reduced so that more funds would be available for health and education of the people.

(a) Production   (b) Marketing

(c) Cash flow   (d) Military

Answer

(d) Military

History & Civics
Self Assessment Paper

Question 1

Who is empowered to summon and to dissolve the Lok Sabha?

1. Speaker
2. President
3. Chairman
4. Prime Minister

Question 2

The President of India nominates 2 members to Lok Sabha and _______ to Rajya Sabha.

1. 10
2. 11
3. 12
4. 13

Question 3

If a Government acts against the Constitutional provisions, it can be voted out of office by passing_________ by the opposition.

1. Interpellation
2. Vote of no confidence
3. Adjournment Motion
4. Vote on account

Question 4

Which of the following procedure is followed to remove the President of India?

1. Impeachment
2. Suspension
3. Disqualification
4. Dismissal

Question 5

Complete the given analogy.

Members of Lok Sabha : Five years :: Members of Rajya Sabha : ?

1. Five years
2. Seven years
3. Four years
4. Six years

Question 6

What is the procedure that should be followed if there is a deadlock between the two Houses of the Parliament on a non-money bill?

1. Adjournment of the House
2. Joint sitting of the Houses
3. Dissolving the House
4. Prorogation of the House

Question 7

Under what matters Lok Sabha and Rajya Sabha enjoy equal powers?

1. Money Bill
2. Matters of Union List
3. Constitutional Amendments
4. Ordinances

Question 8

The minimum number of members required to be present in order to enable the House to transact its business is called____________.

1. Session
2. Quorum
3. Question Hour
4. Zero Hour

Question 9

Who is authorized to decide whether there is a case for a matter relating to a breach of privilege or contempt of the House in Lok Sabha?

1. Prime Minister
2. Vice President
3. Speaker
4. President

Question 10

The maximum strength of Rajya Sabha is __________.

1. 250
2. 538
3. 258
4. 545

Question 11

Why Nana Saheb was not acknowledged as the rightful heir to the throne?

1. Because he was not a responsible ruler
2. Because he was an adopted son of Baji Rao II
3. Because he was against the British
4. Because he was not supported by the People

Question 12

Which of the following statements was not the aim of the Indian National Congress?

1. To formulate popular demands and present them before the British
2. To organize public opinion in the country.
3. To achieve complete independence.
4. To promote friendly relationship among the nationalist political workers.

Question 13

Complete the given analogy.

Dadabhai Naoroji : London India Society :: Gopal Krishna Gokhale : ?

1. Servants of India Society
2. Indian Association
3. Brahmo Samaj
4. Created an All India Political Association

Question 14

Who is popularly called as Father of the Assertive Nationalism?

1. Aurobindo Ghose
2. Lala Lajpat Rai
3. Bipin Chandra Pal
4. Bal Gangadhar Tilak

Question 15

In which year was the Partition of Bengal revoked?

1. 1905
2. 1910
3. 1911
4. 1906

Question 16

Which of the following was the important objective of the Muslim League?

1. To promote and protect the interests of the Muslims
2. To draw public opinion in the country
3. To demand Poorna Swaraj
4. To achieve unity among the Indians

Question 17

The Rowlatt Act authorized the government to __________.

1. Imprison all the satyagrahis
2. Imprison and trial immediately
3. Imprison any person without trial and convict him in a court
4. Imprison a person with warrant

Question 18

The Supreme Commander of the Azad Hind Fauj was __________.

1. Mohan Singh
2. Rash Behari Bose
3. Aruna Asaf Ali
4. Subhash Chandra Bose

Question 19

The important impact of the Quit India Movement was __________.

1. It shattered people's faith in the British Government.
2. It revived the will to fight the elections.
3. People of all sections of society participated in this movement.
4. It promoted social reforms.

Question 20

Who was elected as the President of the Constituent Assembly in 1946?

1. Dr. Rajendra Prasad
2. C. Rajagopalachari
3. Pandit Jawaharlal Nehru
4. M.A. Jinnah

Question 21

Identify the exclusive powers of Lok Sabha.

1. It can introduce Ordinary Bill.
2. It has the power to set up a new All India Service.
3. It can introduce Money Bill.
4. It can amend the Constitution.

Question 22

Which of the following statements is/are incorrect?

1. Members of the Lok Sabha are directly elected by the eligible voters.
2. The President of India is directly elected by the Lok Sabha.
3. The Parliament has exclusive powers to make laws on the subjects mentioned in the Union list.
4. The President is empowered to promulgate an Ordinance.

Question 23

Suppose you want to become a member of Rajya Sabha, identify an important qualification you should have.

1. Should have voluntarily acquired citizenship of a foreign state.
2. Should be at least 25 years of age.
3. Should not be an insolvent.
4. Should be a Member of Parliament.

Question 24

According to the Government of India Act 1858, identify the changes brought in the army.

1. The strength of European troops in India was increased.
2. Indian troops were kept in key geographical and military positions.
3. Policy of excluding Indians from the officer corps was abolished.
4. More Indian soldiers were recruited to prevent another anti-British uprising.

Question 25

Identify the aims of the Muslim League.

1. To develop and consolidate the feelings of national unity among Muslims.
2. To protect and advance the political rights of Muslims.
3. To train and organize public opinion of the Muslims in the country.
4. All of the above.

Question 26

Who is the ex-officio Chairman of the Rajya Sabha?

1. Prime Minister
2. President
3. Senate
4. Vice President

Question 27

Which State became a victim of the Doctrine of Lapse?

1. Lucknow
2. Poona
3. Nagpur
4. Hyderabad

Question 28

What did Gokhale plead regarding the cotton goods?

1. Reduction in excise duty
2. Abolition of excise duty
3. Increase in export of Indian cotton goods into Britain
4. Decrease in export of Indian cotton goods into Britain

Question 29

Why did Phule say that women were superior to men?

1. They bore children and nursed them.
2. Women were Bharat Mata.
3. He regarded women as 'priceless possession'.
4. If a woman is educated, the whole nation will be educated.

Question 30

As President of Indian National Congress, Subhash Chandra Bose laid emphasis upon which of the following?

I. India's industrialization
II. Planned economic growth on the Soviet pattern
III. Formation of National Planning Committee

Select the correct option from the codes given below:

1. Only I
2. Only II
3. I and III
4. All of the above

Question 31

Why does the will of Lok Sabha prevail at a joint sitting with the Rajya Sabha?

1. Rajya Sabha has no power to vote
2. As total membership of Rajya Sabha is less than even half of the total strength of Lok Sabha
3. No-Confidence Motion can only be moved in the Lok Sabha
4. The Council of Ministers are collectively responsible to the Lok Sabha

Question 32

Choose the correct option to match the following:

Group-A	Group-B
(a) Vernacular Press Act	(i) Lord Curzon
(b) Dadabhai Naoroji	(ii) Lord Lytton
(c) Partition of Bengal	(iii) Punjab Kesari
(d) Lala Lajpat Rai	(iv) Grand Old Man of India

1. (a) (ii)   (b) (i)   (c) (iv)   (d) (iii)
2. (a) (ii)   (b) (iv)   (c) (i)   (d) (iii)
3. (a) (iii)   (b) (iv)   (c) (i)   (d) (ii)
4. (a) (iv)   (b) (iii)   (c) (ii)   (d) (i)

Question 33

Read the passage given and answer the questions that follow:

On 31 January 1930, Mahatma Gandhi sent a letter to Viceroy Irwin stating and imposing eleven demands. Among all the demands, the most stirring was to abolish the salt tax, because it is consumed by the rich and the poor. The demands were needed to be fulfilled by 11 March or else the Congress will initiate a civil disobedience campaign. The popular salt march was started by Mahatma Gandhi and it was accompanied by 78 of his trusted volunteers. The march covered over 240 miles from Gandhi's ashram in a place called Sabarmati to the Gujarati coastal town of Dandi. On 6 April, he reached Dandi and ceremonially violated the law, and started manufacturing salt by boiling seawater. This movement marked as the beginning of the Civil Disobedience Movement.

A. How much distance covered by M. K. Gandhi during Dandi March?

1. 200 Miles

2. 240 Miles

3. 250 Miles

4. 260 Miles.

B. Which one of the following movements began with the Dandi March?

1. Home Rule Movement

2. Non-Cooperation Movement

3. Civil Disobedience Movement

4. Quit India Movement

C. Identify the programmes of the Civil Disobedience Movement.

1. Non-payment of taxes and revenues

2. Non-cooperation of the government

3. Surrender of titles

4. Boycott of elections

D. Which of the following statements are not true regarding the Gandhi-Irwin Pact of 1931?

1. Gandhiji decided to call off the Civil Disobedience Movement.

2. Gandhiji consented to participate in the First Round Table Conference.

3. The British government agreed to release the political prisoners.

4. The British government agreed to grant independence.

Question 34

Study the image given below and answer the questions that follow:

A. Identify the person, who is delivering speech in the Constituent Assembly on 14th August, 1947.

1. Rajendra Prasad

2. Sardar Vallabhbhai Patel

3. Jawaharlal Nehru

4. C. Rajagopalachari

B. Who took the responsibility of uniting all the Princely States into Indian Union after the Independence of India?

1. Rajendra Prasad

2. Sardar Vallabhbhai Patel

3. Jawaharlal Nehru

4. C. Rajagopalachari

C. Who became the first Governor-General of free India?

1. C. Rajagopalachari
2. Muhammad Ali Jinnah
3. Lord Wavell
4. Lord Mountbatten

D. Identify the provisions of the Indian Independence Act.

1. India would be partitioned into two independent dominions.

2. A Constituent Assembly would be set up to frame the new constitution of the Indian Union.

3. A plebiscite would be held in North West Frontier Province (NWFP).

4. An Interim Government would be formed at the Centre.

Name of Exam : ____________________________

2021-22

OMR Response Sheet

Roll No.

1	○ ○ ○ ○ ○ ○ ○
2	○ ○ ○ ○ ○ ○ ○
3	○ ○ ○ ○ ○ ○ ○
4	○ ○ ○ ○ ○ ○ ○
5	○ ○ ○ ○ ○ ○ ○
6	○ ○ ○ ○ ○ ○ ○
7	○ ○ ○ ○ ○ ○ ○
8	○ ○ ○ ○ ○ ○ ○
9	○ ○ ○ ○ ○ ○ ○
0	○ ○ ○ ○ ○ ○ ○

Name ____

Class & Section ______________________________

Subject ______________________________________

Subject Code : ☐ ☐ ☐

Date of Exam :   D D   M M   YYYY
☐☐ / ☐☐ / ☐☐ ☐☐

Candidate's Sign.

Invigilator's Sign.

Instructions for filling the OMR sheet :

1. Use only black/blue ball point pen to fill the circle
2. Use of pencil is strictly prohibited
3. Circle should be designed completely and properly
4. Cutting and erasing on this sheet is not allowed

Q. No.	1	2	3	4
1.	○	○	○	○
2.	○	○	○	○
3.	○	○	○	○
4.	○	○	○	○
5.	○	○	○	○
6.	○	○	○	○
7.	○	○	○	○
8.	○	○	○	○
9.	○	○	○	○
10.	○	○	○	○
11.	○	○	○	○
12.	○	○	○	○
13.	○	○	○	○
14.	○	○	○	○
15.	○	○	○	○
16.	○	○	○	○
17.	○	○	○	○
18.	○	○	○	○
19.	○	○	○	○
20.	○	○	○	○

Q. No.	1	2	3	4
21.	○	○	○	○
22.	○	○	○	○
23.	○	○	○	○
24.	○	○	○	○
25.	○	○	○	○
26.	○	○	○	○
27.	○	○	○	○
28.	○	○	○	○
29.	○	○	○	○
30.	○	○	○	○
31.	○	○	○	○
32.	○	○	○	○
33. (a)	○	○	○	○
33. (b)	○	○	○	○
33. (c)	○	○	○	○
33. (d)	○	○	○	○
34. (a)	○	○	○	○
34. (b)	○	○	○	○
34. (c)	○	○	○	○
34. (d)	○	○	○	○

Self Assessment Chart

After solving the Self Assessment Paper, with the help of online solutions, mark yourself accordingly.

Q. No.	Chapter	Topics	Marks per Question	Marks Obtained
1.	The Union Legislature	Parliamentary Procedures	1	
2.	The Union Legislature	Rajya Sabha	1	
3.	The Union Legislature	Powers and Functions of the Lok Sabha and the Rajya Sabha	1	
4.	The Union Legislature	Powers and Functions of the Lok Sabha and the Rajya Sabha	1	
5.	The Union Legislature	Rajya Sabha	1	
6.	The Union Legislature	Relationship between the Two Houses of the Parliament	1	
7.	The Union Legislature	Relationship between the Two Houses of the Parliament	1	
8.	The Union Legislature	Parliamentary Procedures	1	
9.	The Union Legislature	Role and Functions of the Speaker	1	
10.	The Union Legislature	Rajya Sabha	1	
11.	The Indian National Movement (1857-1917)	First War of Independence : 1857	1	
12.	The Indian National Movement (1857-1917)	Rise of Nationalism and Establishment of the Indian National Congress	1	
13.	The Indian National Movement (1857-1917)	First Phase of the Indian National Movement (1885-1907)	1	
14.	The Indian National Movement (1857-1917)	Second Phase of the Indian National Movement (1905-1916)	1	
15.	The Indian National Movement (1857-1917)	The Partition of Bengal	1	
16.	The Indian National Movement (1857-1917)	Formation and Objectives of the Muslim League	1	
17.	The Mass Phase of the National Movement (1915-1947)	Mahatma Gandhi and Popular National Movements	1	
18.	The Mass Phase of the National Movement (1915-1947)	Subhash Chandra Bose and the Indian National Army (INA)	1	
19.	The Mass Phase of the National Movement (1915-1947)	Events Leading to the Quit India Movement (1935-1943)	1	
20.	The Mass Phase of the National Movement (1915-1947)	Towards Independence and Partition of India (1944-1947)	1	
21.	The Union Legislature	Powers and Functions of the Lok Sabha and the Rajya Sabha	1	
22.	The Union Legislature	Powers and Functions of the Lok Sabha and the Rajya Sabha	1	
23.	The Union Legislature	Rajya Sabha	1	
24.	The Indian National Movement (1857-1917)	First War of Independence : 1857	1	
25.	The Indian National Movement (1857-1917)	Formation and Objectives of the Muslim League	1	
26.	The Union Legislature	Rajya Sabha	1	
27.	The Indian National Movement (1857-1917)	First War of Independence : 1857	1	
28.	The Indian National Movement (1857-1917)	First Phase of the Indian National Movement (1885-1907)	1	
29.	The Indian National Movement (1857-1917)	Rise of Nationalism and Establishment of the Indian National Congress	1	
30.	The Mass Phase of the National Movement (1915-1947)	Subhash Chandra Bose and the Indian National Army (INA)	1	
31.	The Union Legislature	Relationship between the Two Houses of the Parliament	1	
32.	The Indian National Movement (1857-1917)	First Phase of the Indian National Movement (1885-1907)	1	
33.	The Mass Phase of the National Movement (1915-1947)	Towards Independence and Partition of India (1944-1947)	4	
34.	The Mass Phase of the National Movement (1915-1947)	Towards Independence and Partition of India (1944-1947)	4	
How did you perform ? (Marks Achieved/Maximum Marks × 100%)				

Geography

1. Interpretation of Topographical Maps

4. Climate of India

5. Soils in India

6. Natural Vegetation of India

7. Water Resources

Chapter - 1 (Interpretation of Topographical Maps)

Classification

- On the basis of scale
  - Large scale
    - Cadastral
    - Topographical
  - Small scale
    - Wall
    - Atlas
- On the basis of content
  - Political
  - Physical
  - Thematic

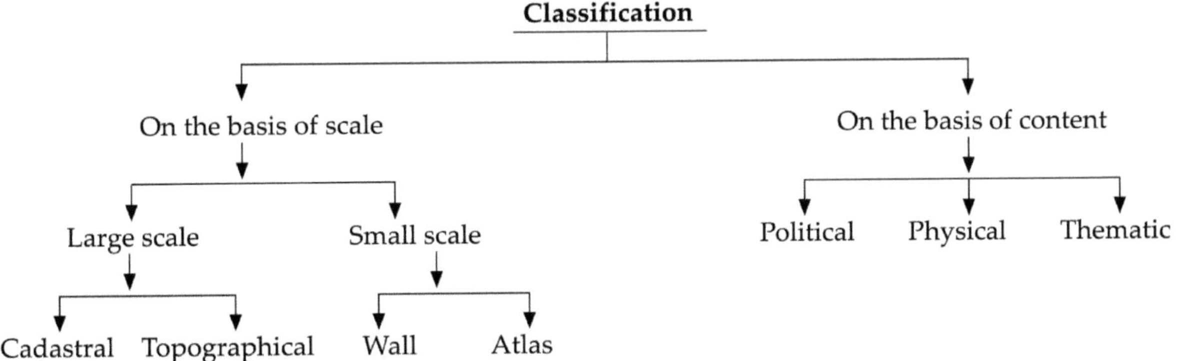

Chapter - 4 (Climate of India)

Factors Affecting the Climate of India

- Vast Latitudinal Extent
- Role of the Himalayas
- Altitude
- Proximity to the sea
- Western Disturbances
- Conditions over the ocean
- Jet Streams
- Surrounding Conditions
- El-Nino
- Presence of Relief Features

Seasons of India

Summer Season (March to May)

- As the sun shines vertically on the Tropic of Cancer, mainland of India experiences intense heat.
- Very high temperature of about 45° to 50°C.
- Mango showers, Kalbaisakhi and loo are the storms of hot season.

Monsoon Season (June to September)

- Also called rainy season or South-West Monsoon Season.
- Most of the parts of India receive rainfall in this season.
- There are two branches of S. W. Monsoon:
  - The Arabian Sea branch
  - The Bay of Bengal branch

Retreating Monsoon Season (October to November)

- The temperature begins to decrease.
- The skies are clear, low humidity and weather becomes fresh and pleasant.
- Tropical cyclones are caused especially in Bay of Bengal.

Winter Season (December to February)

- As the sun is overhead at the Tropic of Capricorn, India has winter or cold weather season.
- The average temperature is below 21°C.
- Frost is common in North-West parts and the higher slopes of the Himalayas experience snowfall.

Chapter - 5 (Soils in India)

Types of Soil

Alluvial Soil
- Ex situ or transported soil.
- Rich in potash and lime.
- Poor in phosphorus and humus, except the alluvium of the Ganga deltaic region.
- Formed due to the deposition of alluvium brought by rivers.
- Mainly found in the northern plains and coastal strips of Peninsular India.
- Suitable for growing rice, wheat, sugarcane, jute, etc.

Black Soil
- In situ or residual soil.
- Also known as Regur soil.
- Rich in lime, aluminium, calcium, potash, iron and magnesium.
- Poor in nitrogen and humus.
- Formed due to weathering of volcanic rocks (basalt).
- Mainly found across interiors of Gujarat and Maharashtra.
- Suitable for growing cotton, sugarcane, oilseeds, etc.

Laterite Soil
- In situ or residual soil.
- Rich in iron.
- Poor in potassium, lime, nitrogen and silica.
- Formed due to intense leaching owing to heavy tropical rains.
- Mainly found in the Eastern and Western Ghats and Assam Hills.
- Suitable for growing cashew, tapioca, coffee, rubber, etc.

Red Soil
- In situ or residual soil.
- Rich in iron.
- Poor in nitrogen, phosphorus, lime and humus.
- Formed due to the disintegration of metamorphic rocks.
- Mainly found on the plateau region of Peninsular India.
- Suitable for growing cotton, wheat, tobacco, etc.

Chapter - 6 (Natural Vegetation of India)

Types of Vegetation

Tropical Evergreen Forests

- As these forests are found in areas of heavy rainfall of over 200 cm, they are also known as 'rainforests'.
- Trees do not shed all of their leaves at the same time.
- These forests mostly consist of tall hardwood trees.
- Tapioca, ebony, cinchona, rosewood and bamboo are important trees.

Tropical Desert Forests

- These forests are found in places of scanty rainfall below 50 cm.
- These forests are classified into two types:
  - Desert and Semi-Desert Vegetation.
  - Thorn and Scrub Forests.
- Trees/plants have thin leaves or no leaves. Their stems and leaves are often covered by sharp spines (thorns).
- Cactus, acacia, date palm and kikar are important trees/ plants.

Mountain Forests

- These forests are found in cool areas of an average altitude of 1500 m to 4000 m.
- These forests usually consist of broad leafed evergreen and coniferous trees depending on elevation and rainfall.
- The trees are of softwood variety and occur in pure stand.
- Oak, chestnut, pine, deodar, silver fir, cedar and spruce are important trees.

Tropical Deciduous Forests

- As these forests are found in regions of average rainfall between 70 cm – 200 cm, they are also known as 'monsoon forests'.
- These forests are classified into two types:
  - Tropical Moist Deciduous Forests
  - Tropical Dry Deciduous Forests
- Trees shed their leaves during the prolonged dry season.
- These forests mostly consist of softwood trees.
- Teak, sal, mango, sandalwood, eucalyptus and mulberry are important trees.

Littoral Forests

- These forests are found on the coastal and deltaic regions. They are also known as tidal or mangrove forests.
- Trees are of evergreen type and are dominated by halophytes.
- Sundari and mangrove are important trees.
- Due to the abundance of Sundari trees, the forested part in Ganga and Brahmaputra delta are entitled as Sunderbans.

Chapter - 7 (Water Resources)

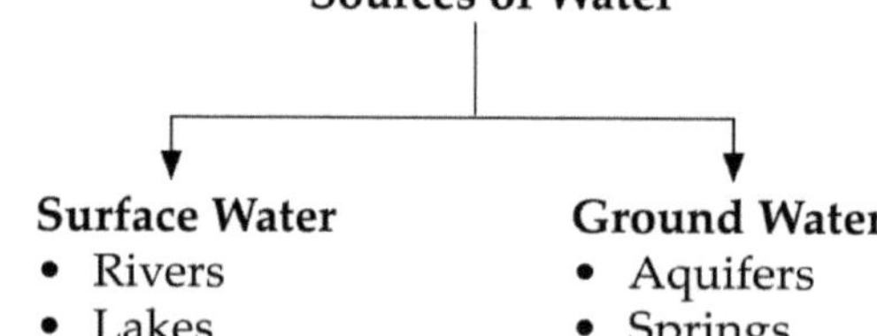

Sources of Water

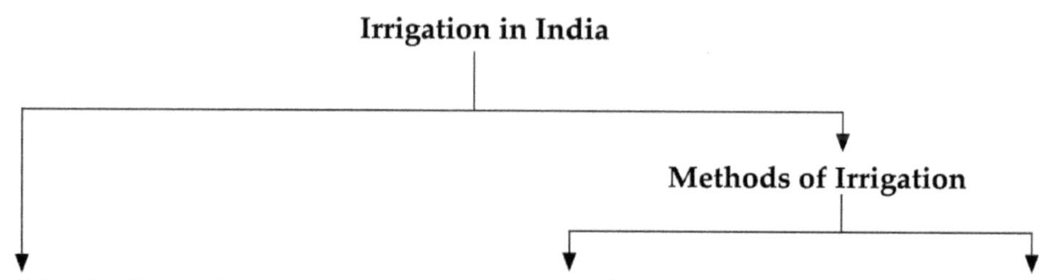

Surface Water
- Rivers
- Lakes
- Ponds
- Streams

Ground Water
- Aquifers
- Springs
- Wells

Irrigation in India

Methods of Irrigation

Importance/Need of Irrigation
- Periodic and uneven rainfall.
- Vast area of arable land.
- High yielding variety of crops.
- Difference in water holding capacity of soil.
- Varied topography.
- Increased drought conditions.
- Growing demand for increased food production.
- Controlled water supply.
- Agriculture based economy.

Conventional/Recognized Methods
- Wells : Lined/Unlined
- Tube Wells
- Tanks
- Canals : Inundation/Perennial

Modern Methods
- Drip Irrigation
- Sprinkler Irrigation

Geography
Multiple Choice Questions

1.

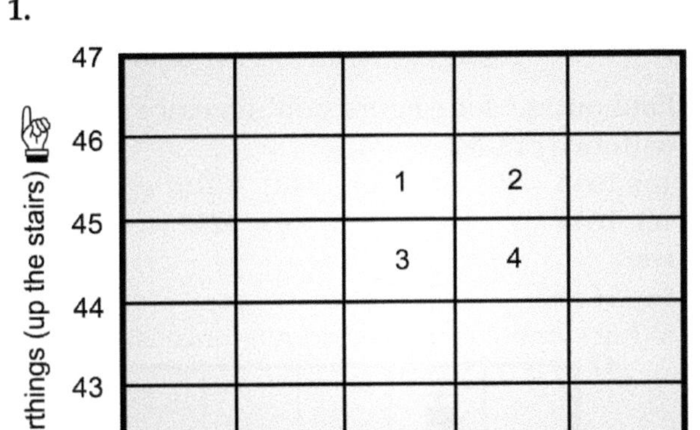

Give the reference of number 3 from the given four-figure grid.

(a) 4418   (b) 1844

(c) 8141   (d) 4148

Answer:

(b) 1844

2.

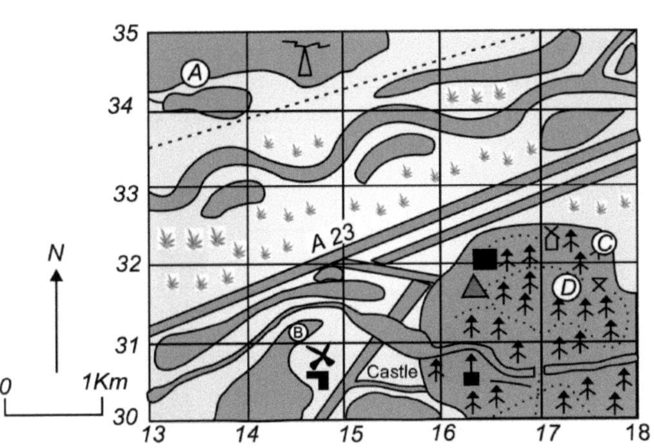

What is four-figure grid reference of the letter D?

(a) 3117   (b) 1733

(c) 1731   (d) 1832

Answer:

(c) 1731

3.

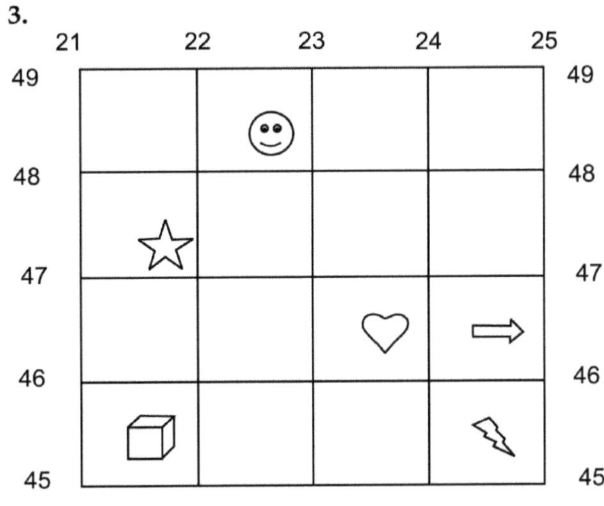

Give the four-figure grid reference of the heart.

(a) 2446   (b) 2345

(c) 2346   (d) 2447

Answer:

(c) 2346

4.

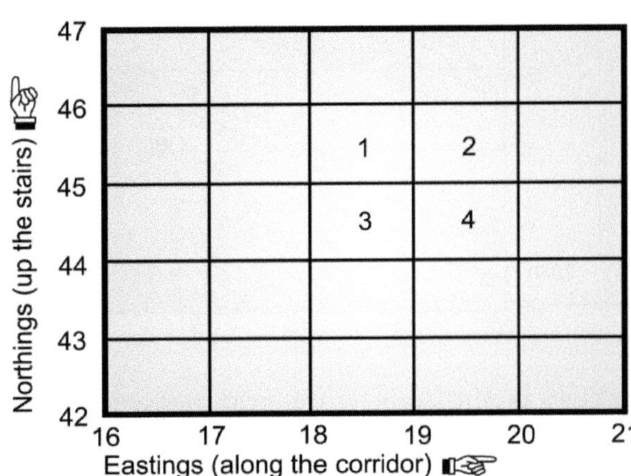

Find out the reference of number 2 from the given four-figure grid.

(a) 1945   (b) 4519

(c) 9154   (d) 5491

Answer:

(a) 1945

5.

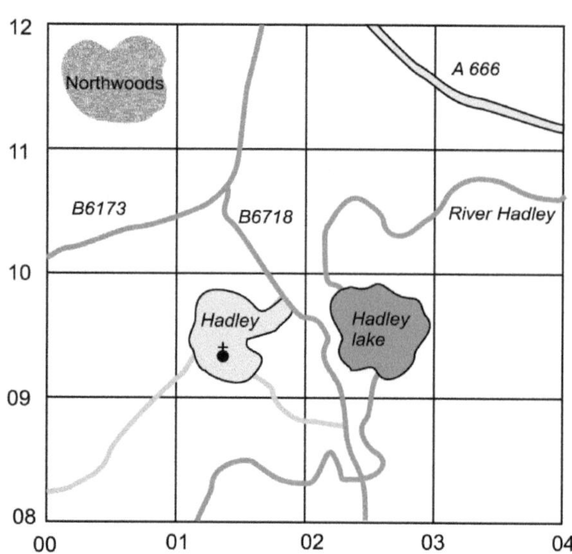

Find out the reference of Northwoods from the above given four-figure grid :

(a) 0012

(b) 0011

(c) 0112

(d) 0611

Answer:

(b) 0011

6.

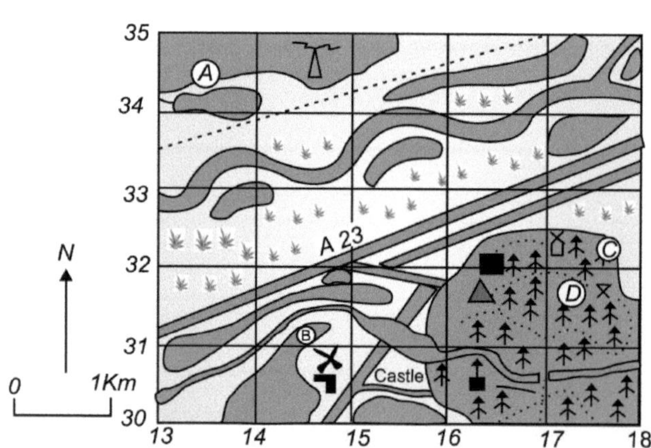

What is the four-figure grid reference of the castle ?

(a) 3116

(b) 1530

(c) 1531

(d) 1532

Answer:

(b) 1530

7.

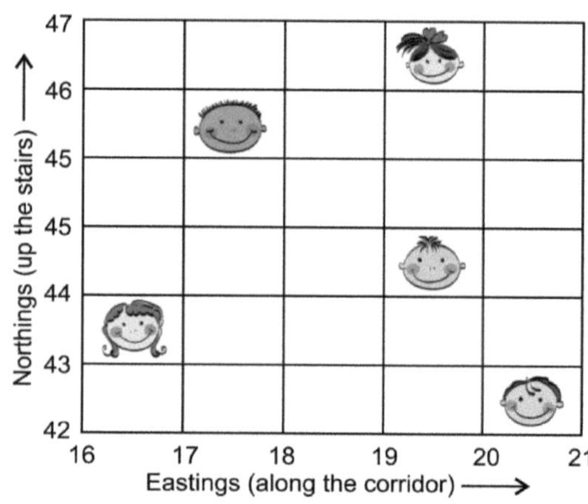

Find out the four-figure grid reference of the girl with two braids.

(a) 1643

(b) 4316

(c) 1644

(d) 4217

Answer:

(a) 1643

8. What symbol is in the grid reference 2042 ?

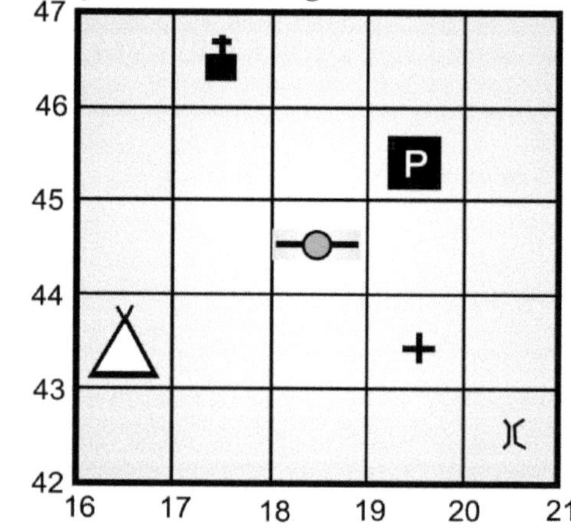

(a) Tower

(b) Dam

(c) Bridge

(d) House

Answer:

(c) Bridge

9. Refer to the images and answer the question that follows:

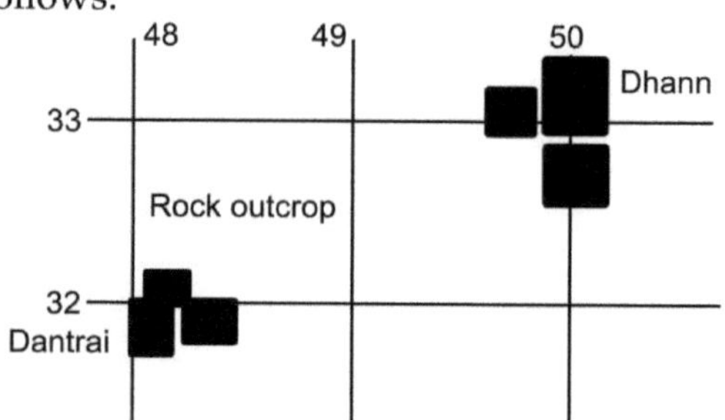

What is the four-figure grid reference of rock outcrop?

(a) 4832

(b) 4933

(c) 3248

(d) 3349

Answer:

(a) 4832

10.

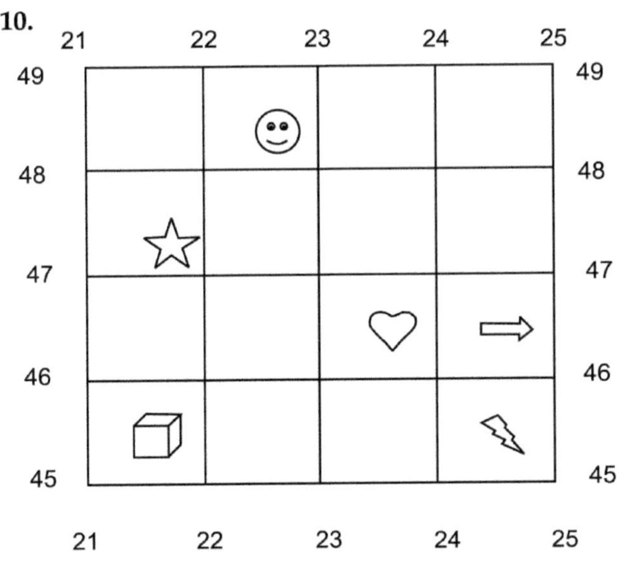

Give the four-figure grid reference of the lightning bolt.

(a) 2445

(b) 2546

(c) 4524

(d) 4624

Answer:

(a) 2445

11.

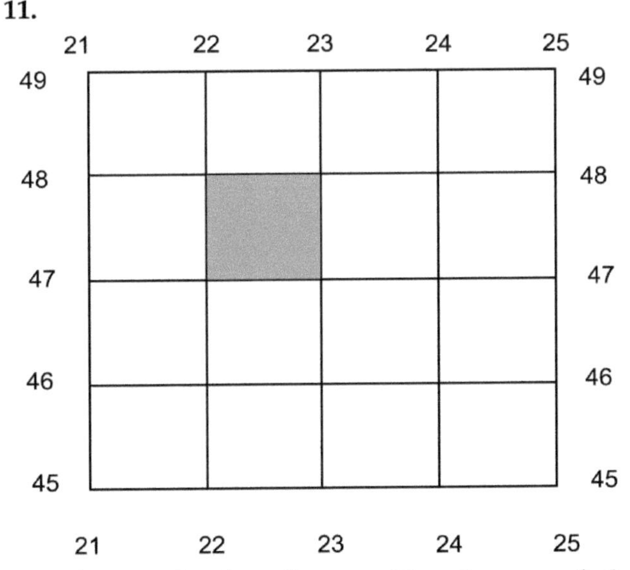

What is the four-figure grid reference of the square shaded in the grid above?

(a) 2147

(b) 4722

(c) 2247

(d) 4721

Answer:

(c) 2247

12.

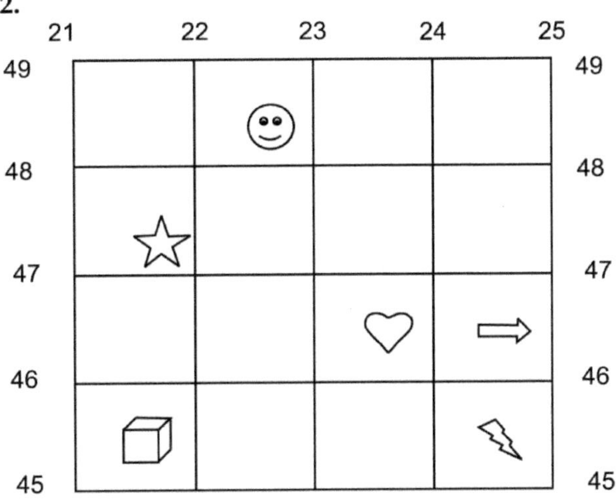

Give the four-figure grid reference of the smiling face.

(a) 2148

(b) 2248

(c) 2247

(d) 2243

Answer:

(b) 2248

13.

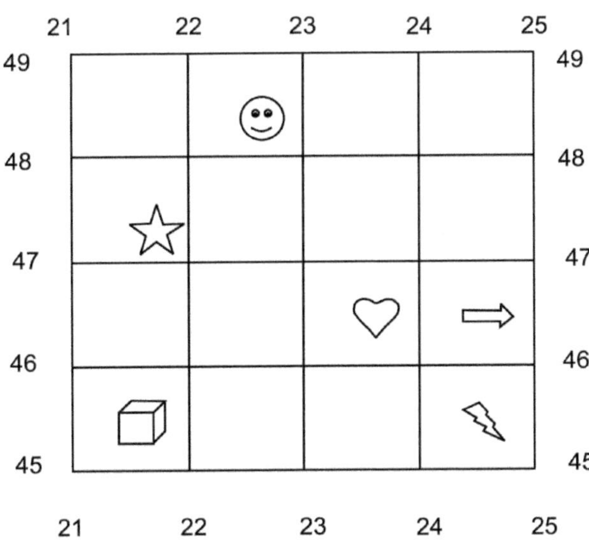

Give the four-figure grid reference of the arrow.

(a) 2445

(b) 2447

(c) 2446

(d) 2546

Answer:

(c) 2446

14.

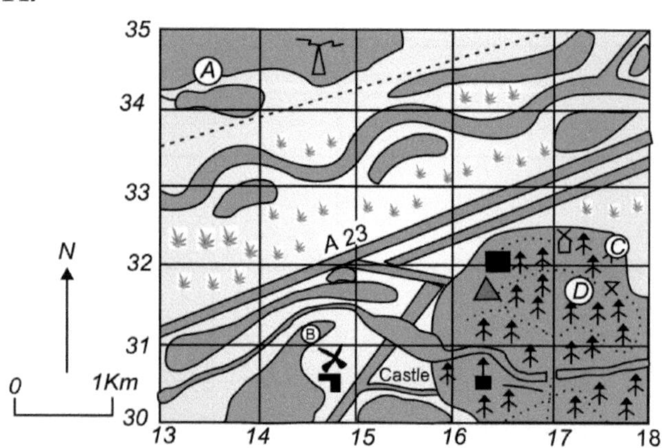

What is the four-figure grid reference of the letter D ?

(a) 3117   (b) 1731
(c) 1733   (d) 1832

Answer:

(b) 1731

15.

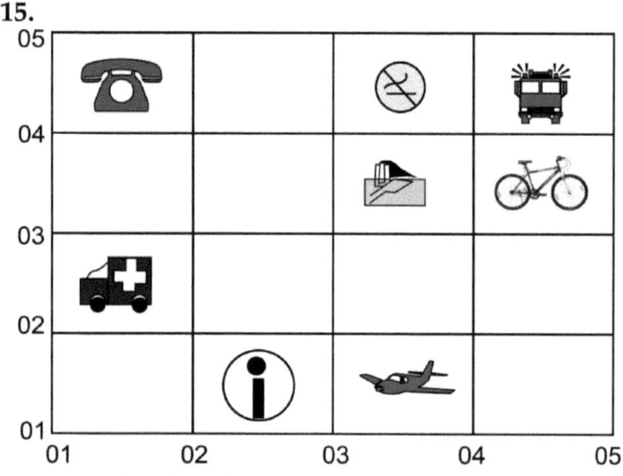

Give the four-figure grid reference of the police car.

(a) 0504   (b) 0404
(c) 0405   (d) 0504

Answer:

(b) 0404

16.

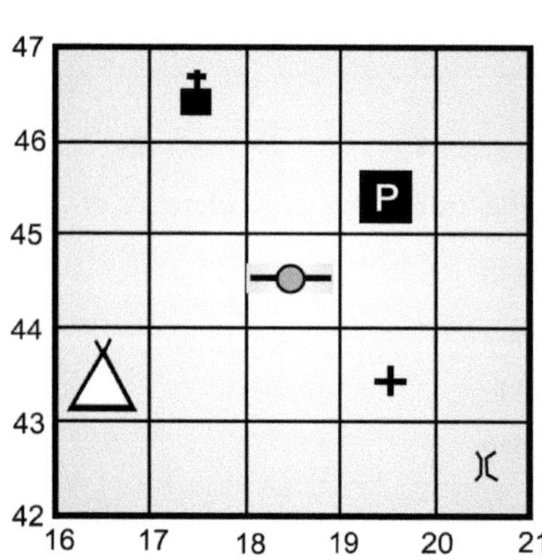

What is the four-figure grid reference of the Hospital ?

(a) 4319

(b) 1943

(c) 1843

(d) 4320

Answer:

(b) 1943

17. What is the grid reference for the shaded square in the diagram given below :

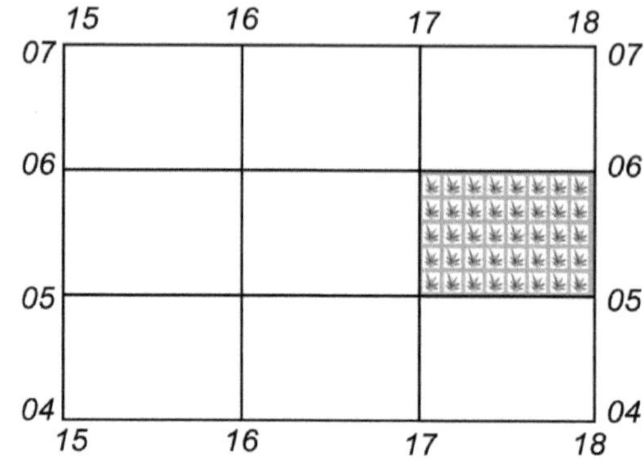

(a) 1630

(b) 1804

(c) 1705

(d) 1805

Answer:

(c) 1705

18.

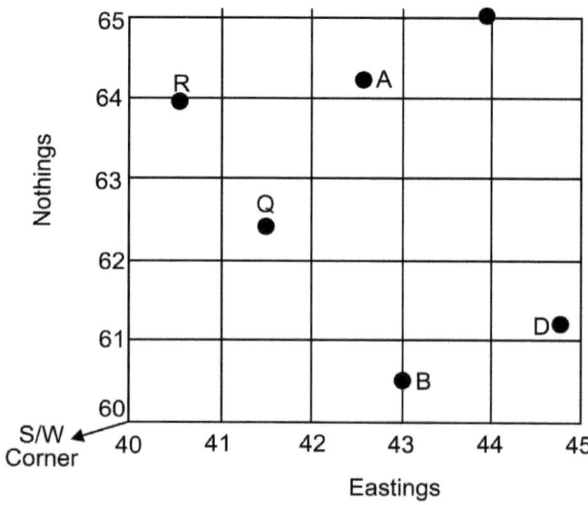

Find out the reference of Q from the above four-figure grid.

(a) 6241   (b) 1462
(c) 4162   (d) 4165

Answer:

(c) 4162

19. Refer to the images and answer the question that follow:

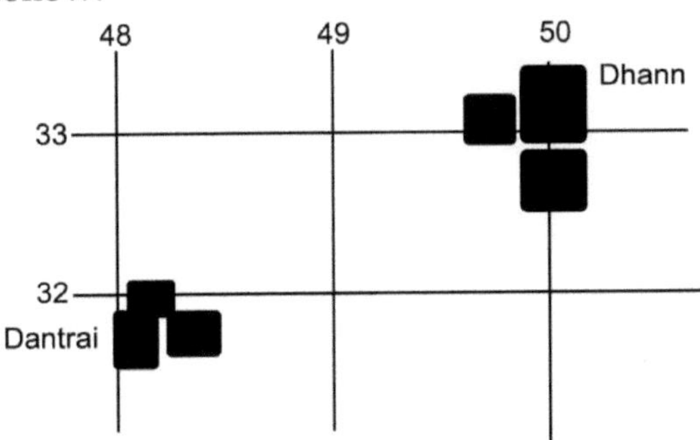

What is the direction of Dantrai from Dhann?

(a) Northeast

(b) Northwest

(c) Southeast

(d) Southwest

Answer:

(d) Southwest

20.

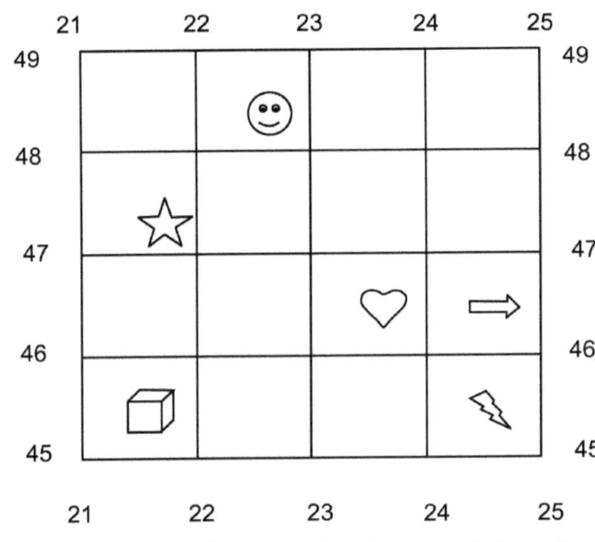

Give the four-figure grid reference of the cube.

(a) 4512

(b) 2145

(c) 1245

(d) 1233

Answer:

(b) 2145

21.

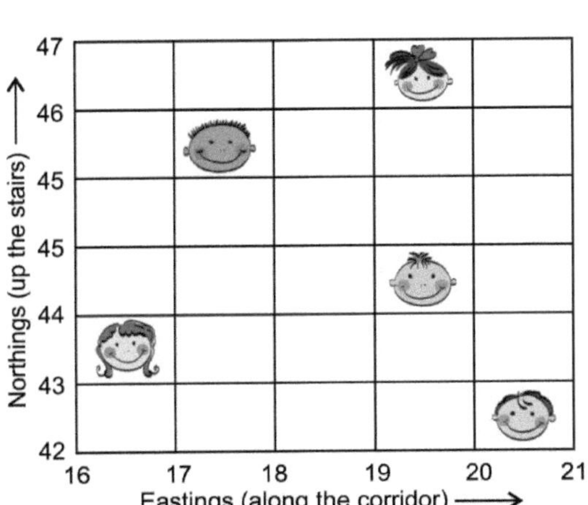

Give the direction of the girl in pony from the girl in braids.

(a) North-east

(b) North-west

(c) South-east

(d) South-west

Answer:

(a) North-east

22. Refer to the images and answer the question that follows:

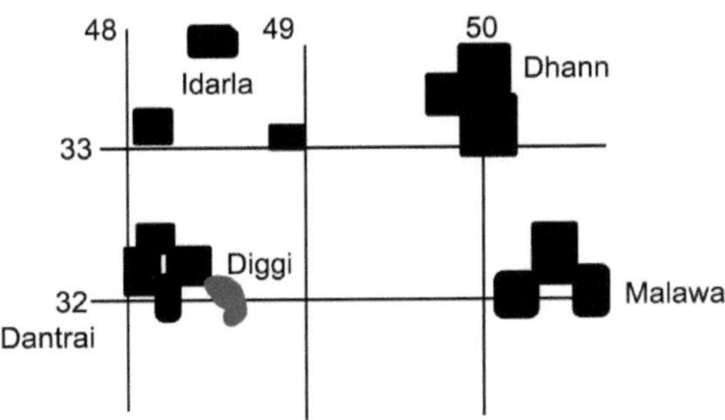

Name the settlement pattern in grid square 4833.

(a) Nucleated

(b) Compact

(c) Scattered

(d) Isolated

Answer:

(c) Scattered

23.

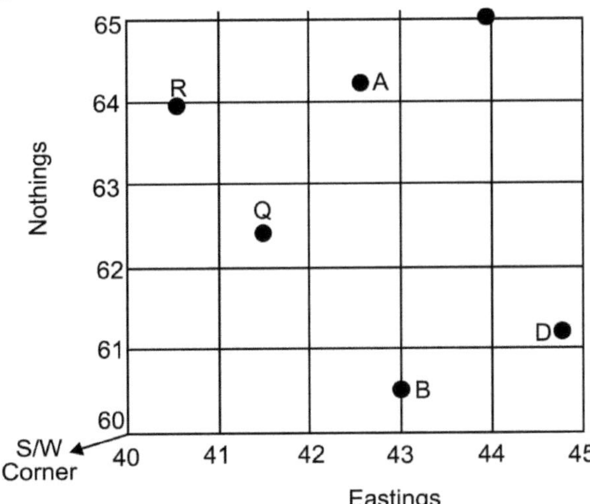

Find out the reference of R from the above four-figure grid.

(a) 4064

(b) 4062

(c) 6440

(d) 4041

Answer:

(a) 4064

24.

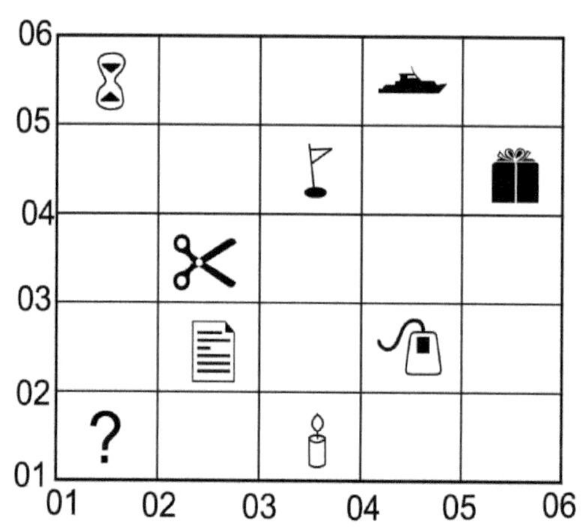

By referring the above image, Give the four-figure grid reference for the paper.

(a) 0303   (b) 0203
(c) 0202   (d) 0201

Answer:

(c) 0202

25.

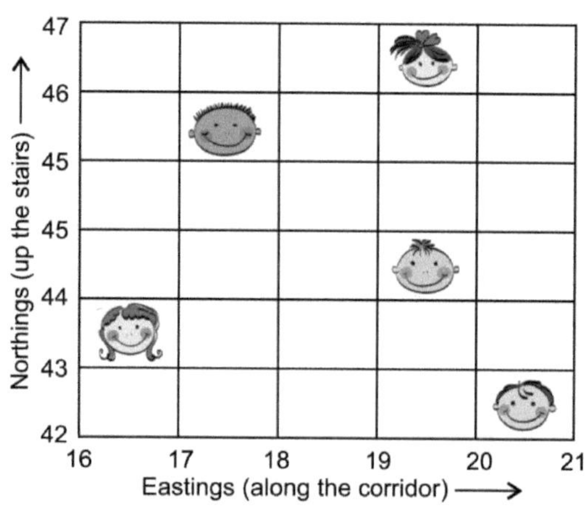

What is the direction of the boy in grid 1745 from the boy in 1944 ?

(a) North   (b) South
(c) North-west   (d) South-east

Answer:

(c) North-west

26.

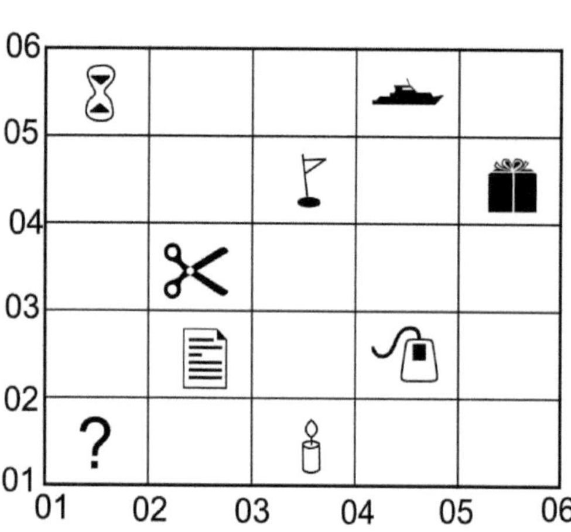

Give the four-figure grid reference of the question mark.

(a) 1010
(b) 0102
(c) 0101
(d) 0201

Answer:

(c) 0101

27.

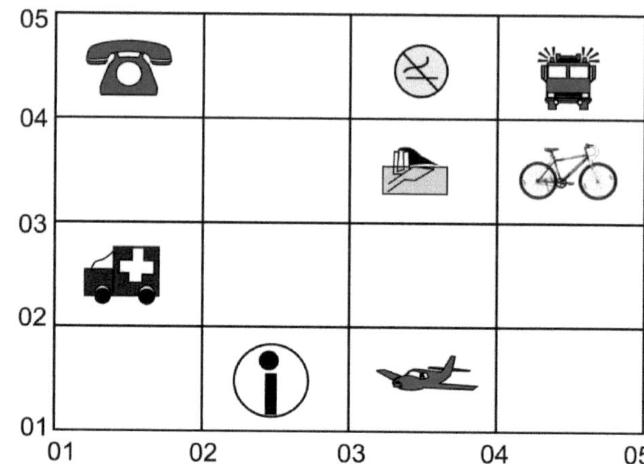

Give the four-figure grid reference of the no smoking symbol.

(a) 0405

(b) 0304

(c) 0404

(d) 0604

Answer:

(b) 0304

28. Refer to the images and answer the question that follows:

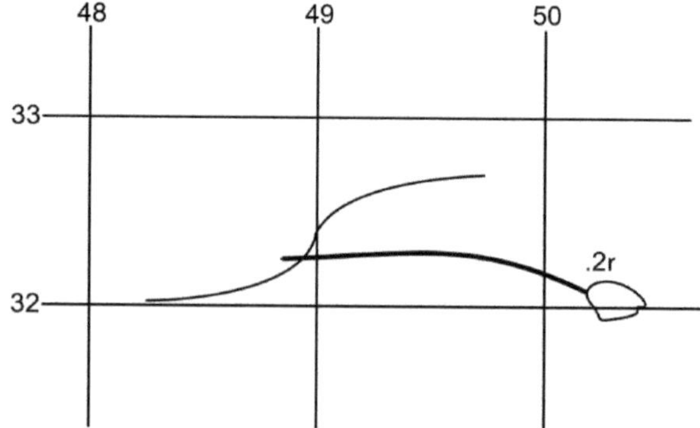

What does .2r in 5032 indicate?

(a) The relative height of the tank is 2 m.
(b) The relative height of the tank is 2 cm.
(c) The relative depth of the embankment is 2 m.
(d) The relative depth of the embankment is 2 cm.

Answer:

(a) The relative height of the tank is 2 m.

29.

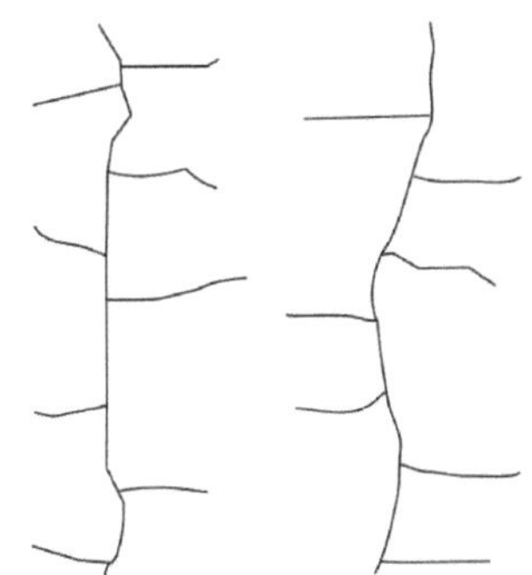

Identify the drainage pattern in the above figure.

(a) Trellis   (b) Radial

(c) Disappearing   (d) Dendritic

Answer:

(a) Trellis

30.

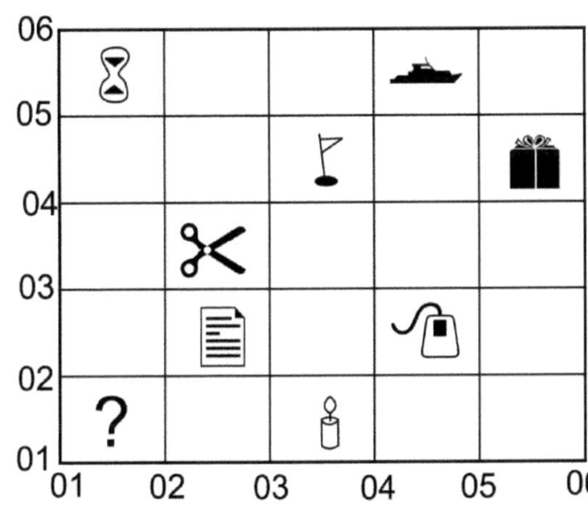

Give the four-figure grid reference for the candle.

(a) 0402   (b) 0301

(c) 0401   (d) 0104

Answer:

(b) 0301

31. The retreating monsoon withdraws itself from:

(a) The West coast to the East coast.

(b) North-east India to the West coast.

(c) The North to the South.

(d) North-west India to Bengal and then to Kerala.

Answer:

(d) North-West India to Bengal and then to Kerala.

32. Which of the following crops is/are suitable for growing on black soil?

(a) Cotton   (b) Wheat

(c) Gram   (d) All of these

Answer:

(d) All of these

33. The Mangrove forests of Ganga delta are known as:

(a) Monsoon forest   (b) Sunderbans

(c) Tropical forest   (d) Swamp forest

Answer:

(b) Sunderbans

34. The oldest and the cheapest means of irrigation is–

(a) Tube wells

(b) Sprinklers

(c) Unlined and lined wells

(d) Drip irrigation

Answer:

(c) Unlined and lined wells

35. In May-June each year, the monsoon winds approach the southern tip of India from:

(a) North direction

(b) North-easterly direction

(c) North-westerly direction

(d) South-westerly direction

Answer:

(d) South-westerly direction

36. The Arabian Sea branch of the South-West Monsoon first strikes the western coast of India in Kerala on 1st June. The rainfall is orographic. What is this phenomenon known as?

(a) Monsoon Burst   (b) Mango Showers

(c) Retreating Monsoons   (d) El-Nino Effect

Answer:

(a) Monsoon Burst

37. Which of the following is not a species of tropical moist deciduous forests?

(a) Mahogany   (b) Sal

(c) Shisham   (d) Teak

Answer:

(a) Mahogany

38. Advantage of well irrigation to the farmer is:

(a) Wells dry during summer when it is most needed.

(b) Wells don't have water during drought season.

(c) Wells are very expensive to construct.

(d) Wells are independent source of irrigation.

Answer:

(d) Wells are independent source of irrigation.

39. The pre-monsoon mango showers occur predominantly in:

(a) West Bengal and Assam
(b) Deccan Plateau
(c) Gujarat and Maharashtra
(d) Kerala and Karnataka

Answer:

(a) West Bengal and Assam

40. Identify the erosion which depicts the uniform removal of soil in thin layers from sloppy lands due to overflow of water and beating action of raindrops.

(a) Rill erosion
(b) Gully erosion
(c) Sheet erosion
(d) Splash erosion

Answer:

(c) Sheet erosion

41. Which one of the following types of forests covers the maximum area in India?

(a) Tropical rain forest
(b) Tropical moist deciduous forest
(c) Tropical dry deciduous forest
(d) Tropical desert forest

Answer:

(b) Tropical moist deciduous forest

42. The two types of canal irrigation are:

(a) Channels and trenches.
(b) Unlined and lined.
(c) Inundation and perennial.
(d) Elongated and wide.

Answer:

(c) Inundation and perennial.

43. Match the following:

COLUMN I	COLUMN II
(a) Kalbaisakhi	(i) Kerala
(b) Loo	(ii) Assam
(c) Mango Shower	(iii) West Bengal
(d) Bardoli Chheerha	(iv) Northern India

(a) 1. (i), 2. (ii), 3. (iii), 4. (iv)
(b) 1. (i), 2. (ii), 3. (iii), 4. (iv)
(c) 1. (i), 2. (ii), 3. (iii), 4. (iv)
(d) 1. (i), 2. (ii), 3. (iii), 4. (iv)

Answer:

(a) 3. West Bengal
(b) 4. Northern India
(c) 1. Kerala
(d) 2. Assam

44. Give reasons for the following :

The peninsular portion of India experiences peak summers earlier than northern India.

(a) There is less amount of rainfall in the peninsula during that time.
(b) Cold waves from Central Asia sweep over the northern plains during the time.
(c) Owing to the northward movement of the Sun, the global heat belt shifts northward.
(d) None of the above

Answer:

(c) Owing to the northward movement of the Sun, the global heat belt shifts northward.

45. Advantages of organic manure are:

(a) It binds the soil.
(b) It improves the water-holding capacity of soil.
(c) Both (a) and (b)
(d) It binds the soil but decreases its water retention capacity.

Answer:

(c) Both (a) and (b)

46. Open stunted forests with bushes and having long roots and sharp thorns or spines are commonly found in:

(a) Eastern Odisha
(b) North-eastern Tamil Nadu
(c) Shiwaliks and Terai regions
(d) Western Andhra Pradesh

Answer:

(d) Western Andhra Pradesh

47. Canal irrigation is popular in Northern Plains:

(a) It has perennial rivers and the land is soft enough for canals to be constructed from rivers to the fields.
(b) It has a very rocky terrain.
(c) The rivers are seasonal and flood during monsoon.
(d) There are many rapids and waterfall.

Answer:

(a) It has perennial rivers and the land is soft enough for canals to be constructed from rivers to the fields.

48. Which part of India receives rainfall from both the South-West and North-West monsoons?

(a) Tamil Nadu

(b) Odisha

(c) Lakshadweep Islands

(d) Andaman and Nicobar Islands

Answer:

(d) Andaman and Nicobar Islands

49. Choose the correct statement regarding the characteristics of Alluvial Soil.

(a) The soil is immature and has weak profile due to its recent origin.

(b) The soil is porous.

(c) This soil is constantly replenished by the recurrent floods.

(d) All of the above

Answer:

(d) All of the above

50. Which of the following receives heavy rainfall in the month of October and November?

(a) Hills of Garo, Khasi and Jaintia

(b) Plateau of Chota Nagpur

(c) Coromandel Coast

(d) Malwa Plateau

Answer:

(c) Coromandel Coast

51. The most important measure that the Government should adopt to handle water crisis:

(a) Watershed development project called Haryali.

(b) Dig more tube wells and bore wells.

(c) Start development and infrastructure projects in catchment areas.

(d) Supply water to every house.

Answer:

(a) Watershed development project called Haryali.

52. Which of the following forests is grown in waterlogged areas?

(a) Evergreen forest (b) Deciduous forest

(c) Tropical thorn forest (d) Mangrove forest

Answer:

(d) Mangrove forest

53. Black soil :

(a) has less water retention capacity.

(b) is not suitable for growing cotton.

(c) gets very sticky in the rainy season.

(d) has high percentage of phosphate and nitrogen.

Answer:

(c) gets very sticky in the rainy season.

54. Which of the following areas of India is covered by tropical evergreen forests?

(a) Semi-arid areas of Gujarat

(b) Eastern Ghats

(c) Western Ghats

(d) Madhya Pradesh

Answer:

(c) Western Ghats

55. Sprinkler irrigation is practiced in arid and semi-arid regions:

(a) It is cheap and easy to install.

(b) It reduces loss of water due to evaporation and seepage.

(c) It can be used for all types of crops.

(d) It requires simple machinery.

Answer:

(b) It reduces loss of water due to evaporation and seepage.

56. Favourable conditions for the formation of laterite soil are:

(a) High temperature and heavy rainfall.

(b) Low temperature and heavy rainfall.

(c) Low temperature and low rainfall.

(d) High temperature and low rainfall.

Answer:

(a) High temperature and heavy rainfall.

57. Match the following:

COLUMN I	COLUMN II
(a) Alluvial soil	(i) Cotton
(b) Black soil	(ii) Coffee
(c) Red soil	(iii) Tobacco
(d) Laterite soil	(iv) Wheat

(a) 1. (i), 2. (ii), 3. (iii), 4. (iv)

(b) 1. (i), 2. (ii), 3. (iii), 4. (iv)

(c) 1. (i), 2. (ii), 3. (iii), 4. (iv)

(d) 1. (i), 2. (ii), 3. (iii), 4. (iv)

Answer:

(a) 4. Wheat

(b) 1. Cotton

(c) 3. Tobacco

(d) 2. Coffee

58. Give reason for the following:
South-West Monsoon causes rainfall.

(a) They blow from the low pressure area of north-eastern India towards the seas.

(b) They are seasonal winds.

(c) They blow over the warm Indian Ocean and gather moisture.

(d) They strike the Himalayas.

Answer:

(c) They blow over the warm Indian Ocean and gather moisture.

59. Drip irrigation is the most advanced and efficient method of irrigation:

(a) It allows the grower to customize an irrigation programme most beneficial to the crop.

(b) It occupies large fertile area.

(c) It is an expensive method of irrigation.

(d) It waterlogs the fields and results in gradual build up of excessive salts.

Answer:

(a) It allows the grower to customize an irrigation programme most beneficial to the crop.

60. Which of the following statements is true with regard to the erratic behaviour of Indian monsoons?

(a) Uniform duration but varying amounts of rain from one year to another, as well as at different places.

(b) Uncertain date of onset and withdrawal, and equal distribution of rain.

(c) Uncertain date of onset and withdrawal as well as varying amounts of rainfall during different years.

(d) Uniform duration but varying amounts of rain from place to place.

Answer:

(c) Uncertain date of onset and withdrawal as well as varying amounts of rainfall during different years.

61. Which is the famous animal of the mangrove forests?

(a) Royal Bengal Tiger   (b) Leopard

(c) Monkey   (d) Lion

Answer:

(a) Royal Bengal Tiger

62. The causes of desertification are:

(a) Overgrazing   (b) Over cultivation

(c) Deforestation   (d) All of these

Answer:

(d) All of these

63. Which of the following words is used to denote species of animals of a particular region?

(a) Flora   (b) Fauna

(c) Natural Vegetation   (d) Vegetation

Answer:

(b) Fauna

64. Main drawback of conventional method of irrigation:

(a) Optimum utilization of water by irrigation.

(b) Reduces seepage and evaporation.

(c) Subject to cyclic changes of flooding and water stress situations resulting in poor yield.

(d) Very good water management.

Answer:

(c) Subject to cyclic changes of flooding and water stress situations resulting in poor yield.

65. Which of the following is recognised as a season by the meteorological department of India?

(a) Cold weather

(b) Hot weather

(c) Retreating monsoon

(d) North-East monsoon

Answer:

(d) North-East monsoon

66. Rain water harvesting systems practiced in Deccan Plateau:

(a) Khatri

(b) Korambu

(c) Surangam

(d) Bhandaras and Kere

Answer:

(d) Bhandaras and Kere

67. Under which climatic conditions does the laterite soil develop?

(a) Wet tropical climate

(b) Hot and dry climate

(c) Cold temperature climate

(d) Mediterranean type of climate

Answer:

(a) Wet tropical climate

68. Which of the following statements is not true about National Forest Policy?

(a) The forest policies are operational in India since Medieval period.

(b) In 1952 and 1988, revisions were made in the forest policy of 1894.

(c) The targets of National Forests Policy 1988 are protection, conservation, regeneration and development of forests.

(d) Maintenance of environmental stability through preservation and restoration of ecological balance is the main highlight of NFP 1988.

Answer:

(a) The forest policies are operational in India since Medieval period.

69. Which one of the following statements is wrong regarding the "Norwesters" of Bengal?

(a) It is caused due to strong surface heating.

(b) It originates in the Chota Nagpur Plateau region.

(c) It is a kind of thunderstorm.

(d) None of the above

Answer:

(d) None of the above

70. Rooftop rainwater harvesting:

(a) Process in which rainwater falling on a roof is diverted through drain-pipes to the storage container.

(b) Process in which rainwater flowing through drains are collected in a tank or lake.

(c) Process in which rainwater falling in catchment areas are collected in reservoirs.

(d) Process in which rainwater is collected in pits and trenches to recharge underground water table.

Answer:

(a) Process in which rainwater falling on a roof is diverted through drain-pipes to the storage container.

71. Match the plant species with the correct type of vegetation:

Indian State	Vegetation Type
(a) Madhya Pradesh	(i) Arid and semi-arid vegetation
(b) Pine	(ii) Tropical moist deciduous forests
(c) Sandalwood	(iii) Tropical evergreen forests
(d) Date Palm	(iv) Mountain forests

(a) 1. (i), 2. (ii), 3. (iii), 4. (iv)

(b) 1. (i), 2. (ii), 3. (iii), 4. (iv)

(c) 1. (i), 2. (ii), 3. (iii), 4. (iv)

(d) 1. (i), 2. (ii), 3. (iii), 4. (iv)

Answer:

(a) 3. Tropical evergreen forests

(b) 4. Mountain forests

(c) 2. Tropical moist deciduous forests

(d) 1. Arid and semi-arid vegetation

72. Give reason for the following:

During the time of monsoon, season rainfall decreases from the Ganga delta to the Punjab plains.

(a) Recent monsoon moves westward along the Ganga plain and becomes drier.

(b) Western regions are hotter than the eastern region.

(c) Hills do not form barriers to winds.

(d) The area is too far away from the sea.

Answer:

(a) Recent monsoon moves westward along the Ganga plain and becomes drier.

73. Which of the following is/are not the characteristics of red soil?

I. It is derived from weathering of old crystalline and metamorphic rocks.

II. It contain iron oxides.

III. It has high water retention capacity.

IV. It has high nitrogen content.

(a) II and III   (b) Only III

(c) Only IV   (d) III and IV

Answer:

(d) III and IV

74. Which of the following crops is/are suitable for growing on laterite soil?

(a) Cashew nut   (b) Wheat

(c) Groundnut   (d) Potato

Answer:

(a) Cashew nut

75. Which of the following winds blows from the Mediterranean Sea to the north-western parts of India?

(a) Western disturbances (b) Norwesters
(c) Loo   (d) Mango showers

Answer:

(a) Western disturbances

76. Which of the following is/are true in respect of alluvial soil?

I. Generally confined to river basins.
II. It has been deposited by rivers.
III. It is rich in phosphorus and poor in potash.
IV. It is the most fertile soil.

(a) Only I   (b) III and IV
(c) I, II and IV   (d) I, II and III

Answer:

(c) I, II and IV

77. Which parts/regions of India have tropical evergreen forests?

(a) The Deltas of the Ganga and the Mahanadi.
(b) North-western parts of country.
(c) Western Ghats, Upper parts of Assam.
(d) Mountainous areas.

Answer:

(c) Western Ghats, Upper parts of Assam.

78. Without irrigation, development of agriculture is difficult in India because of:

(a) Increase in demand of food and cash crops.
(b) Use of high yielding seeds.
(c) Crops like rice and sugarcane need more water.
(d) All of the above

Answer:

(d) All of the above

79. Which of the following coasts of India is most affected by violent tropical cyclones?

(a) Malabar   (b) Coromandel
(c) Konkan   (d) Kanara

Answer:

(b) Coromandel

80. Identify the type of vegetation with the help of the following features.

I. They shed leaves during the prolonged dry season.
II. These forests are commercially more viable.
III. Important plant species found are teak and sal.

Options:

(a) Tropical evergreen forests
(b) Tropical deciduous forests

(c) Mountain forests
(d) Mangrove forests

Answer:

(b) Tropical deciduous forests

81. Which of the following is a primary cause of soil degradation in irrigated cultivated land in India?

(a) Silting of land
(b) Gully erosion
(c) Alkalisation and salinity of soil
(d) Wind erosion

Answer:

(c) Alkalisation and salinity of soil

82. Which of the following soil is formed under typical monsoonal conditions?

(a) Black soil   (b) Red soil
(c) Laterite soil   (d) None of these

Answer:

(c) Laterite soil

83. How do the western disturbances affect the crops in North India?

(a) They cause heavy damage to the standing crops.
(b) They bring in locusts which destroy the crops.
(c) They are beneficial to the crops by causing winter rain.
(d) They help in keeping the plants warm to some extent in winter.

Answer:

(c) They are beneficial to the crops by causing winter rain.

84. Rainwater harvesting includes activities like:

(a) Harvesting of surface and ground water.
(b) Harvesting crops with the help of water.
(c) Prevention of loss of water due to evaporation and seepage.
(d) Efficient utilization of water.

Answer:

(b) Harvesting crops with the help of water.

85. Match the following:

COLUMN I	COLUMN II
(a) Well irrigation	(i) PVC or GI pipes
(b) Tank irrigation	(ii) Dug-wells and bore-wells
(c) Conduits	(iii) Uttar Pradesh and Bihar
(d) Recharge facility	(iv) Deccan states

(a) 1. (i), 2. (ii), 3. (iii), 4. (iv)

(b) 1. (i), 2. (ii), 3. (iii), 4. (iv)

(c) 1. (i), 2. (ii), 3. (iii), 4. (iv)

(d) 1. (i), 2. (ii), 3. (iii), 4. (iv)

Answer:

(a) 3. Uttar Pradesh and Bihar

(b) 4. Deccan states

(c) 1. PVC or GI pipes

(d) 2. Dug-wells and bore-wells

86. Give reason for the following:

The temperature of Thiruvananthapuram is lower than that of Mumbai in May and higher in January.

(a) Thiruvananthapuram has a cold current while Mumbai has a warm current.

(b) Thiruvananthapuram has more rainfall in summer and it is nearer to the equator.

(c) Thiruvananthapuram is situated on the windward side while Mumbai faces is on the leeward side.

(d) Thiruvananthapuram is vegetated while Mumbai is not.

Answer:

(b) Thiruvananthapuram has more rainfall in summer and it is nearer to the equator.

87. Which of the following is not a reason behind decrease of forest cover in India?

(a) Urbanisation　　(b) Artificial forestry

(c) Overgrazing　　(d) Mining

Answer:

(b) Artificial forestry

88. Which of the following types of soil have a marked capacity to retain water?

(a) Desert soil　　(b) Laterite soil

(c) Red soil　　(d) Regur soil

Answer:

(d) Regur soil

89. Which of the following is not a cause of soil erosion?

(a) Drainage　　(b) Deforestation

(c) Weathering　　(d) Grazing

Answer:

(c) Weathering

90. Watershed Management refers to :

(a) Efficient management and conservation of both surface and ground water.

(b) Prevention of runoff.

(c) Prevention of use of water.

(d) Storage and recharge of ground water by methods like percolation pits, recharge wells, etc.

Answer:

(a) Efficient management and conservation of both surface and ground water.

91. Which of the following factors does not have influence on the Indian climate?

(a) Presence of Indian Ocean

(b) Nearness to Equator

(c) Ocean currents

(d) Monsoons

Answer:

(c) Ocean currents

92. Soil erosion in desert area can be prevented by :

(a) Strip ploughing

(b) Using manure

(c) Afforestation

(d) Shifting cultivation

Answer:

(c) Afforestation

93. In which of the following states you will find one horned rhinoceros?

(a) Madhya Pradesh　　(b) Kerala

(c) Gujarat　　(d) Assam

Answer:

(d) Assam

94. Which of the following statements is/are valid for saying forests are important for human beings?

I. They support industries and provide livelihood.

II. They control wind force and temperature, and cause rainfall.

(a) Only I　　(b) Only II

(c) Both I and II　　(d) None of these

Answer:

(c) Both I and II

95. Which of the following statements is not correct about the rainwater harvesting system in India?

(a) Collecting water from rooftops and storing it in tanks built in their courtyards.

(b) Collecting water from sea and storing it in tanks.

(c) Harvesting rainwater runoff by capturing water from swollen streams during monsoon.

(d) Harvesting water from flooded rivers.

Answer:

(b) Collecting water from sea and storing it in tanks.

96. Which of the following statements is/are valid in reference to Social Forestry?

I. Social Forestry is the management and protection of forests and afforestation on barren lands.

II. This is mainly done by the participation of local governments.

(a) Only I (b) Only II

(c) Both I and II (d) None of these

Answer:

(a) Only I

97. Various kinds of recharging groundwater aquifers are:

(a) Digging of borewells and dugwells, recharge pits, percolation pits, recharge trenches, etc.

(b) Clogging of natural sources of water by plastic bottles and covers.

(c) Constructing more roads and housing colonies on lake beds.

(d) Using concrete structures for pavements and footpaths.

Answer:

(a) Digging of borewells and dugwells, recharge pits, percolation pits, recharge trenches, etc.

98. Which of the following is not an element of water harvesting mechanism?

(a) Casing (b) Conduits

(c) Storage facility (d) Recharge facility

Answer:

(a) Casing

99. Match the correct vegetation type with the region in which they are found:

Plant Species	Indian States
(a) Thorn and scrub forests	(i) Eastern Coast
(b) Tidal forests	(ii) Himalayas
(c) Tropical evergreen forests	(iii) Western Ghats
(d) Mountain forests	(iv) Western arid region

(a) 1. (i), 2. (ii), 3. (iii), 4. (iv)

(b) 1. (i), 2. (ii), 3. (iii), 4. (iv)

(c) 1. (i), 2. (ii), 3. (iii), 4. (iv)

(d) 1. (i), 2. (ii), 3. (iii), 4. (iv)

Answer:

(a) 4. Western arid region

(b) 1. Eastern Coast

(c) 3. Western Ghats

(d) 2. Himalayas

100. Canal irrigation is mainly found in the Northern Plains because of—

(a) Presence of perennial rivers.

(b) Predominance of agriculture in the Northern Plains.

(c) High demand for irrigation.

(d) Different types of crops are grown in the Northern Plains.

Answer:

(a) Presence of perennial rivers

101. From which of the following pressure belts do the north-easterly trade breezes arise?

(a) Equatorial low-pressure belt.

(b) Subtropical high-pressure belt of the Northern Hemisphere.

(c) Subtropical high-pressure belt of the Southern Hemisphere.

(d) Temperate low-pressure belt of the Eastern Hemisphere.

Answer:

(b) Subtropical high-pressure belt of the Northern Hemisphere.

102. Which of the following soil has the characteristics of cracks and shrinks in dry condition?

(a) Black clay soil (b) Red porous soil

(c) Sandy soil (d) All of the above

Answer:

(a) Black clay soil

103. Which of the following is not among the six foremost controls of the climate of any place?

(a) Latitude

(b) Temperature

(c) Pressure and wind system

(d) Distance from the sea

Answer:

(b) Temperature

104. Which of the following areas receive heavy rainfall in October and November ?

(a) Hills of Garo, Khasi and Jaintia

(b) Plateau of Chota Nagpur

(c) Coromandel Coast

(d) Malwa Plateau

Answer:

(c) Coromandel Coast

105. Which one of the following crops is the most effective in controlling soil erosion ?

(a) Maize   (b) Cotton

(c) Green gram   (d) Pigeon pea

Answer:

(d) Pigeon pea

106. Which type of water is recharge by the technique of rooftop rainwater harvesting?

(a) Groundwater   (b) River water

(c) Lake water   (d) Seawater

Answer:

(a) Groundwater

107. The thunderstorms experienced in Kerala and Karnataka during the summer season are called :

(a) Kalbaisakhi   (b) Loo

(c) Mango Showers   (d) Aandhi

Answer:

(c) Mango Showers

108. Social forestry aims at:

(a) Community development

(b) Watershed management

(c) Crop rotation

(d) Controlling soil erosion

Answer:

(a) Community development

109. An irrigation method that helps in water conservation is:

(a) Canal irrigation   (b) Well irrigation

(c) Tank irrigation   (d) Drip irrigation

Answer:

(d) Drip irrigation

110. How can we increase water-efficient irrigation system?

(a) By pouring unnecessary water on the land.

(b) By not supplying water.

(c) By using drip irrigation method.

(d) By using more manures.

Answer:

(c) By using drip irrigation method.

111. The tropical monsoon and equatorial climate are the features of:

(a) Polar climate

(b) Temperate climate

(c) Tropical climate

(d) Frontal climate

Answer:

(c) Tropical climate

112. Which of the following trees provides hard durable timber for construction purposes and boat making?

(a) Sundari   (b) Sal

(c) Ebony   (d) Deodar

Answer:

(a) Sundari

113. Match the following:

COLUMN I	COLUMN II
(a) Black soil	(i) Ex situ
(b) Gully erosion	(ii) Western coast
(c) Alluvial soil	(iii) Chambal valley
(d) Shore erosion	(iv) In situ

(a) 1. (i),   2. (ii),   3. (iii),   4. (iv)

(b) 1. (i),   2. (ii),   3. (iii),   4. (iv)

(c) 1. (i),   2. (ii),   3. (iii),   4. (iv)

(d) 1. (i),   2. (ii),   3. (iii),   4. (iv)

Answer:

(a) 4. In situ

(b) 3. Chambal valley

(c) 1. Ex situ

(d) 2. Western coast

114. Give reason for the following:

Most parts of India do not receive rainfall in winter.

(a) Winter monsoons are mainly offshore and have very less moisture.

(b) The South-West summer monsoons are more powerful than winter monsoons.

(c) The winter monsoons cause rainfall in Tamil Nadu.

(d) The winter monsoons are cold.

Answer:

(a) Winter monsoons are mainly offshore and have very less moisture.

115. The Indian monsoon is marked by a seasonal shift caused by:

(a) Differential heating of land and sea.

(b) Cold winds of Central Asia.

(c) Great uniformity of temperature.

(d) None of these

Answer:

(a) Differential heating of land and sea.

116. In which of the following states is black soil found?

(a) Gujarat

(b) Jammu and Kashmir

(c) Rajasthan

(d) Haryana

Answer:

(a) Gujarat

117. Eastern India is mainly covered by:

(a) Tropical deciduous forests

(b) Tropical evergreen forests

(c) Tropical thorn forests

(d) None of these

Answer:

(b) Tropical evergreen forests

118. Which of the following irrigation techniques is preferred in the area having an irregular topography with excessive slope?

(a) Drip irrigation

(b) Wells

(c) Sprinkler irrigation

(d) Border irrigation

Answer:

(c) Sprinkler irrigation

119. The Indian subcontinent experiences comparatively milder winters than Central Asia due to which of the following aspects?

(a) The Tropic of Cancer

(b) The surrounding seas

(c) The Himalayas

(d) Ocean currents

Answer:

(c) The Himalayas

120. What is the cause for the red colour of the red soil?

(a) Phosphoric acid   (b) Humus

(c) Nitrogen   (d) Iron

Answer:

(d) Iron

121. In India, how much part of the total geographical area is under forests?

(a) 20 per cent   (b) 21 per cent

(c) 22 per cent   (d) 23 per cent

Answer:

(c) 22 per cent

122. Which of the following is not a constituent of weather and climate?

(a) Atmospheric pressure

(b) Temperature

(c) Humidity

(d) Altitude

Answer:

(d) Altitude

123. Tick the suitable method that does not help in soil conservation.

(a) Contour ploughing

(b) Strip cropping

(c) Creating shelter belts

(d) Ploughing up and down the slopes

Answer:

(d) Ploughing up and down the slopes

124. A man-made cause of soil erosion is :

(a) Surface runoff   (b) Wind

(c) Landslide   (d) Deforestation

Answer:

(d) Deforestation

125. The transition period between the monsoon and winter season characterised by high temperature and humidity is called :

(a) Depression   (b) Equable climate

(c) Maritime climate   (d) October Heat

Answer:

(d) October Heat

126. The tropical evergreen forests of India are mainly located in:

(a) The western slopes of Western Ghats

(b) Sunderbans

(c) Rajasthan

(d) Himalayan region

Answer:

(a) The western slopes of Western Ghats

127. Match the following:

COLUMN I	COLUMN II
(a) Fallow land	(i) Groups of plant communities in areas having similar climatic conditions.
(b) Biomes	(ii) Breaking up and decay of exposed rocks due to various factors.
(c) Weathering	(iii) Marginal land kept fallow for a certain period to restore their fertility.
(d) Pastures	(iv) Land covered with grass shrubs on which animals are grazed freely.

(a) 1. (i), 2. (ii), 3. (iii), 4. (iv)
(b) 1. (i), 2. (ii), 3. (iii), 4. (iv)
(c) 1. (i), 2. (ii), 3. (iii), 4. (iv)
(d) 1. (i), 2. (ii), 3. (iii), 4. (iv)

Answer:
(a) 3. Marginal land kept fallow for a certain period to restore their fertility.
(b) 1. Groups of plant communities in areas having similar climatic conditions.
(c) 2. Breaking up and decay of exposed rocks due to various factors.
(d) 4. Land covered with grass shrubs on which animals are grazed freely.

128. Give reason for the following:
Darjeeling is cooler than Kolkata in summer.

(a) Due to higher altitude.
(b) Due to snowfall in Darjeeling.
(c) Due to depression.
(d) Due to high pressure.

Answer:
(a) Due to higher altitude.

129. Which of the following is the most advanced and efficient method of irrigation in India?

(a) Well irrigation   (b) Tank irrigation
(c) Canal irrigation   (d) Drip irrigation

Answer:
(d) Drip Irrigation

130. Which tree belongs to the Tropical Deciduous Forests?

(a) Tendu   (b) Pine
(c) Acacia   (d) Plum

Answer:
(a) Tendu

131. 3/4th of the earth is covered by water, out of this ________ is freshwater.

(a) 1.25%   (b) 2.5%
(c) 3.9%   (d) 5.6%

Answer:
(b) 2.5%

132. What is the other name of Tropical Deciduous Forests?

(a) Rain forests   (b) Tidal forests
(c) Monsoon forests   (d) Mixed forests

Answer:
(c) Monsoon forests

133. What leads to falling of groundwater level in agricultural irrigation farming?

(a) Increase usage of canal irrigation.
(b) Water diverting directly from rivers.
(c) Increase of wells and tube wells in farms for irrigation.
(d) Rainwater harvesting.

Answer:
(c) Increase of wells and tube wells in farms for irrigation.

134. The most widespread forests in India are:

(a) Tropical evergreen   (b) Tropical thorn
(c) Tropical deciduous   (d) Mangrove

Answer:
(c) Tropical deciduous

135. What was the purpose of the Chipko movement?

(a) Forest conservation
(b) Water conservation
(c) Political rights
(d) Human rights

Answer:
(a) Forest conservation

136. Which of the following is a cause for water shortage in a region with adequate water to meet the necessities of the people?

(a) Huge population   (b) Less rainfall
(c) Power requirement   (d) Pollution

Answer:
(d) Pollution

137. Which of the following is not a storage structure of water harvesting used in Rajasthan in India?

(a) Johads   (b) Khadins
(c) Guls   (d) Tankas

Answer:

(c) Guls

138. Which one of the following does not check land degradation?

(a) Control on overgrazing
(b) Creating shelter belts
(c) Deforestation
(d) Afforestation

Answer:

(c) Deforestation

139. The only state which has made the rooftop rainwater harvesting structure compulsory in all the houses is :

(a) Tamil Nadu   (b) West Bengal
(c) Karnataka   (d) Andhra Pradesh

Answer:

(a) Tamil Nadu

140. Which one of the following is the method of forest conservation?

(a) Deforestation   (b) Farm forestry
(c) Social forestry   (d) None of these

Answer:

(c) Social forestry

141. Match the following:

COLUMN I	COLUMN II
(a) Land use	(i) Prevent soil erosion.
(b) Humus	(ii) A narrow zone of contact among the lithosphere, hydrosphere and atmosphere.
(c) Rock dams	(iii) Productive use of land.
(d) Biosphere	(iv) Organic matter deposited on topsoil.

(a) 1. (i), 2. (ii), 3. (iii), 4. (iv)
(b) 1. (i), 2. (ii), 3. (iii), 4. (iv)
(c) 1. (i), 2. (ii), 3. (iii), 4. (iv)
(d) 1. (i), 2. (ii), 3. (iii), 4. (iv)

Answer:

(a) 3. Productive use of land.
(b) 4. Organic matter deposited on topsoil.
(c) 1. Prevent soil erosion.
(d) 2. A narrow zone of contact among the lithosphere, hydrosphere and atmosphere.

142. Mangrove vegetation is mainly found in:

(a) Mountain areas   (b) Saline areas
(c) Arid areas   (d) River valleys

Answer:

(b) Saline areas

143. One of the methods of prevention of soil erosion and conservation is :

(a) Jhum cultivation
(b) Terrace farming
(c) Deforestation
(d) Traditional farming methods

Answer:

(b) Terrace farming

144. What is burst of monsoon?

(a) The sudden onset of monsoon in India during the month of June.
(b) The cloud bursts experienced during monsoon.
(c) The heavy rainfall received in the North Eastern part of India.
(d) The cyclones experienced during monsoon.

Answer:

(a) The sudden onset of monsoon in India during the month of June.

145. The western disturbances mainly cause rainfall in:

(a) Haryana   (b) Kerala
(c) Tamil Nadu   (d) Madhya Pradesh

Answer:

(a) Haryana

146. Sundari tree belongs to which type of forests?

(a) Tropical evergreen forests
(b) Tropical thorn forests and scrubs
(c) Tropical deciduous forests
(d) Mangrove forests

Answer:

(d) Mangrove forests

147. What is the most important factor in the formation of soil?

(a) Parental bedrock   (b) Topography
(c) Climate   (d) Temperature

Answer:

(a) Parental bedrock

148. The kind of winds that blows frequently through the year is classified as:

(a) Prevailing winds
(b) Maritime winds
(c) Continental winds
(d) Convectional winds

Answer:

(a) Prevailing winds

149. Which of the following is not a method for water conservation?

(a) Rainwater harvesting
(b) Groundwater extraction
(c) Improving irrigation efficiency
(d) Avoiding water wastage

Answer:

(b) Groundwater extraction

150. Which of the following is not a component of soil?

(a) Mineral acid   (b) Mineral
(c) Organic matter   (d) Humus

Answer:

(a) Mineral acid

151. Cinchona trees are found in the areas of rainfall more than:

(a) 70 cm   (b) 100 cm
(c) 150 cm   (d) 25 cm

Answer:

(b) 100 cm

152. Latitude and altitude of a place regulate which of the following climatic elements of a region?

(a) Pressure and wind system
(b) Temperature
(c) Rainfall pattern
(d) All of the above

Answer:

(d) All of the above

153. Soil erosion in plains consequent to rainfall is initiated by :

(a) Rill erosion   (b) Gully erosion
(c) Sheet erosion   (d) All of these

Answer:

(c) Sheet erosion

154. Which of the following method is known as the feeding bottle technique?

(a) Sprinkler irrigation   (b) Canals
(c) Wells   (d) Drip irrigation

Answer:

(d) Drip irrigation

155. Match the following:

COLUMN I	COLUMN II
(a) Well irrigation	(i) Peninsular Plateau
(b) Tank irrigation	(ii) Uttar Pradesh
(c) Canal irrigation	(iii) Rajasthan
(d) Sprinkler irrigation	(iv) Punjab

(a) 1. (i), 2. (ii), 3. (iii), 4. (iv)

(b) 1. (i), 2. (ii), 3. (iii), 4. (iv)

(c) 1. (i), 2. (ii), 3. (iii), 4. (iv)

(d) 1. (i), 2. (ii), 3. (iii), 4. (iv)

Answer:

(a) 2. Uttar Pradesh

(b) 1. Peninsular Plateau

(c) 4. Punjab

(d) 3. Rajasthan

156. Give reason for the following :
The fewer water vapours are held.

(a) Due to lower temperature.
(b) Due to higher temperature.
(c) Due to less greenhouse gases in the air.
(d) Due to more greenhouse gases in the air.

Answer:

(a) Due to lower temperature.

157. Which of the following atmospheric circumstances govern the climate and associated weather conditions in India?

(a) Pressure and surface wind
(b) Upper air circulation
(c) Western cyclonic disturbances and tropical cyclones
(d) All of the above

Answer:

(d) All of the above

158. Which of the following latitudes passes over the middle of India, giving it the attributes of tropical and subtropical climate?

(a) Tropic of Capricorn
(b) Tropic of Cancer
(c) Equator
(d) 82°30'N

Answer:

(b) Tropic of Cancer

159. Tropical Deciduous or Monsoon forests are found in zones with rainfall between_____ and_____ cm.

(a) 50 and 100   (b) 70 and 200
(c) 100 and 200   (d) 200 and 250

Answer:

(b) 70 and 200

160. Laterite soil is red in colour due to the presence of:

(a) Silica   (b) Iron oxides
(c) Humus   (d) Magnesium

Answer:

(b) Iron oxides

161. The cheapest source of irrigation in India is :

(a) Tank   (b) Well
(c) Canal   (d) Drip

Answer:

(b) Well

162. The retreating monsoons cause heavy rainfall in:

(a) Tamil Nadu
(b) Kerala
(c) Maharashtra
(d) West Bengal

Answer:

(a) Tamil Nadu

163. Trees planted in rows to create shelter are known as:

(a) Rows of trees
(b) Woodcut trees
(c) Shelter belts
(d) Rosewoods

Answer:

(c) Shelter belts

164. Sprinkler irrigation is practiced in arid and semi-arid regions as:

(a) It can be used for all types of crops.
(b) It is cheap and easy to install.
(c) It requires simple machinery.
(d) It reduces loss of water due to evaporation and seepage.

Answer:

(d) It reduces loss of water due to evaporation and seepage.

165. Which of the following is not the procedure of soil conservation?

(a) Mulching   (b) Leaching
(c) Terrace farming   (d) Shelter belts

Answer:

(b) Leaching

166. The Gir forest is the habitat of the:

(a) Camel   (b) Lion
(c) Rhino   (d) Tiger

Answer:

(b) Lion

167. _____trees are used for extracting oil and their flowers for making wine and are largely found in Madhya Pradesh.

(a) Semul   (b) Palash
(c) Teak   (d) Mahua

Answer:

(d) Mahua

168. Which of the following soil has air space and loosely packed attributes?

(a) Sandy Soil
(b) Clayey Soil
(c) Loamy Soil
(d) All of these

Answer:

(a) Sandy Soil

169. Match the following:

COLUMN I	COLUMN II
(a) Humus	(i) Prevent soil erosion
(b) Rock dams	(ii) Organic matter deposited on topsoil
(c) Arable land	(iii) Desilication
(d) Leaching	(iv) Land suitable for agriculture

(a) 1. (i), 2. (ii), 3. (iii), 4. (iv)
(b) 1. (i), 2. (ii), 3. (iii), 4. (iv)
(c) 1. (i), 2. (ii), 3. (iii), 4. (iv)
(d) 1. (i), 2. (ii), 3. (iii), 4. (iv)

Answer:

(a) 2. Organic matter deposited on topsoil
(b) 1. Prevent soil erosion
(c) 4. Land suitable for agriculture
(d) 3. Desilication

170. Give reason for the following:
North-western part of India receives rainfall during winters.

(a) Due to Cyclonic depression.
(b) Due to Western disturbances.
(c) Because of Retreating monsoon.
(d) Because of South-West monsoon.

Answer:

(b) Due to Western disturbances.

171. In which of the following states drip irrigation system is prevalent ?

(a) Rajasthan
(b) Meghalaya
(c) Assam
(d) Himachal Pradesh

Answer:

(a) Rajasthan

172. Which is one of the largest water resource projects of India covering four states?

(a) Sutlej-Beas project
(b) Sardar Sarovar dam
(c) Tehri dam
(d) Bhakra Nangal dam

Answer:

(b) Sardar Sarovar dam

173. Name the significant source of fresh water in India.

(a) Rainfall
(b) Groundwater
(c) Atmospheric water
(d) Ocean water

Answer:

(b) Groundwater

174. Tick the right reason from the following options for Rajasthan being deficient in rainfall :

(a) The monsoon fails to influence this area.
(b) It is scorching.
(c) There is no water accessibility, and hence the winds remain dry.
(d) The winds do not come across any barrier to cause necessary uplift to be cooled.

Answer:

(d) The winds do not come across any barrier to cause necessary uplift to be cooled.

175. The term 'badlands' refer to areas affected by soil erosion in the region of :

(a) Chambal and Yamuna river
(b) Chota Nagpur Pleateau
(c) Arid areas of Rajasthan
(d) Alpine areas of the Himalayas

Answer:

(a) Chambal and Yamuna river

176. Tank irrigation is mostly found in:

(a) Deltaic parts of West Bengal
(b) Northern Plains
(c) Peninsular Plateau
(d) Rajasthan

Answer:

(c) Peninsular Plateau

177. One advantage of canal irrigation:

(a) It is the cheapest source of irrigation.
(b) It provides water and makes agriculture possible even in dry and arid areas.
(c) Canals can be easily constructed.
(d) Canals can be constructed in any terrain.

Answer:

(b) It provides water and makes agriculture possible even in dry and arid areas.

178. What are the two main types of drip irrigation methods?

(a) Surface and subsurface
(b) Under and subsurface
(c) Top and surface
(d) Top and under

Answer:

(a) Surface and subsurface

179. Mangrove forests are also known as :

(a) Monsoon forests
(b) Thorn and Scrub forests
(c) Rain forests
(d) Tidal forests

Answer:

(d) Tidal forests

180. What are the different benefits of rainwater harvesting?

(a) Ecological benefits

(b) Reduce soil erosion

(c) Increase demand of groundwater

(d) Both (a) and (b)

Answer:

(d) Both (a) and (b)

181. Which of the following places of India experiences the highest summer (Hot) temperature?

(a) Pahalgam

(b) Leh

(c) Thiruvananthapuram

(d) Jaisalmer

Answer:

(d) Jaisalmer

182. Which of the following soil is associated with the term "Regur"?

(a) Laterite Soil

(b) Black Cotton Soil

(c) Red Soil

(d) None of these

Answer:

(b) Black Cotton Soil

183. Match the following:

COLUMN I	COLUMN II
(a) Irrigation method	(i) Crop rotation
(b) Natural vegetation	(ii) Tropical deciduous
(c) Soil conservation	(iii) Alluvial soil and red soil
(d) Types of soil	(iv) Drip

(a) 1. (i), 2. (ii), 3. (iii), 4. (iv)

(b) 1. (i), 2. (ii), 3. (iii), 4. (iv)

(c) 1. (i), 2. (ii), 3. (iii), 4. (iv)

(d) 1. (i), 2. (ii), 3. (iii), 4. (iv)

Answer:

(a) 4. Drip

(b) 2. Tropical deciduous

(c) 1. Crop rotation

(d) 3. Alluvial soil and red soil

184. Give reason for the following:
Pune receives lesser rainfall than Mumbai.

(a) Mumbai receives rainfall because of Western disturbances.

(b) Pune is located on the leeward side of the Western Ghats.

(c) Distance from the sea is more from Pune.

(d) All of the above

Answer:

(b) Pune is located on the leeward side of the Western Ghats.

185. Name the soil that has self-aeration capacity.

(a) Alluvial soil   (b) Red soil

(c) Black soil   (d) Mountain soil

Answer:

(c) Black soil

186. By which method soil conservation can be best achieved ?

(a) Windscreens

(b) Low rainfall

(c) Good plant cover

(d) Restricted human activity

Answer:

(c) Good plant cover

187. Which of the following is not a measure for soil conservation?

(a) Strip cropping

(b) Terrace cultivation

(c) Shelter belts

(d) Overdrawing of groundwater

Answer:

(d) Overdrawing of groundwater

188. The restoration of forests that has been largely destroyed is called :

(a) Agro-forestry   (b) Reafforestation

(c) Afforestation   (d) Jhumming

Answer:

(b) Reafforestation

189. The process involved in the formation of black soil is:

(a) Leaching

(b) Gleying

(c) Podzolization

(d) Weathering of lava rocks

Answer:

(d) Weathering of lava rocks

190. Why do we need to preserve our forests and wildlife ?

(a) To preserve ecological diversity

(b) To over-extract plant and animal species

(c) For maintenance of aquatic diversity

(d) None of the above

Answer:

(a) To preserve ecological diversity

191. Red soil is derived from :

(a) Sedimentary rocks.

(b) Ancient crystalline and metamorphic rocks.

(c) Porous and lava rocks.

(d) Deposition of sediments brought by the rivers.

Answer:

(b) Ancient crystalline and metamorphic rocks.

192. The Sunderbans are an example of :

(a) Littoral forests

(b) Deciduous forests

(c) Coniferous forests

(d) Alpine forests

Answer:

(a) Littoral forests

193. The extreme of temperature between summer and winter is quite low in southern part of peninsular India mainly because:

(a) The adjoining oceans moderate the temperature.

(b) The sky is generally cloudy.

(c) The sun's rays are almost vertical throughout the year.

(d) Strong winds flow throughout the year.

Answer:

(a) The adjoining oceans moderate the temperature.

194. Irrigation in India is important because:

(a) India exports most of its crops.

(b) The rainfall in India is uncertain and is unevenly distributed.

(c) The soil found in the country is the same all over.

(d) India has attained self-sufficiency in agriculture.

Answer:

(b) The rainfall in India is uncertain and is unevenly distributed.

195. Tank irrigation is an important method of irrigation in Karnataka because:

(a) Most of Karnataka is fed by perennial rivers.

(b) Karnataka is a plain land and the rivers are fed by glaciers.

(c) Karnataka being in the Deccan region, has natural depressions and hard subsurface.

(d) Karnataka has large tracts of land covered in sand.

Answer:

(c) Karnataka being in the Deccan region, has natural depressions and hard subsurface.

196. Canal irrigation has enabled Punjab and Haryana to be called the *'granary of the country'* because:

(a) The land is rocky and has seasonal rivers flowing.

(b) It receives heavy rainfall during monsoon season and so the canals are all inundated.

(c) There is flooding of the Sutlej-Beas rivers during monsoon.

(d) It has canals coming from the Bhakra Nangal Dam which provides water throughout the year.

Answer:

(d) It has canals coming from the Bhakra Nangal Dam which provides water throughout the year.

197. The tube wells are popular in India because:

(a) They can be dug anywhere.

(b) Large area can be irrigated by cheap electricity made available.

(c) They need a network of channels to irrigate the fields.

(d) They saturate the soil and make it swampy.

Answer:

(b) Large area can be irrigated by cheap electricity made available.

198. Give reason for the following:

Central Maharashtra receives little rainfall.

(a) It lies in the rain shadow area of the Western Ghats.

(b) Due to its continental location.

(c) Due to its proximity to the sea.

(d) It is closer to the Tropic of Cancer.

Answer:

(a) It lies in the rain shadow area of the Western Ghats.

❑❑

Geography
Self Assessment Paper

SECTION A (10 MARKS) TOPOGRAPHY

Refer to the images and answer the question that follows:

Question 1

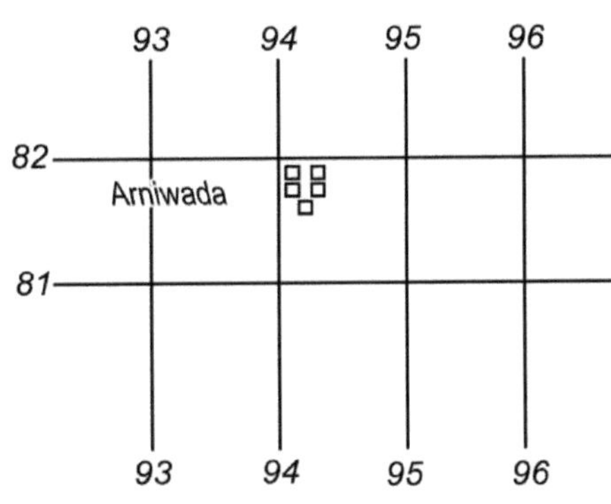

Give the four-figure grid reference of Arniwada.

1. 9382　　　　　2. 9581　　　　　3. 9481　　　　　4. 9482

Question 2

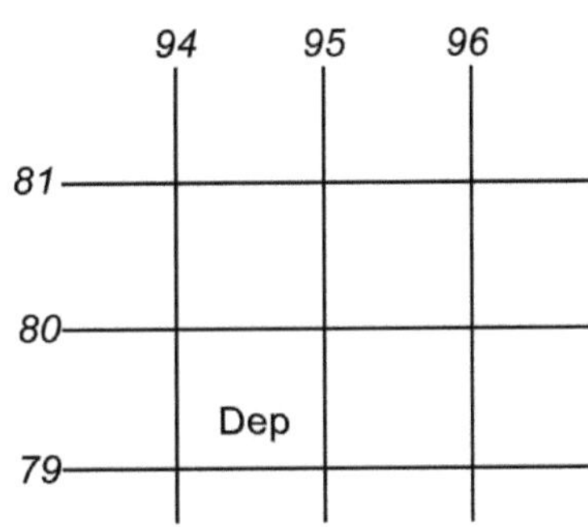

What does the term 'Dep' in 9479 mean ?

1. Depth　　　　　2. Deep　　　　　3. Depression　　　　　4. Deposit

Question 3

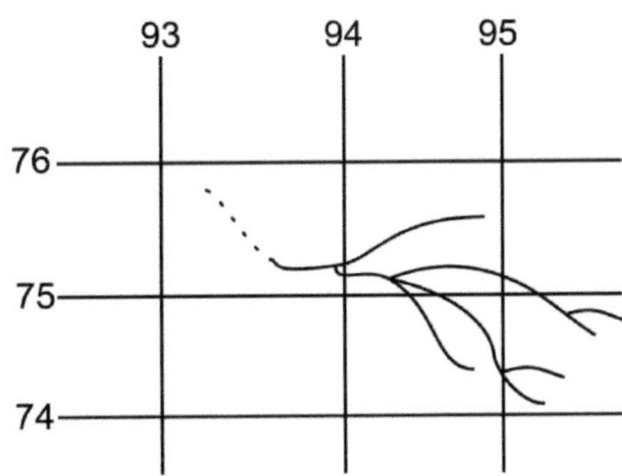

Identify the drainage pattern in 9375.

1. Dendritic   2. Trellised   3. Dis   4. Disappearing

Question 4

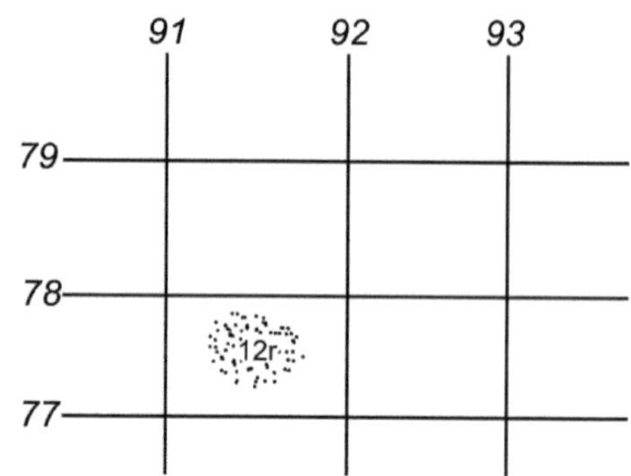

What does 12r in 9177 mean ?

1. Spot height of 12 m
2. Triangulated height of 12 m
3. The Relative height of the sand dune is 12 m
4. The Bench mark is 12 m

Question 5

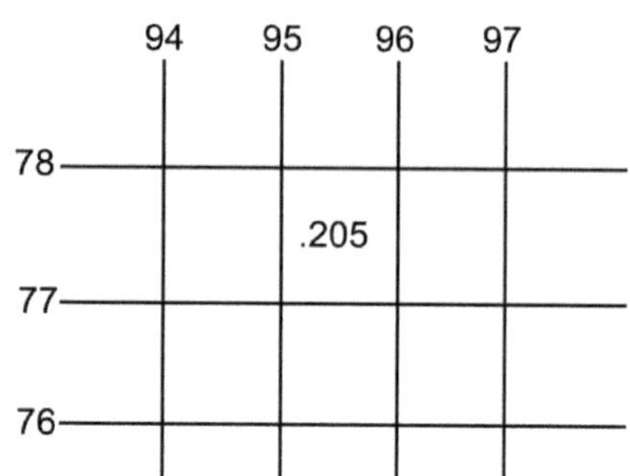

What does .205 in 9577 mean ?

1. Spot height of 205 m
2. Relative height of 205 m
3. Relative depth of 205 m
4. Triangulated height of 205 m

Question 6

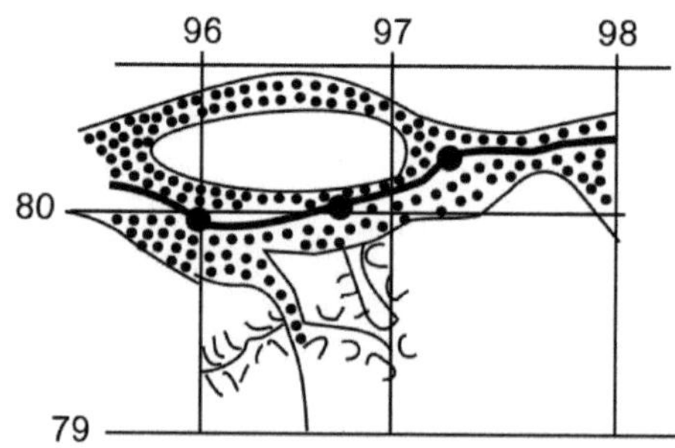

What does the symbol ꓱ Ꮯ in 9679 mean ?

1. River valley
2. Broken ground
3. Tank
4. Depression

Question 7

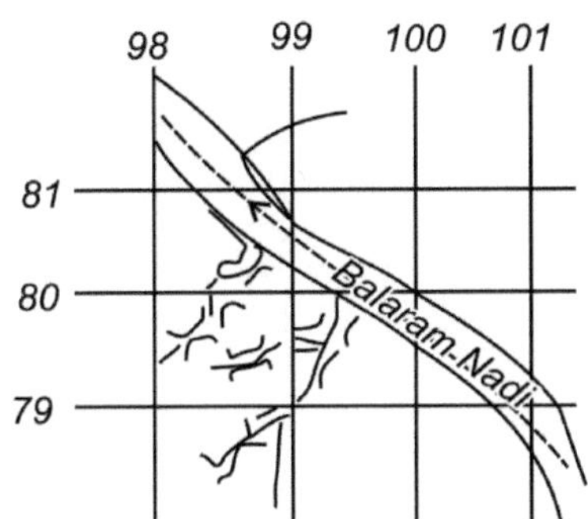

Give the direction of flow of Balaram Nadi :

1. North–east

2. South–east

3. North–west

4. South–west

Question 8

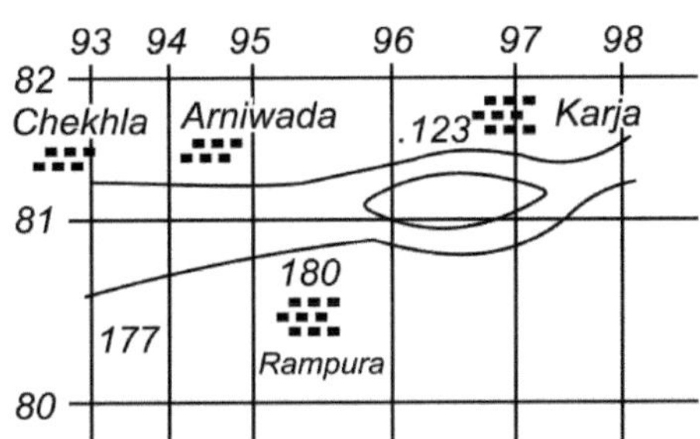

Name one settlement on the right bank and one on the left bank of the river respectively.

1. Arniwada and Chekhla

2. Arniwada and Karja

3. Karja and Rampura

4. Chekhla and Karja

Question 9

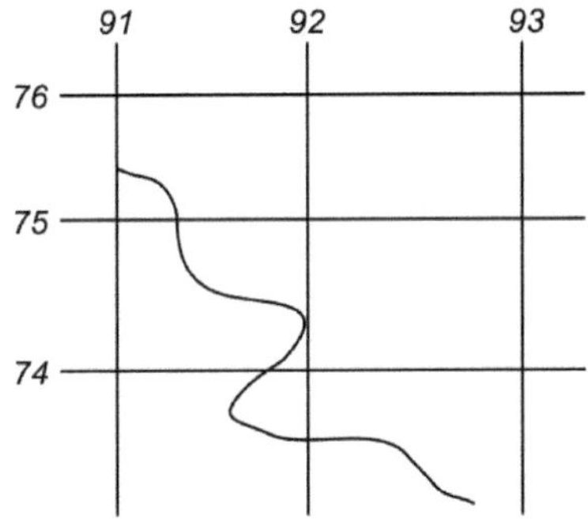

What does the black line in 9174 indicate ?

1. Seasonal stream

2. Road

3. Railway track

4. Broken ground

Question 10

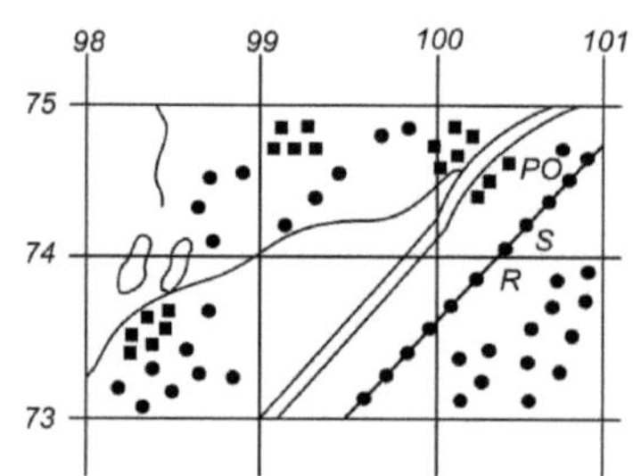

Name one natural and one man-made feature in 9873 respectively.

1. Natural tank and Settlements
2. Natural tank and Sand dunes
3. Settlements and Cart track
4. Seasonal stream and Sand dunes

SECTION B (30 MARKS)
(Choose the correct answer)

Question 11

The Thunderstorms experienced in Kerala and Karnataka during the summer season are called :

1. Kalbaisakhi
2. Loo
3. Mango Showers
4. Aandhi

Question 12

Social forestry aims at:

1. Community development
2. Watershed management
3. Crop rotation
4. Controlling soil erosion

Question 13

An irrigation method that helps in water conservation is:

1. Canal irrigation
2. Well irrigation
3. Tank irrigation
4. Drip irrigation

Question 14

A man-made cause of soil erosion is :

1. Surface runoff
2. Wind
3. Landslide
4. Deforestation

Question 15

The transition period between the monsoon and winter season characterised by high temperature and humidity is called :

1. Depression
2. Equable climate
3. Maritime climate
4. October Heat

Question 16

Canal irrigation is mainly found in the Northern Plains because of:

1. Presence of perennial rivers.
2. Predominance of agriculture in the Northern Plains.
3. High demand for irrigation.
4. Different types of crops are grown in the Northern Plains.

Question 17

The tropical evergreen forests of India are mainly located in:

1. The western slopes of Western Ghats
2. Sunderbans
3. Rajasthan
4. Himalayan region

Question 18

One of the methods of prevention of soil erosion and conservation is :

1. Jhum cultivation
2. Terrace farming
3. Deforestation
4. Traditional farming methods

Question 19

What is burst of monsoon?

1. The sudden onset of monsoon in India during the month of June.
2. The cloud bursts experienced during Monsoon.
3. The heavy rainfall received in the North Eastern part of India.
4. The cyclones experienced during Monsoon.

Question 20

The western disturbances mainly cause rainfall in:

1. Haryana
2. Kerala
3. Tamil Nadu
4. Madhya Pradesh

Question 21

Laterite soil is red in colour due to the presence of :

1. Silica
2. Iron oxides
3. Humus
4. Magnesium

Question 22

The cheapest source of irrigation in India is :

1. Tank
2. Well
3. Canal
4. Drip

Question 23

Study the map and answer the following questions:

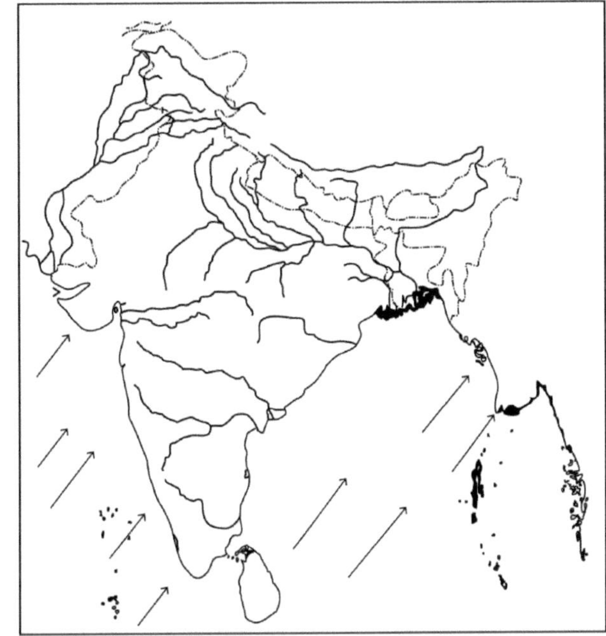

(a) Identify the winds which are shown in the map.

1. North-East Monsoon
2. Western Disturbances
3. Retreating South-West Monsoon
4. South-West Monsoon

(b) Which of the following states receives very little rainfall from these winds?

1. Uttar Pradesh
2. Tamil Nadu
3. Kerala
4. West Bengal

Question 24

Tank irrigation is mostly found in:

1. Deltaic parts of West Bengal
2. Northern Plains
3. Peninsular Plateau
4. Rajasthan

Question 25

The term 'badlands' refer to areas affected by soil erosion in the region of :

1. Chambal and Yamuna river
2. Chotanagpur Plateau
3. Arid areas of Rajasthan
4. Alpine areas of the Himalayas

Question 26

The retreating monsoons cause heavy rainfall in :

1. Tamil Nadu
2. Kerala
3. Maharashtra
4. West Bengal

Question 27

Give reasons for the following:

(a) Most parts of India do not receive rainfall in winter.

1. Winter Monsoons are mainly offshore and have very less moisture.
2. The South-West summer monsoons are more powerful than winter monsoons.
3. The winter monsoons cause rainfall in Tamil Nadu.
4. The winter monsoons are cold.

(b) Darjeeling is cooler than Kolkata in summer.
   1. Due to higher altitude
   2. Due to snowfall in Darjeeling
   3. Due to depression
   4. Due to high pressure

Question 28

One advantage of canal irrigation:
   1. It is the cheapest source of irrigation.
   2. It provides water and makes agriculture possible even in dry and arid areas.
   3. Canals can be easily constructed.
   4. Canals can be constructed in any terrain.

Question 29

The restoration of forests that has been largely destroyed is called :
   1. Agro-forestry
   2. Reafforestation
   3. Afforestation
   4. Jhumming

Question 30

The process involved in the formation of black soil is:
   1. Leaching
   2. Gleying
   3. Podzolization
   4. Weathering of lava rocks

Question 31

Mangrove vegetation is mainly found in:
   1. Mountain areas
   2. Saline areas
   3. Arid areas
   4. River valleys

Question 32

Red soil is derived from :
   1. Sedimentary rocks
   2. Ancient crystalline and metamorphic rocks
   3. Porous and lava rocks
   4. Deposition of sediments brought by the rivers

Question 33

The Sunderbans are an example of :
   1. Littoral forests
   2. Deciduous forests
   3. Coniferous forests
   4. Alpine forests

Question 34

One of the factors causing deforestation in India is :
   1. Contour ploughing
   2. Social forestry
   3. Overgrazing
   4. Afforestation

Question 35

(a)	Well irrigation	(i)	Peninsular Plateau
(b)	Tank irrigation	(ii)	Uttar Pradesh
(c)	Canal irrigation	(iii)	Rajasthan
(d)	Sprinkler irrigation	(iv)	Punjab

(a) 1. (i), 2. (ii), 3. (iii), 4. (iv)
(b) 1. (i), 2. (ii), 3. (iii), 4. (iv)
(c) 1. (i), 2. (ii), 3. (iii), 4. (iv)
(d) 1. (i), 2. (ii), 3. (iii), 4. (iv)

Name of Exam : ________________________

2021-22

OMR Response Sheet

Roll No.

1	◯ ◯ ◯ ◯ ◯ ◯ ◯
2	◯ ◯ ◯ ◯ ◯ ◯ ◯
3	◯ ◯ ◯ ◯ ◯ ◯ ◯
4	◯ ◯ ◯ ◯ ◯ ◯ ◯
5	◯ ◯ ◯ ◯ ◯ ◯ ◯
6	◯ ◯ ◯ ◯ ◯ ◯ ◯
7	◯ ◯ ◯ ◯ ◯ ◯ ◯
8	◯ ◯ ◯ ◯ ◯ ◯ ◯
9	◯ ◯ ◯ ◯ ◯ ◯ ◯
0	◯ ◯ ◯ ◯ ◯ ◯ ◯

Name ____

Class & Section ______________________________

Subject ______________________________________

Subject Code :

Date of Exam : D D   M M   YYYY

Candidate's Sign.

Invigilator's Sign.

Instructions for filling the OMR sheet :

1. Use only black/blue ball point pen to fill the circle
2. Use of pencil is strictly prohibited
3. Circle should be designed completely and properly
4. Cutting and erasing on this sheet is not allowed

Q. No.	1	2	3	4	Q. No.	1	2	3	4
1.	◯	◯	◯	◯	21.	◯	◯	◯	◯
2.	◯	◯	◯	◯	22.	◯	◯	◯	◯
3.	◯	◯	◯	◯	23. (a)	◯	◯	◯	◯
4.	◯	◯	◯	◯	23. (b)	◯	◯	◯	◯
5.	◯	◯	◯	◯	24.	◯	◯	◯	◯
6.	◯	◯	◯	◯	25.	◯	◯	◯	◯
7.	◯	◯	◯	◯	26.	◯	◯	◯	◯
8.	◯	◯	◯	◯	27. (a)	◯	◯	◯	◯
9.	◯	◯	◯	◯	27. (b)	◯	◯	◯	◯
10.	◯	◯	◯	◯	28.	◯	◯	◯	◯
11.	◯	◯	◯	◯	29.	◯	◯	◯	◯
12.	◯	◯	◯	◯	30.	◯	◯	◯	◯
13.	◯	◯	◯	◯	31.	◯	◯	◯	◯
14.	◯	◯	◯	◯	32.	◯	◯	◯	◯
15.	◯	◯	◯	◯	33.	◯	◯	◯	◯
16.	◯	◯	◯	◯	34.	◯	◯	◯	◯
17.	◯	◯	◯	◯	35. (a)	◯	◯	◯	◯
18.	◯	◯	◯	◯	35. (b)	◯	◯	◯	◯
19.	◯	◯	◯	◯	35. (c)	◯	◯	◯	◯
20.	◯	◯	◯	◯	35. (d)	◯	◯	◯	◯

Self Assessment Chart

After solving the Self Assessment Paper, with the help of online solutions, mark yourself accordingly.

Q. No.	Chapter	Topics	Marks per Question	Marks Obtained
1.	Interpretation of Topographical Maps	Grid Reference	1	
2.	Interpretation of Topographical Maps	Conventional Signs and Symbols	1	
3.	Interpretation of Topographical Maps	Contour Diagrams	1	
4.	Interpretation of Topographical Maps	Identification of Landforms marked by Contours	1	
5.	Interpretation of Topographical Maps	Identification of Landforms marked by Contours	1	
6.	Interpretation of Topographical Maps	Conventional Signs and Symbols	1	
7.	Interpretation of Topographical Maps	Scales and Direction	1	
8.	Interpretation of Topographical Maps	Map Reading and Interpretation	1	
9.	Interpretation of Topographical Maps	Identification of Natural and Man-made Features	1	
10.	Interpretation of Topographical Maps	Identification of Natural and Man-made Features	1	
11.	Climate	Seasons : March to May – Summer	1	
12.	Natural Vegetation	Forest Conservation – Meaning and Methods	1	
13.	Water Resources	Irrigation : Importance and Methods	1	
14.	Soil Resources	Soil Erosion – Meaning, agents and types	1	
15.	Climate	Seasons : October to November – Retreating Monsoon	1	
16.	Water Resources	Irrigation : Importance and Methods	1	
17.	Natural Vegetation	Types of Vegetation	1	
18.	Soil Resources	Soil Conservation – Meaning and Methods	1	
19.	Climate	Seasons : June to September – Monsoon	1	
20.	Climate	Seasons : December to February – Winter	1	
21.	Soil Resources	Types of Soil	1	
22.	Water Resources	Irrigation : Importance and Methods	1	
23.	Climate	Seasons : June to September – Monsoon	2	
24.	Climate	Seasons : October to November – Retreating Monsoon	1	
25.	Soil Resources	Soil Erosion – Meaning, agents and types	1	
26.	Water Resources	Irrigation : Importance and Methods	1	
27.	Climate	Factors Affecting the Climate of the Area	2	
28.	Water Resources	Irrigation : Importance and Methods	1	
29.	Natural Vegetation	Forest Conservation – Meaning and Methods	1	
30.	Soil Resources	Types of Soil	1	
31.	Natural Vegetation	Types of Vegetation	1	
32.	Soil Resources	Types of Soil	1	
33.	Natural Vegetation	Types of Vegetation	1	
34.	Natural Vegetation	Forest Conservation – Meaning and Methods	1	
35.	Water Resources	Irrigation : Importance and Methods	4	
How did you perform ? (Marks Achieved/Maximum Marks × 100%)				

Physics

1. Force

2. Work, Power and Energy

3. Simple Machines

4. Refraction of Light

5. Refraction Through Lens

6. Spectrum

7. Sound

Chapter - 1 (Force)

Concept	Example	Formulae	Units	
			SI	CGS
Moment of force/Torque turning effect of force about fulence/axis of rotation (a vector qty.)	Turning a wrench	$\tau = F \times$ ($\perp^r$ distance of line of action from axis of rotation)	1 Nm = 10^7 dyn cm 1 kgfm = 9.8 Nm 1 gfcm = 980 dyn	
Moment of couple (pair of equal, opposite and parallel forces not acting along same line)	Turning a steering wheel	$\tau_c = F \times$ Couple Arm ($\perp^r$ distance between 2 forces)	same as τ	
Equilibrium: State of body (rest or motion) under action of two or more forces remains unchanged	book lying on table, revolution of Earth around Sun	$F_{resultant} = 0$ $\tau_{resultant} = 0$		
Principle of Moments: algebraic sum of clockwise moments = algebraic sum of anti-clockwise moments *anti-clockwise is considered +ve, clockwise as −ve	A beam balance	$W_1 \times l_1 = W_2 \times l_2$		
Centre of Gravity: Point on a rigid body at which entire weight is assumed to act	C.G. of rod lies at midpoint of its axis	$\Sigma\tau = 0$ (alg. sum of moments of weights of particles)		

Chapter - 2 (Work, Power and Energy)

Concept	Example	Formulae	Units	
			SI	CGS
Work: said to be done when there is displacement in direction of force applied (a scalar qty.)	Lifting a load	$W = F\cos\theta \times S$ θ = angle between F and S S = displacement	(Joule)	$1J = 10^7$ erg. (or dyn cm)
*W.D. by force of gravity	apple falling from a tree	$W = mgh$		
*W.D. against force of gravity.	ball thrown vertically upwards	$W = -\,mgh$		
Power: rate of doing work per unit time (scalar qty.)	energy consumed by bulb in one day	$P = \dfrac{W}{t}$ $P = F \times$ Velocity	$1W\ (J/s) = 10^7$ erg s^{-1}	
Energy: capacity to do work *When W.D. by a body, energy $\downarrow$ *When W.D. on a body, energy $\uparrow$ (scaler qty.)	When a striker hits a corner coin, energy is transferred from striker to coin	$E = W$	1 HP (horsepower) = 746 W same as W 1 KWh $= 3.6 \times 10^6$ J 1 cal = 4.18 J 1 eV $= 1.6 \times 10^{-19}$ J	
Potential Energy: energy possessed by virtue of position or configuration	Water stored in tank/ dam			
Kinetic Energy: energy possessed by virtue of motion	A vehicle in motion	$K = \dfrac{1}{2}\,mv^2$ $K = \dfrac{p^2}{2\,m}, p = \text{momentum}$		
Gravitational Pot. Energy (due to gravity)		$U = mgh$ $U = mg\,(h_2 - h_1)$		
Work Energy Theorem: W.D. = Increase in K.E.		$W = \dfrac{1}{2}\,m\,(v^2 - u^2)$		
Law of Conservation of Energy: Total energy in a system remains constant K + U = constant	ball thrown vertically upwards Simple pendulum released from rest	$u = \sqrt{2gh}$ $v = \sqrt{2gh}$		

Chapter - 3 (Simple Machines)

Concepts	Symbol	Formulae
Load: Opposing or resistive force against machine	L	
Effort: External force on Machine to overcome load	E	
Mechanical Advantage (depends on friction and can vary for a machine)	M.A.	$\text{M.A.} = \dfrac{\text{Load}}{\text{Effort}} = \dfrac{L}{E}$ M.A. $> 1 \Rightarrow$ force multiplier
Velocity Ratio (depends only on design and is constant for a machine)	V.R.	$\text{V.R.} = \dfrac{\text{Vel. of E}}{\text{Vel. of L}} = \dfrac{V_E}{V_L}$ $\text{V.R.} = \dfrac{d_E}{d_L}$, d = displacement V.R. $< 1 \Rightarrow$ Vel. multiplier
Input: Work done on machine	W_{input}	$W_{input} = E \times d_E$
Output: Work done by machine on load	W_{output}	$W_{output} = L \times d_L$
Efficiency *Ideal machine, $\eta = 1$ (M.A. = V.R.) *Actual machine, $\eta < 1$ (M.A < V.R.)	η	$\eta = \dfrac{W_{output}}{W_{input}} \times 100\%$ $\eta = \dfrac{\text{M.A.}}{\text{V.R.}}$
Single fixed pulley		Ideal: M.A. = V.R. = 1 $\eta = 100\%$ *i.e.,* Actual: M.A. < 1, V.R. = 1 $\eta < 100\%$, *i.e.,*
Single movable pulley		Ideal E = T, T = tension L = 2T $\text{M.A.} = \dfrac{2T}{T} = 2$ V.R. = 2 $\eta = 100\%$ Actual M.A. < 2 V.R. = 2 $\eta < 100\%$
Combination of Pulleys (i) One fixed pulley with several movable pulleys		Ideal M.A. $= 2^n$, n is the number of movable pulleys V.R. $= 2^n$ $\eta = 100\%$ Actual M.A. $< 2^n$, V.R. $= 2^n$ $\eta < 100\%$
(ii) **Several pulleys in block and tackle system:** two sets of pulleys, upper set attached to a rigid support at the top is called block, lower set (movable) carrying load is called tackle.		$L = nT$, n is the total no. of pulleys in both the blocks E = T Ideal $\text{M.A.} = \dfrac{nT}{T} = n$ $E = \dfrac{L}{n}$ (Force multiplier) V.R. $= n$ $\eta = 100\%$

<table>
<tr><td rowspan="2"></td><td rowspan="2"></td><td>Actual $E = T, L + W = nT$ (W = weight of the lower block along with pulleys)</td></tr>
<tr><td>

$$\text{M.A.} = n - \frac{W}{E}$$

$$\text{M.A.} < n$$
$$\text{V.R.} = n$$

$$\eta = \left(1 - \frac{W}{nE}\right) \times 100$$

$$\eta < 100\%$$

</td></tr>
</table>

Chapter - 4 (Refraction of Light)

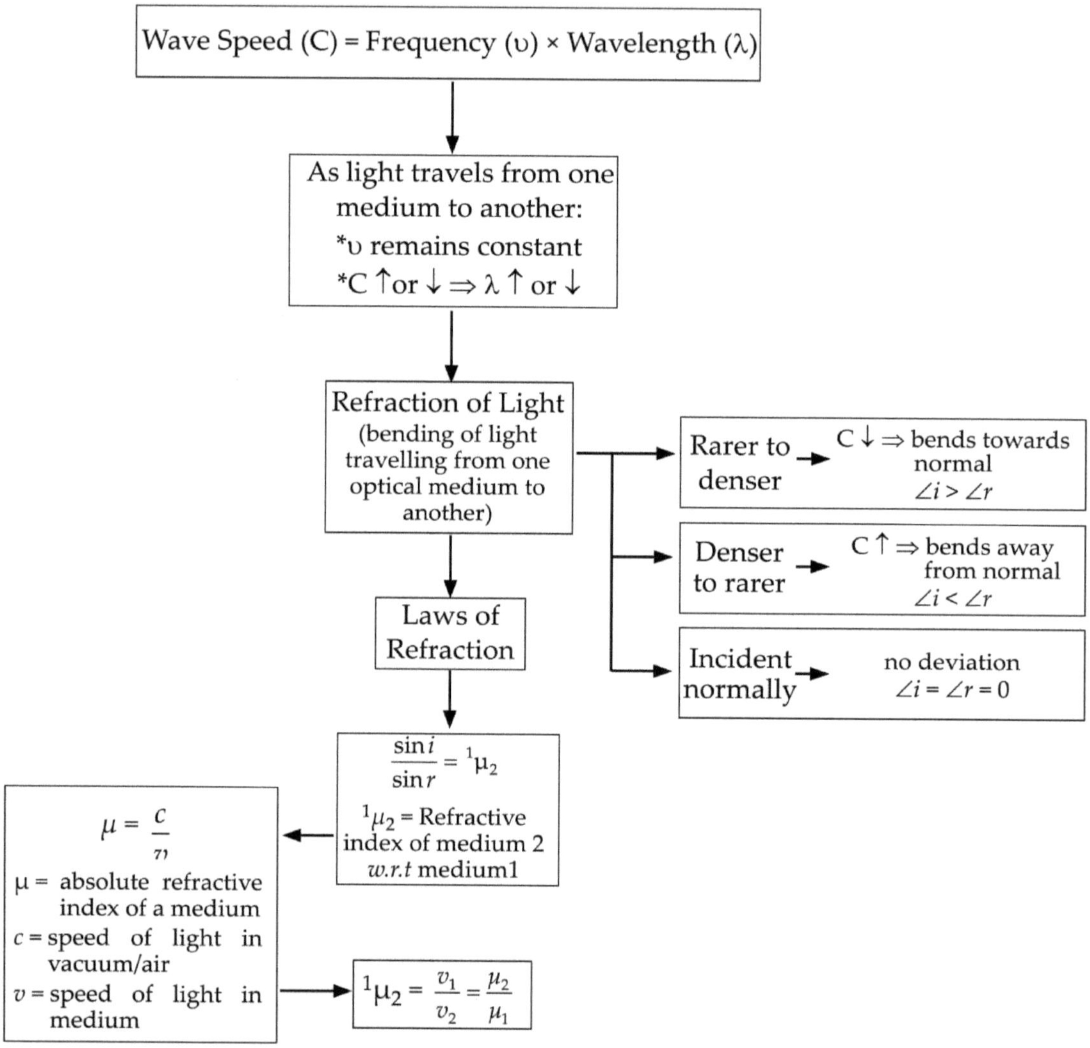

Wave Speed (C) = Frequency (υ) × Wavelength (λ)

As light travels from one medium to another:
*υ remains constant
*$C \uparrow$ or $\downarrow \Rightarrow \lambda \uparrow$ or $\downarrow$

Refraction of Light
(bending of light travelling from one optical medium to another)

Rarer to denser → $C \downarrow \Rightarrow$ bends towards normal $\angle i > \angle r$

Denser to rarer → $C \uparrow \Rightarrow$ bends away from normal $\angle i < \angle r$

Incident normally → no deviation $\angle i = \angle r = 0$

Laws of Refraction

$$\frac{\sin i}{\sin r} = {}^1\mu_2$$

${}^1\mu_2$ = Refractive index of medium 2 w.r.t medium 1

$$\mu = \frac{c}{\upsilon}$$

μ = absolute refractive index of a medium
c = speed of light in vacuum/air
υ = speed of light in medium

$${}^1\mu_2 = \frac{\upsilon_1}{\upsilon_2} = \frac{\mu_2}{\mu_1}$$

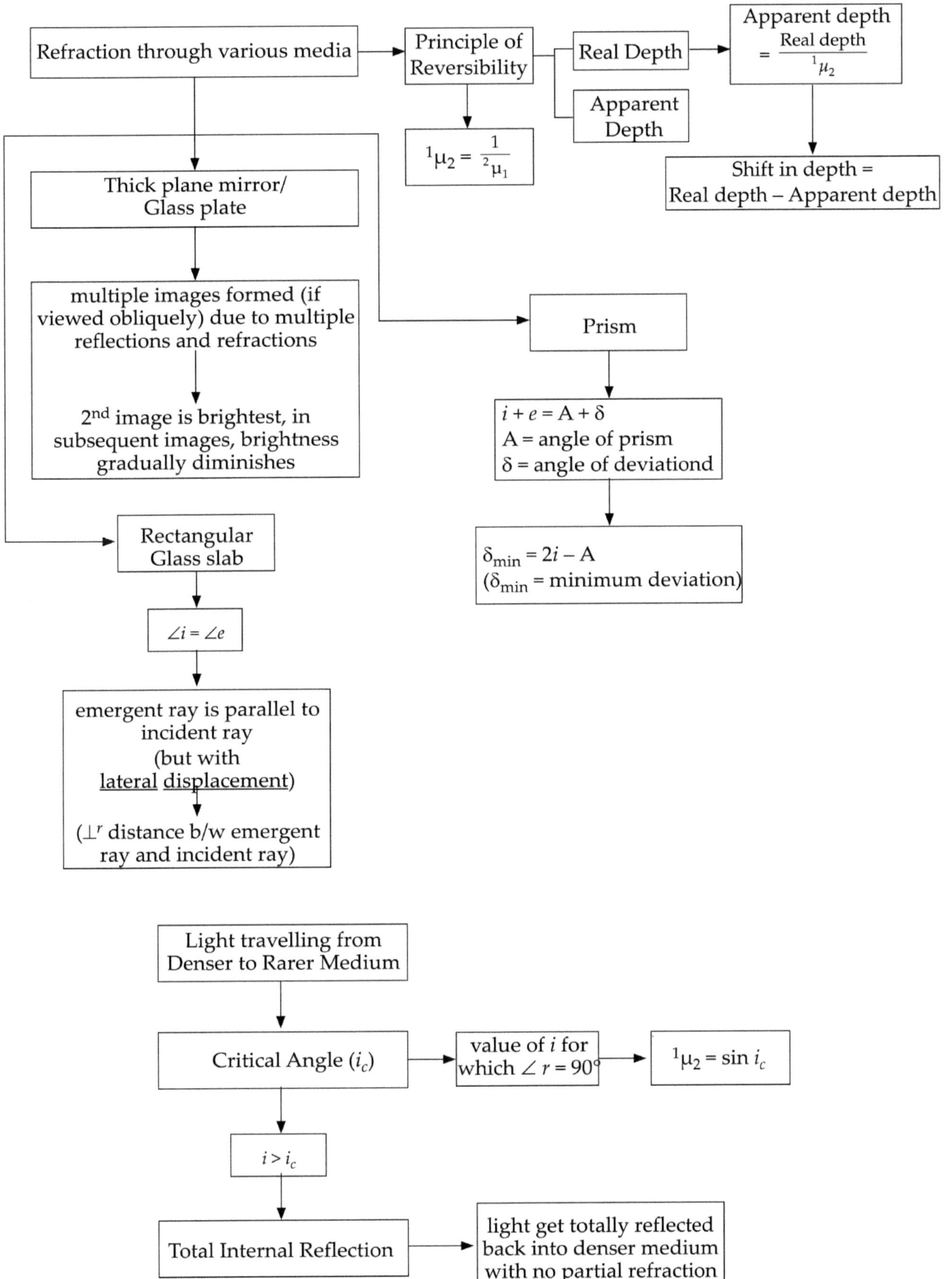

Refraction through various media

Principle of Reversibility

Real Depth

Apparent Depth

Apparent depth = Real depth / $^1\mu_2$

$^1\mu_2 = \dfrac{1}{^2\mu_1}$

Shift in depth = Real depth – Apparent depth

Thick plane mirror/ Glass plate

multiple images formed (if viewed obliquely) due to multiple reflections and refractions

2nd image is brightest, in subsequent images, brightness gradually diminishes

Prism

$i + e = A + \delta$
A = angle of prism
δ = angle of deviationd

$\delta_{min} = 2i - A$
(δ_{min} = minimum deviation)

Rectangular Glass slab

$\angle i = \angle e$

emergent ray is parallel to incident ray
(but with lateral displacement)

($\perp^r$ distance b/w emergent ray and incident ray)

Light travelling from Denser to Rarer Medium

Critical Angle (i_c)

value of i for which $\angle r = 90°$

$^1\mu_2 = \sin i_c$

$i > i_c$

Total Internal Reflection

light get totally reflected back into denser medium with no partial refraction

Chapter - 5 (Refraction Through Lens)

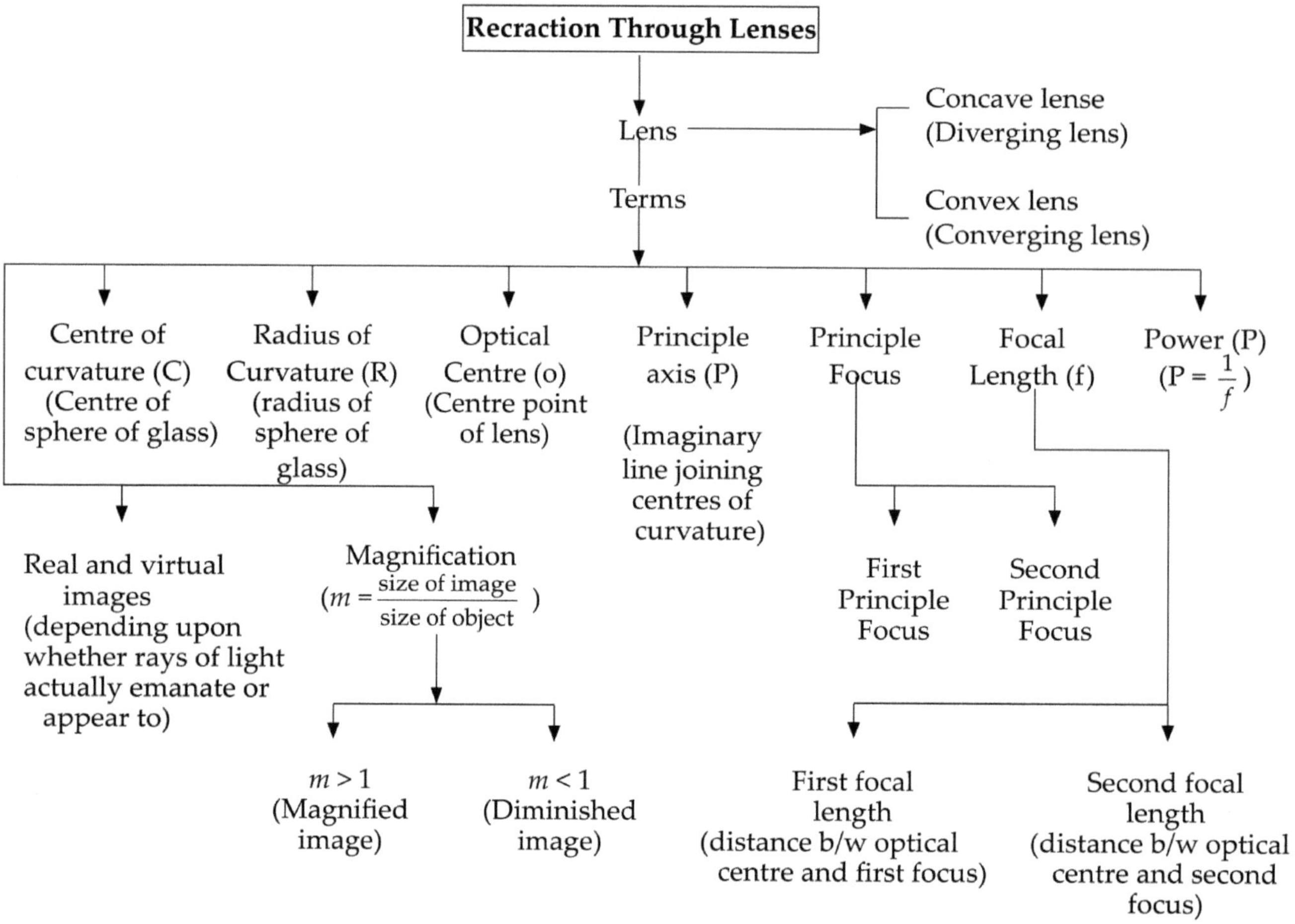

Recraction Through Lenses

Lens → Concave lense (Diverging lens)

Convex lens (Converging lens)

Terms

Centre of curvature (C) (Centre of sphere of glass)

Radius of Curvature (R) (radius of sphere of glass)

Optical Centre (o) (Centre point of lens)

Principle axis (P) (Imaginary line joining centres of curvature)

Principle Focus

Focal Length (f)

Power (P) $(P = \dfrac{1}{f})$

Real and virtual images (depending upon whether rays of light actually emanate or appear to)

Magnification $(m = \dfrac{\text{size of image}}{\text{size of object}})$

$m > 1$ (Magnified image)

$m < 1$ (Diminished image)

First Principle Focus

Second Principle Focus

First focal length (distance b/w optical centre and first focus)

Second focal length (distance b/w optical centre and second focus)

Chapter - 6 (Spectrum)

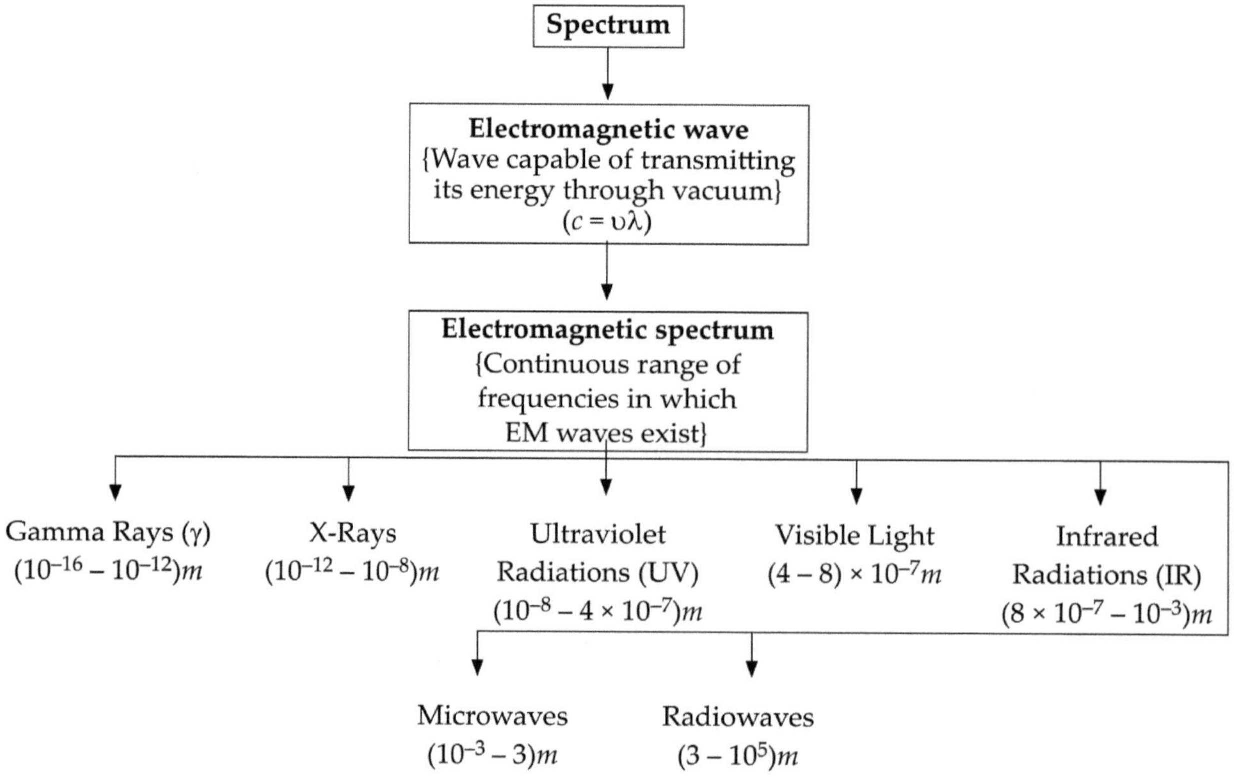

Spectrum

Electromagnetic wave {Wave capable of transmitting its energy through vacuum} $(c = \upsilon\lambda)$

Electromagnetic spectrum {Continuous range of frequencies in which EM waves exist}

Gamma Rays (γ) $(10^{-16} - 10^{-12})m$

X-Rays $(10^{-12} - 10^{-8})m$

Ultraviolet Radiations (UV) $(10^{-8} - 4 \times 10^{-7})m$

Visible Light $(4 - 8) \times 10^{-7}m$

Infrared Radiations (IR) $(8 \times 10^{-7} - 10^{-3})m$

Microwaves $(10^{-3} - 3)m$

Radiowaves $(3 - 10^{5})m$

Chapter - 7 (Sound)

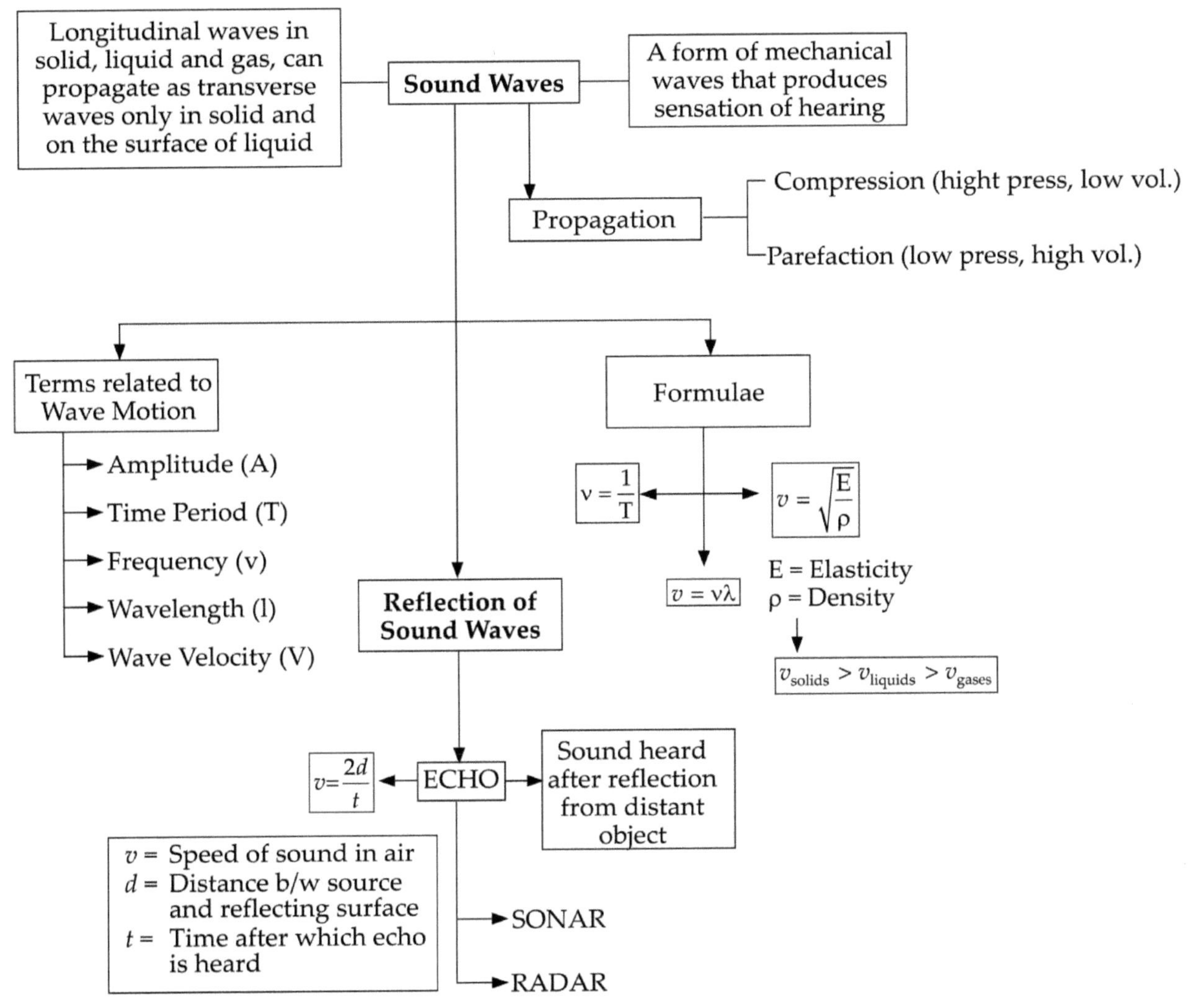

$$v = \frac{1}{T}$$

$$v = \sqrt{\frac{E}{\rho}}$$

$$v = v\lambda$$

$$v_{solids} > v_{liquids} > v_{gases}$$

$$v = \frac{2d}{t}$$

Physics

Multiple Choice Questions

1. In an ideal machine:

(a) Work output = work input
(b) power output = power input
(c) Mechanical advantage = velocity ratio
(d) all of the above

Answer.

(d) all of the above

Explanation : Since no loss hence all the factors given in the three options are equal.

2. For a practical machine:

(a) work output is less than work input

(b) Efficiency of a practical machine is less than one

(c) power output is less than power input

(d) all of the above

Answer.

(d) all of the above

Explanation : As there is some loss in case of practical machine due to frictional resistance hence all three options are valid.

3. Mechanical advantage of pulley systems used in lifts of buildings is:

(a) One
(b) Two
(c) Three
(d) None of these

Answer.

(b) Two

Explanation : Pulley system in case of lift is single fixed and single movable.

4. Sachin Tendulkar starts the innings by batting the very first ball and returns back to the batting end on completion of his run and a blazing double run during the match v/s the world champions Australia. Work done by him is:

(a) zero J
(b) 10 J
(c) 100 J
(d) 1000 J

Answer.

(a) zero J

Explanation : Since NET displacement is zero. Hence, work done is zero.

5. State the phenomenon applied in the case below in an amusement park

(a) Echo
(b) repetition of sound
(c) reverberation
(d) none of these

Answer.

(a) Echo

Explanation : Application of echo.

6. Consider the figure and answer the following questions :

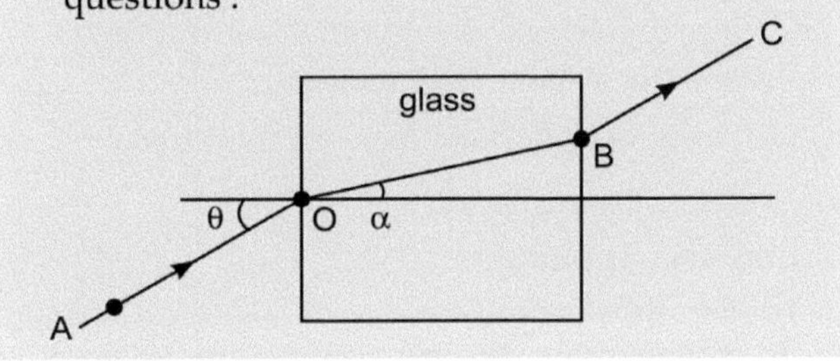

(i) Refracted ray is:

(a) AO
(b) OB
(c) BC
(d) AC

(ii) Incident ray is:

(a) AO
(b) OB
(c) BC
(d) AC

(iii) Angle of incident is:

(a) α
(b) θ
(c) $\alpha + \theta$
(d) $\dfrac{\alpha}{\theta}$

(iv) Refractive angle is:

(a) α

(b) θ

(c) $\alpha + \theta$

(d) $\dfrac{\alpha}{\theta}$

Answer.

(i) (b) OB

(ii) (a) AO

(iii) (b) θ

(iv) (a) α

7. The relationship to evaluate the efficiency is

(a) mechanical advantage / velocity ratio

(b) load x displacement of load / effort x displacement of effort

(c) work output / work input

(d) power output / power input

(e) all of the above

Answer.

(e) all of the above

Explanation: Different mathematical forms for calculating efficiency.

8. State which of the following statements are true.

(a) Mechanical advantage is always a unitless quantity

(b) Velocity ratio is also called displacement ratio

(c) Efficiency is always less than one

(d) Both 1 and 2

Answer.

(d) Both 1 and 2

Explanation: As option 3 is incorrect both option 1 and 2 are correct as velocity ratio is also ratio of displacements in same time interval.

9. In case of cranes and hoist the velocity ratio is

(a) number of movable pulleys

(b) 2 number of pulleys

(c) Total number of pulleys

(d) displacement of load/displacement of effort

Answer.

(c) Total number of pulleys

Explanation: Cranes and hoist are examples of block and tackle system of pulleys.

10. A sprinter covers a distance of $2\pi r$ while running across joggers track of circumference 44 cm. Find the work done by the sprinter if the distance travelled by him is 1.76×10^{-3} km

(a) zero J

(b) 10 J

(c) 100 J

(d) 1000 J

Answer.

(a) zero J

Explanation: Since net displacement is zero hence work done is zero.

11. If the wave velocity of sound in air is 336 ms^{-1} then the minimum distance for echo to occur is

(a) 17m

(b) 18m

(c) 16.6m

(d) 17.6m

Answer.

(c) 16.6m

Explanation: Using the relation wave velocity is 2 [distance/time].

12. The diagram below shows a spherical lens in which the brightest image obtained is at a distance of 20 cm

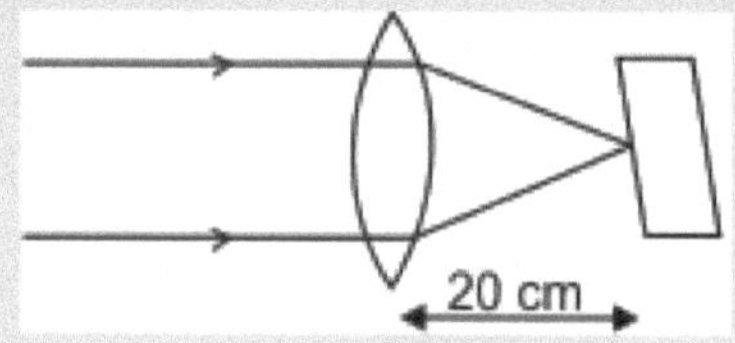

(i) The spherical lens used is:

(a) convex

(b) convexo concave

(c) concave

(d) plano convex

(ii) The focal length of lens is:

(a) 100 cm

(b) 20 cm

(c) 0.25 m

(d) both 2 and 3

(iii) If the object is placed at a distance of 100 cm in front of the lens then, the screen should placed at a distance of .... to obtain a clear image.

(a) 15 cm

(b) 6.25 cm

(c) 12.5 cm

(d) 25 cm

(iv) The power of the above lens is:

(a) 5 D

(b) −6.67D

(c) +5.67 D

(d) +7.67 D

Answer.

(i) (a) convex

Explanation: Convex lens is converging in nature.

(ii) (b) 20 cm

Explanation: Focal length is same as the converging distance for parallel beam incident on lens.

(iii) (d) 25 cm

Explanation: Use lens formula to calculate image distance.

(iv) (a) 5 D

Explanation: Power of lens is 100/Focal length [cm].

13. Choose the correct statement with respect to Total Internal Reflection.

(a) The ray of light travels at an angle greater than critical angle

(b) The ray of light travels from denser medium to rarer medium

(c) It does not obey the laws of reflection

(d) Both 1 and 2

Answer.

(d) Both 1 and 2

Explanation: Conditions for total internal reflection.

14. The phenomenon of faces of person appear to shimmer when sitting near a campfire because of:

(a) refraction through different layers of optical density

(b) wind blowing near the camp fire

(c) total internal reflection

(d) dispersion of light

Answer.

(a) refraction through different layers of optical density

Explanation: Property of refraction of light.

15. In the diagram below, the phenomenon occurring is:

(a) refraction of stars

(b) twinkling of stars

(c) dispersion of light

(d) total internal reflection

Answer.

(b) twinkling of stars

Explanation: Application of refraction.

16. Identify the position of the object when a lens exhibits the following characteristics of image: real, inverted and same size:

(a) At F   (b) At O

(c) At 2F   (d) Between F and 2F

Answer.

(c) At 2F

Explanation: Characteristics of image formed by a lens due to the relative position of object

17. A ray of light is incident from air into a glass slab which is silvered at its base such that the ray of light is incident normal to the mirrored surface. If refractive index of air with respect to glass is μ_1 then the refractive index of glass with respect to air is μ_2. The relation between the two refractive indices is:

(a) $\mu_1 > \mu_2$ (b) $\mu_1 = \mu_2$

(c) $\mu_1 < \mu_2$ (d) $\mu_1 = 1 / \mu_2$

Answer.

(d) $\mu_1 = 1 / \mu_2$

Explanation: Principle of reversibility of light.

18. A stone is thrown in air in vertically upward direction with velocity 30 m/sec. If the mass of the stone is 10 g then:

(i) Step to find initial KE applied to stone:

(A) Energy $= mv^2 = 10$ g $\times (30 \times 30)$

(B) Energy $= \dfrac{1}{2} mv^2 = \dfrac{1}{2} 10$ g $\times (30 \times 30)$

(C) Energy $= mv^2 = (0.01) \times (30 \times 30)$

(D) Energy $= \dfrac{1}{2} mv^2 = \dfrac{1}{2} (0.01) \times (30 \times 30)$

(a) A   (b) B

(c) C   (d) D

(ii) Maximum height that this stone can achieve (air friction is neglected):

(a) 30m   (b) 35m

(c) 40m   (d) 45m

(iii) If 60% of initial energy is lost on reaching to maximum height due to air friction the maximum height will be:

(a) 10m   (b) 14m

(c) 18m   (d) 20m

(iv) Potential energy can be expressed as:

(a) $U = mgh$ (b) $K = \dfrac{1}{2} mv^2$

(c) $V = \sqrt{2gh}$ (d) $P = ma$

Answer.

(i) (d) D

Explanation: Energy $= \dfrac{1}{2} mv^2$.

(ii) (d) 45m

Explanation: P.E. at maximum height = Initial KE

$$mgh = \dfrac{1}{2} mv^2$$

$$h = \dfrac{v^2}{2g} = \dfrac{900}{20} = \dfrac{30 \times 30}{2 \times 10} = 45 \text{ m.}$$

(iii) (c) 18m

Explanation: PE at max height = 40% of initial KE

$$mgh = \frac{40}{100} \times \frac{1}{2}mv^2$$

$$h = 0.4\,\frac{v^2}{2g} = 0.4 \times 45 = 18.0 \text{ m.}$$

(iv) (a) U = mgh

Explanation: Definition

19. Wavelength range of yellow light is

(a) 4000Å-4460Å   (b) 4640Å-5000Å

(c) 5780Å-5920Å   (d) 6200Å-8000Å

Answer.

(c) 5780Å-5920Å

Explanation: The wavelegth range of yellow is 5780Å – 5920Å

20. Choose the incorrect statement.

(a) Dispersion of white light occurs at the first surface of prism

(b) Deviation of light occurs at both the surface of prism

(c) The prism produce colours

(d) The prism splits the various colours present in the light incident on it.

Answer.

(c) The prism produce colours

Explanation: When white light incident on prism, it splits into various colours due to dispersion of light. It can not produces colour itself.

21. If frequency of a yellow light is 6×10^{10}Hz. Then wavelength of light in m:

(a) 6×10^{-10}m   (b) 2×10^{-2}m

(c) 0.5×10^{-2} m   (d) 0.5m

Answer.

(c) 0.5×10^{-2}m

Explanation :

$f = 6 \times 10^{10}$Hz, $c = 3 \times 10^8$m/s, $c = f\lambda \Rightarrow \lambda = c/f$

$$\lambda = \frac{3 \times 10^8}{6 \times 10^{10}} = 0.5 \times 10^{-2}\text{m.}$$

22. Chosee the correct statement.

(a) EM waves requires a material medium for propagation

(b) EM waves are transverse wave

(c) EM waves reflects by Electric & Magnetic field

(d) The velocity of EM waves not changes when medium changes

Answer.

(d) EM waves are transverse wave.

Explanation: Property of EM waves

23. Choose the correct statement with respect to lateral displacement.

(a) It occurs in case of a rectangular glass slab

(b) It occurs when ray passes through two optical media

(c) It is directly proportional to thickness of glass slab

(d) Both 1 and 3

Answer.

(d) Both 1 and 3

Explanation : Property of lateral displacement.

24. A ball of mass 20 kg is thrown in upward direction. It reach, till the height 20 m from the ground and comes back to the earth, if the value of g = 10 m/sec², answer the following question.

(i) Kinetic energy when at the maximum height:

(a) mgh   (b) $\frac{1}{2}mv^2$

(c) 0   (d) none

(ii) Kinetic energy at height 10 m:

(a) 500 J   (b) 1000 J

(c) 2000 J   (d) 3000 J

(iii) Potential energy at maximum height:

(a) 1000 J   (b) 2000 J

(c) 3000 J   (d) 4000 J

(iv) Potential energy of ground:

(a) 4000 J   (b) 400 J

(c) 0   (d) none

Answer.

(i) (c) 0

Explanation : At maximum height $v = 0$

So, $\qquad$ KE $= \frac{1}{2}mv^2 = 0.$

(ii) (c) 2000 J

Explanation : At $h = 10$ m

$$KE = mgh$$

$$\Rightarrow \quad 20 \times 10 \times 10 = 2000 \text{ J.}$$

(iii) (d) 4000 J

Explanation : $\quad$ PE = mgh = $20 \times 10 \times 20$ = 4000 J.

(iv) (c) 0

Explanation : $\quad$ PE = mgh

at ground $\qquad h = 0$

$$PE = 0.$$

25. Work (W), Force (F) and displacement (S) are related to each other by:

(a) $F = WS \cos \theta$ (b) $S = WF \cos \theta$
(c) $W = FS \cos \theta$ (d) $S = WF \sin \theta$

Answer.

(c) $W = FS \cos \theta$

Explanation : Work = Force × displacement.

26. Work is positive when:

(a) Displacement and force are in same direction

(b) When $\theta = 90°$

(c) When displacement and force are in opposite direction

(d) $\theta = 180°$

Answer.

(a) Displacement and force are in same direction

Explanation : If the displacement and force are in same direction *i.e.*, $\theta = 0$, then work will be positive.

27. Hari lift a bag and reach to the station in 1 min while Shyam lift the bag (with same weight) and reach to station in 2 min. If the distance travelled by both of them are same, which of the following statements are false?

(a) Power spent by Hari is twice than Shyam

(b) Power spent by Shyam is half than Hari

(c) Work done by both of them is same

(d) Work done by both of them is different

Answer.

(d) Work done by both of them is different

Explanation : Both Hari and Shyam travelled the same distance in different time.

28. The value of 1 Wh in kJ is :

(a) 36 kJ (b) 3.6 kJ
(c) 0.36 kJ (d) 360 kJ

Answer.

(b) 3.6 kJ

Explanation : 1 Wh = 1 × 3600 = 3.6 kJ

29. The light is passing from one transparent medium to another transparent medium having different optical density : The phenomenon is:

(a) bending (b) Absorption
(c) Refraction (d) Reflection

Answer.

(c) Refraction

Explanation : Property of light.

30. For the figure given answer the following :

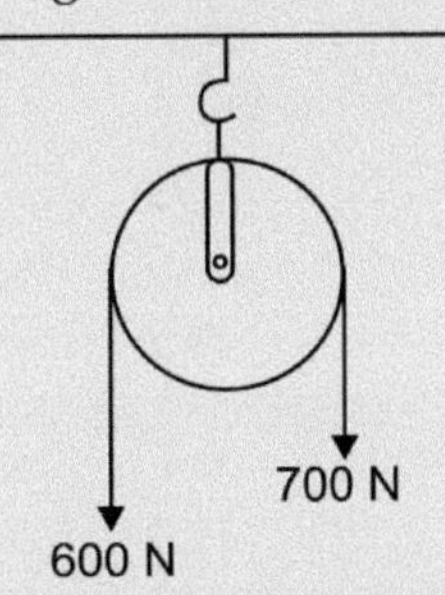

A boy lift a load of 600N through a height of 10m in 10 sec. The effort applied by boy on other end is 700N.

(i) Velocity ratio of the pulley:

(a) 0 (b) 1
(c) 2 (d) 3

(ii) Efficiency of pulley:

(a) 70% (b) 76%
(c) 80% (d) 86%

(iii) Energy gained by load in a height of 10 m in 10 sec:

(a) 5000 J (b) 6000 J
(c) 7000 J (d) 8000 J

(iv) Power developed by boy in raising load:

(a) 600W (b) 700W
(c) 800W (d) 900W

Answer.

(i) (b) 1

Explanation :

$$VR = \frac{\text{displacement of effort}}{\text{displacement of load}} = \frac{d}{d} = 1$$

When effort move a distance 'd' down ward and the load moves a distance 'd' upwards.

(ii) (d) 86%

Explanation : $\eta = \dfrac{M.A}{V.R}$

$\Rightarrow \quad M.A = \dfrac{L}{E} = \dfrac{600}{700} = 0.86$

$\eta = \dfrac{0.86}{1} = 86\%$

(iii) (b) 6000 J

Explanation : Energy = L × d = 600 × 10 = 6000 J.

(iv) (b) 700W

Explanation : $P = \dfrac{E \times d}{t} = \dfrac{700 \times 10}{10} = 700$ W.

31. Plano-Concave lense look like:

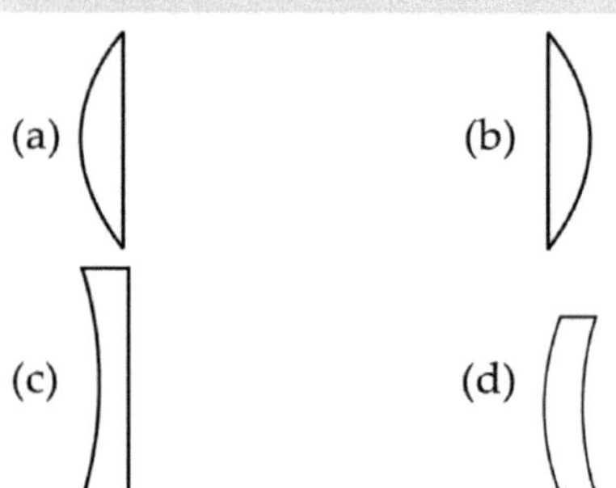

(a)   (b)   (c)   (d)

Answer.

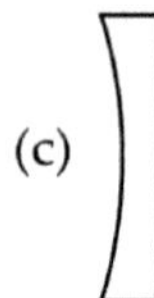

(c)

Explanation : Plano-concave lens is diverging in nature.

32. Consider the following ray diagram the properties of image formed:

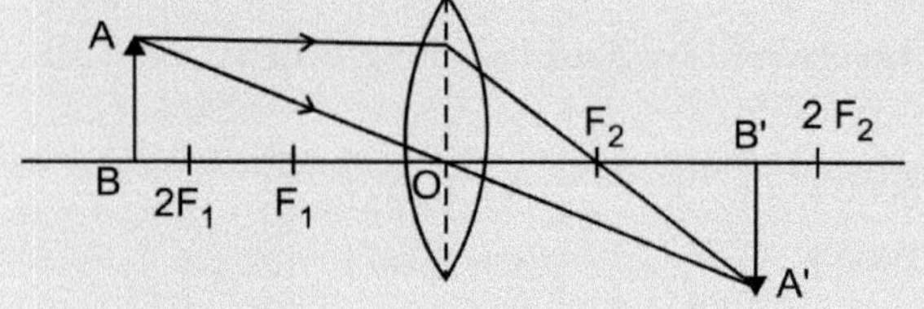

(a) virtual, large   (b) diminished, real
(c) magnified, virtual (d) none of these

Answer.

(b) diminished, real

Explanation : Image formed by Convex lens is always real and diminished of object is placed beyond the centre of curvature.

33. Light is traveling from denser to rarer medium than

(a) it's wavelength will decrease, velocity increases
(b) it's wavelength will increase, velocity increases
(c) no change in wavelength, no change in velocity
(d) the light will not be able to pass, velocity remains same.

Answer.

(b) It's wavelength will increase, velocity increases

Explanation : Property of refraction of light.

34. In uniform linear motion, the acceleration is:

(a) positive   (b) negative
(c) zero   (d) constant

Answer.

(c) zero

Explanation : In uniform linear motion, velocity is constant.

35. The force which is not a real force:

(a) Force of tension
(b) Centripetal force
(c) Centrifugal force
(d) Gravitational force

Answer.

(c) Centrifugal force

Explanation : Centrifugal force is not a real force.

36. Use this figure to answer the following question.

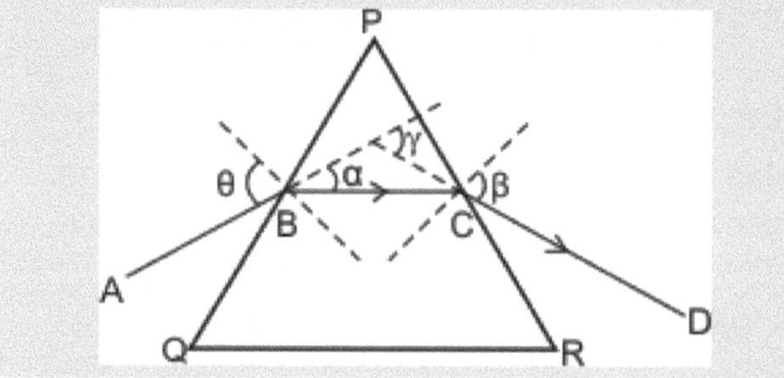

(i) Emergent ray is:
  (a) AB   (b) BC
  (c) CD   (d) None of these

(ii) Angle of prism will be:
  (a) θ (b) α
  (c) γ (d) None of these

(iii) Angle of deviation will be :
  (a) α (b) β
  (c) γ (d) θ

(iv) Angle of deviation does not depend on:
  (a) θ (b) P
  (c) μ (d) Q

Answer.

(i) (c) CD
(ii) (d) None of these
(iii) (c) γ
(iv) (d) Q

37. In uniform circular motion, the velocity and speed are respectively:

(a) constant, variable (b) variable, constant
(c) zero, variable   (d) undefined

Answer.

(b) variable, constant

Explanation : In uniform circular motion, the velocity and speed are variable and constant respectively.

38. The major energy change taking place in the following appliance is:

(a) electrical to sound energy

(b) electrical to heat energy

(c) electrical to light energy

(d) none of the above

Answer.

(c) electrical to light energy

Explanation : Energy transformation is between supplied electrical energy to the converted light energy.

39. 1 N-m is equal to:

(a) 10^5 dyne cm (b) 0.1 dyne cm

(c) 100 dyne cm (d) 10^7 dyne cm

Answer.

(d) 10^7 dyne cm

Explanation : $1N \times 1m = 10^5$ dyne $\times 10^2$cm.

40. Is the following lens is concave?

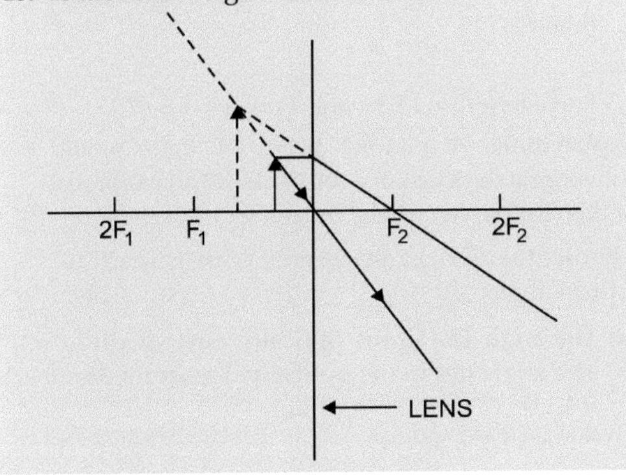

(a) Yes (b) No

(c) Can't say (d) None of these

Answer.

(b) No

Explanation : An erect, virtual and large image is formed in front of lens. Hence it is a convex lens.

41. Identify in which of the cases Centre of gravity is the geometric centre?

(a) Triangle

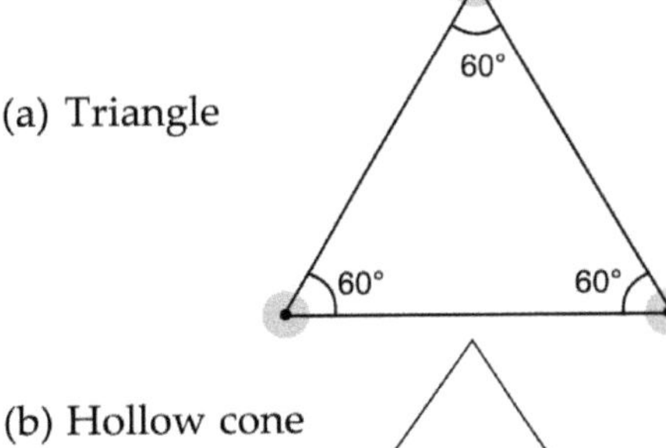

(b) Hollow cone

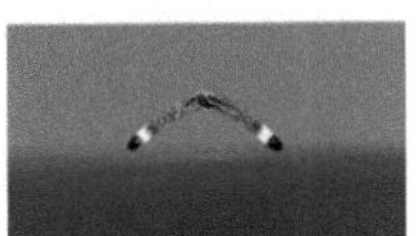

(c) Boomerang

(d) Solid sphere

Answer.

(d) Solid sphere

Explanation : Centre of gravity is the geometric centre for symmetrical objects.

42. The diagram below shows a spherical lens being used in which the image obtained is highly magnified and has a focal length of 25cm. With reference to this answer the following questions.

(i) The spherical lens used is:

(a) convex (b) convexo concave

(c) concave (d) plano convex

(ii) The power of lens is:

(a) 6.0 D (b) – 6.0 D

(c) +4.0 D (d) – 4.0 D

(iii) The image formed is:

(a) real and erect (b) real and inverted

(c) virtual and erect (d) none of these

(iv) If instead of convex lens could a concave lens be used for the same purpose.

(a) Yes

(b) No

(c) Depend on other factors

(d) None of the above

Answer.

(i) (a) Convex

Explanation : Lens with magnification is always convex.

(ii) (c) +4.0D

Explanation : Power = 100 / focal length [cm].

(iii) (c) Virtual and erect

Explanation : Characteristics of image.

(iv) (b) No

Explanation : Concave lens does not produce magnified image

43. Select the correct reason why diamond appears to sparkle in the dark?

(a) It has a low critical angle of 24°

(b) Due to the light getting entrapped inside the diamond as a result of successive total internal reflection.

(c) Due to refraction of light

(d) Both 1 and 2

Answer.

(d) Both 1 and 2

Explanation: Sparkling is because of entrapping of light due to large cut surfaces resulting in low critical angle.

44. The energy transformation taking place in an electric fan is:

(a) mechanical energy to electrical energy

(b) electrical energy to mechanical energy

(c) mechanical kinetic rotational energy to electrical energy

(d) electrical energy to Mechanical kinetic rotational energy

Answer.

(d) Electrical energy to Mechanical kinetic rotational energy

Explanation: The specific type of mechanical energy is kinetic rotational energy.

45. A girl sitting on a swing and a boy having the same mass as the girl swings to the same height as that of the girl as shown in the figure below. Which of the statements are correct pertaining to the boy and girl?

(a) The boy and girl possess same gravitational potential energy at extreme

(b) The boy and girl possess the same total energy during its oscillation

(c) Both 1 and 2

(d) None of the above

Answer.

(c) Both 1 and 2

Explanation: In case of an oscillating swing the total energy is conserved and at the extremes due to the height is attains gravitational potential energy.

46. A convex lens is used to burn a piece of paper as shown in the figure. What is its focal length and power?

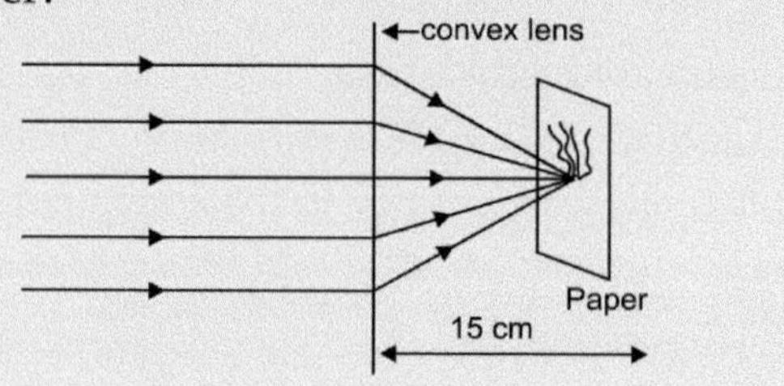

(a) Focal length = 15cm and Power = + 6.67 D

(b) Focal length greater than 15cm and Power = 6.67 D

(c) Focal length less than 15cm and Power less than 6.67 D

(d) Focal length equal to 15cm and Power is more than 6.67 D

Answer.

(a) Focal length = 15cm and Power = + 6.67 D

Explanation: A parallel beam of light would converge at the focus of a convex lens and reciprocal of this distance would be the power of the lens.

47. Choose the correct statement with respect to critical angle.

(a) The angle lies in the optically rarer medium

(b) The angle lies in the optically denser medium

(c) It leads to refraction of light

(d) None of the above

Answer.

(b) The angle lies in the optically denser medium

Explanation : Conditions for critical angle.

48. Observe this figure and answer the questions below.

(i) Name the type of motion.
   (a) Rotational   (b) Oscillatory
   (c) Vibratory   (d) None of these

(ii) What type of force is exerted on the kid when it starts moving?
   (a) Centripetal force
   (b) Centrifugal force
   (c) Both Centripetal and centrifugal
   (d) None of the above

(iii) The boy tends to move outwards due to:
   (a) virtual force   (b) centrifugal force
   (c) centripetal force   (d) both 1 and 2

(iv) The inward seeking force is called as:
   (a) Centripetal force   (b) Centrifugal force
   (c) Real force   (d) Virtual force

Answer.
(i) (a) Rotational
Explanation : Types of motion.

(ii) (b) Centrifugal force
Explanation : Force on the kid is outwards

(iii) (d) both 1 and 2
Explanation : Outwards force is 'centrifugal force'.

(iv) (a) Centripetal force
Explanation : Name of inward force for a body in moving a circular path.

49. Optical illusion seen in deserts is called as:
   (a) Mirage   (b) Looming
   (c) Hallucination   (d) Dispersion of light

Answer.
(a) Mirage
Explanation : Application of total internal reflection.

50. In the diagram below the phenomenon occurring is:

   (a) Reflection of light
   (b) Tyndall's effect
   (c) Refraction of light
   (d) Total internal reflection

Answer.
(c) Refraction of light
Explanation : Application of refraction of light.

51. Identify the type of lens used in case of a magnifying glass.
   (a) Plano convex   (b) Convex
   (c) Plano concave   (d) Concavo convex

Answer.
(b) Convex
Explanation : Convex lens are used for magnifying glass.

52. A ray of light is incident obliquely on an optical boundary and further suffers successive refractions at various optical boundaries as shown in the figure below. Compare the refractive indices of medium 1,2 and 3

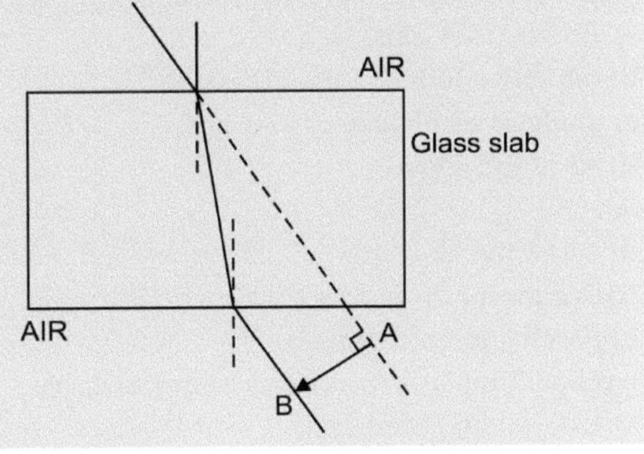

   (a) $\mu_1 > \mu_2 > \mu_3$ (b) $\mu_1 < \mu_2 > \mu_3$
   (c) $\mu_1 < \mu_2 < \mu_3$ (d) $\mu_1 > \mu_2 < \mu_3$

Answer.
(b) $\mu_1 < \mu_2 > \mu_3$
Explanation : Variation in path of light due to different refractive index.

53. With reference to the experiment shown below answer the following questions.

(i) The deviation produced in the ray of light is because of:
   (a) Refraction of light
   (b) Difference in optical densities of the two media
   (c) Difference in refractive index of the two media
   (d) All of the above

(ii) The incident ray and emergent ray are:
   (a) perpendicular to each other
   (b) parallel to each other
   (c) collinear
   (d) none of the above

(iii) The perpendicular shift between original incident ray produced and the emergent ray is called:

   (a) Lateral displacement

   (b) Lateral shift

   (c) Angular shift

   (d) Angular deviation

(iv) The shift mentioned in question 3 is directly proportional to:

   (a) thickness of glass slab

   (b) refractive index of the glass slab

   (c) angle of incidence

   (d) all of the above

Answer.

(i) (d) All of the above

Explanation : Properties of refraction

(ii) (b) parallel to each other

Explanation : Due to parallel lateral surfaces

(iii) (a) Lateral displacement

Explanation : Definition of lateral displacement

(iv) (d) all of the above

Explanation : Factors affecting lateral displacement.

54. Choose the correct statement with respect to Refraction of light

   (a) The ray of light does not necessarily deviate from its original path.

   (b) The light ray bends away from the normal when density of second medium is less than the first medium

   (c) Speed of light decreases when it enters from one optical rarer medium to another denser medium due to decrease in wavelength of light wave

   (d) All of the above

Answer.

(d) All of the above

Explanation: Property of refraction of light

55. When a light ray enters from one optical medium to another and bends towards the normal then,

   (a) angle of incidence is less than angle of refraction

   (b) it is travelling from optically denser medium to optically rarer medium

   (c) it is travelling from optically rarer medium to a optically denser medium

   (d) speed of light remains unchanged.

Answer.

   (c) it is travelling from optically rarer medium to a optically denser medium

Explanation: Speed of light increases as it travels from denser to rarer medium.

56. In the diagram below, the lateral displacement is given as:

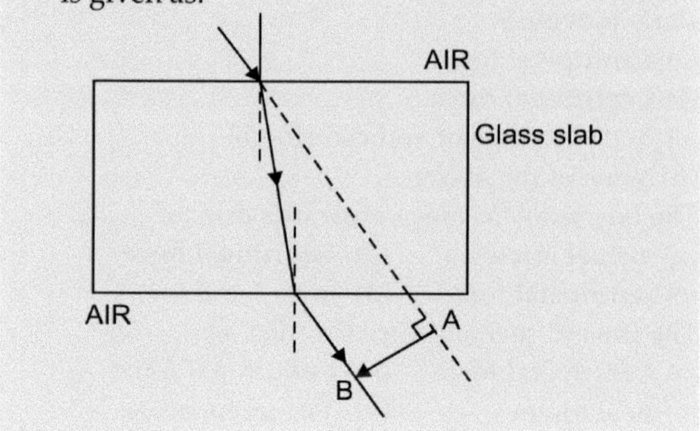

   (a) ray AB   (b) ray BA

   (c) segment AB   (d) segment BA

Answer.

(a) ray AB

Explanation: Lateral displacement is shift from original incident ray produced to emergent ray.

57. Identify the lens which exhibits the following characterstics of image virtual, erect and diminished.

   (a) Convex lens

   (b) Concave lens

   (c) Plano convex lens

   (d) Concavo convex lens

Answer.

(b) Concave lens

Explanation: Concave lens always produces a virtual image.

58. The diagram shows a boy drawing water from a well by means of bucket through a height of 15 m. If the volume of bucket is 2 litre. [$g = 10\,Nkg^{-1}$]

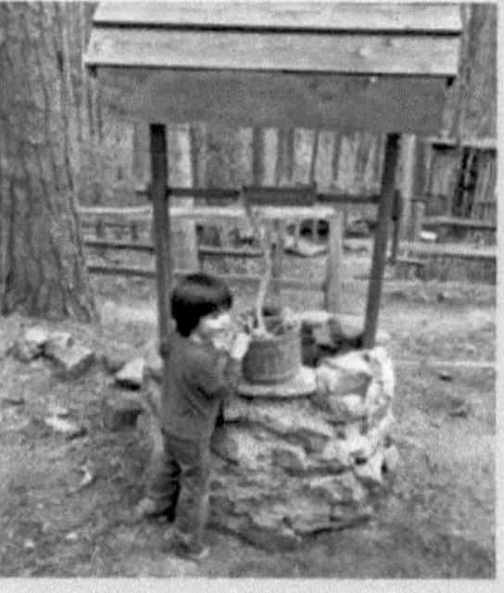

(i) The mass of water lifted is

   (a) 20 kg   (b) 2 kg

   (c) 200 g   (d) 20 g

(ii) The mechanical energy possessed by the bucket at height of 7.5m is:

(a) potential energy

(b) kinetic energy

(c) translational kinetic energy

(d) gravitational potential energy

(iii) The total energy when the empty bucket of mass 500g is falling freely under gravity at a height of 5m from the surface of water is:

(a) 150 J   (b) 25 J

(c) 300 J   (d) 50 J

(iv) What is the mass of water collected by the boy after 20 rounds of the bucket been dropped inside the well?

(a) 2 kg   (b) 22 kg

(c) 40 kg   (d) 220 kg

Answer.

(i) (b) 2 kg

Explanation: 2 litre is 2 kg as density is 1 gcm^{-3}.

(ii) (d) gravitational potential energy.

Explanation: Due to its height it possesses gravitational potential energy.

(iii) (b) 25 J

Explanation: Total energy will be equal to initial potential energy of the bucket at the top = mgh.

(iv) (c) 40kg

Explanation: One round is 2kg so 20 rounds would be 40 kg.

59. A coin is dropped in a glass through containing benzene filled to a depth of 4cm. When viewed from the outside it appears to be raised by 2cm. The refractive index of benzene with respect to air is calculated as:

(a) dividing real depth by shift that is [4/2] = 2

(b) first finding the apparent depth as real depth – shift and then using the relation refractive index is real depth upon apparent depth = [4 / (4 – 2)] = 2

(c) finding the real depth and then using the relation refractive index is real depth / apparent depth

(d) None of the above

Answer.

(b) First finding the apparent depth as real depth – shift and then using the relation refractive index is real depth upon apparent depth = [4 / (4 – 2)] = 2

Explanation: Formula for refractive index is real depth / [real depth – shift].

60. The relationship to evaluate the velocity ratio is:

(a) velocity of effort / velocity of load

(b) displacement of effort / displacement of load

(c) mechanical advantage / efficiency

(d) all of the above

Answer.

(d) all of the above

Explanation: Different mathematical forms for calculating velocity ratio.

61. State which of the following statements are true.

(a) Efficiency of an ideal machine is equal to one

(b) Efficiency of a practical machine is less than one

(c) Efficiency is always expressed in fraction

(d) Both 1 and 2

Answer.

(d) Both 1 and 2

Explanation: As option 3 is incorrect both option 1 and 2 are correct for efficiency for machine

62. Observe the figure and answer the questions below.

(i) Describe the type of motion possessed by Charlene.

(a) Acrobat

(b) Free fall

(c) Fall due to gravitational force

(d) Both 2 and 3

(ii) Which form of energy conserved in this case?

(a) Mechanical energy

(b) Kinetic energy

(c) Gravitational potential energy

(d) Wind energy

(iii) How would you relate energy at the top to energy at bottom?

(a) Potential energy is greater than kinetic energy

(b) Potential energy is less than kinetic energy

(c) Gravitational potential energy is equal to kinetic energy

(d) Wind energy is equal to kinetic energy

(iv) Name the law which governs the above relation.

(a) Newton's law of gravitation

(b) Law of conservation of mass

(c) Law of conservation of mass

(d) Law of conservation of mechanical energy

Answer.

(i) (d) Both 2 and 3

(ii) (a) Mechanical energy

(iii) (c) Gravitational potential energy is equal to kinetic energy

(iv) (d) Law of conservation of mechanical energy

63. Single fixed pulley helps us as:

(a) force multiplier

(b) torque multiplier

(c) to achieve convenience of direction of force applied

(d) none of the above

Answer.

(c) to achieve convenience of direction of force applied

Explanation: Use of single fixed pulley.

64. A baseball player shown in the figure runs over the entire pitch to complete one run by hitting the baseball hard enough. Work done by the player is:

(a) 0 J (b) 10 J

(c) 100 J (d) 1000 J

Answer.

(a) 0 J

Explanation: Since net displacement is zero. Hence, work done is zero.

65. For an ideal echo to occur the medium must be:

(a) elastic (b) inertial

(c) frictionless (d) all of these

Answer.

(d) all of these

Explanation: Conditions necessary for the echo to occur for a medium of propagation.

66. Two basic forms of mechanical energy are :

(a) elastic potential and vibrational kinetic

(b) gravitational potential and rotational kinetic

(c) kinetic energy and potential energy

(d) none of the above

Answer.

(c) kinetic energy and potential energy

Explanation: Basic forms of mechanical energy.

67. The figure shows the deviation of a ray of light when in minimum deviation position. Answer the following questions:

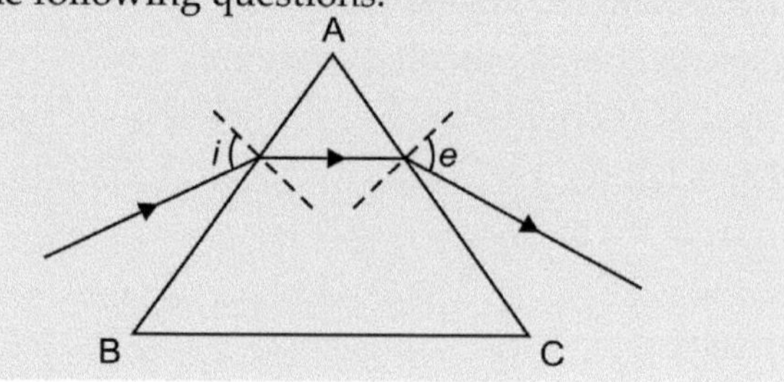

(i) Is the diagram correct?

(a) Yes

(b) No

(c) Inlet ray angle must be equal to exit ray angle

(d) None of the above

(ii) The relation between angle of incidence and angle of emergence is:

(a) angle of incidence is greater than angle of emergence

(b) angle of emergence is greater than angle of incidence

(c) angle of incidence is equal to angle of emergence

(d) angle of incidence is half the angle of emergence

(iii) The refracted ray is .... to the base of the prism

(a) parallel

(b) equidistant

(c) coplanar and non-intersecting

(d) all of the above

(iv) The measure of angular deviation for a particular colour of light while passing through a glass prism is called:

(a) Deviation (b) Refractibility

(c) Refrangibility (d) Scattering

Answer.

(i) (a) Yes

Explanation: As refracted ray is parallel to the base

(ii) (c) angle of incidence is equal to angle of emergence

Explanation: Property of minimum deviation position

(iii) (d) all of the above

Explanation: Characteristics of parallel lines

(iv) (c) Refrangibility

Explanation: Name of the property exhibiting angular deviation.

68. 1 kilowatt hour is equal to:

(a) 36 KJ   (b) 0.36 MJ

(c) 3.6 MJ   (d) 0.36 KJ

Answer.

(c) 3.6 MJ

Explanation: 1 kilowatt hour is 1000 watt-hour =

3.6×10^6 J.

69. Ram and Shyam each of mass 45kg reach the fourth floor of a building in time 4 sec and 5 sec respectively. The ratio of their inertia is :

(a) 4 : 5

(b) 5 : 4

(c) 1 : 1

(d) Information is incomplete.

Answer.

(c) 1 : 1

Explanation: Ratio of inertia is ratio of their masses

70. Identify in which of the case it constitutes a couple:

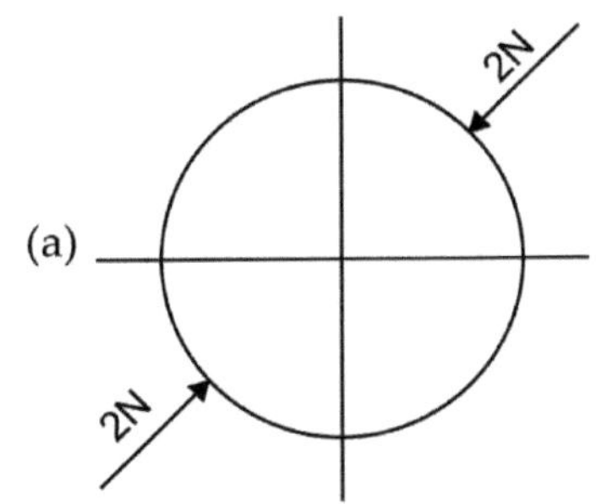

(a)

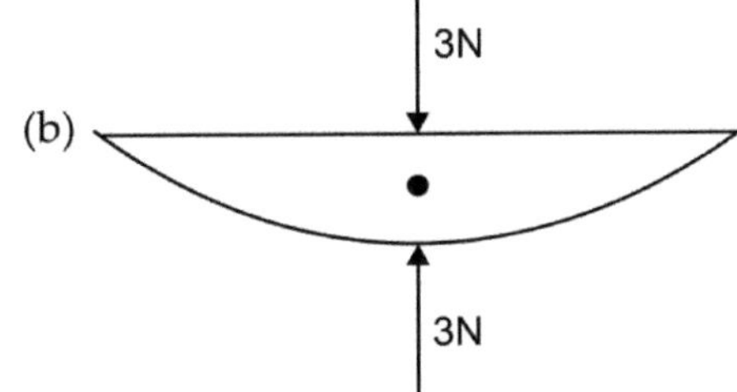

(b)

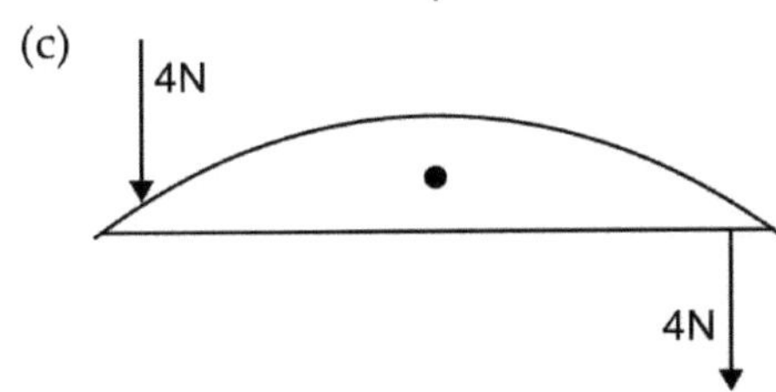

(c)

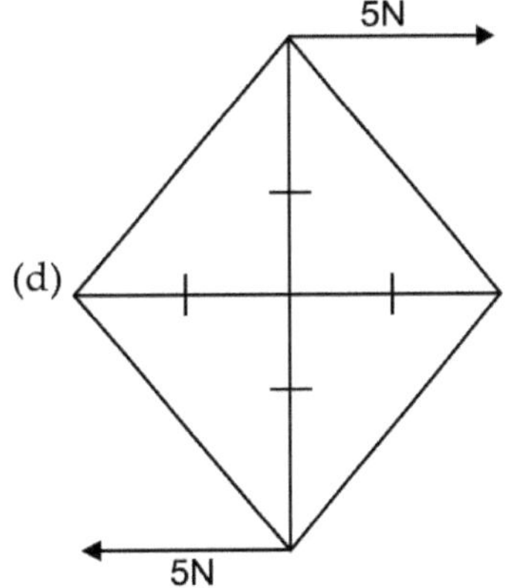

(d)

Answer.

(d)

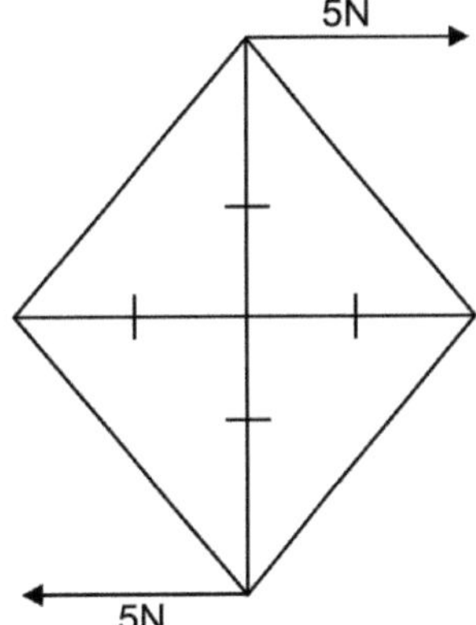

Explanation: Two equal, opposite parallel forces separated by a distance constitute a couple.

71. The kinetic energy of body becomes one third when:

(a) mass is same velocity is tripled

(b) mass is doubled and velocity tripled

(c) mass is $1/3^{rd}$ while velocity is also $1/3^{rd}$

(d) mass is tripled and velocity is $1/3^{rd}$

Answer.

(d) mass is tripled and velocity is $1/3^{rd}$

Explanation: Kinetic energy is $= \frac{1}{2}\,mv^2$

72. Choose incorrect statement about concave lens

(a) The image is always virtual

(b) The image is always real

(c) The image is always diminished

(d) The image is always erect

Answer.

(b) The image is always real

Explanation : Property of lens.

73. Observe this antique figure and answer the questions below :

(i) Name the unit obtained from this experiment

   (a) KW   (b) Watt

   (c) Horsepower   (d) Tesla

(ii) What type of unit is it?

   (a) Mechanical unit   (b) SI unit

   (c) CGS unit   (d) FPS unit

(iii) How many horses were there on each side of the two hemispheres?

   (a) 8   (b) 16

   (c) 20   (d) 14

(iv) How is this mechanical unit related to the SI unit of power?

   (a) 1 H.P. = 756 W   (b) 1 H.P. = 764 W

   (c) 1 H.P. = 746W   (d) None of theese

Answer.

(i) (c) Horsepower

   Explanation: Experiment conducted by Otto Van Guericke

(ii) (a) Mechanical unit

   Explanation: System of unit based on classification.

(iii) (a) 8

   Explanation: One side of hemisphere the number of horses are 8 as total there are 16 horses.

(iv) (c) 1 HP = 746 W

   Explanation: Value found experimentally.

74. Choose the correct formula for magnifying power of lens

   (a) $P = \dfrac{1}{f}$ (b) $P = \dfrac{f}{2}$

   (c) $P = \dfrac{f}{3}$ (d) $P = \dfrac{2}{f}$

Answer.

   (a) $P = \dfrac{1}{f}$

Explanation : Mathematical relationship.

75. The correct relation between the speed of longitudinal waves (v), density of medium (d) and pressure (p) is:

   (a) $v = \sqrt{\dfrac{p}{d}}$ (b) $v = \sqrt{\dfrac{d}{p}}$

   (c) $v = \sqrt{\dfrac{\gamma p}{d}}$ (d) $v = \sqrt{\dfrac{\gamma d}{p}}$

Answer.

   (c) $v = \sqrt{\dfrac{\gamma p}{d}}$

Explanation : Mathematical relationship.

76. Choose the incorrect statement.

   (a) An echo is heard only if the distance of person producing sound is long enough to allow the reflected sound to reach a person at least 0.1 sec after original sound is heard

   (b) Time taken to hear echo is $\dfrac{2d}{v}$

   (c) To hear the echo distinctly the reflecting surface in air should be at minimum 17m distance.

   (d) The size of reflector should be small enough as compared to wavelength of the sound.

Answer.

   (d) The size of reflector should be small enough as compared to wavelength of the sound.

   Explanation : Property of echo.

77. Choose incorrect statement.

   (a) Sound wave require medium to propagate

   (b) Range of audibility is 20 Hz to 20,000 Hz

   (c) The sound of frequency greater than audibility range is called ultrasonic

   (d) Infrasonic waves are audible for human ears.

Answer.

   (d) Infrasonic waves are audible for human ears.

   Explanation : Infrasonic waves are not audible for human ears.

78. The diagram below shows a spherical lens used to focus a beam of laser in medical field. With reference to this answer the following questions:

(i) The spherical lens used is:

   (a) convex   (b) convexo concave

   (c) concave   (d) plano convex

(ii) The type of lens is:

   (a) diverging

   (b) converging

   (c) neither converging

   (d) both converging and diverging

(iii) The power of such a lens is:

   (a) positive   (b) negative

   (c) zero   (d) none of these

(iv) If such a lens is dipped in benzene having less refractive index than glass.

   (a) The focal length would increase

   (b) The focal length is decrease

   (c) The focal length would be infinite

   (d) The focal length would be zero

Answer.

(i) (a) Convex

   Explanation: Lens which is converging is always convex

(ii) (b) Converging

   Explanation: Convex lens is a converging lens

(iii) (a) Positive

   Explanation: Sign convention

(iv) (a) The focal length would increase

   Explanation: Denser to rarer medium speed increases hence distance travelled increases.

79. In block and tackle system the mechanical advantage is:

   (a) number of pulley

   (b) one less than number of pulley

   (c) 2 (Total number of pulley)

   (d) load/effort

Answer.

   (d) load/effort

   Explanation : Mathematical relationship.

80. Choose incorrect statement

   (a) If effort arm = load arm, M.A = 1

   (b) If effort arm > load arm, M.A > 1

   (c) If effort arm < load arm, M.A < 1

   (d) If effort arm = load arm, M.A $\leq$ 1

Answer.

   (d) If effort arm = load arm, M.A $\leq$ 1

   Explanation : Mathematical relationship.

81. Work done by effort is:

   (a) effort × load

   (b) load × distance moved by effort

   (c) effort × distance moved by effort

   (d) none of the above

Answer.

   (c) effort × distance moved by effort

   Explanation : Mathematical relationship

82. If the work done by a heart is 2J per beat. The power of the heart if it beat 70 times in 1 minute (approx):

   (a) 2 J/sec   (b) 4 J/sec

   (c) 5 J/sec   (d) 6 J/sec

Answer.

   (a) 2 J/sec

   Explanation :

   P = Work done / time

   = work done per beat × no. of beat in 1 sec

$$= 2J \times \frac{70}{60} = 2.33 \text{ J/sec}$$

83. Which graph shows the correct variation of angle of incidence and angle of minimum deviation?

(i) (a)

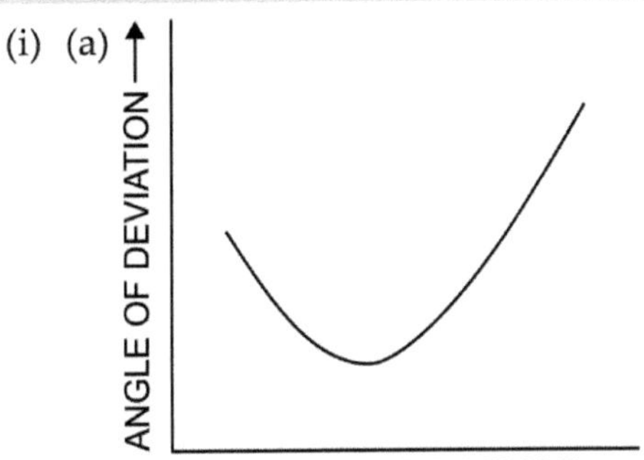

(b)

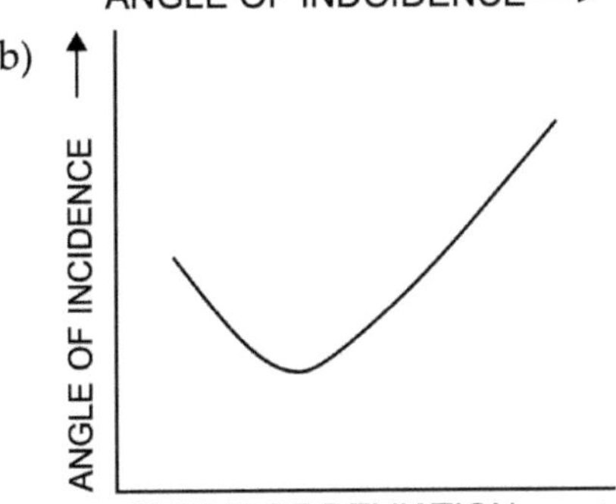

(c)

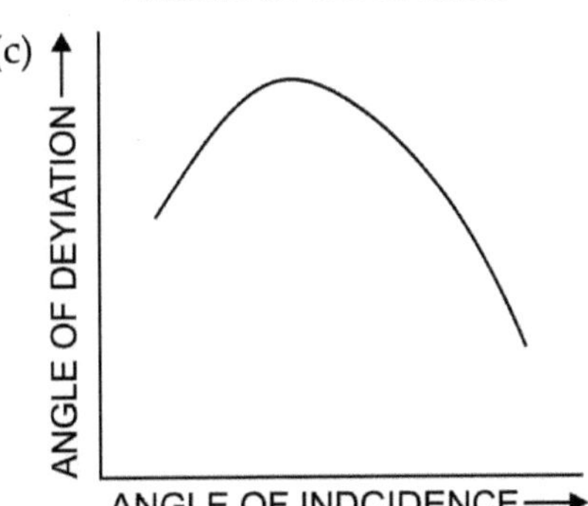

(d) 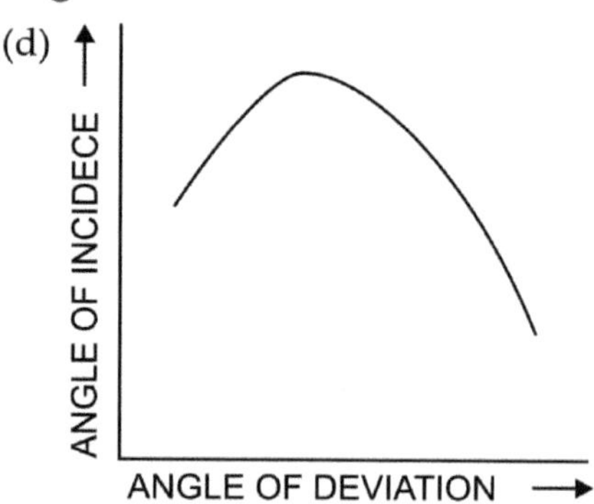

(ii) Minimum deviation position is possible in:

(a) isosceles right-angled prism

(b) equiangular prism

(c) equilateral prism

(d) all of the above

(iii) The relation between angle of prism and minimum angular deviation is:

(a) angle of prism = angle of deviation

(b) angle of prism is twice angle of deviation

(c) angle of prism = 2[angle of incidence] – angle of minimum deviation

(d) angle of prism is half the angle of deviation

(iv) The measure of angular deviation for a particular colour of light while passing through a glass prism .... with increase in wavelength.

(a) increases   (b) decreases

(c) remains same   (d) none of these

Answer.

(i) (a) 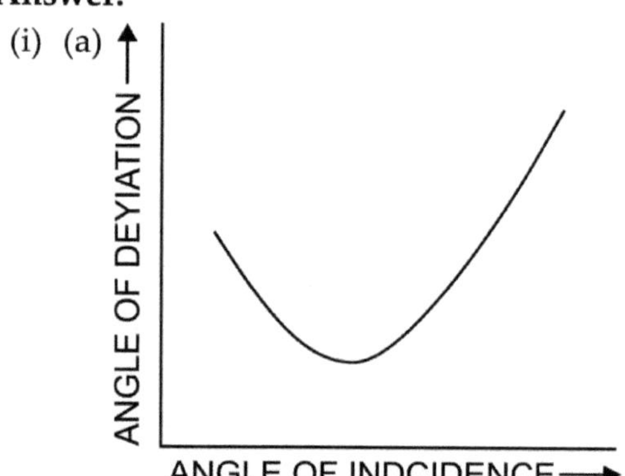

Explanation: Plot of angular deviation on Y axis and angle of incidence on X axis

(ii) (d) all of the above

Explanation: It occurs in all types of glass prism

(iii) (c) angle of prism = 2[angle of incidence–angle of minimum deviation]

Explanation: Prism formula for minimum deviation position as angle of incidence = angle of emergence.

(iv) (b) decreases

Explanation: Dependency of angular deviation with wavelength of light.

84. The relationship to evaluate the efficiency is:

(a) power input/power output

(b) power input x power output

(c) power output/power input

(d) power output x power input

Answer.

(c) power output/power input

Explanation : mathematical relation

85. The energy change taking place in the following appliance is:

(a) electrical to sound energy

(b) electrical to heat energy

(c) electrical to light energy

(d) none of the above

Answer.

(b) Electrical to heat energy

Explanation: Energy transformation is between supplied electrical energy to the converted heat energy.

86. 1 MJ is equal to:

(a) 36kW–h   (b) 0.278 kW–h

(c) 746 kW–h   (d) 0.36kW–h

Answer.

(b) 0.278 kWh

Explanation: 1 kilowatt hour = 3.6×10^6 J = 3.6 MJ.

87. Pravin and Rajesh each having mass of 45 kg reach the fourth floor of a building in time 4 sec and 5 sec respectively. The ratio of their power consumed is :

(a) 4 : 5

(b) 5 : 4

(c) 1 : 1

(d) Information is incomplete.

Answer.

(b) 5 : 4

Explanation: For same mass and same height the ratio of power is equal to the ratio of reciprocal of time

88. Identify in which of the cases rotational equilibrium can be attained.

(a) Beam balance

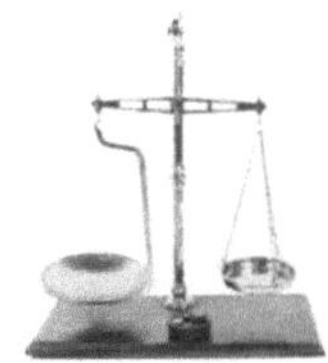

(b) See saw

(c) Balancing origami art work

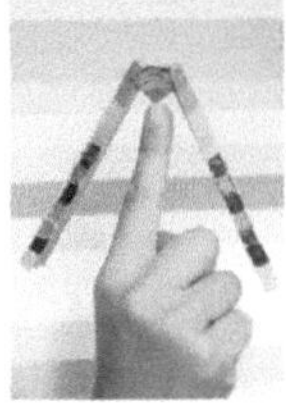

(d) All of the above

Answer.

(d) All of the above

Explanation: Verify whether clockwise moments can be equal to anticlockwise moments.

89. A man loads baxes into a truck lifting them directly. Each box has a mass of 80 kg and the platform of the truck is 0.8 m above the ground. [take $g = 10$ ms^{-2}]

On the basis of above information answer the following questions:

(i) Force needed to lift the box into truck is :

(a) 80 N   (b) 60 N

(c) 600 N   (d) 800 N

(ii) The energy used in lifting the box is :

(a) 800 J   (b) 240 J

(c) 640 J   (d) 840 J

(iii) If the driver drives off the truck, the major energy changes that take place in a moving truck are :

(a) chemical energy changes into mechanical energy.

(b) kinetic energy changes into mechanical energy.

(c) potential energy changes into mechanical energy.

(d) there are no energy changes.

(iv) When the truck stops at gate the changes in energy are :

(a) chemical energy changes into heat and sound energy.

(b) potential energy changes into heat and sound energy.

(c) mechanical energy changes into heat and sound energy.

(d) kinetic energy changes into heat and sound energy.

Answer.

(i) (d) 800 N

Explanation: Force needed to lift the box

= force of gravity on box = mg

= 80 × 10

= 800 N

(ii) (c) 640 J

Explanation: Energy used in lifting the box

= gravitational potential energy

= mgh = 80 × 10 × 0.8

= 640 J.

(iii) (a) chemical energy changes into mechanical energy

Explanation: In the moving truck chemical energy of the fuel changes into mechanical energy.

(iv) (d) kinetic energy changes into heat and sound energy

Explanation: On stopping the truck, kinetic energy of moving truck changes to heat and sound energy.

90. For a given mass if kinetic energy increases 16 times the momentum :

(a) increases four times

(b) increases twice

(c) decreases four times

(d) decreases twice

Answer.

(a) increases four times

Explanation: kinetic energy is = ½ mv^2

91. A crack in a window pane appears silvery and shiny. Choose the correct reason for this occurrence.

(a) It has a low critical angle

(b) Due to total internal reflection.

(c) Due to total internal reflection followed by successive refraction of light

(d) Due to diffraction

Answer.

(b) Due to total internal reflection.

Explanation : Consequence of total internal reflection and light being entrapped inside glass.

92. The energy transformation taking place in appliance shown below is

(a) Light energy to electrical energy
(b) Light energy to chemical to electrical energy
(c) Heat energy to Chemical energy
(d) Thermal energy to light energy

Answer.

(b) Light energy to chemical to electrical energy

Explanation : Solar panel uses photo electric cell

93. In a water slide Richard having mass of 50 kg is at a height of 10 m above the ground level. Assuming 50% of energy is lost due to water turbulence what would be the kinetic energy when he would reach the ground.

$$[g = 10 \text{ Nkg-1}]$$

(a) 250 J　　　　　(b) 25 J
(c) 5000 J　　　　(d) 2500 J

Answer.

(d) 2500J

Explanation : By law of conservation of energy PE at the top is KE at the bottom and here 50% is lost due to turbulence

94. The diagram below shows an object AB, placed on the principle axis of a lens L. The two foci of the lenses are F_1 and F_2. The image formed by the lens is virtual, erect and diminished.

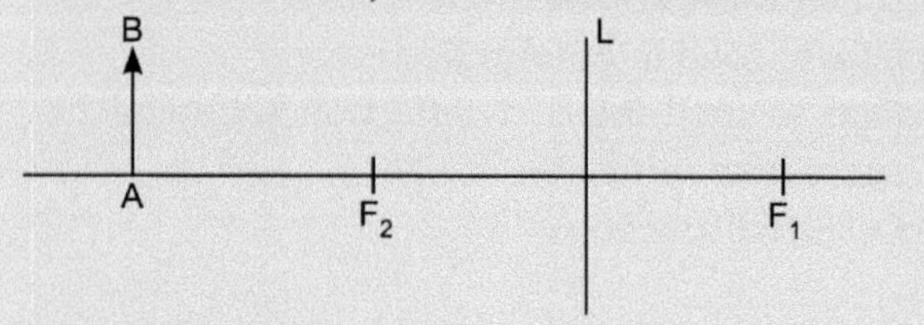

On the basis of above diagram answer the following questions.

(i) The lens L used here is a:
(a) Concave lens　　　(b) Convex lens
(c) Plano Convex　　　(d) Plano Convex

(ii) What will happen to the rays of light coming from the object after refraction from lens?
(a) Refracted ray will converge
(b) Refracted ray will diverge
(c) Refracted ray will travel parallel to principal axis
(d) Refracted ray can either converge or diverge

(iii) The image will be formed between:
(a) optical centre and focus F_1
(b) optical cnetre and focus F_2
(c) on the optical centre
(d) on focus F_1

(iv) What will be the power of the lens if its focal length is 5 m?
(a) 50 D　　　　　(b) 5 D
(c) 1/5 D　　　　(d) 20 D

Answer.

(i) (a) Concave lens

Explanation: Since the image formed by the lens is erect, virtual and diminished, so lens is concave.

(ii) (b) Refracted ray will diverge

Explanation: The rays of light coming from the object after refraction from lens will diverge as concave lens is a diverging lens.

(iii) (b) optical centre and focus F_2

Explanation: When the object is beyond F_2 the image is formed between optical centre and focus F_2 for a concave lens.

(iv) (c) $\dfrac{1}{5}$D

Explanation:

$$\text{Power of lens} = \frac{1}{\text{focal length in metres}}$$

Therefore, power of lens $= \dfrac{1}{5}$D

95. Choose the correct statement with respect to force.

(a) The CGS unit of momentum of force is Newton × meter
(b) The turning effect on a body by a force depends on momentum of force.
(c) 1 gf × cm = 980 dyne cm
(d) 1 kgf × m = 10^7 dyne cm

Answer.

(c) 1 gf × cm = 980 dyne cm

Explanation : Mathematical relationship

96. Which of the following is not the example of couple force.

(a) Turning a water tap
(b) Tightening the cap
(c) Turning the toothed wheel of a bicycle
(d) Turning a steering wheel

Answer.

(c) Turning the toothed wheel of a bicycle
Explanation : Application of couple force.

97. Choose the incorrect statement.

(a) In equilibrium condition the resultant of all the forces acting on the body should be equal to zero.
(b) The algebraic sum of moments of all the forces acting on the body about the point of rotation should be zero.
(c) The rain drop reaches the earth surface with constant velocity.
(d) The tension in a string attained with a stone which is whirled in circular path provides the equilibrium force.

Answer.

(d) The tension in a string attached with a stone which is whirled In circular path provides the equilibrium force.
Explanation : Property.

98. An object of 100 N weight is raised to a height of 15 m. [Take $g = 10$ m/s]

(i) The potential energy possessed by the object at this height is:
(a) 1000 J (b) 1500 J
(c) 2000 J (d) 2500 J

(ii) Potential energy if the height is raised to one half of its original height.
(a) 700 J (b) 800 J
(c) 750 J (d) 850 J

(iii) Potential energy if the height is raised to three times of its original height.
(a) 5000 J (b) 4500 J
(c) 2500 J (d) 3000 J

(iv) Which of the following is correct ?
(a) 1 kgf = 1 N (b) 1 kgf = 9.8 N
(c) 9.8 kgf = 1 N (d) 1 kgf = 980 N

Answer.

(i) (b) 1500 J
Explanation: Potential Energy is given by
$$PE = mgh$$
$$mg = 100 \text{ N}$$

and $h = 15$ m
So, $PE = 100 \times 15 = 1500$ J.

(ii) (c) 750 J
Explanation: If the same object is raised half of its of height.
i.e., $h = 7.5$ m
$$PE = 100 \times 7.5$$
$$= 750 \text{ J}.$$

(iii) (b) 4500 J
Explanation: If the same object is raised to three times of its original height.
i.e., $h = 15 \times 3 = 45$ m
$$PE = 100 \times 45$$
$$= 4500 \text{ J}$$

(iv) (b) 1 kgf = 9.8 N
Explanation: 1 kgf = force due to gravity in a mass of 1 kg
= 1 kg mass × acceleration due to gravity g ms^{-2}
= g Newton
Since, value of $g = 9.8$ ms^{-2}
So, 1 kgf = 9.8 N

99. The force of 5N is applied at a distance of 10 cm from pivot. The right steps to calculate the moment of force are:

(i) MoF = 5 × 10N cm   (ii) MoF = $\dfrac{15}{10}$ N/m

(iii) MoF = 50 N–m   (iv) MoF = 0.5 N–m
(a) (i) and (ii)   (b) (ii) and (iii)
(c) (ii) and (iv)   (d) (i) and (iii)

Answer.

(d) (i) and (iii)
Explanation : MoF = Force × Perpendicular distance.

100. Choose the incorrect statement about light wave.

(a) Light waves are electromagnetic waves.
(b) Speed of light waves is 3×10^8 m/sec
(c) Light waves are transverse wave
(d) The wavelength of light waves is of the order of 10^{-6} m.

Answer.

(d) The wavelength of light waves is of the order of 10^{-6} m.
Explanation : Property of electromagnetic wave.

101. Choose the incorrect statement about ultrasonic wave:

(a) It can travel undeviated through a long distance.
(b) It can be confined to a narrow beam
(c) It can be absorbed easily in a medium
(d) Frequency of ultrasonic wave is 20 KHz.

Answer.

(c) It can be absorbed easily in a medium

Explanation : Properties of Ultrasonic wave.

102. A gun is fired in front of a vertical cliff. The echo of that fire is heard after 5 sec. The gun is again fired on moving towards the cliff 98 m and the echo is again heard in 2 sec. Answer the following question.

The distance from which the gun was fired in starting:

(a) 163 m   (b) 14 m
(c) 63 m   (d) 62 m

Answer.

(a) 163 m

Explanation :

$$t = \frac{2d}{v}$$

$$\Rightarrow \quad \text{for first fire 5 sec} = \frac{2d}{v} \quad ...(1)$$

$$\text{For second fire 2 sec} = \frac{2(d-98)}{v} \quad ...(2)$$

on solving (1) and (2)

$$d = 163 \text{ m.}$$

103. Snell's law is used for:

(a) Refraction   (b) Reflection
(c) Absorption   (d) None of these

Answer.

(a) Refraction

Explanation : Property of refraction of light

104. If a ray of light is incident normally on one face of an equilateral glass prism.

On the basis of this information answer the following questions.

(i) The angle of incidence on first face of prism is:
    (a) 90°   (b) 60°
    (c) 0°   (d) None of these

(ii) The angle of refraction from the first face of the prism is:
    (a) 90°   (b) 60°
    (c) 0°   (d) None of these

(iii) The angle of incidence at the second face of the prism is:
    (a) 90°   (b) 60°
    (c) 0°   (d) 30°

(iv) In refraction of light through a prism, the light ray:
    (a) suffers refraction only at one face of the prism.
    (b) emerges out from the prism in a direction parallel to the incident ray.

(c) bends at both the surfaces of prism towards its base
(d) bends at both the surface of prism opposite to its base.

Answer.

(i) (c) 0°

Explanation: Normal is always perpendicular to reflecting or refracting surface and angle of incidence is angle between incident ray and normal.

So, if the incident ray is normal to the prism then angle of incidence on first face is 0°.

(ii) (c) 0°

Explanation: Normal is always perpendicular to reflecting or refracting surface and angle of incidence is angle between incident ray and normal.

So, if the incident ray is normal to the prism then angle of incidence of first face is 0° so, the angle of refraction from the first face is 0.

(iii) (b) 60°

Explanation: As the prism is equilateral so angle of prism = 60° and angle of refraction from first face is 0°. So at the second face of the prism, the angle of incidence will be 60°.

(iv) (c) bends at both the surfaces of prism towards its base

Explanation: A ray of light is deflected twice in a prism. The sum of these deviations gives the deviation angle. The deviation angle first decreases with increasing incidence angle, and then it increases. Hence, in refraction of light through a prism, the light ray, bends at both the surfaces of prism towards its base.

105. In an oscillating pendulum the .... energy is maximum at extremes.

(a) potential
(b) vibrational
(c) gravitational potential
(d) kinetic

Answer.

(a) potential

Explanation: As it has attained a certain height about its mean position.

106. During energy transformation some form of energy is given out without it being used anywhere. such an energy is called ....

(a) Backup energy
(b) Stored energy

(c) Wasteful energy

(d) Dissipated form of energy.

Answer.

(d) dissipated form of energy.

Explanation: Definition.

107. During free fall the total energy at $3/4^{th}$ the height is ....

(a) constant

(b) zero

(c) gravitational potential energy at the top

(d) $3/4^{th}$ the initial potential energy.

Answer.

(a) constant

Explanation: By law of conservation of energy.

108. For a given mass of a body if velocity is doubled the kinetic energy is ....

(a) halved   (b) four times

(c) $1/4^{th}$ (d) none of these

Answer.

(b) four times

Explanation: $KE = \frac{1}{2}mv^2$.

109. The bullet weighing 100g is released from the barrel of an air gun with a velocity of $4ms^{-1}$. Calculate the Potential energy of the spring.

(a) 0.8 J   (b) 800 J

(c) 8 J   (d) 0.08 J

Answer.

(a) 0.8 J

Explanation: KE of the bullet is potential energy of spring

110. A pulley system with V.R. 4 is used to lift a load of 175 kgf through a vertical height of 15 m. The effort required is 50 kgf in the downward direction.

With reference to this, answer the following questions:

(i) The total number of pullies.

(a) 2   (b) 4

(c) 5   (d) 6

(ii) The number of pullies in lower block:

(a) 2   (b) 3

(c) 5   (d) 6

(iii) Mechanical advantage of the pulley system:

(a) 2   (b) 2.5

(c) 3.5   (d) 4.5

(iv) The efficiency of the pulley system:

(a) 70%   (b) 80%

(c) 85%   (d) 87.5%

Answer.

(i) (b) 4

Explanation: Velocity ratio is always equal to total number of pullies. Hence total number of pulley is 4.

(ii) (a) 2

Explanation: Number of pullie in lower block is either equal to or one less than the number of pulleys in upperblock. The total number of pullie is 4, hence the number of pullie in each block is 2.

(iii) (c) 3.5

Explanation:

$$\text{M.A.} = \frac{\text{Load}}{\text{Effort}} = \frac{175}{50} = 3.5$$

(iv) (d) 87.5%

Explanation:

$$\text{Efficiency} = \frac{\text{M.A.}}{\text{V.R.}} \times 100$$
$$= \frac{3.5}{4} \times 100$$
$$= 87.5\%$$

111. A parrot flying at a height of 300m above sea level with a force of 10N ....

(a) does no work

(b) does work equal to 3000 J

(c) does negative work

(d) none of the above

Answer.

(a) does no work

Explanation: Flapping of wings applies force in the downward direction and displacement is horizontal so angle is 90° and hence work done is zero.

112. A heart of a rabbit beats 100 times in a minute when a fox chases it during which the work performed is 1.5 J. Find the power of the heart?

(a) 2.5 W   (b) 25 W

(c) 0.25 W   (d) None of these.

Answer.

(a) 2.5 W

Explanation: 100 times in one minute is frequency, we find time by frequency = 1 /time and the use the relation power = work / time

113. A spring is compressed by a ping pong ball of mass 100g. On its release it flies with a velocity of $20ms^{-1}$. Find the elastic potential energy possessed by spring.

(a) 200 J   (b) 20 J

(c) 2000 J   (d) 2 J

Answer.

(b) 20J

Explanation: Elastic potential energy

= Kinetic energy of the ping pong ball

114.

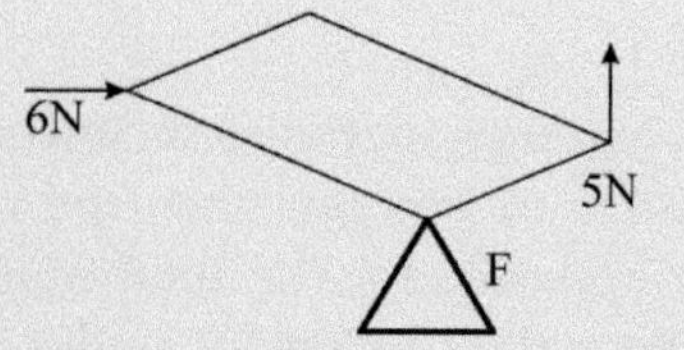

A rectangular thin plate of dimension 3m × 4m is balanced on the fulcrum as shown above. Find the resultant moment of force?

(a) 9 Nm clockwise

(b) 9 Nm anticlockwise

(c) 5 Nm anticlockwise

(d) 6 Nm clockwise

Answer.

(a) 9 Nm clockwise

Explanation: The longer length is the length of rectangle at which 6N force acts producing a clockwise moment while 5N force acts along the breadth of the rectangle producing anti clockwise moments. Use the sign convention and calculate the resultant force.

115. A simple pendulum, while oscillating rises to a maximum vertical height of 5 cm from its rest position when it reaches to its extreme position on one side. The mass of the bob of simple pendulum is 500 g and $g = 10$ ms^{-1}.

(i) The total energy of the pendulum at any instant while oscillating:

(a) 0.10 J   (b) 0.20 J

(c) 0.25 J   (d) 0.30 J

(ii) The velocity of bob at its mean position:

(a) 1 ms^{-1} (b) 2 ms^{-1}

(c) 3 ms^{-1} (d) 4 ms^{-1}

(iii) The assumption made is:

(a) Momentum is same

(b) No friction

(c) Speed is same

(d) No loss in energy

(iv) The principle used is:

(a) Principle of moments

(b) Law of conservation of energy

(c) Law fo conservation of momentum

(d) Pascal's law.

Answer.

(i) (c) 0.25 J

Explanation: Total energy of simple pendulum

= P.E. at its extreme Position

= mgh

$$= \frac{500}{1000} \times 10 \times \frac{5}{100}$$

= 0.25 J

(ii) (a) 1 ms^{-1}

Explanation: Kinetic energy at mean position

= P.E. at extreme position

$$\frac{1}{2}mv^2 = mgh$$

$$v = \sqrt{2gh}$$

$$v = \sqrt{2 \times 10 \times 0.05} = \sqrt{1}$$

$$v = 1 \text{ ms}^{-1}$$

(iii) (d) No loss in energy

Explanation: One assumption made is that there is no loss of energy.

(iv) (b) Low of conservation of energy

Explanation: The principle used is law of conservation of energy.

116. Three girls Shivangi, Radhika and Saili sat on one side of see saw at distances of 1m, 1.2m and 1.5m from the fulcrum that is situated at the center of the see saw. The masses of the three girls were 30kg, 40kg and 50kg respectively. Where should Rakesh sit on the other side of seesaw so as to balance it? Given the mass of Rakesh is 80kg.

(a) 2 m   (b) 1.5 m

(c) 1.91 m   (d) 1.75 m

Answer.

(c) 1.91 m

Explanation: Draw the figure. Mark the distance of Rakesh as X m and apply the law of moments.

117. Efficiency is defined as ....

(a) Mechanical advantage / velocity ratio

(b) Mechanical advantage + velocity ratio

(c) Mechanical advantage – velocity ratio

(d) Mechanical advantage × velocity ratio.

Answer.

(a) Mechanical advantage / velocity ratio

Explanation: Definition in mathematical form.

118. As a body moves in a circular path, inward seeking force is called ....

(a) Centrifugal force   (b) Tension force

(c) Tangential force   (d) Centripetal force

Answer.

(d) Centripetal force

Explanation: Using the method of eliminating the options.

119. Velocity ratio is the ratio of ....

(a) velocity of girl to velocity of boy.

(b) velocity of effort to velocity of load

(c) velocity of load to velocity of effort

(d) none of the above.

Answer.

(b) velocity of effort to velocity of load

Explanation: Mathematical relationship.

120. Mechanical advantage being a .... ratio is an .... quantity.

(a) cute, impure.

(b) pure, irregular.

(c) pure, unitless.

(d) impure, measurable.

Answer.

(c) pure, unitless.

Explanation: Definition.

121. A convex lens forms an erect and three times magnified image of an object placed at a distance 10 cm in front of it. With reference to this, answer the following question.

(i) The position of image.

  (a) 10 cm   (b) 20 cm

  (c) 30 cm   (d) 60 cm

(ii) The focal length of the lens.

  (a) 10 cm   (b) 15 cm

  (c) 20 cm   (d) 30 cm

(iii) The power of the lens.

  (a) + 6.67 D   (d) – 6.67 D

  (c) + 5 D   (d) – 5 D

(iv) The size of image changes when a concave lens is used in place of convex lens.

(a) No change in size

(b) Size of image will become same as size of object

(c) Image will further magnified

(d) Image will be diminished.

Answer.

(i) (c) 30 cm

Explanation: $m = \dfrac{v}{u}$

$$3 = \dfrac{v}{u}$$

or $\qquad v = 3u$

$$u = -10 \text{ cm}$$

$$v = 3(-10) = -30 \text{ cm.}$$

Image is formed at a distance of 30 cm in front of the lens.

(ii) (b) 15 cm

Explanation: $\dfrac{1}{v} - \dfrac{1}{u} = \dfrac{1}{f}$

$$\dfrac{1}{(-30)} - \dfrac{1}{(-10)} = \dfrac{1}{f}$$

$$\dfrac{1}{f} = \dfrac{-1}{30} + \dfrac{1}{10}$$

$$\dfrac{1}{f} = \dfrac{-1+3}{30} = \dfrac{2}{30}$$

$$\dfrac{1}{f} = \dfrac{1}{15}$$

$$f = + 15 \text{ cm.}$$

(iii) (a) + 6.67 D

Explanation: $P = \dfrac{100}{f(\text{in cm})} = \dfrac{100}{15}$

$$= 6.67 \text{ D}$$

(iv) (d) Image will be diminished

Explanation: A concave lens always forms a virtual, erect and diminished image.

122. When a body moves in a circular path, outward force is called a ....

(a) Pseudo force   (b) Centrifugal force

(c) Centripetal force   (d) Reaction force

Answer.

(b) Centrifugal force

Explanation: Name is centrifugal while type is pseudo.

123. In block and tackle system of pulleys the velocity ratio is ....

(a) one less than total number of pulleys

(b) equal to number of pulleys

(c) ratio of displacement of load to displacement of effort

(d) none of the above.

Answer.

(b) equal to number of pulleys

Explanation: Mathematical relationship.

124. The size of pulleys .... towards the load and .... towards rigid support.

(a) decreases, increases

(b) increases, decreases

(c) increases, increases

(d) decreases, decreases.

Answer.

(c) increases, increases

Explanation: Construction.

125. A pulley system of velocity ratio 6 is used to lift a load of 250kgf through a vertical height of 30m. Find the distance through which effort is applied.

(a) 18 m (b) 1800 m

(c) 180 m (d) 1.8k m

Answer.

(c) 180 m

Explanation: Velocity ratio is displacement of effort / displacement of load.

126. The deviation produced in case of an equiangular prism is called ....

(a) Equal deviation

(b) Angular deviation

(c) Lateral deviation

(d) None of the above

Answer.

(b) Angular deviation

Explanation: Characteristics of equiangular prism.

127. A coconut tree appears to be .... when viewed by a sea diver from below the water surface.

(a) taller (b) shorter

(c) same size (d) distorted.

Answer.

(a) taller

Explanation: Properties of Refraction of light.

128. A pulley system with velocity ratio 4 is used to lift a load of 150 kgf through a vertical height of 20 cm. The effort required is 50 kgf in the downward direction.

With reference to this, answer the following questions:

(i) Distance moved by the effort.

(a) 10 m (b) 20 m

(c) 40 m (d) 80 m

(ii) Work done by the effort

(a) 20,000 J (b) 30,000 J

(c) 40,000 J (d) 50,000 J

(iii) The mechanical advantage:

(a) 3 (b) 4

(c) 2 (d) 1

(iv) Efficiency of the pulley system.

(a) 60% (b) 75%

(c) 90% (d) 100%

Answer.

(i) (d) 80 m

Explanation: V.R. $= \dfrac{d_E}{d_L}$

$$4 = \dfrac{d_E}{20}$$

$$d_E = 80 \text{ m.}$$

(ii) (c) 40,000 J

Explanation: Work done by the effort $= E \times d_E$

$$E = 50 \text{ kgf} = 50 \times 10$$

$$= 500 \text{ N}$$

Work done $= 500 \times 80 = 40{,}000 \text{ J.}$

(iii) (a) 3

Explanation: M.A. $= \dfrac{L}{E} = \dfrac{150}{50} = 3$.

(iv) (b) 75%

Explanation:

Efficiency $= \dfrac{\text{M.A.}}{\text{V.R.}} \times 100 = \dfrac{3}{4} \times 100 = 75\%$.

129. What is the MA and VR of the machine shown in the figure below?

(a) MA = 1 and VR =1

(b) MA =1 and VR =2

(c) MA = 2 and VR = 2

(d) MA= 2 and VR = 1

Answer.

(a) MA = 1 and VR =1

Explanation: The pulley used is single fixed hence MA and VR are 1.

130. The refractive index of glass is 1.5 when the ray of light travels from air to glass. Calculate the refractive index when light travels from glass to air.

(a) 0.67 (b) 0.33

(c) 0.5 (d) 1.5

Answer.

(a) 0.67

Explanation: Refractive index of glass w.r.t air is reciprocal of refractive index of air w.r.t glass.

131. A point on the principal axis of a lens such that a ray of light passing through this point emerges parallel to its direction of incidence is called as:

(a) Optical centre
(b) Centre of curvature
(c) Radius of curvature
(d) Focus

Answer.

(d) Focus

Explanation: Properties of refraction of light through lens.

132. A convex lens produces the image of the same size as the object when placed at a distance of 30cm. hence its focal length is:

(a) 30 cm   (b) 20 cm
(c) 25 cm   (d) 15 cm

Answer.

(d) 15 cm

Explanation: Same size of image is formed when object is at 2F

133. Refractive index of a material for .... is least and .... light is maximum.

(a) violet, red   (b) red, violet
(c) yellow, green   (d) green, yellow

Answer.

(a) red, violet

Explanation: Property.

134. A ball of mass 20 g falls from a height of 10 m and after striking the ground, its rebounds from the ground to a height of 6 m. With reference to this situation answer the following questions.

(i) Potential energy of ball at highest point:

$$(g = 10 \text{ ms}^{-2})$$

(a) 1 J   (b) 2 J
(c) 3 J   (d) 4 J

(ii) The kinetic energy of the ball just before striking the ground:

(a) 2 J   (b) 1 J
(c) 4 J   (d) 3 J

(iii) The loss in kinetic energy of the ball just after striking the ground:

(a) 0.2 J   (b) 0.4 J
(c) 0.6 J   (d) 0.8 J

(iv) What happens to the energy lost in K.E.?
(a) It changes into P.E.
(b) It appears in the form of heat energy
(c) It appears in the form of heat and sound energy
(d) It appears in the form of sound energy

Answer.

(i) (b) 2 J

Explanation: P.E. = $mgh = \dfrac{20}{1000} \times 10 \times 10$

$$= 2 \text{ J}$$

(ii) (a) 2 J

Explanation: By law of conversation of energy, whole of the potential energy will get converted to kinetic energy, hence K.E. of the ball just before striking the ground is 2 J

(iii) (d) 0.8 J

Explanation: Loss in kinetic energy

= Kinetic energy just before striking the ground – kinetic energy just after striking the ground.

K.E. just before striking the ground

= mgh [P.E. at highest point]

$$= \frac{20}{1000} \times 10 \times 10 = 2 \text{ J}$$

K.E. just after striking the ground

= mgh [P.E. at highest of 6 m]

$$= \frac{20}{1000} \times 10 \times 6 = 1.2 \text{ J}$$

Loss in K.E. = 2.0 J – 1.2 J = 0.8 J

(iv) (c) It appears in the from of heat and sound energy

Explanation: The loss in kinetic energy appears in the form of heat and sound energies when the ball strikes the ground.

135. The region of spectrum, which extends beyond violet end of visible spectrum is called .... spectrum.

(a) Ultraviolet   (b) Infrared
(c) Green Yellow   (d) Green

Answer.

(a) Ultraviolet

Explanation: Definition.

136. A man stands in between two vertical cliffs X and Y such that he is at a distance of 660 m from X. When he explodes cracker, he hears the first echo after 4 sec and second echo 6 second later. Calculate the speed of sound in air and the distance of cliff Y from the man.

(a) 330ms⁻¹, 1650m   (b) 320ms⁻¹, 1400m
(c) 340ms⁻¹, 1700m   (d) None of the above

Answer.

(a) 330ms⁻¹, 1650m

Explanation: Use the relation wave velocity = 2[distance] / time and find the wave velocity. Use this value in the first case to find the distance X.

137. The repetition of sound heard in a cave or empty room is a case of ....

(a) echo   (b) superposition
(c) interpolation   (d) reverberation.

Answer.

(d) reverberation.

Explanation: Application of reverberation.

138. .... rays are used to stimulate the production of vitamin D in the body.

(a) UV
(b) Cosmic
(c) Dark
(d) IR

Answer.

(a) UV

Explanation: Use of ultra violet.

139. .... waves are mainly used in radar.

(a) Radio
(b) UV
(c) X-rays
(d) IR

Answer.

(a) Radio

Explanation: Uses of radio waves

140. A truck driver loads some oil drum into a truck by lifting them directly. Each drum has a mass of 50 kg and the platform of the truck is at a height of 0.5 m above the ground. With reference to this, answer the following questions

$$(g = 10 \text{ ms}^{-2})$$

(i) The force needed to lift the drum into the truck:

(a) 200 N
(b) 300 N
(c) 400 N
(d) 500 N

(ii) The energy used up in lifting the drum:

(a) 250 J
(b) 300 J
(c) 350 J
(d) 400 J

(iii) After the truck is loaded, the driver drives off. The major energy changes that take place in moving the truck:

(a) mechanical to chemical
(b) chemical to electrical
(c) chemical to mechanical
(d) mechanical to heat

(iv) The driver stops the truck. The major energy changes take place now are:

(a) chemical to sound
(b) mechanical to heat and sound
(c) chemical to heat and sound
(d) mechanical to electrical

Answer.

(i) (d) 500 N

Explanation: Force needed to lift a drum

$$= \text{force of gravity on drum} = mg$$
$$= 50 \times 100 = 500 \text{ N}.$$

(ii) (a) 250 J

Explanation: Energy used up in lifting a drum

$$= mgh$$
$$= 50 \times 10 \times 0.5 = 250 \text{ J}$$

(iii) (c) Chemical to mechanical

Explanation: In moving the truck, the chemical energy of the fuel changes into mechanical energy.

(iv) (b) Mechanical to heat and sound

Explanation: On stopping, the mechanical (kinetic) energy of the truck changes into heat and sound energy.

141. Velocity of sound is constant in ....

(a) all mediums
(b) homogeneous medium
(c) heterogeneous medium
(d) vacuum

Answer.

(b) homogeneous medium

Explanation: Properties of sound.

142. Echo occurs when the distance between source and listener is ....

(a) 10 m
(b) 17 m
(c) greater than 17 m
(d) 34 m

Answer.

(c) greater than 17 m

Explanation: Properties of echo.

143. A ray of light when travels from .... medium to .... medium it bends away from the normal

(a) rarer to rarer
(b) denser to denser
(c) rarer to denser
(d) denser to rarer

Answer.

(d) denser to rarer

Explanation: Property of refraction of light.

144. The refractive index is related to critical angle as ....

(a) reciprocal of angle of incidence
(b) reciprocal of angle of emergence
(c) [critical angle]^2
(d) [sin C]$^{-1}$

Answer.

(d) [sin C]$^{-1}$

Explanation: Mathematical relationship.

145. The phenomenon due of which a polychromatic light split into its component colours, when passed through a prism is called ....

(a) Refraction
(b) Dispersion
(c) Reflection
(d) Interference

Answer.

(b) Dispersion

Explanation: Definition.

146. The diagram shows the path of light through a right-angled prism of critical angle 42°. Observe the diagram and answer the questions that follow:

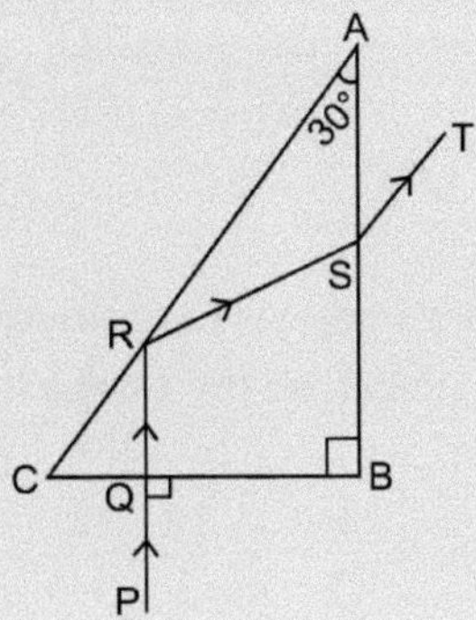

(i) The phenomena at the surface AB is:

(a) Refraction

(b) Reflection

(c) Scattering

(d) Total internal reflection

(ii) The angle of incidence at surface BC

(a) 90°　　　　(b) 60°

(c) 45°　　　　(d) 0°

(iii) Which surface will appear shiny?

(a) BC

(b) AB

(c) AC

(d) None of them will appear shiny

(iv) How much light energy (approx.) is reflected back in total internal reflection?

(a) 50%　　　　(b) 70%

(c) 90%　　　　(d) 100%

Answer.

(i) (a) Refraction

Explanation: Property of light.

(ii) (d) 0°

Explanation: As Light incident normally on BC.

(iii) (c) AC

Explanation: Total internal reflection is occurring at side AC, hence AC will appear shiny.

(iv) (d) 100°

Explanation: Property of TIR.

147. Light travesl in water $\dfrac{3}{4}$ times slower than in air. It means that:

(a) Refractive index of water with respect to air is $\dfrac{4}{3}$

(b) Refractive index of water with respect to air is $\dfrac{3}{4}$

(c) Refractive index of water with respect to air is 1.

(d) None of the above

Answer.

(a) Refractive index of water with respect to air is $\dfrac{4}{3}$

Explanation: Refractive index of water with respect to air is given by:

$$\frac{\text{Speed of light in air}}{\text{Speed of light in water}} = \frac{\text{Speed of light in air}}{\frac{3}{4}\text{ speed of light in air}}$$

Therefore refractive index of water with respect to air is $\dfrac{4}{3}$

148. The Bullet coming out of a gun hits the target due to its:

(a) Heat energy　　　　(b) Mechanical energy

(c) Acceleration　　　　(d) Kinetic energy

Answer.

(d) Kinetic energy

Explanation: The energy of a body by the virtue of its motion is known as kinetic energy. Any moving object can do work. Thus, a bullet that is coming out from a gun can hit a target due to its kinetic energy.

149. Which of the following is not an appropriate condition for the formation of echoes?

(a) Minimum distance between the source of sound and reflecting body should be more than 17 m.

(b) Temperature of air should be above 20° c.

(c) Wavelength of sound should be less than height of reflecting body.

(d) Intensity of sound should be sufficient so that it could be heard after reflection.

Answer.

(a) Minimum distance between the source of sound and reflecting body should be more than 17 m.

Explanation: An echo is heard only if the distance between the person producing the sound and the reflector is long enough to reach the person at least 0.1 seconds after the original sound is heard. Also, we can write

$$t = \frac{\text{total distance travelled}}{\text{speed of the sound}}$$

$$= \frac{2d}{v}$$

Here, $t = 0.1$ s, $v = 340$ ms^{-1}

$$t = \frac{2d}{340}$$

$$\Rightarrow \quad d = \frac{340 \times 0.1}{2} = 17\,m$$

150. Which of the following is a contact force?

(a) Electrostatic force
(b) Magnetic Force
(c) Frictional Force
(d) Gravitational Force

Answer.

(c) Frictional Force

Explanation: The forces experienced by bodies without being physically touched are called non contact forces. Gravitational force magnetic force, and electrostatic force are non contact force. Forces experienced when non contact with other body are called contact forces, For example, Frictional forces.

151. If the displacement is in a direction opposite to force then the work done is:

(a) Positive (b) Negative
(c) Infinite (d) Zero

Answer.

(b) Negative

Explanation: When the displacement [S] is in a direction opposite to that of force [F], the angle between force and displacement = 180°

Now, Work done = FS cos 180°

$\Rightarrow$ Work done = FS[– 1]

$\quad\quad\quad = -$ FS *i.e.,* negative.

152. A convex lens forms an image 12.0 cm long of an object 3.0 cm long kept at a distance of 6 cm from the lens. The object and the image are on the same side of lens. With respect to this, answer the questions that follow:

(i) The nature at the image it:
(a) Real
(b) Same size as the object
(c) Laterally inverted
(d) Virtual

(ii) The position of the image is:
(a) 24 cm (b) 12 cm
(c) 6 cm (d) 8 cm

(iii) The focal length of the lens is:
(a) 6 cm (b) 8 cm
(c) 10 cm (d) 12 cm

(iv) Power of this lens is :
(a) – 12.5 D (b) – 10.0 D
(c) + 10.0 D (d) + 12.5 D

Answer.

(i) (d) Virtual

Explanation: Since image is magnified and on the same side as the object, so the image is virtual.

(ii) (a) 24 cm

Explanation: $m = \dfrac{1}{O} = \dfrac{v}{u}, \dfrac{12}{3} = \dfrac{v}{-6},$

$$v = -24 \text{ cm}$$

(iii) (b) 8 cm

Explanation: $\dfrac{1}{v} - \dfrac{1}{u} = \dfrac{1}{f}$

$$\frac{1}{f} = \frac{1}{-24} - \frac{1}{(-6)} = \frac{-1}{24} + \frac{1}{6}$$

$$= \frac{-1+4}{24} = \frac{3}{24}$$

$$= \frac{1}{f} = \frac{1}{8}$$

$$f = 8 \text{ cm}$$

(iv) (d) + 12.5 D

Explanation: $P = \dfrac{100}{f(\text{in cm})} = \dfrac{100}{8}$

$$= 12.5 \text{ D}$$

153. If an electromagnetic wave has a frequency of 300 MHz and a wavelength of 100 cm, its velocity will be:

(a) 3×10^6 m/s (b) 3×10^9 m/s
(c) 3×10^8 m/s (d) 3×10^7 m/s

Answer.

(c) 3×10^8 m/s

Explanation:

Frequency = 300 MHz

$$= 300 \times 10^6 \text{ Hz}$$

Wave length = 100 cm = 1 m

Velocity of the wave

$$= \text{Frequency} \times \text{wavelength}$$

$$= 300 \times 10^6 \times 1$$

$$= 3 \times 10^8 \text{ m/s.}$$

154. A uniform half metre rule balances horizontally on a knife edge at 29 cm mark when a weight of 20 gf is suspended from one end. The weight of the meter rule is:

(a) 50 gf   (b) 105 gf

(c) 210 gf   (d) 52.5 gf

Answer.

(b) 105 gf

Explanation: Let weight of the half meter rule be W.

By principle of moments :

$$W (29 - 25) = 20 \times (50 - 29)$$
$$W \times 4 = 20 \times 21$$
$$W = \frac{20 \times 21}{4} = 105 \text{ gf.}$$

155. The angle of incidence for a ray of light which suffers minimum deviation of 36° through an equilatral prism is:

(a) 48°   (b) 36°

(c) 60°   (d) 90°

Answer.

(a) 48°

Explanation:

$$\Delta_{min} = 2i - A$$
$$36° = 2i - 60°$$
$$36° + 60° = 2i$$
$$2i = 96°$$
$$i = \frac{96°}{2}$$
$$i = 48°.$$

156. To detect obstacles in their path, bats produce:

(a) Infra sonic waves

(b) Ultra sonic waves

(c) Electromagnetic waves

(d) Ratio waves

Answer.

(b) Ultra sonic waves

Explanation: Bats produce ultrasonic waves to detect obstacles in their path.

157. The energy conversion in photo electric cells is:

(a) Electrical to light

(b) Electrical to chemical

(c) Light to electrical

(d) Light to chemical

Answer.

(c) Light to electrical

Explanation: The energy conversion in photoeelctric cell is from light to electrical.

158. The given figure shows a fixed pulley used by a body to lift a load of 400 N through a vertical height of 5 m in 10s. The effort applied by the boy on the other end of the rope is 480 N.

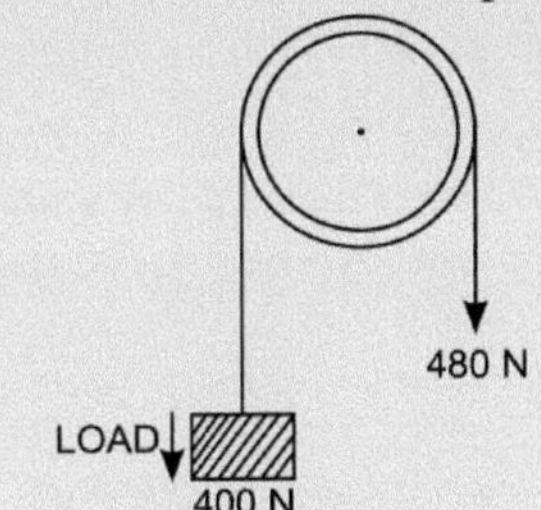

(i) The velocity ratio of the pulley is:

(a) 2   (b) 1

(c) 3   (d) 4

(ii) The mechanical advantage is:

(a) 0.456   (b) 0.375

(c) 1.0   (d) 0.883

(iii) Energy gained by the load in 10 s is:

(a) 500 J   (b) 1000 J

(c) 2000 J   (d) 2500 J

(iv) Power developed by the boy in raising the load.

(a) 240 W   (b) 280 W

(c) 320 W   (d) 360 W

Answer.

(i) (b) 1

Explanation: Velocity ratio

$$= \frac{\text{displacement of effort}}{\text{displacement of load}} = \frac{d}{d} = 1 \cdot$$

(ii) (d) 0.883

Explanation: Mechanical advantage

$$= \frac{\text{Load}}{\text{Effort}} = \frac{400}{480} = \frac{5}{6}$$

$$= 0.833$$

(iii) (c) 2000 J

Explanation: Energy gained by load

$$= \text{Load} \times d_L = 400 \times 5 = 2000 \text{ J}$$

(iv) (a) 240 W

Explanation: Power developed by boy

$$= \frac{\text{Effort} \times \text{displacement}}{\text{Time}}$$

$$= \frac{480 \times 5}{10} = 240 \text{ W}$$

159. An instrument working on the principle of moments is

(a) Physical balance

(b) Spring balance

(c) Thermometer

(d) Hydraulic machine

Answer.

(a) Physical balance

Explanation: A physical balance works on the principle of moments.

160. The power of motor is 60 kw. The speed at which it can raise a load of 30,000 N is:

(a) 1 ms^{-1}

(b) 2 ms^{-1}

(c) 3 ms^{-1}

(d) 4 ms^{-1}

Answer.

(b) 2 ms^{-1}

Explanation:

$$P = 60 \text{ kw} = 60,000 \text{ w}$$
$$F = 30,000 \text{ N}$$
$$P = \text{Force} \times \text{speed}$$
$$60,000 = 30,000 \times \text{speed}$$
$$\text{Speed} = \frac{60,000}{30,000} = 2\text{ms}^{-1}.$$

161. When a ray of light passes through a prism. The deviation is maximum for:

(a) Red light

(b) Blue light

(c) Violet light

(d) Yellow light

Answer.

(c) Violet light

Explanation: Deviation increases with decrease in wavelength. Wavelength of violet light is minimum, so deviation is maximum for violet light.

162. The principle of reversibility of light states that :

(a) Angle of incidence is equal to angle of reflection.

(b) The path of a light ray is reversible.

(c) There is no change in path of ray of light when it passes from one medium to another

(d) $\mu = \dfrac{\sin i}{\sin r}$

Answer.

(b) The path of a light ray is reversible

Explanation: According to principle of reversibility of light, the path of a light ray is reversible.

163. An Ox can apply a maximum force of 500 N. It pulls a cart at a constant speed of 10 ms^{-1}. The power developed by Ox is :

(a) 500 W

(b) 5000 W

(c) 50 W

(d) 0 W

Answer.

(b) 5000 W

Explanation:

$$P = \text{Force} \times \text{speed}$$
$$= 500 \times 10 = 5000 \text{ W}.$$

164. Which one of the following is correct ?

(a) V.R. = $\dfrac{d_E}{d_L}$

(b) V.R. = $\dfrac{d_L}{d_E}$

(c) V.R. = $d_L + d_E$

(d) V.R. = $d_L - d_E$

Answer.

(a) V.R. = $\dfrac{d_E}{d_L}$

Explanation: V.R. = $\dfrac{d_E}{d_L}$.

165. In a nuclear reactor, the change in energy is from :

(a) nuclear to electrical

(b) electrical to nuclear

(c) nuclear to chemical

(d) nuclear to magnetic

Answer.

(a) nuclear to electrical

Explanation: Nuclear to electrical

166. (i) Can a concave lens be used to burn a piece of paper?

(ii) What is its focal length and power if object is at infinite distance?

(a) (i) Yes

(ii) Not defined

(b) (i) No

(ii) Apparent intersection of rays and power is [focal length]$^{-1}$

(c) (i) Not sure

(ii) Not defined

(d) (i) None of the above

(ii) All of the above

Answer.

(b) (i) No

(ii) Apparent intersection of rays and power is [focal length]$^{-1}$

Explanation: A concave lens is a diverging lens so the rays of light would diverge and reciprocal of this distance would be the power of the lens.

167. (i) Name the lens used in the instrument shown below:

(ii) State the position of object in the above instrument.

(a) (i) Convex   (ii) Not defined

(b) (i) Convex   (ii) At Focus

(c) (i) Convex

   (ii) Between Optical centre and focus

(d) (i) Convex   (ii) at 2F

Answer.

(c) (i) Convex

   (ii) Between Optical centre and focus

Explanation : (i) The lens used is convex as image obtained is magnified

(ii) The position of object is between O and F.

168. The force of 5N is applied at a distance of 10 cm from pivot. The right steps to calculate the moment of force are:

(i) $MoF = 5 \times 10 \, N \, cm$

(ii) $MoF = \dfrac{15}{10} \, N/m$

(iii) $MoF = 50 \, N{-}m$

(iv) $MoF = 0.5 \, N{-}m$

(a) (i) and (ii)   (b) (ii) and (iii)

(c) (ii) and (iv)   (d) (i) and (iv)

Answer.

(d) (i) and (iii)

Explanation : Moment of force

$$= F \times d$$
$$= 5 \times 10$$
$$= 50 \, N \, cm$$
$$= 0.50 \, N{-}m.$$

169. The diagram given shows a system of pulleys. The upper two pulleys are fixed and the lower are movable:

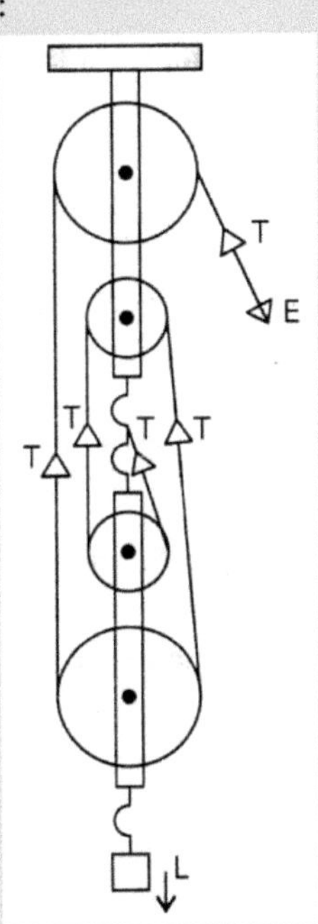

With respect to this diagram, answer the following questions:

(i) The velocity ratio of the system is:

(a) 2   (b) 3

(c) 4   (d) 5

(ii) The land effort of the given pulley system are related as:

(a) $L = \dfrac{E}{4}$ (b) $E = \dfrac{L}{4}$

(c) $L = E + 4$ (d) $E = L + 4$

(iii) The effort needed to lift a load of 360 N if efficiency is 90% is:

(a) 400 N   (b) 200 N

(c) 150 N   (d) 100 N

(iv) A pulley system works as:

(a) Energy gainer

(b) Force multiplier

(c) Friction reducer

(d) Energy conservator

Answer.

(i) (c) 4

   Explanation: V.R. is equal to number of pulleys.

(ii) (b) $E = \dfrac{L}{4}$

   Explanation: $M.A. = \dfrac{L}{E}$

$$4 = \dfrac{L}{E}$$

or $$E = \dfrac{L}{4}$$

(iii) (d) 100 N

   Explanation: M.A. = V.R. × Efficiency,

$$\dfrac{L}{E} = 4 \times \dfrac{90}{100}$$

$$\dfrac{360}{E} = 3.6$$

$$E = \dfrac{360}{3.6} = 100 \, N$$

(iv) (b) Force multiplier

   Explanation: Force multiplier.

170. The factors affecting the refractive index of a medium are:

(i)   Nature of the medium

(ii)   Temperature

(iii) Colour as wavelength of light used

Choose the correct option.

(a) Only option (i) is correct

(b) Options (i), (ii) and (iii) are correct

(c) Options (ii) and (iii) are correct

(d) Options (i) and (iii) are correct

Answer.

(b) Options (i), (ii) and (iii) are correct

Explanation: Refractive index of medium depends on (i) nature of the medium, (ii) temperature and (iii) colour or wavelength of light used. Hence all options are correct.

171. The loss of energy in a machine is due to the following :

(i) The moving parts are neither weight less nor friction less

(ii) The string in it (if any) is not perfectly elastic

(iii) The different parts are not perfectly rigid.

Choose the correct option.

(a) Only option (i) is correct

(b) Only options (i) and (ii) are correct

(c) Only options (ii) and (iii) are correct

(d) Options (i), (ii) and (iii) are correct

Answer.

(d) Options (i), (ii) and (iii) are correct

Explanation: The loss of energy in a machine is due to - (i) the moving parts in it are neither weightless nor smooth (ii) the string in (if any) is not perfectly elastic (iii) its different parts are not perfectly rigid.

172. Two forces each of magnitude 4N act vertically upwards and downwards respectively at the two ends of a uniform rod of length 1 m. The moment of couple so formed is :

(i) Moment of couple = $\dfrac{F_1 \times F_2}{d}$

(ii) Moment of couple = $\dfrac{F}{d}$

(iii) Moment of couple = Either force × d

(iv) Moment of couple = $\dfrac{4 \times 4}{1} = 16$

(v) Moment of couple = $4 \times 1 = 4$

Choose the correct options for the steps from the following.

(a) (i) then (iv)   (b) (ii) then (iv)

(c) (iii) then (v)   (d) (ii) then (v)

Answer.

(c) (iii) then (v)

Explanation: Moment of couple

$$= \text{Either force} \times d = 4 \times 1 = 4 \text{ Nm}$$

173. The kinetic energy of a body of mass 10 kg and mometum 20 kg ms^{-1} is :

(i) $P = \dfrac{K^2}{2m}$

(ii) $K = \dfrac{P^2}{2m}$

(iii) $K = \dfrac{20^2}{2 \times 10} = 20J$

(iv) $K^2 = 2\, pm = 2(20)\,(10) = 400$

(v) $K = \sqrt{400} = 20J$

The correct sequence of steps is :

(a) (i) then (iv) then (v)

(b) (ii) then (iii)

(c) (ii) then (iv) then (v)

(d) (ii) then (v)

Answer.

(b) (ii) then (iii)

Explanation: $K = \dfrac{p^2}{2m}$

$$K = \dfrac{20^2}{2 \times 10}$$

$$K = \dfrac{20 \times 20}{2 \times 10}$$

$$= 20 \text{ J}.$$

174. The speed of light in air is 3×10^8 ms^{-1}. The refractive index of glass is 1.5.

Steps to find the speed of light in glass are given below.

(i) Speed in glass = $1.5 \times 3 \times 10^8$ ms^{-1}

(ii) $v = \dfrac{3 \times 10^8}{1.5}$

(iii) $v = 2 \times 10^8$ ms^{-1}

(iv) $v = 4.5 \times 10^8$ ms^{-1}

Choose an option which has the correct sequence of steps, to find the speed of light in glass.

(a) (i) then (iii)   (b) (ii) then (iii)

(c) (i) then (iv)   (d) (ii), (i) then (iv)

Answer.

(b) (ii) then (iii)

Explanation: $v = \dfrac{3 \times 10^8}{1.5} = 2 \times 10^8$ ms^{-1}.

175. A lens forms the image of an object pleced at a distance 15 cm from it, at a distance 60 cm in front of it. With reference to this condition, answer the following questions:

(i) The focal length of lens is:

(a) 10 cm   (b) 20 cm

(c) 30 cm   (d) 40 cm

(ii) The power of lens is:

(a) + 3D   (b) – 3D

(c) + 5D   (d) – 5D

(iii) The magnification is:

(a) 2   (b) 3

(c) 4   (d) 5

(iv) The nature of image is:

(a) Real

(b) Real and inverted

(c) Laterally inverted

(d) Virtual

Answer.

(i) (b) 20 cm

Explanation:

$$\frac{1}{v} - \frac{1}{u} = \frac{1}{f}$$

$$v = -60$$

$$u = -15$$

$$\frac{1}{-60} - \frac{1}{-15} = \frac{1}{f}$$

$$\frac{1}{f} = \frac{1}{15} - \frac{1}{60}$$

$$= \frac{4-1}{60} = \frac{3}{60}$$

$$\frac{1}{f} = \frac{1}{20}$$

$$f = 20 \text{ cm}$$

(ii) (c) + 5D

Explanation: $f = +20$ cm

$$P = \frac{100}{f(\text{in cm})}$$

$$= \frac{100}{20} = +5D$$

(iii) (c) 4

Explanation: $m = \dfrac{v}{u} = \dfrac{-60}{-15} = 4$

(iv) (d) Virtual

Explanation: Since magnification is with a plus sign so image is virtual.

Physics

Self Assessment Paper

Question 1 [1]

(a) Choose the correct statement with respect to Refraction of light
   1. The frequency always changes when light enters from one optical medium to another.
   2. Absorption of light when it strikes the surface of a medium is refraction.
   3. Speed of light changes when it enters from one optical medium to another of different optical density.
   4. Speed of light does not change when it enters from one optical medium to another of different optical density.

(b) When a light ray enters from a denser medium to a rarer medium [1]
   1. The light ray bends towards the normal.
   2. Angle of incidence is less than angle of refraction.
   3. Speed of light decreases.
   4. Speed of light remains unchanged.

(c) In the diagram shown below: [1]

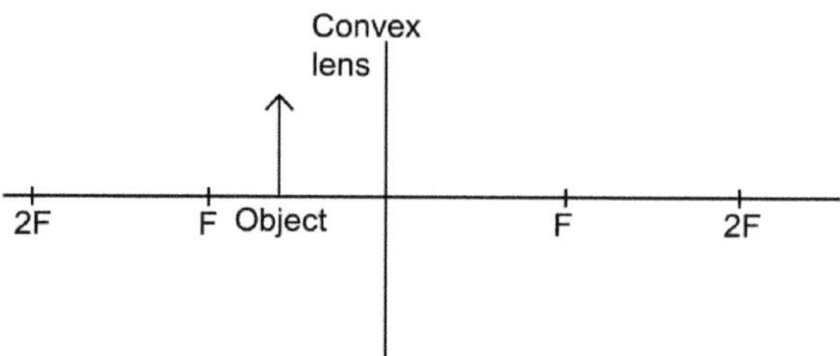

   1. B is incident ray and C is refracted ray.
   2. A is incident ray and B is refracted ray.
   3. C is incident ray and B is refracted ray.
   4. A is incident ray and C is refracted ray.

(d) From the diagram shown below, identify the characteristics of the image that will be formed. [1]

   1. Real.
   2. Diminished.
   3. Formed within the focal length.
   4. Virtual.

(e) The wavelength of light in a medium A is 600 nm. The wave enters medium B of refractive index 1.5 with respect to medium A. [2]
   (i) Select the correct option from the following.
      1. the wavelength of light becomes 1.5 times the initial wavelength.
      2. the wavelength of light decreases.

   3. the wavelength becomes half of initial wavelength.

   4. the wave bends away from the normal.

(ii) The wavelength in medium B will be

   1. 400 nm

   2. 900 nm

   3. 300 nm

   4. Information is insufficient to calculate.

(f) The diagram below shows an image formed at a distance 36 cm from the lens LL' of focal length 12 cm. With respect to this answer the questions that follow.   [4]

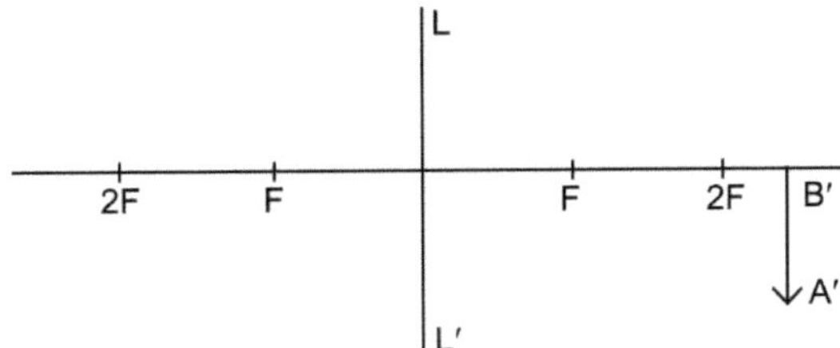

(i) The position of the object on the left-hand side should be

   1. between 12 cm to 30 cm from the lens.

   2. beyond 24 cm from the lens.

   3. between 12 cm to 24 cm from the lens.

   4. within 12 cm from the lens.

(ii) Power of this lens is

   1. - 8.33 D

   2. + 8.4 D

   3. + 8.33 D

   4. – 8.4 D

(iii) The object distance with sign convention is

   1. - 18 cm

   2. - 15 cm

   3. - 9 cm

   4. + 18 cm

(iv) If the lens LL' is replaced by another lens of same type but focal length 15 cm then for the same object distance

   1. the size of the image decreases.

   2. the size of the image increases.

   3. the size of the image remains the same.

   4. information is insufficient to conclude.

Question 2

(a) The usable form of mechanical energy is   [1]

   1. Elastic potential energy

   2. Kinetic energy

   3. Gravitational potential energy

   4. None of the given options.

(b) One horsepower is equal to   [1]

   1. 100 W

   2. 735 W

   3. 764 W

   4. 746 W

(c) If A and B of the same mass can climb the third floor of the same building in 3 minutes and 5 minutes respectively, then the ratio of their powers of A is to B in an ideal situation is   [1]

   1. 1:1

   2. 3:5

   3. The information is insufficient to form a conclusion.

   4. 5:3

(d) If the centre of gravity of a metre scale of mass 80 g lies at the 45 cm mark, then which one of the following diagrams will show the balanced position of the scale.   [1]

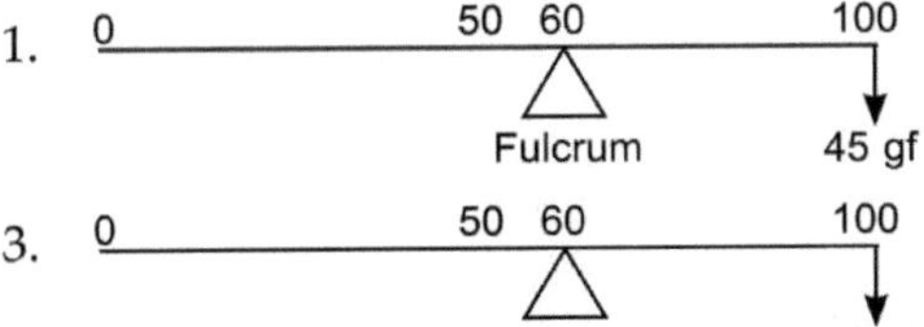

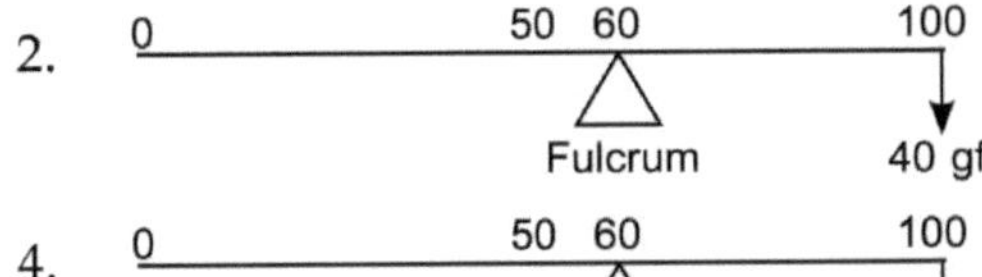

(e) A body has kinetic energy 2500 J. If the mass of the body is 500 g. [2]

   (i) The velocity of the body is

      1. $\sqrt{10}$ m/s   2. 10 ms^{-1} 3. 20 ms^{-1} 4. 100 m/s

   (ii) The momentum of the body will be

      1. 10 kgms^{-1} 2. $500\sqrt{10}$ kgms^{-1} 3. 50 kg ms^{-1} 4. 5 kgms^{-1}

(f) A girl at rest at gate of her society which is 3.2 m above the road comes down the slope AB on a cycle without paddling. [g = 10 N/kg] [4]

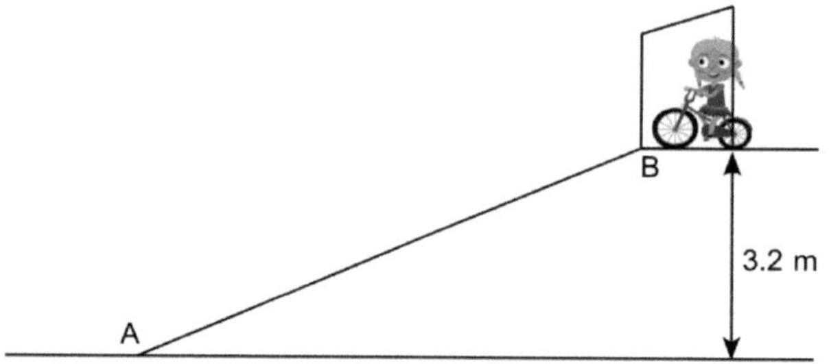

   (i) The mechanical energy possessed by the girl at B is

      1. Vibrational kinetic energy.   2. Translational kinetic energy

      3. Elastic potential energy.   4. Gravitational potential energy.

   (ii) The velocity with which girl reaches point A is

      1. 32 m/s   2. 10 m/s

      3. 8 m/s   4. Insufficient information to calculate velocity.

   (iii) If the mass of the girl is 40 kg then the kinetic energy of the girl at A is [Assuming no loss of energy.]

      1. 1280 J   2. 1600 J   3. 400 J   4. 3200J

   (iv) The potential energy of the girl (of mass 40 kg) when she reaches the midpoint of the slope of AB

      1. 800 J   2. 200 J   3. 1600 J   4. 640 J

Question 3

(a) Mechanical advantage (M.A.), load(L), and effort(E) are related as [1]

   1. M.A. = L X E   2. M.A. = E/L   3. M.A. X E = L   4. M.A. X L = E

(b) Which one of the following statements is correct?

   1. A machine is used to have more output energy as compared to input energy.

   2. Mechanical advantage of a machine can never be greater than 1.

   3. If a machine gives convenience of direction, then its mechanical advantage should be greater than 1.

   4. For a given design of a machine, even if the mechanical advantage increases, the velocity ratio remains the same. [1]

(c) If a block and tackle system with convenient direction has 3 movable pulleys, then its velocity ratio [1]

   1. is either 6 or 7   2. should be 6   3. should be 7   4. is 3

(d) Work done by a body moving on a circular track is zero at every instant because [1]

   1. displacement is zero.

   2. displacement is perpendicular to the centripetal force.

   3. there is no force acting.

   4. reason is not mentioned in the other options.

(e) Identify the conditions required to hear a clear and distinct echo by humans, in air [2]

   1. The reflecting surface should be rough.

   2. The size of the reflecting surface should be smaller than the wavelength of sound.

   3. Sound should not be reflected back within 0.1 s.

   4. The incident sound should have frequency more than 25000 Hz.

   5. The size of the reflecting surface should be larger than the wavelength of sound.

(f) A person standing in front of a vertical cliff fires a gun and hears its echo in 3s. The speed of sound in air is 340 m/s [4]

(i) The distance at which the person is standing in front of the cliff is

   1. 1020 m   2.   510 m   3.   340 m   4.   680 m

(ii) If the person wants to hear the echo 0.5 s earlier, then how much distance should he move, toward or away from the cliff?

   1. 595 m away from the cliff   2.   255 m towards the cliff

   3. 85 m towards the cliff   4.   255 m away from the cliff.

(iii) Another person stands behind this person, in the same line with him and the cliff, at a distance of 170 m and fires a gun in the air. What are the consecutive intervals of time at which the first person hears two sounds?

   1. 0.5 s and 3 s   2.   1 s and 3 s   3.   1 s and 4 s   4.   0.5 s and 3.5 s

(iv) If the speed of sound changes to 350 m/s then how much distance should the person move towards or away from the cliff, in order to hear the echo in the same time? (i.e. in 3 s)?

   1. 25 m away   2.   7.5 m away   3.   20 m away   4.   15 m away

Question 4

(a) Assuming all lenses shown below are of the same material, state which lens has the maximum power.   [1]

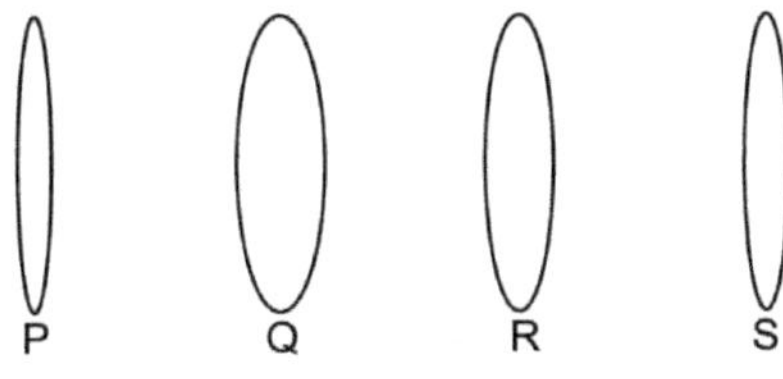

   1.   R   2.   P   3.   Q   4.   S

(b) In an electric cell while in use, the change in energy is from: [1]

   1.   Chemical to mechanical   2.   Chemical to electrical

   3.   Electrical to mechanical   4.   Electrical to chemical

(c) The diagram below shows a pendulum having a bob of mass 80 g. A and C are extreme positions and B is the mean position. The bob has velocity 5 m/s at position B.   [2]

[g = 10 N/kg]

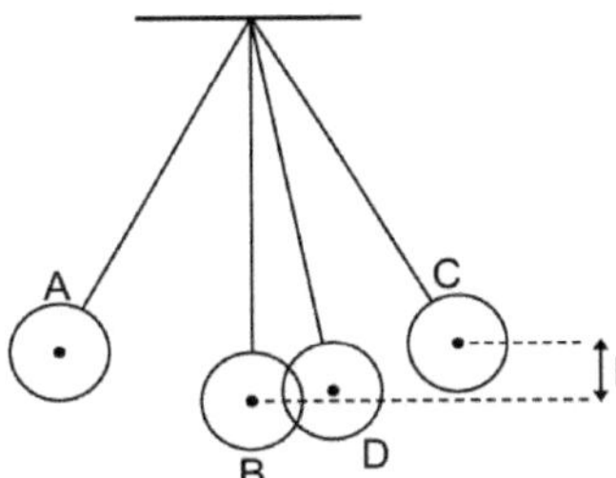

(i) Which one of the following statements is correct?

   1. At point A the bob has only kinetic energy.

   2. At point B the bob will have only potential energy.

   3. At point B the bob will have maximum kinetic energy.

   4. At point D the bob will have more potential and less kinetic energy.

(ii) The height h is

   1. 1.25 cm   2.   125 m   3.   1.25 m   4.   0.125 m

(d) (i) Select correct options for Total internal reflection in a medium. [2]

    1. Can take place in an optically denser medium as compared to an optically rarer medium.

    2. Takes place for any angle of incidence greater than 42 degree.

    3. This reflection does not obey the laws of reflection.

    4. Can take place if the angle of incidence in a denser medium is more than the critical angle.

 (ii) Diamonds glitter in the dark because

    1. They emit light.

    2. They have a very small critical angle due to very high refractive index.

    3. Due to the fluorescence.

    4. Chemical reaction in the diamond produces light energy.

(e) The diagram shows the path of light through a right-angled prism of critical angle 42°.

Observe the diagram and answer the questions that follow.

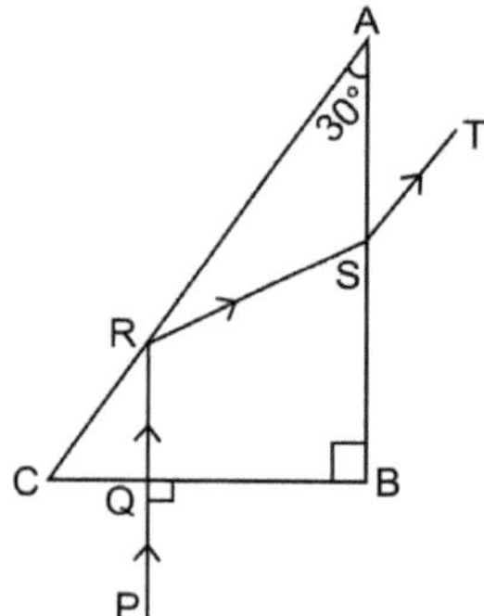

(i) The phenomenon at the surface AC is [4]

    1. Refraction   2. Partial reflection

    3. Total internal reflection   4. Scattering.

(ii) The angle of incidence at the surface AC is

    1. 30°   2. 45°   3. 60°   4   90°

(iii) The angle of incidence at the surface AB is

    1. 30°   2. 45°   3. 60°   4. 90°

(iv) Which of the following statement is wrong?

    1. Speed of light ray PQ is equal to the speed of light ray ST.

    2. Speed of light ray QR is equal to the speed of light ray RS.

    3. Speed of light ray PQ is greater than the speed of light ray RS.

    4. Speed of light ray RQ is greater than the speed of light ray ST.

Name of Exam : ___________________________

2021-22

OMR Response Sheet

Roll No.

1 ○ ○ ○ ○ ○ ○ ○
2 ○ ○ ○ ○ ○ ○ ○
3 ○ ○ ○ ○ ○ ○ ○
4 ○ ○ ○ ○ ○ ○ ○
5 ○ ○ ○ ○ ○ ○ ○
6 ○ ○ ○ ○ ○ ○ ○
7 ○ ○ ○ ○ ○ ○ ○
8 ○ ○ ○ ○ ○ ○ ○
9 ○ ○ ○ ○ ○ ○ ○
0 ○ ○ ○ ○ ○ ○ ○

Name ________________________________

Class & Section ________________________

Subject ______________________________

Subject Code :

Date of Exam : D D M M Y Y Y Y

Candidate's Sign.

Invigilator's Sign.

Instructions for filling the OMR sheet :

1. Use only black/blue ball point pen to fill the circle
2. Use of pencil is strictly prohibited
3. Circle should be designed completely and properly
4. Cutting and erasing on this sheet is not allowed

Q. No.	1	2	3	4
1. (a)	○	○	○	○
1. (b)	○	○	○	○
1. (c)	○	○	○	○
1. (d)	○	○	○	○
1. (e) (i)	○	○	○	○
1. (e) (ii)	○	○	○	○
1. (f) (i)	○	○	○	○
1. (f) (ii)	○	○	○	○
1. (f) (iii)	○	○	○	○
1. (f) (iv)	○	○	○	○
2. (a)	○	○	○	○
2. (b)	○	○	○	○
2. (c)	○	○	○	○
2. (d)	○	○	○	○
2. (e) (i)	○	○	○	○
2. (e) (ii)	○	○	○	○
2. (f) (i)	○	○	○	○
2. (f) (ii)	○	○	○	○
2. (f) (iii)	○	○	○	○
2. (f) (iv)	○	○	○	○

Q. No.	1	2	3	4
3. (a)	○	○	○	○
3. (b)	○	○	○	○
3. (c)	○	○	○	○
3. (d)	○	○	○	○
3. (e)	○	○	○	○
3. (f) (i)	○	○	○	○
3. (f) (ii)	○	○	○	○
3. (f) (iii)	○	○	○	○
3. (f) (iv)	○	○	○	○
4. (a)	○	○	○	○
4. (b)	○	○	○	○
4. (c) (i)	○	○	○	○
4. (c) (ii)	○	○	○	○
4. (d) (i)	○	○	○	○
4. (d) (ii)	○	○	○	○
4. (e) (i)	○	○	○	○
4. (e) (ii)	○	○	○	○
4. (e) (iii)	○	○	○	○
4. (e) (iv)	○	○	○	○

Self Assessment Chart

After solving the Self Assessement Paper, with the help of online solutions, mark yourself accordingly.

Q. No.		Chapter	Topics	Marks per Question	Marks Obtained
Ex.		Force	Centripetal and centrifugal force	1	1
Question 1.	(a)	Refraction of light at plane surfaces	Refraction of light	1	
	(b)	Refraction of light at plane surfaces	Refraction of light	1	
	(c)	Refraction of light at plane surfaces	Refraction of light	1	
	(d)	Refraction of light through a lens	Images formed by a Convex Lens	1	
	(e)	Refraction of light at plane surfaces	Refraction of light through one medium to another	2	
	(f)	Refraction of light through a lens	Images formed by a Convex Lens	4	
Question 2.	(a)	Work, Power and Energy	Mechanical Energy	1	
	(b)	Work, Power and Energy	conversion of unit of power	1	
	(c)	Work, Power and Energy	Problem based on Power	1	
	(d)	Force	Centre of Gravity	1	
	(e)	Work, Power and Energy	Problem based on Kinetic Energy	2	
	(f)	Work, Power and Energy	Problem based on Kinetic and mechanical energy	4	
Question 3.	(a)	Machines	Simple Machines	1	
	(b)	Machines	Function of machine	1	
	(c)	Machines	Pulley	1	
	(d)	Work, Power and Energy	Work	1	
	(e)	SOUND	Conditions for Echo	2	
	(f)	SOUND	Problem based on echo	4	
Question 4.	(a)	Refraction of light through a lens	Power of a lens (concave and convex)	1	
	(b)	Work, Power and Energy	Transformation of energy one form to another	1	
	(c)	Work, Power and Energy	Kinetic Energy and potential energy	2	
	(d)	Refraction of light at plane surfaces	Total internal reflection	2	
	(e)	Refraction of light at plane surfaces	Refraction of light through a triangular prism	4	
How did you perform ? (Marks Achieved/Maximum Marks × 100%)					

Chemistry

1. Periodic Properties and Variations of Properties

2. Chemical Bonding

3. Study of Acids, Bases and Salts

4. Analytical Chemistry

5. Mole Concept and Stoichiometry

6. Electrolysis

Chapter - 1 (Periodic Properties and Variations of Properties)

➤ **Periodic Table :** It is a table that classifies all the known elements in accordance with their properties in such a way that elements with similar properties are grouped together in the same vertical column and dissimilar elements are separated to one another.

The 115 known elements are arranged in the Periodic Table in order of their increasing atomic number.

The vertical columns are called 'groups'.

The horizontal rows are called 'periods'.

Approaches To Periodic Classification of Elements		
Theory	**Year**	**Statements**
Dobereiner's Triads	1817	The atomic weight of the middle element in a triad is arithmetic mean of the two.
Newland's Law of Octaves	1864	If the chemical elements are arranged according to increasing atomic weight, those with similar physical and chemical properties occur after each interval of seven elements.
Mendeleev's Periodic law	1869	The properties of the elements are periodic functions of their atomic weights.
Modern Periodic law of Mossley	1913	The physical and chemical properties of the elements are periodic functions of their atomic numbers.

Characteristics of Group 1A and VII A		
Properties	**Group 1A**	**Group VIIA**
Name	Alkali metals	Halogens
Atomic and ionic radii	Increases down the group	Increases down the group
Ionisation energy	Decreases down the group	Decreases down the group
Electropositive nature	Strongly electropositive Increases down the group Cs is most electropositive	Weak electropositive elements Increases down the group
Electronegativity nature	Weak electronegative elements Decrease down the group	Strongly electronegative elements Decrease down the group F is the most electronegative
Oxidation state	+1	Variable oxidation state- −1, +1, +3, +5, +7

➤ **Periodicity :**

Properties	Definition	Trend along groups	Trend along period
Valence electron	Electrons present in outermost shell of an atom	Remains same	Increases from 1-8
Number of shells/ orbit	Electrons revolve around nucleus in definite circular path or shells	Remains same	Increases from 1-8
Atomic radii/size	The distance between the centre of the nucleus to the outermost shell of an atom	Increases	Decreases
Metallic character	Tendency to lose valence electrons and form positive ion	Increases	Decreases
Non-metallic character	Tendency to gain valence electrons and form negative ion	Decreases	Increases
Ionisation energy	The energy required to completely remove an electron from a gaseous atom or ion.	Decreases	Increases

Electron affinity	The energy change that occurs when an electron is added to a gaseous atom.	Decreases	Increases
Electronegativity	The tendency of an atom to attract electrons to itself when combined in a compound	Increases	Increases
Ionic radii	The distance between the nucleus and the electron in the outermost shell of an ion.	Increases	Decreases
Acidic character	It is the measure of an element to produce hydrogen gas when it reacts with certain salts.	Increases	Decreases
Oxidising property	The tendency of an element to gain electrons	Decreases	Increases
Reducing property	The tendency of an element to lose electrons	Increases	Decreases
Melting point	The temperature at which the solid and liquid forms of a pure substance can exist in equilibrium.	Decrease, then Increase	Increase, then decrease
Boiling point	The temperature at which its vapour pressure is equal to the pressure of the gas above it.	Decrease, then Increase	Increase, then decrease

➤ **Diagonal relationship :** These elements are called bridge elements. The relationship between two elements that are diagonally present, is called Diagonal relationship.

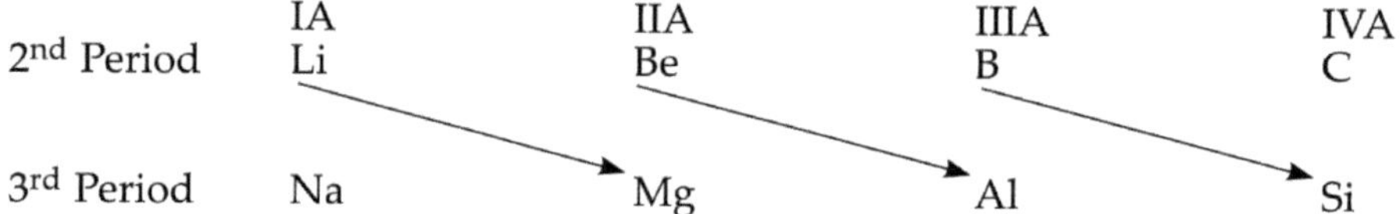

➤ **Atomic number (Z) :** The number of protons in the nucleus of the atom or the number of electrons revolving around the nucleus in an isolated electrically neutral atom.

➤ **Mass number (A) :** It is the total number of protons and neutrons present in the nucleus of the atom.

➤ **Relation between atomic number (Z) and mass number (A) :**

$$A = p + e = Z + n$$

Symbol for the Element : $_Z^A X$

➤ **Metalloids :** Elements which can neither be classified as metals nor as non-metals and are on the border line of the metals and non- metals. They are semiconducting elements that is, they are insulators at normal temperature and conduct electricity when heated.

<u>Chapter - 2 (Chemical Bonding)</u>

➤ **Atom :** The smallest particle of an element which does not exist in the free state and has a tendency to combine with the atom(s) of the other metal to form a molecule.

➤ **Molecule :** The smallest particle of matter which can exist in free state. It is formed when two or more atoms combine chemically.

➤ **Sharing of Electrons :** A set of eight electrons in the outermost shell confers stability. Atoms of other elements interact to attain 8 electrons in their outermost shells by electron transfer or by sharing of electrons.

The maximum number of electrons that can be accommodated in K shell is 2, for L shell is 8, for M shell is 18 and for N shell is 32.

The 2, 8, 18, 32 are terms as Magic Numbers.

In the outermost shell of any atom there could be a maximum of eight electrons to attain the noble gas configuration, this rule is known as Octet rule.

➤ **Ions :** When a chemical compound, in fused state or aqueous solution, breaks up into electrically charged atoms or group of atoms, then they are collectively called ions.

Formation of Ions : Cations (Positively charged) and Anions (Negatively charged).

➢ **Chemical Bond :** The attractive force which holds the two atoms together in a molecule is known as chemical bond.

➢ **Types of Bond :** The important types of bonds are :

(i) Electrovalent bond   (ii) Covalent bond   (iii) Co-ordinate bond

Some other special types of bonds are :

(i) Metallic bond

(ii) Vander Waal's bond

➢ **Electrovalent or Ionic Bond [Heteropolar Bond] :** The chemical bond that is formed between two atoms by transfer of one or more electrons. e.g. $NaCl$, $MgCl_2$, CaO

They have high melting and boiling point due to strong electrostatic forces of attraction between their ions.

➢ **Formation of Ionic Bond :** In case of [NaCl] sodium chloride :

$$Na\overset{\times}{\cdot} \quad + \quad \overset{\cdots}{\underset{\cdots}{\cdot Cl}} \colon \longrightarrow Na^+ + Cl^- \text{ or } NaCl$$

Sodium atom : $A = 23$; $Z = 11$	Chlorine atom : $A = 35$; $Z = 17$
$Na : 2, 8, 1$	$Cl : 2, 8, 7$
$Na - 1e^- \rightarrow Na^+ (2, 8)$	$Cl + 1e^- \rightarrow Cl^- (2, 8, 8)$
	$Na° + Cl : \rightarrow (Na)^+ + (:Cl:)^- \rightarrow NaCl$

➢ **Covalent Bond :** The chemical bond that is formed between two combining atoms by mutual sharing of one or more electrons. e.g.: H_2, NH_3, H_2O etc.

The melting and boiling points of such compounds are lower than those of electrovalent or ionic compounds.

➢ **Formation of Covalent Bond :** Hydrogen [H_2]

$$\left(H \cdot H \right) \quad \text{or} \quad H - H$$

Hydrogen atom : $A = 1$; $Z = 1$

One pair of shared electron is shown by a single line, and is called a single covalent bond.

➢ **Non-polar covalent Bond :** A covalent bond in which shared pairs of electrons are equally distributed between two atoms is called a non-polar bond. e.g. CH_4, SiH_4.

➢ **Polar Covalent Bond :** A covalent bond in which shared pair of electrons are unequally distributed between the atoms is called a polar covalent bond. e.g. HCl, HBr, HF.

➢ **Vander Waal's Force :** Very weak forces existing between the molecules of non-polar covalent compounds.

➢ **Intermolecular Forces :** Weak electrostatic forces between the molecules of polar covalent compounds.

➢ **Lone Pair of Electrons :** The unshared pair or pairs of electrons around an atom.

e.g. In ammonia molecule N atom has one lone pair of electron and in water molecule O atom has two lone pairs of electrons.

➢ **Co-ordinate Bond :** A special type of covalent bond which is formed by one side sharing of one electron pair between the two atoms. The atom which donates the electron pair is called donor while the other atom which accepts the electron pair is called acceptor. Due to slightly polar character it is also called semi-polar or dative bond.

e.g. Coordinate bond in O_3 (ozone) molecule

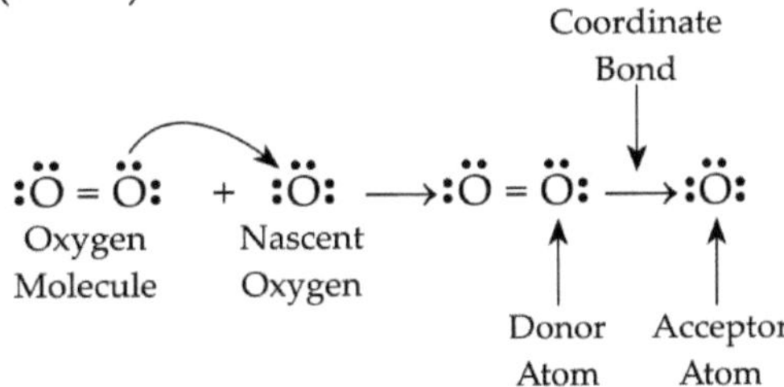

Chapter - 3 (Study of Acids, Bases and Salts)

➢ **Acid :** A compound which on dissolving in water furnishes a proton [Hydrogen ion (H⁺)] as the only positively charged ion or it is a compound which dissolves in water to form hydronium ion, *i.e.,* HCl, H_2SO_4 etc.

For example :

$$HCl \rightleftharpoons H^+ + Cl^-$$

$$H^+ + H_2O \rightleftharpoons H_3O^+$$

<table>
<tr><td>Hydrogen</td><td>Hydronium</td></tr>
<tr><td>ion</td><td>ion</td></tr>
</table>

➢ **Classification of acids on the basis of their origin :**

Organic acid : An acid derived from an animal or vegetable origin is called organic acid.

Examples : Acetic acid (CH_3COOH), Oxalic Acid $(COOH)_2$

Inorganic (Mineral) acids : The acids derived from minerals are called inorganic or mineral acid.

Examples : HCl, H_2SO_4, HNO_3

➢ **General Properties of Acids :**

(i)   Sour to taste

(ii) Turns blue litmus red

(iii) Form salt and water when reacts with alkalies

(iv) Liberation of hydrogen in reactions with active metals :

(v) Liberation of CO_2 from carbonates and hydrogen carbonates :

(vi) Neutralization of a base :

Classification of Acid			
Property	**Types**	**Definition**	**Examples**
Strength	Strong Acid	Dissociates completely in aqueous solution, producing high conc. of H⁺ ions	HCl, HNO_3, H_2SO_4
	Weak Acid	Partial decomposition in aqueous solution, producing low conc. of H+ ions	HCN, CH_3COOH, H_2CO_3
Basicity	Monobasic Acid	Produce one H⁺ ion per molecule, upon dissociation.	HCl
	Dibasic Acid	Produce two H⁺ ions per molecule, upon dissociation.	H_2SO_4
	Tribasic Acid	Produce two H⁺ ions per molecule, upon dissociation.	H_3PO_4
Concentration	Concentrated Acid	Contain very little or no water.	99.9% H_2SO_4
	Dilute Acid	Contain large amount of water.	20% H_2SO_4

Base : A base is a compound which combines with the hydronium ion (H_3O^+) of an acid to form salt and water only, or it is the oxide or hydroxide of a metal which will neutralize the acid.
For example : Na_2O, $NaOH$, $Cu(OH)_2$, etc.

Classification of Base			
Property	**Types**	**Definition**	**Examples**
Strength	Strong Base	Dissociates completely in aqueous solution, producing high conc. of OH^- ions	KOH, NaOH, $Ba(OH)_2$
	Weak Base	Partial decomposition in aqueous solution, producing low conc. of OH^- ions	$Mg(OH)_2$, NH_4OH, $Cu(OH)_2$
Basicity	Monoacidic Base	Produce one OH^- ion per molecule, upon dissociation.	KOH
	Diacidic Base	Produce two OH^- ions per molecule, upon dissociation.	$Ca(OH)_2$
	Triacidic Base	Produce two OH^- ions per molecule, upon dissociation.	$Al(OH)_3$
Concentration	Concentrated Base	Contain very little or no water.	99.9% NaOH
	Dilute Base	Contain large amount of water.	20% NaOH

> **New Concept of Acids and Bases**

(a) **Acids :** Compounds that are electron deficient, *i.e.,* acids donate protons. e.g., BF_3, $AlCl_3$, all (+ve) ions etc.

(b) **Bases :** Compounds which contain lone pair of electrons i.e., base accepts protons, e.g., NH_3, all (–ve) ions etc.

> **Alkalies :** A compound, which on dissolving in water furnishes OH^- ions as only negative ions, e.g., NaOH, KOH etc.

> **pH of solution :** The negative logarithm to the base 10 of the hydrogen ion concentration expressed in gram ions per litre or mole per litre. pH scale is a measure of degree of acidity or alkalinity of a solution.

$$pH = \log_{10} (H^+)$$

pH scale ranges from 0 to 14.

> **Neutralisation :** A chemical reaction in which the hydronium ions (H_3O^+) derived from an acid and the hydroxyl ions (OH^-) derived from the base combine to form undissociated water molecules.

For example : HCl (Acid) + NaOH (Base) $\longrightarrow$ NaCl (Salt) + H_2O (water)

> **Salts :** Is an ionic compound which when dissolved in water, yields a positive ion other than hydrogen ion (H^+) and a negative ion other than hydroxyl ion (OH^-).

For example :   HCl + NaOH $\longrightarrow$ NaCl
           Acid   Base   Salt

Classification of Salts		
Types	**Definition**	**Examples**
Normal Salt	Does not contain any ionisable or replacable hydrogen atoms.	NaCl, AgCl, $FeCl_3$
Acidic Salt	Contains ionisable or replacable hydrogen ions.	$NaHCO_3$, $KHSO_3$, $Ca(HCO_3)_2$
Basic Salt	Contains ionisable or replacable hydroxyl ions.	$CuCO_3$, $PbCO_3$, $Pb(OH)_2$

<table>
<tr><td colspan="3" align="center">Properties of Salts</td></tr>
<tr><th>Property</th><th>Definition</th><th>Examples</th></tr>
<tr>
<td>Hydrolysis of salts</td>
<td>Reaction in which one of the ions from a salt reacts with water, forming either an acidic or basic solution.
• Strong acid + Strong base → Neutral solution
• Strong acid + Weak base → Acidic solution
• Weak acid + Strong base → Basic solution</td>
<td>$F^-(aq) + H_2O(l) \rightleftharpoons HF(aq) + OH^- (aq)$
$NH_4^+(aq) + H_2O(l) \rightleftharpoons H_3O^+ (aq) + NH_3(aq)$</td>
</tr>
<tr>
<td>Anhydrous Salt</td>
<td>Does not contain any water of crystallisation</td>
<td>$NaCl$, $NaNO_3$</td>
</tr>
<tr>
<td>Hydrated salts</td>
<td>Contain definite number of water molecules, loosely attached.</td>
<td>$Na_2CO_3.10H_2O$, $CuSO_4.5H_2O$</td>
</tr>
<tr>
<td>Water of crystallisation</td>
<td>Definite number of water molecules chemically combined with crystals</td>
<td>$CuSO_4.5H_2O$ (blue vitriol), $MgSO_4.7H_2O$ (Epsom salt)</td>
</tr>
<tr>
<td>Efflorescence</td>
<td>Upon exposure to atmosphere, salts lose their Water of crystallisation and form powder.</td>
<td>$Na_2CO_3.10H_2O$ (washing soda) $MgSO_4.7H_2O$ (Epsom salt)</td>
</tr>
<tr>
<td>Deliquescence</td>
<td>Upon exposure to atmosphere, salts absorb moisture from air and lose crystalline form and form saturated solution.</td>
<td>$FeCl_3$, $MgCl_2.6H_2O$</td>
</tr>
<tr>
<td>Hygroscopy</td>
<td>Upon exposure to atmosphere, salts absorb moisture from air, without dissolving in it.</td>
<td>$CaCl_2$, CaO</td>
</tr>
</table>

➢ **Amphoteric Nature of Some Metals or their Oxides :**

When metals (such as Al or Zn) or their oxides, react with acids as well as alkalies to form salt and water or hydrogen as the products, the metals or their oxides are said to be amphoteric in nature.

Chapter - 4 (Analytical Chemistry)

➢ Water soluble bases are called alkalies. e.g. NaOH, KOH, etc. Water insoluble bases are called non-alkalies. e.g. CaO, ZnO, CuO, etc. Salts of metals like Ca, Zn, Pb, Mg, Al, Cu, Fe, etc., react with alkalies like NaOH, NH_4OH to form precipitate of the metal hydroxides. Some of these metal hydroxides react with excess of alkalies to form water soluble complex compounds like sodium zincate, sodium plumbate, potassium meta-aluminate, etc.

Effects of hydroxides on solution of salts can be better understood by the table given below :

Aqueous solution of salt	Cation present	Salt with colour	Effect of sodium hydroxide solution	Reaction	Effect of ammonium hydroxide solution	Reaction
Mg	Mg^{2+}	$MgCl_2$ (white)	A white ppt, of $Mg(OH)_2$, insoluble in excess of NaOH is formed.	$MgCl_2 + 2NaOH \rightarrow 2NaCl + Mg(OH)_2$	No. ppt.	No reaction
Fe	Fe^{2+}	$FeSO_4$ (green)	A dirty green ppt. of $Fe(OH)_2$, insoluble in excess of NaOH, is formed.	$FeSO_4 + 2NaOH \rightarrow Na_2SO_4 + Fe(OH)_2$	A dirty green ppt. of $Fe(OH)_2$, insoluble in excess of NH_4OH, is formed.	$FeSO_4 + 2NH_4OH \rightarrow (NH_4)_2SO_4 + Fe(OH)_2$

	Fe^{3+}	$FeCl_3$ (Brown)	A red brown ppt. of $Fe(OH)_3$, insoluble in excess of NaOH, is formed.	$FeCl_3 + 3NaOH \rightarrow$ $3NaCl + Fe(OH)_3$	A red brown ppt. of $Fe(OH)_3$ insoluble in excess of NH_4OH, is formed.	$FeCl_3 + 3NH_4OH \rightarrow$ $3NH_4Cl + Fe(OH)_3 \rightarrow$ Contd.
Cu	Cu^{2+}	$CuSO_4$ (Blue)	Light blue ppt. of $Cu(OH)_2$, insoluble in excess of NaOH is formed.	$CuSO_4 + 2NaOH \rightarrow$ $Na_2SO_4 + Cu(OH)_2$	Light blue ppt. of $Cu(OH)_2$, which dissolves in excess of ammonium hydroxide to give a dark blue solution of tetra-ammine copper (II) sulphate. $[Cu(NH_3)]_4SO_4$, is formed.	$CuSO_4 + 2NH_4OH \rightarrow$ $(NH_4)_2SO_4 + Cu(OH)_2$ $\rightarrow Cu(OH)_2 +$ $(NH_4)_2SO_4 + 2NH_4OH$ $\rightarrow Cu(NH_3)_4SO_4$
Zn	Zn^{2+}	$ZnSO_4$ (white)	A white ppt. of $Zn(OH)_2$, which dissolves in excess of NaOH to give a colourless solution of sodium zincate, Na_2ZnO_2, is formed.	$ZnSO_4 + 2NaOH \rightarrow$ $Na_2SO_4 + Zn(OH)_2 \rightarrow$ $Zn(OH)_2 + 2NaOH \rightarrow$ Na_2ZnO_2	A white ppt. of $Zn(OH)_2$, which dissolves in excess of NH_4OH to give a colourless solution, is formed.	$ZnSO_4 + 2NH_4OH$ $\rightarrow (NH_4)SO_4 +$ $Zn(OH)_2 \rightarrow Zn(OH)_2 +$ $(NH_4)_2SO_4 + 2NH_4OH$ $\rightarrow Zn(NH_3)_4SO_4$
Pb	Pb^{2+}	Pb $(NO_3)_2$ (white)	A white ppt. of $Pb(OH)_2$, which dissolves in excess of NaOH to give a colourless solution of sodium plumbate, Na_2PbO_2, is formed.	$Pb(NO_3)_2 + 2NaOH$ $\rightarrow 2NaNO_3 + Pb(OH)_2$ $\rightarrow Pb(OH)_2 + NaOH$ (Excess) $\rightarrow Na_2PbO_2$	A white ppt. of $Pb(OH)_2$, insoluble in excess of NH_4OH is formed.	$Pb(NO_3)_2 + 2NH_4OH$ $\rightarrow (NH_4)SO_4 +$ $Pb(OH)_2$
Al	Al^{3+}		A white ppt of $Al(OH)_3$ soluble in excess of NaOH to give colourless solution of $NaAlO_2$ is formed.	$Al_2O_3 + 2NaOH \rightarrow$ $2NaAlO_2 + H_2O$	A white gelatinous ppt. of $Al(OH)_3$ insoluble in excess of NH_4OH is formed.	$AlCl_3 + 3NH_4OH \rightarrow$ $Al(OH)_3 + 3NH_4Cl$

➢ **Action of Alkali on Metals :** These metals react with caustic alkalies like NaOH, KOH on heating, resulting in the liberation of H_2 gas.

$$Zn(s) + 2NaOH(aq.) \longrightarrow Na_2ZnO_2(aq.) + H_2(g)\uparrow$$
Sodium zincate

$$2Al + 2NaOH + 2H_2O \longrightarrow 2NaAlO_2 \quad + \quad 2H_2\uparrow$$
Sodium meta aluminate

Metals like iron, magnesium, copper do not react with alkalies.

➢ **Action of Alkali on Metal Oxides :**

The amphoteric metal oxides react with strong caustic alkali like NaOH, KOH to form complex salt and water.

$$ZnO + 2NaOH \longrightarrow Na_2ZnO_2 \quad + \quad H_2O$$
Sodium zincate

$$PbO + 2NaOH \longrightarrow Na_2PbO_2 \quad + \quad H_2O$$
Sodium plumbate

Chapter - 5 (Mole Concept and Stoichiometry)

➢ **Some Useful Relations :**

(i)   One mole of atom $= 6{\cdot}023 \times 10^{23}$ atoms

$= $ gram atomic mass of an element

$= 1$ gm atom of the element

(ii)	One mole of molecule	$= 6{\cdot}023 \times 10^{23}$ molecules
		$=$ gram molecular mass of the compound
		$= 1$ gm molecule of the compound

| (iii) | One mole of a gas | $= 22{\cdot}4$ litres at S.T.P. |

$$\text{(iv)} \qquad \text{Moles of an element} = \frac{\text{Mass of the element}}{\text{Atomic mass}}$$

$$\text{(v)} \qquad \text{Moles of a compound} = \frac{\text{Mass of the compound}}{\text{Molecular mass}}$$

$$\text{(vi)} \qquad \text{Mass of one atom} = \frac{\text{Atomic mass}}{6.023 \times 10^{23}}$$

$$\text{(vii)} \qquad \text{Mass of one molecule} = \frac{\text{Molecular mass}}{6.023 \times 10^{23}}$$

(viii) Number of molecules $=$ moles $\times 6{\cdot}023 \times 10^{23}$

(ix) Total number of atoms $=$ Number of atoms in one molecule $\times$ moles $\times 6{\cdot}023 \times 10^{23}$

$$\text{(x)} \qquad \text{Vapour density} = \frac{\text{Mass of certain volume of the gas}}{\text{Mass of an equal volume of hydrogen}}$$

(xi) Molecular weight $= 2 \times$ Vapour Density (VD)

$$\text{(xii)} \qquad 1 \text{ amu} = \frac{1}{12} \text{ of } C_{12}$$

$$\text{(xiii)} \qquad \text{Percentage composition} = \frac{\text{Weight of an element in a molecule of a compound}}{\text{Gram molecular weight of compound}} \times 100$$

(xiv) Molecular formula $=$ Empirical formula $\times n$

➤ The chemical equation $2H_2(g) + O_2(g) \rightarrow 2H_2O(l)$. gives us the following information :

  (i) Hydrogen and oxygen combine in $2 : 1$ molecular ratio and $2 : 1$ volume ratio.

  (ii) 2 moles H_2 combine with 1 mole O_2 to form 2 moles H_2O.

  (iii) 4g H_2 combine with 32g O_2 to form 36g H_2O.

  (iv) 4kg H_2 combine with 32kg O_2 to form 36kg H_2O.

  (v) 4tons of H_2 combine with 32tons of O_2 to form 36tons of H_2O.

➤ A balanced chemical equation gives an idea of the ratio-proportions of the amount of reactants consumed and that of the products formed. Therefore, if we know the amount of any one substance of a reaction, we can compute the amount of other substances with the help of the balanced chemical equation. We have following types of calculations.

  (i) Mole—mole calculations   (ii) Mass—mass calculations

  (iii) Mass—volume calculations   (iv) Volume—volume calculations

Chapter - 6 (Electrolysis)

➤ **Electrolysis :** The process due to which, a chemical compound in aqueous or fused state conducts direct electric current and at the same time undergoes chemical decomposition, due to the discharge of charged ions, is called electrolysis.

➤ **Electrodes :** The graphite or metal plates or rods, through which current enters or leaves an electrolyte, are called electrodes. They are of two types : Cathode and Anode.

➤ Any alloy or any metal which does not react chemically with the electrolyte or with the products of electrolysis can be used to make electrodes. Commonly used substances are graphite (carbon), platinum, steel, copper etc.

Cathode	Anode
Connected to negative terminal of battery	Connected to positive terminal of battery
Has excess of electron	Deficiency of electrons

Current from electrolyte leaves through cathode	Current enters the electrolyte from anode
Cations migrate towards cathode	Anions migrate towards anode
Cations accepts electrons from cathode	Anions donate electrons to anode

- ➤ Current flows in a direction opposite to the flow of electrons.
- ➤ **In a battery :** Electrons enter from +ve terminal and leave from –ve terminal.
- ➤ **In an electrolytic cell :** Electrons enter from –ve terminal and leave from +ve terminal.
- ➤ **Electrical Conductors :** All metals e.g., Cu, Ag, Al etc. All alloys e.g., steel and graphite (a non-metal)
- ➤ **Electrical non-conductors or insulators :** Non-metals except graphite e.g., S, P etc.

  All covalent compounds in pure state e.g., AgCl.

  All ionic compounds in solid state e.g., solid NaCl.

  Substances like plastic, rubber, polythene etc.
- ➤ **Electrolytic Conductors (Electrolytes) :** All ionic compounds in molten state or in aqueous solution e.g., molten NaCl, aqueous NaCl, Polar covalent compounds in aqueous solution e.g. aqueous HCl.
- ➤ **Electrolytic non-conductors (Non-Electrolytes) :** All ionic compounds in solid state.

  All non-polar and polar compounds in pure state. Compounds like rubber, plastic etc.
- ➤ **Ionisation :** The process of formations of positively and negatively charged ions from molecules which are not initially in the ionic state is called ionisation. e.g. Polar covalent compound, HCl

$$HCl \rightleftharpoons H^+ + Cl^-$$

- ➤ **Dissociation :** The process of separation of ions which are already present in an ionic compound is called electric dissociation. e.g. electrovalent compounds, NaCl

$$NaCl \rightleftharpoons Na^+ + Cl^-$$

- ➤ **Reduction :** A process of gaining of electrons by a cation to form neutral atom (or gaining of electrons by an electronegative atom to form an anion) is called reduction. Reduction takes place at cathode.
- ➤ **Oxidation :** A process of loss of electrons by an atom to form a cation (or loss of electrons by an anion to form atom) is called oxidation. Oxidation occurs at anode.
- ➤ **Applications of Electrolysis :**
  1. Electroplating
  2. Electrorefining
  3. Electrometallurgy

Conductors	Electrolytes
Allows current to pass through them in solid state	Allows current to pass through them in fused state or in aqueous solution
Do not undergo any chemical reaction during electrolysis	Undergo chemical reaction during electrolysis
Flow of electricity is due to free electrons	Flow of electricity is due to discharge of ions

- ➤ **Electrochemical Series :** In this series, the metals are arranged in decreasing order of their tendency to lose electrons. The most active metal (K) which can lose electron most readily is kept at the top while the least reactive metal (Au) is placed at the bottom of the series.

  Cations : K^+, Na^+, Ca^{2+}, Mg^{2+}, Al^{3+}, Zn^{2+}, Fe^{2+}, Pb^{2+}, H^+, Cu^{2+}, Hg^{2+}, Ag^+ (To cathode)

  Anions : SO_4^{2-}, NO_3^-, Cl^-, Br^-, I^-, OH^- (To anode)

Chemistry
Multiple Choice Questions

1. Arrange the following as per instruction given in the brackets: K, CI, Na, S, Si (increasing order of ionisation energy).

   (a) $K < Na < Si < S < Cl$
   (b) $K < Na < Si < CI < S$
   (c) $Na < S < Cl < K < Si$
   (d) $Si < S < Cl < Na$

Ans. (a) $K < Na < Si < S < Cl$

   Explanation: Ionisation energy increases across the period and decreases down the group. Hence, the correct order is: $K < Na < Si < S < Cl$.

2. Among the following compounds identify the compound that has all three bonds (ionic, covalent and coordinate bond).

   (a) Ammonia
   (b) Ammonium chloride
   (c) Sodium hydroxide
   (d) Calcium chloride

Ans. (b) Ammonium chloride

   Explanation: Ammonium chloride has three types of bonds. Nitrogen bonds to three hydrogen atoms via a covalent bond, where each atom shares one electron to form a single sigma bond.

3. What happens when a solution of an acid is mixed with a solution of a base in a test tube?

   (a) Temperature of the solution decreases.
   (b) Temperature of the solution increases.
   (c) Temperature of the solution remains the same.
   (d) None of the above

Ans. (b) Temperature of the solution increases.

   Explanation: Salt and water are made by combining acid and base. This process is exothermic in nature, releasing heat known as heat of neutralisation, causing a temperature increase. When acid is added to any base, the temperature of the acid-base reaction rises.

4. Ionisation Potential increases over a period from left to right because the :

   (a) Atomic radius increases and nuclear charge increases
   (b) Atomic radius and nuclear charge decreases
   (c) Atomic radius increases and nuclear charge decreases
   (d) Atomic radius decreases and nuclear charge increases

Ans. (d) Atomic radius decreases and nuclear charge increases

   Explanation: As we move from left to right in a period, electrons are added to the same shell. As the number of electrons and protons goes on increasing the attraction goes on increasing and atomic size decreases. As a result, the outermost shell electrons come closer to the nucleus and are more firmly bound. Thus, more amount of energy is required to remove an electron from the outermost shell and hence, ionisation potential increases.

5. Which one of the following salt solutions on reaction with excess of ammonium hydroxide solution gives a deep blue solution ?

   (a) $FeCl_3(aq)$ (b) $CuSO_4(aq)$
   (c) $Al_2(SO_4)_3(aq)$ (d) $ZnSO_4(aq)$

Ans. (b) $CuSO_4(aq)$

   Explanation: Ammonium hydroxide solution, when slowly added to copper sulphate solution, light blue precipitate of copper hydroxide is obtained, which is soluble in excess of ammonium hydroxide to form an intense deep blue solution of tetraamine cupric sulphate.

   (l) $Cu_2SO_4 + 2NH_4OH \longrightarrow$

   $$Cu(OH)_2 + (NH_4)_2SO_4$$
   Pale blue
   precipitate

   $$Cu_2(OH)_3 + 2(NH_4)_2SO_4 + 2NH_4OH \longrightarrow$$
   $$[Cu(NH_3)_4]SO_4 + 4H_2O$$
   Deep blue solution

6. If two compounds have the same empirical formula but different molecular formula, they must have.

   (a) Different percentage composition
   (b) Different molecular weights
   (c) Same viscosity
   (d) Same vapour density

Ans. (b) Different molecular weights

   Explanation: Since, the molecular formula is n times the empirical formula, therefore, different compounds having the same empirical formula must have different molecular weights.

7. Identify the weak electrolyte from the following:

   (a) Sodium chloride solution
   (b) Dilute hydrochloric acid
   (c) Dilute sulphuric acid
   (d) Aqueous acetic acid

Ans. (d) Aqueous acetic acid

   Explanation: Dilute acetic acid is a weak acid and will form a weak electrolyte because its dissociation constant is small meaning there will be few ions in solution to conduct electricity. Whereas all others are strong acids and make strong electrolytes.

8. Arrange the following as per instruction given in the brackets: Cs, Na, Li, K, Rb (Increasing order of metallic character)

   (a) Li < Na < K < Rb < Cs
   (b) Li < Na < Cs < K < Rb
   (c) K < Rb < Cs < Li < Na
   (d) Cs < Li < Na < K < Rb

Ans. (a) Li < Na < K < Rb < Cs

   Explanation: The reactivity of metals is characterized by metallic character, which are all displayed on the periodic table's left side. From top to bottom, or right to left, the metallic character of an element increases.

9. Ionic bond is present in which of the following species?

   (a) O_2 (b) $CHCl_3$
   (c) NaBr   (d) CCl_4

Ans. (c) NaBr

   Explanation: Sodium bromide is an ionic compound. The electronegativity of bromine is high enough and that the electromagnetic force between the Br and the Na atoms is great enough that an electron is transferred from the Na atom to the Br atom.

10. Which one of the following salts does not contain water of crystallisation?

    (a) Blue vitriol   (b) Baking soda
    (c) Washing soda   (d) Gypsum

Ans. (b) Baking soda

   Explanation: Baking soda is sodium bicarbonate in anhydrous form, which means it doesn't include any water of crystallisation.

11. Which one of the following salt solutions on reaction with excess sodium hydroxide solution gives a clear solution?

    (a) $Pb(NO_3)_2(aq)$ (b) $CuSO_4(aq)$
    (c) $FeCl_3(aq)$ (d) $ZnSO_4(aq)$

Ans. (a) $Pb(NO_3)_2(aq)$

   Explanation: When lead nitrate solution is reacted with excess sodium hydroxide solution it gives a clear solution by forming lead hydroxide which is colourless in nature.

12. When two compounds R and S have same percentage composition. Then the compounds R and S are:

    (a) Identical
    (b) Isomer
    (c) Either identical or isomer
    (d) All are correct

Ans. (d) All are correct

   Explanation: Converse of law of definite proportion is not true. For example, butane and isobutane have same percentage composition; acetylene and benzene have same percentage composition. As such choice (d) is correct.

13. Which of these will act as a non-electrolyte ?

    (a) Liquid carbon tetrachloride
    (b) Acetic acid
    (c) Sodium hydroxide aqueous solution
    (d) Potassium chloride aqueous solution

Ans. (a) Liquid carbon tetrachloride

   Explanation: Carbon tetrachloride CCl_4 does not dissociate into ions on dissolving in water; therefore, it is a weak electrolyte as it does not conduct electricity.

14. If an element A belongs to period 3 and Group II then it will have :

    (a) 3 shells and 2 valence electrons
    (b) 2 shells and 3 valence electrons
    (c) 3 shells and 3 valence electrons
    (d) 2 shells and 2 valence electrons

Ans. (a) 3 shells and 2 valence electrons

Explanation: In the modern periodic table, horizontal columns are referred to as groups, and vertical rows are referred to as periods. The number of shells is indicated by the period number, while the number of valence electrons is shown by the group number. Hence, the element A has 3 shells and 2 valence electrons.

15. During ionisation metals lose electrons, this change can be called :

    (a) Oxidation (b) Reduction
    (c) Redox (d) Displacement

Ans. (a) Oxidation

Explanation: This is because oxidation is the process of losing electrons or an increase in an oxidation state of ion, molecule, etc. Elements that are metals lose an electron and become cations.

16. What indicates the actual number of constituent atoms in a molecule?

    (a) Empirical formula (b) Molecular formula
    (c) Empirical mass (d) Molecular mass

Ans. (b) Molecular formula

Explanation: A molecular formula consists of the chemical symbols for the constituent elements followed by numeric subscripts describing the number of atoms of each element present in the molecule.

17. The type of bonding in HCl molecule is:

    (a) Polar covalent bond
    (b) Pure covalent
    (c) Non-polar
    (d) Hydrogen bonding

Ans. (a) Polar covalent bond

Explanation: A polar covalent bond exists when atoms with different electronegativities share electrons in a covalent bond. Consider the hydrogen chloride (HCl) molecule. Each atom in HCl requires one more electron to form an inert gas electron configuration. Single or multiple bonds between carbon atoms are non-polar.

18. If two compounds have the same empirical formula but different molecular formulae, they must have:

    (a) Different percentage composition
    (b) Different molecular mass
    (c) Same viscosity
    (d) Same vapour density

Ans. (b) Different molecular mass

Explanation: If two compounds have the same empirical formula *i.e.*, they have same percentage composition so whatever are elements in both compounds have same percentage composition of elements but both compounds have different molecular formula *i.e.*, their molecular weights are different.

19. In terms of acidic strength, which one of the following is in the correct increasing order?

    (a) Water < Acetic acid < Hydrochloric acid
    (b) Water < Hydrochloric acid < Acetic acid
    (c) Acetic acid < Water < Hydrochloric acid
    (d) Hydrochloric acid < Water < Acetic acid

Ans. (a) Water < Acetic acid < Hydrochloric acid

Explanation: HCl is a strong acid because it, HCl has the maximum acidic strength and it entirely ionises into its ions. Acetic acid partially dissociates into its ions and both the ions, acetate and hydrogen ions, are present at equilibrium. Both have a lower acidic strength than HCl. Water is the weakest of all the elements.

20. The precipitate of which of the following compounds is soluble in excess of ammonia solution ?

    (a) Iron(II) chloride
    (b) Magnesium chloride
    (c) Copper(II) sulphate
    (d) Lead nitrate

Ans. (c) Copper(II) sulphate

Explanation: When NH_4OH solution is added drop by drop to copper sulphate solution a pale blue / bluish white precipitate is formed which is soluble in excess of NH_4OH and deep blue / inky blue solution is formed.

$$CuSO_4 + 2NH_4OH \longrightarrow Cu(OH)_2 + (NH_4)_2SO_4$$
$$Cu(OH)_2 + 4NH_4OH \longrightarrow$$
$$Cu(NH_3)_4(OH)_2 + 4H_2O$$

21. The metallic electrode which does not take part in an electrolytic reaction ? (Inert electrode)

    (a) Cu (b) Ag
    (c) Pt (d) Ni

Ans. (c) Pt

Explanation: This is because Pt is an inert electrode, it does not take part in the electrolysis process. It acts as a source or sinks for electrons without playing a chemical role in an electrolytic reaction.

22. Which one of the following salt solutions on reaction with excess of ammonium hydroxide solution results finally in dissolution of the precipitate first formed ?

(a) $AlCl_3(aq)$ (b) $FeSO_4(aq)$
(c) $Fe(SO_4)_3(aq)$ (d) $ZnSO_4(aq)$

Ans. (d) $ZnSO_4(aq)$

Explanation: Zinc sulphate when reacted with excess of ammonium hydroxide solution, zinc hydroxide is precipitated at the end of the reaction.

23. An example of a complex salt is :

(a) Zinc sulphate
(b) Sodium hydrogen sulphate
(c) Iron(II) ammonium sulphate
(d) Tetrammine copper(II) sulphate

Ans. (d) Tetrammine copper(II) sulphate

Explanation:

The metal complex $[Cu(NH_3)_4]SO_4$ contains the tetraamine copper salt, which is dark blue to purple solid in colour.

24. The one which is composed of all the three kinds of bond (ionic; covalent and coordinate bond) is:

(a) Sodium chloride
(b) Ammonia
(c) Carbon tetrachloride
(d) Ammonium chloride

Ans. (d) Ammonium chloride

Explanation: Ammonium chloride has three types of bonds. Nitrogen bonds to 3 hydrogen atoms via a covalent bond, where each atom shares one electron to form a single sigma bond. In the NH_4Cl molecule, an ionic bond is formed between NH_4^+ and Cl^- ions and one coordinate bond is formed between N and one H atom.

25. On moving from left to right across a period of the periodic table, the electron affinity of the elements in groups 1 to 7 :

(a) Goes up and then down
(b) Decreases and then increases
(c) Increases
(d) Decreases

Ans. (c) Increases

Explanation: The tendency of elements to take electrons and complete their octet rises as we move from left to right, therefore electron affinity increases.

26. When dilute sodium chloride is electrolysed using graphite electrodes, which cation is discharged at the cathode most readily?

(a) Na^+ (b) OH^-
(c) H^+ (d) Cl^-

Ans. (c) H^+

Explanation: Hydrogen ions are discharged at the cathode. As it is a dilute NaCl solution, therefore, the concentration of H^+ ions is more.

27. Electrovalent compounds have high melting and boiling points due to the reason of:

(a) Electrovalent compounds show strong attraction to other ions in their vicinity
(b) Electrovalent compounds show weak attraction to other ions in their vicinity
(c) Electrovalent compounds show high volatility
(d) None of the above

Ans. (a) Electrovalent compounds show strong attraction to other ions in their vicinity.

Explanation: There is a strong electrostatic force of attraction among the oppositely charged ions in the crystals of electrovalent compounds. Therefore, a large amount of energy is required to separate them. Due to these strong electrostatic forces of attraction, ionic compounds have high melting and boiling points and low volatility.

28. Which of the following is a common characteristic of a covalent compound ?

(a) High melting point
(b) Consists of molecules
(c) Always soluble in water
(d) Conducts electricity when it is in the molten state

Ans. (b) Consists of molecules

Explanation: Characteristics of covalent compounds are as follows:
(i) Low melting point and boiling point.
(ii) Consists of molecules.
(iii) Low enthalpies of fusion and vapourisation.
(iv) Poor electrical and thermal conductivity. covalent compounds more electrical conductivity shows in molten state.
(v) Soft or brittle solid forms.

29. The elements in which electrons are progressively filled in 4f orbital are called:

(a) Actinoids (b) Transition elements
(c) Lanthanoids (d) Halogens

Ans. (c) Lanthanoids

Explanation: : In lanthanoids, electrons are progressively filled in $4f$ orbital.

30. The empirical formula and molecular mass of a compound are CH_2O and 180 g respectively. What will be the molecular formula of the compound?

(a) $C_9H_{18}O_9$ (b) CH_2O
(c) $C_6H_{12}O_6$ (d) $C_2H_4O_2$

Ans. (c) $C_6H_{12}O_6$

Explanation: The empirical formula of the compound is CH_2O, which has two numbers of atoms of hydrogen, and one atom of oxygen for each carbon. The mass of $CH_2O = 12 + 2 \times 1 + 16 = 30$. The approximate molecular weight of the compound is 180. So, the molecular formula of the given compound is $C_6H_{12}O_6$.

31. A compound which liberates reddish brown gas around the anode during electrolysis in its molten state is :

    (a) Sodium chloride
    (b) Copper (II) oxide
    (c) Copper(II) sulphate
    (d) Lead (II) bromide

Ans. (d) Lead (II) bromide

Explanation: Bromine gas is reddish-brown. During electrolysis of Lead (II) bromide, it gets liberated at the anode. Bromine is a diatomic gas which is reddish-brown in colour.

32. The salt whose solution gives a pale green precipitate with NaOH solution and a white ppt. with $BaCl_2$ solution is:

    (a) Iron (III) sulphate   (b) Iron (II) sulphate
    (c) Iron (II) chloride   (d) Iron (III) chloride

Ans. (b) Iron (II) sulphate

Explanation: When ferrous sulphate reacts with NaOH and $BaCl_2$, it gives precipitate of ferrous hydroxide which is pale green in colour and precipitate of barium sulphate which is white in colour respectively.

$FeSO_4 + BaCl_2 \longrightarrow BaSO_4$ (white ppt.)

$FeSO_4 + 2NaOH \longrightarrow Fe(OH)_2$ (green ppt.)

33. Naphthalene contains 93.75% C and the rest hydrogen. Molecular mass of naphthalene is 128. Find its empirical formula.

    (a) C_5H_4 (b) C_6H_4
    (c) C_5H_{10} (d) C_5H_2

Ans. (a) C_5H_4

Explanation:

$$\text{Mass of carbon} = 93.71$$
$$\text{Mass of hydrogen} = 6.29$$

$$\text{Number of mole (carbon)} = \frac{93.71}{12} = 7.8$$

$$\text{Number of mole (hydrogen)} = \frac{16.29}{1} = 6.29$$

Hence, most simple ratio, for carbon

$$= \frac{7.8}{6.29} = 1.25$$

$$\text{For hydrogen} = \frac{6.29}{6.29} = 1$$

Since, it is not a whole number we multiply the ratio by 5 to get a whole number ratio.

Lowest whole number ratio is:

$$\text{For carbon} = 5$$
$$\text{For hydrogen} = 4$$
$$\text{Empirical formula} = C_5H_4$$

$$\text{Ratio} = \frac{128\ g}{64\ g} = 2$$

$$\text{Molecular formula} = 2 \times C_5H_4 = C_{10}H_8$$

34. A compound with low boiling point, is :

    (a) Sodium chloride
    (b) Calcium chloride
    (c) Potassium chloride
    (d) Carbon tetrachloride

Ans. (d) Carbon tetrachloride

Explanation: Because carbon tetrachloride is a covalent molecule with covalent bonds, it has the lowest boiling point, whereas the others are ionic compounds with significant electrostatic forces of attraction between oppositely charged ions.

35. $Na_2CO_3.10H_2O$ is:

    (a) Washing soda
    (b) Baking soda
    (c) Bleaching powder
    (d) Tartaric acid

Ans. (a) Washing soda

Explanation: Sodium carbonate decahydrate $(Na_2CO.10H_2O)$ is also known as washing soda.

36. When fused lead bromide is electrolysed we observe :

    (a) A silver grey deposit at anode and a reddish brown deposit at cathode
    (b) A silver grey deposit at cathode and a reddish brown deposit at anode
    (c) A silver grey deposit at cathode and reddish brown fumes at anode
    (d) Silver grey fumes at anode and reddish brown fumes at cathode.

Ans. (c) A silver grey deposit at cathode and reddish brown fumes at anode

Explanation: During electrolysis, Pb^{2+} ions gain electrons at the cathode, and they become Pb atoms, whereas Br^- ions lose electrons and pair up to become Br_2 molecules. Therefore at anode reddish-brown, bromine gas is formed, and a silver-grey deposit of lead is seen at the cathode.

37. An organic compound contains carbon, hydrogen and oxygen. Its elemental analysis gave Carbon 38.7% and Hydrogen 9.67%. The empirical formula of the compound would be:

    (a) CH_3O
    (b) CH_2O
    (c) CHO
    (d) CH_4O

Ans. (a) CH_3O

    Explanation: The empirical formula is to be calculated as:

Elements	% Composition	Atomic Mass	Mole Ratio	Simple Ratio
C	38.71	12	$\dfrac{38.71}{12} = 3.22$	$\dfrac{3.22}{3.22} = 1$
H	9.67	1	$\dfrac{19.67}{1} = 19.67$	$\dfrac{9.67}{3.22} = 3$
O	100 − (38.71 + 9.67) = 51.62	16	$\dfrac{51.62}{16} = 3.22$	$\dfrac{3.22}{3.22} = 1$

    Based on the above calculation, the empirical formula of the compound would be CH_3O

38. Which gas is liberated when metals like sodium, potassium and calcium react with cold water?

    (a) H_2
    (b) CO_2
    (c) SO_2
    (d) H_2S

Ans. (a) H_2

    Explanation: Metals like sodium, potassium and calcium react with cold water and form their corresponding hydroxides along with the liberation of H_2 gas. The reaction can be represented as follows:

    $$2K + 2H_2O \longrightarrow 2KOH + H_2\uparrow$$

39. Which of the following is not a typical property of an ionic compound?

    (a) High melting point
    (b) Conducts electricity in the molten and in the aqueous solution state.
    (c) They are insoluble in water.
    (d) They exist as oppositely charged ions even in the solid state.

Ans. (c) They are insoluble in water.

    Explanation: In water, ionic substances are very soluble. In water, they dissociate into ions. NaCl, for example, is an ionic substance that dissolves readily in water.

40. What is the percentage of water in $CuSO_4.5H_2O$.

    (a) 12%
    (b) 14%
    (c) 36%
    (d) 18%

Ans. (c) 36%

    Explanation:
    The molecular weight of water
    $$H_2O = 2(1) + 16 = 18g/mol.$$
    The molecular weight of copper sulphate pentahydrate
    $$CuSO_4.5H_2O = 64 + 32 + 4(16) + 5(18)$$
    $$= 250g/mol.$$
    The percentage of water of crystallization in
    $$CuSO_4.5H_2O = \frac{5 \times 18}{250 \times 100} = 36\%$$

41. Which of the following statements is correct about an aqueous solution of an acid and of a base?

    (i)   Higher the pH, stronger the acid
    (ii) Higher the pH, weaker the acid
    (iii) Lower the pH, stronger the base
    (iv) Lower the pH, weaker the base

    (a) (i) and (iii)
    (b) (ii) and (iii)
    (c) (i) and (iv)
    (d) (ii) and (iv)

Ans. (d) (ii) and (iv)

    Explanation: Acids are those with a pH below 7; the lower the pH, the stronger the acid; similarly, bases are those with a pH greater than 7. Thus the higher the pH, the more acidic it will be.

42. Which gas is evolved when potassium suphite is treated with dilute hydrochloric acid:

    (a) H_2
    (b) CO_2
    (c) SO_2
    (d) H_2S

Ans. (c) Sulphur dioxide (SO_2)

    Explanation: When potassium suphite is treated with dilute hydrochloric acid sulphur dioxide gas (SO_2) is evolved with the formation of potassium chloride. It is a colourless gas having the suffocating smell of burning sulphur.

43. Write Lewis dot symbols for atoms of the following elements: Mg and Na.

    (a) Mg, Na
    (b) $\overset{..}{Mg}$, $\overset{.}{Na}$
    (c) $\overset{.}{Mg}$, $\overset{..}{Na}$
    (d) $\overset{..}{Mg}$, Na

Ans. (b) $\overset{..}{Mg}$, $\overset{.}{Na}$

    Explanation: $\overset{..}{Mg}$– Electronic configuration of $\overset{..}{Mg}$ is 2, 8, 2 *i.e.*, it has 2 electrons in outer most shell, Hence, the Lewis symbol is $\overset{..}{Mg}$.

$\overset{\bullet}{Na}$ – Electronic configuration of $\overset{\bullet}{Na}$ is 2, 8, 1 *i.e*, it has 1 electron in outer most shell, Hence, the Lewis symbol is $\overset{\bullet}{Na}$.

44. The vessel in which electrolysis of lead bromide is carried out is :

(a) Clay crucible   (b) Glass vessel
(c) Silica crucible   (d) Aluminium vessel

Ans. (c) Silica crucible

Explanation: Silica is a lousy conductor, and it can tolerate high temperature and is therefore used as a vessel in which electrolysis of lead bromide is carried out.

45. Which solution gives a white precipitate with excess ammonium hydroxide solution?

(a) Copper nitrate   (b) Iron[II] sulphate
(c) Iron[III] chloride   (d) Lead nitrate

Ans. (d) Lead nitrate

Explanation: Lead nitrate gives white precipitate of lead hydroxide when reacted with NH_4OH.

$$Pb(NO_3)_2 + NH_4OH \longrightarrow Pb(OH)_2 + 2NH_4NO_3$$

46. The vapour density of carbon dioxide [C = 12, O = 16] is :

(a) 12   (b) 16
(c) 44   (d) 22

Ans. (d) 22

Explanation:

The molecular weight of

$$CO_2 = 12 + 32 = 44$$

Molecular weight $= 2 \times$ Vapour density

$$\therefore \quad \text{V.D.} = \frac{44}{2} = 22$$

47. Which gas is evolved when dilute H_2SO_4 react with active metals such as Mg?

(a) H_2 (b) CO_2
(c) SO_2 (d) H_2S

Ans. (a) H_2

Explanation: Dilute acids react with active metals such as Mg to liberate hydrogen gas. Thus, when dilute sulphuric acid reacts with active metal such as magnesium, H_2 gas is liberated. The reaction can be represented as:

$$2H_2SO_4 + Mg \longrightarrow MgSO_4 + H_2\uparrow$$

48. An aqueous electrolyte consists of the ions mentioned in the list, the ion which could be discharged most readily during electrolysis ?

(a) Fe^{2+} (b) Cu^{2+}
(c) Pb^{2+} (d) H^+

Ans. (b) Cu^{2+}

Explanation: The ion which could be discharged most readily during electrolysis is Cu^{2+} because the reduction potential of Cu^{2+} is highest, therefore, it will reduce first from all of them and gets discharged.

49. Which gas is evolved when HCl react with calcium carbonate?

(a) H_2 (b) CO_2
(c) SO_2 (d) H_2S

Ans. (b) CO_2

Explanation: HCl reacts with calcium carbonate to liberate carbon dioxide gas.

$$2HCl + CaCO_3 \longrightarrow CaCl_2 + H_2O + CO_2\uparrow$$

50. Which solution becomes a deep/inky blue colour when excess of ammonium hydroxide is added to it?

(a) Copper nitrate   (b) Iron [II] sulphate
(c) Iron [III] chloride   (d) Lead nitrate

Ans. (a) Copper nitrate

Explanation: When copper nitrate reacts with ammonium hydroxide, copper hydroxide and ammonium nitrate is formed at the product side

$$Cu(NO_3)_2 + NH_4OH \longrightarrow Cu(OH)_2 + NH_4(NO_3)_2$$

51. Rain is called acid rain when its:

(a) pH falls below 7   (b) pH falls below 6
(c) pH falls below 5.6   (d) pH is above 7

Ans. (c) pH falls below 5.6

Explanation: Rainwater has a pH of 5-6, which is somewhat acidic. Acid rain occurs when the pH level of rainwater goes below this range.

52. The empirical formula of hexane is:

(a) C_2H_7 (b) C_5H_8
(c) C_3H_7 (d) C_4H_7

Ans. (c) C_3H_7

Explanation: Hexane's molecular formula is C_6H_{14}, and its empirical formula is C_3H_7, showing a C : H ratio of 3 : 7.

53. During the electrolysis of molten lead bromide which of the following takes place :

(a) Bromine is released at the cathode

(b) Lead is deposited at the anode

(c) Bromine ions gain electrons

(d) Lead is deposited at the cathode

Ans. (d) Lead is deposited at the cathode

Explanation: During the electrolysis of molten lead bromide, the Pb^{2+} ion gain electrons at the cathode and become Pb atoms. Hence, lead is deposited at the cathode.

54. If empirical formula of an organic compound is CH_2O then its molecular formula can be :

(a) $C_2H_2O_2$ (b) C_2H_4O

(c) C_3H_6O (d) $C_6H_{12}O_6$

Ans. (d) $C_6H_{12}O_6$

Explanation: If the empirical formula and molar mass of a compound is known we can calculate the molecular formula of the compound. For calculation of molecular mass in this question:

Given, empirical formula of compound = CH_2O. Therefore, the molecular formula of the compound is $C_6H_{12}O_6$.

55. Which gas is evolved when HNO_3 react with sodium bicarbonate?

(a) H_2 (b) CO_2

(c) SO_2 (d) H_2S

Ans. (b) CO_2

Explanation: HNO_3 reacts with sodium bicarbonate to liberate carbon dioxide gas. The reaction can be represented as:

$$HNO_3 + NaHCO_3 \longrightarrow NaNO_3 + H_2O + CO_2\uparrow$$

56. An electrolyte which completely dissociates into ions is :

(a) Alcohol

(b) Carbonic acid

(c) Sucrose

(d) Sodium hydroxide

Ans. (d) Sodium hydroxide

Explanation: When we dissolve Sodium hydroxide (NaOH) in water, it completely dissociates into positively charged sodium ions and negatively charged hydroxide ions.

57. A solution of the compound which gives a dirty green precipitate with sodium hydroxide:

(a) Ammonium sulphate

(b) Lead carbonate

(c) Ferrous sulphate

(d) Chlorine

Ans. (c) Ferrous sulphate

Explanation: Ferrous sulphate when reacts with NaOH, the dirty green precipitate of ferrous hydroxide and sodium sulphate is formed at the product side. The reaction can be represented as follows:

$$2NaOH + FeSO_4 \longrightarrow Na_2SO_4 + Fe(OH)_2$$

Green ppt.

58. Empirical formula of a substance is CH_2O. Molecular mass is 180. Find its molecular formula.

(a) $C_2H_2O_4$ (b) $C_2H_4O_6$

(c) $C_6H_{12}O_6$ (d) $C_2H_4O_8$

Ans. (c) $C_6H_{12}O_6$

Explanation:

Molar mass of Carbon = 12.

Molar mass of Hydrogen = 1.

Molar mass of Oxygen = 16.

Mass of CH_2O = 12 + 2(1) + 16 = 30.

Molecular weight of compound given is 180.

So, the molecular weight is $\dfrac{180}{30} = 6.$

$\Rightarrow$ Molecular formula of compound is $C_6H_{12}O_6$.

59. Which gas is evolved when HCl react with zinc sulphide?

(a) H_2 (b) CO_2

(c) SO_2 (d) H_2S

Ans. (d) H_2S

Explanation: HCl reacts with zinc sulphide to liberate hydrogen sulphide gas.

$$2HCl + ZnS \longrightarrow ZnCl_2 + H_2S\uparrow$$

60. The molecular formula of a gas with vapour density 15 and empirical formula CH_3 is:

(a) C_2H_6 (b) C_3H_8

(c) C_4H_{10} (d) CH_3

Ans. (a) C_2H_6

Explanation: As we know,

Molecular weight = Vapour density × 2

= 2 × 15 = 30

Molecular formula = Empirical formula × n

$$n = \frac{\text{Empirical formula weight}}{\text{Molecular weight}}$$

$$= \frac{30}{15} = 2$$

So, molecular formula 2 × (CH_3) = C_2H_6

61. The electrolysis of acidified water is an example of:

(a) Reduction   (b) Oxidation

(c) Redox reaction   (d) Synthesis

Ans. (c) Redox reaction

Explanation: Redox reaction is a reaction in which oxidation and reduction both take place. During the electrolysis of acidified water, it is dissociated into H^+ and OH^- ions.

62. Sodium hydroxide turns phenolphthalein solution:

   (a) Pink   (b) Yellow
   (c) Colourless   (d) Orange

Ans. (a) Pink

   Explanation: In an alkaline solution, phenolphthalein produces a pink hue as an indication of the reaction's endpoint when it interacts with the base's hydroxide ions.

63. The gas evolved on reaction of aluminium with boiling concentrated caustic alkali:

   (a) Hydrogen gas
   (b) Nitrogen gas
   (c) Carbon dioxide gas
   (d) Carbon monoxide gas

Ans. (a) Hydrogen gas

   Explanation: Aluminium on boiling with concentrated caustic alkali such as sodium hydroxide forms sodium aluminate with the evolution of hydrogen gas.

   $$2Al + 2NaOH + 2H_2O \longrightarrow 2NaAlO_2 + 3H_2$$

64. A compound with empirical formula AB_2 has the vapour density equl to its empirical formula weight. Its molecular formula is:

   (a) A_2B_2 (b) A_2B_4
   (c) A_2B_3 (d) A_4B_8

Ans. (b) A_2B_4

   Explanation: Now since the empirical formula is equal to vapour density and we know that vapour density is half of the molecular mass *i.e.*, we have $n = 2$ so, the molecular formula is A_2B_4.

65. The oxide and hydroxide of which metal is amphoteric :

   (a) Zinc   (b) Copper
   (c) Iron   (d) Manganese

Ans. (a) Zinc

   Explanation: Zinc oxide and hydroxide can react with both acidic and basic oxides. Thus, oxide and hydroxide of zinc is amphoteric in nature.

66. Covalent compounds exist as gases, liquids or soft solids because they are formed by:

   (a) Weak forces of attraction between their molecules
   (b) Sharing of electrons between the atoms have different electronegativity's
   (c) Sharing of electrons between the atoms without electronegativity's
   (d) None of these

Ans. (a) Weak forces of attraction between their molecules

   Explanation: Covalent compounds exists as gases, liquids or soft solids because they have weak forces of attraction between their molecules.

67. Some fruits like mango, lemon, raw grapes, orange, etc., have a sour taste due to the presence of:

   (a) Acetic acid   (b) Citric acid
   (c) Lactic acid   (d) Oxalic acid

Ans. (b) Citric acid

   Explanation: Citric acid is one of the several types of acids. It is a weak organic acid found in fruits like lemon, orange, etc.

68. Which of the following equations represents the reaction that takes place at the cathode during the electrolysis of aqueous silver nitrate with carbon electrodes?

   (a) $Ag^+(aq) + e^- \longrightarrow Ag(s)$
   (b) $2H^+(aq) + 2e^- \longrightarrow H_2(l)$
   (c) $2N^-(aq) \longrightarrow N_2(aq) + 6e^-$
   (d) $4OH^-(aq) \longrightarrow O_2(g) + 2H_2O(l) + 4e^-$

Ans. (a) $Ag^+(aq) + e^- \longrightarrow Ag(s)$

   Explanation: Since Ag^+/Ag has a more excellent positive value than others, therefore, this reaction is feasible at the cathode. Ag will deposit at the cathode and dissolve at the anode.

69. A compound with empirical formula AB has vapour density three times its empirical formula. Its molecular formula will be:

   (a) A_6B_6 (b) A_2B_4
   (c) A_4B_4 (d) AB

Ans. (a) A_6B_6

   Explanation:

   Molecular formula = (Empirical formula) $\times n$

   $$n = \frac{\text{Molecular Mass}}{\text{Empirical Mass}} \quad \text{...(i)}$$

   $$\text{Vapour density} = \frac{\text{Molecular Mass}}{2}$$

   Molecular mass = 2 × Vapour density ...(ii)

   From question–

   Vapour density = 3 × Empirical Mass ...(iii)

   From (ii) and (iii)

   Molecular Mass = 2 × 3 × Empirical Mass

   Molecular Mass = 6 × Empirical Mass

   $$6 = \frac{\text{Molecular Mass}}{\text{Empirical Mass}} \quad \text{...(iv)}$$

From (i) and (iv)

Molecular formula = (Empirical formula) × n

$\qquad\qquad\qquad = (AB) \times n$

$\qquad\qquad\qquad = (AB) \times 6$

Molecular formula = A_6B_6.

70. Which one of the following will not produce an acid when made to react with water ?

(a) Carbon monoxide (b) Carbon dioxide

(c) Nitrogen dioxide (d) Sulphur trioxide

Ans. (a) Carbon monoxide

Explanation: Acid rain is caused when carbon dioxide combines with water to form carbonic acid. So, only carbon monoxide does not generate an acid when it comes into contact with water.

71. In the standard notation for a voltaic cell, the double vertical line "‖" represents:

(a) A phase boundary

(b) Gas electrode

(c) A wire (metal) connection

(d) A salt bridge

Ans. (d) A salt bridge

Explanation: The double vertical line "‖" represents the salt bridge, the salt bridge maintains the electrical neutrality of the cell and allows charge balance in the cell.

72. What is the percentage mass of copper in Blue Vitriol crystal?

(a) 25.45% (b) 36.07%

(c) 49.56% (d) None of these

Ans. (b) 36.07%

Explanation: Blue vitriol is copper sulphate penta hydrate $CuSO_4.5H_2O$

The molecular weight of $CuSO_4.5H_2O$ is:

$63.5 + 32 + 4(16) + 5(18) = 249.5$ g/mol

The percentage of water of crystallization of a sample of blue vitriol is,

$= 249.55 \times 18 \times 100 = 36.07\%$.

73. Generally, when certain metals react with an acid they release ________ gas.

(a) Nitrogen (b) Oxygen

(c) Hydrogen (d) Argon

Ans. (c) Hydrogen

Explanation: Metals readily react with acid and produce hydrogen gas which burns with a pop sound. Metals are placed above hydrogen in reactivity series and displace it during a reaction with an acid. As acids have a property of giving

H^+ ions, a resultant is formed with release of hydrogen gas.

74. What is the empirical formula of Butane?

(a) CH_5 (b) $CH_5C_2H_5$

(c) C_2HC_2H (d) None of these

Ans. (d) None of these

Explanation: Butane is C_4H_{10}

The empirical formula would be C_2H_5

75. Anhydrous iron(III) chloride is prepared by :

(a) Direct combination

(b) Simple displacement

(c) Decomposition

(d) Neutralization

Ans. (a) Direct combination

Explanation: Anhydrous iron (III) chloride is prepared by direct combination when Iron metal is heated with dry chlorine gas.

$$2Fe + 3Cl_2(dry) \xrightarrow{\Delta} 2FeCl_3$$

76. Which of the following equations represents the reaction that takes place at the cathode during the electrolysis of aqueous silver nitrate with carbon electrodes?

(a) $Ag^+(aq) + e^- \longrightarrow Ag(s)$

(b) $2H^+(aq) + 2e^- \longrightarrow H_2(Q)$

(c) $2N^{3-}(aq) \longrightarrow N_2(aq) + 6e^-$

(d) $4OH^-(aq) \longrightarrow O_2(g) + 2H_2O(I) + 4e^-$

Ans. (a) $Ag^+(aq) + e^- \longrightarrow Ag(s)$

Explanation: When platinum electrode is used, Ag^+ from the solution is reduced and deposited at the cathode. Therefore, this equation defines it well.

77. Find the percentage of chlorine in calcium chloride. (Molecular mass of calcium is 40, chlorine is 35.50)

(a) 63.96% (b) 36.04%

(c) 31.98% (d) 50%

Ans. (a) 63.96%

Explanation: Molecular formula of calcium chloride– $CaCl_2$

Molecular mass: $40 + 2 \times 35.5 = 111$

(Atomic mass of Ca = 40 and Cl = 35.5)

Hence,

In 111 g of Calcium chloride, there is 40 g of Calcium and 71 g of Chlorine.

Percentage Composition of Calcium:

$$= \frac{40}{111} \times 100 = 36.03\%$$

Percentage Composition of Chlorine:

$$= \frac{71}{111} \times 100 = 63.96\%$$

Thus,

Percentage Composition of Calcium is 36.03%

Percentage Composition of Chlorine is 63.96%

78. Sodium hydroxide solution is slowly added and then in excess to zinc sulphate solution.

(a) Sodium zincate and water is formed at the product side

(b) Sodium hydroxide and water is formed at the product side

(c) Sodium zincate and hydrogen gas is released at the product side

(d) Sodium sulphate and water is formed at the product side

Ans. (a) Sodium zincate and water is formed at the product side

Explanation: Sodium hydroxide solution when slowly added to zinc sulphate solution, a white precipitate of zinc hydroxide is obtained, which is soluble in excess of sodium hydroxide to form a clear solution of sodium zincate.

$$ZnSO_4 + 2NaOH \longrightarrow Zn(OH)_2\downarrow + Na_2SO_4$$
White ppt.

$$Zn(OH)_2 + 2NaOH \longrightarrow Na_2ZnO_2\downarrow + 2H_2O$$
Sodium zincate

79. A chloride which forms a precipitate that is soluble in excess of ammonium hydroxide is :

(a) Calcium chloride   (b) Ferrous chloride

(c) Ferric chloride   (d) Copper chloride

Ans. (d) Copper chloride

Explanation: Copper chloride forms a precipitate that is soluble in excess of ammonium hydroxide forms Cuprammine hydroxide (water soluble) at the product side.

$$CuCl_2 + 2NH_4OH \longrightarrow Cu(OH)_2\downarrow + 2NH_4Cl$$

$$Cu(OH)_2 + 4NH_4OH \text{ (excess)} \longrightarrow$$
$$[Cu(NH_3)_4](OH)_2] + 4H_2O$$

80. To a solution of lead nitrate small amount of sodium hydroxide is added and then excess of sodium hydroxide is added.

(a) Sodium plumbate is formed at the product side

(b) Sodium hydroxide and oxygen gas is released at the product side

(c) A yellow coloured precipitate of lead hydroxide is formed

(d) Lead iodide is formed at the end of the product side

Ans. (a) Sodium plumbate is formed at the product side

Explanation: A curdy white precipitate of lead hydroxide is formed which dissolves in excess NaOH giving a colourless solution.

$$Pb(NO_3)_2 + 2NaOH \longrightarrow Pb(OH)_2\downarrow + Na_2SO_3$$
$$Pb(OH)_2 + 2NaOH \text{ (Excess)} \longrightarrow Na_2PbO_2$$
Sodium Plumbate

81. Calculate the percentage of Nitrogen in aluminium nitride. (Al = 27, N = 14)

(a) 34.15%   (b) 23.27%

(c) 12.8%   (d) 25.6%

Ans. (a) 34.15%

Explanation:

Molar mass of AlN = 41 gm

Atomic mass of N = 14

$$\% N = \frac{14 \times 100}{41} = 34.15\%$$

82. Which of the following statements is FALSE?

(a) Oxidation and reduction half-reactions occur at electrodes in electrochemical cells.

(b) All electrochemical reactions involve the transfer of electrons.

(c) Reduction occurs at the cathode.

(d) All voltaic (galvanic) cells involve the use of electricity to initiate non-spontaneous chemical reactions.

Ans. (d) All voltaic (galvanic) cells involve the use of electricity to initiate non-spontaneous chemical reactions.

Explanation: A galvanic cell is an electrochemical cell in which an electric current is generated from spontaneous reactions.

83. Element X is extracted by the electrolysis of a molten compound of elements X and Y. The electrode reactions are as shown.

At the cathode: $X^{2+}(I) + 2e^- \longrightarrow X$

(I) At the anode: $2Y^{2-}(I) \longrightarrow Y_2(g) + 4e^-$

(a) Aluminium oxide   (b) Calcium chloride

(c) Magnesium oxide   (d) Potassium chloride

Ans. (c) Magnesium oxide

Explanation: Molten Magnesium oxide contain magnesium ions Mg^{2+} and oxide ions. Mg^{2+} ions move to the cathode, and O^{2-} ions move to the anode. This is how the equation is represented by Magnesium oxide.

84. Calculate the atomicity of a gas whose vapor density is equal to its relative molecular mass.

(a) 3   (b) 2

(c) 4   (d) 1

Ans. (b) 2

Explanation: Let the atomicity of the gas X be y that is the molecule formula of the gas be X_y

The atomic mass of the element X = 35.5

We know that:

Molecular mass of the gas = 2 × Vapour density of the gas

$$y \times \text{atomic mass of } X = 35.5$$

Given that vapour density is equal to its relative atomic mass.

$$y \times 35.5 = 2 \times 35.5$$
$$y = 2$$

85. When sodium hydroxide is added to a solution of ferric chloride write equation for the reaction taking place.

(a) Blue colour precipitate of ferric chloride is formed at the product side.

(b) Reddish brown colour precipitate of ferric hydroxide and NaCl is formed at the product side.

(c) Ferric oxide is formed at the product side.

(d) Light brown crystals of ferric chloride is formed at the end of product side

Ans. (b) Reddish brown colour precipitate of ferric hydroxide and NaCl is formed at the product side.

Explanation: When sodium hydroxide solution is added to ferric chloride, a reddish brown precipitate of ferric hydroxide is obtained which is insoluble even in the excess of the sodium hydroxide.

$$FeCl_3 + 3NaOH \longrightarrow Fe(OH)_2\downarrow + 3NaCl$$
(Reddish brown)

86. A solid deposit of element R is formed at the cathode when an aqueous solution containing ions of R is electrolysed. Which statement about element R is correct?

(a) Element R is below hydrogen in the reactivity series.

(b) R gains electrons to form ions at the cathode.

(c) Element R forms negatively charged ions.

(d) Ions of R loses electrons at the cathode.

Ans. (a) Element R is below hydrogen in the reactivity series.

Explanation: As the reduction potential of hydrogen ions is higher. Therefore, R is placed below hydrogen in the reactivity series.

87. Determine the percentage of oxygen in ammonium Nitrate. (Nitrogen = 14, Hydrogen = 1, Oxygen = 16).

(a) 20%   (b) 30%

(c) 60%   (d) 80%

Ans. (c) 60%

Explanation: Molar mass of ammonium nitrate (NH_4NO_3) = 80 gm

$$\% \text{ of oxygen} = \frac{48 \times 100}{80} = 60\%$$

88. Ammonium hydroxide solution is added to Iron(II) sulphate solution.

(a) Blue colour precipitate of ferric hydroxide is formed at the product side.

(b) Green precipitate of ferric hydroxide and ammonium sulphate is formed at the product side

(c) Ferric oxide is formed at the product side.

(d) Light brown crystals of ferric chloride is formed at the end of product side.

Ans. (b) Green precipitate of ferric hydroxide and ammonium sulphate is formed at the product side

Explanation: When ammonium hydroxide solution is added to Iron(II) sulphate solution, a dirty green ppt. of ferrous hydroxide $Fe(OH)_2$ which is insoluble in excess of NH_4OH is formed.

$$FeSO_4 + 2NH_4OH \longrightarrow Fe(OH)_3\downarrow + (NH_4)_2SO_4$$

89. The electrolyte used for electroplating an article with silver is:

(a) Silver nitrate solution

(b) Silver cyanide solution

(c) Nickel sulphate solution

(d) Sodium argentocyanide solution

Ans. (d) Sodium argentocyanide solution

Explanation: Electroplating is the electrolytic process of deposition of a superior metal on the surface of a base metal or article.

An aqueous solution of sodium argentocyanide is used for the electrolysis of silver as the migration of Ag+ ions is slow in this solution as compared to $AgNO_3$. Hence an even deposition of the silver metal is obtained on the article.

90. If the empirical formula of a compound is CH and its vapor density is 13. Its molecular formula will be (C = 12, H = 1)

(a) CH   (b) C_2H_2

(c) C_4H_4 (d) C_3H_3

Ans. (b) C_2H_2

Explanation: Given that the empirical formula is CH.

$$V.D. = 13$$

Now, Molecular Mass $= 2 \times V.D.$
$$= 2 \times 13 = 26$$

Empirical weight of CH
$$= 12 + 1 = 13$$

Now, $n = \dfrac{\text{Molecular mass}}{\text{Empirical formula mass}}$

$$= \dfrac{26}{13} = 2$$

Molecular formula $= (\text{Empirical formula})_n$
$$= (CH)_n = C_2H_2.$$

91. The half-reaction that occurs at the anode during the electrolysis of molten sodium bromide is:

(a) $2Br \longrightarrow Br_2 + 2e^-$ (b) $Br_2 + 2e^- \longrightarrow 2Br^-$

(c) $Na^+ + e^- \longrightarrow Na$ (d) $Na \longrightarrow Na^+ + e^-$

Ans. (a) $2Br \longrightarrow Br_2 + 2e^-$

Explanation: During electrolysis of molten sodium bromide, the bromide ion releases its two electrons and reddish-brown gas at the cathode.

92. When sodium hydroxide is added to a solution of ferric chloride write equation for the reaction taking place.

(a) Blue colour precipitate of ferric chloride is formed at the product side.

(b) Reddish brown colour precipitate of ferric hydroxide and NaCl is formed at the product side.

(c) Ferric oxide is formed at the product side.

(d) Light brown crystals of ferric chloride is formed at the end of product side.

Ans. (b) Reddish brown colour precipitate of ferric hydroxide and NaCl is formed at the product side.

Explanation: When sodium hydroxide solution is added to ferric chloride, a reddish brown precipitate of ferric hydroxide, insoluble even in the excess of the sodium hydroxide, is obtained.

$$FeCl_3 + 3NaOH \longrightarrow Fe(OH)_3\downarrow + 3NaCl$$
(Reddish brown)

93. The weight of lime obtained by heating 200 kg of 95% pure lime stone is:

(a) 98.4 kg   (b) 106.4 kg

(c) 112.8 kg   (d) 122.6 kg

Ans. (b) 106.4 kg

Explanation: Given that,

200 kg of 95% pure limestone means,

$$200 \times \frac{95}{100} = 190 \text{ kg}$$

$$CaCO_3 \xrightarrow{\Delta} CaO + CO_2$$

$(40 + 12 + 3 \times 16)$	$(40 + 16)$
100	56
190	w

Since, 100 g of $CaCO_3$ on heating gives 56 g of lime.

Therefore, 190000 g of $CaCO_3$ on heating will give lime.

$$\frac{56 \times 190000}{100} = 106.4 \text{ kg}$$

94. Which of these will act as a non-electrolyte?

(a) Liquid carbon tetrachloride

(b) Acetic acid

(c) Sodium hydroxide aqueous solution

(d) Potassium chloride aqueous solution

Ans. (a) Liquid carbon tetrachloride

Explanation: Carbon tetrachloride does not dissociate into ions when dissolved into water. Therefore, it does not conduct electricity which means it is not an electrolyte.

95. Ammonium hydroxide solution is slowly added and then in excess to copper sulphate solution.

(a) Blue colour precipitate of copper hydroxide is formed at the product side

(b) Reddish brown colour precipitate of copper sulphate and ammonium hydroxide is formed at the product side

(c) Copper oxide is formed at the product side.

(d) Light brown crystals of copper chloride is formed at the end of product side.

Ans. (a) Blue colour precipitate of copper hydroxide is formed at the product side

Explanation: Ammonium hydroxide solution, when slowly added to copper sulphate solution, light blue precipitate of copper hydroxide is obtained, which is soluble in excess of ammonium hydroxide to form an intense deep blue solution of tetraamine cupric sulphate.

$$CuSO_4 + 2NH_4OH \longrightarrow Cu(OH)_2\downarrow + (NH_4)_2SO_4$$
Pale blue ppt.

$$CuSO_4 + 4NH_4OH \longrightarrow$$
$$[Cu(NH_3)_4]SO_4 + 4H_2O$$
Tetraamine cupric sulphate
(Soluble complex)
Deep blue solution

96. When fused lead bromide is electrolysed we observe:

   (a) A silver-grey deposit at the anode and a reddish-brown deposit at the cathode

   (b) A silver-grey deposit at the cathode and a reddish-brown deposit at the anode

   (c) A silver-grey deposit at the cathode and reddish-brown fumes at the anode

   (d) Silver-grey fumes at the anode and reddish-brown fumes at the cathode

Ans. (d) Silver-grey fumes at the anode and reddish-brown fumes at the cathode

Explanation: The lead bromide breaks into lead and bromine. Hence, silver-grey lead is deposited at the cathode, and reddish-brown bromine gas is deposited at the anode.

97. The simplest ratio of the atoms of carbon and hydrogen is 1 : 1. Identify the possible molecular formula.

   (a) C_6H_6 (b) C_2H_4

   (c) C_6H_2 (d) C_3H_4

Ans. (a) C_6H_6

Explanation:

Molecular formula $= n \times$ Empirical formula

                $= 6 \times (CH)$

                $= C_6H_6$

98. The empirical formula of the compound is CH_2O, the possible molecular formula can be:

   (a) $C_3H_6O_3$ (b) C_2H_4O

   (c) $C_4H_3O_2$ (d) $C_4H_6O_2$

Ans. (a) $C_3H_6O_3$

Explanation:

Molecular formula $= n \times$ Empirical formula

                $= 3 \times (CH_2O)$

                $= C_3H_6O_3$

99. Mercury is a liquid and allows the flow of electricity, though it is not an electrolyte.

   (a) Breaks up into cations and anions

   (b) Due to the presence of free electrons in its penultimate shell

   (c) New substance is formed

   (d) All of the above

Ans. (b) Due to the presence of free electrons in its penultimate shell

Explanation: An electrolyte is a substance which on dissolving in water breaks up into positively and negatively charged ions. But mercury is a metal, so on dissolving in water, it can not break up into cations and anions. When electric current passes through mercury, it does not undergo any decomposition and no new substance is formed. Electric current passes through mercury due to the presence of free electrons in its penultimate shell and not due to the formation of ions. Hence, mercury is a metallic conductor and not an electrolyte.

100. An organic compound contains carbon, hydrogen and oxygen. Its elemental analysis gave C, 38.71% and H, 9.67%. The empirical formula of the compound would be:

   (a) CHO   (b) CH_4O

   (c) CH_3O (d) CH_2O

Ans. (c) CH_3O

Explanation:

Elements	% Composition	Atomic Mass	Mole Ratio	Simple Ratio
C	38.71	12	$\dfrac{38.71}{12}$	$\dfrac{3.22}{3.22} = 1$
H	9.67	1	$\dfrac{19.67}{1}$	$\dfrac{9.67}{3.22} = 3$
O	51.62	16	$\dfrac{51.62}{16}$	$\dfrac{3.22}{3.22} = 1$

101. A solution of cane sugar does not conduct electricity, but a solution of sodium chloride is a good conductor.

   (a) Sugarcane solution is a covalent compound

   (b) Sodium chloride solution contains free sodium and chloride ions

   (c) Sodium chloride solution migrate to positively charged electrodes

   (d) All of the above

Ans. (d) All of the above

Explanation: The sugar cane solution is a covalent compound. When it is dissolved in water, it does not dissociate to give free ions which could migrate to cathode or anode. Hence, sugar solution is a bad conductor of electricity. The sodium chloride solution mainly consists of free sodium and chloride ions which could migrate to positively charged electrodes. Hence, solution of sodium chloride is a good conductor of electricity.

102. Ammonium hydroxide is added to zinc sulphate solution. Write the name and the formula of the final product.

   (a) Colourless precipitate of tetraamine zinc sulphate is formed at the product side.

(b) Reddish brown colour precipitate of zinc hydroxide and NaCl is formed at the product side

(c) Zinc oxide is formed at the product side.

(d) Light brown crystals of ammonium chloride is formed at the end of product side.

Ans. (a) Colourless precipitate of Tetraamine zinc sulphate is formed at the product side.

Explanation: White ppt. of $Zn(OH)_2$ formed which redissolves to give a colourless solution of tetraamine zinc sulphate $[Zn(NH_3)_4]SO_4$

$$ZnSO_4 + 2NH_4OH \longrightarrow Zn(OH)_2 + (NH_4)_2SO_4$$

Colourless white, gelatinous ppt. with excess of NH_4OH, ppt. dissolves

$$Zn(OH)_2 + (NH_4)_2SO_4 + 2NH_4OH \longrightarrow$$
$$[Zn(NH_3)_4]SO_4 + 4H_2O$$

(excess) Tetrammine
zinc(II) sulphate
(colourless)

103. If vapour density of the gas is 39 and has molecular formula $(CH)_n$. Then what should be the formula of the compound?

(a) C_3H_3

(b) C_4H_4

(c) C_2H_2

(d) C_6H_6

Ans. (d) C_6H_6

Explanation: Given that,

Molecular weight $= 2 \times$ Vapour density
$$= 2 \times 39 = 78$$
$$(CH)_n = (13)_n$$

or,
$$13 \times n = 78$$
$$n = \frac{78}{13} = 6$$

Molecular formula $= C_6H_6$

104. Ammonium hydroxide solution is added to Copper(II) nitrate solution in small quantities and then in excess.

(a) Tetraamine copper sulphate is formed at the product side.

(b) Reddish brown colour precipitate of zinc hydroxide and NaCl is formed at the product side

(c) Zinc oxide is formed at the product side.

(d) Light brown crystals of copper hydroxide is formed at the end of product side.

Ans. (a) Tetraamine copper sulphate is formed at the product side.

Explanation: Initially a light blue ppt. is formed which on addition of excess of ammonium hydroxide dissolves and a deep inky blue solution is formed.

$$CuSO_4 + 2NH_4OH \longrightarrow Cu(OH)_2\downarrow + (NH_4)_2SO_4$$
Pale blue ppt.

$$Cu(OH)_2 + (NH_4)_2SO_4 + 2NH_4OH \longrightarrow$$
(excess)

$$[Cu(NH_3)_4]SO_4 + 4H_2O$$

Tetrammine
copper(II) sulphate
(deep inky solution)

105. A compound with Empirical formula XY_2, has the vapour density equal to its Empirical formula weight, its molecular formula is:

(a) X_2Y_4

(b) X_2Y_2

(c) XY

(d) X_4Y_2

Ans. (a) X_2Y_4

Explanation:

Molecular formula $= n \times$ Empirical formula

And Molecular formula
$$= 2 \times \text{Vapour density}$$

Thus, $n \times$ Empirical formula
$$= 2 \times \text{Vapour density}$$

Therefore, $n = 2$ (Empirical formula = Vapour density)

Molecular formula $= 2 \times XY_2 = X_2Y_4$

106. Impure sample of ZnS contains 42.34% Zn. What is the percentage of pure ZnS in the sample.

(a) 67%

(b) 63%

(c) 58%

(d) 37%

Ans. (b) 63%

Explanation: 100 g sample contains 42.34 g Zn

$$\text{ZnS present} = \frac{42.32 \times 97.4}{65.4}$$
$$= 63\text{ g} = 63\%$$

107. What do you observe when caustic soda solution is added to the following solution : first a little and then in excess in copper sulphate ?

(a) A pale blue ppt. of copper (II) hydroxide is obtained which is insoluble in excess of caustic soda solution.

(b) A pale blue ppt. of copper (II) hydroxide is obtained which is soluble in excess of caustic soda solution

(c) A white ppt. of copper (II) hydroxide is obtained which is insoluble in excess of caustic soda solution.

(d) A white ppt. of copper (II) hydroxide is obtained which is soluble in excess of caustic soda solution

Ans. (a) A pale blue ppt. of copper (II) hydroxide is obtained which is insoluble in excess of caustic soda solution.

Explanation:

$$CuSO_4 + 2NaOH \longrightarrow \underset{\substack{\text{Copper (II)}\\\text{hydroxide}\\\text{(Pale blue ppt.)}}}{Cu(OH)_2\downarrow} + Na_2SO_4$$

108. Consider the section of the periodic table given below :

Group	IA	IIA	IIIA	IVA	VA	VIA	VIIA	O
Numbers	1	2	13	14	15	16	17	18
	Li		D			O	J	Ne
	A	Mg	E	Si		H	K	
	B	C		F	G			L

In this table:

B does not represent Boron

C does not represent Carbon

F does not represent Fluorine

H does not represent Hydrogen

K does not represent Potassium

You must see the position of the element in the periodic table. Some elements are given in their own symbol and position in the periodic table. While others are shown with a letter. With reference to the table :

(a) Which is the most electronegative?

   1. A   2. D   3. O   4. J

(b) How many valence electrons are present in G?

   1. 2   2. 3   3. 4   4. 5

(c) Write the formula of the compound between B and H.

   1. BH 2. B_2H 3. BH_2 4. $(BH)_2$

(d) What is the electronic configuration of Li ?

   1. 1, 2   2. 1, 1, 1

   3. 2, 1   4. None of these

Ans. (a) 4. J

Explanation: J is most electronegative since it needs only 1 electron to complete its inner shell and get stable configuration of Nobel gas which are inert in Nature.

(b) 4. 5

Explanation: G has 5 valence electrons due to this it can either lose 5 electrons or gain 3 electrons in order to attain the stable configuration.

(c) 2. B_2H

Explanation: The formula of the compound between B and H depends on their valency. Valence electrons in B is 1 and in H is 6, their valencies are +1 and –2 respectively. Thus the compound formed between them has molecular formula B_2H.

(d) 3. 2, 1

Explanation: The electronic configuration of Li is 2, 1.

109. Ammonium hydroxide solution is added to zinc nitrate solution in minimum quantities and then in excess.

(a) Colourless and soluble $[Zn(NH_3)_4]^{2+}$ is formed at the product side

(b) Reddish brown colour precipitate of zinc hydroxide and NaCl is formed at the product side

(c) Zinc oxide is formed at the product side.

(d) Light brown crystals of copper hydroxide is formed at the end of product side

Ans. (a) Colourless and soluble $[Zn(NH_3)_4]^{2+}$ is formed at the product side

Explanation: Initially a white ppt. is formed which disappears (dissolves) in excess of ammonium hydroxide.

$$Zn(NO_3)_2 + 2NH_4OH \longrightarrow$$
$$\underset{\text{White ppt.}}{Zn(OH)_2\downarrow} + 2NH_4NO_3$$

$$Zn(OH)_4 + NH_4OH \longrightarrow \underset{\substack{\text{Colourless solution}\\\text{soluble}}}{[Zn(NH_3)_4]^{2+}}$$

110. Ammonium hydroxide solution is added to Iron(III) chloride solution.

(a) Reddish brown colour precipitate of zinc hydroxide and NaCl is formed at the product side

(b) Zinc oxide is formed at the product side.

(c) Light brown crystals of copper hydroxide is formed at the end of product side

(d) Ammonium chloride and white precipitate of $Fe(OH)_3$ is formed at the end of product side

Ans. (d) Ammonium chloride and white precipitate of $Fe(OH)_3$ is formed at the end of product side

Explanation: A reddish brown ppt. of ferric hydroxide insoluble in excess of NH_4OH is formed.

$$FeCl_3 + 3NH_4OH \longrightarrow 3NH_4Cl + \underset{\text{White ppt.}}{Fe(OH)_3\downarrow}$$

111. Study the given figure and answer the question that follow :

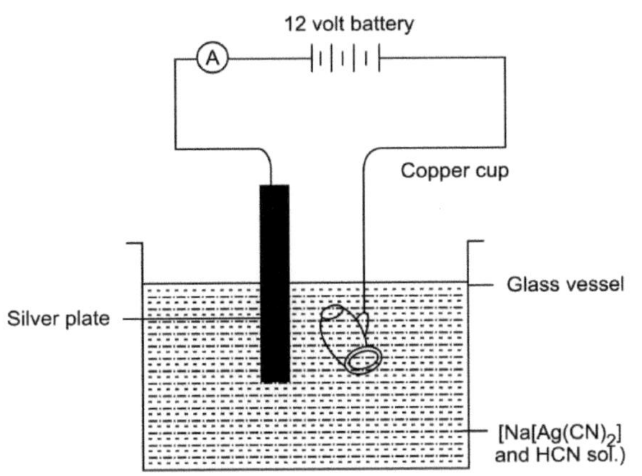

Fig. Silver electrolpating

Name the cathode and anode used during electroplating of silver.

(a) Hydrocyanic acid, Sodium argento cyanide

(b) Copper cup, silver rod

(c) Silver rod, copper cup

(d) None of these

Ans. (c) Copper cup, silver rod

Explanation: Cathode - Highly cleaned article such as copper cup.

Anode - A plate or rod of silver.

112. Calculate the value of x, when the hydrated salt $Na_2CO_3.xH_2O$ undergoes 63% loss in mass on heating and becomes anhydrous.

(a) 3   (b) 5

(c) 7   (d) 10

Ans. (d) 10

Explanation: The loss in mass is due to elimination of water of crystallisation of Na_2CO_3.

xH_2O

Hence, $\dfrac{18x \times 100}{106 + 18x}$

$$= 63$$
$$x = 10$$

113. The observation when ammonium chloride reacts with potassium hydroxide:

(a) A reddish brown gas

(b) A colourless gas which turns moist red litmus blue.

(c) A green coloured gas which turns moist blue litmus paper red.

(d) A colourless gas which turns lime water milky.

Ans. (b) A colourless gas which turns moist red litmus blue.

Explanation: When ammonium chloride reacts with potassium hydroxide ammonia gas is liberated which is a colourless gas having pungent smell and turns moist red litmus to blue.

$$NH_4Cl + KOH \longrightarrow KCl + H_2 + NH_3$$

114. Study the given figure and answer the questions that follow :

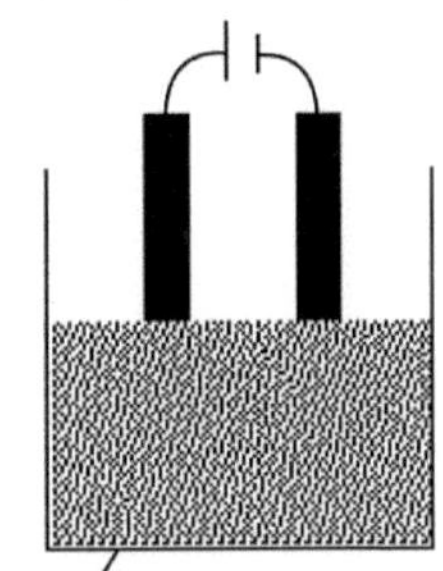

(a) At the Cathode: $Cu - 2e^- \longrightarrow Cu^{2+}$

At the Anode: $Cu^{2+} + 2e^- \longrightarrow Cu$

(b) At the Cathode: $Cu^+ + 2e^- \longrightarrow Cu$

At the Anode: $Cu^{2-} - 2e^- \longrightarrow Cu^{2+}$

(c) Both (a) and (b)

(d) At the Cathode: $Cu^{2+} + 2e^- \longrightarrow Cu$

At the Anode: $Cu - 2e^- \longrightarrow Cu^{2+}$

Ans. (d) At the Cathode: $Cu^{2+} + 2e^- \longrightarrow Cu$

At the Anode: $Cu - 2e^- \longrightarrow Cu^{2+}$

Explanation: Electrode on the left side is the oxidising electrode because anode is always connected to positive terminal of the battery, where copper atoms lose electrons at this electrode.

115. The empirical formula of a compound is CH and its molecular mass is 78, its molecular formula is __________ .

(a) C_2H_4 (b) C_4H_5

(c) C_6H_6 (d) C_2H_2

Ans. (c) C_6H_6

Explanation:

Molecular formula $= n \times$ Empirical formula

Empirical formula mass $=$ CH

$$= 12 + 1 = 13$$

Molecular mass $= 78$

Therefore, $n = 6$

116. The following table shows the tests a student performed on four different aqueous solutions which are X, Y, Z and W. Based on the observations provided, identify the cation present.

Chemical test	Observation	Conclusion
To solution 'X' ammonium hydroxide is added in minimum quantity first and then in excess.	A dirty white ppt. is formed which dissolves in excess to form a clear solution.	(i)
To solution 'Y' ammonium hydroxide is added in minimum quantity first and then in excess.	A pale blue ppt. is formed which dissolves in excess to form a clear inky blue solution.	(ii)
To solution 'W' a small quantity of sodium hydroxide solution is added and then in excess.	A white ppt. is formed which remain insoluble.	(iii)
To a salt 'Z' calcium hydroxide solution is added and then heated.	A pungent smelling gas turning moist red litmus paper blue is obtained.	(iv)

(a) (i) Zn^{2+}, (ii) Cu^{2+}, (iii) Ca^{2+}, (iv) NH_4^+
(b) (i) Ba^{2+}, (ii) Cu^{2+}, (iii) Ca^{2+}, (iv) NH_4^+
(c) (i) Ca^{2+}, (ii) Cu^{2+}, (iii) Zn^{2+}, (iv) NH_4^+
(d) (i) Cu^{2+}, (ii) Zn^{2+}, (iii) Ca^{2+}, (iv) NH_4^+

Ans. (a) (i) Zn^{2+}, (ii) Cu^{2+}, (iii) Ca^{2+}, (iv) NH_4^+

Explanation:
(i) X — Zn^{2+}
(ii) Y — Cu^{2+}
(iii) W — Ca^{2+}
(iv) Z — NH_4^+

117. Percentage of nitrogen in urea is about:

(a) 46% (b) 85%
(c) 18% (d) 28%

Ans. (a) 46%

Explanation: Urea ($NH_2-CO-NH_2$)
Therefore, 60 g of urea contains 28 g of nitrogen

$\because$ 100 g of urea contains $= \dfrac{28}{60} \times 100$

$= 46.66\% = 46\%$

118. What is the empirical formula of a compound containing 60.0% of nitrogen and 40.0% of oxygen by mass ?

(a) NO_2 (b) NO_3
(c) N_3O (d) N_2O

Ans. (d) N_2O

Explanation: To find empirical formula,
1. The first step in this problem is to change the % to grams.
   60.0% = 60 g and 40.0% = 40 g
2. Next divide all the given masses by their molar mass
   N = 60/14 = 4.2
   O = 40/16 = 2.5
3. Then, pick the smallest answer from the previous step and divide all the answers by that.
   4.2/2.5 = approx. 2

2.5/2.5 = 1

Thus, answer is (d) N_2O

119. Some elements are given below in the form of a table. The elements are mentioned with their own symbol:

Li	Be	B	C	O	F	Ne

Answer the following questions :

(i) To which period these elements belong ?
   (a) First (b) Second
   (c) Third (d) Fourth

(ii) Which element is missing in given series ?
   (a) Oxygen (b) Nitrogen
   (c) Phosphorous (d) Sulphur

(iii) To which group does missing elements belongs ?
   (a) 15 (b) 16
   (c) 17 (d) 18

(iv) Which element belongs to group 18 and what is that group elements called ?
   (a) O, chalcogens (b) Li , alkali metals
   (c) F, halogens (d) Ne, inert gases

(v) What is valency of group 18 elements ?
   (a) Zero (b) One
   (c) Two (d) Three

Ans. (i) (b) Second

Explanation: Second period elements are given.

(ii) (b) Nitrogen

Explanation:

Li	Be	B	C	N	O	F	Ne

(iii) (a) 15

Explanation: Nitrogen belongs to group 15.

(iv) (d) Ne, inert gases

Explanation: Group 18 elements are called inert gases.

(v) (a) Zero

Explanation: Their octet is complete.

120. Relation between vapour density and molecular weight.

(a) Molecular weight = 2/ vapour density
(b) Molecular weight = 2 × vapour density
(c) Molecular weight × 2 = Vapour density
(d) None of these

Ans. (b) Molecular weight = 2 × vapour density

Explanation: Relative molecular mass is the ratio of the mass of one molecule of a substance to the mass 1/12th of a carbon atom, or 1 amu. Vapour density is the ratio of the mass of a volume of a gas, to the mass of an equal volume of hydrogen, measured under the same conditions of temperature and pressure.

Molecular mass = 2 × vapour density

121. In Na_2CO_3, percentage mass of oxygen is:

(a) 62.93   (b) 45.3
(c) 59.6   (d) 40.3

Ans. (b) 45.3

Explanation: The molecular mass of sodium carbonate is 106.

(2Na = 46, 1C = 12, and 3O = 48)

Since, the atomic mass of 3 oxygen atoms is 48.

Therefore, $100 \times \dfrac{48}{106} = 45.3\%$

122. What will be the molecular formula of a compound with vapour density 15 and empirical formula CH_2O ?

(a) $C_2H_4O_2$ (b) $C_6H_{12}O_{12}$
(c) CH_2O (d) C_6H_6O

Ans. (c) CH_2O

Explanation:

$$\text{Empirical formula} = CH_2O$$
$$\text{Vapour density} = 15$$
$$\text{Empirical formula weight} = 12 + 2 + 16 = 30$$
$$\text{Molecular weight} = \text{Vapour density} \times 2$$
$$= 2 \times 15 = 30$$
$$n = \text{Molecular weight/Empirical formula weight}$$
$$= 30 / 30 = 1$$

Thus, molecular formula and empirical formula is same.

123. The empirical formula and molecular mass of a compound are CH_2O and 180g respectively. What will be the molecular formula of the compound ?

(a) $C_9H_{18}O_9$ (b) CH_2O
(c) $C_6H_{12}O_6$ (d) $C_2H_4O_2$

Ans. (c) $C_6H_{12}O_6$

Explanation: The empirical formula of the compound is CH_2O, which has two numbers of atoms of hydrogen, and one atom of oxygen for each carbon. The mass of $CH_2O = 12 + 2 \times 1 + 16 = 30$. The approximate molecular weight of the compound is 180. So, the molecular formula of the given compound is $C_6H_{12}O_6$.

124. Study the given figure and answer the questions that follow :

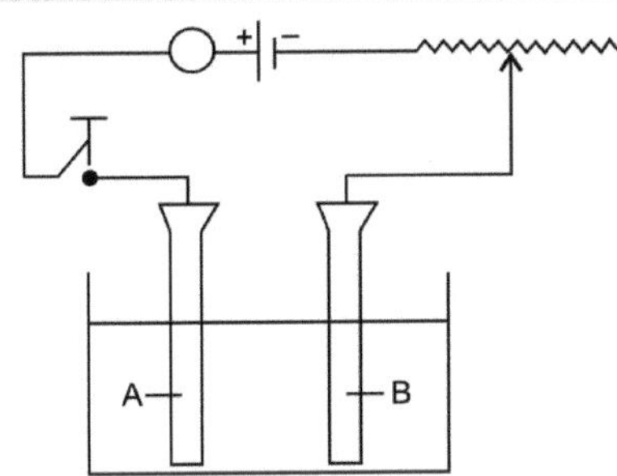

(i) Give the names of the electrodes A and B.
(a) A— Cathode, B— Anode
(b) A—Anode, B—Cathode
(c) A—Anode, B— Anode
(d) A— Cathode, B—Cathode

(ii) Which electrode is the oxidising electrode?
(a) A   (b) B
(c) Both (a) and (b)   (d) None of these

Ans. (i) (b) A—Anode, B—Cathode

(ii) (a) A

125. Percentage of oxygen [O] in sulphur dioxide [SO_2]:

(a) 2.5%   (b) 50%
(c) 60%   (d) 40%

Ans. (b) 50%

Explanation:

$$\text{Atomic mass of oxygen} = 16$$
$$\text{Atomic mass of sulphur} = 32$$
$$\text{Molecular mass of } SO_2 = 32 + 2(16) = 64$$
$$\text{Mass of } O_2 \text{ molecule} = 16 \times 2 = 32$$
$$\% \text{ of [O] in sulphur dioxide} = \dfrac{32}{64} \times 100\%$$
$$= 50\%$$

126. What is the value of n if molecular mass is 348 and empirical formula of compound is $C_2H_2O_2$?

(a) 2   (b) 6
(c) 9   (d) 10

Ans. (b) 6

Explanation:

Empirical formula mass $= 12 \times 2 + 1 \times 2 + 16 \times 2$

$$= 12 + 2 + 32 = 58$$
$$n = 348/58 = 6$$

127. The pH values of three solutions, A, B and C are given in the table. Answer the following questions:

Solution	pH value
A	12
B	2
C	7

(i) Which solution will have no effect on litmus solution ?

(a) C
(b) B
(c) A
(d) None of these

(ii) Which solution will liberate CO_2 when reacted with sodium carbonate ?

(a) C
(b) B
(c) A
(d) None of these

(iii) Which solution will turn red litmus solution blue ?

(a) C
(b) B
(c) A
(d) None of these

Ans. (i) (a) C

Explanation: Solution C would have no effect on litmus solution as its pH is 7 and hence it is neutral.

(ii) (b) B

Explanation: Solution B would liberate CO_2 when reacted with sodium carbonate as it is acidic solution and has pH 2.

(iii) (c) C

Explanation: Solution A would turn red litmus solution blue as it is basic in nature and has pH 12.

128. This bonding occurs primarily between:

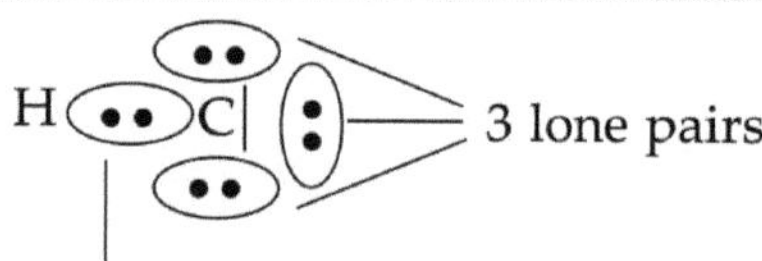

(a) Non-metals
(b) Metals
(c) Both (a) and (b)
(d) Gases

Ans. (c) Both (a) and (b)

Explanation: This type of bonding occurs between two atoms of the same element or of elements close to each other in the periodic table. This bonding occurs primarily between non-metals.

129. Copy and complete the following table which refers to the conversion of ions to neutral particles:

Conversion	Ionic Equation	
Chloride ion to chlorine molecule	$Cl^- - e^- \longrightarrow \frac{1}{2} Cl_2(g)$	(X)
Lead(II) ion to lead	$Pb^{2+} + 2e^- \longrightarrow Pb(s)$	(Y)

(i) What kind of reaction is shown by (X)?
(a) Oxidation
(b) Reduction
(c) Sublimation
(d) None of these

(ii) What kind of reaction is shown by (Y)?
(a) Oxidation
(b) Reduction
(c) Sublimation
(d) None of these

Ans. (i) (a) Oxidation

Explanation: During a chemical reaction, oxidation is defined as the removal of electron from a molecule/ atom/ ion. Here, chloride ion loses electron to form chlorine gas. Hence, oxidation occurs.

(ii) (b) Reduction

Explanation: During a chemical reaction, reduction is defined as the addition of electron from a molecule/ atom/ ion. Here, chloride ion loses electron to form chlorine gas. Hence, reduction occurs.

130. Vapour density of a gas is 22. What is its molecular mass?

(a) 23
(b) 22
(c) 44
(d) 11

Ans. (c) 44

Explanation:
$$\text{Molecular mass} = \text{Vapour density} \times 2$$
$$= 22 \times 2 = 44 \text{ g}$$

131. Given below is the part of Periodic Table :

Li	Be	B	C	N	O	F
Na	Mg	Al	Si	P	S	Cl

How does metallic character of an element change as one moves from left to right in period and top to bottom in group respectively ?

(a) From left to right in period, the metallic character of an element increases. And from top to bottom in group, the metallic character of the elements increases.

(b) From left to right in period, the metallic character of an element decreases. And from top to bottom in group, the metallic character of the elements increases.

(c) From left to right in period, the metallic character of an element increases. And from top to bottom in group, the metallic character of the elements decreases.

(d) From left to right in period, the metallic character of an element decreases. And from top to bottom in group, the metallic character of the elements decreases.

Ans. (b) From left to right in period, the metallic character of an element decreases. And from top to bottom in group, the metallic character of the elements increases.

Explanation: Metallic character depends on the ability of the element to loose the valence electron. Due to an increase in atomic size down the group, the tendency of the element to lose the outermost valence electron increases down the group and thus metallic character increases as we move from top to bottom down the group. On the other hand, due to a decrease in atomic size and increase in the number of valence electrons, the tendency of elements to lose the outermost valence electron decreases across the period from left to right. Thus, the metallic character decreases from left to right across a period.

132. Study the given figure and answer the question that follow:

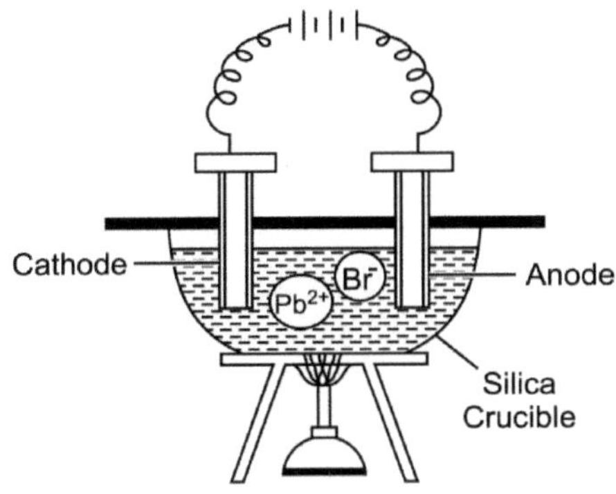

Why silica crucible is used in this type of electrolysis?

(a) Non-reactive

(b) Non-conductor of electricity

(c) Withstand at high temperature

(d) All of the above

Ans. (d) All of the above

Explanation: Silica is non-reactive. It can withstand at high temperature and is almost a non-conductor of electricity.

133. In the given figure how many pairs of bond contains in the hydrogen molecule electron dot structures of non-polar covalent compound ?

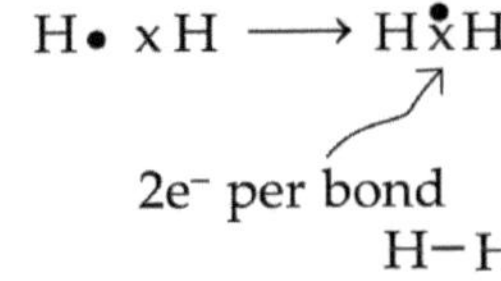

(a) Four

(b) Five

(c) Six

(d) One

Ans. (d) One

Explanation: In the given figure, one pair of bond contains in the hydrogen molecule electron dot structures of non-polar covalent compound. The electronegativity difference is zero (diatomic molecule) and type of bonding is non-polar covalent single bond.

134. The electronegativities (according to pauling) of the elements in period 3 of the portion of Periodic Table are as follows when the elements arranged in alphabetical order :

Al	Cl	Mg	Na	P	S	Si
1.5	3.0	1.2	0.9	2.1	2.5	1.8

Arrange the elements in the order in which they occur in the Periodic Table from left to right. (The group 1 element first, followed by the group 2 element and so on, up to group 7)

(a) Na, Mg, Al, Si, P, S, Cl

(b) Mg, Na, Al, Si, Cl, P, S

(c) Na, Al, Mg, P, Si, Cl, S

(d) Mg, Al, Cl, P, S, Si, Na

Ans. (a) Na, Mg, Al, Si, P, S, Cl

Explanation: In a period, as we move from left to right electronegativity increases. So, the correct order is:

Na, Mg, Al, Si, P, S, Cl.

135. The vapour density of an element is 14. Calculate is molecular mass.

(a) 14

(b) 7

(c) 28

(d) Infinite

Ans. (c) 28

Explanation:

Vapour density $= 2 \times$ molecular mass

$= 2 \times 14 = 28$

136.

Elements	A	B	C
Mass number	23	20	35
Number of neutrons	12	0	18

To which groups do A, B and C belong?

(a) A belongs to IA group, B belongs to VIIA group, C belongs to zero group

(b) A belongs to IA group, B belongs to zero group, C belongs to VIIA group

(c) A belongs to VIIA group, B belongs to zero group, C belongs to VIIA group

(d) A belongs to VIIA group, B belongs to IA group, C belongs to zero group

Ans. (b) A belongs to IA group, B belongs to zero group, C belongs to VIIA group

Explanation: By calculating the number of valence electrons, we can predict A, B and C belongs to which group. The number of valence electrons can be calculated as:

(i) Atomic number of A = (Mass number –

Number of neutrons)

= 23 – 12

$$= 11 \Rightarrow \begin{pmatrix} 2 & 8 & 1 \\ K' & L' & M \end{pmatrix}$$

Atomic number of B = (Mass number –

Number of neutrons)

= 20 – 10

$$= 10 \Rightarrow \begin{pmatrix} 2 & 8 \\ K' & L \end{pmatrix}$$

Atomic number of C = (Mass number –

Number of neutrons)

= 25 – 18

$$= 17 \Rightarrow \begin{pmatrix} 2 & 8 & 7 \\ K' & L' & M \end{pmatrix}$$

As A has 1 valence electron in its outermost shell, therefore it belongs to group IA, the outermost shell of B is complete, therefore, it belongs to zero group, and C has 7 electrons in its outermost shell, therefore, it belongs to VIIA group.

137. How many pairs of bond and lone pair contains in the given Chlorine Molecule figure?

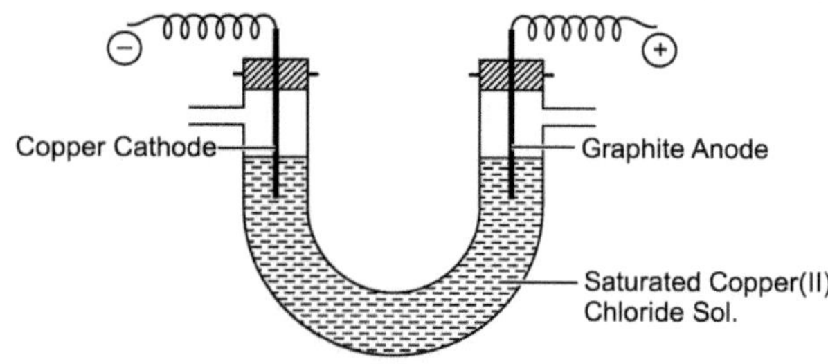

(a) Contains four bond pair and six lone pair

(b) Contains one bond pair and six lone pair

(c) Contains two bond pair and six lone pair

(d) Contains six bond pair and six lone pair

Ans. (b) Contains one bond pair and six lone pair

Explanation: There are one bond pair and six lone pair contains in the given chlorine molecule. Also electronegativity difference is zero (diatomic molecule) and the type of bonding is Non-polar covalent single bond.

138. Study the given figure and answer the questions that follow:

(i) Name the ions which will migrate to cathode.

  (a) Hydrogen ions (H^+)

  (b) Copper ions (Cu^{2+})

  (c) Chloride ions (Cl^-)

  (d) Both (a) and (b)

(ii) Name the ions which will migrate to anode.

  (a) Hydroxyl ions (OH^-)

  (b) Chloride ions (Cl^-)

  (c) Both (a) and (b)

  (d) Hydrogen ions H^+

Ans. (i) (d) Both (a) and (b)

Explanation: Copper ions (Cu^{2+}) and hydrogen ions H^+ migrate to cathode

(ii) (c) Both (a) and (b)

Explanation: Chloride ions (Cl^-) and hydroxyl ions OH^- migrate to anode

139. What is the colour of aluminium salts ?

  (a) Red   (b) Green

  (c) White   (d) Colourless

Ans. (d) Colourless

Explanation: Aluminium salts are colourless.

140. An aqueous solution of nickel (II) sulphate was electrolysed using nickel electrodes. Observe the diagram and answer the questions that follow :

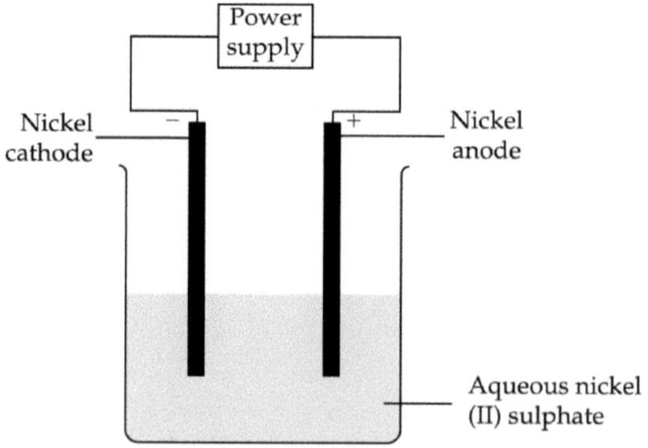

Which equation for the reaction at the anode is correct ?

(a) $Ni \longrightarrow Ni^{2+} + 2e^-$ (b) $Ni + 2e^- \longrightarrow Ni^{2+}$

(c) $Ni^{2+} \longrightarrow Ni + 2e^-$ (d) $Ni^{2+} + 2e^- \longrightarrow Ni$

Ans. (c) $Ni^{2+} \longrightarrow Ni + 2e^-$

Explanation: At cathode reduction takes place and deposition of Ni takes place as Ni^{2+} ions from solution convert to Ni metal.

$$Ni^{2+} + 2e^- \longrightarrow Ni$$

At anode oxidation takes place and Ni metal converts to Ni^{2+} ions.

$$Ni \longrightarrow Ni^{2+} + 2e^-$$

141. How many pairs of bond and lone pair are present in the structure of methane?

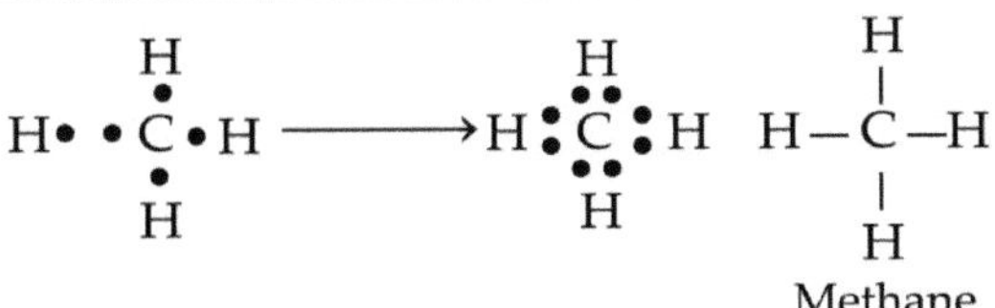

(a) 4 bond pair and zero lone pair

(b) 8 bond pair and zero lone pair

(c) 6 bond pair and zero lone pair

(d) 4 bond pair and 4 lone pair

Ans. (a) 4 bond pair and zero lone pair

Explanation: There are 4 bond pair and zero lone pair contains in the given methane molecule. Also electronegativity difference is very less and the type of bonding is non-polar covalent single bond.

142. Consider the section of the periodic table given below:

Group	IA	IIA	IIIA	IVA	VA	VIA	VIIA	O
Numbers	1	2	13	14	15	16	17	18
	Li		D			O	J	Ne
	A	Mg	E	Si		H	K	
	B	C		F	G			L

In this table:

B does not represent Boron

C does not represent Carbon

F does not represent Fluorine

H does not represent Hydrogen

K does not represent Potassium

You must see the position of the element in the periodic table. Some elements are given in their own symbol and position in the periodic table. While others are shown with a letter. With reference to the table :

(i) Which is the most electronegative?

    (a) A   (b) D

    (c) O   (d) J

(ii) How many valence electrons are present in G?

    (a) 2   (b) 3

    (c) 4   (d) 5

(iii) Write the formula of the compound between B and H.

    (a) BH   (b) B_2H

    (c) BH_2 (d) $(BH)_2$

Ans. (i) (d) J

Explanation: Atoms of group 17 are most electronegative in nature as by gaining an electron they can achieve their noble gas configuration so J is the answer.

(ii) (d) 5

Explanation: Valence electrons are present in the outermost shell of electrons in the 15th period; the number of valence electrons remain 5 so the answer is 5.

(iii) (b) B_2H

Explanation: The formula of the compound between B and H depends on their valency. Valence electrons present in B is 1 and in H it is 6 and the valency of B +1 and H is –2 therefore compound formed between B and H is B_2H.

143. Naphthalene contains 93.75% C and the rest hydrogen. Molecular mass of naphthalene is 128. Find its empirical formula.

    (a) C_5H_4 (b) C_6H_4

    (c) C_5H_{10} (d) C_5H_2

Ans. (a) C_5H_4

Explanation:

$$\text{Mass of carbon} = 93.71$$

$$\text{Mass of hydrogen} = 6.29$$

$$\text{Number of mole (carbon)} = \frac{93.71}{12} = 7.8$$

$$\text{Number of mole (hydrogen)} = \frac{16.29}{1} = 6.29$$

Hence,

$$\text{most simple ratio, for carbon} = \frac{7.8}{6.29} = 1.25$$

$$\text{For hydrogen} = \frac{6.29}{6.29} = 1$$

Since, it is not a whole number we multiply the ratio by 5 to get a whole number ratio.

Lowest whole number ratio is:

$$\text{For carbon} = 5$$

$$\text{For hydrogen} = 4$$

$$\text{Empirical formula} = C_5H_4$$

$$\text{Ratio} = \frac{128g}{64g} = 2$$

$$\text{Molecular formula} = 2 \times C_5H_4$$

$$= C_{10}H_8$$

144. A solid has properties like high boiling point, high melting point, hard, soluble in polar solvents. Which type of solid is this ?

    (a) Ionic solid   (b) Covalent solid

    (c) Coordinate solid   (d) All of these

Ans. (a) Ionic solid

Explanation: Ionic solids contains ions, and shows all the given characteristics.

145. The diagram given below is a part of Periodic Table. Study the table and answer the questions given below the table :

1												2He
3	4Be				5	6	7	8	9	10		
11	12				13	14Si	15	16S	17	18		
19	20Ca	21	22	23	24Cr	25	26	27	28	29	30	31	32	33	34	35	36Kr

(i) Name two elements in same group of Periodic Table.

(a) Oxygen and Uranium

(b) Oxygen and Sulphur

(c) Calcium and Hydrogen

(d) Cromium and Rubidium

(ii) Name the transition metal.

(a) Cromium   (b) Sulphur

(c) Calcium   (d) Oxygen

(iii) Name an element, which reacts vigorously with water.

(a) Argon   (b) Boron

(c) Calcium   (d) Uranium

(iv) Which element forms very corrosive acid?

(a) Chromic acid produced by chromium

(b) Oxalic acid produced by oxygen

(c) Calcium carbonate acid produced by calcium

(d) Ferric oxide produced by iron

Ans. (i) (b) Oxygen and sulphur

Explanation: Oxygen group element, also called chalcogen, and the following six chemical elements making up Group 16 of the periodic classification—namely, oxygen (O), sulphur (S), selenium (Se), tellurium (Te), polonium (Po), and livermorium (Lv). Thus, oxygen and sulphur belongs to the same group.

(ii) (a) Cromium

Explanation: Transition elements (also known as transition metals) are elements that have partially filled d orbitals. From the given options, chromium is the transition metal.

(iii) (c) Calcium

Explanation: Calcium is a silvery-white metal; it is relatively soft, but much harder than sodium metal. Calcium is a member of the alkaline-earth metals (Group II on the periodic table); these metals react vigorously with water, The reaction can be represented as:

$$Ca(s) + 2H_2O(l) \longrightarrow Ca(OH)_2(aq) + H_2(g)$$

(iv) (a) Chromic acid produced by chromium

Explanation: Chromic acid is usually used for a mixture made by adding concentrated sulfuric acid to a dichromate, which may contain a variety of compounds, including solid chromium trioxide. This kind of chromic acid may be used as a cleaning mixture for glass.

146. Given below ion formed by the combination of:

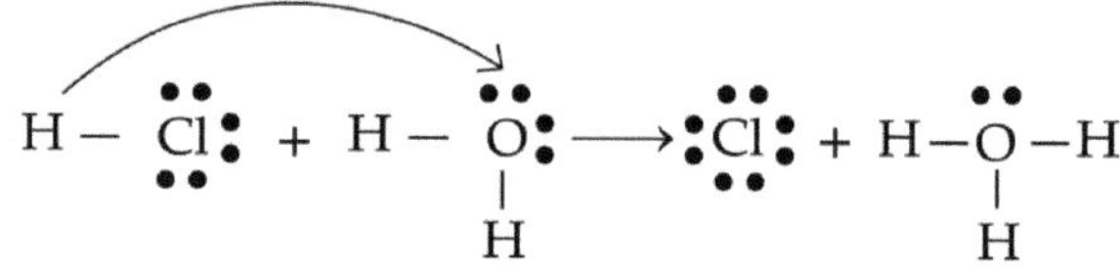

(a) H_2O molecule and H^+ ion

(b) Cl_2O molecule and CHO^+ ion

(c) HCl_2O molecule and H^+ ion

(d) Cl_2 molecule and H^+ ion

Ans. (a) H_2O molecule and H^+ ion

Explanation: This ion formed by the combination of H_2O molecule and H^+ ion. The oxygen in water has two lone pairs of electrons. H^+ ion has required 2 more electrons to complete its duplet. During the formation of H_3O^+, one lone pair (2 electrons) from O atom is donated to the H^+ ion and Oxygen-hydrogen co-ordinate bond is formed.

147. How many electrons are gained or lost by calcium to attain nearest noble gas configuration?

(a) 2 electrons gain

(b) 2 electrons lost

(c) 3 electrons gain

(d) 3 electrons lost

Ans. (b) 2 electrons lost

Explanation: The atomic number Ca atom is 20. Therefore, its electronic configuration will be $1s^2 2s^2 2p^6 3s^2 3p^6 4s^2$. Ca gives two electrons to attain its nearest noble gas configuration.

148. An organic compound contains carbon, hydrogen and oxygen. Its elemental analysis gave carbon 38.7% and hydrogen 9.67%. The empirical formula of the compound would be

(a) CH_3O (b) CH_2O

(c) CHO (d) CH_4O

Ans. (a) CH_3O

Explanation: The empirical formula is to be calculated as:

Elements	% Composition	Atomic Mass	Mole Ratio	Simple Ratio
C	38.71	12	$\dfrac{38.71}{12} = 3.22$	$\dfrac{3.22}{3.22} = 1$
H	9.67	1	$\dfrac{19.67}{1} = 19.67$	$\dfrac{9.67}{3.22} = 3$
O	100 − (38.71 + 9.67) = 51.62	16	$\dfrac{51.62}{16} = 3.22$	$\dfrac{3.22}{3.22} = 1$

149. Name the given molecule for the following structure:

$$\mathrm{\underset{H}{\overset{H}{>}}C = C\underset{H}{\overset{H}{<}}}$$

(a) C_2H_6 molecule   (b) C_2H_4 molecule
(c) C_2H_5 molecule   (d) CH_4 molecule

Ans. (b) C_2H_4 molecule

Explanation: The electron dot structure, widely known as Lewis Structure, is a skeletal diagrammatic representation of a molecule taking into account the constituent atoms and the valence shell electrons. C_2H_4 lewis structure contains four C−H bonds and one double bond in between two carbon atoms. No lone pair is present on the central or outer atom in the lewis structure of ethene.

150. What will be the empirical formula of a compound if the percentage of elements present is A = 39.56 %, B = 7.74%, C = 52.70% ? (Atomic mass of A= 12, B= 1 , C= 16)

(a) ABC   (b) $A_3B_7C_3$
(c) $A_6B_7C_3$ (d) $A_3B_3C_6$

Ans. (b) $A_3B_7C_3$

Explanation: First of all, masses are converted to moles, then these are divided by lowest number
A = 3.29 moles   B = 7.68 moles   C = 3.29 moles

$$A = \frac{3.29}{3.29} = 1$$
$$B = \frac{7.68}{3.29} = 2.3$$
$$C = \frac{3.29}{3.29} = 1$$

Multiply to get smallest whole-number ratio,

$$1 \times 3 = 3$$
$$2.3 \times 3 = 7$$
$$1 \times 3 = 3$$

So,   empirical formula $= A_3B_7C_3$

151. Name the given structure of the molecule:

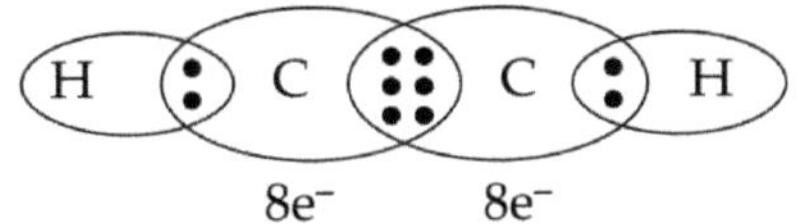

(a) C_2H_6 molecule   (b) C_2H_4 molecule
(c) C_2H_2 molecule   (d) C_3H_4 molecule

Ans. (c) C_2H_2 molecule

Explanation: C_2H_2 is a chemical formula for Ethyne, a gaseous alkyne hydrocarbon. It has been used widely for welding and cutting purposes. This molecule is also known by the name Acetylene. The compound has a simple structure and is made up of two carbon atoms and two hydrogen atoms. Lewis Structure of any molecule helps to know the arrangement of all atoms, their valence electrons, and the bond formation in the molecule.

152. The diagram given below is a part of Periodic Table. Study the table and answer the questions given below the table :

1																	2He
3	4Be										5	6	7	8	9	10	
11	12										13	14Si	15	16S	17	18	
19	20Ca	21	22	23	24Cr	25	26	27	28	29	30	31	32	33	34	35	36Kr

(a) Name two elements in same group of Periodic Table.
   1. Oxygen and Uranium
   2. Oxygen and Sulphur
   3. Calcium and Hydrogen
   4. Chromium and Rubidium

(b) Name the transition metal.
   1. Chromium   2. Sulphur
   3. Calcium   4. Oxygen

(c) Name an element, which reacts vigorously with water.
   1. Argon   2. Boron
   3. Calcium   4. Uranium

(d) Which element forms very corrosive acid?
   1. Chromic acid produced by chromium
   2. Oxalic acid produced by oxygen
   3. Calcium carbonate acid produced by calcium
   4. Ferric oxide produced by iron

Ans. (a) 2. Oxygen and sulphur

Explanation: Oxygen and sulphur belong to the same group since they have same number of valence electrons.

(b) 1. Chromium

Explanation: Chromium is the transition element since its last as well as second last orbital is incomplete.

(c) 3. Calcium

Explanation: Calcium vigorously reacts with water as it reacts with the water, producing hydrogen gas, and a cloudy white precipitate of calcium hydroxide.

(d) 1. Chromic acid produced by chromium

Explanation: Chromic acid produced by chromium forms the most corrosives acids.

153. Which of the following molecule/ion is correctly match with Lewis Representation ?

(a) HNO_3

(b) NF_3

(c) CO_3^{2-}

(d) All are correctly matched

Ans. (d) All are correctly matched

Explanation: The Lewis dot structures provide a picture of bonding in molecules and ions in terms of the shared pairs of electrons and the octet rule. In general the least electronegative atom occupies the central position in the molecule/ion. For example in the NF_3 and CO_3^{2-}, nitrogen and carbon are the central atoms whereas fluorine and oxygen occupy the terminal positions. After accounting for the shared pairs of electrons for single bonds, the remaining electron pairs are either utilized for multiple bonding or remain as the lone pairs. The basic requirement being that each bonded atom gets an octet of electrons.

154. What happens to pale blue ppt. obtained when ammonia solution is added to copper sulphate solution on addition of excess of alkali ?

(a) Ppt. is soluble

(b) Ppt. is insoluble

(c) No effect on ppt.

(d) Sparingly soluble

Ans. (a) Ppt. is soluble

Explanation: When ammonia solution is added first drop wise and then in excess to the following solutions, a pale blue ppt is obtained which is soluble in excess of alkali

155. Lewis dot structure of CO molecule is:

(a) $:C \equiv O:$

(b) 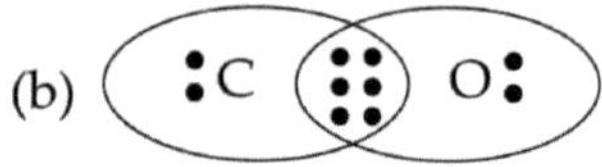

(c) Both (a) and (b)

(d) None of the above

Ans. (c) Both (a) and (b)

Explanation: The carbon monoxide is produced from the partial oxidation of carbon dioxide (CO_2) or any other carbon-containing element. The Lewis structure, also called as electron dot structure, is a simplified method of representing the number of valence electrons present within an atom or a molecule. The skeletal structure of CO is written as:

Draw a single bond (one shared electron pair) between C and O and complete the octet on O, the remaining two electrons are the lone pair on C.

$$:C \; :O: \quad Or \quad :C - O:$$

This does not complete the octet on carbon and hence we have to resort to multiple bonding (in this case a triple bond) between C and O atoms. This satisfies the octet rule condition for both atoms.

 Or $:C \equiv O:$

156. Which of the following electron dot structure is/are correct ?

(a)

$$Na + \; \bullet\overset{\bullet\bullet}{\underset{\bullet\bullet}{Cl}}: \longrightarrow Na^+ \; [:\overset{\bullet\bullet}{\underset{\bullet\bullet}{Cl}}:]^- \quad Or \quad Na^+Cl^-$$

2, 8, 1   2, 8, 7   2, 8   2, 8, 8

(b)

$$Mg + 2 \bullet \overset{\bullet\bullet}{\underset{\bullet\bullet}{Cl}}: \longrightarrow Mg^{2+} \; 2[:\overset{\bullet\bullet}{\underset{\bullet\bullet}{Cl}}:] \quad Or \quad MgCl_2$$

(c)

$$Ca + \overset{\bullet\bullet}{\underset{\bullet\bullet}{O}} \longrightarrow Ca^{2+} \; [:\overset{\bullet\bullet}{\underset{\bullet\bullet}{O}}:]^- \quad Or \quad CaO$$

2, 8, 8, 2   2, 6   2, 8, 8   2, 8

(d) All of the above

Ans. (d) All of the above

Explanation: Electron dot structure of NaCl will be:

$$Na + \cdot \overset{\cdot\cdot}{\underset{\cdot\cdot}{Cl}}\!: \longrightarrow Na^+ \; [:\!\overset{\cdot\cdot}{\underset{\cdot\cdot}{Cl}}\!:]^- \; Or \; Na^+Cl^-$$

2, 8, 1   2, 8, 7   2, 8   2, 8, 8

Electron dot structure of $MgCl_2$ will be:

$$Mg + 2\cdot \overset{\cdot\cdot}{\underset{\cdot\cdot}{Cl}}\!: \longrightarrow Mg^{2+} \; 2\,[:\!\overset{\cdot\cdot}{\underset{\cdot\cdot}{Cl}}\!:] \; Or \; MgCl_2$$

Electron dot structure of CaO will be:

$$Ca + \overset{\cdot\cdot}{\underset{\cdot\cdot}{O}} \longrightarrow Ca^{2+} \; [:\!\overset{\cdot\cdot}{\underset{\cdot\cdot}{O}}\!:]^- \; Or \; CaO$$

2, 8, 8, 2   2, 6   2, 8, 8   2, 8

157. The electronic configuration of three elements X, Y and Z is given below:

X = 2 Y= 2, 6 Z= 2, 8, 2

(i) Which element belongs to the second period?

    (a) X   (b) Y

    (c) Z   (d) None of these

(ii) Which one of them is a noble gas ?

    (a) X   (b) Y

    (c) Z   (d) None of these

(iii) What is the valency of Z ?

    (a) 1   (b) 2

    (c) 3   (d) 4

(iv) Which is a metal ?

    (a) X   (b) Y

    (c) Z   (d) All of these

Ans. (i) (b) Y

Explanation: Y belongs to second period as its valency is two.

(ii) (a) X

Explanation: X (2= helium) is a noble gas.

(iii) (b) 2

Explanation: It loses 2 electrons to attain nearest noble gas configuration.

(iv) (c) Z is a metal.

Explanation: Metals have a tendency to lose electrons.

□□

Chemistry
Self Assessment Paper

Question 1

Lithium chloride is formed by transfer of electrons, which element is getting oxidised in the process of formation ?

1. Lithium
2. Chlorine
3. Both 1 and 2
4. None of these

Question 2

An acid which is used in soda wash and in aerated drinks is ___________.

1. Citric acid
2. Carbonic acid
3. Acetic acid
4. Boric acid

Question 3

If element 'X' forms a chloride with the formula XCl_3, then X would most likely belong to the same group of the Modern Periodic Table as :

1. Na
2. Br
3. Al
4. Mg

Question 4

Valency of aluminium is:

1. 2
2. 3
3. 4
4. 5

Question 5

$Na_2CO_3.10H_2O$ is:

1. Washing soda
2. Baking soda
3. Bleaching powder
3. Tartaric acid

Question 6

The oxide and hydroxide of which metal is amphoteric :

1. Zinc
2. Copper
3. Iron
4. Manganese

Question 7

Relation between vapour density and molecular weight

1. Molecular weight = 2/ Vapour density
2. Molecular weight = 2 × Vapour density
3. Molecular weight × 2 = Vapour density
4. None of these

Question 8

During electrolysis of NaCl, the gas discharged at the anode is :

1. Chlorine
2. Oxygen
3. Hydrogen
4. None of these

Question 9

Magnesium hydroxide is ____________.

1. Monoacidic alkali
2. Diacidic alkali
3. Triacidic alkali
4. All of these

Question 10

What is the colour when methyl orange is added to sulphuric acid ?

1. Pink
2. Red
3. Blue
4. Colourless

Question 11

Which type of bond is present in carbon tetrachloride ?

1. Ionic bond
2. Covalent bond
3. Coordinate bond
4. None of these

Question 12

An element having atomic number 19 and belongs to Alkali metals is __________.

1. Li
2. F
3. K
4. Cl

Question 13

The salt which on hydrolysis forms acid is ____________.

1. Iron chloride
2. Aluminium acetate
3. Sodium chloride
4. All the above

Question 14

A compound which liberates reddish brown gas around the anode during electrolysis in its molten state is :

1. Sodium chloride
2. Copper (II) oxide
3. Copper (II) sulphate
4. Lead (II) bromide

Question 15

The empirical formula and molecular mass of a compound are CH_2O and 180g respectively. What will be the molecular formula of the compound ?

1. $C_9H_{18}O_9$
2. CH_2O
3. $C_6H_{12}O_6$
4. $C_2H_4O_2$

Question 16

Anhydrous iron(III) chloride is prepared by :

1. Direct combination
2. Simple displacement
3. Decomposition
4. Neutralization

Question 17

How many water molecules does hydrated calcium sulphate contain ?

1. 5
2. 10
3. 7
4. 2

Question 18

Identify the molecule with a single covalent bond.

1. CO_2
2. CO
3. C_{12}
4. N_2

Question 19

An element having electronic configuration 2, 8, 18, 3 belongs to which group of the Modern Periodic Table ?

1. 13th group
2. 3rd group
3. 18th group
4. 15th group

Question 20

The electronic configuration of Mg is ______________.

1. 2,8,1
2. 2,8,7
3. 2,8,2
4. 2,8

Question 21

An element having atomic number 17 and belongs to halogens is ____________.

1. Li
2. F
3. K
4. Cl

Question 22

How many valence electrons are present in Mg?

1. 1
2. 2
3. 3
4. 4

Question 23

Write the name of a non-metal of group 15.

1. Nitrogen
2. Calcium
3. Phosphorous
4. None of these

Question 24

When fused lead bromide is electrolysed we observe :

1. A silver grey deposit at anode and a reddish brown deposit at cathode
2. A silver grey deposit at cathode and a reddish brown deposit at anode
3. A silver grey deposit at cathode and reddish brown fumes at anode
4. Silver grey fumes at anode and reddish brown fumes at cathode.

Question 25

Arrange the following as per instruction given in the brackets : Cs, Na, Li, K, Rb (Increasing order of metallic character)

1. Li < Na < K < Rb < Cs
2. Li < Na < Cs < K < Rb
3. K < Rb < Cs < Li < Na
4. Cs < Li < Na < K < Rb

Question 26

A chloride which forms a precipitate that is soluble in excess of ammonium hydroxide is :

1. Calcium chloride
2. Ferrous chloride
3. Ferric chloride
4. Copper chloride

Question 27

Sodium carbonate is a basic salt because it is a salt of a:

1. Strong acid and strong base
2. Weak acid and weak base
3. Strong acid and weak base
4. Weak acid and strong base

Question 28

A polar covalent bond will be formed in which one of these pair of atoms:

1. HF
2. H_2
3. Cl_2
4. O_2

Question 29

Naphthalene contains 93.75% C and the rest hydrogen. Molecular mass of naphthalene is 128. Find its empirical formula.

1. C_5H_4
2. C_6H_4
3. C_5H_{10}
4. C_5H_2

Question 30

The vessel in which electrolysis of lead bromide is carried out is :

1. Clay crucible
2. Glass vessel
3. Silica crucible
4. Aluminium vessel

Question 31

Arrange the following as per instruction given in the brackets : Cl, F, Br, I (Increasing order of electron affinity)

1. Br < I < F < Cl
2. I < Br < Cl < F
3. Br < Cl < I < F
4. F < Cl < Br < I

Question 32

A solution of the compound which gives a dirty green precipitate with sodium hydroxide.

1. Ammonium sulphate
2. Lead carbonate
3. Ferrous sulphate
4. Chlorine

Question 33

Alkalis are :

1. Acids, which are soluble in water
2. Acids, which are insoluble in water
3. Bases, which are insoluble in water
4. Bases, which are soluble in water

Question 34

Aluminum has a tendency to lose :

1. 2 electrons
2. 1 electron
3. 4 electrons
4. 3 electrons

Question 35

An organic compound contains carbon, hydrogen and oxygen. Its elemental analysis gave Carbon 38.7% and Hydrogen 9.67%. The empirical formula of the compound would be

1. CH_3O
2. CH_2O
3. CHO
4. CH_4O

Question 36

Which soln. becomes a deep/inky blue colour when excess of ammonium hydroxide is added to it.

1. Copper nitrate
2. Iron [II] sulphate
3. Iron [III] chloride
4. Lead nitrate

Question 37

The diagram given below is a part of Periodic Table. Study the table and answer the questions given below the table :

1																	2He
3	4Be											5	6	7	8	9	10
11	12											13	14Si	15	16S	17	18
19	20Ca	21	22	23	24Cr	25	26	27	28	29	30	31	32	33	34	35	36Kr

(a) Name two elements in same group of Periodic Table.

1. Oxygen and Uranium
2. Oxygen and sulphur
3. Calcium and Hydrogen
4. Chromium and Rubidium

(b) Name the transition metal.

1. Chromium
2. Sulphur
3. Calcium
4. Oxygen

(c) Name an element, which reacts vigorously with water.

1. Argon
2. Boron
3. Calcium
4. Uranium

(d) Which element forms very corrosive acid?

1. Chromic acid produced by chromium
2. Oxalic acid produced by oxygen
3. Calcium carbonate acid produced by calcium
4. Ferric oxide produced by Iron

Name of Exam : _____________________________

2021-22

OMR Response Sheet

Roll No.	

1 ○ ○ ○ ○ ○ ○ ○
2 ○ ○ ○ ○ ○ ○ ○
3 ○ ○ ○ ○ ○ ○ ○
4 ○ ○ ○ ○ ○ ○ ○
5 ○ ○ ○ ○ ○ ○ ○
6 ○ ○ ○ ○ ○ ○ ○
7 ○ ○ ○ ○ ○ ○ ○
8 ○ ○ ○ ○ ○ ○ ○
9 ○ ○ ○ ○ ○ ○ ○
0 ○ ○ ○ ○ ○ ○ ○

Name ____

Class & Section _____________________________________

Subject ____

Subject Code : ☐ ☐ ☐

Date of Exam :   D   D   M   M   YYYY
☐☐/☐☐/☐☐☐☐

Candidate's Sign.

Invigilator's Sign.

Instructions for filling the OMR sheet :

1. Use only black/blue ball point pen to fill the circle
2. Use of pencil is strictly prohibited
3. Circle should be designed completely and properly
4. Cutting and erasing on this sheet is not allowed

Q. No.	1	2	3	4	Q. No.	1	2	3	4
1.	○	○	○	○	21.	○	○	○	○
2.	○	○	○	○	22.	○	○	○	○
3.	○	○	○	○	23.	○	○	○	○
4.	○	○	○	○	24.	○	○	○	○
5.	○	○	○	○	25.	○	○	○	○
6.	○	○	○	○	26.	○	○	○	○
7.	○	○	○	○	27.	○	○	○	○
8.	○	○	○	○	28.	○	○	○	○
9.	○	○	○	○	29.	○	○	○	○
10.	○	○	○	○	30.	○	○	○	○
11.	○	○	○	○	31.	○	○	○	○
12.	○	○	○	○	32.	○	○	○	○
13.	○	○	○	○	33.	○	○	○	○
14.	○	○	○	○	34.	○	○	○	○
15.	○	○	○	○	35.	○	○	○	○
16.	○	○	○	○	36.	○	○	○	○
17.	○	○	○	○	37. (a)	○	○	○	○
18.	○	○	○	○	37. (b)	○	○	○	○
19.	○	○	○	○	37. (c)	○	○	○	○
20.	○	○	○	○	37. (d)	○	○	○	○

Self Assessment Chart

After solving the Self Assessment Paper, with the help of online solutions, mark yourself accordingly.

Q. No.	Chapters	Topics	Marks per Question	Marks Obtained
Ex.	Chemical Bonding	Polar covalent compounds	1	1
1	Chemical Bonding	Electrovalent compounds	1	
2	Study of Acids, Bases and Salts	Use of acids	1	
3	Periodic Properties and variations of Properties	Periodicity on the basis of atomic number	1	
4	Periodic Properties and variations of Properties	Valency of elements	1	
5	Study of Acids, Bases and Salts	Hydrated salts	1	
6	Analytical Chemistry	General properties of hydroxides	1	
7	Mole Concept and Stoichiometry	Vapour density	1	
8	Electrolysis	Electrolysis of NaCl	1	
9	Analytical Chemistry	General properties of hydroxides	1	
10	Study of Acids, Bases and Salts	Indicators	1	
11	Chemical Bonding	Covalent compounds	1	
12	Periodic Properties and variations of Properties	Atomic number	1	
13	Study of Acids, Bases and Salts	Study of salts	1	
14	Electrolysis	Electrolysis of lead bromide	1	
15	Mole Concept and Stoichiometry	Empirical formula	1	
16	Analytical Chemistry	General properties of salts	1	
17	Analytical Chemistry	General properties of salts	1	
18	Chemical Bonding	Covalent compounds	1	
19	Periodic Properties and variations of Properties	Identification of group of elements	1	
20	Periodic Properties and variations of Properties	Periodicity on the basis of atomic number	1	
21	Periodic Properties and variations of Properties	Periodicity on the basis of atomic number	1	
22	Periodic Properties and variations of Properties	Periodicity on the basis of atomic number	1	
23	Periodic Properties and variations of Properties	Trends of periodic properties	1	
24	Electrolysis	Electrolysis of lead bromide	1	
25	Periodic Properties and variations of Properties	Metallic character of elements	1	
26	Analytical Chemistry	Action of ammonium hydroxide	1	
27	Study of Acids, Bases and Salts	Salts	1	
28	Chemical Bonding	Covalent compounds	1	
29	Mole Concept and Stoichiometry	Deduction of simple (empirical formula)	1	
30	Electrolysis	Electrolysis of lead bromide	1	
31	Periodic Properties and variations of Properties	Trends of periodic properties in groups	1	
32	Analytical Chemistry	Action of sodium hydroxide	1	
33	Study of Acids, Bases and Salts	Bases	1	
34	Chemical Bonding	Electrovalent compounds	1	
35	Mole Concept and Stoichiometry	Empirical formula	1	
36	Analytical Chemistry	Action of ammonium hydroxide	1	
37(a)	Periodic Properties and variations of Properties	Periodic table	1	
37(b)	Periodic Properties and variations of Properties	Periodic table	1	
37(c)	Periodic Properties and variations of Properties	Periodic table	1	
37(d)	Periodic Properties and variations of Properties	Periodic table	1	
How did you perform ? (Marks Achieved/Maximum Marks × 100%)				

Mathematics

1. Goods and Services Tax (GST)
2. Banking
3. Linear Inequations
4. Quadratic Equations
5. Ratio and Proportion
6. Factorisation
7. Matrices
8. Arithmetic Progression
9. Similarity

Chapter - 1 (Goods and Services Tax (GST)

1. GST is an indirect tax that will be levied on manufacture sale and consumption of goods and services.
2. The importance of GST is that when applicable it will abolish all indirect taxes. Hence, the entire system of taxation will be simpler.
3. The GST is paidly consumers, but it is remitted to the government by the business setting the goods and services. In effect, GST provides revnue for the government.
4. It is tax on the value added to each transfer of goods, from the original manufacture to the retailer. (example)

GST Supply Chain (assuming GST @ 8%)				
Supply of Goods	GST Flow	Input Cost	Sale Price	GST Collected
A weaver sells a fabric to a tailor for ₹ 108/m	The weaver pays GST of ₹ 8	0	₹ 100	₹ 8
The tailor sells a ready made completed shirt to a tailor for ₹ 270	Tailor pays GST of ₹ 12 (after input tax claim weaver claims tax credit for ₹ 8)	₹ 100	₹ 250	₹ 12
The retailer sells the ready-made shirt in this showroom for ₹ 540	Retailer pays GST of ₹ 20 (after input claim. Tailor claims tax credit for ₹ 12)	₹ 250	₹ 500	₹ 20
You purchase the shirt for ₹ 540	No tax credit claim. You pay entire GST ₹ 40 @ 8%	NA	NA	Total ₹ 40

5. The difference of tax recovered on the sale value and paid on the pruchase value is deposited with the government as GST.

Chapter - 2 (Banking)

1. Banking is a business of receiving, safe-guarding and lending of money.
2. Recurring deposit Account : In this account a depositor chooses to deposit a specified amount (in multiples of ₹ 5) every month for a specified number of months. This period may vary from 3 months to 10 years. At the expiry of this period the depositor gets the amount deposited by him together with an interest compounded quarterly at a fixed rate. The rate of interest is revised from time to time.
3. Calculation of maturity amount on recurring deposit :

The interest on the recurring deposit account can be calculated by using the formula :

$$\text{S.I.} = P \times \frac{n(n+1)}{2 \times 12} \times \frac{r}{100}$$

where S.I. is the simple interest, P is the money deposited per month, n is the number of months for which the money has been deposited and r is the simple interest rate percent per annum.

Chapter - 3 (Linear Inequations)

Two permissible rules :
1. Addition – Subtraction Rule :
   If the same number or expression is added to or subtracted from both sides of an inequation, the resulting inequation has the same solution (or solutions) as the original.
2. Multiplication – Division Rule.
   (i) If both sides of an inequation are multiplied or divided by the same positive number, the resulting inequation has the same solution (or solutions) as the original.
   (ii) If both sides of an inequation are multiplied or divided by the same negative number, the resulting inequation has the same solution (or solutions) as the original if the symbol of the inequality is reversed.

   Thus, the only difference between solving a linear equation and solving an inequation concerns multiplying or dividing both sides by a negative number. Therefore, always reverse the symbol of an inequation when multiplying or dividing by a negative number.

3. Properties of absolute values :

(i) $|-x| = |x| \ \forall \ x \in R$

(ii) $|xy| = |x||y| \ \forall \ x, y \in R$

(iii) $\left|\dfrac{x}{y}\right| = \dfrac{|x|}{|y|} = \forall \ x, y \in R \ \& \ y \neq 0$

(iv) $|x| = \sqrt{x^2} \ \forall \ x \in R$

(v) If $a > 0$,

then $|x| \leq a \Leftrightarrow -a \leq x \leq a$

$|x| \geq a \Leftrightarrow x \geq a$ or $x \leq -a$.

Chapter - 4 (Quadratic Equations)

1. The standard form of a quadratic equation is $ax^2 + bx + c = 0$, where a, b and c are all real numbers and $a \neq 0$.

   e.g., equation $4x^2 + 5x - 6 = 0$ is a quadratic equation in standard form.

2. Every quadratic equation gives two values of the unknown variable and these values are called roots of the equation.

3. Zero Product Rule : Whenever the product of two expressions is zero; at least one of the expressions is zero.

   If $\quad (x + 3)(x - 2) = 0$

   $\Rightarrow \quad\quad\quad x + 3 = 0$, or $x - 2 = 0$

   $\Rightarrow \quad\quad\quad x = -3$, or $x = 2$

4. Solving quadratic equations using the formula :

   The roots of the quadratic equation $ax^2 + bx + c = 0$; where $a \neq 0$ can be obtained by using the formula :

   $$x = \dfrac{-b \pm \sqrt{b^2 - 4ac}}{2a}$$

5. To examine the nature of the roots :

   Examining the roots of a quadratic equation means to see the type of its roots *i.e.*, whether they are real or imaginary, rational or irrational, equal or unequal.

   The nature of the roots of a quadratic equation depends entirely on the value of its discriminant $b^2 - 4ac$.

   Case I : If a, b and c are real numbers and $a \neq 0$, then discriminant :

   (i) $b^2 - 4ac = 0 \Rightarrow$ the roots are real and equal.

   (ii) $b^2 - 4ac > 0 \Rightarrow$ the roots are real and unequal.

   (iii) $b^2 - 4ac < 0 \Rightarrow$ the roots are imaginary (not real).

   Case II : If a, b and c are rational numbers and $a \neq 0$, then discriminant.

   (i) $b^2 - 4ac = 0 \Rightarrow$ the roots are rational and equal.

   (ii) $b^2 - 4ac > 0$ and $b^2 - 4ac$ is a perfect square, $\Rightarrow$ the roots are rational and unequal.

   (iii) $b^2 - 4ac > 0$ and $b^2 - 4ac$ is not a perfect square $\Rightarrow$ the roots are irrational and unequal.

   (iv) $b^2 - 4ac < 0 \Rightarrow$ the roots are imaginary.

6. Sum and product of the roots : If α and β are the roots of quadratic equation $ax^2 + bx + c = 0$ then

   $$\alpha = \dfrac{-b + \sqrt{b^2 - 4ac}}{2a}$$

   and $\quad\quad\quad \beta = \dfrac{-b - \sqrt{b^2 - 4ac}}{2a}$

   then $\quad \alpha + \beta = \dfrac{-b + \sqrt{b^2 - 4ac} - b - \sqrt{b^2 - 4ac}}{2a}$

   $\Rightarrow \quad \alpha + \beta = \dfrac{-2b}{2a} \Rightarrow \alpha + \beta = \dfrac{-b}{a}$

Product of the roots

$$\alpha\beta = \left(\frac{-b+\sqrt{b^2-4ac}}{2a}\right)\left(\frac{-b-\sqrt{b^2-4ac}}{2a}\right)$$

$$= \frac{(-b)^2 - \sqrt{\left(b^2-4ac\right)^2}}{4a^2}$$

$$= \frac{b^2 - b^2 + 4ac}{4a^2}$$

$$\alpha\beta = \frac{4ac}{4a^2} \Rightarrow \alpha\beta = \frac{c}{a}$$

7. To form a quadratic equation with given roots : Let α, β be the roots of the required quadratic equation, then
   $x^2 - (\alpha+\beta)x + \alpha\beta = 0$
   $x^2 -$ (sum of the roots)x + product of roots $= 0$ will be the required quadratic equation.
8. To find the roots of the quadratic equation we use quadratic equation formula which is

$$x = \frac{-b\pm\sqrt{b^2-4ac}}{2a}$$

Chapter - 5 (Ratio and Proportion)

1. Ratio of two quantities of the same kind and in the same units is a comparison which is obtained by dividing the first quantity by the other.
2. Ratio between a and b written as $a : b$ has no unit.
3. In ratio $a : b$, the first quantity a is called the first term or the antecedent and second quantity b is called the second term or the consequent of $a : b$.
4. The second term of a ratio can not be zero.
5. A ratio must be expressed in its lowest terms *i.e.,* the H.C.F. of its both the terms is unity.
6. When two or more ratios are multiplied together, they are said to be compounded. Thus, if $\frac{a}{b}$ and $\frac{c}{d}$ are any two ratios, then $\frac{ac}{bd}$ is their compounded ratio.

   $\therefore$ Compounded ratio of $a : b$ and $c : d$ is $ac : bd$.
7. A ratio compounded with itself is called duplicate ratio of the given ratio.
   $\therefore$ duplicate ratio of $a : b$ is $a^2 : b^2$.
   Similarly, triplicate ratio of $a : b$ is $a^3 : b^3$.
   Sub-duplicate ratio of $a : b$ is $\sqrt{a} : \sqrt{b}$.

   Sub-triplicate ratio of $a : b$ is $\sqrt[3]{a} : \sqrt[3]{b}$.
8. The reciprocal ratio of $a : b$ is $b : a$.
9. Proportion : An equality of two ratios is called a proportion.

   Four (non-zero) quantities a, b, c, d are said to be in proportion if $a : b = c : d$ *i.e.,* if $= \frac{a}{b} = \frac{c}{d}$.

   We write it as $a : b : : c : d$.
   The quantities a, b, c and d are called the terms of the proportion; a, b, c and d are the first, second, third and fourth terms respectively. First and fourth terms are called extremes (or extreme terms). Second and third terms are called means (or middle terms).

   If the quantities a, b, c and d are in proportion then $\frac{a}{b} = \frac{c}{a} \Rightarrow ad = bc$.

   $\Rightarrow$ Product of extreme terms = Product of middle terms.
10. If the four quantities are in proportion then the product of extreme terms = product of middle terms. This is called cross product rule.

11. **Fourth proportional :** If a, b, c and d are in proportion then d is called the fourth proportional.

12. The (non-zero) quantities of the same kind, a, b, c, d, e, f, ..., are said to be in continued proportion if

$$\frac{a}{b} = \frac{b}{c} = \frac{c}{d} = \frac{d}{e} = \frac{e}{f} = \ldots$$

13. In particular, three (non-zero) quantities of the same kind, a, b and c are said to be in continued proportion if the ratio of a to b is equal to the ratio of b to c i.e., if $\dfrac{a}{b} = \dfrac{b}{c}$.

For example :

2, 4 and 8 are in continued proportion,

since $\dfrac{2}{4} = \dfrac{4}{8}$.

14. **First proportional :** If a, b are c are in continued proportion, then a is called the first proportional.

15. **Third proportional :** If a, b and c are in continued proportion, then c is called the third proportional.

16. **Mean proportional :** If a, b and c are in continued proportion, then b is called the mean proportional of a and c.

Thus, if b is the mean proportional of a and c, then

$$\frac{a}{b} = \frac{b}{c} \Rightarrow b^2 = ac \Rightarrow b = \sqrt{ac}.$$

Hence, the mean proportion between two numbers is the positive square root of their product.

17. **Properties of Ratio & Proportion :**

If $\dfrac{a}{b} = \dfrac{c}{d} \Rightarrow$

(i) $\dfrac{b}{a} = \dfrac{d}{c}$ By Invertendo

(ii) $\dfrac{a}{c} = \dfrac{b}{d}$ By Alternendo

(iii) $\dfrac{a+b}{b} = \dfrac{c+d}{d}$ By Componendo

(iv) $\dfrac{a-b}{b} = \dfrac{c-d}{d}$ By Dividendo

(v) $\dfrac{a+b}{a-b} = \dfrac{c+d}{c-d}$ By Componendo and Dividendo

(vi) $\dfrac{a}{a-b} = \dfrac{c}{c-d}$ By Convertendo

(vii) If $\dfrac{a}{b} = \dfrac{c}{d} = \dfrac{e}{f}$, then each ratio.

$$= \frac{a+c+e}{b+d+f} = \frac{\text{sum of antecedents}}{\text{sum of consequents}}$$

Chapter - 6 (Factorisation)

1. **Factor Theorem :** If $f(x)$ is a polynomial and α is a real number, then $(x - \alpha)$ is a factor of $f(x)$ if $f(\alpha) = 0$.

2. **Remainder Theorem :** If a polynomial $f(x)$ is divided by $(x - \alpha)$, then remainder $= f(\alpha)$.

Chapter - 7 (Matrices)

1. An $m \times n$ matrix usually written as :

$$\begin{bmatrix} a_{11} & a_{12} & \dots a_{1j} & \dots a_{1n} \\ a_{21} & a_{22} & \dots a_{2j} & \dots a_{2n} \\ a_{i1} & a_{i2} & \dots a_{ij} & \dots a_{in} \\ a_{m1} & a_{m2} & \dots a_{mj} & \dots a_{mn} \end{bmatrix} \begin{matrix} \to 1^{st} \text{ row} \\ \to 2^{nd} \text{ row} \\ \\ \to m^{th} \text{ row} \end{matrix}$$

$\qquad$ 1st $\qquad$ 2nd $\quad n^{th}$

$\qquad$ column $\quad$ column $\;$ column

$\qquad$ Generally the matrix is represented by

$$A = [a_{ij}]_{m \times n} \text{ or } A = [a_{ij}].$$

The numbers $a_{11}, a_{12}, \dots\dots, a_{mn}$ are called the elements of matrix A.

2. Order of Matrix = Numbers of Row $\times$ Numbers of Column

3. Equality of matrices : Two matrices $A = [a_{ij}]_{p \times q}$, $B = [b_{ij}]_{r \times s}$ are equal *i.e.*, A = B if and only if

   (i) $\quad$ A and B are of same order *i.e.*, $p = r$ and $q = s$

   (ii) $\quad$ Each element of A is equal to corresponding element of B *i.e.*, $a_{ij} = b_{ij}$.

4. A matrix which has only one row is called row matrix.

5. A matrix which has only one column is called column matrix.

6. A matrix which has an equal number of rows and columns is called square matrix.

7. A matrix in which number of rows are not equal to the number of columns is called a rectangular matrix.

8. If each element of a matrix is zero it is called zero or a null matrix.

9. A square matrix which has all its elements zero each except on the principal diagonal is called a diagonal matrix.

10. Transpose of a matrix is the matrix obtained by interchanging its rows and columns. If A is a matrix, then its transpose is denoted by A'.

11. Addition of matrices : Let A and B be two matrices each of order $m \times n$. Then their sum A + B is a matrix of order $m \times n$ and is obtained by adding the corresponding elements of A and B.

    Example : Let

$$A = \begin{bmatrix} 1 & 2 \\ 3 & 4 \end{bmatrix} \text{ and } B = \begin{bmatrix} 0 & 5 \\ 1 & 2 \end{bmatrix} \quad \text{then} \quad A + B = \begin{bmatrix} 1+0 & 2+5 \\ 3+1 & 4+2 \end{bmatrix} = \begin{bmatrix} 1 & 7 \\ 4 & 6 \end{bmatrix}$$

12. Properties of matrix addition :

    (i) $\quad$ Matrix addition is commutative

    $\qquad$ *i.e.*, $\quad$ A + B = B + A

    (ii) $\quad$ Matrix addition is associative for any three matrices A, B and C.

    $\qquad$ A + (B + C) = (A + B) + C.

    (iii) Existence of identity.

    $\qquad$ A null matrix is identity element for addition

    $\qquad$ *i.e.*, $\quad$ A + 0 = A = 0 + A.

    (iv) Cancellation laws hold good in case of matrices

    $\qquad$ A + B = A + C $\Rightarrow$ B = C.

    (v) $\quad$ If O is the null (zero) matrix of the same order as matrix A, then A + O = O + A = A and A + (– A) = (– A) + A = 0 where – A is the additive inverse.

13. Subtraction of Matrices :

    For two matrices A and B of the same order, we define

    $\qquad$ A – B = A + (– B).

    Example : If $A = \begin{bmatrix} 2 & 9 \\ 6 & -7 \end{bmatrix}$ and $B = \begin{bmatrix} 0 & -2 \\ 3 & 4 \end{bmatrix}$.

then
$$A - B = \begin{bmatrix} 2-0 & 9-(-2) \\ 6-3 & -7-4 \end{bmatrix}$$

$$= \begin{bmatrix} 2 & 11 \\ 3 & -11 \end{bmatrix}$$

14. Two matrices can be added or subtracted together if they are of the same order.
15. To multiply a matrix by a scalar, we need to multiply each of its elements by this scalar.
16. Multiplication of Matrices : Two matrices A and B can be multiplied together if and only if the number of columns of A is equal to number of rows of B.
17. Properties of Matrix Multiplication :
    (i)   Matrix multiplication is not commutative in general for any two matrices AB ≠ BA.
    (ii) Matrix multiplication is associative *i.e.*, (AB) C = A (BC) when both sides are defined.
    (iii) Matrix multiplication is distributed over matrix addition *i.e.*,
        (i)   A (B + C) = AB + AC
              (A + B) C = AC + BC.
    (iv) If A is an $n \times n$ matrix then
              $I_n A = A = AI_n$
    (v)   The product of two matrices can be the null matrix while neither of them is the null matrix.
18. Product of two matrices A and B = AB
    $$= \begin{bmatrix} \text{1st row of A} \times \text{1st column of B} & \text{1st row of A} \times \text{2nd column of B} \\ \text{2nd row of A} \times \text{1st column of B} & \text{2nd row of A} \times \text{2nd column of B} \end{bmatrix}$$

19. If A is a matrix of order $m \times n$ and B is a matrix of order $n \times p$ then
    $$A_{m \times n} \times B_{n \times p} = C_{m \times p}$$
    where C is the matrix of order $m \times p$.

Chapter - 8 (Arithmetic Progression)

1. A group of numbers, which are arranged in a definite order following a certain rule is called a sequence.
2. If in a sequence of numbers in which each term can be obtained by adding a certain quantity to its preceding term is called arithmetic progression.
3. In an A.P. the difference between two consecutive terms is called common difference and is denoted by d.
4. (i)   If $d > 0$, the A.P. is increasing.
   (ii) If $d < 0$, the A.P. is decreasing and
   (iii) If $d = 1$, all the terms of the A.P. are same.
5. For an A.P. the nth term is given by
   $$a_n = a + (n - 1) d$$
   where a_n is the nth term and a is the first term of the given A.P.
6. If a sequence has n terms, its r th term from the end = $(n - r + 1)$th term from the beginning.
7. Sum of n terms of an A.P. is
   $$S_n = \frac{n}{2}[2a + (n-1) d]$$
   If a, n, l are known
   $$S_n = \frac{n}{2}(a + l)$$

8. Arithmetic mean between a and $b = \dfrac{a + b}{2}$

9. Properties of A.P. :

(i) If a fixed non-zero number is added or subtracted from each term of a given A.P., then the resulting sequence, is also an A.P.

(ii) If a fixed non-zero term is multiplied or divided by each term of given A.P. the resulting sequence is also an A.P.

Chapter - 9 (Similarity)

1. **Similarities of triangles :** When two triangles are similar, their corresponding angles are equal and corresponding sides are proportional.

   For example :

   If $\triangle$ ABC is similar to $\triangle$ DEF,

   i.e., $\triangle$ ABC $\sim$ $\triangle$ DEF;

   $$\angle A = \angle D, \angle B = \angle E, \angle C = \angle F,$$

   and $\quad \dfrac{AB}{DE} = \dfrac{BC}{EF} = \dfrac{AC}{DF}.$

   The sign '~' is read as, 'is similar to'.

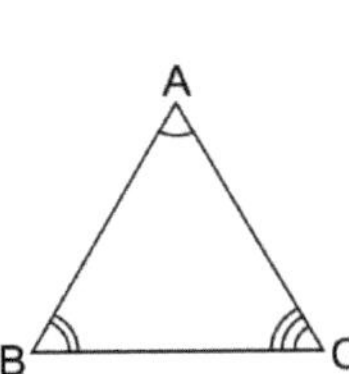
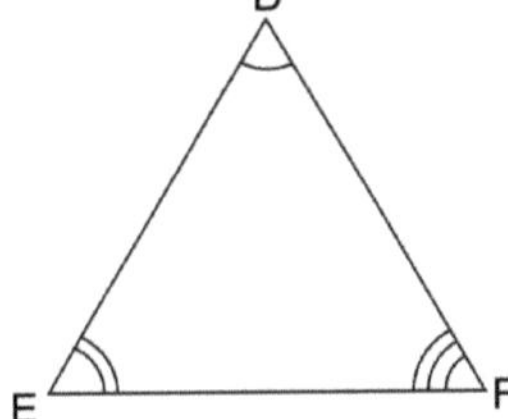

2. **Axioms of similarity of triangles :** (*i.e.,* three similarity postulates for triangles)

   (i) If two triangles have a pair of correspond-ing angles equal and the sides including them are proportional, then the triangles are similar (SAS postulate).

   (ii) If two triangles have two pairs of corres-ponding angles equal; the triangles are similar (AA or AAA postulate).

   (iii) If two triangles have their three pairs of corresponding sides proportional, the triangles are similar (SSS postulate).

3. **Basic Theorem of Proportionality :**

   A line drawn parallel to any side of a triangle, divides the other two sides proportionally.

   In the given figure, DE ∥ BC

   $$\Rightarrow \qquad \frac{AD}{BD} = \frac{AE}{CE}$$

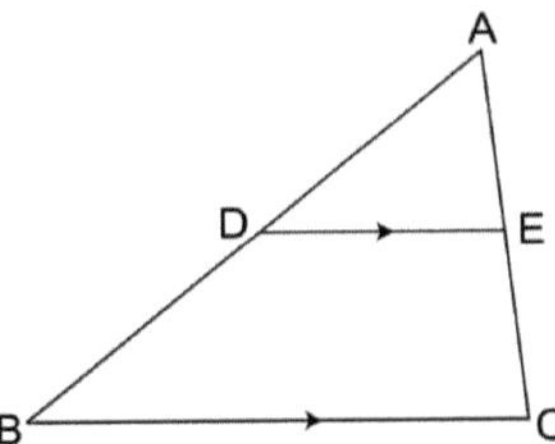

   Conversely : If a line divides two sides of a triangle proportionally, the line is parallel to the third side.

   i.e., if $\dfrac{AD}{BD} = \dfrac{AE}{CE} \Rightarrow$ DE ∥ BC.

Mathematics

Multiple Choice Questions

1. The percentage share of SGST of total GST for an Intra-State sale of an article is:

(a) 25% (b) 50%

(c) 75% (d) 100%

Answer.

(b) 50%

Explanation: In the case of intra-state supply of goods and services tax is shared equally by the central government as CGST and by the state government as SGST.

2. If $\Delta ABC \sim \Delta QRP$ then the correspnoding proportional sides are:

(a) $\dfrac{AB}{QR} = \dfrac{BC}{RP}$ (b) $\dfrac{AC}{QR} = \dfrac{BC}{RP}$

(c) $\dfrac{AB}{QR} = \dfrac{BC}{QP}$ (d) $\dfrac{AB}{PQ} = \dfrac{BC}{RP}$

Answer.

(a) $\dfrac{AB}{QR} = \dfrac{BC}{RP}$

Explanation:

Given: $\qquad\qquad \Delta ABC \sim \Delta QRP$

$\Rightarrow \qquad \dfrac{AB}{QR} = \dfrac{BC}{RP} = \dfrac{CA}{PQ}$

3. Mukesh buys an article marked at ₹ 5,000 at a discount of 15% on the marked price, the rate of tax being 18%. Then the tax Mukesh has to pay for this purchase is:

(a) ₹ 765 (b) ₹ 750

(c) ₹ 825 (d) ₹ 900

Answer.

(a) ₹ 765

Explanation :

Marked price = ₹ 5,000 and discount = 15%

∴ Selling price = Marked price

   – Discount of 15% on marked price

$= 5,000 - \dfrac{15}{100} \times 5,000$

$= 5,000 - 750$

$= ₹\ 4,250$

∴ Tax = Tax rate × Selling price of article

$= 18\% \times 4,250$

$= \dfrac{18}{100} \times 4,250 = ₹\ 765.$

4. If $x \in W$, then the solution set of the inequation $-x > -7$, is:

(a) {8, 9, 10 ...} (b) {0, 1, 2, 3, 4, 5, 6}

(c) {0, 1, 2, 3 ...} (d) {– 8, – 9, – 10 ...}

Answer.

(b) {0, 1, 2, 3, 4, 5, 6}

Explanation :

Given inequation is $-x > -7$

or $\qquad\qquad\qquad x < 7$

So, solution set is {0, 1, 2, 3, 4, 5, 6}.

5. If 73 is the nth term of the Arithmetic Progression 3, 8, 13, 18 ..., then 'n' is:

(a) 13 (b) 14

(c) 15 (d) 16

Answer.

(c) 15

Explanation :

Given, A.P. is 3, 8, 13, 18, ...

So, $\qquad$ first term, $a = 3$

common difference, $\qquad d = 8 - 3 = 5$

Now $\qquad n^{th}$ term, $a_n = 73$

$\qquad\qquad a + (n - 1)d = 73$

$\Rightarrow \qquad 3 + (n - 1)5 = 73$

$\Rightarrow \qquad\qquad n - 1 = 14$

$\Rightarrow \qquad\qquad\qquad n = 15.$

6. The distance between station A and B by road is 240 km and by train it is 300 km. A car starts from station A with a speed x km/hr whereas a train starts from station B with a speed 20km/hr more than the speed of the car.

(i) The time taken by car to reach station B is:

  (a) $\dfrac{240}{x}$ (b) $\dfrac{300}{x}$

  (c) $\dfrac{20}{x}$ (d) $\dfrac{300}{x+20}$

(ii) The time taken by car to reach station A is:

  (a) $\dfrac{240}{x}$ (b) $\dfrac{300}{x}$

  (c) $\dfrac{20}{x}$ (d) $\dfrac{300}{x+20}$

(iii) If the time taken by train is 1 hour less than that taken by the car, then the quadratic equation formed is:

  (a) $x^2 + 80x - 6000 = 0$

  (b) $x^2 + 80x - 4800 = 0$

  (c) $x^2 + 240x - 1600 = 0$

  (d) $x^2 - 80x + 4800 = 0$

(iv) The speed of the car is:

  (a) 60 km/hr   (b) 120 km/hr

  (c) 40 km/hr   (d) 80 km/hr

Answer.

(i) (a) $\dfrac{240}{x}$

Explanation :

Distance between A to B = 240 km

Speed of car = x km/hr

$\therefore$ Time taken to reach station B, $T_1 =$

$$\dfrac{\text{Distance}}{\text{Speed}} = \dfrac{240}{x}$$

(ii) (d) $\dfrac{300}{x+20}$

Explanation :

Distance between A to B = 300 km

Speed of the train = $x + 20$

$\quad$ = (as per question)

Time taken by train to reach station A,

$$T_2 = \dfrac{\text{Distance}}{\text{Speed}} = \dfrac{300}{x+20}$$

(iii) (b) $x^2 + 80x - 4800 = 0$

Explanation :

According to question,

$$T_2 - T_1 = 1$$

$$\dfrac{240}{x} - \dfrac{300}{x+20} = 1$$

[from (i) and (ii)]

$$\dfrac{240x + 4800 - 300x}{x(x+20)} = 1$$

$$-60x + 4800 = x^2 + 20x$$

$$x^2 + 80x - 4800 = 0.$$

(iv)(c) 40 km/hr

Explanation :

From part (iii), we have

$$x^2 + 80x - 4800 = 0$$

$$\Rightarrow x^2 + 120x - 40x - 4800 = 0$$

$$\Rightarrow x(x + 120) - 40(x + 120) = 0$$

$$\Rightarrow (x - 40)(x + 120) = 0$$

$$\therefore \qquad x = 40, -120$$

Speed can't be negative.

So, $\qquad x = 40.$

7. Mohan deposited ₹ 200 per month in a recurring deposit account for 18 months. If the rate of interest is 9% per annum, then the interest earned by him during this period is:

  (a) ₹ 3,856.50   (b) ₹ 3,343.50

  (c) ₹ 330   (d) ₹ 256.50

Answer.

(d) ₹ 256.50

Explanation :

We have,

P = ₹ 200, n = 18 months, r = 9% p.a.

$$\therefore \quad \text{Interest earned} = P \times \dfrac{n(n+1)}{2 \times 12} \times \dfrac{r}{100}$$

$$= 200 \times \dfrac{18 \times 19}{24} \times \dfrac{9}{100}$$

$$= ₹\ 256.50.$$

8. The roots of the quadratic equation $x^2 + 2x + 1 = 0$ are:

  (a) Real and distinct

  (b) Real and equal

  (c) Distinct

  (d) Not real/ imaginary

Answer.

(b) Real and equal

Explanation :

To find nature of the roots of the quadratic equation, we have to find the discriminant.

$$\therefore \qquad D = b^2 - 4ac$$

Given, $\quad x^2 + 2x + 1 = 0$

From this, we get $\quad a = 1, b = 2, c = 1$

$$\Rightarrow \qquad D = (2)^2 - 4 \times 1 \times 1 = 4 - 4 = 0$$

So, roots are real and equal.

9. In a school assembly, students are asked to stand in rows. 6 students stand in the first row, 8 students in the second row, 10 students in the third row and so on.

(i) The number of students in the seventh row is:

    (a) 18   (b) 16

    (c) 20   (d) 22

(ii) If there are total of 150 students, then the total number of rows formed is:

    (a) 8   (b) 9

    (c) 10   (d) 11

(iii) If the total number of rows formed is 12, then the number of students in the assembly is:

    (a) 176   (b) 204

    (c) 216   (d) 224

(iv) In which row, there will be 20 students ?

    (a) 4   (b) 10

    (c) 6   (d) 8

(v) If the sum of first n terms of an A.P. is given by $3n^2 + 5n$ and the kth term is 164, then the value of k is:

    (a) 26   (b) 27

    (c) 28   (d) 29

Answer.

(i) (a) 18

Explanation : The arrangement of students in the rows form an A.P.

Thus, the A.P. is 6, 8, 10, ...

For this A.P., $a = 6, d = 8 - 6 = 2$

$\therefore$ Number of students in the seventh row $= t_7 = a + 6d = 6 + 6(2) = 18$.

(ii) (c) 10

Explanation :

Here, $\qquad S_n = 76$

From part (i),

$$a = 6, d = 2$$

We know,

$$S_n = \frac{n}{2}[2a + (n-1)d]$$

$$\Rightarrow \qquad 150 = \frac{n}{2}[2(6) + (n-1) \times 2]$$

$$\Rightarrow \qquad 150 = n(n + 5)$$

$$\Rightarrow \qquad n^2 + 5n - 150 = 0$$

$$\Rightarrow \qquad n^2 + 15n - 10n - 150 = 0$$

$$\Rightarrow \qquad n(n + 15) - 10(n + 15) = 0$$

$$\Rightarrow \qquad (n - 10)(n + 15) = 0$$

$$\Rightarrow \qquad n = 10, -15$$

$\because n$ cannot be negative.

$$\therefore \qquad n = 10.$$

(iii) (b) 204

Explanation :

Here, $\qquad n = 12$

Also, we have

$$a = 6 \text{ and } d = 2$$

$$\therefore \qquad S_n = \frac{n}{2}[2a + (n-1)d]$$

$$= \frac{12}{2}[2 \times 6 + (12 - 1) \times 2]$$

$$= 6 \times 34 = 204.$$

(iv) (d) 8

Explanation : Let n^{th} be the row in which there are 20 students.

$$\therefore \qquad t_n = a + (n-1)d$$

$$\Rightarrow \qquad 20 = 6 + (n-1) \times 2$$

$$\Rightarrow \qquad n = 8.$$

(v) (b) 27

Explanation :

We have,

$$S_n = 3n^2 + 5n$$

We know,

$$t_n = S_n - S_{n-1}$$

$$= [3n^2 + 5n] - [3(n-1)^2 + 5(n-1)]$$

$$= 3n^2 + 5n - [3n^2 - 6n + 3 + 5n - 5]$$

$$= 6n + 2$$

Now, $\qquad k^{th}$ term, $t_k = 164$

$$\Rightarrow \qquad 6k + 2 = 164$$

$$\Rightarrow \qquad k = 27.$$

10. If the equation $x^2 + 6x + p = 0$ has real and distinct roots, then:

    (a) $p < 9$ (b) $p > 9$

    (c) $p \leq 9$ (d) $p \geq 9$

Answer.

(a) $p < 9$

Explanation:

$$x^2 + 6x + p = 0$$

Here, $\qquad a = 1, b = 6, c = p$

For real roots, $\qquad D = b^2 - 4ac > 0$

$\Rightarrow \qquad (6)^2 - 4(1)(p) > 0$

$\Rightarrow \qquad 36 > 4p$

$\Rightarrow \qquad p < 9$

11. If the discriminant (D) of a quadratic equation is greater than zero, then the roots are:

(a) real and equal   (b) real and unequal

(c) imaginary   (d) none of these

Answer.

(b) real and unequal

12. A sum of money is divided between P and Q in the ratio 3 : 7. If Q's share is ₹ 5,215, then P's share is:

(a) ₹ 2,230   (b) ₹ 3,235

(c) ₹ 2,235   (d) ₹ 3,230

Answer.

(c) ₹ 2,235

Explanation : Let the share of p be ₹ x.

Then, $\qquad \dfrac{x}{5,215} = \dfrac{3}{7}$ $\qquad$ [Given]

$\Rightarrow \qquad x = 5,215 \times \dfrac{3}{7} = 2,235$

13. In the given triangle PQR, AB $\parallel$ QR, QP $\parallel$ CB and AR intersects CB at O.

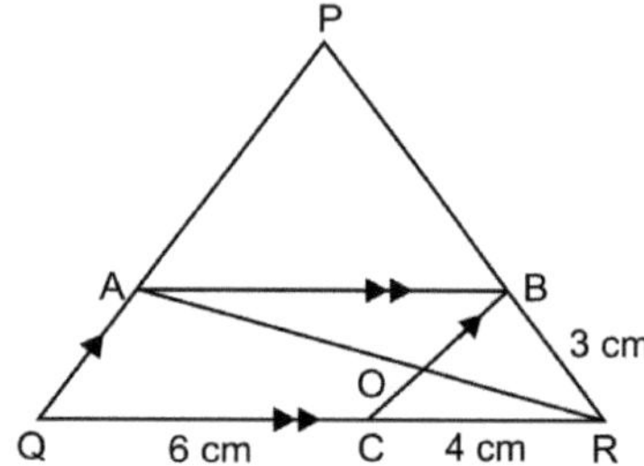

Using the given diagram answer the following question:

(i) The triangle similar to $\triangle$ARQ is:

(a) $\triangle$ORC   (b) $\triangle$ARP

(c) $\triangle$OBR   (d) $\triangle$QRP

(ii) $\triangle$PQR $\sim$ $\triangle$BCR by axiom:

(a) SAS   (b) AAA

(c) SSS   (d) AAS

(iii) If QC = 6 cm, CR = 4 cm, BR = 3 cm. The length of RP is:

(a) 4.5 cm   (b) 8 cm

(c) 7.5 cm   (d) 5 cm

(iv) The ratio PQ : BC is:

(a) 2 : 3   (b) 3 : 2

(c) 5 : 2   (d) 2 : 5

Answer.

(i) (a) $\triangle$ORC

Explanation : In $\triangle$ARQ and $\triangle$ORC,

$\qquad \angle$AQR = $\angle$OCR

$\qquad$ ($\because$ AQ $\parallel$ OC)(Corresponding angles)

$\qquad \angle$ARQ = $\angle$ORC $\qquad$ (Common angle)

$\therefore \quad \triangle$ARQ $\sim$ $\triangle$ORC   (By AA similarity rule)

(ii) (b) AAA

Explanation : In $\triangle$QPR and $\triangle$BCR,

$\qquad$ BC $\parallel$ PQ

$\therefore \qquad \angle$RPQ = $\angle$RBC

$\qquad$ (Corresponding angles)

and $\qquad \angle$PRQ = $\angle$BRC $\qquad$ (Common angle)

$\qquad \angle$RQP = $\angle$RCB

$\qquad$ (Corresponding angles)

$\therefore \qquad \triangle$PQR $\sim$ $\triangle$BCR

$\qquad$ (By AAA similarity rule)

(iii)(c) 7.5 cm

Explanation :

Given,QC = 6 cm, CR = 4 cm, BR = 3 cm

We know, In $\triangle$PQR BC $\parallel$ PQ

$\therefore \qquad \dfrac{RC}{RQ} = \dfrac{RB}{RP} = \dfrac{BC}{PQ}$

$\Rightarrow \qquad \dfrac{RC}{RC + QC} = \dfrac{RB}{RP}$

$\Rightarrow \qquad \dfrac{4}{4 + 6} = \dfrac{3}{RP}$

$\Rightarrow \qquad RP = \dfrac{30}{4} = 7{\cdot}5$ cm

(iv)(c) 5 : 2

Explanation :

From part (iii), we have

$$\dfrac{RC}{RQ} = \dfrac{BC}{PQ}$$

$$\dfrac{4}{10} = \dfrac{BC}{PQ}$$

$$\dfrac{PQ}{BC} = \dfrac{10}{4} = \dfrac{5}{2}$$

PQ : BC = 5 : 2.

14. If $x \in$ N, the solution set of inequation $4x - 2 \le x + 16$ is:

    (a) {1, 2, 3, 4, 5}   (b) {1, 2, 3, 4, 5, 6, 7}

    (c) {1, 2, 3, 4, 5, 6, 7, 8, 9} (d) {1, 2, 3, 4, 5, 6}

Answer.

    (d) {1, 2, 3, 4, 5, 6}

Explanation:

$$4x - 2 \le x + 16, \; x \in N$$
$$\Rightarrow \quad 4x - x \le 16 + 2$$
$$\Rightarrow \quad x \le 6$$
$$\Rightarrow \quad 3x \le 18$$
$$\therefore \quad \text{Solution set is} = \{1, 2, 3, 4, 5, 6\}$$

15. If $2x - 5 \le 5x + 4 \le 11$ and x is a natural number (N), then the solution set of x is:

    (a) {1}   (b) {– 3, – 2, – 1, 0, 1}

    (c) {– 2, – 1, 0, 1}   (d) {– 2, – 1, 0}

Answer.

    (a) {1}

Explanation :

We have, $\quad 2x - 5 \le 5x + 4 \le 11, \; x \in N$

$$\Rightarrow \quad -15 \le -4x; \quad -8 < 4x$$
$$\Rightarrow \quad 2x - 5 \le 5x + 4; \quad 5x + 4 \le 11$$
$$\Rightarrow \quad 2x - 5x \le 4 + 5; \quad 5x \le 11 - 4$$
$$\Rightarrow \quad -3x \le 9; \quad 5x \le 7$$
$$\Rightarrow \quad \frac{-3x}{-3} \ge \frac{9}{-3}; \quad \frac{5x}{5} \le \frac{7}{5}$$
$$\Rightarrow \quad x > -3; \quad x \le 1\frac{2}{5}$$
$$\therefore \quad x = \{1\}.$$

16. If the roots of the quadratic equation $2kx^2 + (2a + b)x - ab = 0$ are $(-2, a)$, the value of k is:

    (a) –1   (b) –2

    (c) 1   (d) 2

Answer.

    (a) –1

Explanation :

$$2kx^2 + (2a + b)x - ab = 0$$

$\because a$ is a root of this equation

$$\therefore \quad 2ka^2 + 2a^2 + ab - ab = 0$$
$$\Rightarrow \quad 2a^2 (k + 1) = 0$$
$$\Rightarrow \quad k = -1$$

17. When $2x^3 + 2x^2 - mx + 3$ is divided by $x + 2$, the remainder is $m - 3$. The value of m is:

    (a) 3   (b) 1

    (c) 2   (d) 4

Answer.

    (c) 2

Explanation: $2x^3 + 2x^2 - mx + 3$ is divided by $(x + 2)$

Putting $x = -2$ in $p(x)$ we get

$$2(-2)^3 + 2(-2)^2 - m(-2) + 3 = m - 3$$
$$\Rightarrow \quad -16 + 8 + 2m + 3 = m - 3$$
$$\Rightarrow \quad -5 + 2m = m - 3$$
$$\Rightarrow \quad m = -3 + 5$$
$$\Rightarrow \quad m = 2$$

18. If $25 - 4x \le 16$, $x \in$ N, then the smallest value of x is:

    (a) $\dfrac{9}{4}$ (b) 2

    (c) 3   (d) None of these

Answer.

    (c) 3

Explanation :

We have,

$$25 - 4x \le 16, \; x \in N$$
$$\Rightarrow \quad 25 - 16 \le 4x$$
$$\Rightarrow \quad 9 \le 4x$$
$$\Rightarrow \quad \frac{9}{4} \le x$$
$$\text{or} \quad x \ge \frac{9}{4}$$
$$\Rightarrow \quad x \ge 2\frac{1}{4}$$

Since, the replacement set of x is N (natural numbers),

$\therefore$ The smallest value of x is 3.

19. The nth term of an arithmetic progression (A.P.) is $(3n + 1)$:

    (i) The first three terms of this A. P. are :

        (a) 5, 6, 7   (b) 3, 6, 9

        (c) 1, 4, 7   (d) 4, 7, 10

    (ii) The common difference of the A.P. is :

        (a) 3   (b) 1

        (c) – 3   (d) 2

    (iii) Which of the following is not a term of this A.P.?

        (a) 25   (b) 27

        (c) 28   (d) 31

    (iv) Sum of the first 10 terms of this A.P. is:

        (a) 350   (b) 175

        (c) – 95   (d) 70

Answer.

(i) (d) 4, 7, 10

Explanation :

Given n^{th} term, $a_n = 3n + 1$

For first term, $n = 1$

$\Rightarrow \qquad a_1 = 3 \times 1 + 1 = 4$

For second, term, $n = 2$

$\Rightarrow \qquad a_2 = 3 \times 2 + 1 = 7$

For third term, $n = 3$

$\Rightarrow \qquad a_3 = 3 \times 3 + 1 = 10$

So, first three terms are 4, 7, 10.

(ii) (a) 3

Explanation : For part (i), we have first three terms of the sequence *i.e.*, 4, 7, 10.

So, common difference $= 7 - 4 = 3$.

(iii) (b) 27

Explanation: From part (i) and (ii), we have sequence as 4, 7, 10 and common diference, $d = 3$.

So,
$$T_4 = T_3 + 3 = 10 + 3 = 13$$
$$T_5 = T_4 + 3 = 13 + 3 = 16$$
$$T_6 = T_5 + 3 = 16 + 3 = 19$$
$$T_7 = T_6 + 3 = 22$$
$$T_8 = T_7 + 3 = 25$$
$$T_9 = T_8 + 3 = 28$$
$$T_{10} = T_9 + 3 = 31$$

We clearly see that 27 is not the part of the above A.P.

(iv) (b) 175

Explanation:

We know $S_n = \dfrac{n}{2}[2a + (n-1)d]$

$$S_{10} = \dfrac{10}{2}[2 \times 4 + (10-1)3]$$

[from part (i) and (ii)]

$$= 5[8 + 27]$$
$$= 5 \times 35$$
$$= 175.$$

20. Richard had a R.D. account in the SBI and deposited ₹ 800 per month. If the maturity value of this account was ₹ 21,200 and the rate of interest was 10% per annum, find the time (in years) for which the account was held.

(a) 1   (b) 2

(c) 3   (d) 4

Answer.

(b) 2

Explanation: M.V.= Money deposited + Interest

$$= P \times \left(n + \dfrac{n(n+1)}{2 \times 12}\right) \times \dfrac{r}{100}$$

$\Rightarrow 2{,}1200 = 800 \times n + 800 \times \dfrac{n(n+1)}{2 \times 12} \times \dfrac{10}{100}$

$\Rightarrow 2{,}1200 = 800n + \dfrac{10n^2 + 10n}{3}$

$\Rightarrow 63{,}600 = 24{,}00n + 10n^2 + 10n$

$\Rightarrow n^2 + 241n - 6{,}360 = 0$

$\Rightarrow n(n + 265) - 24(n + 265) = 0$

$\Rightarrow (n - 24)(n + 265) = 0$

$\Rightarrow n - 24 = 0$ or $n + 265 = 0$

$\Rightarrow n = 24 \qquad n = -265$

Time cannot be negative,

$\therefore \qquad n = 12$ months $= 2$ years

21. Sides of two similar triangles are in the ratio $4 : 9$. Areas of these triangles are in the ratio :

(a) $2 : 3$ (b) $4 : 9$

(c) $81 : 16$ (d) $16 : 81$

Answer.

(d) $16 : 81$

Explanation: Let ABC and DEF be the two similar triangles.

$\therefore \qquad \triangle ABC \sim \triangle DEF$

And $\qquad \dfrac{AB}{DE} = \dfrac{AC}{DF} = \dfrac{BC}{EF} = \dfrac{4}{9}$

[Given]

As the ratio of the areas of these triangles will be equal to the square of the ratio of the corresponding sides.

$\therefore \qquad \dfrac{\text{Area}(\triangle ABC)}{\text{Area}(\triangle DEF)} = \dfrac{AB^2}{DE^2}$

$\therefore \qquad \dfrac{\text{Area}(\triangle ABC)}{\text{Area}(\triangle DEF)} = \left(\dfrac{4}{9}\right)^2 = \dfrac{16}{81} = 16 : 81$

22. If the equation $3x^2 - 6x + k = 0$ has real and distinct roots, then the value of k is:

(a) $k \leq 3$ (b) $k = 3$

(c) $k > 3$ (d) $k < 3$

Answer.

(d) $k < 3$

Explanation : Since, the given equation has real and distinct (unequal) roots,

$\therefore \qquad D > 0$

$\Rightarrow (-6)^2 - 4 \times 3 \times k > 0$

$\Rightarrow 36 - 12k > 0$

$\Rightarrow 36 > 12k$

$\Rightarrow 3 > k$ or $k < 3$.

23. A delar is a city buys some goods worth ₹ 5,000 from the same city. If the rate of GST is 18%, then the IGST levied on it is :

(a) ₹ 900 (b) ₹ 450

(c) ₹ 225 (d) 0

Answer.

(d) 0

Explanation: Since, it a case of intra-state transaction, so only GST and SGST will be charged.

24. What is the remainder, if we divide $6x^3 + x^2 - 2x + 4$ by $x - 2$?

(a) 48 (b) 52

(c) – 26 (d) – 24

Answer.

(b) 52

Explanation: Let $p(x) = 6x^3 + x^2 - 2x + 4$

When, $p(x)$ is divided by $x - 2$,

$$\text{Remainder} = p(x = 2)$$
$$= 6(2)^3 + (2)^2 - 2(2) + 4$$
$$= 48 + 4 - 4 + 4 = 52$$

25. Ashwin wants to buy a car and plans to take loan from a bank for his car. He repays his total loan of ₹ 1, 18, 000 by paying every month starting with the first instalment of ₹ 1,000. If he increases the instalment by ₹ 100 every month, answer the following:

(i) The amount paid by him in 30th installment is:

(a) ₹ 3,900 (b) ₹ 3,500

(c) ₹ 3,700 (d) ₹ 3,600

(ii) The amount paid by him in the 30 installments is:

(a) ₹ 37,000 (b) ₹ 73,500

(c) ₹ 75,300 (d) ₹ 75,000

(iii) What amount does he still have to pay after 30th installment?

(a) ₹ 45,500 (b) ₹ 49,000

(c) ₹ 44,500 (d) ₹ 54,000

(iv) If total installments are 40, then the amount paid by him in the last installment is:

(a) ₹ 4,900 (b) ₹ 3,900

(c) ₹ 5,900 (d) ₹ 9,400

Answer.

(i) (a) ₹ 3,900

Explanation: It is a case of Airthmetic Progression.

AP. = 1,000, 1,100, 1,200, 1,300........

Here, first term $(a) = 1,000$

and common difference $(d) = 100$

We know, $a_n = a + (n - 1)d$

So $(a)_{30} = 1,000 + (30 - 1) \times 100$
$$= 1,000 + 2,900$$
$$= 3,900$$

∴ 30th installment is ₹ 3,900.

(ii) (b) ₹ 73,500

Explanation: Amound paid by him in 30 installments

$$= S_{30}$$
$$= \frac{n}{2}[2a + (n - 1)d]$$
$$= \frac{30}{2}[2 \times 1,000 + (30 - 1) 100]$$
$$= 15[2,000 + 2,900]$$
$$= 73,500$$

(iii) (c) ₹ 44,500

Explanation: Total amount of loan
$$= ₹ 1,18,000$$

Total amount paid till 30th installment
$$= ₹ 73,500$$

Remaining amount = 1,18,000 – 73,500

∴ $$= ₹ 44,500$$

(iv) (a) ₹ 4,900

Explanation: Amount paid in the last installment

$$= a_{40}$$
$$= 1,000 + (40 - 1) \times 100$$
$$= 1,000 + 39,000$$
$$= 4,900$$

26. If $(x + 1)(2x + 8) = (x + 7)(x + 3)$, then using factorisation method, the values of x are:

(a) $\sqrt{12}, \sqrt{13}$ (b) $-\sqrt{13}, -\sqrt{13}$

(c) $\pm\sqrt{13}$ (d) $\sqrt{13}, \sqrt{13}$

Answer.

(c) $\pm\sqrt{13}$

Explanation :

We have,

$$(x + 1)(2x + 8) = (x + 7)(x + 3)$$
$$\Rightarrow \quad 2x^2 + 10x + 8 = x^2 + 10x + 21$$

$\Rightarrow \qquad x^2 - 13 = 0$

$\Rightarrow \qquad (x)^2 - (\sqrt{13})^2 = 0$

$\Rightarrow (x - \sqrt{13})(x + \sqrt{13}) = 0$

$\Rightarrow \qquad x = -\sqrt{13}, \sqrt{13}.$

27. Which of the following is not having a linear inequality?

(a) $ax^2 + bx + c < 0$ (b) $ax + by + c \geq 0$

(c) $ax + b < 0$ (d) $ax + by + c \leq 0$

Answer.

(a) $ax^2 + bx + c < 0$

Explanation : In $ax^2 + bx + c < 0$, the highest power of variable x is 2. So it is quadratic inequality.

28. If 3 times the third term of an A.P. is equal to 5 times the fifth term, then its 8th term is :

(a) 0   (b) 1

(c) 2   (d) 3

Answer.

(a) 0

Explanation: Let first term of an. A.P. = a.

and common difference = d.

$\therefore$ Third term of AP = $a_3 = a + (3-1)d$

$\qquad\qquad a_3 = a + 2d \qquad\qquad$ ...(i)

And, Fifth term of AP = $a_5 = a + 4d \qquad$ ...(ii)

According to question,

$\qquad\qquad 3a_3 = 5a_5$

$\qquad 3(a + 2d) = 5(a + 4d)$

$\Rightarrow \qquad 3a + 6d = 5a + 20d$

$\Rightarrow \qquad\qquad 2a = -14d$

$\Rightarrow \qquad\qquad a = -7d \qquad\qquad$ ...(iii)

Now, Eight term of   AP = a_8

$\qquad\qquad\qquad = a + 7d$

$\qquad\qquad\qquad = -7d + 7d$

$\qquad\qquad\qquad$ [Using equation (iii)]

$\qquad\qquad\qquad = 0$

29. The following diagram represents the solution of two sets P and Q on the number line:

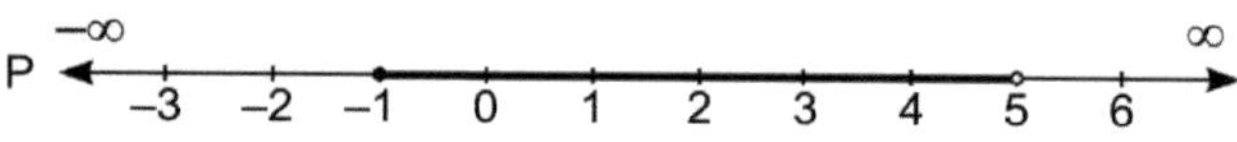

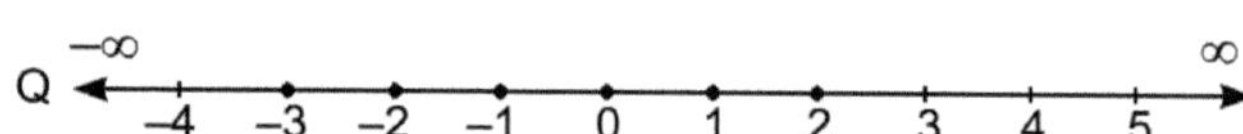

(i) The solution set of P in set-builder form is:

(a) $\{x : -1 < x \leq 5, x \in R\}$

(b) $\{x : -1 \leq x < 5, x \in R\}$

(c) $\{x : -1 \leq x \leq 5, x \in R\}$

(d) $\{x : -1 < x < 5, x \in R\}$

(ii) Which of the following is a replacement set of Q?

(a) R   (b) N

(c) W   (d) Z

(iii) The solution set of Q in set builder form is:

(a) $\{x : -3 < x < 2, x \in R\}$

(b) $\{x : -3 \leq x \leq 2, x \in I\}$

(c) $\{x : -3 < x \leq 2, x \in N\}$

(d) $\{x : -3 \leq x < 2, x \in W\}$

(iv) The solution set of Q in roaster form is:

(a) $\{-2, -1, 0, 1\}$

(b) $\{1, 2\}$

(c) $\{-3, -2, -1, 0, 1, 2\}$

(d) $\{0, 1, 2\}$

(v) Which of the following inequation has a set Q as its solution?

(a) $2x + 9 \leq x + 14, x \in W$

(b) $-11 \leq 3x - 2 \leq 4, x \in Z$

(c) $8 - x < 4x - 2 \leq 6, x \in R$

(d) $-42 < 6x + 42 \leq 3x + 45, x \in Z$

Answer.

(i) (b) $\{x : -1 \leq x < 5, x \in R\}$

Explanation : On the number line of P, the solution set ranges from -1 to 5. Also 5 has a hollow circle (*i.e.,* strict inequality) and (-1) has a darkened circle (*i.e.,* involving the inequality).

$\therefore$ The solution set is

$$\{x : -1 \leq x < 5, x \in R\}$$

(ii) (d) Z

Explanation : Since, $-3, -2, ...$ are integer values, so the replacement set of Q is Z.

(iii) (b) $\{x : -3 \leq x \leq 2, x \in I\}$

Explanation : Since, the solution set of x ranges from -3 to 2, having integer values only.

$\therefore$ The solution set is

$$\{x : -3 \leq x \leq 2, x \in I\}$$

(iv) (c) $\{-3, -2, -1, 0, 1, 2\}$

Explanation : From part (iii), the solution of Q is

$$\{x : -3 \leq x \leq 2, x \in I\}$$

$\therefore$ In roster from, it is written as

$$x = \{-3, -2, -1, 0, 1, 2\}.$$

(v) (b) $-11 < 3x - 2 \le 4, x \in z$

Explanation :

(a) Here, (a), the replacement set is W *i.e.*, whole numbers, so $-3, -2, -1$ cannot be the solution of this inequality.

(b) Here, we have

$$-11 \le 3x - 2 \le 4, x \in Z$$
$$\Rightarrow \quad -9 \le 3x; 3x \le 6$$
$$\Rightarrow \quad -3 \le x; \quad x \le 2$$
$$\Rightarrow \quad -3 \le x \le 2, x \in Z,$$

which is equal to Q.

$\therefore$ Option (b) is correct.

30. If $x : y = 5 : 3$, then the value of $(8x - 5y) : (6x + 7y)$ is:

(a) $24 : 27$ (b) $35 : 37$

(c) $25 : 9$ (d) $25 : 51$

Answer.

(d) $25 : 51$

Explanation :

$$\frac{8x - 5y}{6x + 7y} = \frac{8\left(\dfrac{x}{y}\right) - 5}{6\left(\dfrac{x}{y}\right) + 7}$$

[Dividing each term by y]

$$= \frac{8\left(\dfrac{5}{3}\right) - 5}{6\left(\dfrac{5}{3}\right) + 7}$$

$$= \frac{40 - 15}{30 + 21} = \frac{25}{51}$$

31. The solution of $2x - 5 \le 5x + 4 < 11, x \in R$ is :

(a) $\left\{ x : -3 \le x < \dfrac{7}{5}, x \in R \right\}$

(b) $\left\{ x : \dfrac{-7}{5} \le x < 3, x \in R \right\}$

(c) $\left\{ x : \dfrac{7}{5} \le x < 3, x \in R \right\}$

(d) $\left\{ x : -3 \le x < -\dfrac{7}{5}, x \in R \right\}$

Answer.

(a) $\left\{ x : -3 \le x < \dfrac{7}{5}, x \in R \right\}$

Explanation : We have, $2x - 5 \le 5x + 4 < 11$

$$\Rightarrow \quad 2x - 5 \le 5x + 4 \ ; 5x + 4 < 11$$
$$\Rightarrow \quad 2x - 5 \le 4 + 5 \ ; 5x < 11 - 4$$

$$\Rightarrow \quad -3 \le 9 \ ; 5x < 7$$
$$\Rightarrow \quad x \ge -3 \ ; x < \dfrac{7}{5}$$
$$\Rightarrow \quad -3 \le x < \dfrac{7}{5}$$

$\therefore$ Solution set $= \left\{ x : -3 \le x < \dfrac{7}{5}; x \in R \right\}$

32. Raj and Ajay are very close friends. Both the families decided to go to Ranikhet by their own cars. Raj's car travels at a speed of x km/h while Ajay's car travels 5 km/h faster than Raj's car. Raj took 4 hours more than Ajay to complete the journey of 400 km.

(i) What will be the distance covered by Ajay's car in two hours?

(a) $2(x + 5)$ km   (b) $(x - 5)$ km

(c) $2(x + 10)$ km   (d) $(2x + 5)$ km

(ii) Which of the following quadratic equation describe the speed of Raj's car?

(a) $x^2 - 5x - 500 = 0$ (b) $x^2 + 4x - 400 = 0$

(c) $x^2 + 5x - 500 = 0$ (d) $x^2 - 4x + 400 = 0$

(iii) What is the speed of Raj's car?

(a) 20 km/hour   (b) 15 km/hour

(c) 25 km/hour   (d) 10 km/hour

(iv) How much time Ajay took to travel 400 km?

(a) 20 hour   (b) 40 hour

(c) 25 hour   (d) 16 hour

Answer.

(i) (a) $2(x + 5)$ km

Explanation: Given : Raj's car's speed $= x$ km/hour

Ajay's car' speed $= (x + 5)$ km/hour

Let   Total time by Raj's car $= y$ hours

then,   total time by Ajay's car $= (y - 4)$ hours

We know that,

Distance = Time × Speed

$\therefore$ Distance covered by Ajay's car in two hours

$$= 2(x + 5)$$

(ii) (c) $x^2 + 5x - 500 = 0$

Explantion: Time taken by Ajay's car to cover 400 km $(t_1) = \dfrac{400}{x + 5}$

Time taken by Raj's car to cover 400 km (t_2)

$$= \frac{400}{x}$$

According to question,

$$t_2 = 4 + t_1$$
$$\Rightarrow \quad t_2 - t_1 = 4$$

$$\Rightarrow \quad \frac{400}{x} - \frac{400}{x+5} = 4$$

$$\Rightarrow \quad \frac{100(x+5-x)}{x(x+5)} = 1$$

$$\Rightarrow \quad 500 = x^2 + 5x$$

$$\Rightarrow \quad x^2 + 5x - 500 = 0$$

(iii) (a) 20 km/hour

Explanation: From (iii), we have

$$x^2 + 5x - 500 = 0$$

$$\Rightarrow \quad x^2 + 25x - 20x - 500 = 0$$

$$\Rightarrow \quad x(x+25) - 20(x+25) = 0$$

$$\Rightarrow \quad (x-20)(x+25) = 0$$

$$\Rightarrow \quad x = 20, -25$$

∵ speed cannot be negative

$$\therefore \quad x = 20$$

∴ speed of Raj's car = 20 km/hr.

(iv) (d) 16 hour

Explanation: Time taken by Ajay to travel 400 km

$$\Rightarrow \quad = \frac{\text{Distance}}{\text{Speed}} = \frac{400}{x+5}$$

$$= \frac{400}{25} = 16$$

33. A retailer have goods worth ₹ 10,000 and sells it to a consumer for ₹ 13,500. If the rate of GST is 18%, then the GST payable by him to the government is :

(a) ₹ 630   (b) ₹ 243

(c) ₹ 180   (d) ₹ 423

Answer.

(a) ₹ 630

Explanation:

C. P. for retailer = ₹ 10,000

S. P. for retailer = ₹ 13,500

Net GST Payable by him to the Government

$$= \text{GST on S.P.} - \text{GST on C.P.}$$

$$= 18\% \text{ of } 13,500 - 18\% \text{ of } 10,000$$

$$= 18\% \text{ of } (13,500 - 10,000)$$

$$= \frac{18}{100} \times 3,500$$

$$= 630$$

34. The value(s) of x for which $(x-1)^2 - 3x + 4 = 0$, are:

(a) 1·38, 3·62   (b) 1·92, 2·46

(c) 3, 4   (d) 1, $\dfrac{4}{3}$

Answer.

(a) 1·38, 3·62

Explanation :

We have,

$$(x-1)^2 - 3x + 4 = 0$$

$$\Rightarrow \quad x^2 - 2x + 1 - 3x + 4 = 0$$

$$\Rightarrow \quad x^2 - 5x + 5 = 0$$

Using quadratic formula,

$$x = \frac{-(-5) \pm \sqrt{(-5)^2 - 4 \times 1 \times 5}}{2}$$

$$= \frac{5 \pm \sqrt{25 - 20}}{2}$$

$$= \frac{5 \pm \sqrt{5}}{2} = \frac{5 \pm 2 \cdot 24}{2}$$

$$= \frac{5 + 2 \cdot 24}{2}, \frac{5 - 2 \cdot 24}{2}$$

$$= 3 \cdot 62, 1 \cdot 38.$$

35. If a, 2, 10, b are in continued proportion, then the values of a and b, respectively are :

(a) 1, 5   (b) 0.4, 50

(c) 5, 40   (d) 2, 0.6

Answer.

(b) 0.4, 50

Explanation: Since, a, 2, 10, and b are in continued proportion.

$$\therefore \quad \frac{a}{2} = \frac{2}{10} = \frac{10}{b}$$

$$\Rightarrow \quad \frac{a}{2} = \frac{2}{10}$$

$$\frac{2}{10} = \frac{10}{b}$$

$$\Rightarrow \quad 10a = 4$$

$$\Rightarrow \quad 2b = 100$$

$$\Rightarrow \quad a = \frac{2}{10} = 0.4$$

$$\Rightarrow \quad b = 50$$

36. If Ram opened a recuring deposit account in a bank and deposited ₹ 8,000 per month for $1\frac{1}{2}$ years, then total money deposited in the account is:

(a) ₹ 1,14,000   (b) ₹ 1,44,000

(c) ₹ 1,36,800   (d) ₹ 1,38,600

Answer.

(b) ₹ 1,44,000

Explanation :

Monthly deposit = ₹ 8,000

Period $(n) = 1\frac{1}{2}$ years

$$= 18 \text{ months}$$

$\therefore$ Total money deposited $= 8000 \times 18$

$$= ₹ \, 1,44,000$$

37. An equation with one variable in which the highest power of the variable is two is known as __________.

(a) Linear equation
(b) Quadratic equation
(c) Cubic equation   (d) None of these

Answer.

(b) Quadratic equation

38. Consider a ratio $x : y = 16 : 9$

(i) The ratio $\dfrac{3x + 2y}{3x - 2y}$ is equal to:

(a) $8 : 3$ (b) $11 : 5$
(c) $32 : 27$ (d) $9 : 7$

(ii) The ratio $\dfrac{2x^2 + 3y^2}{2x^2 - 3y^2}$ is equal to:

(a) $512 : 243$ (b) $247 : 193$
(c) $755 : 269$ (d) $391 : 167$

(iii) If $a : b$ is the sub duplicate ratio of $x : y$ then $a : b =$

(a) $4 : 3$ (b) $256 : 81$
(c) $16 : 9$ (d) $18 : 11$

(iv) If m is the third proportion to 16 and 9, then m is equal to:

(a) 12.5 (b) $\dfrac{256}{9}$

(c) 16 (d) $\dfrac{81}{16}$

Answer.

(i) (b) $11 : 5$

Explanation: Given: $\dfrac{x}{y} = \dfrac{16}{9}$

$\Rightarrow \quad \dfrac{3x}{2y} = \dfrac{16}{9} \times \dfrac{3}{2} = \dfrac{8}{3}$

Applying componendo and dividendo, we get

$$\dfrac{3x + 2y}{3x - 2y} = \dfrac{8 + 3}{8 - 3} = \dfrac{11}{5}$$

(ii) (c) $755 : 269$

Explanation: We have,

$$\dfrac{x}{y} = \dfrac{16}{9}$$

$\Rightarrow \quad \dfrac{x^2}{y^2} = \dfrac{256}{81}$

$\Rightarrow \quad \dfrac{2x^2}{3y^2} = \dfrac{2 \times 256}{3 \times 81} = \dfrac{512}{243}$

Applying componendo and dividendo, we get

$$\dfrac{2x^2 + 3y^2}{2x^2 - 3y^2} = \dfrac{512 + 243}{512 - 243} = \dfrac{755}{269}$$

(iii) (a) $4 : 3$

Explanation: Since, $a : b$ is sub-duplicate ratio of $x : y$,

$$\therefore \quad \dfrac{a}{b} = \sqrt{\dfrac{x}{y}} = \sqrt{\dfrac{16}{9}} = \dfrac{4}{3}$$

(iv) (d) $\dfrac{81}{16}$

Since m is the third proportion of 16 and 9,

$\therefore \quad \dfrac{16}{9} = \dfrac{9}{x}$

$\Rightarrow \quad x = \dfrac{81}{16}$

39. Nita deposited ₹ 100 per month for 12 months in a bank's recurring deposit account. If the bank pays interest at a rate of 9% per annum, then the total amount deposited by Nita during this period is:

(a) ₹ 1,200   (b) ₹ 2,400
(c) ₹ 1,500   (d) ₹ 1,800

Answer.

(a) ₹ 1,200

Explanation : P = ₹ 100, $n = 12$ monts, $r = 9\%$ p.a.

$\therefore$ Total amount deposited $= P \times n = 100 \times 12$

$$= ₹ \, 1,200$$

40. Given that $2x + 7$ is a factor of the expression $2x^3 + 5x^2 - 11x - 14$. The other factors of the expression are:

(a) $(x + 1), (x + 2)$ (b) $(x + 1), (x - 2)$
(c) $(x - 1), (x + 1)$ (d) $(x - 1, (x - 2)$

Answer.

(c) $(x - 2), (x + 1)$

Explanation :

Since, $2x + 7$ is a factor of $2x^3 + 5x^2 - 11x - 14$.

$$\begin{array}{r} x^2 - x - 2 \\ 2x + 7 \overline{)\, 2x^3 + 5x^2 - 11x - 14} \\ 2x^3 + 7x^2 \\ \hline - 2x^2 - 11x \\ - 2x^2 - 7x \\ \hline - 4x - 14 \\ - 4x - 14 \\ \hline \times \end{array}$$

So, $2x^3 + 5x^2 - 11x - 14$

$$= (2x + 7)(x^2 - x - 2)$$

$$= (2x + 7)(x^2 - 2x + x - 2)$$

$$= (2x + 7)(x - 2)(x + 1)$$

So, the other factors are $(x - 2)$ and $(x + 1)$.

41. For the quadratic equation $ax^2 + bx + c = 0$, $a \neq 0$; _____is called its discriminant.

(a) $D = b - 4ac$ (b) $D^2 = b^2 - 4ac$

(c) $D = b^2 - 4ac$ (d) None of these

Answer.

(c) $D = b^2 - 4ac$

42. If $\sqrt{\dfrac{2}{3}}$ is a solution of equation $3x^2 + mx + 2 = 0$, then the value of m is:

(a) $\pm 2\sqrt{6}$ (b) $-2\sqrt{6}$

(c) $2\sqrt{6}$ (d) 0

Answer.

(b) $-2\sqrt{6}$

Explanation: $3x^2 + mx + 2 = 0$

$\sqrt{\dfrac{2}{3}}$ is a solution of the equation

So,

$$3 \times \left(\sqrt{\frac{2}{3}}\right)^2 + m \times \sqrt{\frac{2}{3}} + 2 = 0$$

$$3 \times \frac{2}{3} + m\sqrt{\frac{2}{3}} + 2 = 0$$

$$m\sqrt{\frac{2}{3}} = -4$$

$$\Rightarrow \qquad m = \frac{-4\sqrt{3}}{\sqrt{2}}$$

$$\Rightarrow \qquad m = -2\sqrt{6}$$

43. In intra-state transaction, if the rate of GST is 18%, then the share of central and state governments, respectively are:

(a) 10%, 8%   (b) 8%, 10%

(c) 9%, 9%   (d) 11%, 7%

Answer.

(c) 9%, 9%

Explanation : In intra-state transactions, GST is equally shared between the Central and State Governments.

44. A group of students are working in making a safety board for school. They prepared one triangular safety board for their school with title "School Ahead" and "Drive Slow" in two parts of the triangular board as shown in below figure.

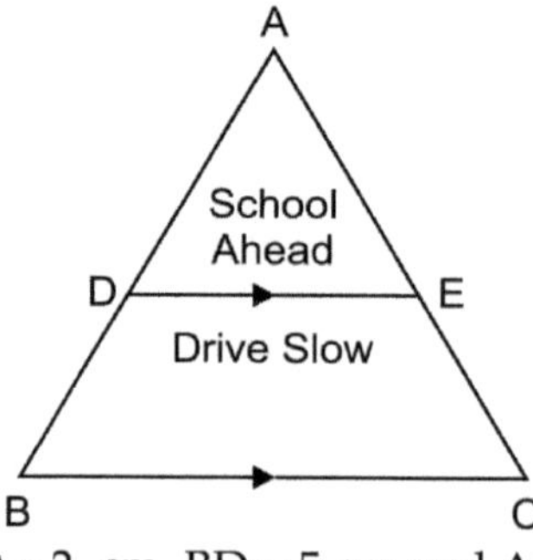

(i) If AD = 2 cm, BD = 5 cm and AE = 3 cm, then EC = ?

(a) $\dfrac{15}{2}$ cm   (b) $\dfrac{3}{5}$ cm

(c) $\dfrac{1}{5}$ cm   (d) $\dfrac{6}{5}$ cm

(ii) Which of the following is correct?

(a) $\triangle ADE \sim \triangle ABC$ (b) $\triangle ADE \cong \triangle ABC$

(c) Both (a) and (b)   (d) None of these

(iii) If AD = 3 cm, AB = 9 cm, BC = 6 cm, then DE = ?

(a) 4 cm   (b) 3 cm

(c) 1 cm   (d) 2 cm

(iv) If $\angle A = 60°$ and $\angle ADE = 50°$, then $\angle C = ?$

(a) 70°   (b) 75°

(c) 85°   (d) 40°

Answer.

(i) (a) $\dfrac{15}{2}$ cm

Explanation: As DE || BC,

∴ By Basic Proportionality theorem,

$$\frac{AD}{DB} = \frac{AE}{EC}$$

$$\Rightarrow \qquad \frac{2}{5} = \frac{3}{EC} \Rightarrow EC = \frac{15}{2}$$

(ii) (a) $\triangle ADE \sim \triangle ABC$

Explanation: In $\triangle ADE$ and $\triangle ABC$,

$$\angle A = \angle A$$

[Common angles]

$$\angle ADE = \angle ABC$$

[Corresponding angle]

∴ By AA similarity axion,

$$\triangle ADE \sim \triangle ABC$$

(iii) (d) 2 cm

Explanation: DE || BC

∴ By AA similarity axion,

$$\triangle ADE \sim \triangle ABC$$

$$\therefore \qquad \frac{AD}{AB} = \frac{DE}{BC} \Rightarrow \frac{3}{9} = \frac{DE}{6}$$

$$\Rightarrow \qquad DE = 2 \text{ cm}$$

(iv) (a) 70°

    Explanation: DE || BC

$$\therefore \qquad \angle ADE = \angle B = 50°$$

                    [Corresponding angles]

    $\therefore$ In $\triangle ABC$,

$$\Rightarrow \qquad \angle A + \angle B + \angle C = 180°$$

$$\Rightarrow \qquad 60° + 50° + \angle C = 180° \Rightarrow \angle C = 70°$$

45. Sum of n terms of the series $\sqrt{2} + \sqrt{8} + \sqrt{18} + \sqrt{32} + \dots$ is:

(a) $\dfrac{n(n+2)}{\sqrt{2}}$ (b) $\sqrt{2}\, n(n+1)$

(c) $\dfrac{n(n+1)}{\sqrt{2}}$ (d) 1

Answer.

(c) $\dfrac{n(n+1)}{\sqrt{2}}$

Explanation: Given : given series is, $\sqrt{2} + \sqrt{8} + \sqrt{18} + \sqrt{32} + \dots$

$$\Rightarrow \sqrt{2} + 2\sqrt{2} + 3\sqrt{2} + 4\sqrt{2} + \dots + n\sqrt{2}$$

$$\Rightarrow \sqrt{2}\,(1 + 2 + 3 + 4 + \dots + n)$$

We know that,

$$\sum_{i=1}^{n} k = 1 + 2 + 3 + \dots + n.$$

$$= \frac{n(n+1)}{2}$$

$$= \sqrt{2}\left[\frac{n(n+1)}{2}\right]$$

$$\therefore \qquad = \sqrt{2}\,(1 + 2 + 3 + \dots + n)$$

$$= \frac{n(n+1)}{\sqrt{2}}$$

46. The polynomial equation $x(x + 1) + 8 = (x + 2)$ $(x - 2)$ is a :

(a) linear equation

(b) quadratic equation

(c) cubic equation

(d) bi-quadratic equation

Answer.

(a) Linear equation

Explanation:

Given : $x(x + 1) + 8 = (x + 2)\ (x - 2)$

By simplifying it, we get,

$$x^2 + x + 8 = x^2 - 4$$

$$\Rightarrow \quad x^2 - x^2 + x + 8 + 4 = 0$$

$$\Rightarrow \qquad x + 12 = 0$$

The variable x is only in the first degree. So that it is not a quadratic equation.

47. The nature of roots of the quadratic equation $2x^2 - 3x + 1 = 0$, is:

(a) real and equal

(b) real and unequal

(c) imaginary

(d) none of the above

Answer.

(b) real and unequal

Explanation :

Here,   Discriminant $= b^2 - 4ac$

$$= (-3)^2 - 4 \times 2 \times 1$$

$$= 9 - 8$$

$$= 1 > 0$$

$\therefore$ Roots are real and unequal.

48. Solve the inequation $16 \geq 25 - 4x$, when $x \in N$.

(a) $x = 2.5$ (b) $x \geq 2.25$

(c) $x \leq 2.75$ (d) $x < 4$

Answer.

(b) $x \geq 2.25$

Explanation:

Given : $16 \geq 25 - 4x$

$$\Rightarrow \qquad 25 - 4x \leq 16$$

$$\Rightarrow \qquad -4x \leq 16 - 25$$

$$\Rightarrow \qquad -4x \leq -9$$

$$\Rightarrow \qquad x \geq \frac{9}{4}$$

$$\Rightarrow \qquad x \geq 2.25$$

So, the smallest value of x, when x is a natural number is 3.

answer will be 'c' *i.e.* $x \leq 2.75$

49. Areas of two similar triangles are 98 sq. cm and 128 sq. cm. Find the ratio between the lengths of their corresponding sides.

(a) $3 : 8$ (b) $5 : 8$

(c) $7 : 8$ (d) $9 : 8$

Answer.

(c) $7 : 8$

Explanation:

We know, $\dfrac{A_1}{A_2} = \left(\dfrac{Side_1}{Side_2}\right)^2$

$$\Rightarrow \qquad \frac{98}{128} = \left(\frac{Side_1}{Side_2}\right)^2$$

$$\Rightarrow \qquad \frac{49}{64} = \left(\frac{Side_1}{Side_2}\right)^2$$

$$\Rightarrow \qquad \frac{Side_1}{Side_2} = \sqrt{\frac{49}{64}} = \frac{7}{8}$$

50. Veer wants to participate in a 200 m race. He can currently run that distance in 51 seconds and with each day of practice it takes him 2 seconds less. He wants to do in 31 seconds :

(i) Which of the following terms are in A.P. for the given situation?

(a) 51, 53, 55   (b) 51, 49, 47

(c) $-51, -53, -55$ (d) 51, 55, 59

(ii) Which of the following term is not in the AP of the given situation.

(a) 41   (b) 30

(c) 37   (d) 39

(iii) It n^{th} term of an AP is given by $a_n = 2n + 3$ then the common difference of an AP is :

(a) 2   (b) 3

(c) 5   (d) 1

(iv) The value of x; for which $2x, x + 10, 3x + 2$ are three consecutive terms of an AP.

(a) 6   (b) -6

(c) 18   (d) -18

Answer.

(i) (b) 5, 1, 49, 47, ...

Explanation: List of time taken by veer for, each successive day to run 200 m is :

51, 49, 47, 45, 43, 41, 39 ....

Clearly it forms an A. P.

(ii) (b) 30

Explanation: Clearly, A. P. consist of all odd terms.

30 will not be any part of this A. P.

(iii) (a) 2

Explanation: common difference of an A. P.

$$= a_n + 1 - a_n.$$
$$= 3 + 2(n + 1) - (3 + 2n)$$
$$= 2n + 2 - 2n$$
$$= 2$$

Hence the common difference (d) = 2.

(iv) (a) 6

Explanation: Given, $2x, (x + 10)$ and $(3x + 2)$ are in A. P.

$$\therefore \quad (x + 10) - 2x = (3x + 20) - (x + 10)$$
$$\Rightarrow \quad 2(x + 10) = 2x + 3y + 2$$
$$\Rightarrow \quad 2x + 20 = 5x + 2$$
$$\Rightarrow \quad 3x = 18$$
$$\Rightarrow \quad x = 6$$

51. If $2x - 5 \le 5x + 4 < 29$ and x is an integer, then the solution set of x is:

(a) $\{-2, -1, 0, 1, 2, 3, 4, 5\}$

(b) $\{-2, -1, 0, 1, 2, 3, 4\}$

(c) $\{-3, -2, -1, 0, 1, 2, 3, 4, 5\}$

(d) $\{-3, -2, -1, 0, 1, 2, 3, 4\}$

Answer.

(d) $\{-3, -2, -1, 0, 1, 2, 3, 4\}$

Explanation :

We have,

$$2x - 5 \le 5x + 4 < 29, \; x \in I$$
$$\Rightarrow \quad 2x - 5 \le 5x + 4; \quad 5x + 4 < 29$$
$$\Rightarrow \quad 2x - 5x \le 4 + 5; \quad 5x < 29 - 4$$
$$\Rightarrow \quad -3x \le 9; \quad 5x < 25$$
$$\Rightarrow \quad \frac{-3x}{-3} \ge \frac{9}{-3}; \quad \frac{5x}{5} < \frac{25}{5}$$
$$\Rightarrow \quad x \ge -3; \quad x < 5$$
$$\therefore \quad x = \{-3, -2, -1, 0, 1, 2, 3, 4\}.$$

52. Seema deposited ₹ 100 per month for 24 months in 9 bank's recurring deposit account. If the bank pays an interest of 10% p.a., then the amount she gets on maturity is:

(a) ₹ 1,490   (b) ₹ 1,940

(c) ₹ 2,065   (d) ₹ 2,650

Answer.

(d) ₹ 2,650

Explanation :

We have,

P = ₹ 100, $n = 24$, $r = 10\%$ p.a.

Amount received on maturity

$$= P \times n + P \times \frac{n(n+1)}{2 \times 12} \times \frac{r}{100}$$
$$= 100 \times 24 + 100 \times \frac{24 \times 25}{24} \times \frac{10}{100}$$
$$= 2,400 + 250$$
$$= ₹ 2,650.$$

53. The polynomial equation $x(x + 1) + 8 = (x + 2)(x - 2)$ is a:

(a) linear equation

(b) quadratic equation

(c) cubic equation

(d) bi-equadratic equation

Answer.

(a) Linear equation

Explanation :

Given: $x(x + 1) + 8 = (x + 2)(x - 2)$

By simplifying it, we get,

$$x^2 + x + 8 = x^2 - 4$$

$$\Rightarrow \quad x^2 - x^2 + x + 8 + n = 0$$

$$\Rightarrow \quad x + 12 = 0$$

The variable x is only in the first degree. So that it is not a quadratic equation.

54. The roots of the quadratic equation $3x^2 - 14x + 8 = 0$ are:

(a) $\dfrac{1}{3}, 2$ (b) $\dfrac{1}{2}, 3$

(c) $\dfrac{2}{3}, 4$ (d) $\dfrac{3}{4}, 2$

Answer.

(c) $\dfrac{2}{3}, 4$

Explanation :

$$3x^2 - 14x + 8 = 0$$

$$\Rightarrow \quad 3x^2 - 12x - 2x + 8 = 0$$

$$3x(x - 4) - 2(x - 4) = 0$$

$$\Rightarrow \quad (3x - 2)(x - 4) = 0$$

$$\Rightarrow \quad 3x - 2 = 0, \text{ or } x - 4 = 0$$

$$\Rightarrow \quad x = \dfrac{2}{3} \text{ or } x = 4$$

55. Mohan deposits ₹ 80 per month in a cumulative deposit account for six years. Find the amount payable to him on maturity, if the rate of interest is 6% per annum.

(a) ₹ 6,118.50   (b) ₹ 6,818.20

(c) ₹ 6,811.20   (d) ₹ 6,818.50

Answer.

(c) ₹ 6,811.20

Explanation :

We have,

$P = ₹\ 80$, $n = 6$ years $= 72$ months, $r = 6\%$ p.a.

Amount payable to him = Maturity value

$$= P \times n + P \times \dfrac{n(n+1)}{2 \times 12} \times \dfrac{r}{100}$$

$$= 80 \times 72 + 80 \times \dfrac{72 \times 73}{24} \times \dfrac{6}{100}$$

$$= 5,760 + 1,051.20$$

$$= ₹\ 6,811.20$$

56. A dealer in Lucknow buys Goods and Services worth ₹ 50,000 from Mumbai at the rate of GST 28% and then sold to a consumer in Bhopal at 20% profit, at the same rate of GST.

(i) The cost price of goods and services for the consumer in Bhopal is :

(a) ₹ 50,500   (b) ₹ 55,000

(c) ₹ 60,500   (d) ₹ 70,400

(ii) Net tax payable by the dealer in Lucknow to the central government is :

(a) ₹ 1,400   (b) ₹ 770

(c) ₹ 700   (d) ₹ 960

(iii) Output tax paid by dealer in Mumbai is :

(a) ₹ 14,000   (b) ₹ 15,400

(c) ₹ 7,000   (d) ₹ 7,700

(iv) Total amount, inclusive of GST, paid by consumer in Bhopal is :

(a) ₹ 55,000   (b) ₹ 62,700

(c) ₹ 69,000   (d) ₹ 70,400

Answer.

(i) (b) ₹ 55,000

Explanation:

∵ Dealer in Lucknow sells goods and services at 10% profit

∵ C. F for consumer in Bhopal

$$= \text{S. P. for dealer in Lucknow}$$

$$= ₹\ 50,000 + 10\% \text{ of } ₹\ 50,000$$

$$= ₹\ (50,000 + 5,000)$$

$$= ₹\ 55,000$$

(ii) (c) ₹ 700

Explanation: Net taxpayable by dealer in Lucknow to the central Government.

$$= \text{CGST on S. P.} - \text{CGST on C. P.}$$

$$= 14\% \text{ of } ₹\ 55,000 - 14\% \text{ of } ₹\ 50,000$$

$$\left[\because (GST = SGST = \dfrac{1}{2}\ GST \right]$$

$$= 14\% \text{ of } (55,000 - 50,000)$$

$$= \dfrac{14}{100} \times ₹\ 5,000$$

$$= ₹\ 7,00$$

(iii) (a) ₹ 14,000

Explanation: Tax paid by dealer Mumbai

$$= 28\% \text{ of } ₹\ 50,000$$

$$= \dfrac{28}{100} \times ₹\ 50,000$$

$$= ₹\ 14,000$$

(iv) (d) ₹ 70,400

Explanation: Total paid by consumer in Bhopal

$$= \text{S. P.} + GST$$

$$= ₹\ 55,000 + 28\% \text{ of } 55,000$$

$$= ₹\ 55,000 + ₹\ 15,400$$

$$= ₹\ 70,400$$

57. If a is a natural number and one of the roots of the equation $3x^2 - 14x + 8 = 0$, then the value of a is:

(a) 4

(b) $\dfrac{2}{3}$

(c) 8

(d) 6

Answer.

(a) 4

Explanation :

We have,

$$3x^2 - 14x + 8 = 0$$
$$\Rightarrow \quad 3x^2 - 12x - 2x + 8 = 0$$
$$\Rightarrow \quad 3x(x - 4) - 2(x - 4) = 0$$
$$\Rightarrow \quad (3x - 2)(x - 4) = 0$$
$$\Rightarrow \quad x = \frac{2}{3},\ 4$$

Since, a is a natural number.

$$\therefore \quad a = 4.$$

58. If $\dfrac{6}{x} - \dfrac{2}{x-1} = \dfrac{1}{x-2}$, then the value(s) of x is/are:

(a) $\dfrac{1}{3}, \dfrac{4}{3}$

(b) $2, \dfrac{1}{3}$

(c) 1, 2

(d) $3, \dfrac{4}{3}$

Answer.

(d) $3, \dfrac{4}{3}$

Explanation : We have,

$$\frac{6}{x} - \frac{2}{x-1} = \frac{1}{x-2}$$
$$\Rightarrow \quad \frac{6(x-1) - 2x}{x(x-1)} = \frac{1}{x-2}$$
$$\Rightarrow \quad \frac{4x - 6}{x(x-1)} = \frac{1}{x-2}$$
$$\Rightarrow \quad (4x - 6)(x - 2) = x(x - 1)$$
$$\Rightarrow \quad 4x^2 - 14x + 12 = x^2 - x$$
$$\Rightarrow \quad 3x^2 - 13x + 12 = 0$$
$$\Rightarrow \quad 3x^2 - 9x - 4x + 12 = 0$$
$$\Rightarrow \quad 3x(x - 3) - 4(x - 3) = 0$$
$$\Rightarrow \quad (3x - 4)(x - 3) = 0$$
$$\Rightarrow \quad x = \frac{4}{3},\ 3.$$

59. Find the greatest integral value of x satisfying the inequality: $7 - 3x \geq \left(-\dfrac{1}{2}\right)$, $x \in R$.

(a) 2

(b) 2.5

(c) 3

(d) 3.5

Answer.

(b) 2.5

Explanation :

$$\text{Inequality } 7 - 3x \geq \left(\frac{-1}{2}\right)$$
$$\Rightarrow \quad -3x \geq \frac{-1}{2} - 7$$
$$\Rightarrow \quad -3x \geq \frac{-15}{2}$$
$$\Rightarrow \quad x \leq \frac{15}{6}$$
$$\Rightarrow \quad x \leq 2.5$$

$\therefore$ Greatest value of $x = 2.5$

60. If a dealer in Agra (UP) supplies goods worth ₹ 10,000 to another dealer in Bhopal (MP) with a rate of GST 28%, then the tax levied under CGST is:

(a) ₹ 2,800

(b) ₹ 1,400

(c) ₹ 2,000

(d) Nil

Answer.

(d) Nil

Explanation : It is a case of inter-state transaction, so only IGST will be imposed.

61. Find the value (s) of x which satisfies the equation $2x^2 - 9x = -10$.

(a) 2 or 2.5

(b) 4 or 3

(c) 5 or 2

(d) 3 or 7

Answer.

(a) 2 or 2.5

Explanation : Given, equation

$$2x^2 - 9x = -10$$
$$\Rightarrow \quad 2x^2 - 9x + 10 = 0$$
$$\Rightarrow \quad 2x^2 - 5x - 4x + 10 = 0$$
$$\Rightarrow \quad 2\left(x - \frac{5}{2}\right) - 4\left(x - \frac{5}{2}\right) = 0$$
$$\Rightarrow \quad \left(x - \frac{5}{2}\right)(2x - 4) = 0$$
$$\Rightarrow \quad x = \frac{5}{2}, x = \frac{4}{2}$$
$$\Rightarrow \quad x = 2.5,\ 2$$

62. A dealer in Bhopal (MP) say X, supplies goods and services worth ₹8,000 to a person Y in Indore (MP). If the rate of GST is 28%, then:

(i) What is the full form of GST?
(a) Goods and Sales Tax
(b) Goods and Services Tax
(c) Government and State Tax
(d) None of the above

(ii) Find the rate of CGST (central GST).
(a) 28% (b) 14%
(c) 7% (d) 0%

(iii) Find the amount of SGST.
(a) ₹ 8,000 (b) ₹ 4,000
(c) ₹ 2,240 (d) ₹ 1,120

(iv) Find the amount after GST.
(a) ₹ 8,000 (b) ₹ 9,120
(c) ₹ 10,240 (d) ₹ 12,000

Answer.

(i) (b) Goods and services Tax

Explanation: GST stands for Goods and Services Tax.

(ii) (b) 14%

Explanation: Central GST = State GST = $\dfrac{GST}{2}$

So, Rate of CGST = $\dfrac{28\%}{2} = 14\%$

(iii) (d) ₹ 1,120

Explanation: Amount of State GST = 14% of 8,000

$$= \dfrac{14}{100} \times 8000$$
$$= ₹\ 1,120$$

(iv) (c) ₹ 10,240

Explanation: GST = CGST + SGST
$$= 1,120 + 1,120 \text{ (From (iii))}$$
$$= ₹\ 2,240$$

So, Amount after GST = 8,000 + 2,240
$$= ₹\ 10,240$$

63. ABCD is a trapezium with AB parallel to DC. Then the triangle similar to ΔAOB is:

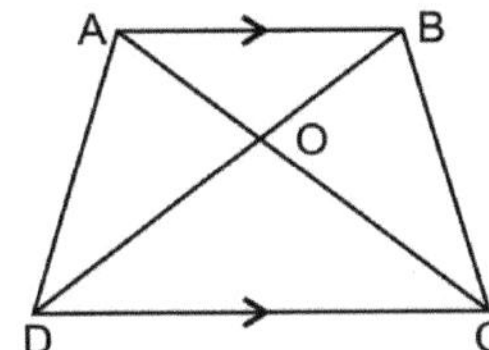

(a) ΔADB (b) ΔACB
(c) ΔCOD (d) ΔCOB

Answer.

(c) ΔCOD

Explanation :

Given, ABCD is a trapezium in which AB || CD.

In ΔAOB and ΔCOD,

$$\angle AOB = \angle COD$$

(Vertically opposite angles)

$$\angle OAB = \angle OCD$$

(Alternate angles)

∴ ΔAOB ~ ΔCOD

(By AA similarity)

64. The solution set representing the following number line is:

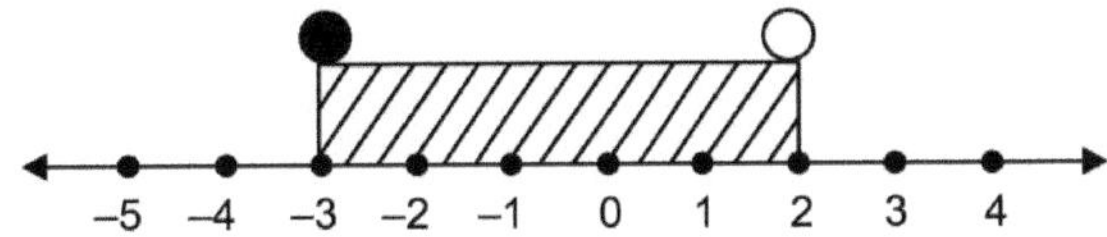

(a) $\{x : x \in R, -3 \le x < 2\}$
(b) $\{x : x \in R, -3 < x < 2\}$
(c) $\{x : x \in R, -3 < x \le 2\}$
(d) $\{x : x \in R, -3 \le x \le 2\}$

Answer.

(a) $\{x : x \in R - 3 \le x < 2\}$

Explanation : We can observe from the number line that shaded region is bounded closed at – 3 and open at 2. So, values included in the solution set will be {– 3, – 2, – 1, 0, 1}.

65. In the given figure, AP : PB = 2 : 3, PQ || BC and is extended to Q so that CQ || BA. Then $\dfrac{ar(\triangle AOP)}{ar(\triangle COQ)} =$

(a) 2 : 5 (b) 4 : 3
(c) 2 : 3 (d) 4 : 9

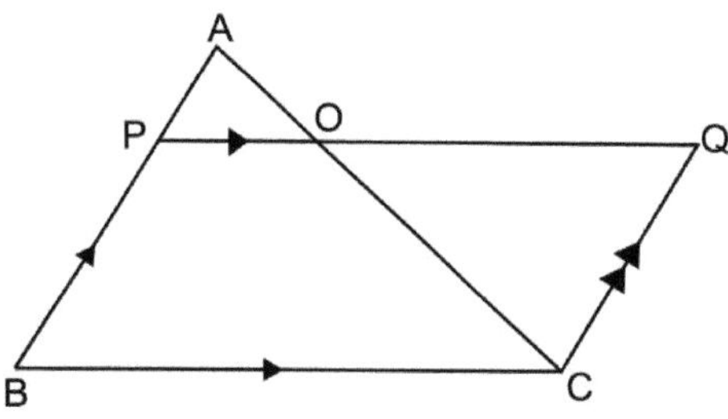

Answer.

(d) 4 : 9

Explanation: In quadritateral PQCB, PB || QC and PQ || BC

∴ PQCB is a parallelogram

∴ PB = QC ....(i)

Now, in $\triangle APO$ and CQO,

$$\angle AOP = \angle QOC$$

[Vertically opposite agnles]

$$\angle APO = \angle OQC$$

[Alternate angles]

$\therefore \qquad \triangle AOP \sim \triangle COQ$

$\therefore \qquad \dfrac{ar(\triangle AOP)}{ar(\triangle COQ)} = \left(\dfrac{AP}{QC}\right)^2$

$$= \left(\dfrac{AP}{PB}\right)^2 \quad \text{[Using (i)]}$$

$$= \left(\dfrac{2}{3}\right)^2 = \dfrac{4}{9}$$

66. Given below diagram represents an inequation P.

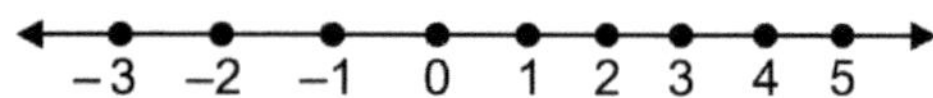

$P = $
$$-3 \;-2 \;-1 \;\; 0 \;\; 1 \;\; 2 \;\; 3 \;\; 4 \;\; 5 \;\; 6 \;\; 7 \;\; 8$$

Write P in set builder form

(a) $P = \{x : -2 \le x \le 6, x \in R\}$

(b) $P = \{x : 2 \le x \le 6, x \in N\}$

(c) $P = \{x : -2 < x \le 5, x \in N\}$

(d) $P = \{x : -2 < x < 5, x \in R\}$

Answer.

(d) $P = \{x : -2 < x < 5, x \in R\}$

67. Identify the correct solution set of the following number line.

$$-3 \;\; -2 \;\; -1 \;\; 0 \;\; 1 \;\; 2 \;\; 3 \;\; 4 \;\; 5$$

(a) $\{x : x \in Z, -3 < x < 5\}$

(b) $\{x : x \in Z, -3 \le x \le 5\}$

(c) $\{x : x \in N, -3 \le x \le 5\}$

(d) $\{x : x \in R, -3 \le x \le 5\}$

Answer.

(b) $\{x : x \in Z, -3 \le x \le 5\}$

68. In a class the teacher asked every student to write an example of A.P. Two friends Geeta and Madhuri writes their progressions as $-5, -2, 1, 4, ...$ and $187, 184, 181, ...$ respectively. Now the teacher asked other students of the class the following questions on these two progressions. Help studens to find the answers of following questions:

(i) Find the 34th term of the progression written by Madhuri.

(a) 286   (b) 88

(c) −99   (d) 190

(ii) Find the sum of common difference of the two progressions.

(a) 6   (b) − 6

(c) 1   (d) 0

(iii) Find the 19th term of the progression written by Geeta.

(a) 49   (b) 59

(c) 52   (d) 62

(iv) Find the sum of first 10 terms of the progression written by Geeta.

(a) 85   (b) 95

(c) 110   (d) 200

Answer.

(i) (b) 88

Explanation: Progression written by Madhuri is 187, 184, 181......

So, from the above, we have

$$a = 187, d = 184 - 187 = -3$$

then, $\quad a_{34} = a + (34 - 1)d$

$$= 187 + 33 \times (-3)$$

$$a_{34} = 88$$

(ii) (d) 0

Explanation: Common difference of $-5, -2, 1, 4 .....$

$$d_1 = -2 - (-5) = 3$$

Common difference of 187, 184, 181 ....

$$d_2 = 184 - 187 = -3$$

Sum of common differences $= d_1 + d_2$

$$= 3 - 3 = 0$$

(iii) (a) 49

Explanation: Progression written by Geeta is $-5, -2, 1, 4 .....$

From this, we get

$$a = -5, \; d = -2 - (-5) = 3$$

We know, $a_{19} = a + (19 - 1)d$

$$= -5 + 18 \times 3$$

$$= 49$$

(iv) (a) 85

Explanation: Progression written by Geeta is $-5, -2, 1, 4 .....$

From this, we get

$$a = -5, d = -2 - (-5) = 3$$

We know,

$$S_n = \dfrac{n}{2}[2a + (n - 1)d]$$

$\therefore \qquad S_{10} = \dfrac{10}{2}[2 \times (-5) + (10 - 1)\,3]$

$$= 5\,[-10 + 27]$$

So, $\qquad S_{10} = 85$

69. In the given figure, $\triangle ABC$ is similar to $\triangle DEF$, AB $= (x - 0.5)$ cm, AC $= 1.5\,x$ cm, DE $= 9$ cm, and DF $= 3x$ cm. Find the length of AB.

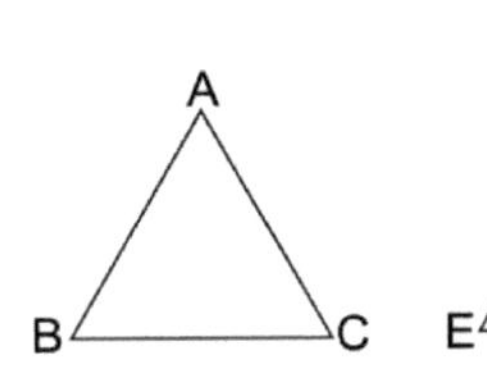

(a) 4 cm

(b) 3 cm

(c) 4.5 cm

(d) 3.5 cm

Answer.

(c) 4.5 cm

Explanation:

$\because$ In similar triangles, the corresponding sides are in proportion.

Given: $\qquad \triangle ABC \sim \triangle DEF$

$\therefore \qquad \dfrac{AB}{DE} = \dfrac{BC}{EF} = \dfrac{AC}{DF}$

$\Rightarrow \qquad \dfrac{AB}{DE} = \dfrac{AC}{DF}$

$\Rightarrow \qquad \dfrac{x - 0.5}{9} = \dfrac{1.5x}{3x}$

$\Rightarrow \qquad x - 0.5 = 4.5$

$\Rightarrow \qquad x = 5$ cm

So, $\qquad$ length of AB $= (x - 0.5)$

$\qquad\qquad\qquad\qquad = 5 - 0.5$

$\qquad\qquad\qquad\qquad = 4.5$ cm

70. If in two triangles ABC and PQR, $\dfrac{AB}{QR} = \dfrac{BC}{RP} = \dfrac{CA}{PQ}$ then:

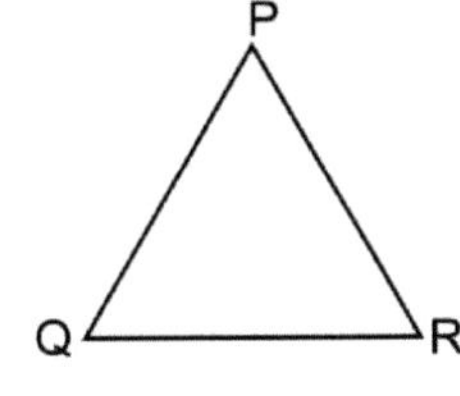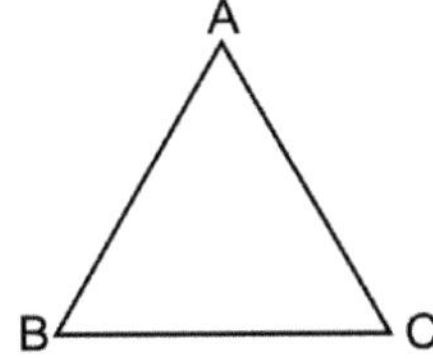

(a) $\triangle PQR \sim \triangle CAB$

(b) $\triangle PQR \sim \triangle ABC$

(c) $\triangle CBA \sim \triangle PQR$

(d) $\triangle BCA \sim \triangle PQR$

Answer.

(a) $\triangle PQR \sim \triangle CAB$

Explanation $\quad : \dfrac{AB}{QR} = \dfrac{BC}{RP} = \dfrac{CA}{PQ}$

$\Rightarrow \qquad \dfrac{PQ}{CA} = \dfrac{QR}{AB} = \dfrac{RP}{BC}$

$\therefore \ \triangle PQR \sim \triangle CAB \qquad$ [By SSS similarity axiom]

71. In the following figure, find the value of x.

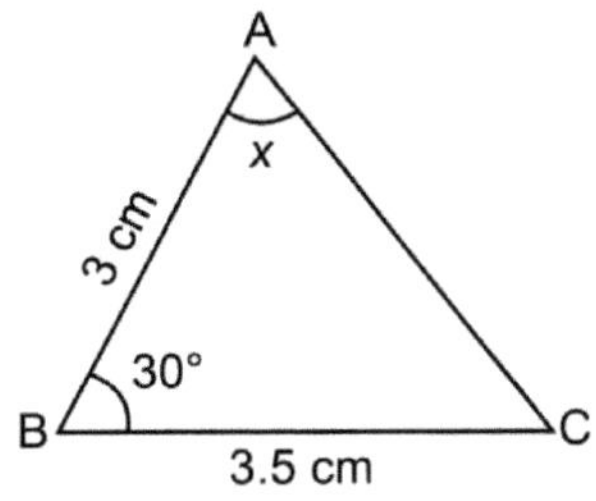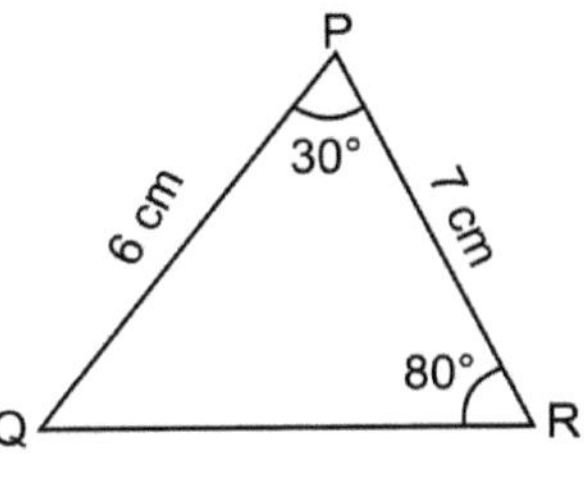

(a) $65°$

(b) $70°$

(c) $80°$

(d) $30°$

Answer.

(b) $70°$

Explanation : In $\triangle ABC$ and $\triangle PQR$

$$\dfrac{AB}{BC} = \dfrac{PQ}{PR} = \dfrac{3}{3.5}$$

and $\qquad\qquad \angle B = \angle P = 30$

$\therefore$ By SAS similarity axiom,

$$\triangle ABC \sim \triangle QPR$$

$\therefore \qquad\qquad \angle A = \angle Q = x$

and $\qquad\qquad \angle C = \angle B = 80°$

so we have,

$$\angle A + \angle B + \angle C = 180°$$

$\Rightarrow \qquad x + 30° + 80° = 180°$

$\Rightarrow \qquad\qquad x = 70°$

72. The solution set representing the following number line is:

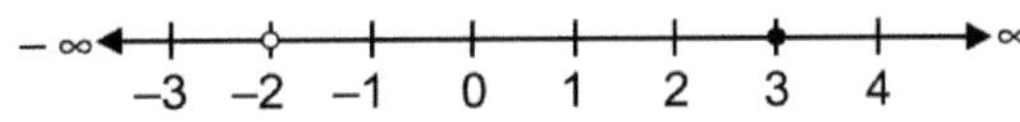

(a) $\{x : x \in R,\ -2 < x < 3\}$

(b) $\{x : x \in R,\ -2 < x \leq 3\}$

(c) $\{x : x \in R,\ -2 \leq x < 3\}$

(d) $\{x : x \in R,\ -2 \leq x \leq 3\}$

Answer.

(b) $\{x : x \in R,\ -2 < x \leq 3\}$

73. The solution set of $1 \geq 15 - 7x > 2x - 27,\ x \in N$ on the number line is:

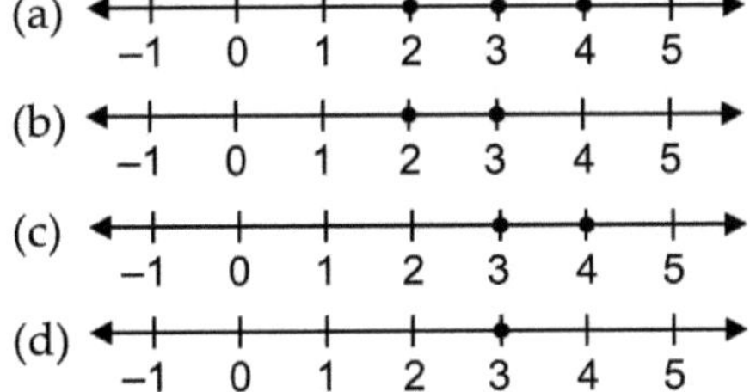

Answer.

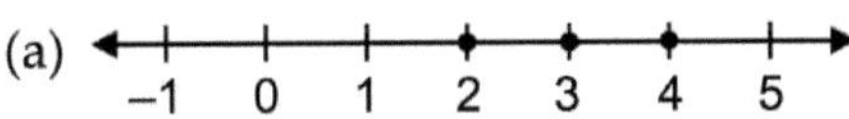

Explanation : We have,

$$1 \geq 15 - 7x > 2x - 27$$

$$\Rightarrow \quad 1 \geq 15 - 7x \; ; \; 15 - 7x > 2x - 27$$

$$\Rightarrow \quad 1 - 15 \geq 7x \quad ; \quad 15 + 27 > 2x + 7x$$

$$\Rightarrow \quad -14 \geq -7x \quad ; \quad 42 > 9x$$

$$\Rightarrow \quad 2 \leq x \quad ; \quad \frac{42}{9} > x$$

$$\Rightarrow \quad 2 \leq x < \frac{42}{9}$$

or, $\quad 2 \leq x < 4\frac{6}{9}, x \in N$

On the number line, it is represented as

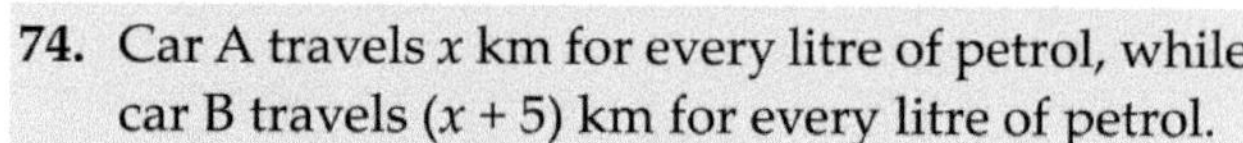

74. Car A travels x km for every litre of petrol, while car B travels $(x + 5)$ km for every litre of petrol.

(i) Petrol used (in litres) by car A and car B in covering a distance of 400 km.

(a) $\dfrac{400}{x}$ 　　　　 (b) $\dfrac{x}{400}$

(c) $400\,x$ 　　　　 (d) $\dfrac{400}{x+5}$

(ii) No. of litres of petrol used by car B in covering distance of 400 km.

(a) $\dfrac{400}{x}$ 　　　　 (b) $\dfrac{x+5}{400}$

(c) $\dfrac{400}{x+5}$ 　　　　 (d) $\dfrac{x}{400}$

(iii) If car A uses 4 litres of petrol more than car B in covering 400 km, then the quadratic equation formed is:

(a) $x^2 - 5x - 500 = 0$ 　(b) $x^2 + 5x - 500 = 0$
(c) $x^2 + 5x + 500 = 0$ 　(d) None of these

(iv) No. of litres of petrol used by car A:

(a) 16 　　　　 (b) 25

(c) 10 　　　　 (d) 20

Answer.

(i) (a) $\dfrac{400}{x}$

Explanation: No. of litres of petrol used by

car A = $\dfrac{\text{Total Distance}}{\text{Distance covered in 1 liter}}$

$$= \frac{400}{x} \text{ litre}$$

(ii) (c) $\dfrac{400}{x+5}$

Explanation: No. of litres of petrol used by

car B = $\dfrac{\text{Total distance}}{\text{Distance covered in 1 litre}}$

$$= \frac{400}{x+5} \text{ litres}$$

(iii) (b) $x^2 + 5x - 500 = 0$

Explanation: From (i) and (ii)

$$\frac{400}{x} - \frac{400}{x+5} = 4$$

$$\Rightarrow \quad 400\,\frac{(x+5-x)}{x(x+5)} = 4$$

$$\Rightarrow \quad 4(x^2 + 5x) = 2000$$

$$\Rightarrow \quad x^2 + 5x - 500 = 0$$

(iv) (d) 20

Explanation: On solving equation of part (iii), we get $x = -25$, or $x = 20 \Rightarrow x = 20$ km (-25, neglected)

Now, Petrol used by car A = $\dfrac{400}{x} = \dfrac{400}{20} = 20$ litres

75. In the given figure perpendiculars are dropped on the diagonal BD of the rectangle ABCD. If AE = 2 cm, CF = 3 cm then, $\dfrac{ar(\triangle ABD)}{ar(\triangle BDC)}$ = __________.

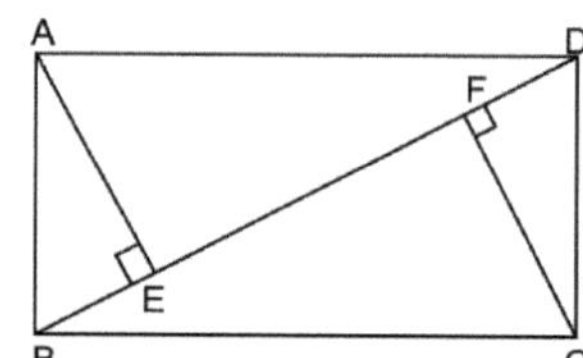

(a) $\dfrac{1}{3}$ 　　　　 (b) $\dfrac{2}{3}$

(c) $\dfrac{4}{9}$ 　　　　 (d) $\dfrac{1}{9}$

Answer.

(b) $\dfrac{2}{3}$

Explanation: Given: AE = 2 cm, CF = 3 cm

We know that,

$$\text{Area of Triangle} = \frac{1}{2} \times \text{Base} \times \text{height}$$

$$\therefore \quad \text{Area of } \triangle ABD = \frac{1}{2} \times BD \times 2$$

and $\quad \text{Area of } \triangle BDC = \dfrac{1}{2} \times BD \times 3$

$$\therefore \quad \frac{\text{Area of } \triangle ABD}{\text{Area of } \triangle BDC} = \frac{\frac{1}{2} \times BD \times 2}{\frac{1}{2} \times BD \times 3} = \frac{2}{3}$$

76. In the following figure, point D divides AB in the ratio $3 : 5$. Then, $\dfrac{AB}{AD}$

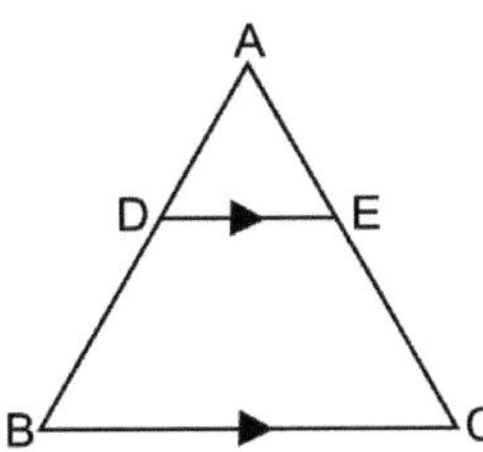

(a) $\dfrac{1}{8}$

(b) $\dfrac{8}{3}$

(c) $\dfrac{5}{8}$

(d) $\dfrac{7}{8}$

Answer.

(b) $\dfrac{8}{3}$

Explanation : Given, $\dfrac{AD}{DB} = \dfrac{3}{5}$

$\Rightarrow \qquad \dfrac{DB}{AD} = \dfrac{5}{3}$ ...(i)

Adding 1 to both sides to the eq. (i)

$\Rightarrow \qquad \dfrac{DB}{AD} + 1 = \dfrac{5}{3} + 1$

$\Rightarrow \qquad \dfrac{DB + AD}{AD} = \dfrac{5 + 3}{3}$

$$[\because AB = AD + DB]$$

$\Rightarrow \qquad \dfrac{AB}{AD} = \dfrac{8}{3}$

77. If $x^2 - 4$ is a factor of polynomial $x^3 + x^2 - 4x - 4$, then its factors are:

(a) $(x - 2)(x + 2)(x + 1)$

(b) $(x - 2)(x + 2)(x - 1)$

(c) $(x - 2)(x - 2)(x + 1)$

(d) $(x - 2)(x - 2)(x - 1)$

Answer.

(a) $(x - 2)(x + 2)(x + 1)$

Explanation :

Let, $\qquad p(x) = x^3 + x^2 - 4x - 4$

and $x^2 - 4$ is a factor of $p(x)$, then $p(x)$ will be divided by $x^2 - 4$ to find other factors.

$$
\begin{array}{r}
x + 1 \\
x^2 - 4 \overline{)\, x^3 + x^2 - 4x - 4} \\
\underline{x^3 \qquad - 4x} \\
-\qquad + \\
\underline{\qquad x^2 \qquad - 4} \\
x^2 \qquad - 4 \\
-\qquad + \\
\underline{\qquad \times \qquad}
\end{array}
$$

So, $\qquad p(x) = (x^2 - 4)(x + 1)$

$\qquad\qquad\quad = (x - 2)(x + 2)(x + 1).$

78. The following bill shows the GST rates and the marked price of articles A and B:

BILL : GENERAL STORE		
Articles	Marked price	Rate of GST
A	₹300	12%
B	₹1200	5%

The total amount to be paid for the above bill is:

(a) 1548

(b) 1596

(c) 1560

(d) 1536

Answer.

(b) ₹1,596

Explanation :

Articles	Marked Price	Rate of GST	GST (in ₹)
A	₹300	12%	12% of 300 = 36
B	₹1,200	5%	5% of 1,200 = 60

Selling price of Article A = Marked price + GST

$$= 300 + 36 = ₹\ 336$$

Selling price of Article B = 1,200 + 60

$$= ₹\ 1,260$$

Total amount to be paid = 336 + 1,260

$$= ₹\ 1,596.$$

79. The missing entries in the following table are:

MRP of each item	No. of items	Total cost of whole quantity	GST	CGST	SGST	Total amount including tax (in ₹)
₹ 100	25	₹ 2,500	12%	b	c	f
₹ 200	27	a	18%	₹ 486	₹ 486	g
₹ 400	30	₹ 12,000	28%	d	e	h

(a) $a = ₹\ 2,700$, $b = c = ₹\ 300$, $d = e = ₹\ 3,360$, $f = ₹\ 2,800$, $g = ₹\ 6,372$, $h = ₹\ 18,720$

(b) $a = ₹\ 5,400$, $b = c = ₹\ 150$, $d = e = ₹\ 3,360$, $f = ₹\ 3,100$, $g = ₹\ 6,372$, $h = ₹\ 18,720$

(c) $a = ₹\ 5,400$, $b = c = ₹\ 150$, $d = e = ₹\ 1,680$, $f = ₹\ 2,800$, $g = ₹\ 6,373$, $h = ₹\ 15,360$

(d) a = ₹ 2,700, b = c = ₹ 300, d = e = ₹ 1,680, f = ₹ 3,100, g = ₹ 6,372, h = ₹ 15,360

Answer.

(c) a = ₹ 5,400, b = c = ₹ 150, d = e = ₹ 1,680, f = ₹ 2,800, g = ₹ 6,373, h = ₹ 15,360

Explanation : For the first item

$$b = \text{CGST} = 6\% \text{ of } ₹\, 2,500 = ₹\, 150 = \text{SGST} = c$$

So, $\qquad f = ₹\, (2,500 + 150 + 150)$

$$= ₹\, 2,800$$

For the second item,

$$a = 200 \times 27 = ₹\, 5,400$$

So, total amount $= a + \text{CGST} + \text{SGST}$

$$= ₹\, (5,400 + 486 + 486)$$

$$= ₹\, 6,372$$

$\therefore \qquad g = ₹\, 6,372$

For the third item,

$$\text{CGST} = \text{SGST} = 14\% \text{ of } ₹\, 12,000$$

$$= ₹\, 1,680$$

$\therefore \qquad d = e = ₹\, 1,680$

and Total amount = Total cost + CGST + SGST

$$= ₹\, (12,000 + 1,680 + 1,680)$$

$$= ₹\, 15,360$$

$\therefore \qquad h = ₹\, 15,360.$

80. The production of TV sets in a factory increases uniformly by a fixed number every year. It produced 16000 sets in 6th year and 22,600 in 9th year.

(i) Find the production during 1st year.

    (a) 5,000   (b) 2,200

    (c) 10,000   (d) None of these

(ii) The fixed number of TV sets increases every year is:

    (a) 5,000   (b) 3,200

    (c) 2,200   (d) 1,000

(iii) Find the production during 3rd year.

    (a) 9,600   (b) 9,400

    (c) 9,200   (d) 9,000

(iv) The total production in 10 years will be:

    (a) 1, 49,000   (b) 1, 52,000

    (c) 50,000   (d) 75,000

Answer.

(i) (a) 5000

Explanation: Given: TV sets in a factory increases uniformly by a fixed number every year.

It is purely satisfy the conditions of Arithmetic Progreesion.

Production of TV sets every years forms an A.P.

Let the production in the first year be a and the number of units by which production increases every years be d.

Then Production of 6th year = $a + 5d$.

$\Rightarrow \qquad a + 5 = 16,000 \qquad ...(i)$

Also, Production of 9th year = $a + 8d$

$\Rightarrow \qquad a + 8d = 22,600 \qquad ...(ii)$

Subtracting eq. (i) from eq. (ii)

$\Rightarrow \qquad (a + 8d) - (a + 5d) = 22,600 - 16,000$

$\Rightarrow \qquad 3d = 6,600$

$\Rightarrow \qquad d = \dfrac{6,600}{3} = 2,200$

Substituting the value of d in eq. (i) we get,

$$a + 5 \times 2,200 = 16,000$$

$\Rightarrow \qquad a = 16,000 - 11,000$

$\Rightarrow \qquad a = 5,000$

$\therefore$ Production of 1st year = 5,000

(ii) (c) 2,200

    Explanation: From part (i), d = 2,200

(iii) (b) 9,400

    Explanation: Production during 3rd year

$$= a + 2d$$

$$= 5,000 + 2 \times 2,200$$

$$= 5,000 + 4,400$$

$$= 9,400$$

(iv) (a) 1,49,000

    Explanation: Total production in 10 years

$$= S_{10}$$

$$= \frac{n}{2}\,[2a + (n-1)d]$$

$$= \frac{10}{2}\,[2 \times 5,000 + 9 \times 2,200]$$

$$= 5(29,800)$$

$$= 1,49,000$$

81. The missing entries in the following if the transaction is inter-state are:

Cost Price	Discount	Discounted Price	GST	IGST	Total Amount
₹ 200	—	a	10%	c	e
₹ 500	10%	b	10%	d	f

(a) a = ₹ 200, b = ₹ 400, c = ₹ 10, d = ₹ 20, e = ₹ 210, f = ₹ 420

(b) a = ₹ 200, b = ₹ 450, c = ₹ 10, d = ₹ 20, e = ₹ 210, f = ₹ 470

(c) a = ₹ 200, b = ₹ 450, c = ₹ 20, d = ₹ 20, e = ₹ 220, f = ₹ 470

(d) $a = ₹ 200$, $b = ₹ 450$, $c = ₹ 20$, $d = ₹ 45$, $e = ₹ 220$, $f = ₹ 495$

Answer.

(d) $a = ₹ 200$, $b = ₹ 450$, $c = ₹ 20$, $d = ₹ 45$, $e = ₹ 220$, $f = ₹ 495$

Explanation : For the first item,

$$\text{Discount} = \text{Nil}$$

∴ Discounted price = Cost price = ₹ 200

∵ GST rate = 10%

∴ IGST = 10% of ₹ 200 = ₹ 20

∴ Total amount = ₹ 200 + ₹ 20 = ₹ 220

So, $a = ₹ 200$, $c = ₹ 20$, $e = ₹ 220$

For the second item,

Discounted price = ₹ 500 – 10% of ₹ 500

$$= ₹ 450$$

∵ GST = 10%

∴ IGST = 10% of ₹ 450 = ₹ 45

∴ Total amount = ₹ 450 + ₹ 45 = ₹ 495

∴ $b = ₹ 450$, $d = ₹ 45$, $f = ₹ 495$

82. The solution set for the linear inequation $-8 \le x - 7 < -4$, $x \in I$ is:

(a) $\{x : x \in R, -1 \le x < 3\}$

(b) $\{0, 1, 2, 3\}$

(c) $\{-1, 0, 1, 2, 3\}$

(d) $\{-1, 0, 1, 2\}$

Answer.

(d) $\{-1, 0, 1, 2\}$

Explanation: Given linear inequation

$$-8 \le x - 7 < -4, x \in I$$

$$-8 + 7 \le x - 7 + 7 < -4 + 7$$

(On adding 7)

$$-1 \le x < 3$$

So, solutiion set will be $\{-1, 0, 1, 2\}$.

83. If $\dfrac{5a}{7b} = \dfrac{4c}{3d}$, then by Componendo and dividendo:

(a) $\dfrac{5a + 7b}{5a - 7b} = \dfrac{4c - 3d}{4c + 3d}$

(b) $\dfrac{5a - 7b}{5a + 7b} = \dfrac{4c + 3d}{4c - 3d}$

(c) $\dfrac{5a + 7b}{5a - 7b} = \dfrac{4c + 3d}{4c - 3d}$

(d) $\dfrac{5a + 7b}{5a + 7b} = \dfrac{4c - 3d}{4c - 3d}$

Answer.

(c) $\dfrac{5a + 7b}{5a - 7b} = \dfrac{4c + 3d}{4c - 3d}$

Explanation : Given, $\dfrac{5a}{7b} = \dfrac{4c}{3d}$

Using compounds and dividendo, we get

$$\frac{5a + 7b}{5a - 7b} = \frac{4c + 3d}{4c - 3d}$$

84. Rashi purchases an article for ₹ 5310 which includes a discount of 10% on the marked price and 18% GST on the selling price. The marked price of the article is:

(a) ₹ 4,200

(b) ₹ 5,000

(c) ₹ 5,500

(d) ₹ 5,900

Answer.

(b) ₹ 5,000

Explanation :

Let marked price of article be ₹ x.

So, $(x - 10\% \text{ of } x) + (x - 10\% \text{ of } x) \dfrac{18}{100} = 5,310$

$\Rightarrow \quad \dfrac{9x}{10} + \dfrac{9x}{10} \times \dfrac{18}{100} = 5,310$

$\Rightarrow \quad \dfrac{900x + 162x}{1000} = 5,310$

$\Rightarrow \quad 1,062x = 53,10,000$

$\Rightarrow \quad x = 5,000.$

85. A shopkeeper buys a T.V from a manufacturer for ₹ 14,000 and marks up it price by 20%. The shopkeeper gives a discount of 10% on the marked up price and he gives further off season discount of 5% on the balance. If the sales are intra state and the rate of GST is 14%, then find the tax paid by the shopkeeper to the state government.

(a) ₹ 25.48

(b) ₹ 24.48

(c) ₹ 20.48

(d) ₹ 49.48

Answer.

(a) ₹ 25.48

Explanation :

$$\text{C.P.} = ₹ 14,000$$

$$\text{M.P.} = \frac{14,000 \times (100 + 20)}{100}$$

$$= ₹ 16,800$$

S.P. after discount = M.P. $\times \dfrac{(100 - 10)}{100} \times \dfrac{100 - 5}{100}$

$$= 16,800 \times \frac{90}{100} \times \frac{95}{100}$$

$$= ₹ 14,364$$

Net G.S.T. paid by shopkeeper to state Govt. (SGST)

= Output SGST – Input SGST

= SGST on S.P. – SGST on C.P.

= 7% of 14,360 – 7% of 14,000

$$= 7\% \text{ of } (14{,}364 - 14{,}000)$$

$$= \frac{7}{100} \times 364 = ₹\ 25.48$$

86. The speed of a motor boat is 20 km/hr for covering the distance of 15 km. The boat took 1 hour more for upstream than downstream.

(i) Let the speed of the stream be x km/hour, then the speed of the motor boat in upstream will be:

   (a) 20 km/hour   (b) $(20 + x)$ km/hour

   (c) $(20 - x)$ (d) 2 km/hour

(ii) What is the relation between speed, distance and time?

   (a) speed $= \dfrac{\text{Distance}}{\text{Time}}$

   (b) Distance $= \dfrac{\text{speed}}{\text{Time}}$

   (c) Time = Speed × Distance

   (d) Speed = Distance × Time

(iii) What will be the speed of stream?

   (a) 20 km/hour   (b) 10 km/hour

   (c) 15 km/hour   (d) 25 km/hour

(iv) How much time boat took in downstream?

   (a) 90 minutes   (b) 15 minutes

   (c) 30 minutes   (d) 45 minutes

Answer.

(i) (c) $(20 - x)$ km/hour

Explanation: Given: Speed of motor boat = 20 km/hour

And, speed of stream = x km/hour

$\therefore$ speed during upstream

$$= \text{speed of boat} - \text{speed of stream}$$
$$= (20 - x) \text{ km/hour}$$

(ii) (a) Speed $= \dfrac{\text{Distance}}{\text{Time}}$

Explanation: Relation between speed, distance and time:

$$\text{Speed} = \frac{\text{Distance}}{\text{Time}}$$

(iii) (b) 10 km/hour

Explanation:

Time taken by the boat in upstream

$$= \frac{\text{Distance covered}}{\text{Speed during upstream}}$$

$$t_1 = \frac{15}{20 - x}$$

Similarly, time taken by the boat during downstream

$$t_2 = \frac{15}{20 + x}$$

[$\because$ speed during downstream $= (20 + x)$ km/hour]

According to question,

$$t_1 = t_2 + 1$$

$\Rightarrow \qquad t_1 - t_2 = 1$

$\Rightarrow \qquad \dfrac{15}{20 - x} - \dfrac{15}{20 + x} = 1$

$\Rightarrow \quad 15(20 + x) - 15(20 - x) = (20 - x)(20 + x)$

$\Rightarrow \qquad 30x = 400 - x^2$

$\Rightarrow \qquad x^2 + 30x - 400 = 0$

$\Rightarrow \qquad (x + 40)(x - 10) = 0$

$\Rightarrow \qquad x = -40,\ 10$

But speed cannot be negative,

$\therefore \qquad x = 10$

$\therefore \qquad$ speed of stream = 10 km/hour

(iv) (c) 30 minutes

Explanation: From part (iii), we have

Time taken during downstream :

$$= t_2 = \frac{15}{20 + x} = \frac{15}{20 + 10} = \frac{15}{30} = \frac{1}{2} \text{ hour} = 30 \text{ min}$$

87. A two digit number is 4 times the sum of its digits and is also equal to 8 more than twice the product of its digits. The two digit number is:

   (a) 14   (b) 20

   (c) 12   (d) 21

Answer.

(c) 12

Explanation: Let the two digit be x and y.

$\therefore$ Two digit number is $10x + y$

Then, $\qquad 10x + y = 4(x + y)$

$\Rightarrow \qquad 10x + y = 4x + 4y$

$\Rightarrow \qquad 2x = y$

Also, $\qquad 10x + y = 8 + 2xy$

$\Rightarrow \qquad 10x + 2x = 8 + 2x(2x) \qquad$ [Using (i)]

$\Rightarrow \qquad 12x = 8 + 4x^2$

$\Rightarrow \qquad 4x^2 - 12x + 8 = 0$

$\Rightarrow \qquad 4x^2 - 8x - 4x + 8 = 0$

$\qquad (x - 2)(4x - 4) = 0$

$\Rightarrow \qquad x = 1,\ 2$

From (i), $\qquad y = 2x$

$\therefore \qquad y = 2 \text{ or } 4$

So, the number is either 12 or 24.

88. Mr. Iyer purchased bike from the same city worth ₹ 40,000 for his son at a discount of 15%. Insurance premium cover of the bike is 10% of the discounted value. Accessories worth ₹ 10,000 are purchased at 10% discount. If the rate of GST on the bike, insurance premium and the accessories are 28%, 18% and 12% respectively, then the GST paid by Mr. Iyer to the State Government is:

(a) ₹ 4,809

(b) ₹ 5,606

(c) ₹ 9,480

(d) ₹ 11,212

Answer.

(b) ₹ 5,606

Explanation :

Marked price of bike = ₹ 40,000

Discount = 15%

∴ Discounted price = ₹ (40,000 – 15% of 40,000)

= ₹ 34,000

Insurance premium cover

= 10% of discounted price

= 10% of ₹ 34,000

= ₹ 3,400

and Discounted price of accessories

= ₹ (10,000 – 10% of 10,000)

= ₹ 9,000

Now, since rate of GST on the bike = 28%

∴ CGST = SGST = 14% of ₹ 34,000

= ₹ 4,760

Rate of GST on insurance premium = 18%

∴ CGST = SGST = 9% of ₹ 3,400

= ₹ 306

Rate of GST on accessories = 12%

∴ CGST = SGST = 6% of ₹ 9,000

= ₹ 540

So, total GST paid by Mr. Iyer to the State Government

= ₹ 4,760 + ₹ 306 + ₹ 540

= ₹ 5,606.

89. The solution of the given equation is:

$$\frac{2}{x^2} - \frac{5}{x} + 2 = 0$$

(a) 2

(b) 1

(c) –2

(d) –1

Answer.

(a) 2

Explanation : $\dfrac{2}{x^2} - \dfrac{5}{x} + 2 = 0$

$\Rightarrow \dfrac{2 - 5x + 2x^2}{x^2} = 0$

$\Rightarrow 2 - 5x + 2x^2 = 0$

$2 - 4x - x + 2 = 0$

$\Rightarrow 2x(x - 2) - 1(x - 2) = 0$

$\Rightarrow (2x - 1)(x - 2) = 0$

$\Rightarrow x = \dfrac{1}{2}, 2$

90. What is the factorization of $2x^2 - 7x - 15$?

(a) $(x + 5)(2x - 3)$

(b) $(x + 3)(2x - 5)$

(c) $(x - 5)(2x + 3)$

(d) $(x - 3)(2x - 5)$

Answer.

(c) $(x - 5)(2x + 3)$

Explanation : Let, $p(x) = 2x^2 - 7x - 15$

$= 2x^2 - 10x + 3x - 15$

$= 2x(x - 5) + 3(x - 5)$

$= (x - 5)(2x + 3)$

91. Reeta deposited ₹ 350 per month in a R.D. account for $1\dfrac{1}{4}$ years. If the matured value of this account is ₹ 5,565, then the interest received is:

(a) ₹ 385

(b) ₹ 485

(c) ₹ 350

(d) ₹ 315

Answer.

(d) ₹ 315

Explanation : We have,

$P = ₹\ 350, n = 1\dfrac{1}{4}$ years = 15 months, M.V. = ₹ 5,565

Interest received = M.V. – P × n

= 5,565 – 350 × 15

= 5,565 – 5,250

= ₹ 315.

92. Consider the following matrices.

$$A = \begin{bmatrix} 3 & -2 \\ -1 & 4 \end{bmatrix}, B = \begin{bmatrix} 2 & 1 \\ -3 & 4 \end{bmatrix}, C = \begin{bmatrix} 1 & 2 \\ 2 & 1 \end{bmatrix}, D = \begin{bmatrix} 2 & 1 \\ 1 & 2 \end{bmatrix}$$

(i) If $A\begin{bmatrix} 2x \\ 1 \end{bmatrix} + 2\begin{bmatrix} -4 \\ 5 \end{bmatrix} = 4\begin{bmatrix} 2 \\ y \end{bmatrix}$, then the values of x and y, respectively are:

(a) 2, 3

(b) 1, 3

(c) 3, 4

(d) 3, 2

(ii) If BX = $\begin{bmatrix} 7 \\ 6 \end{bmatrix}$, then the order of matrix X will be:

(a) 2×2 (b) 1×2

(c) 2×1 (d) 1×1

(iii) CD =

(a) $\begin{bmatrix} 5 & 4 \\ 4 & 5 \end{bmatrix}$ (b) $\begin{bmatrix} 4 & 5 \\ 5 & 4 \end{bmatrix}$

(c) $\begin{bmatrix} 1 & 3 \\ 3 & 1 \end{bmatrix}$ (d) $\begin{bmatrix} 3 & 1 \\ 1 & 3 \end{bmatrix}$

(iv) 2A + B − C =

(a) $\begin{bmatrix} 7 & -5 \\ -7 & 11 \end{bmatrix}$ (b) $\begin{bmatrix} 8 & -7 \\ 11 & -4 \end{bmatrix}$

(c) $\begin{bmatrix} -4 & 3 \\ 7 & -8 \end{bmatrix}$ (d) $\begin{bmatrix} 7 & -11 \\ -4 & 6 \end{bmatrix}$

Answer.

(i) (d) 3, 2

Explanation: We have,

$$\begin{bmatrix} 3 & -2 \\ -1 & 4 \end{bmatrix}\begin{bmatrix} 2x \\ 1 \end{bmatrix} + 2\begin{bmatrix} -4 \\ 5 \end{bmatrix} = 4\begin{bmatrix} 2 \\ y \end{bmatrix}$$

$\Rightarrow \quad \begin{bmatrix} 6x - 2 \\ -2x + 4 \end{bmatrix} + \begin{bmatrix} -8 \\ 10 \end{bmatrix} = \begin{bmatrix} 8 \\ 4y \end{bmatrix}$

$\Rightarrow \quad \begin{bmatrix} 6x - 10 \\ -2x + 14 \end{bmatrix} = \begin{bmatrix} 8 \\ 4y \end{bmatrix}$

$\Rightarrow \quad 6x - 10 = 8; \ -2x + 14 = 4y$

$\Rightarrow \quad 6x = 18 \Rightarrow x = 3$

So, $\quad -2x + 14 = 4y$

$\Rightarrow \quad -2(3) + 14 = 4y$

$\Rightarrow \quad 8 = 5y \Rightarrow y = 2$

$\therefore \quad x = 3, y = 2$

$\therefore \quad x = 3, y = 2$

(ii) (c) 2×1

Explanation: We have,

$$x = \begin{bmatrix} 7 \\ 6 \end{bmatrix}$$

$\Rightarrow \quad \begin{bmatrix} 2 & 1 \\ -3 & 4 \end{bmatrix}_{2 \times 2}[x]_{m \times n} = \begin{bmatrix} 7 \\ 6 \end{bmatrix}_{2 \times 1}$

$\therefore \quad m = 2, n = 1$

(iii) (b) $\begin{bmatrix} 4 & 5 \\ 5 & 4 \end{bmatrix}$

Explanation: CD = $\begin{bmatrix} 1 & 2 \\ 2 & 1 \end{bmatrix}\begin{bmatrix} 2 & 1 \\ 1 & 2 \end{bmatrix}$

$\qquad = \begin{bmatrix} 2+2 & 1+4 \\ 4+1 & 2+2 \end{bmatrix}$

$\qquad = \begin{bmatrix} 4 & 5 \\ 5 & 4 \end{bmatrix}$

(iv) (a) $\begin{bmatrix} 7 & -5 \\ -7 & 11 \end{bmatrix}$

Explanation:

$$2A + B - C = \begin{bmatrix} 3 & -2 \\ -1 & 4 \end{bmatrix} + \begin{bmatrix} 2 & 1 \\ -3 & 4 \end{bmatrix} - \begin{bmatrix} 1 & 2 \\ 2 & 1 \end{bmatrix}$$

$\qquad = \begin{bmatrix} 6 & -4 \\ -2 & 8 \end{bmatrix} + \begin{bmatrix} 2 & 1 \\ -3 & 4 \end{bmatrix} - \begin{bmatrix} 1 & 2 \\ 2 & 1 \end{bmatrix}$

$\qquad = \begin{bmatrix} 6+2-1 & -4+1-2 \\ -2-3-2 & 8+4-1 \end{bmatrix}$

$\qquad = \begin{bmatrix} 7 & -5 \\ -7 & 11 \end{bmatrix}$

93. If $2x - 3 \le x + 1 \le 4x + 7$, $x \in I$ (integers), then the solution set of x is:

(a) $\{-2, -1, 0, 1, 2, 3, 4\}$

(b) $\{-1, 0, 1, 2, 3\}$

(c) $\{-2, -1, 0, 1, 2, 3\}$

(d) $\{-1, 0, 1, 2, 3, 4\}$

Answer.

(a) $\{-2, -1, 0, 1, 2, 3, 4\}$

Explanation : We have,

$\qquad 2x - 3 \le x + 1 \le 4x + 7, \ x \in I$

$\Rightarrow \qquad 2x - 3 \le x + 1; \ x + 1 \le 4x + 7$

$\Rightarrow \qquad 2x - x \le 1 + 3; \ 1 - 7 \le 4x - x$

$\Rightarrow \qquad x \le 4; \qquad -6 \le 3x$

$\Rightarrow \qquad x \le 4; \qquad -2 \le x$

$\Rightarrow \qquad -2 \le x \le 4$

$\therefore \qquad x = \{-2, -1, 0, 1, 2, 3, 4\}.$

94. Which among the following is one of the factors of $x^2 + \dfrac{x}{6} + \dfrac{1}{6}$?

(a) $3x + 1$ (b) $2x + 1$

(c) $x - \dfrac{1}{5}$ (d) $x - \dfrac{1}{2}$

Answer.

(b) $2x + 1$

Explanation : $x^2 + \dfrac{x}{6} - \dfrac{1}{6} = \dfrac{1}{6}(6x^2 + x - 1)$

$\qquad\qquad = \dfrac{1}{6}(6x^2 + 3x - 2x - 1)$

$\qquad\qquad = \dfrac{1}{6}[(3x\,(2x + 1) - 1(2x + 1)]$

$\qquad\qquad = \dfrac{1}{6}(3x - 1)(2x + 1)$

Therefore, the factors of $x^2 + \dfrac{x}{6} - \dfrac{1}{5}$ are $\dfrac{1}{6}$, $(3x - 1)$ and $(2x + 1)$

95. A train travels 360 km at a uniform speed. If the speed had been 5 km/h more, it would have taken 1 hour less for the same journey. Find the speed of the train.

(a) 30 km/hr   (b) 40 km/hr

(c) 50 km/hr   (d) 60 km/hr

Answer.

(b) 40 km/hr

Explanation: Let x km/hr be the speed of train.

Time required to cover 360 km = $\dfrac{360}{x}$ hr.

As per the question given,

If,   speed = $(x + 5)$ km

Then,   time taken = $\dfrac{360}{x} - 1$

$\Rightarrow \quad \dfrac{360}{x + 5} = \dfrac{360}{x} - 1$

$\Rightarrow \quad \dfrac{360}{x} - \dfrac{360}{x + 5} = 1$

$\Rightarrow \quad \dfrac{360[x + 5 - x]}{x(x + 5)} = 1$

$\Rightarrow \quad x^2 + 5x = 1800$

$\Rightarrow \quad x^2 + 5x - 1800 = 0$

$\Rightarrow \quad x^2 + 45x - 40x - 1800 = 0$

$\Rightarrow \quad x(x + 45) - 40(x + 45) = 0$

$\Rightarrow \quad (x + 45)(x - 40) = 0$

$\Rightarrow \quad x = 40, -45$

Negative value is not considered for speed hence the answer is 40 km/hr.

96. The solution set of $-2 + 10x \le 13x + 10 < 24 + 10x$, $x \in Z$ is:

(a) $\{-4, -3, -2, -1, 0, 1, 2, 3, 4, 5\}$

(b) $\{-4, -3, -2, -1, 0, 1, 2, 3, 4\}$

(c) $\{-3, -2, -1, 0, 1, 2, 3, 4\}$

(d) $\{-3, -2, -1, 0, 1, 2, 3, 4, 5\}$

Answer.

(b) $\{-4, -3, -2, -1, 0, 1, 2, 3, 4\}$

Explanation : We have,

$-2 + 10x \le 13x + 10 < 24 + 10x, x \in Z$ (integers)

$\Rightarrow -2 + 10x \le 13x + 10; 13x + 10 < 24 + 10x$

$\Rightarrow \quad -12 \le 3x; 3x < 14$

$\Rightarrow \quad -4 \le x; \quad x < \dfrac{14}{3}$

$\Rightarrow \quad -4 \le x < \dfrac{14}{3}, x \in Z$

$\therefore \quad x = \{-4, -3, -2, -1, 0, 1, 2, 3, 4\}$

97. If the first, second and last terms of an A. P. are a, b and $2a$ respectively, its sum is :

(a) $\dfrac{ab}{2(b - a)}$ (b) $\dfrac{ab}{b - a}$

(c) $\dfrac{3ab}{2(b - a)}$ (d) None of these.

Answer.

(c) $\dfrac{3ab}{2(b - a)}$

Explanation: Let first term of AP = a.

and common difference of AP = d

$\therefore$ According to question,

$a_2 = a + d = b$ ...(i)

Let term $= 2a$

and, common difference = $b - a$

Let n be the last term of this A. P.

So, $a + (n - 1)d = 2a$

$\Rightarrow \quad a + (n - 1)(b - a) = 2a$

So, $(n - 1)(b - a) = a$

$\Rightarrow \quad n - 1 = \dfrac{a}{b - a}$

$\Rightarrow \quad n = \dfrac{b}{b - a}$

Now   sum of series = $\dfrac{n}{2}(a + a_n)$

$= \dfrac{b}{2(b - a)}[a + (2a)]$

$= \dfrac{3ab}{2(b - a)}$

98. The nth term of an arithmetic progression (A.P.) is $2(n - 1) + 5$.

(i) The first three terms of this A.P. are :

(a) 9, 11, 13   (b) 7, 9, 11

(c) 3, 5, 7   (d) 5, 7, 9

(ii) The common difference of the A.P. is :

(a) 2   (b) -3

(c) -2 (d) 3

(iii) Which of the following is not a term of this A.P.?

(a) 23   (b) 43

(c) 33   (d) 68

(iv) Sum of the first 12 terms of this A.P. is :

(a) 212   (b) 182

(c) 202   (d) 192

Answer.

(i) (d) 5, 7, 9

Explanation: Given : n^{th} term of an A.P. is :

$\Rightarrow \quad a_n = 2(n - 1) + 5$

For $n = 1$, $a_n = 2(1 - 1) + 5$

$a_1 = 5$

For $n = 2$, $a_2 = 2(2 - 1) + 5$

$\Rightarrow \qquad a_2 = 7$

For $n = 3$, $a_3 = 2(3 - 1) + 5$

$\Rightarrow \qquad a_3 = 9$

So, first threee terms of this A. P. are 5, 7, 9.

(ii) (a) 2

Explanation: Common difference $= a_2 - a_1 = 7 - 5 = 2$

(iii) (d) 68

Explanation: From part (i), A. P. is 5, 7, 9, 11, ...

i.e., A. P. is a list of odd numbers.

$\therefore$ 68 Cannot be a term of this A.P. as 68 is even number.

(iv) (d) 192

Explanation: A.P. is 5, 7, 9, 11, 13......

$\therefore$ $(a) = 5$, $(d) = 2$

$\therefore$ Sum of first 12 terms $=$ Sr

$$= \frac{n}{2}[2a + (n - 1)d]$$

$$= \frac{12}{6}[2 \times 5 + (12 - 1) \times 2]$$

$$= 6[10 + 22]$$

$$= 192$$

So the correct option will be 'D' i.e. 192.

99. The function $f(x) = bx^2 + x - 7$ has a remainder of 2, when divided by $x - 3$, find the value of b.

(a) 2   (b) $\frac{2}{3}$

(c) 3   (d) $-\frac{3}{2}$

Answer.

(b) $\frac{2}{3}$

Explanation: $\qquad f(x) = bx^2 + x - 7$

When, $f(x)$ divided by $(x - 3)$

$\qquad$ Remainder $= 2$

$\Rightarrow \qquad f(x = 3) = 2$

$\Rightarrow \quad b(3)^2 + 3 - 7 = 2$

$\Rightarrow \quad 9b + 3 - 7 = 2$

$\Rightarrow \qquad 9b = 2 + 4$

$\Rightarrow \qquad b = \frac{6}{9} = \frac{2}{3}$

100. The roots of the equation $2x^2 + 2x = 3$ are:

(a) $- 1.8225, 0.8225$ (b) $- 0.7125, 1.4225$

(c) $- 1\cdot1115, 1\cdot2225$ (d) $- 1\cdot6445, 0\cdot6295$

Answer.

(a) $- 1\cdot8225, 0\cdot8225$

Explanation :

We have,

$$2x^2 + 2x = 3$$

$$\Rightarrow \qquad 2x^2 + 2x - 3 = 0$$

Using quadratic formula,

$$x = \frac{- 2 \pm \sqrt{(2)^2 - 4 \times 2 \times (- 3)}}{2 \times 2}$$

$$= \frac{- 2 \pm \sqrt{4 + 24}}{4} = \frac{- 2 \pm \sqrt{28}}{4}$$

$$= \frac{- 2 \pm 5.29}{4}$$

$$= \frac{- 2 + 5.29}{4}, \frac{- 2 - 5.29}{4}$$

$$= 0\cdot8225, - 1\cdot8225.$$

101. An article was purchased for ₹ 1,239 including GST of 18%. Price of the article before GST was:

(a) ₹ 1,000   (b) ₹ 1,100

(c) ₹ 1,050   (d) ₹ 1,239

Answer.

(c) ₹ 1,050

Explanation: Let the price of the article be ₹ x.

So, $\qquad x +$ GST $= 1,239$

$\qquad x + 18\%$ of $x = 1,239$

$$x + \frac{18x}{100} = 1,239$$

$$\frac{118x}{100} = 1,239$$

$\Rightarrow \qquad x = $ ₹ $1,050$

102. Mr. Jain deposited ₹ 500 per month in a cumulative deposit asccount for 2 years. If the bank pays interest at the rate of 7% per annum, then the amount he gets on maturity is:

(a) ₹ 875   (b) ₹ 6,875

(c) ₹ 10,875   (d) ₹ 12,875

Answer.

(d) ₹ 12,875

Explanation :

$\qquad$ Monthly deposit (P) $=$ ₹ 500

$\qquad$ Period $(n) = 2$ years

$$= 24 \text{ months}$$

$\qquad$ Rate $(r) = 7\%$

$\therefore \qquad$ Interest $= P \times \dfrac{n(n + 1)}{2 \times 12} \times \dfrac{r}{100}$

$$= 500 \times \frac{24 \times 25}{2 \times 12} \times \frac{7}{100}$$

$$= ₹ 875$$

We know,

$$\text{Maturity value} = P \times n + \text{Interest}$$
$$= 500 \times 24 + 875$$
$$= ₹\ 12{,}875$$

103. Katrina opened a R.D. account with a Nationalised bank for a period of two years. If the bank pays interest at the rate of 6% per annum and the monthly instalment is ₹ 1,000, then the interest earned in one year is:

(a) ₹ 360

(b) ₹ 390

(c) ₹ 450

(d) ₹ 500

Answer.

(b) ₹ 390

Explanation : We have,

$n = 2$ years $= 24$ months, $r = 6\%$ p.a., P $= ₹\ 1{,}000$

To find interest earned in one year, we use

$$n = 1 \text{ year} = 12 \text{ months}$$

Now, Interest (I) $= P \times \dfrac{n(n+1)}{2\times 12} \times \dfrac{r}{100}$

$$= 1{,}000 \times \dfrac{12\times 13}{24} \times \dfrac{6}{100}$$

$$= ₹\ 390.$$

104. Stations A and B are 300 km apart. Two trains run daily commuting people from A to B and vice versa. The first train runs at a speed of x km/hour, whereas the second one runs 50 km/hour slower than the first train.

(i) The time taken by the first train to cover the distance between station A and B is :

(a) $\dfrac{x}{300}$ hours

(b) 30 hours

(c) $\dfrac{300}{x}$ hours

(d) x hours

(ii) The time taken by the second train to cover the distance between stations A and B is :

(a) $\dfrac{(x+50)}{300}$ hours

(b) $\dfrac{300}{(x+5)}$ hours

(c) $\dfrac{(x-50)}{300}$ hours

(d) $\dfrac{300}{(x-50)}$ hours

(iii) If second train takes 10 hour to cover the distance, then find the speed of first train.

(a) 80 km/hour

(b) 30 km/hour

(c) 150 km/hour

(d) 90 km/hour

(iv) If first train takes 3 hours to cover the distance, then find the speed of second train.

(a) 80 km/hour

(b) 100 km/hour

(c) 50 km/hour

(d) 30 km/hour

Answer.

(i) (a) $\dfrac{300}{x}$ hours.

Explanation: Given: Distance between two station A and B, (D) = 300km

And, Speed of first train $\Rightarrow x$ km/hour

So,

The time taken by the first train to cover the distance $= \dfrac{\text{Distance}}{\text{Speed}}$ [As speed $= \dfrac{\text{Distance}}{\text{Time}}$]

$$= \dfrac{300}{x} \text{ hours.}$$

(ii) (d) $\dfrac{300}{x-50}$ hours.

Explanation: The time taken by the second train to cover the distance.

$$\dfrac{\text{Distance}}{\text{Speed}} = \dfrac{300}{x-50} \text{ hours.}$$

(iii) (a) 80 km/hr.

Explanation: Time taken by second train = 10 hrs.

From (ii), we have

Time taken by second train $= \dfrac{300}{x-50}$

$\Rightarrow \quad 10 = \dfrac{300}{x-50}$

$\Rightarrow \quad x - 50 = \dfrac{300}{10} = 30$

$\Rightarrow \quad x = 80$

∴ Speed of first train = 80 km/hour

(iv) (c) 50 km/hour

Explantion: Time taken by the first train = 3 hour.

From (i)

Time taken by first train $= \dfrac{300}{x}$

$\Rightarrow 3 = \dfrac{300}{x} \Rightarrow x = \dfrac{300}{3} = 100$

∴ Speed of second train = 100 – 50 = 50 km/hour

105. Find the solution set for the following inequation:

$$-\dfrac{1}{5} \le \dfrac{3x}{10} + 1 < \dfrac{2}{5}, x \in R$$

(a) $\{x : x \in R, -4 \le x < -2\}$

(b) $\{x : x \in R, -4 \le x \le -2\}$

(c) $\{x : x \in R, -4 < x < -2\}$

(d) None of these

Answer.

(a) $\{x : x \in R, -4 \le x < -2\}$

Explanation : $-\dfrac{1}{5} \le \dfrac{3x}{10} + 1 < \dfrac{2}{5}$

$\Rightarrow \quad -\dfrac{1}{5} - 1 \le \dfrac{3x}{10} < \dfrac{2}{5} - 1$ (on Subtracting 1)

$\Rightarrow \quad -\dfrac{6}{5} \le \dfrac{3x}{10} < -\dfrac{3}{5}$

$\Rightarrow \quad -12 \le 3x < -6$ (on multiplying by 10)

$\Rightarrow \quad -4 \le x < -2$ (on dividing by 3)

106. Evalaute : $\begin{bmatrix} 4\sin 30° & 2\cos 60° \\ \sin 90° & 2\cos 0° \end{bmatrix}\begin{bmatrix} 4 & 5 \\ 5 & 4 \end{bmatrix}$

(a) $\begin{bmatrix} 4 & 5 \\ 5 & 4 \end{bmatrix}$

(b) $\begin{bmatrix} 2 & 1 \\ 1 & 2 \end{bmatrix}$

(c) $\begin{bmatrix} 13 & 14 \\ 14 & 13 \end{bmatrix}$

(d) $\begin{bmatrix} 14 & 13 \\ 13 & 14 \end{bmatrix}$

Answer.

(c) $\begin{bmatrix} 13 & 14 \\ 14 & 13 \end{bmatrix}$

Explanation: $\begin{bmatrix} 4\sin 30° & 2\cos 60° \\ \sin 90° & 2\cos 0° \end{bmatrix}\begin{bmatrix} 4 & 5 \\ 5 & 4 \end{bmatrix}$

$= \begin{bmatrix} 4\times\dfrac{1}{2} & 2\times\dfrac{1}{2} \\ 1 & 2\times 1 \end{bmatrix}\begin{bmatrix} 4 & 5 \\ 5 & 4 \end{bmatrix}$ (Using trigonometric table)

$= \begin{bmatrix} 2 & 1 \\ 1 & 2 \end{bmatrix}\begin{bmatrix} 4 & 5 \\ 5 & 4 \end{bmatrix}$

$= \begin{bmatrix} 8+5 & 10+4 \\ 4+10 & 5+8 \end{bmatrix}$

$= \begin{bmatrix} 13 & 14 \\ 14 & 13 \end{bmatrix}$

107. Given that $(x + 2)$ and $(x + 4)$ are the factors of $3x^3 + ax^2 - 6x - b$. The values of a and b respectively are:

(a) 4, 2

(b) 2, 4

(c) 40, 13

(d) 13, 40

Answer.

(d) 13, 40

Explanation :

Let $\quad p(x) = 3x^3 + ax^2 - 6x - b$

Since, $x + 2$ is a factor of $p(x)$.

$\therefore \quad p(-2) = 0$

$\Rightarrow \quad 3(-2)^3 + a(-2)^2 - 6(-2) - b = 0$

$\Rightarrow \quad -24 + 4a + 12 - b = 0$

$\Rightarrow \quad 4a - b = 12$ ...(i)

Also, $x + 4$ is a factor of $p(x)$.

$\therefore \quad p(-4) = 0$

$\Rightarrow \quad 3(-4)^3 + a(-4)^2 - 6(-4) - b = 0$

$\Rightarrow \quad -192 + 16a + 24 - b = 0$

$\Rightarrow \quad 16a - b = 168$ ...(ii)

Solving equations (i) and (ii), we get

$a = 13, b = 40.$

108. Pankaj deposited ₹ 400 every month in a bank's recurring deposit account for $2\dfrac{1}{2}$ years. If he gets ₹ 1,085 as interest at the time of maturity, then the rate of interest per annum is:

(a) 6%

(b) 7%

(c) 8%

(d) 9%

Answer.

(b) 7%

Explanation:

Monthly deposit(P) = ₹ 400

Period $(n) = 2\dfrac{1}{2}$ years = 30 months

Interest = ₹ 1,085

We know,

$$\text{Interest} = P \times \dfrac{n(n+1)}{2\times 12} \times \dfrac{r}{100}$$

$\Rightarrow \quad 1,085 = 400 \times \dfrac{30\times 31}{2\times 12} \times \dfrac{r}{100}$

$\Rightarrow \quad 1,085 = 155r$

$\Rightarrow \quad r = 7\%$

109. The solution set of $\dfrac{x-1}{3} + 4 < \left(\dfrac{x-5}{5}\right) - 2$ is:

(a) $(-\infty, -50)$

(b) $(-\infty, -5)$

(c) $(-\infty, -10)$

(d) $(-\infty, -15)$

Answer.

(a) $(-\infty, -50)$

Explanation: Given: given inequation is: $\dfrac{x-1}{3} + 4 < \left(\dfrac{x-5}{5}\right) - 2$

Multiplying by 25 both sides we get,

$\left(\dfrac{x-1}{3}\right) \times 15 + 4 \times 15 < \left(\dfrac{x-5}{5}\right) \times 15 - 2 \times 15$

$\Rightarrow \quad 5(x-1) + 60 < 3(x-5) - 30$

$\Rightarrow \quad 5x - 5 + 60 < 3x - 15 - 30$

$\Rightarrow \quad 5x + 55 < 3x - 45$

Add $-3x$ and -55 on both sides we get,

$\Rightarrow \quad 5x - 3x < -45 - 55$

$\Rightarrow \quad 2x < -100$

$\Rightarrow \quad x < -50$

$\therefore \quad x < (-\infty, -50)$

110. In quadrilateral ABCD, AB ‖ DC, AD ‖ BC and AC intersects BD at O.

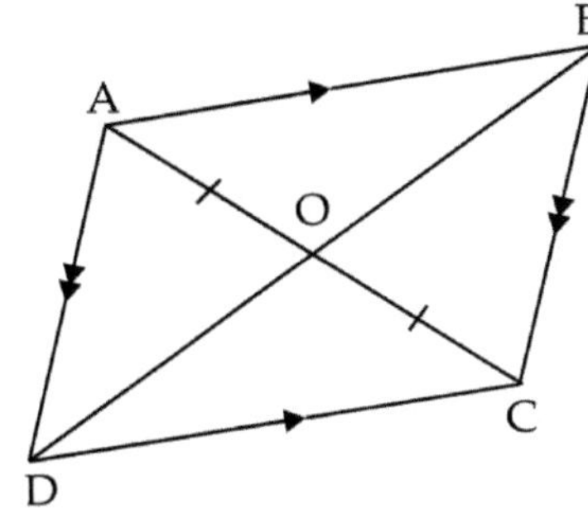

(i) Triangle AOB is similar to :

   (a) Triangle COD   (b) Triangle DOC

   (c) Triangle AOD   (d) Triangle BOC

(ii) Triangle BOC is similar to :

   (a) Triangle OAD

   (b) Triangle AOD

   (c) Triangle ADO

   (d) Triangle DOA

(iii) If AB = 6 cm, AO = 3 cm and CD = 8 cm, then OC =

   (a) 4 cm   (b) 5 cm

   (c) 6cm   (d) 7 cm

(iv) If OC = 3 cm, OD = 5 cm, then AO : OB =

   (a) 8 : 3   (b) 3 : 8

   (c) 5 : 3   (d) 3 : 5

Answer.

(i) (a) Triangle COD

    Explantion: In $\triangle$AOB, and $\triangle$COD

       $\angle$AOB = $\angle$COD

          [Vertically opposite angles]

       $\angle$OBA = $\angle$ODC

          [∵ AB‖DC, alternate angles]

    ∴ By AA similarity rule,

       $\triangle$AOB ~ $\triangle$COD

(ii) (d) Triangle DOA

    Explantion: In $\triangle$BOC and AOD

       $\angle$BOC = $\angle$AOD

          [Vertically opposite angles]

       $\angle$OBC = $\angle$ODA

          [∵ AD‖BC, alternate angles]

    ∴ By AA similarity rule,

       $\triangle$BOC ~ $\triangle$COA

(iii) (a) 4 cm

    Explantion: From part (i) $\triangle$AOB and COD are similar.

$$\frac{AB}{CD} = \frac{OA}{OC}$$

$$\Rightarrow \quad \frac{6}{8} = \frac{3}{OC} \Rightarrow OC = 4$$

(iv) (d) 3 : 5

Explantion: From part (i), $\triangle$AOB is :

Similar to $\triangle$COD

$$\therefore \quad \frac{OA}{OC} = \frac{OB}{OD}$$

$$\Rightarrow \quad \frac{OA}{OB} = \frac{OC}{OD} = \frac{3}{5}$$

111. Using the remainder theorem, the factors of the polynomial $x^3 + x^2 - 4x - 4$ are:

(a) $(x + 1)$, $(x - 2)$, $(x - 2)$

(b) $(x - 1)$, $(x + 1)$, $(x + 2)$

(c) $(x + 1)$, $(x + 1)$, $(x - 2)$

(d) $(x + 1)$, $(x + 2)$, $(x - 2)$

Answer.

(d) $(x + 1)$, $(x + 2)$, $(x - 2)$

Explanation :

Let $\quad p(x) = x^3 + x^2 - 4x - 4$

For $x = -1$,

$$p(-1) = (-1)^3 + (-1)^2 - 4(-1) - 4$$

$$= -1 + 1 + 4 - 4 = 0$$

∴ $(x + 1)$ is a factor of $p(x)$.

To find other factors, divide $p(x)$ by $(x + 1)$.

$$\begin{array}{r} x^2 - 4 \\ x+1\overline{)x^3 + x^2 - 4x - 4} \\ \underline{x^3 + x^2} \\ -\quad - \\ \times \qquad -4x^2 - 4 \\ \underline{-4x^2 - 4} \\ +\qquad + \\ \times \end{array}$$

∴ $x^3 + x^2 - 4x - 4 = (x + 1)(x^2 - 4)$

$$= (x + 1)(x + 2)(x - 2).$$

112. Krishna deposited ₹ 2,000 per month in a recurring bank account for 2 years at the rate of 11% per annum interest. The amount Krishna will get at the time of maturity is:

(a) ₹ 47,632   (b) ₹ 50, 500

(c) ₹ 51, 225   (d) ₹ 53, 500

Answer.

(d) ₹ 53,500

Explanation : We have, P = ₹ 2,000, n = 2 years = 24 months and r = 11%

We know, Amount at the time of maturity

$$= p \times n + I$$

$$= p \times n + p \times \frac{n(n+1)}{2 \times 12} + \frac{r}{100}$$

$$= 2{,}000 \times 24 + 2{,}000 \times \frac{24 \times 25}{24} \times \frac{11}{100}$$

$$= 48{,}000 + 5{,}500$$

$$= 53{,}500$$

113. The product of matrices $(PQ)^{-1}\,P$ is:

(a) P^{-1} (b) Q^{-1}

(c) $P^{-1}Q^{-1}P$ (d) PQP^{-1}

Answer.

(b) Q^{-1}

Explanation:

$$(PQ)^{-1}\,P = Q^{-1}P^{-1}P\;[\because\;(AB)^{-1} = B^{-1}A^{-1}]$$

$$= Q^{-1}\,(P^{-1}\,P)$$

$$= Q^{-1}\,(I) \qquad [\because\;(A^{-1}\,A = I)]$$

$$= Q^{-1} \qquad [\because\;AI = A]$$

114. Amit went on a trip to Uttarakhand, India. While driving, he observes a bridge in the shape of a trapezium. Let AC and BD be the diagonals of the bridge, which intersect each other at a point O.

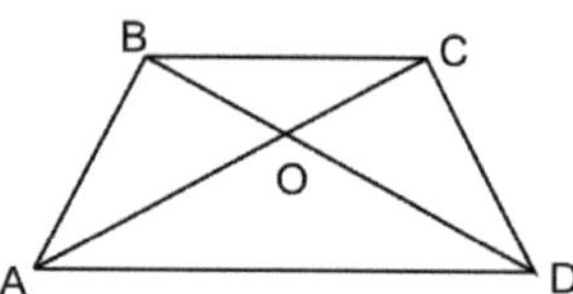

(i) Which of the following statement is correct regarding the similarity of triangles?

(a) $\triangle$AOD ~ $\triangle$COB by SAS similarity rule

(b) $\triangle$AOB ~ $\triangle$COD by SAS similarity rule

(c) $\triangle$AOD ~ $\triangle$COB by AA similarity rule

(d) $\triangle$AOB ~ $\triangle$COD by AA similarity rule

(ii) If AD = 15 cm, OC = 3 cm, OA = 5 cm, then the length of BC is:

(a) 3 cm   (b) 9 cm

(c) 15 cm   (d) 20 cm

(iii) If OA = $3x - 1$, OB = $6x - 5$, OC = $5x - 3$ and OD = $2x + 1$, then the value of x is:

(a) 1   (b) 2

(c) 4   (d) 6

(iv) If OA = 2 cm, OC = 3 cm and OD = 4 cm, then OB =

(a) 2 cm   (b) 4 cm

(c) 6 cm   (d) 8 cm

(v) One of the angle property used, if any, in proving the similarity triangles in part (A), is:

(a) Corresponding angles property of parallel lines

(b) Alternate angles property of parallel lines

(c) Interior angles property of parallel lines

(d) None of the above

Answer.

(i) (c) $\triangle$AOD ~ $\triangle$COB by AA similarity rule

Explanation :

Since, ABCD is a trapezium.

$\therefore$ AD $\|\|$ BC

Now, in $\triangle$AOD and $\triangle$COB

$$\angle OAD = \angle OCB$$

[Alternate angles]

$$\angle ODA = \angle OBC$$

[Alternate angles]

$\therefore$ By AA similarity rule,

$$\triangle AOD \sim \triangle COB.$$

(ii) (b) 9 cm

Explanation :

From part (i),

$$\triangle AOD \sim \triangle COB$$

$\therefore$ $\dfrac{OA}{OC} = \dfrac{OD}{OB} = \dfrac{AD}{BC}$

$\Rightarrow$ $\dfrac{OA}{OC} = \dfrac{AD}{BC}$

$\Rightarrow$ $\dfrac{5}{3} = \dfrac{15}{BC}$

$\Rightarrow$ BC = 9 cm.

(iii) (b) 2

Explanation : Again, from part (i),

$$\triangle AOD \sim \triangle COB$$

$\therefore$ $\dfrac{OA}{OC} = \dfrac{OD}{OB} = \dfrac{AD}{BC}$

$\Rightarrow$ $\dfrac{OA}{OC} = \dfrac{OD}{OB}$

$\Rightarrow$ $\dfrac{3x-1}{5x-3} = \dfrac{2x+1}{6x-5}$

$\Rightarrow$ $(3x - 1)\,(6x - 5) = (5x - 3)\,(2x + 1)$

$\Rightarrow$ $18x^2 - 15x - 6x + 5 = 10x^2 + 5x - 6x - 3$

$\Rightarrow$ $18x^2 - 21x + 5 = 10x^2 - x - 3$

$$\Rightarrow \qquad 8x^2 - 20x + 8 = 0$$
$$\Rightarrow \qquad 2x^2 - 5x + 2 = 0$$
$$\Rightarrow \qquad 2x^2 - 4x - x + 2 = 0$$
$$\Rightarrow \qquad 2x(x - 2) - 1(x - 2) = 0$$
$$\Rightarrow \qquad (2x - 1)\,(x - 2) = 0$$
$$\Rightarrow \qquad x = \frac{1}{2},\ 2.$$

(iv) (c) 6 cm

Explanation :

$\because \qquad \Delta AOD \sim \Delta COB$ [from part (i)]

$\therefore \qquad \dfrac{OA}{OC} = \dfrac{OD}{OB}$

$\Rightarrow \qquad \dfrac{2}{3} = \dfrac{4}{OB}$

$\Rightarrow \qquad OB = 6$ cm.

(v) (b) Alternate angles property of parallel lines.

115. If the second term of an A.P. is 12 and its 7th term exceeds the 4th term by 15, then the A.P. is:

(a) 5, 12, 19, ...   (b) 7, 12, 17, ...

(c) 7, 14, 21, ...   (d) 5, 10, 15, ...

Answer.

(b) 7, 12, 17, ...

Explanation :

According to question,

$$t_2 = 12$$
$$\Rightarrow \qquad a + d = 12 \ ...(i)$$

Also, $\qquad t_7 - t_4 = 15$

$$\Rightarrow \quad (a + 6d) - (a + 3d) = 15$$
$$\Rightarrow \qquad 3d = 15$$
$$\Rightarrow \qquad d = 5$$

Putting $d = 5$ in eq. (i), we get

$$a = 12 - 5$$
$$= 7$$

$\therefore$ The A.P. is 7, (7 + 5), [7 + 2(5)],... *i.e.,* 7, 12, 17, ...

116. If $3x - 1$, $3x + 5$ and $5x + 1$ are the three consecutive terms of an A.P., then the value of x is:

(a) – 3   (b) 2

(c) 4   (d) 5

Answer.

(d) 5

Explanation: Since, the given terms are consecutive terms of A.P., so the difference between two consecutive terms must be same.

$\therefore \quad (3x + 5) - (3x - 1) = (5x + 1) - (3x + 5)$

$$\Rightarrow \qquad 6 = 2x - 4$$
$$\Rightarrow \qquad x = 5.$$

117. Let P, Q and R be the three dealers in a GST chain. P buys some articles for ₹ 1,000 and sells it to Q at a profit of ₹ 800. Q, then sell the same articles to R for ₹ 2,500. If the rate of GST, at every stage, is 18%, then answer the following questions:

(i) The input tax payable by dealer P is:

(a) ₹ 100   (b) ₹ 150

(c) ₹ 180   (d) ₹ 220

(ii) The net tax payable by dealer Q is:

(a) ₹ 126   (b) ₹ 324

(c) ₹ 450   (d) ₹ 774

(iii) Input GST paid by the dealer R is:

(a) ₹ 126   (b) ₹ 216

(c) ₹ 324   (d) ₹ 450

(iv) Total price, including GST, for the dealer R is:

(a) ₹ 2,626   (b) ₹ 2,824

(c) ₹ 2,925   (d) ₹ 2,716

(v) Output tax payable by dealer R is:

(a) ₹ 324   (b) ₹ 126

(c) ₹ 450   (d) Nil

Answer.

(i) (c) ₹ 180

Explanation :

C.P. for dealer P = ₹ 1,000

$\because \qquad$ GST rate = 18%

$\therefore \quad$ Input tax payable by dealer P

$$= 18\% \text{ of } ₹ 1,000$$
$$= ₹ 180.$$

(ii) (a) ₹ 126

Explanation :

For dealer Q,

C.P. of articles = (₹ 1,000 + ₹ 800)

$$= ₹ 1,800$$

and S.P. of articles = ₹ 2,500

Also,   GST rate = 18%

$\therefore$ Net GST payable by dealer Q

$$= \text{Output tax} - \text{Input tax}$$
$$= \text{Tax on S.P.} - \text{Tax on C.P.}$$
$$= 18\% \text{ of } ₹ 2,500 - 18\% \text{ of } ₹ 1,800$$
$$= ₹ 450 - ₹ 324$$
$$= ₹ 126.$$

(iii) (d) ₹ 450

Explanation : For dealer R,

C.P. = ₹ 2,500

and GST rate = 18%

∴ Input tax paid by dealer R

= 18% of ₹ 2,500 = ₹ 450.

(iv) (c) ₹ 2,925

Explanation : Total price for dealer R

= C.P. + Tax

= ₹ 2,500 + ₹ 425

[Using part (iii)]

= ₹ 2,925.

(v) (d) Nil

Explanation : Since, dealer R does not sell the articles to anyone, so he will not pay any output tax

118. Find 'm' if the two polynomials $mx^3 + 4x^2 - 7$ and $3x^3 - 2x + m$, leave the same remainder when divided by $(x - 2)$.

(a) $\dfrac{8}{7}$

(b) $\dfrac{11}{7}$

(c) $\dfrac{12}{7}$

(d) $\dfrac{15}{7}$

Answer.

(b) $\dfrac{11}{7}$

Explanation: Since the given polynomials leave the same remainder, when divided by $(x - 2)$

Value of polynomial $mx^3 + 4x^2 - 7$ is same as value of $3x^3 - 2x + m$ at $+ x = 2$

$\Rightarrow \quad m(2)^3 + 4(2)^2 - 7 = 3(2)^3 - 2(2) + m.$

$\Rightarrow \quad 8m + 16 - 7 = 24 - 4 + m$

$\Rightarrow \quad 7m = 20 - 9$

$\Rightarrow \quad m = \dfrac{11}{7}$

119. Find the smallest value of x which satisfies the inequality $2x + \dfrac{5}{2} > \dfrac{5x}{3} + 2, \, x \in I.$

(a) –1

(b) 0

(c) 1

(d) 2

Answer.

(a) –1

Explanation : Given: inequation $2x + \dfrac{5}{2} > \dfrac{5x}{3} + 2,$ $x \in I$

$\Rightarrow \quad \dfrac{4x + 5}{2} > \dfrac{5x + 6}{3}$

$\Rightarrow \quad 3(4x + 5) > 2(5x + 6)$

$\Rightarrow \quad 12x + 15 > 10x + 12$

$\Rightarrow \quad 12x - 10x > 12 - 15$

$\Rightarrow \quad 2x > -3$

$\quad\quad x > \dfrac{-3}{2}$

Hence, smallest value of x is –1 for $x \in I.$

120. What number should be added to the polynomial $2x^3 - 3x^2 - 8x$ so that the resulting polynomial leaves the remainder 12 when divided by $2x + 1$?

(a) 3

(b) 6

(c) 9

(d) 12

Answer.

(c) 9

Explanation : Let the number to be added to the polynomial be k.

Now, on dividing by $2x + 1$, $2x^3 - 3x^2 - 8x + k$ leaves remainder 12.

$$\begin{array}{r}
x^2 - 2x - 3 \\
2x+1\overline{)2x^3 + 3x^2 - 8x + k} \\
2x^3 + x^2 \\
\underline{- \quad\quad -} \\
- 4x^2 - 8x \\
- 4x^2 - 2x \\
\underline{+ \quad\quad +} \\
- 6x + k \\
- 6x - 3 \\
\underline{+ \quad\quad +} \\
k + 3
\end{array}$$

But remainder = 12

$\Rightarrow \quad k + 3 = 12$

$\Rightarrow \quad k = 9.$

121. Using remainder theorem, the factors of the polynomial $2x^3 + 3x^2 - 9x - 10$ are:

(a) $(x - 2), (x - 3), (2x + 5)$

(b) $(x - 2), (x + 1), (2x + 5)$

(c) $(x - 2), (x - 1), (2x - 9)$

(d) $(x - 2), (x + 4), (2x - 9)$

Answer.

(d) $(x - 2), (x + 1), (2x + 5)$

Explanation :

Let $\quad p(x) = 2x^3 + 3x^2 - 9x - 10$

For $x = 2,$

$\quad p(2) = 2(2)^3 + 3(2)^2 - 9(2) - 10 = 0$

∴ $(x - 2)$ is a factor of $p(x).$

$$\begin{array}{r}
2x^2+7x+5 \\
x-2\,\overline{\big)\,2x^3+3x^2-9x-10} \\
\end{array}$$

$$
\begin{array}{r}
2x^3-4x^2 \\
-\quad+ \\
\hline
7x^2-9x \\
7x^2-14x \\
-\quad+ \\
\hline
5x-10 \\
5x-10 \\
-\quad+ \\
\hline
\times \\
\end{array}
$$

$\therefore\ 2x^3 + 3x^2 - 9x - 10$

$$= (x - 2)\,(2x^2 + 7x + 5)$$
$$= (x - 2)\,(2x^2 + 2x + 5x + 5)$$
$$= (x - 2)\,\{2x(x + 1) + 5(x + 1)\}$$
$$= (x - 2)\,(x + 1)\,(2x + 5).$$

122. Using remainder theorem, find the remainder when $3x^4 - 4x^3 - 3x - 1$ is divided by $(x - 1)$.

(a) 1   (b) -5
(c) 5   (d) -1

Answer.

(b) -5

Explanation: Let, $f(x) = 3x^4 - 4x^3 - 3x - 1$

Remainder when $f(x)$ is divide by $x - 1$

$$= f(x = 1)$$
$$= 3(1)^4 - 4(1)^3 - 3(1) - 1$$
$$= 3 - 4 - 3 - 1$$
$$= -5$$

123. Ahmed has a recurring deposit account in a bank. He deposits ₹ 2,500 per month for 2 years. If he gets ₹ 66,250 at the time of maturity, then answer the following questions:

(i) The interest paid by the bank is:

(a) ₹ 6,000   (b) ₹ 6,250
(c) ₹ 7,925   (d) ₹ 8,115

(ii) The rate of interest is:

(a) 10%   (b) 7%
(c) 8%   (d) 11%

(iii) If $r = 15\%$, P = ₹ 2,500, $n = 24$ months, then the interest earned by Ahmed at the end of maturity period is:

(a) ₹ 9,753   (b) ₹ 9,735
(c) ₹ 9,573   (d) ₹ 9,375

(iv) If $r = 15\%$, P = ₹ 1,000, $n = 12$ months, then the matured value is:

(a) ₹ 12,975   (b) ₹ 12,597

(c) ₹ 12,795   (d) ₹ 12,579

(v) If $r = 8\%$, $n = 3$ years, MV = ₹ 8,088, then the value of P is:

(a) ₹ 75   (b) ₹ 150
(c) ₹ 200   (d) ₹ 400

Answer.

(i) (b) ₹ 6,250

Explanation :

We have,

P = ₹ 2,500, $n =$ 2 years = 24 months, M.V. = ₹ 66,250.

We know,

$$\text{M.V.} = \text{P} \times n + \text{Interest}$$
$$\therefore\quad \text{Interest} = \text{M.V.} - \text{P} \times n$$
$$= 66,250 - 2,500 \times 24$$
$$= 66,250 - 60,000$$
$$= ₹\ 6,250.$$

(ii) (a) 10%

Explanation :

From part (i),

$$I = ₹\ 6,250$$
$$\Rightarrow\quad \text{P} \times \frac{n(n+1)}{2\times12} \times \frac{r}{100} = 6,250$$
$$\Rightarrow\quad 2,500 \times \frac{24\times25}{24} \times \frac{r}{100} = 6,250$$
$$\Rightarrow\quad 625r = 6,250$$
$$\Rightarrow\quad r = 10$$

$\therefore$ The rate of interest is 10% p.a.

(iii) (d) ₹ 9,375

Explanation :

We know,

$$\text{Interest (I)} = \text{P} \times \frac{n(n+1)}{2\times12} \times \frac{r}{100}$$
$$= 2,500 \times \frac{24\times25}{24} \times \frac{15}{100}$$
$$= ₹\ 9,375.$$

(iv) (a) ₹ 12,975

Explanation :

We know,

Matured value (M.V.)

$$= \text{P} \times n + \text{P} \times \frac{n(n+1)}{2\times12} \times \frac{r}{100}$$
$$= 1,000 \times 12 + 1,000 \times \frac{12\times13}{24} \times \frac{15}{100}$$
$$= 12,000 + 975 = ₹\ 12,975.$$

(v) (c) ₹ 200

Explanation :

We know,

$$\text{M.V.} = P \times n + P \times \frac{n(n+1)}{2 \times 12} \times \frac{r}{100}$$

$$\Rightarrow \quad 8{,}088 = P \times 36 + P \times \frac{36 \times 37}{24} \times \frac{8}{100}$$

$$\Rightarrow \quad 8{,}088 = 36P + 4 \cdot 44P$$

$$\Rightarrow \quad 8{,}088 = 40 \cdot 44P$$

$$\Rightarrow \quad P = 200.$$

124. If $\triangle ABC \sim \triangle DEF$, then which of the following is true?

(a) BC.EF = AC. FD

(b) AB.ED = AC.DE

(c) BC.DE = AB.EF

(d) BC.DE = AB.FD

Answer.

(c) BC.DE = AB. EF

Explanation: Given: $\triangle ABC$ and $\triangle DEF$ are similar.

$$\therefore \quad \frac{AB}{DE} = \frac{BC}{EF} = \frac{AC}{DF}$$

$$\Rightarrow \quad \frac{AB}{DE} = \frac{BC}{EF}$$

$$\Rightarrow \quad AB.EF = BC.DE$$

125. $x - 2$ is a factor of the expression $x^3 + ax^2 + bx + 6$. When the expression is divided by $(x - 3)$, it leaves a remainder 3. Then the values of a and b respectively are:

(a) $- 4, 1$ (b) $1, 4$

(c) $- 1, 4$ (d) $4, - 1$

Answer.

(a) $- 4, 1$

Explanation : Let $\quad p(x) = x^3 + ax^2 + bx + 6$

$\because x - 2$ is a factor of $p(x)$.

$$\therefore \qquad p(2) = 0$$

$$\Rightarrow (2)^3 + a(2)^2 + b(2) + 6 = 0$$

$$\Rightarrow \qquad 2a + b + 7 = 0 \qquad \ldots(i)$$

Also, $\qquad p(3) = 3$

$$\Rightarrow (3)^3 + a(3)^2 + b(3) + 6 = 0$$

$$\Rightarrow \qquad 3a + b + 11 = 0 \qquad \ldots(ii)$$

Solving equations (i) and (ii), we get

$$a = - 4, b = 1.$$

126. Which of the following relation is correct?

(a) Degree of remainder $\geq$ Degree of divisor

(b) Degree of remainder $>$ Degree of divisor

(c) Degree of remainder $\leq$ Degree of divisor

(d) Degree of remainder $<$ Degree of divisor

Answer.

(d) Degree of remainder $<$ Degree of divisor

127. Two matrices A and B are multipled to get AB, if:

(a) Both are rectangular

(b) Both have same order

(c) No. of columns of 'A' is equal to the no. of rows of 'B'.

(d) No. of rows of 'A' is equal to the no. of columns of 'B'.

Answer.

(c) No. of columns of A is equal to the no. of rows of B

Explanation : The product AB of two matrices A and B is defined only if the number of columns of matrix A is equal to number of rows of matrix B.

128. Mr. Pankaj took health insurance policy for his family and paid ₹ 900 as SGST. The total Annual Premium paid by him for this policy rate of GST being 18% is:

(a) ₹ 1,800   (b) ₹ 10,000

(c) ₹ 5,000   (d) ₹ 3,600

Answer.

(b) ₹ 10,000

Explanation : Let's consider that the Annual premium paid by Mr. Pankaj be ₹ x.

According to given data in question,

$$18\% \text{ of } x = \text{SGST} + \text{CGST}$$

$$\Rightarrow \quad \frac{18}{100} \times x = 1800 \qquad [\text{As SGST} = \text{CGST}]$$

$$\Rightarrow \qquad x = ₹ \ 10{,}000$$

129. Two real numbers or two algebraic expressions related by the symbols $>$, $<$, $\leq$ or $\geq$ form an inequation. If the highest power of the variables used in the inequation is 1, then the inequation is called linear inequation.

For the linear inequation $3x - 5 \leq 8$, answer the following questions:

(i) If $x \in I$, then the highest value of x is:

(a) 3   (b) 4

(c) 5   (d) $4\dfrac{1}{3}$

(ii) If $x \in R$, then the highest value of x is:

(a) 3   (b) $4\frac{1}{3}$

(c) 4   (d) 5

(iii) If $x \in W$, then the smallest value of x is:

(a) 0   (b) 1

(c) 2   (d) 4

(iv) If $x \in R$, then the solution set of x is:

(a) $\left\{ x : -\infty < x < 4\frac{1}{3}, x \in R \right\}$

(b) $\left\{ x : -\infty \le x \le 4\frac{1}{3}, x \in R \right\}$

(c) $\left\{ x : -\infty \le x < 4\frac{1}{3}, x \in R \right\}$

(d) $\left\{ x : -\infty < x \le 4\frac{1}{3}, x \in R \right\}$

(v) If $x \in N$, then the solution set of x is:

(a) {1, 2, 3, 4, 5}   (b) {0, 1, 2, 3, 4}

(c) {1, 2, 3, 4}   (d) {0, 1, 2, 3, 4, 5}

Answer.

(i) (b) 4

Explanation :

We have, $3x - 5 \le 8$

$\Rightarrow \qquad 3x \le 13$

$\Rightarrow \qquad x \le \dfrac{13}{3}$

$\Rightarrow \qquad x \le 4\frac{1}{3}$

Since, $x \in I$

∴ The highest value of x is 4.

(ii) (b) $4\frac{1}{3}$

Explanation :

From part (i), we have

$$x \le 4\frac{1}{3}$$

Since, $x \in R$

∴ The highest value of x is $4\frac{1}{3}$.

(iii) (a) 0

Explanation : From part (i), we have

$$x \le 4\frac{1}{3}$$

Since, $x \in W$

∴ $x = \{0, 1, 2, 3, 4\}$

∴ The smallest value of x is 0.

(iv) (d) $\{x : -\infty < x \le 4\frac{1}{3}, x \in R\}$

Explanation : From part (i), we have

$$x \le 4\frac{1}{3}$$

Since, $x \in R$

∴ The solution set is

$$\{x : -\infty < x \le 4\frac{1}{3}, x \in R\}$$

(v) (c) {1, 2, 3, 4}

Explantion :

From part (i), we have

$$x \le 4\frac{1}{3}$$

Since, $x \in N$

∴ $x = \{1, 2, 3, 4\}$

130. If $\begin{bmatrix} a & 3 \\ 4 & 1 \end{bmatrix} + \begin{bmatrix} 2 & b \\ 1 & -2 \end{bmatrix} - \begin{bmatrix} 1 & 1 \\ -2 & c \end{bmatrix} = \begin{bmatrix} 5 & 0 \\ 7 & 3 \end{bmatrix}$, find the values of a, b and c.

(a) $a = 4, b = 2, c = -4$

(b) $a = -4, b = 2, c = 4$

(c) $a = 4, b = -2, c = -4$

(d) $a = -4, b = -2, c = -4$

Answer.

(c) $a = 4, b = -2, c = -4$

Explanation: Given:

$$\begin{bmatrix} a & 3 \\ 4 & 1 \end{bmatrix} + \begin{bmatrix} 2 & b \\ 1 & -2 \end{bmatrix} - \begin{bmatrix} 1 & 1 \\ -2 & c \end{bmatrix} = \begin{bmatrix} 5 & 0 \\ 7 & 3 \end{bmatrix}$$

According to matrix additon property,

$$a + 2 - 1 = 5 \Rightarrow a = 4$$

Also, $3 + b - 1 = 0 \Rightarrow b = -2$

And $1 - 2 - c = 3 \Rightarrow C = -4$

∴ $a = 4, b = -2, c = -4$

131. The possible values of x for which the value of the polynomial $f(x) = 3x^3 + 2x^2 - 19x + 6$ is zero, are:

(a) $-3, 2, \dfrac{1}{3}$ (b) $3, -2, \dfrac{1}{3}$

(c) $3, 2, \dfrac{1}{3}$ (d) $-3, -2, \dfrac{1}{3}$

Answer.

(a) $-3, 2, \dfrac{1}{3}$

Explanation:

We have, $f(x) = 3x^3 + 2x^2 - 19x + 6$

For $x = 2$, $f(2) = 3(2)^3 + 2(2)^2 - 19(2) + 6$

$\qquad\qquad = 0$

$\therefore$ $(x - 2)$ is a factor of $f(x)$.

To find other factors, divide $f(x)$ by $(x - 2)$.

$$
\begin{array}{r}
3x^2 + 8x - 3 \\
x-2\overline{\smash{\big)}\,3x^3 + 2x^2 - 19x + 8} \\
\underline{3x^3 - 6x^2} \\
-\quad + \\
\underline{8x^2 - 19x} \\
8x^2 - 16x \\
-\quad + \\
\underline{-3x + 6} \\
-3x + 6 \\
+\quad - \\
\underline{\times}
\end{array}
$$

$\therefore$ $3x^3 + 2x^2 - 19x + 6$

$\qquad = (x - 2)(3x^2 + 8x - 3)$

$\qquad = (x - 2)(3x^2 + 9x - x - 3)$

$\qquad = (x - 2)\{3x(x + 3) - 1(x + 3)\}$

$\qquad = (x - 2)(x + 3)(3x - 1)$

Now, $\qquad f(x) = 0$

If $(x - 2)(x + 3)(3x - 1) = 0$

$\Rightarrow \qquad x - 2 = 0$ or $x + 3 = 0$ or $3x - 1 = 0$

$\Rightarrow \qquad x = 2$ or $x = -3$ or $x = \dfrac{1}{3}$

132. If the roots of the quadratic equation $x^2 + 4x + k = 0$ are real, then the value of k is:

(a) $k \geq 4$ \qquad\qquad (b) $k > 4$

(c) $k < 4$ \qquad\qquad (d) $k \leq 4$

Answer.

(d) $k \leq 4$

Explanation:

Since, the roots of given quadratic equation are real.

$\therefore \qquad$ Discriminant ≥ 0

$\qquad$ [$\because$ Roots can be equal or unequal]

$\Rightarrow \qquad b^2 - 4ac \geq 0$

$\Rightarrow \qquad (4)^2 - 4 \times 1 \times k \geq 0$

$\Rightarrow \qquad 16 - 4k \geq 0$

$\Rightarrow \qquad 16 \geq 4k$

$\Rightarrow \qquad 4 \geq k$ or $k \leq 4$.

133. For the equation $\sqrt{4-x} + \sqrt{x+9} = 5$, the values of x are:

(a) $0, -5$ \qquad\qquad (b) $2, 3$

(c) $-1, 6$ \qquad\qquad (d) $4, 7$

Answer.

(a) $0, -5$

Explanation: We have

$$\sqrt{4-x} + \sqrt{x+9} = 5$$

$\Rightarrow \qquad \sqrt{4-x} = 5 - \sqrt{x+9}$

$\Rightarrow \qquad 4 - x = (5 - \sqrt{x+9})^2$

$\qquad$ [Squaring both sides]

$\Rightarrow \qquad 4 - x = 25 - 10\sqrt{x+9} + (x+9)$

$\Rightarrow \qquad 2x + 30 = 10\sqrt{x+9}$

or $\qquad x + 15 = 5\sqrt{x+9}$

$\Rightarrow \qquad (x + 15)^2 = 25(x + 9)$

$\qquad$ [Again, squaring both sides]

$\Rightarrow \qquad x^2 + 30x + 225 = 25x + 225$

$\Rightarrow \qquad x^2 + 5x = 0$

$\Rightarrow \qquad x(x + 5) = 0$

$\Rightarrow \qquad x = 0, -5.$

134. The roots of the equation $5x^2 - 6\sqrt{5}x + 9 = 0$ are:

(a) $3\sqrt{5}, 3\sqrt{5}$ \qquad\qquad (b) $\dfrac{4}{\sqrt{5}}, \dfrac{2}{\sqrt{5}}$

(c) $4\sqrt{5}, 2\sqrt{5}$ \qquad\qquad (d) $\dfrac{3}{\sqrt{5}}, \dfrac{3}{\sqrt{5}}$

Answer.

(d) $\dfrac{3}{\sqrt{5}}, \dfrac{3}{\sqrt{5}}$

Explanation:

We have,

$$5x^2 - 6\sqrt{5}x + 9 = 0$$

$\Rightarrow \qquad 5x^2 - 3\sqrt{5}x - 3\sqrt{5}x + 9 = 0$

$\Rightarrow \qquad \sqrt{5}x(\sqrt{5}x - 3) - 3(\sqrt{5}x - 3) = 0$

$\Rightarrow \qquad (\sqrt{5}x - 3)(\sqrt{5}x - 3) = 0$

$\Rightarrow \qquad x = \dfrac{3}{\sqrt{5}}, \dfrac{3}{\sqrt{5}}.$

135. In linear inequations, the set, from which the value of the variable x is to be chosen is called the replacement set and its subset, whose elements satisfy given inequation, is called the solution set of the linear inequation.

Given $A = \{x : 5x - 4 \geq 6, x \in R\}$ and $B = \{x : 5 - x > 1, x \in R\}$.

Answer the following questions:

(i) The solution set of A on the number line is:

(a) 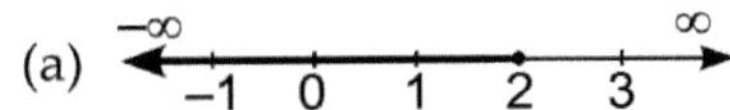

(b)

(c)

(d)

(ii) The solution set of B on the number line is:

(a)

(b)

(c)

(d)

(iii) On the number line, $A \cup B$ is:

(a)

(b)

(c)

(d)

(iv) On the number line, $A \cap B$ is:

(a)

(b)

(c)

(d)

(v) On the number line, $A - B$ is:

(a)

(b) 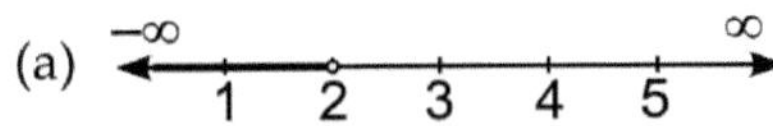

(c)

(d) 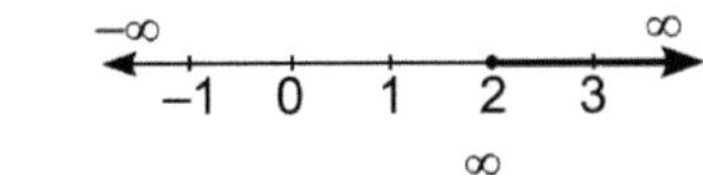

Answer.

(i) (b)

Explanation : We have,

$$A = \{x : 5x - 4 \geq 6, x \in R\}$$

$\because \qquad 5x - 4 \geq 6$

$\Rightarrow \qquad 5x \geq 10$

$\Rightarrow \qquad x \geq 2$

$\therefore$ On the number line, the solution set of A is

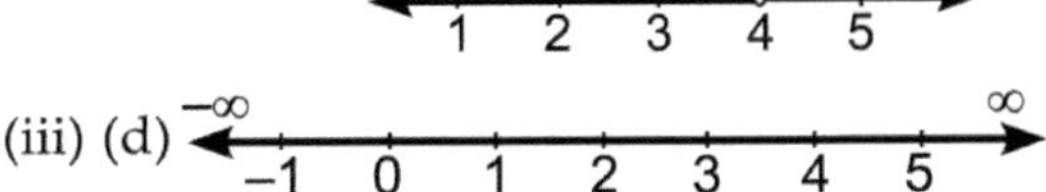

(ii) (a)

Explanation :

We have, $\qquad B = \{x : 5 - x > 1, x \in R\}$

$\because \qquad 5 - x > 1$

$\Rightarrow \qquad 5 - 1 > x$

$\Rightarrow \qquad 4 > x$ or $x < 4$

$\therefore$ On the number line, the solution set of B is

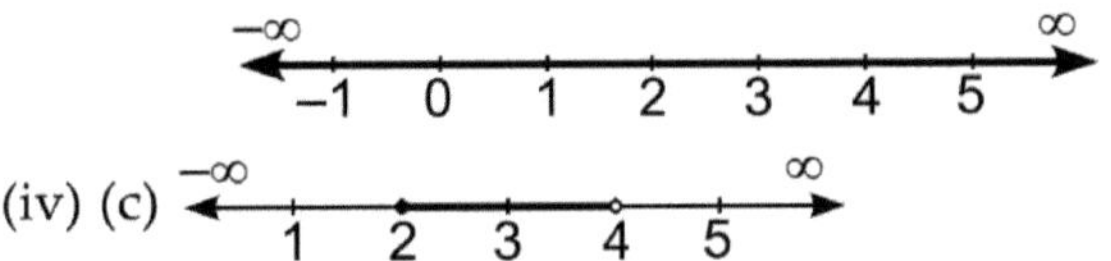

(iii) (d)

Explanation : From parts (i) and (ii),

$$A = x \geq 2 \text{ and } B = x < 4$$

$\therefore \quad A \cup B =$ Combined solution of A and B

$$= A + B$$

$$= \text{Entire number line}$$

$\therefore$ On the number line, the solution set is

(iv) (c)

Explanation :

$$A = x \geq 2 \text{ and } B = x < 4$$

$\therefore \quad A \cap B =$ Common solution of A and B

$$= 2 \leq x < 4$$

On the number line, it is represented as

(v) (b) 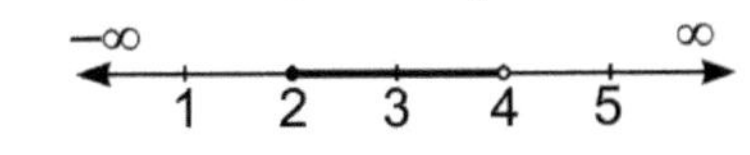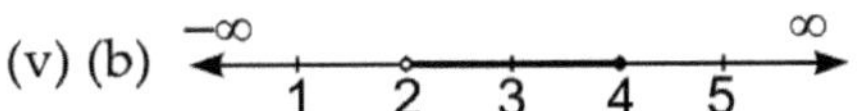

Explanation :

$A - B =$ Solution set of A, which does not include solution set of B

$$= x \geq 4$$

On the number line, it is represented as

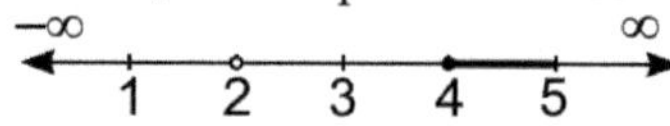

136. A man deposited ₹1200 in a recurring deposit account for 1 year at 5% per annum simple interest. The interest earned by him on maturity is:

(a) 14790   (b) 390

(c) 4680   (d) 780

Answer.

(d) ₹ 780

Explanation :

Amount deposite (P) = ₹ 1,200

Period (n) = 1 year = 12 months

Rate of interest (r) = 5%

We know

$$\text{S.I.} = P \times \frac{n(n+1)}{2\times 12} \times \frac{r}{100}$$

$$= 1,200 \times \frac{12\times 13}{2\times 12} \times \frac{5}{100}$$

$$\text{S.I.} = ₹ 780.$$

137. If $A = \begin{bmatrix} 2 & 0 \\ -1 & 7 \end{bmatrix}$ then A^2 is:

(a) $\begin{bmatrix} 4 & 0 \\ 1 & 49 \end{bmatrix}$ (b) $\begin{bmatrix} 4 & 0 \\ -9 & 49 \end{bmatrix}$

(c) $\begin{bmatrix} 4 & 0 \\ 9 & 49 \end{bmatrix}$ (d) $\begin{bmatrix} 1 & 9 \\ -9 & 48 \end{bmatrix}$

Answer.

(b) $\begin{bmatrix} 4 & 0 \\ -9 & 49 \end{bmatrix}$

Explanation :

Given

$$A = \begin{bmatrix} 2 & 0 \\ -1 & 7 \end{bmatrix}$$

$$\therefore \quad A^2 = A \cdot A = \begin{bmatrix} 2 & 0 \\ -1 & 7 \end{bmatrix}\begin{bmatrix} 2 & 0 \\ -1 & 7 \end{bmatrix}$$

$$= \begin{bmatrix} 2\times 2 & 0 \\ -2-7 & 49 \end{bmatrix}$$

$$= \begin{bmatrix} 4 & 0 \\ -9 & 49 \end{bmatrix}$$

138. If the sum of n terms of an A.P. is given by $S_n = 5n^2 - 3n$, then the common difference of the A.P. is:

(a) 7   (b) 12

(c) 8   (d) 10

Answer.

(d) 10

Explanation : $S_n = 5n^2 - 3n$

For $n = 1$, $S_1 = 5(1)^2 - 3(1) = 2 = a_1$

For $n = 2$, $S_2 = 5(2)^2 - 3(2) = 20 - 6 = 14$

$$a_2 = S_2 - S_1 = 14 - 2 = 12$$

Common difference $d = a_2 - a_1 = 12 - 2 = 10.$

139. If $A = \begin{bmatrix} 7 & 3 \\ 5 & 2 \end{bmatrix}$ and $B = \begin{bmatrix} 2 & 5 \\ 4 & 5 \end{bmatrix}$, then the matrix C such that $2A + 3C = 8B$, is:

(a) $\begin{bmatrix} 2 & 24 \\ 22 & 36 \end{bmatrix}$ (b) $\begin{bmatrix} \dfrac{2}{3} & \dfrac{34}{3} \\ \dfrac{22}{3} & \dfrac{36}{3} \end{bmatrix}$

(c) $\begin{bmatrix} \dfrac{2}{3} & \dfrac{22}{3} \\ \dfrac{36}{3} & \dfrac{34}{3} \end{bmatrix}$ (d) $\begin{bmatrix} 1 & 17 \\ 11 & 18 \end{bmatrix}$

Answer.

(b) $\begin{bmatrix} \dfrac{2}{3} & \dfrac{34}{3} \\ \dfrac{22}{3} & \dfrac{36}{3} \end{bmatrix}$

Explanation : We have,

$$2A + 3C = 8B$$

$$\Rightarrow \quad 3C = 8B - 2A$$

$$= 8\begin{bmatrix} 2 & 5 \\ 4 & 5 \end{bmatrix} - 2\begin{bmatrix} 7 & 3 \\ 5 & 2 \end{bmatrix}$$

$$= \begin{bmatrix} 16 & 40 \\ 32 & 40 \end{bmatrix} - \begin{bmatrix} 14 & 6 \\ 10 & 4 \end{bmatrix}$$

$$= \begin{bmatrix} 2 & 34 \\ 22 & 36 \end{bmatrix}$$

$$\Rightarrow \quad C = \frac{1}{3}\begin{bmatrix} 2 & 34 \\ 22 & 36 \end{bmatrix}$$

$$= \begin{bmatrix} \dfrac{2}{3} & \dfrac{34}{3} \\ \dfrac{22}{3} & \dfrac{36}{3} \end{bmatrix}$$

140. If $B = \begin{bmatrix} -1 & 5 \\ 0 & 3 \end{bmatrix}$ and $A - 2B = \begin{bmatrix} 0 & 4 \\ -7 & 5 \end{bmatrix}$ then the matrix A is equal to :

(a) $\begin{bmatrix} 2 & 14 \\ -7 & 11 \end{bmatrix}$ (b) $\begin{bmatrix} -2 & 14 \\ 7 & 11 \end{bmatrix}$

(c) $\begin{bmatrix} 2 & -14 \\ 7 & 11 \end{bmatrix}$ (d) $\begin{bmatrix} -2 & 14 \\ -7 & 11 \end{bmatrix}$

Answer.

(d) $\begin{bmatrix} -2 & 14 \\ -7 & 11 \end{bmatrix}$

Explanation: Given

$$B = \begin{bmatrix} -1 & 5 \\ 0 & 3 \end{bmatrix}$$

and $\qquad A - 2B = \begin{bmatrix} 0 & 4 \\ -7 & 5 \end{bmatrix}$

$\therefore \qquad 2B = 2\begin{bmatrix} -1 & 5 \\ 0 & 3 \end{bmatrix} = \begin{bmatrix} -2 & 10 \\ 0 & 6 \end{bmatrix}$

$\because \qquad A - 2B = \begin{bmatrix} 0 & 4 \\ -7 & 5 \end{bmatrix}$

$\Rightarrow \qquad A = \begin{bmatrix} 0 & 4 \\ -7 & 5 \end{bmatrix} + 2B$

$\Rightarrow \qquad A = \begin{bmatrix} 0 & 4 \\ -7 & 5 \end{bmatrix} + \begin{bmatrix} -2 & 10 \\ 0 & 6 \end{bmatrix}$

$\qquad\qquad = \begin{bmatrix} 0-2 & 4+10 \\ -7+0 & 5+6 \end{bmatrix} = \begin{bmatrix} -2 & 14 \\ -7 & 11 \end{bmatrix}$

141. An aeroplane travelled a distance of 400 km at an average speed of x km/hour. On the return journey, the speed was increased by 40 km/hour.

(i) The expression for time taken for the onward journey is:

(a) $\dfrac{400}{x}$ (b) $400x$

(c) $\dfrac{x}{400}$ (d) $x + 400$

(ii) The expression for time taken for the return journey is:

(a) $400(x + 40)$ (b) $\dfrac{x+40}{400}$

(c) $\dfrac{400}{x+40}$ (d) $440 + x$

(iii) If the return journey took 30 minutes less than the onward journey, then the equation formed in x is:

(a) $x^2 - 40x - 32000 = 0$

(b) $x^2 + 40x - 32000 = 0$

(c) $x^2 + 40x + 32000 = 0$

(d) $x^2 - 40x + 32000 = 0$

(iv) The nature of roots of the equation, formed in part (iii), is:

(a) real and equal   (b) real and unequal

(c) imaginary   (d) none of these

(v) The positive value of x is:

(a) 220   (b) 240

(c) 200   (d) 160

Answer.

(i) (a) $\dfrac{400}{x}$

Explanation : We know,

$$\text{Time} = \frac{\text{Distance}}{\text{Speed}} = \frac{400}{x} \text{ hour}$$

(ii) (c) $\dfrac{400}{x+40}$

Explanation :

During the return journey,

$$\text{Speed} = (x + 40) \text{ km/hour}$$

$\therefore \qquad \text{Time} = \dfrac{\text{Distance}}{\text{Speed}} = \dfrac{400}{x+40} \text{ hour}$

(iii) (b) $x^2 + 40x - 32000 = 0$

Explanation : Time taken during return journey = Time taken during onward journey – 30 min

$$\Rightarrow \left(\frac{400}{x+40}\right) \text{hour} = \left(\frac{400}{x}\right) \text{hour} - 30 \text{ min}$$

[Using parts (i), (ii)]

$$\left(\frac{400}{x+40}\right)\text{hour} - \left(\frac{400}{x}\right)\text{hour} = -\frac{30}{60}\text{hour}$$

$\Rightarrow \qquad \dfrac{400x - 400(x+40)}{x(x+40)} = -\dfrac{1}{2}$

$\Rightarrow \qquad \dfrac{-16000}{x^2 + 40x} = -\dfrac{1}{2}$

$\Rightarrow \qquad x^2 + 40x = 32000$

$\Rightarrow \qquad x^2 + 40x - 32000 = 0.$

(iv) (b) real and unequal

Explanation :

From part (iii), we have

$$x^2 + 40x - 32000 = 0$$

$\therefore$ Discriminant$= (40)^2 - 4 \times 1 \times (-32000)$

$$= 1600 + 128000$$
$$= 129600 > 0$$

∴ Roots are real and unequal.

(v) (d) 160

Explanation : From part (iii), we have

$$x^2 + 40x - 32000 = 0$$
$$\Rightarrow \quad x^2 + 200x - 160x - 32000 = 0$$
$$\Rightarrow \quad x(x + 200) - 160(x + 200) = 0$$
$$\Rightarrow \quad (x - 160)(x + 200) = 0$$
$$\Rightarrow \quad x = 160, -200$$

∴ The positive value of x is 160.

142. Two numbers are in the ratio 3 : 5. If 8 is added to each number, the ratio becomes 2 : 3. Find the numbers.

(a) 8, 24   (b) 24, 32

(c) 24, 40   (d) 6, 10

Answer.

(c) 24, 40

Explanation: Given ratio is 3 : 5

Let one number be $3x$; other be $5x$.

So, $\quad \dfrac{3x + 8}{5x + 8} = \dfrac{2}{3} \quad$ (As per condition)

$$\Rightarrow \quad 9x + 24 = 10x + 16$$
$$\Rightarrow \quad x = 8$$

So, $\quad 3x = 3 \times 8 = 24$

and $\quad 5x = 5 \times 8 = 40$

143. The traders at each stage always pay GST to the Government on their_________.

(a) Profits   (b) C.P.

(c) Discount   (d) S.P.

Answer.

(a) Profits

Explanation : The traders at each stage always pay GST to the government on their profit

144. If $A = \begin{bmatrix} 5 & 3 \\ -1 & 2 \end{bmatrix}$, find $(A - 2I)$.

(a) $\begin{bmatrix} 3 & 3 \\ -1 & 0 \end{bmatrix}$ (b) $\begin{bmatrix} 7 & 3 \\ -1 & 4 \end{bmatrix}$

(c) $\begin{bmatrix} 4 & 3 \\ -1 & 1 \end{bmatrix}$ (d) $\begin{bmatrix} 5 & 1 \\ -3 & 2 \end{bmatrix}$

Answer.

(a) $\begin{bmatrix} 3 & 3 \\ -1 & 0 \end{bmatrix}$

Explanation :

Given, $\qquad A = \begin{bmatrix} 5 & 3 \\ -1 & 2 \end{bmatrix}$

We know $\qquad I = \begin{bmatrix} 1 & 0 \\ 0 & 1 \end{bmatrix}$

∴ Required matrix $= A - 2I$

$$= \begin{bmatrix} 5 & 3 \\ -1 & 2 \end{bmatrix} - 2\begin{bmatrix} 1 & 0 \\ 0 & 1 \end{bmatrix}$$

$$= \begin{bmatrix} 5 & 3 \\ -1 & 2 \end{bmatrix} - \begin{bmatrix} 2 & 0 \\ 0 & 2 \end{bmatrix}$$

$$= \begin{bmatrix} 5-2 & 3-0 \\ -1-0 & 2-2 \end{bmatrix}$$

$$A - 2I = \begin{bmatrix} 3 & 3 \\ -1 & 0 \end{bmatrix}$$

145. Arithmetic Progression is a list of numbers in which each term can be obtained by adding/subtracting a certain quantity to its preceding term. This certain quantity is called the common difference of the A.P., as its value is same (or common) when any two consecutive terms of the A.P. are subtracted. The common difference of an A.P. can be positive, negative or zero. A teacher wrote the following A.P. on the board.

$$\boxed{-5, -1, 3, 7, \ldots}$$

Related to the above series, she asked various questions to the students.

(i) What is the common difference of this A.P.?

   (a) -4 (b) 4

   (c) 2   (d) -2

(ii) What is the next term of this A.P.?

   (a) 11   (b) -11

   (c) 9   (d) -9

(iii) If there are 13 terms in this A.P., then what is the value of the last term?

   (a) 19   (b) 21

   (c) 43   (d) 47

(iv) If the last term of this A.P. is 67, then what is the 8th term from the end?

   (a) 53   (b) 57

   (c) 35   (d) 39

(v) What is the sum of first ten terms of this A.P.?

   (a) 40   (b) 130

   (c) 150   (d) 90

Answer.

(i) (b) 4

Explanation : Common difference

$$= (-1) - (-5) = 3 - (-1) = 7 - 3$$
$$= 4.$$

(ii) (a) 11

Explanation :

$$\text{Next term} = t_5 = a + 4d$$
$$= -5 + 4 \times 4 = 11$$
$$[\because d = 4 \text{ (from part (i))}]$$

(iii) (c) 43

Explanation :

Last term, $l = a + (n-1)d$

$$= -5 + (13 - 1) \times 4$$
$$= 43.$$

(iv) (d) 39

Explanation : Since the last term of the A.P. is 67, so the A.P. in reversed form is

$$67, 63, \ldots 7, 3, -1, -5$$

For this A.P., $a' = 67$ and $d' = 63 - 67 = -4$

Now, Required term

$= 8^{th}$ term from the end of $-5, -1, 3, 7, \ldots$

$= 8^{th}$ term from the beginning of $67, 63, \ldots$

$$= t_8' = a' + 7d'$$
$$= 67 + 7 \times (-4)$$
$$= 39.$$

(v) (b) 130

Explanation :

Sum of first ten terms

$$= S_{10}$$
$$= \frac{n}{2}[2a + (n-1)d]$$
$$= \frac{10}{2}[2 \times (-5) + (10 - 1) \times 4]$$
$$= 5 \times 26 = 130.$$

146. What number must be added to each of the numbers 7, 16, 21 and 44 to make them proportional?

(a) 1   (b) 2

(c) 3   (d) 4

Answer.

(a) 1

Explanation: Let x be added to each of the numbers 7, 16, 21 and 44

$\therefore$ $(7 + x)$, $(16 + x)$, $(21 + x)$, $(44 + x)$ are in proportion

$$\Rightarrow \quad (7 + x) \times (44 + x) = (16 + x) \times (21 + x)$$
$$\Rightarrow \quad 308 + 7x + 44x + x^2 = 356 + 16x + 21x + x$$
$$\Rightarrow \quad 51x - 37x = 336 - 308$$
$$\Rightarrow \quad 28x = 28$$
$$\Rightarrow \quad x = 1$$

147. The list price of an article is ₹ 20,000. The shopkeeper gives a discount of 15% on the listed price. The tax rate for it is 28%. The total amount (including tax) a customer has to pay to purchase the article is:

(a) ₹ 22,600   (b) ₹ 17,000

(c) ₹ 21,760   (d) ₹ 25,600

Answer.

(c) ₹ 21,760

Explanation :

List price = ₹ 20,000, discount = 15%

$\therefore$ Discounted price = List price – Discount

$$= 20,000 - 15\% \text{ of } 20,000$$
$$= 20,000 - 3,000$$
$$= ₹\ 17,000$$

Now, Total amount to be paid

= Discounted price + Tax on discounted price

= ₹ 17,000 + 28% of ₹ 17,000

= ₹ 17,000 + ₹ 4,760

= ₹ 21,760.

148. A motor boat cover 10 km up the stream and 5 km down the stream in 6 hours. If speed of the stream is 1·5 km/hour and the speed of motor boat is x km/hour, then answer the following questions:

(i) The speed of the boat in up stream is:

(a) 1·5 km/hour

(b) $(x - 1\cdot5)$ km/hour

(c) $(x + 1\cdot5)$ km/hour

(d) x km/hour

(ii) The equation formed in x is:

(a) $4x^2 - 2x + 3 = 0$ (b) $x^2 - 2x + 3 = 0$

(c) $x^2 - 7x - 9 = 0$ (d) $2x^2 - 5x - 7 = 0$

(iii) The nature of roots of the equation formed in part (iii) is:

    (a) real and equal   (b) real and unequal

    (c) imaginary   (d) none of these

(iv) The speed of the motor boat is:

    (a) 1 km/hour   (b) 3·5 km/hour

    (c) 2 km/hour   (d) 7 km/hour

(v) How much time boat took in downstream?

    (a) 1 hour   (b) 2 hour

    (c) 1·43 hour   (d) 0·48 hour

Answer.

(i) (b) $(x - 1·5)$ km/hour

Explanation : Speed of boat in up stream

$$= \text{Speed of boat} - \text{speed of stream}$$
$$= (x - 1·5) \text{ km/hour}$$

(ii) (d) $2x^2 - 5x - 7 = 0$

Explanation : We have,

Total time taken in upstream and down stream is 6 hour.

$$\therefore \quad \frac{10}{x-1·5} + \frac{5}{x+1·5} = 6$$

$$\Rightarrow \quad \frac{10(x+1·5) + 5(x-1·5)}{(x-1·5)(x+1·5)} = 6$$

$$\Rightarrow \quad \frac{15x+7·5}{x^2-2·25} = 6$$

$$\Rightarrow \quad 15x + 7·5 = 6x^2 - 13·5$$

$$\Rightarrow \quad 6x^2 - 15x - 21 = 0$$

$$\Rightarrow \quad 2x^2 - 5x - 7 = 0.$$

(iii) (b) Real and unequal

Explanation :

From part (ii), we have

$$2x^2 - 5x - 7 = 0$$

$$\therefore \quad \text{Discriminant} = (-5)^2 - 4 \times 2 \times (-7)$$
$$= 25 + 56$$
$$= 81 > 0$$

$\therefore$ Roots are real and unequal.

(iv) (b) 3·5 km/hour

Explanation :

From part (B), we have

$$2x^2 - 5x - 7 = 0$$

$$\Rightarrow \quad 2x^2 - 7x + 2x - 7 = 0$$

$$\Rightarrow \quad x(2x - 7) + 1(2x - 7) = 0$$

$$\Rightarrow \quad (x + 1)(2x - 7) = 0$$

$$\Rightarrow \quad x = -1, \frac{7}{2}$$

But speed, x cannot be negative.

$$\therefore \quad x = \frac{7}{2} = 3·5$$

$\therefore$ Speed of boat = 3·5 km/hour

(v) (a) 1 hour

Explanation : Time taken in down stream

$$= \frac{5}{x+1·5}$$

$$= \frac{5}{3·5+1·5}$$

$$= \frac{5}{5} = 1 \text{ hour}$$

149. A retailer marked up the price of his goods by 20% above the list price and offers two successive discounts of 10% and 5% on the marked price. If the rate of GST is 18% and a consumer pays CGST of ₹ 4,617, then the listed price of the goods is:

(a) ₹ 47,795   (b) ₹ 50,000

(c) ₹ 60,000   (d) ₹ 60,500

Answer.

(b) ₹ 50,000

Explanation :

Let the listed price of the goods be ₹ x.

So, marked price = ₹ x + 20% of ₹ x

$$= ₹ \frac{6}{5}x$$

$$\Rightarrow \quad \text{Discounted price} = \frac{6}{5}x\left(1 - \frac{10}{100}\right)\left(1 - \frac{5}{100}\right)$$

$$= \frac{513}{500}x$$

$$\because \quad \text{GST Rate} = 18\%$$

$$\therefore \quad \text{CGST} = 9\% \text{ of } \frac{513}{500}x = ₹ 4,617$$

(Given)

$$\Rightarrow \quad \frac{9}{100} \times \frac{513}{500}x = 4,617$$

$$\Rightarrow \quad x = \frac{4,617 \times 100 \times 500}{9 \times 513}$$

$$= 50,000.$$

150. The set of values of x, satisfying both $7x + 3 \geq 3x$ $- 5$ and $\dfrac{x}{4} - 5 \leq \dfrac{5}{4} - x$, $x \in N$ is:

(a) $\{-2, -1, 0, 1, 2, 3, 4, 5\}$

(b) $\{1, 2, 3, 4, 5\}$

(c) $\{0, 1, 2, 3, 4, 5\}$

(d) None of the above

Answer.

(b) $\{1, 2, 3, 4, 5\}$

Explanation :

We have,

$$7x + 3 \geq 3x - 5$$

$$\Rightarrow \quad 4x > -8$$

$$\Rightarrow \quad x \geq -2$$

...(i)

Also, $\quad \dfrac{x}{4} - 5 \leq \dfrac{5}{4} - x$

$$\Rightarrow \quad \dfrac{x}{4} + x \leq \dfrac{5}{4} + 5$$

$$\Rightarrow \quad \dfrac{5x}{4} \leq \dfrac{25}{4}$$

$$\Rightarrow \quad x \leq 5$$

...(ii)

From (i) and (ii), the common solution is

$$-2 \leq x \leq 5$$

But the replacement set of x is N.

$$\therefore \qquad x = \{1, 2, 3, 4, 5\}.$$

151. The solution set of $\dfrac{3x}{5} + 2 < x + 4 \leq \dfrac{x}{2} + 5, x \in R$ on the number line is:

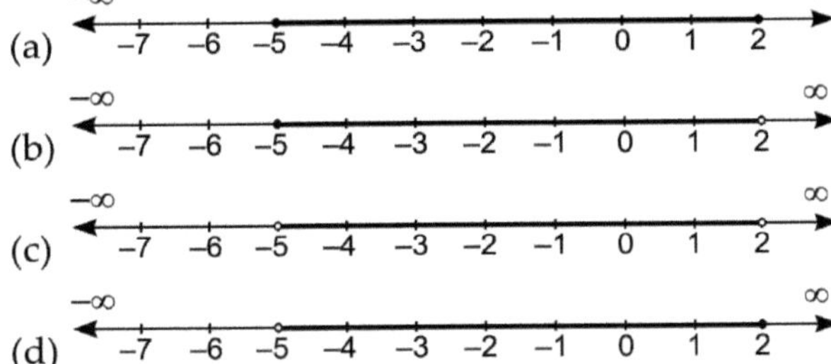

Answer.

(d)

Explanation :

We have,

$$\dfrac{3x}{5} + 2 < x + 4 \leq \dfrac{x}{2} + 5, x \in R$$

$$\Rightarrow \quad \dfrac{3x}{5} + 2 < x + 4; \qquad x + 4 \leq \dfrac{x}{2} + 5$$

$$\Rightarrow \quad \dfrac{3x}{5} - x < 4 - 2; \qquad x - \dfrac{x}{2} \leq 5 - 4$$

$$\Rightarrow \quad -\dfrac{2x}{5} < 2; \qquad \dfrac{x}{2} \leq 1$$

$$\Rightarrow \quad x > -5; \qquad x \leq 2$$

$$\Rightarrow \quad -5 < x \leq 2, x \in R$$

On the number line, it is represented as

152. If length of hypotenuse of a right-angled triangle exceeds the length of one side by 2 cm and exceeds twice the length of other side by 1 cm, then the length of hypotenuse of the triangle is:

(a) 17 cm   (b) 1 cm

(c) 15 cm   (d) 22 cm

Answer.

(a) 17 cm

Explanation: Let the length of hypotenuse of right-angled triangle be x.

Thus, according to the question,

$$x = \text{(one side)} + 2; \ x = 2(\text{other side}) + 1$$

$$\Rightarrow \text{one side} = x - 2; \ \text{other sider} = \dfrac{x-1}{2}$$

We know, by Pythagoras theorem,

$$(\text{Hypotenuse})^2 = (\text{one side})^2 + (\text{other side})^2$$

$$\Rightarrow \quad x^2 = (x-2)^2 + \left(\dfrac{x-1}{2}\right)^2$$

$$\Rightarrow \quad x^2 = x^2 - 4x + 4 + \dfrac{x^2 - 2x + 1}{4}$$

$$\Rightarrow \quad 4x^2 = 4x^2 - 16x + 16 + x^2 - 2x + 1$$

$$\Rightarrow \quad x^2 - 18x + 17 = 0$$

$$\Rightarrow \quad x^2 - x - 17x + 17 = 0$$

$$\Rightarrow x(x - 1) - 17(x - 1) = 0$$

$$\Rightarrow \quad (x - 1)(x - 17) = 0$$

$$\Rightarrow \quad x = 1, 17$$

But, for $x = 1$,

$$\text{one side} = x - 2 = 1 - 2$$

$$= -1, \text{ which is not possible}$$

Also, $\quad$ other side $= \dfrac{x-1}{2} = \dfrac{1-1}{2}$

$$= 0, \text{ which is not possible}$$

$$\therefore \qquad x = 17.$$

153. If $m : n = 5 : 3$, then $(m^2 + n^2) : (m^2 - n^2)$ is:

(a) $17:8$ (b) $15:7$

(c) $8:17$ (d) $7:15$

Answer.

(a) $17:8$

Explanation:

$$\frac{m}{n} = \frac{5}{3}$$

$$\Rightarrow \quad \frac{m^2}{n^2} = \frac{25}{9}$$

Applying componendo and dividendo,

$$\frac{m^2+n^2}{m^2-n^2} = \frac{25+9}{25-9} = \frac{34}{16} = \frac{17}{8}$$

154. To teach the chapter ratio and proportion in a class, the teacher asked the students of class X to make two groups of boys and girls to find the number of boys and girls. Class X has three sections A, B and C. The number of boys and girls in the three sections were found to be 24 and 32, 27 and 39 and 28 and 35, respectively.

(i) What is the ratio of number of boys and girls in section A ?

     (a) $9:13$ (b) $3:4$

     (c) $4:3$ (d) $13:9$

(ii) What is the ratio of number of boys and girls in section B ?

     (a) $3:5$ (b) $4:5$

     (c) $3:4$ (d) $9:13$

(iii) What is the ratio of number of girls and boys in section C ?

     (a) $4:5$ (b) $3:13$

     (c) $5:4$ (d) $3:5$

(iv) What is the duplicate ratio of number of boys and girls in section C ?

     (a) $16:25$ (b) $9:169$

     (c) $25:16$ (d) $9:25$

(v) What is the reciprocal ratio of number of girls and boys in section C ?

     (a) $5:4$ (b) $13:3$

     (c) $4:5$ (d) $5:3$

Answer.

(i) (b) $3:4$

Explanation :

In section (A), number of boys = 24 and number of girls = 32

$$\therefore \quad \text{Required ratio} = \frac{24}{32} = \frac{3}{4}$$

(ii) (d) $9:13$

Explanation : In section (B), number of bosy = 27 and number of girls = 39

$$\therefore \quad \text{Required ratio} = \frac{27}{39} = \frac{9}{13}$$

(iii) (c) $5:4$

Explanation :

In section (C), number of girls = 35 and number of boys = 28

$$\therefore \quad \text{Required ratio} = \frac{35}{28} = \frac{5}{4}$$

(iv) (a) $16:25$

Explanation :

Ratio of number of boys and girls in section C $= 4:5$

$\therefore$ Duplicate ratio of $4:5 = 16:25$.

(v) (c) $4:5$

Explantion :

Ratio of number of girls and boys in section C $= 5:4$

$\therefore$ Reciprocal ratio $= 4:5$.

155. The duplicate ratio of $\sqrt{3}:7$ is:

     (a) $3:49$ (b) $7:\sqrt{3}$

     (c) $2\sqrt{3}:14$ (d) $(\sqrt{3}+2):9$

Answer.

(a) $3:49$

Explanation:

Duplicate ratio of $\sqrt{3}:7 = \dfrac{(\sqrt{3})^2}{(7)^2} = \dfrac{3}{49}$

156. The triplicate ratio of $1:3$ is :

     (a) $3:6$ (b) $1:27$

     (c) $3:9$ (d) $3:1$

Answer.

(b) $1:27$

Explanation:

Triplicate ratio of $1:3 = \dfrac{(1)^3}{(3)^3} = \dfrac{1}{27}$

157. The sub-triplicate ratio of $64:343$ is:

     (a) $16:17$ (b) $61:340$

     (c) $4:7$ (d) $\dfrac{64}{3}:\dfrac{343}{3}$

Answer.

(c) $4:7$

Explanation:

Sub-triplicate ratio of $64 : 343 = \dfrac{\sqrt[3]{64}}{\sqrt[3]{343}} = \dfrac{4}{7}$

158. The factors of the polynoimal $2x^3 - x^2 - 2x + 1$ are:

(a) $(x - 1), (x + 1), (2x - 1)$

(b) $(x - 1)^2, (2x - 1)$

(c) $(x - 1)^2, (2x + 1)$

(d) $(x - 1), (x + 1), (2x + 1)$

Answer.

(a) $(x - 1), (x + 1), (2x - 1)$

Explanation:

Let $\qquad p(x) = 2x^3 - x^2 - 2x + 1$

For $x = 1$,

$p(1) - 2(1)^3 - (1)^2 - 2(1) + 1 = 0$

$\therefore$ $x - 1$ is a factor of $p(x)$.

To find other factors, divide $p(x)$ by $(x - 1)$.

$$
\begin{array}{r}
2x^2 + x - 1 \\
x - 1 \overline{\smash{)}\, 2x^3 - x^2 - 2x + 1} \\
\underline{2x^3 - 2x^2} \\
-\quad + \\
\hline
x^2 - 2x \\
x^2 - x \\
-\quad + \\
\hline
-x + 1 \\
-x + 1 \\
\underline{\times} \\
\end{array}
$$

$\therefore$ $2x^3 - x^2 - 2x + 1 = (x - 1)(2x^2 + x - 1)$

$\qquad = (x - 1)(2x^2 + 2x - x - 1)$

$\qquad = (x - 1)\{2x(x + 1) - 1(x + 1)\}$

$\qquad = (x - 1)(2x - 1)(x + 1).$

159. The other factors of the polynomial $2x^3 - x^2 - 5x - 2$, if one of its factor is $(x - 2)$ are:

(a) $(x + 1), (2x - 1)$ (b) $(x - 1), (2x - 1)$

(c) $(x + 1), (2x + 1)$ (d) $(x - 1), (2x + 1)$

Answer.

(c) $(x + 1), (2x + 1)$

Explanation :

Since, $(x - 2)$ is a factor of $2x^3 - x^2 - 5x - 2$.

$$
\begin{array}{r}
2x^2 + 3x + 1 \\
x - 2 \overline{\smash{)}\, 2x^3 - x^2 - 5x - 2} \\
\underline{2x^3 - 4x^2} \\
-\quad + \\
\hline
3x^2 - 5x \\
3x^2 - 6x \\
-\quad + \\
\hline
x - 2 \\
x - 2 \\
\underline{\times} \\
\end{array}
$$

So, $2x^3 - x^2 - 5x - 2$

$\qquad = (x - 2)(2x^2 + 3x + 1)$

$\qquad = (x - 2)(2x^2 + 2x + x + 1)$

$\qquad = (x - 2)\{2x(x + 1) + 1(x + 1)\}$

$\qquad = (x - 2)(x + 1)(2x + 1).$

160. Age-gender structure is one of the most important characteristics of population composition. Almost all population characteristics vary significantly with age. Age statistics form an important component of population analysis. The usefulness of age data is more noticeable when it is cross classified by variables like marital status, literacy, economic activity which vary with age in different patterns.

Suppose census report the population (approx.) of different age groups in the year 2020.

Age group (in years)	Population (in 10,000,000)
$0 - 18$	48
$19 - 45$	32
46 and above	26

(i) What is the ratio of population of the three age groups ?

(a) $24 : 16 : 13$ (b) $13 : 16 : 24$

(c) $16 : 24 : 13$ (d) $13 : 24 : 16$

(ii) If x is the fourth proportional of the numbers of the ratio, obtained in (i), then the value of x is:

(a) $\dfrac{24}{5}$ (b) $\dfrac{29}{2}$

(c) $\dfrac{26}{3}$ (d) $\dfrac{39}{4}$

(iii) If y is the mean population to 48 and 36, then the value of y is :

(a) 42   (b) 24

(c) 6   (d) 12

(iv) If z is the third proportion to 9 and 15, then the value of z is :

(a) 24   (b) 25

(c) 12   (d) 6

(v) The compounded ratio of 3 : 8 and 4 : 9 is:

(a) 1 : 6   (b) 7 : 17

(c) 1 : 1   (d) 34 : 89

Answer.

(i) (a) 24 : 16 : 13

Explanation :

Required ratio = 48 : 32 : 26

= 24 : 16 : 13.

(ii) (c) $\dfrac{26}{3}$

Explanation :

Since, x is the fourth proportion of 24, 16 and 13.

$\therefore \qquad \dfrac{24}{16} = \dfrac{13}{x}$

$\Rightarrow \qquad 24x = 13 \times 16$

$\Rightarrow \qquad x = \dfrac{13 \times 16}{24} = \dfrac{26}{3}$

(iii) (d) 12

Explanation :

Since, y is the mean proportion, to 48 and 36.

$\therefore \qquad y = \sqrt{48 \times 36} = \sqrt{8 \times 6 \times 36}$

$= 2 \times 6 = 12.$

(iv) (b) 25

Explanation :

Since, z is the third proportion to 9 and 15.

$\dfrac{9}{15} = \dfrac{15}{z}$

$\Rightarrow \qquad 9z = 15 \times 15$

$\Rightarrow \qquad z = \dfrac{15 \times 15}{9} = 25.$

(v) (a) 1 : 6

Explanation :

The compounded ratio of 3 : 8 and 4 : 9

$= (3 \times 4) : (8 \times 9)$

$= 12 : 72$

$= 1 : 6.$

161. Given that A = B^2 where A = $\begin{vmatrix} 16 & x \\ 0 & 1 \end{vmatrix}$, B = $\begin{vmatrix} 4 & 2 \\ 0 & 1 \end{vmatrix}$. Then value of x is:

(a) 10   (b) 2

(c) 5   (d) 8

Answer.

(a) $x = 10$

Explanation :

$$B^2 = \begin{bmatrix} 4 & 2 \\ 0 & 1 \end{bmatrix}\begin{bmatrix} 4 & 2 \\ 0 & 1 \end{bmatrix} = \begin{bmatrix} 16 & 10 \\ 0 & 1 \end{bmatrix}$$

As, $\qquad A = B^2$

$\Rightarrow \qquad \begin{bmatrix} 16 & x \\ 0 & 1 \end{bmatrix} = \begin{bmatrix} 16 & 10 \\ 0 & 1 \end{bmatrix}$

By comparing both, we get $x = 10$

162. $\triangle ABC$ and $\triangle PQR$ are similar triangles such that area $(\triangle ABC) = 36$ cm^2 and area $(\triangle PQR) = 64$ cm^2. If AB = 4.2 cm then length of PQ is:

(a) 5 cm   (b) 4.6 cm

(c) 5.6 cm   (d) 6 cm

Answer.

(c) 5.6 cm

Explanation: $\dfrac{\text{area}(\triangle ABC)}{\text{area}(\triangle PQR)} = \dfrac{(AB)^2}{(PQ)^2}$

$\Rightarrow \qquad \dfrac{36}{64} = \dfrac{(4.2)^2}{PQ^2}$

$\Rightarrow \qquad \sqrt{\dfrac{36}{64}} = \dfrac{4.2}{PQ}$

$\Rightarrow \qquad \dfrac{6}{8} = \dfrac{4.2}{PQ}$

$\Rightarrow \qquad PQ = 5.6$ cm

163. The sum of the first twelve terms of an A.P. is three times the sum of the first six terms, then the ratio of the first term to the common difference is:

(a) 7 : 2   (b) 2 : 7

(c) 3 : 5   (d) 1 : 7

Answer.

(a) 7 : 2

Explanation:

$$S_{12} = 3S_6$$

We know that sum of nth terms of an A.P. is:

$$S_n = \dfrac{n}{2}[2a + (n-1)d]$$

$\dfrac{12}{2}[2a + 11d] = 3 \times \dfrac{6}{2}[2a + 5d]$

$2[2a + 11d] = 3[2a + 5d]$

$4a + 22d = 6a + 15d$

$22d - 15d = 2a$

$$7d = 2a$$
$$a : d = 7 : 2$$

164. Shahrukh opened a R.D. account in a bank and deposited ₹ 800 per month for $1\frac{1}{2}$ years. If he received ₹ 15,084 at the time of maturity, then the rate of interest per annum is:

(a) 6%   (b) 6.5%

(c) 7%   (d) 7.5%

Answer.

(a) 6%

Explanation :

We have,

$$P = ₹ 800, \ n = 1\frac{1}{2} \text{ years} = 18 \text{ months, M.V.} =$$

₹ 15,084

We know

$$\text{M.V.} = P \times n + P \times \frac{n(n+1)}{2 \times 12} \times \frac{r}{100}$$

$$\Rightarrow \ 15{,}084 = 800 \times 18 + 800 \times \frac{18 \times 19}{24} \times \frac{r}{100}$$

$$\Rightarrow \qquad 15{,}084 = 14{,}400 + 114r$$

$$\Rightarrow \qquad 684 = 114r$$

$$\Rightarrow \qquad r = 6$$

∴ The rate of interest is 6% p.a.

165. Shekhar has a R.D. account in a bank. He deposits ₹ 800 per month and gets ₹ 798 as interest. If the rate of interest is 8% per annum, then the total time for which the account was held, is:

(a) 8 months   (b) 1 year

(c) $1\frac{1}{2}$ years   (d) $1\frac{3}{4}$ years

Answer.

(c) $1\frac{1}{2}$ years

Explanation :

We have, $P = ₹ 800, \ I = ₹ 798, \ r = 7\%$ p.a.

We know,

$$\text{Interest (I)} = P \times \frac{n(n+1)}{2 \times 12} \times \frac{r}{100}$$

$$\Rightarrow \qquad 798 = 800 \times \frac{n(n+1)}{24} \times \frac{7}{100}$$

$$\Rightarrow \qquad 2{,}394 = 7(n^2 + n)$$

$$\Rightarrow \qquad 7n^2 + 7n - 2{,}394 = 0$$

$$\Rightarrow \qquad n = \frac{-7 \pm \sqrt{(7)^2 - 4 \times 7 \times (-2394)}}{2 \times 7}$$

$$= \frac{-7 \pm \sqrt{49 + 67032}}{14}$$

$$= \frac{-7 \pm \sqrt{67081}}{14}$$

$$= \frac{-7 \pm 259}{14} = \frac{-7 + 259}{14}, \frac{-7 - 259}{14}$$

$$\Rightarrow \qquad n = 18, -17 \cdot 7$$

Since, time cannot be negative.

$$\therefore \qquad n = 18 \text{ months} = 1\frac{1}{2} \text{ years.}$$

166. A teacher wrote the following polynomial on the board:

$2x^3 - 3x^2 + 4x + 7, \ x^3 - 19x - 30, \ 2x^2 + 5x + 2, \ 3x + 2, \ 4x^2, \ 2x^2 - 5x + p, \ 2x^2 + 5x + q$

Now, she asked following questions to the students.

(i) Which of the following is a cubic polynomial?

(a) $2x^3 - 3x^2 + 4x + 7$ (b) $2x^2 + 5x + 2$

(c) $3x + 2$ (d) $4x^2$

(ii) Which of the following is a binomial?

(a) $4x^2$ (b) $3x + 2$

(c) $2x^2 - 5x + p$ (d) $2x^2 + 5x + q$

(iii) When the polynomial $2x^3 - 3x^2 + 4x + 7$ is divided by $x - 2$, the remainder is:

(a) 19   (b) 10

(c) -29 (d) 2

(iv) If $2x + 1$ is a factor of $2x^2 - 5x + p$, then the value of p is:

(a) 3   (b) 6

(c) -6 (d) -3

(v) If $2x + 1$ is a factor of the polynomial $2x^2 + 5x + q$, then the value of q is:

(a) 3   (b) 7

(c) 2   (d) -3

Answer.

(i) (a) $2x^3 - 3x^2 + 4x + 7$

Explanation: A cubic polynomial is one in which highest power of the variable *i.e.*, x is 3.

(ii) (b) $3x + 2$

Explanation: A binomial is a polynomial which contain exactly two terms.

(iii) (a) 19

Explanation :

Let $p(x) = 2x^3 - 3x^2 + 4x + 7$

$\therefore$ Remainder on dividing $p(x)$ by $x - 2$

$$= p(2)$$
$$= 2(2)^3 - 3(2)^2 + 4(2) + 7$$
$$= 19.$$

(iv) (d) -3

Explanation :

Let $f(x) = 2x^2 - 5x + p$

Since, $(2x + 1)$ is a factor of $f(x)$.

$\therefore \quad f\left(-\dfrac{1}{2}\right) = 0$

$\Rightarrow 2\left(-\dfrac{1}{2}\right)^2 - 5\left(-\dfrac{1}{2}\right) + p = 0$

$\Rightarrow \quad \dfrac{1}{2} + \dfrac{5}{2} + p = 0$

$\Rightarrow \quad p = -3.$

(v) (c) 2

Explanation :

Let $g(x) = 2x^2 + 5x + q$

Since, $(2x + 1)$ is a factor of $g(x)$.

$\therefore \quad g\left(-\dfrac{1}{2}\right) = 0$

$\Rightarrow \quad 2\left(-\dfrac{1}{2}\right)^2 + 5\left(-\dfrac{1}{2}\right) + q = 0$

$\Rightarrow \quad \dfrac{1}{2} - \dfrac{5}{2} + q = 0$

$\Rightarrow \quad q = 2.$

167. Which of the following linear inequation has a solution set $\{-1, 0, 1, 2, 3\}$?

(a) $\dfrac{2}{3} + \dfrac{1}{3}(x + 1) > 0, x \in I_+$

(b) $2(x - 2) < 3x - 2 < 10, x \in I$

(c) $5x + 7 > 27, x \in I$

(d) $3x + 12 < 0, x \in I$

Answer.

(b) $2(x - 2) < 3x - 2 < 10, x \in I$

Explanation :

(a) Here, replacement set of x is I_+ *i.e.*, positive integers, so -1 cannot be a solution of x. So, this inequation cannot have a solution $\{-1, 0, 1, 2, 3\}$.

(b) Here, inequation is $2(x - 2) < 3x - 2 < 10, x \in I$

$\Rightarrow \quad 2(x - 2) < 3x - 2; \qquad 3x - 2 < 10$

$\Rightarrow \quad 2x - 4 < 3x - 2; \qquad 3x < 12$

$\Rightarrow \quad -x < 2; \qquad x < 4$

$\Rightarrow \quad x > -2; \qquad x < 4$

$\Rightarrow \quad -2 < x < 4, x \in I$

$\therefore \quad x = \{-1, 0, 1, 2, 3\}$

$\therefore$ Option (b) is correct.

168. The model of an aeroplane is made to a scale of $1 : 150$. If the length of the model is 5 m, then the length of the plane is:

(a) 30 m   (b) 750 m

(c) 155 m   (d) 300 m

Answer.

(b) 750 m

Explanation : Since, Scale $= 1 : 150$

$\therefore \quad \dfrac{\text{Length of model}}{\text{Actual Length of plane}} = \dfrac{1}{150}$

$\Rightarrow \quad \dfrac{5}{\text{Actual length of plane}} = \dfrac{1}{150}$

$\Rightarrow$ Actual length of plane $= 5 \times 150 = 750$ m

169. Given : $A = \{x : 5x - 4 \geq 6, x \in R\}$ and $B = \{x : 5 - x > 1, x \in R\}$. Then, $A \cap B$ is:

(a) $\{x : 2 \leq x < 4, x \in R\}$

(b) $\{x : 2 \leq x > 4, x \in R\}$

(c) $\{x : 2 \geq x < 4, x \in R\}$

(d) $\{x : 2 < x < 4, x \in R\}$

Answer.

(a) $\{x : 2 \leq x < 4, x \in R\}$

Explanation :

In set A, $5x - 4 \geq 6$; In set B, $5 - x > 1$

$\Rightarrow \quad 5x \geq 10; \quad x < 4$

$\Rightarrow \quad x \geq 2; \quad B = \{x : x < 4, x \in R\}$

$A = \{x : x \geq 2, x \in R\}$

$\therefore \quad A \cap B = $ Common solution of A and B

$$= 2 \leq x < 4$$

170. If $(x + 2)$ is a factor of $3x^3 - x^2 - px - 4$, then the value of p is:

(a) 14   (b) 12

(c) 10   (d) 16

Answer.

(d) 16

Explanation: Let

$$f(x) = 3x^3 - x^2 - px - 4 \qquad ...(i)$$

Since, $(x + 2)$ is a factor of $f(x)$, $f(-2) = 0$

$$\Rightarrow \quad 3(-2)^3 - (-2)^2 - p(-2) - 4 = 0$$
$$\Rightarrow \quad -24 - 4 + 2p - 4 = 0$$
$$\Rightarrow \quad 2p = 32$$
$$\Rightarrow \quad p = 16$$

171. Arun deposits ₹ 2,000 per month in a cumulative account for 2 years at the rate of 9% per annum. The amount received by him at the time of maturity is :

(a) ₹ 48,000　　　　(b) ₹ 52,500

(c) ₹ 57,625　　　　(d) ₹ 55,500

Answer.

(b) ₹ 52,500

Explanation : $p = ₹ 2,000$, $n = 2$ years $= 24$ month, $r = 9\%$

$\therefore \quad$ Maturity amount $= p \times n + \text{I}$

$$= p \times n + p \times \frac{n(n+1)}{2 \times 12} \times \frac{r}{100}$$

$$= 2,000 \times 24 + 2,000 \times \frac{24 \times 25}{24} \times \frac{9}{100}$$

$$= 48,000 + 4500$$

$$= 52,500$$

172. Government of India allocated some funds for the refugees who came from Afghanistan for their welfare. The fund is to be equally divided between each of the families. If the funds allocated are represented by $6x^3 + 17x^2 + 4x - 12$ and each family received an amount of $2x + 3$, then answer the following questions:

(i) How many families received the amount which was equally distributed?

(a) $3x^2 - 4x - 4$　　　(b) $3x^2 + 4x - 4$

(c) $3x^2 + 4x + 4$　　　(d) $3x^2 - 4x + 4$

(ii) If each family decided to factorise the amount received, then the two factors, are:

(a) $(3x + 2), (x - 2)$　(b) $(3x - 2), (x - 2)$

(c) $(3x + 2), (x + 2)$　(d) $(3x - 2) (x + 2)$

(iii) If instead of $6x^3 + 17x^2 + 4x - 12$, an amount of $6x^3 - 13x^2 + 13x + 70$ is allocated by the government then the amount left after equally distributing to each family, is:

(a) 1　　　　　　(b) $x + 1$

(c) $x - 1$　　　　(d) 12

(iv) How many families would have been benefited, if the funds allocated were $6x^3 - 13x^2 + 12x - 7$?

(a) $3x^2 + 17x + 4$　　(b) $3x^2 - 4x^2 - 19$

(c) $3x^2 - 11x + 23$　　(d) $3x^2 - 14x + 7$

(v) If $x = 2$, the value of the polynomial $f(x) = 6x^3 + 17x^2 + 4x - 12$ is:

(a) -24　　　　　(b) 128

(c) 136　　　　　(d) 112

Answer.

(i) (b) $3x^2 + 4x - 4$

Explanation : Amount received by each family

$$= \frac{6x^3 + 17x + 4x - 12}{2x + 3}$$

$$
\begin{array}{r}
3x^2 + 4x - 4 \\
2x+3\overline{\smash{)}6x^3 + 17x^2 + 14x - 12} \\
6x^3 + 9x^2 \\
\underline{-\quad -\quad\quad\quad} \\
8x^2 + 4x \\
8x^2 + 12x \\
\underline{-\quad -\quad\quad} \\
-8x - 12 \\
-8x - 12 \\
\underline{+\quad +\quad} \\
\times
\end{array}
$$

So, amount received by each family

$$= 3x^2 + 4x - 4.$$

(ii) (d) $(3x - 2) (x + 2)$

Explanation : From part (i),

Amount received by each family

$$= 3x^2 + 4x - 4$$

$\therefore \quad 3x^2 + 4x - 4 = 3x^2 + 6x - 2x - 4$

$$= 3x(x + 2) - 2(x + 2)$$

$$= (3x - 2) (x + 2).$$

(iii) (a) 1

Explanation : Amount left = Remainder obtained on dividing $6x^3 - 13x^2 + 13x + 70$ by $2x + 3$

$$
\begin{array}{r}
3x^2 - 11x + 23 \\
2x+3\overline{\smash{)}6x^3 - 13x^2 + 13x + 70} \\
6x^3 + 9x^2 \\
\underline{-\quad -\quad\quad\quad} \\
-22x^2 + 13x \\
-22x^2 - 33x \\
\underline{+\quad +\quad\quad} \\
46x + 70 \\
46x + 69 \\
\underline{-\quad -\quad} \\
1
\end{array}
$$

$\therefore \quad$ Amount left $= 1$.

(iv) (c) $3x^2 - 11x + 23$

Explanation : From part (iii), number of families benefited by the scheme

= Quotient obtained on dividing $6x^3 - 13x^2 + 13x + 70$ by $2x + 3$

$= 3x^2 - 11x + 23$

(v) (d) 112

Explanation : We have,

$$f(x) = 6x^3 + 17x^2 + 4x - 12$$

∴ At $x = 2$,

$$f(2) = 6(2)^3 + 17(2)^2 + 4(2) - 12$$
$$= 112.$$

173. The zeroes of $x^2 - 2x - 8$ are :

(a) $2, -4$ (b) $4, -2$

(c) $-2, -2$ (d) $-4, 4$

Answer.

(b) $4, -2$

Explanation:

$$x^2 - 2x - 8 = x^2 - 4x + 2x - 8$$
$$= x(x - 4) + 2(x - 4)$$
$$= (x - 4)(x + 2)$$

Therefore, $x = 4, -2$

174. If a polynomial $p(x)$ is divided by a linear divisor $(x - a)$, then the remainder is:

(a) $p(a)$ (b) $p(1)$

(c) $p(0)$ (d) $p(x)$

Answer.

(a) $p(a)$

Explanation : When a polynomial $p(x)$ is divided by $(x - a)$,

$$\text{Remainder} = p(x = a)$$
$$= p(a)$$

175. Gaurav buys goods and services worth ₹ 10,000 from a state A at a discount of 10% and sells it to a consumer in a state B at ₹ 12,000. If the rate of SGST is 5%, then the IGST payable by Gaurav to the Government is:

(a) ₹ 75   (b) ₹ 150

(c) ₹ 200   (d) ₹ 300

Answer.

(d) ₹ 300

Explanation: It is a case of inter-state transaction, so only IGST will be charged.

∵   SGST = 5%

∴   IGST = GST = 10%

So, IGST payable by Gaurav to the Government

= Output CGST − Input IGST   ...(i)

Now, Discounted C.P. for Gaurav

$$= ₹ 10,000 - 10\% \text{ of } ₹ 10,000$$
$$= ₹ 9,000$$

and selling price for Gaurav

$$= ₹ 12,000$$

∴ IGST payable by Gaurav

$$= 10\% \text{ of } ₹ 12,000 - 10\% \text{ of } ₹ 9,000$$
$$= ₹ 1,200 - ₹ 900$$
$$= ₹ 300.$$

176. A girl, named Ritika of height 90 cm is walking away from the base of a lamp-post. She observes the shadows of lamp-post and herself and relate it with a chapter of mathematics, she studied in her last class.

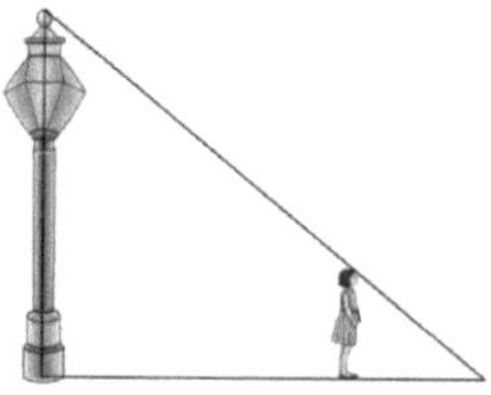

On the basis of information, answer the following questions:

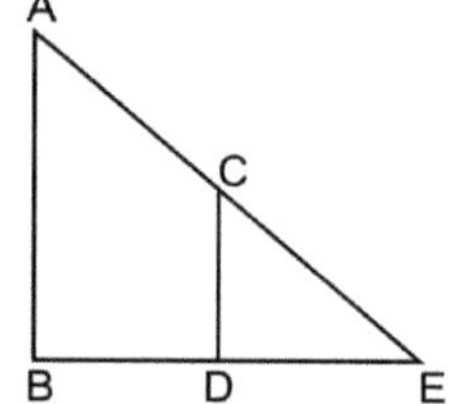

(i) The triangles ABE and CDE are similar by which of the following similarity rule?

(a) AA   (b) ASA

(c) SSS   (d) SAS

(ii) If DE = 120 cm and BE = 360 cm, then length of the lamp-post is:

(a) 150 cm   (b) 240 cm

(c) 270 cm   (d) 360 cm

(iii) The ratio of heights of girl and the lamp-post is:

(a) 4 : 1   (b) 1 : 4

(c) 3 : 1   (d) 1 : 3

(iv) If CE = 150 cm, then AC =

(a) 300 cm   (b) 200 cm

(c) 150 cm   (d) 100 cm

(v) Since $\triangle ABC \sim \triangle CDE$, then which of the following is correct?

   (a) $CD \times AB = DE \times BD$

   (b) $CD \times BD = AB \times DE$

   (c) $CD \times CE = AB \times AE$

   (d) $CD \times AE = AB \times CE$

Answer.

(i) (a) AA

Explanation :

In $\triangle ABE$ and $\triangle CDE$

$$\angle ABE = \angle CDE = 90°$$

$$\angle E = \angle E \qquad \text{[Common angle]}$$

$\therefore$ By AA similarity rule,

$$\triangle ABE \sim \triangle CDE.$$

(ii) (c) 270 cm

Explanation :

From part (i),

$$\triangle ABE \sim \triangle CDE$$

$$\therefore \quad \frac{AB}{CD} = \frac{BE}{DE}$$

$$\Rightarrow \quad \frac{AB}{90} = \frac{360}{120}$$

$$[\because CD = \text{Girl of height 90 cm}]$$

$$\Rightarrow \quad AB = 270 \text{ cm}$$

So, the height of lamp-post AB is 270 cm.

(iii) (d) 1 : 3

Explanation :

Using part (ii),

Required ratio = CD : AB = 90 : 270 = 1 : 3.

(iv) (a) 300 cm

Explanation :

$$\because \quad \triangle ABE \sim \triangle CDE \text{ [From part (i)]}$$

$$\therefore \quad \frac{AB}{CD} = \frac{AE}{CE}$$

$$\Rightarrow \quad \frac{270}{90} = \frac{AC + CE}{CE}$$

$$\Rightarrow \quad \frac{3}{1} = \frac{AC + 150}{150}$$

$$\Rightarrow \quad AC + 150 = 450$$

$$\Rightarrow \quad AC = 300.$$

(v) (d) $CD \times AE = AB \times CE$

Explanation :

$$\because \qquad \triangle ABE \sim \triangle CDE$$

$$\therefore \qquad \frac{AB}{CD} = \frac{AE}{CE} = \frac{BE}{DE}$$

$$\Rightarrow \qquad \frac{AB}{CD} = \frac{AE}{CE}$$

$$\Rightarrow \qquad AB \times CE = CD \times AE.$$

177. The manufacturing cost of an item is ₹ 900. The manufacturer marked up the price of his items by 60% and then sell them at a discount of 10%. If a consumer buy 10 such items, then the GST paid by him on the purchased is:

   (a) ₹ 648 (b) ₹ 1,000

   (c) ₹ 1,296 (d) ₹ 1,425

Answer.

(c) ₹ 1,296

Explanation:

C.P. of an item = ₹ 900

Marked price of an item

$$= ₹ 900 + 60\% \text{ of } ₹ 900$$

$$= ₹ 1,440$$

Discounted price of an item

$$= ₹ 1,440 - 10\% \text{ of } ₹ 1,440$$

$$= ₹ 1,296$$

$\Rightarrow$ Discounted price of 10 such items

$$= ₹ 12,960$$

$$\because \quad \text{Rate of GST} = 10\%$$

$$\therefore \qquad \text{CGST} =$$

SGST = 5% of ₹ 12,960

$$= ₹ 648$$

So, $\qquad$ GST = CGST + SGST

$$= ₹ 648 + ₹ 648$$

$$= ₹ 1,296.$$

178. Sneha deposited ₹ 600 per month in a R.D. account. If the matured value of this account was ₹ 24,930 and the rate of interest was 10% per annum, then the time for which the account was held is:

   (a) 2 years (b) 3 years

   (c) 4 years (d) 1 year

Answer.

(b) 3 years

Explanation :

We have,

P = ₹ 600, M.V. = ₹ 24,930, r = 10% p.a.

We know

$$\text{M.V.} = P \times n + P \times \frac{n(n+1)}{2\times 12}\times\frac{r}{100}$$

$$\Rightarrow \quad 24{,}930 = 600 \times n + 600 \times \frac{(n^2+n)}{24}\times\frac{10}{100}$$

$$\Rightarrow \quad 24{,}930 = 600n + 2{\cdot}5(n^2+n)$$

$$\Rightarrow \quad 2{\cdot}5n^2 + 602{\cdot}5n - 24{,}930 = 0$$

$$\Rightarrow \quad n^2 + 241n - 9{,}970 = 0$$

Using quadratic formula,

$$n = \frac{-241\pm\sqrt{(-241)^2-4\times1\times(-9970)}}{2\times1}$$

$$= \frac{-241\pm\sqrt{58081+39880}}{2}$$

$$= \frac{-241\pm\sqrt{97961}}{2}$$

$$= \frac{-241\pm313}{2}$$

$$= \frac{-241+313}{2}, \frac{-241-313}{2}$$

$$\Rightarrow \quad n = \frac{72}{2}, \frac{-554}{2}$$

$$= 36, -277$$

Since, time can not be negative.

∴ n = 36 months = 3 years.

179. Three friends decided to study the chapter matrices in a group. For this, they wrote three different matrices of the same order 2 × 2 and learn to perform different matrix operations to understand its concept. The three matrices written by them are A = $\begin{bmatrix} 2 & -1 \\ 2 & 0 \end{bmatrix}$, B = $\begin{bmatrix} -3 & 2 \\ 4 & 0 \end{bmatrix}$ and C = $\begin{bmatrix} 1 & 0 \\ 0 & 2 \end{bmatrix}$.

On the basis of above information, answer the following :

(i) If a matrix X of order 2 × 2 is such that X = A + B – C, then X =

(a) $\begin{bmatrix} 0 & 1 \\ 6 & 2 \end{bmatrix}$ (b) $\begin{bmatrix} 4 & -3 \\ -2 & 2 \end{bmatrix}$

(c) $\begin{bmatrix} -2 & 1 \\ 6 & -2 \end{bmatrix}$ (d) $\begin{bmatrix} -4 & 3 \\ -2 & -2 \end{bmatrix}$

(ii) If Y is a square matrix of order 2 such that Y = 2B², then Y =

(a) $\begin{bmatrix} 34 & -12 \\ -24 & 16 \end{bmatrix}$ (b) $\begin{bmatrix} 18 & 8 \\ 32 & 0 \end{bmatrix}$

(c) $\begin{bmatrix} 9 & 4 \\ 16 & 0 \end{bmatrix}$ (d) $\begin{bmatrix} 17 & -6 \\ 12 & 8 \end{bmatrix}$

(iii) If Z = 3A – 4C, then Z =

(a) $\begin{bmatrix} 2 & 3 \\ 6 & 8 \end{bmatrix}$ (b) $\begin{bmatrix} 2 & -3 \\ 6 & -8 \end{bmatrix}$

(c) $\begin{bmatrix} -2 & 3 \\ -6 & 8 \end{bmatrix}$ (d) $\begin{bmatrix} -2 & 3 \\ 6 & -8 \end{bmatrix}$

(iv) If M = A² – 2I, then M =

(a) $\begin{bmatrix} 2 & 1 \\ 2 & -1 \end{bmatrix}$ (b) $\begin{bmatrix} 2 & -4 \\ 4 & -4 \end{bmatrix}$

(c) $\begin{bmatrix} 2 & -2 \\ 4 & -2 \end{bmatrix}$ (d) $\begin{bmatrix} 0 & -2 \\ 4 & -4 \end{bmatrix}$

(v) If N is a matrix of order 2 such that 8 + 2N = 3C, then N =

(a) $\begin{bmatrix} 3 & -1 \\ -2 & 3 \end{bmatrix}$ (b) $\begin{bmatrix} 6 & -2 \\ -4 & 6 \end{bmatrix}$

(c) $\begin{bmatrix} 0 & -1 \\ -2 & 3 \end{bmatrix}$ (d) $\begin{bmatrix} 0 & -2 \\ -4 & 6 \end{bmatrix}$

Answer.

(i) (c) $\begin{bmatrix} -2 & 1 \\ 6 & 0 \end{bmatrix}$

Explanation :

$$X = A + B - C$$

$$\begin{bmatrix} 2 & -1 \\ 2 & 0 \end{bmatrix} + \begin{bmatrix} -3 & 2 \\ 4 & 0 \end{bmatrix} - \begin{bmatrix} 1 & 0 \\ 0 & 2 \end{bmatrix}$$

$$= \begin{bmatrix} 2+(-3)-1 & -1+2-0 \\ 2+4-0 & 0+0-2 \end{bmatrix}$$

$$= \begin{bmatrix} -2 & 1 \\ 6 & -2 \end{bmatrix}$$

(ii) (a) $\begin{bmatrix} 34 & -12 \\ -24 & 16 \end{bmatrix}$

$$Y = 2B^2 = 2(B.B)$$

$$= 2\begin{bmatrix} -3 & 2 \\ 4 & 0 \end{bmatrix}\begin{bmatrix} -3 & 2 \\ 4 & 0 \end{bmatrix}$$

$$= 2\begin{bmatrix} 17 & -6 \\ -12 & 8 \end{bmatrix}$$

$$= \begin{bmatrix} 34 & -12 \\ -24 & 16 \end{bmatrix}$$

(iii) (b) $\begin{bmatrix} 2 & -3 \\ 6 & -8 \end{bmatrix}$

Explanation :

$$Z = 3A - 4C$$

$$= 3\begin{bmatrix} 2 & -1 \\ 2 & 0 \end{bmatrix} - 4\begin{bmatrix} 1 & 0 \\ 0 & 2 \end{bmatrix}$$

$$= \begin{bmatrix} 6 & -3 \\ 6 & 0 \end{bmatrix} - \begin{bmatrix} 4 & 0 \\ 0 & 8 \end{bmatrix}$$

$$= \begin{bmatrix} 2 & -3 \\ 6 & -8 \end{bmatrix}$$

(iv) (d) $\begin{bmatrix} 0 & -2 \\ 4 & -4 \end{bmatrix}$

Explanation :

$$M = A^2 - 2I$$

$$= A.A - 2I$$

$$= \begin{bmatrix} 2 & -1 \\ 2 & 0 \end{bmatrix}\begin{bmatrix} 2 & -1 \\ 2 & 0 \end{bmatrix} - 2\begin{bmatrix} 1 & 0 \\ 0 & 1 \end{bmatrix}$$

$$= \begin{bmatrix} 2 & -2 \\ 4 & -2 \end{bmatrix} - \begin{bmatrix} 2 & 0 \\ 0 & 2 \end{bmatrix}$$

$$= \begin{bmatrix} 0 & -2 \\ 4 & -4 \end{bmatrix}$$

(v) (a) $\begin{bmatrix} 3 & -1 \\ -2 & 3 \end{bmatrix}$

Explanation : We have,

$$B + 2N = 3C$$

$$\Rightarrow \quad 2N = 3C - B$$

$$= 3\begin{bmatrix} 1 & 0 \\ 0 & 2 \end{bmatrix} - \begin{bmatrix} -3 & 2 \\ 4 & 0 \end{bmatrix}$$

$$= \begin{bmatrix} 3 & 0 \\ 0 & 6 \end{bmatrix} - \begin{bmatrix} -3 & 2 \\ 4 & 0 \end{bmatrix}$$

$$= \begin{bmatrix} 6 & -2 \\ -4 & 6 \end{bmatrix}$$

So, $$N = \frac{1}{2}\begin{bmatrix} 6 & -2 \\ -4 & 6 \end{bmatrix}$$

$$= \begin{bmatrix} 3 & -1 \\ -2 & 3 \end{bmatrix}$$

180. The solution set of $-8\frac{1}{2} < -\frac{1}{2} - 4x < 7\frac{1}{2}$, $x \in W$ on the number line is:

(a) 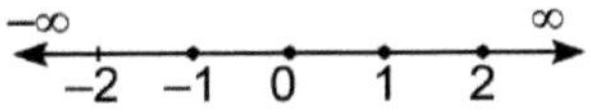

(b) 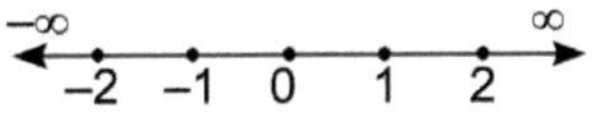

(c) 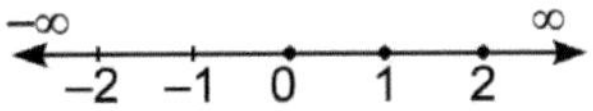

(d) 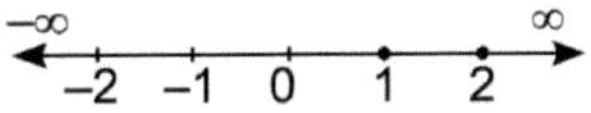

Answer.

(c) 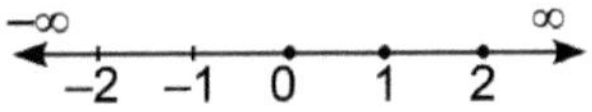

Explanation: We have,

$$-8\frac{1}{2} \leq -\frac{1}{2} - 4x < 7\frac{1}{2}, x \in W$$

$$\Rightarrow \quad -8\frac{1}{2} \leq -\frac{1}{2} - 4x\ ; \ -\frac{1}{2} - 4x < 7\frac{1}{2}$$

$$\Rightarrow \quad -\frac{17}{2} \leq \frac{-1-8x}{2}\ ; \ \frac{-1-8x}{2} < \frac{15}{2}$$

$$\Rightarrow \quad -17 \leq -1 - 8x; \quad -1 - 8x < 15$$

$$\Rightarrow \quad -16 < -8x; \quad -8x < 16$$

$$\Rightarrow \quad 2 \geq x; \quad x > -2$$

$$\Rightarrow \quad -2 < x \leq 2, x \in W$$

On the number line, it is represented as :

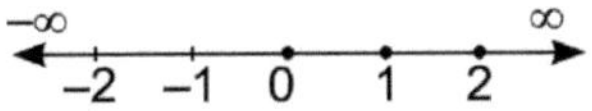

181. If $A = \begin{bmatrix} 2 & -1 \\ 2 & 0 \end{bmatrix}$, $B = \begin{bmatrix} 1 & 0 \\ 0 & 2 \end{bmatrix}$ and $C = \begin{bmatrix} -3 & 2 \\ 4 & 0 \end{bmatrix}$ then, $AB + C =$

(a) $\begin{bmatrix} -1 & 0 \\ 6 & 0 \end{bmatrix}$ (b) $\begin{bmatrix} 2 & -2 \\ 2 & 0 \end{bmatrix}$

(c) $\begin{bmatrix} 1 & -2 \\ 6 & 0 \end{bmatrix}$ (d) $\begin{bmatrix} -1 & 7 \\ 9 & 0 \end{bmatrix}$

Answer.

(a) $\begin{bmatrix} -1 & 0 \\ 6 & 0 \end{bmatrix}$

Explanation: We have,

$$AB = \begin{bmatrix} 2 & -1 \\ 2 & 0 \end{bmatrix}\begin{bmatrix} 1 & 0 \\ 0 & 2 \end{bmatrix}$$

$$= \begin{bmatrix} 2 & -2 \\ 2 & 0 \end{bmatrix}$$

$$\therefore \quad AB + C = \begin{bmatrix} 2 & -2 \\ 2 & 0 \end{bmatrix} + \begin{bmatrix} -3 & 2 \\ 4 & 0 \end{bmatrix}$$

$$= \begin{bmatrix} -1 & 0 \\ 6 & 0 \end{bmatrix}$$

182. Ashi deposits ₹ 2,500 per month for one year in a bank's recurring deposit account. If the rate of (simple) interest is 8% per annum, then the interest earned by her is:

(a) ₹ 650   (b) ₹ 1,200

(c) ₹ 1,300   (d) ₹ 1,260

Answer.

(c) ₹ 1, 300

Explanation : Monthly deposit (P) = ₹ 2,500

Time Period (n) = 1 year = 12 months

Rate (r) = 8% p.a.

since, we know

$$I = P \times \frac{n(n+1)}{2 \times 12} \times \frac{r}{100}$$

$$= 2500 \times \frac{12(13)}{2 \times 12} \times \frac{8}{100}$$

$$= ₹ 1,300$$

183. Ankur went to a shop to buy a washing machine worth ₹ 10,620. The rate of GST is 18%. He asked the shopkeeper to reduce the price of washing machine to an extent that he has to pay ₹ 10,620 inclusive GST. Then the reduced price of the machine is:

(a) ₹ 9,000   (b) ₹ 8,800

(c) ₹ 8,708·40   (d) ₹ 8,500

Answer.

(a) ₹ 9,000

Explanation : Let the reduced price of the washing machine be ₹ x.

Then, ₹ x + 18% of x = ₹ 10,620

$$\Rightarrow \quad x + \frac{9x}{50} = 10,620$$

$$\Rightarrow \quad \frac{59x}{50} = 10,620$$

$$\Rightarrow \quad x = \frac{10,620 \times 50}{59}$$

$$= 9,000$$

184. A matrix is an ordered rectangular array of elements (numbers). The plural of matrix is matrices. The elements in a matrix are arranged in rows and columns. Consider the following matrices:

$$A = \begin{bmatrix} 1 & 2 \\ 3 & 4 \end{bmatrix}, \ B = \begin{bmatrix} -2 & 7 \\ 9 & 3 \end{bmatrix}, \ C = \begin{bmatrix} 1 & -2 & 3 \\ 7 & 6 & 4 \end{bmatrix},$$

$$D = \begin{bmatrix} -1 & 2 \\ 0 & 4 \\ 3 & 1 \end{bmatrix}, \ E = \begin{bmatrix} 1 & 0 \\ 0 & 3 \end{bmatrix}, \ F = \begin{bmatrix} 2 \\ 1 \end{bmatrix}, \ G = [0 \ 1]$$

Now, answer the following questions:

(i) The addition of which of the following matrices is possible?

(a) A, B and E

(b) A and B only

(c) C and D

(d) F and G

(ii) Which of the following multiplication of matrices is not possible?

(a) AB   (b) CD

(c) FG   (d) EG

(iii) Which of the following matrices is possible?

(a) F^2 (b) G^2

(c) A^2 (d) C^2

(iv) If $A = \begin{bmatrix} 2 & -2 \\ -2 & 2 \end{bmatrix}$ and $A^2 = xA$, where x is any number, then the value of x is:

(a) -4 (b) -2

(c) 2 (d) 4

(v) If $P + Q = \begin{bmatrix} 2 & 0 \\ 0 & 2 \end{bmatrix}$ and $P - Q = \begin{bmatrix} 4 & 4 \\ 4 & 4 \end{bmatrix}$, then matrix P =

(a) $\begin{bmatrix} 3 & 2 \\ 2 & 3 \end{bmatrix}$ (b) $\begin{bmatrix} 2 & 4 \\ 4 & 2 \end{bmatrix}$

(c) $\begin{bmatrix} 6 & 4 \\ 4 & 6 \end{bmatrix}$ (d) $\begin{bmatrix} 1 & 2 \\ 2 & 1 \end{bmatrix}$

Answer.

(i) (a) A, B and E

Explanation : Addition of matrices of same order is possible.

(ii) (d) EG

Explanation : Here, number of columns in E is not equal to the number of rows in G. So, EG is not possible.

(iii) (c) A^2

Explanation : Only square matrices can be multiplied themselves.

(iv) (d) 4

Explanation :

$$A^2 = xA$$

$$\Rightarrow \begin{bmatrix} 2 & -2 \\ -2 & 2 \end{bmatrix}\begin{bmatrix} 2 & -2 \\ -2 & 2 \end{bmatrix} = x\begin{bmatrix} 2 & -2 \\ -2 & 2 \end{bmatrix}$$

$$\Rightarrow \begin{bmatrix} 8 & -8 \\ -8 & 8 \end{bmatrix} = \begin{bmatrix} 2x & -2x \\ -2x & 2x \end{bmatrix}$$

$$\Rightarrow \qquad 2x = 8$$

$$\Rightarrow \qquad x = 4.$$

(v) (a) $\begin{bmatrix} 3 & 2 \\ 2 & 3 \end{bmatrix}$

Explanation : We have,

$$P + Q = \begin{bmatrix} 2 & 0 \\ 0 & 2 \end{bmatrix}$$

and $\qquad P - Q = \begin{bmatrix} 4 & 4 \\ 4 & 4 \end{bmatrix}$

Adding the two equations, we get

$$\Rightarrow \qquad 2P = \begin{bmatrix} 2 & 0 \\ 0 & 2 \end{bmatrix} + \begin{bmatrix} 4 & 4 \\ 4 & 4 \end{bmatrix}$$

$$= \begin{bmatrix} 6 & 4 \\ 4 & 6 \end{bmatrix}$$

$$\Rightarrow \qquad P = \frac{1}{2}\begin{bmatrix} 6 & 4 \\ 4 & 6 \end{bmatrix} = \begin{bmatrix} 3 & 2 \\ 2 & 3 \end{bmatrix}$$

Mathemtics

Self Assessment Paper

Section A

1. If $\begin{bmatrix} x-2y & 5 \\ 3 & y \end{bmatrix} = \begin{bmatrix} 6 & 5 \\ 3 & -2 \end{bmatrix}$ then the value of x is :

   (a) -2 (b) 0   (c) 1   (d) 2

2. The zeroes of $x^2 - 2x - 8$ are :

   (a) $2, -4$ (b) $4, -2$ (c) $-2, -2$ (d) $-4, 4$

3. Sides of two similar triangles are in the ratio $4 : 9$. Areas of these triangles are in the ratio :

   (a) $2 : 3$ (b) $4 : 9$ (c) $81 : 16$ (d) $16 : 81$

4. In triangle ABC, $\angle BAC = 90°$ and $AD \perp BC$ Such that $\angle OBA = \angle DAC$ Then :

   (a) BD. CD = BC²   (b) AB. AC = BC²   (c) BD. CD = AD²   (d) AB . AC = AD²

5. A delar is a city buys some goods worth ₹ 5,000 from the same city. If the rate of GST is 18%, then the IGST levied on it is :

   (a) ₹ 900   (b) ₹ 450   (c) ₹ 225   (d) 0

6. 30th term of the A.P. : 10, 7, 4, ..., is :

   (a) 97   (b) 77   (c) -77 (d) -87

7. What is the remainder, if we divide $6x^3 + x^2 - 2x + 4$ by $x - 2$?

   (a) 48   (b) 52   (c) -26 (d) -24

8. Nisha has a four year recurring deposit account in a bank and deposits ₹ 800 per month. If she gets ₹ 9,800 as interest, then the rate of interest is :

   (a) 10%   (b) 10.5%   (c) 12%   (d) 12.5%

9. Which of the following is not a linear inequality ?

   (a) $ax^2 + bx + c < 0$ (b) $ax + by + c \geq 0$ (c) $ax + b < 0$ (d) $ax + by + c \leq 0$

10. If 3 times the third time of an AP. is equal to 5 times. the fifth tem, then its eight term is :

    (a) 0   (b) 1   (c) 2   (d) 3

11. If $A = \begin{bmatrix} 2 & -1 \\ 2 & 0 \end{bmatrix}$, $B = \begin{bmatrix} 1 & 0 \\ 0 & 2 \end{bmatrix}$ and $C = \begin{bmatrix} -3 & 2 \\ 4 & 0 \end{bmatrix}$ then, $AB + C =$

    (a) $\begin{bmatrix} -1 & 0 \\ 6 & 0 \end{bmatrix}$ (b) $\begin{bmatrix} 2 & -2 \\ 2 & 0 \end{bmatrix}$ (c) $\begin{bmatrix} 1 & -2 \\ 6 & 0 \end{bmatrix}$ (d) $\begin{bmatrix} -1 & 7 \\ 9 & 0 \end{bmatrix}$

12. If $(2a + 5y) : (5x - 7y) = 9 : 4$, then $x : y =$

    (a) $43 : 39$ (b) $5 : 2$ (c) $83 : 37$ (d) $11 : 7$

13. The solution of $2x - 5 \le 5x + 4 < 11$, $x \in R$ is :

(a) $\left\{ x : -3 \le x < \dfrac{7}{5}, x \in R \right\}$

(b) $\left\{ x : \dfrac{-7}{5} \le x < 3, x \in R \right\}$

(c) $\left\{ x : \dfrac{7}{5} \le x < 3, x \in R \right\}$

(d) $\left\{ x : -3 \le x < -\dfrac{7}{5}, x \in R \right\}$

14. A retailer have goods worth ₹ 10,000 and sells it to a consumer for ₹ 13,500. If the rate of GST is 18%, then the GST payable by him to the government is :

(a) ₹ 630   (b) ₹ 243   (c) ₹ 180   (d) ₹ 423

15. Arun deposits ₹ 2,000 per month in a cumulative account for 2 years at the rate of 9% per annum. The amount received by him at the time of maturity is :

(a) ₹ 48,000   (b) ₹ 52,500   (c) ₹ 57,625   (d) ₹ 55,500

16. If a, 2, 10, b are in continued proportion, then the values of a and b, respectively are :

(a) 1, 5   (b) 0.4, 50   (c) 5, 40   (d) 2, 0.6

SECTION B

17. If $B = \begin{bmatrix} -1 & 5 \\ 0 & 3 \end{bmatrix}$ and $A - 2B = \begin{bmatrix} 0 & 4 \\ -7 & 5 \end{bmatrix}$, then the matrix A is equal to

(a) $\begin{bmatrix} 2 & 14 \\ -7 & 11 \end{bmatrix}$

(b) $\begin{bmatrix} -2 & 14 \\ 7 & 11 \end{bmatrix}$

(c) $\begin{bmatrix} 2 & -14 \\ 7 & 11 \end{bmatrix}$

(d) $\begin{bmatrix} -2 & 14 \\ -7 & 11 \end{bmatrix}$

18. What is the factorization of $2x^2 - 7x - 15$?

(a) $(x + 5)(2x - 3)$ (b) $(x + 3)(2x - 5)$ (c) $(x - 5)(2x + 3)$ (d) $(x - 3)(2x - 5)$

19. Which among the following is one of the factors of $x^2 + \dfrac{x}{6} + \dfrac{1}{6}$?

(a) $3x + 1$ (b) $2x + 1$ (c) $x - \dfrac{1}{5}$ (d) $x - \dfrac{1}{2}$

20. A train travels 360 km at a uniform speed. If the speed had been 5 km/h more, it would have taken 1 hour less for the same journey. Find the speed of the train.

(a) 30 km/hr   (b) 40 km/hr   (c) 50 km/hr   (d) 60 km/hr

21. If the first, second and last terms of an A. P. are a, b and $2a$ respectively, its sum is :

(a) $\dfrac{ab}{2(b - a)}$ (b) $\dfrac{ab}{b - a}$ (c) $\dfrac{3ab}{2(b - a)}$ (d) None of these.

22. The function $f(x) = bx^2 + x - 7$ has a remainder of 2, when divided by $x - 3$, find the value of b.

(a) 2   (b) $\dfrac{2}{3}$ (c) 3   (d) $-\dfrac{3}{2}$

SECTION C

23. A group of students are working in making a safety board for school. They prepared one triangular safety board for their school with title "School Ahead" and "Drive Slow" in two parts of the triangular board as shown in below figure.

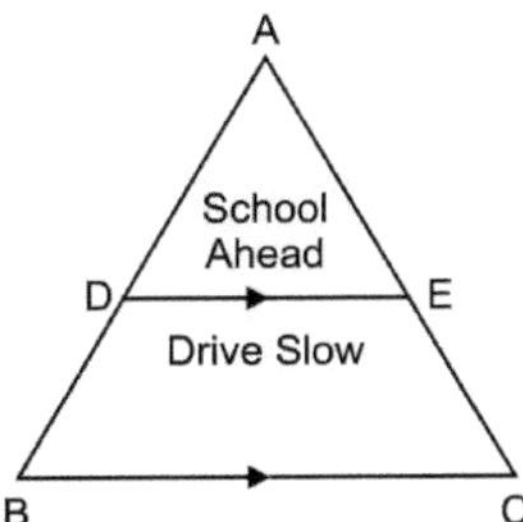

(i) If AD = 2 cm, BD = 5 cm and AE = 3 cm, then EC = ?

(a) $\dfrac{15}{2}$ cm   (b) $\dfrac{3}{5}$ cm   (c) $\dfrac{1}{5}$ cm   (d) $\dfrac{6}{5}$ cm

(ii) Which of the following is correct?

   (a) $\triangle ADE \sim \triangle ABC$ (b) $\triangle ADE \cong \triangle ABC$ (c) Both (a) & (b)   (d) None of these

(iii) If AD = 3 cm, AB = 9 cm, BC = 6 cm, then DE = ?

   (a) 4 cm   (b) 3 cm   (c) 1 cm   (d) 2 cm

(iv) If $\angle A = 60°$ and $\angle ADE = 50°$, then $\angle C$ = ?

   (a) 70°   (b) 75°   (c) 85°   (d) 40°

24. Vier wants to participate in a 200m race. He can currently run that distance in 51 seconds and with each day of practice it takes him 2 seconds less. He wants to do in 31 seconds :

(i) Which of the following terms are in AP. for the given situation.

   (a) 51, 53, 55   (b) 51, 49, 47   (c) $-51, -53, -55$ (d) 51, 55, 59

(ii) Which of the following term is not in the AP of the given situation.

   (a) 41   (b) 30   (c) 37   (d) 39

(iii) It n^{th} term of an AP is given by $a_n = 2n + 3$ then the common difference of an AP is :

   (a) 2   (b) 3   (c) 5   (d) 1

(iv) The value of x; for which $2x$, $x + 10$, $3x + 2$ are three consecutive terms of an AP.

   (a) 6   (b) -6 (c) 18   (d) -18

25. A dealer in Lucknow buys Goods and Services worth ₹ 50,000 from Mumbai at the rate of GST 28% and then sold to a consumer in Bhopal at 20% profit, at the same rate of GST.

(i) The cost price of goods and services for the consumer in Bhopal is :

   (a) ₹ 50,500   (b) ₹ 55,000   (c) ₹ 60,500   (d) ₹ 70,400

(ii) Net tax payable by the dealer in Lucknow to the central government is :

   (a) ₹ 1,400   (b) ₹ 770   (c) ₹ 700   (d) ₹ 960

(iii) Output tax paid by dealer in Mumbai is :

   (a) ₹ 14,000   (b) ₹ 15,400   (c) ₹ 7,000   (d) ₹ 7,700

(iv) Total amount, inclusive of GST, paid by consumer in Bhopal is :

   (a) ₹ 55,000   (b) ₹ 62,700   (c) ₹ 69,000   (d) ₹ 70,400

Name of Exam : ______________________________

2021-22
OMR Response Sheet

Roll No.

1	○ ○ ○ ○ ○ ○ ○
2	○ ○ ○ ○ ○ ○ ○
3	○ ○ ○ ○ ○ ○ ○
4	○ ○ ○ ○ ○ ○ ○
5	○ ○ ○ ○ ○ ○ ○
6	○ ○ ○ ○ ○ ○ ○
7	○ ○ ○ ○ ○ ○ ○
8	○ ○ ○ ○ ○ ○ ○
9	○ ○ ○ ○ ○ ○ ○
0	○ ○ ○ ○ ○ ○ ○

Name ______________________________

Class & Section ______________________________

Subject ______________________________

Subject Code : ☐ ☐ ☐

Date of Exam : D D M M Y Y Y Y
☐☐ / ☐☐ / ☐☐ ☐☐

Candidate's Sign.

Invigilator's Sign.

Instructions for filling the OMR sheet :

1. Use only black/blue ball point pen to fill the circle
2. Use of pencil is strictly prohibited
3. Circle should be designed completely and properly
4. Cutting and erasing on this sheet is not allowed

Q. No.	a	b	c	d
1.	○	○	○	○
2.	○	○	○	○
3.	○	○	○	○
4.	○	○	○	○
5.	○	○	○	○
6.	○	○	○	○
7.	○	○	○	○
8.	○	○	○	○
9.	○	○	○	○
10.	○	○	○	○
11.	○	○	○	○
12.	○	○	○	○
13.	○	○	○	○
14.	○	○	○	○
15.	○	○	○	○
16.	○	○	○	○
17.	○	○	○	○
18.	○	○	○	○
19.	○	○	○	○
20.	○	○	○	○

Q. No.	a	b	c	d
21.	○	○	○	○
22.	○	○	○	○
23. (i)	○	○	○	○
23. (ii)	○	○	○	○
23. (iii)	○	○	○	○
23. (iv)	○	○	○	○
24. (i)	○	○	○	○
24. (ii)	○	○	○	○
24. (iii)	○	○	○	○
24. (iv)	○	○	○	○
25. (i)	○	○	○	○
26. (ii)	○	○	○	○
25. (iii)	○	○	○	○
25. (iv)	○	○	○	○

Self Assessment Chart

After solving the Self Assessment Paper, with the help of online solutions, mark yourself accordingly.

Q. No.	Chapters	Topics	Marks per Question	Marks Obtained
Ex.	Banking	computation of interest	1	1
1	Matrices	Addition and subtraction of 2×2 matrices	1	
2	Quadratic Equations	roots of equation	1	
3	Similarity	Similarity, conditions of similar triangles	1	
4	Similarity	Comparison with congruency	1	
5	Goods and Services Tax (GST)	Computation of tax including problems	1	
6	Arithmetic Progression	Finding General term	1	
7	Factorisation	Factorisation of polynomials	1	
8	Banking	Recurring Deposit Accounts: computation of interest	1	
9	Linear Inequations	linear equation representation	1	
10	Arithmetic Progression	Finding General term	1	
11	Matrices	Addition and subtraction of 2×2 matrices	1	
12	Ratio and Proportion	Componendo, dividendo, alternendo properties	1	
13	Linear Inequations	Linear Inequations in one unknown for $x \in$ N, W, Z, R	1	
14	Goods and Services Tax (GST)	Computation of tax including problems	1	
15	Banking	Recurring Deposit Accounts: computation of interest	1	
16	Ratio and Proportion	coninued proportion	1	
17	Matrices	Addition and subtraction of 2×2 matrices	2	
18	Factorisation	Factorising a polynomial completely	2	
19	Factorisation	Factorising a polynomial completely	2	
20	Quadratic Equations	Application	2	
21	Arithmetic Progression	Finding sum of n terms	2	
22	Factorisation	Remainder Theorem	2	
23	Similarity	Similarity, conditions of similar triangles	4	
24	Arithmetic Progression	Finding general term and sum of n terms	4	
25	Goods and Services Tax (GST)	Computation of tax including problems	4	
How did you perform ? (Marks Achieved/Maximum Marks × 100%)				

Biology

Semester-I Syllabus

1. Structure of Chromosomes, Cell Cycle and Cell Division

2. Genetics: Mendel's Laws of Inheritance

3. Absorption by Roots

4. Transpiration

5. Photosynthesis

Chapter - 1 (Structure of Chromosomes, Cell Cycle and Cell Division)

- **Chromosomes :** Chromosome is a thread like structure of nucleic acids and protein found in the nucleus of most living cells, carrying genetic information in the form of genes. There are two types of chromosomes:

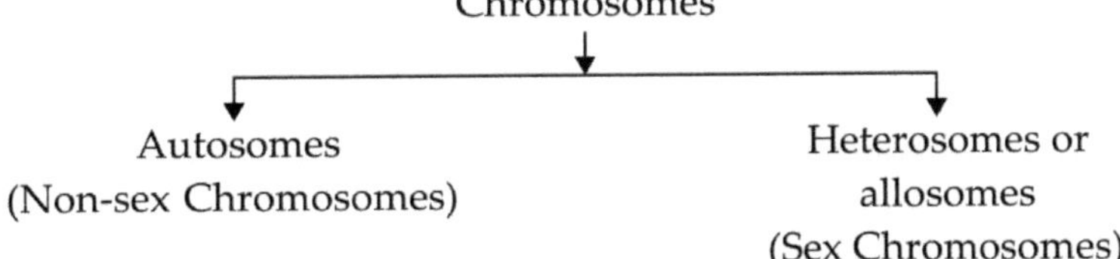

- **Cell Cycle :** The orderly sequence of events by which the cell duplicates its contents and divides into two is called cell cycle. After the series of events that take place in a cell, it leads to duplication of its DNA, division of cytoplasm and organelles to produce two daughter cells. In eukaryotic cells, or cells with a nucleus, the stages of the cell cycle are divided into two major phases: interphase and the mitotic (M) phase.
  - During **interphase,** the cell grows and makes a copy of its DNA.
  - During the mitotic (M) phase, the cell separates its DNA into two sets and divides its cytoplasm, forming two new cells.
- **Cell division** was first studied by Prevost and Dumas (1824 A.D.) in the zygote of a frog and details were studied by Nageli (1846 A.D.)

  Types of Cell Division :
- Cell division is of two types :

  (i) Amitosis or direct cell division

  (ii) Mitosis or indirect cell division

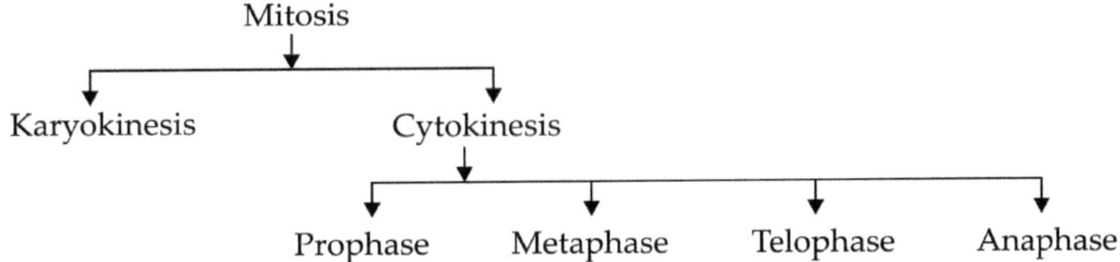

- **Karyokinesis:** The nucleus divides by the process called karyokinesis.
- **Cytokinesis:** The cytoplasm divides by the process called cytokinesis.

  Mitosis is divided into following stages:
- **Interphase:** This process produce chromosomes with two identical chromatids both attached to a centromere and it is period between two division cycles.
- **Prophase:** During this stage, the chromosomes become visible due to coiling, shortening and thickening. During late prophase, each of the chromosomes splits up longitudinally which give rise to two identical chromatids and at the end of prophase nucleolus and nuclear membrane disappears.
- **Metaphase:** During this stage, chromosomes arrange themselves on equatorial plate or centre of the cell. The spindle fibre and spindle apparatus become fully formed and get attached to the centromere of chromosomes which lie on the equatorial plate in one plane.
- **Anaphase:** This stage begins when centromere splits into two, allowing sister chromatids to separate and move towards opposite poles. Separated chromatids can be called as daughter chromosomes.
- **Telophase:** During this stage, an identical set of chromosomes is assembled at each pole of the cell. The spindle degenerates and the nuclear membrane reforms.

  (iii) Meiosis or reduction division

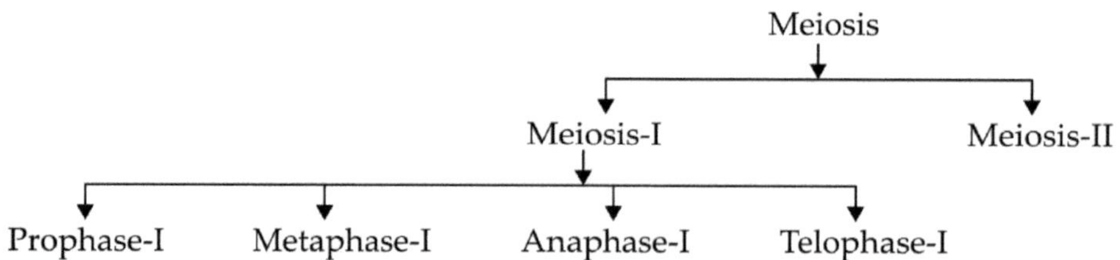

- ➤ **Prophase I:** Prophase 1 is essentially the crossing over and recombination of genetic material between non sister chromatids which results in the genetically unidentical, haploid daughter chromatid cells.
- ➤ **Metaphase I:** In this phase, bivalents orient themselves at random on the equatorial plate in such a way that all chiasmata are in one plane and one chromosome of bivalent on either side of equatorial plate.
- ➤ **Anaphase I:** At first anaphase the centromeres do not divide but continue to hold sister chromatids. The homologous separates and move to opposite poles. Thus, reduction in the chromosome number from diploid to haploid condition is achieved.
- ➤ **Telophase I:** In this phase, coiled chromosome get recoiled. The nuclear membrane is formed and the daughter nuclei thus receives one chromosome from each pair. The centromere are still undivided. Cytokinesis may or may not begin. Interphase may or may not takes place after meiosis I.

Chapter - 2 (Genetics : Mendel's Laws of Inheritance)

- ➤ Genetics is the science of study of heredity and variations from one generation to the next.
- ➤ The phenomenon of passing of characters from parents to progeny through successive generations is called heredity.
- ➤ The differences found in the offsprings of the same parents and in the individuals of the same species are referred to as variations.
- ➤ Genes are the specific parts of a chromosome (DNA segment) which determine the hereditary characteristics.
- ➤ **Mendel's laws of inheritance:** Gregor Johann Mendel (1866); the 'Father of Genetics' gave the very basic ideas of genetics based upon his long term studies on pea plants (*Pisum sativum*). Based on his study on pea plants, he gave three laws of inheritance:

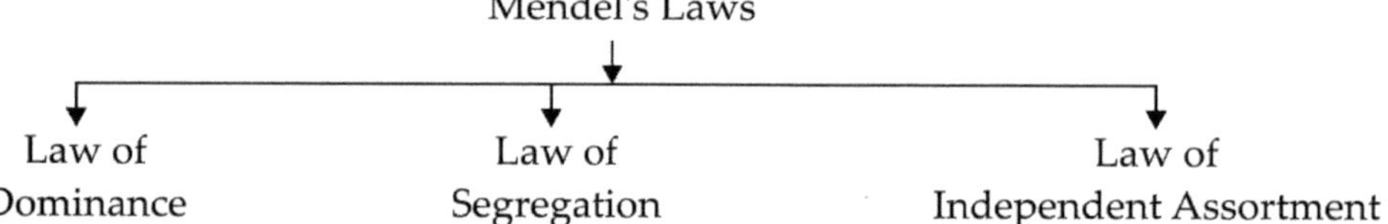

- ➤ **Phenotype :** The characters which are visible from the outside and are genetically controlled form the phenotype.
- ➤ **Genotype :** The combination of genes in an organism which cannot be seen from outside form the genotype.
- ➤ **Determinattion of Sex:** Sex chromosomes determine the sex of the individual. They are either X or Y chromosomes. A male has XY (heterozygous) chromosomes while a female has XX (homozygous) chromosomes. So the sex of a baby depends upon the type of sperm cell that fertilizes the egg. That is male determines the sex of the child in humans.

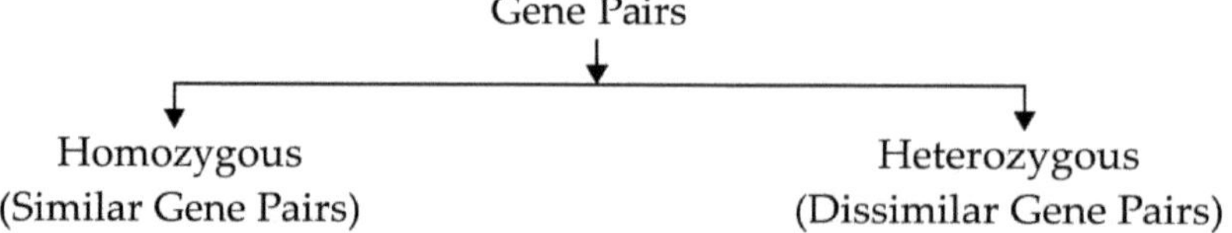

- ➤ **Genetic Diseases:** Genetic disorders are mostly related to X-chromosome since it is common to both male and female.
- ➤ Any sudden change brought about through external or internal factors in the genetic composition is known as mutation. It can be artificially induced by X-rays, radiation, high temperature, etc. Mutation can play an important role in speciation and evolution.
- ➤ Some genes, of a particular chromosome are linked together and they are inherited together from generation to generation. This, phenomenon is called linkage. Linkage of a particular set of genes may not be permanent.
- ➤ Interchange of parts of chromatid of a pair of chromosomes is known as crossing-over. Temperature, X-rays and radiation treatment greatly influence the frequency of crossing over.

Chapter - 3 (Absorption by Roots)

- ➤ Water is a universal solvent needed for all the important life activities. Land plants absorb water from the soil by root hairs. These are unicellular outgrowth of roots. Minerals and nutrients are supplied to the plant only in dissolved form. All processes like photosynthesis, absorption, transpiration and transportation require water. Thus, water is needed for:
- Photosynthesis.
- Maintaining turgidity of the cell.
- Cooling the plant by transpiration.
- Transport of dissolved mineral salts.
- ➤ **Cell sap**: A solution inside the cell vacuole containing dissolved salts.
- ➤ **Semi-permeable membrane**: A thin membrane which selectively allows the movement of certain molecules in and out of the cell.
- ➤ **Root hairs**: A large number of fine, hair-like outgrowths which arises from the epidermal tissue of the root are called root hair. It contains a cell wall made of an outer layer of pectin and an inner layer of cellulose.
- ➤ **Functions of Root Hair**
- Increase the surface area for absorption by the root.
- Allows the entry of water due to imbibition and passive diffusion.
- The cell membrane is selectively permeable in nature and restricts the movement of molecules into and from the root hair.
- ➤ Ability of roots to absorb water depends on three factors:
- Large surface area.
- Root hairs with cell sap at higher concentration than soil water.
- Thin walled root hairs.
- ➤ **Absorption by roots**
- Roots absorb water and minerals from the soil.

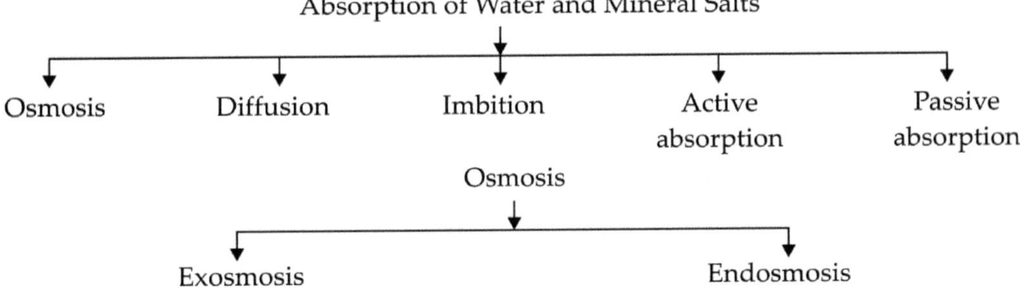

- ➤ **Imbibition:** The process by which a living or dead cell of plants absorb water and swell up but does not dissolve in it, is called imbibition.
- ➤ **Diffusion:** The process of movement of molecules of liquids or gases from the region of higher concentration to the region of lower concentration until it is same throughout the given space.
- ➤ **Osmosis:** The process by which molecules of solvent move across a semi-permeable membrane from a region of low solute concentration to a solution with a high solute concentration, down a solute concentration gradient.
- ➤ **Exosmosis:** It is the passage of water from higher water concentration to lower water concentration through a semipermeable membrane.
- ➤ **Active Transport:** Active transport is the passage of a substance (salt or ion) across a cellular membrane through the use of cellular energy.
- ➤ **Passive Transport:** Passive transport is nothing different from diffusion but just explaining its meaning. 'Passive' refers to requiring no input of energy. There is a free movement of molecules from their higher concentration to their lower concentration.
- ➤ Significances:
- (i) **Osmosis:** Absorb water from the soil by transpiration, regulates opening and closing of stomata, its lower to higher concentration (opposite to what happens in diffusion), using energy from the cell, through a living cell membrane.

(ii) **Imbibition:** Helps in the uptake of soil water by the root hairs, helps in the ascent of sap.

(iii) **Turgidity:** Brings about movement of water, essential for initial growth, provides rigidity.

➤ **Turgidity:** When a cell absorb water by endosmosis, it becomes fully stretched and is unable to take up any more water. Such a cell is called turgid and the condition is referred to as turgidity.

➤ **Flaccidity:** When a cell loses water by exosmosis, it loses its shape and becomes flaccid and the condition is referred to as flaccidity.

➤ **Plasmolysis and deplasmolysis**

➤ When a plant cell is immersed in a hypertonic solution, water concentration inside the cell is greater than that which is outside the cell. Therefore, water moves through the cell membrane into the surrounding medium. As a result, the protoplasm separate from the cell wall and assumes spherical shape. It is called **plasmolysis.**

➤ When a plasmolysed cell is placed in a hypotonic solution, the water moves into the cell because of the higher concentration of water outside the cell than in the cell. The cell then swells to become turgid. It is called **deplasmolysis.**

➤ If we place living cells in isotonic solution, there is no net flow of water towards inside or outside the cell. Here, the water moves in and out of the cell and is in equilibrium, so the cells are said to be **flaccid.**

➤ **Ascent of sap** refers to the upward movement of water and dissolved minerals from the root to the top of tall trees through the xylem vessels.

➤ **Translocation** is the movement of food from phloem to other parts of the plants.

➤ **Guttation** is the exudation of drops of xylem sap on the tips or edges of leaves of some vascular plants, such as grasses, and a number of fungi.

➤ **Bleeding** is the flow of the plant sap due to injury. The oozing liquid may contain sugars and amino acids.

Chapter - 4 (Transpiration)

➤ **Transpiration:** Loss of water in the form of water vapour from aerial parts of the plants through stomata, lenticel or cuticle is known as transpiration.

Types of transpiration:

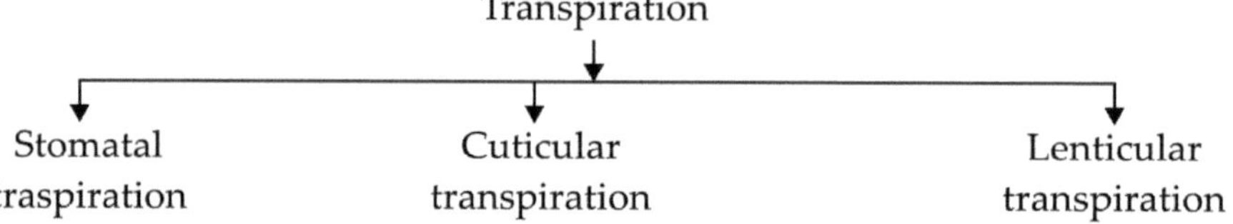

➤ **Stomatal transpiration:** This is the most dominant form of transpiration being responsible for most of the water loss in plants. It accounts for 90-95% of the water transpired from leaves.

➤ Liquid water is first absorbed by the plant through its roots from the soil. It is then translocated via the xylem tissue in a continuous stream towards the mesophyll cells of the leaves. Liquid water is converted to water vapour either at the surfaces of the mesophyll cells or of the epidermal cells close to stomata. It then escapes through the stomatal pore at the time when it is open to allow entry of CO_2 and release of O_2.

➤ **Cuticular Transpiration:** It is responsible for the loss of water in plants via the cuticle. The cuticle is a waxy or resinous layer of cutin, a fatty substance, covering the outside (epidermis) of leaves and other plant parts. Water vapour directly diffuses through the cuticle on leaves and herbaceous stems and escapes to the atmosphere.

➤ **Lenticular Transpiration:** It is responsible for the loss of water from plants as vapour through the lenticels. The lenticels are tiny openings that protrude from the barks in woody stems and twigs as well as in other plant organs.

➤ **Potometer** is used for measuring the rate of transpiration in plants. The potometer uses only very small volumes of water. Therefore, changes in temperature produce almost negligible contractions and expansions which do not significantly affect the results of the experiment.

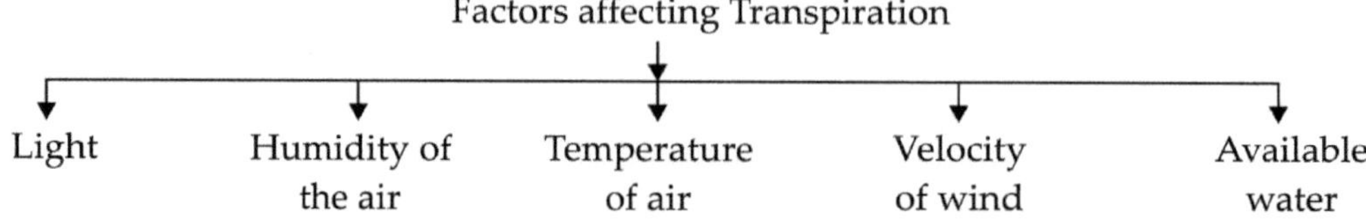

Factors affecting Transpiration
- ➤ The factors affecting transpiration can be classified into two categories:
- • External Factors
- • Internal Factors
- ➤ External Factors:
- • Light: During the day time stomata is open and facilitates transpiration.
- • Wind Speed: Rate of transpiration increases with the speed of wind.
- • Humidity: Rate of transpiration decreases with increase in humidity.
- • Temperature: High temperature results in more transpiration.
- • Atmospheric pressure: Decreased atmospheric pressure increases the transpiration.
- • Carbon dioxide: Increase in level of CO_2 causes decrease in transpiration.
- ➤ **Internal Factors:** Transpiration decreases when water content of the leaves decreases due to insufficient absorption by the root.
- ➤ **Adaptations in Plants To Reduce Excessive Transpiration :**
- • Sunken stomata and Less stomata
- • Narrower leaves
- • Loss of leaves
- • Reduced exposed surface
- • Thick cuticle
- ➤ **Significance of Transpiration**
- • Suction force: It provides transpiration pull which is responsible for the upward movement of water in tall plants.
- • Cooling effect: Evaporation causes cooling. Hence, transpiration helps plants in hot sunny days
- • Distribution of water and minerals: Since leaves are present at the tips of all branches, transpiration helps to draw water and minerals towards them, and thus helps in their distribution throughout the plant's body.

Chapter - 5 (Photosynthesis)

- ➤ Photosynthesis is a photochemical process by which green plants manufacture complex molecules of food (carbohydrates) with the help of chlorophyll and solar energy, from simple inorganic compounds, such as carbon dioxide and water and release oxygen to the atmosphere. The general equation of photosynthesis is:

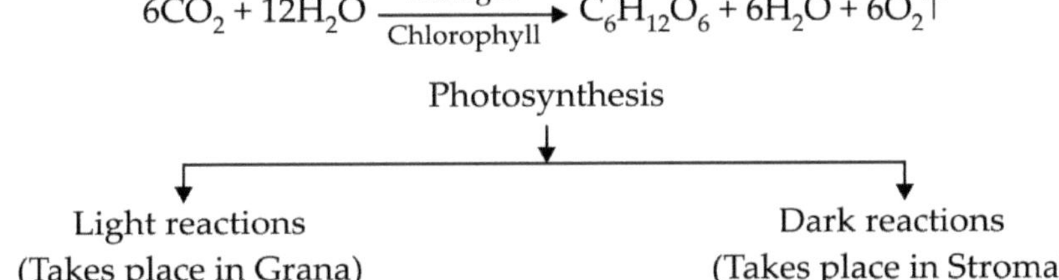

$$6CO_2 + 12H_2O \xrightarrow[\text{Chlorophyll}]{\text{Sunlight}} C_6H_{12}O_6 + 6H_2O + 6O_2\uparrow$$

Photosynthesis

Light reactions	Dark reactions
(Takes place in Grana)	(Takes place in Stroma)

- ➤ **Photolysis of water:** It plays an important role in photosynthesis, during which it produces energy by splitting water molecules into gaseous oxygen and hydrogen ions.
- ➤ **Biosynthetic phase:** In this phase, carbon dioxide is reduced to carbohydrates and the process is termed as carbon fixation. It makes use of adenosine triphosphate (ATP) and nicotinamide adenine dinucleotide phosphate (NADPH) produced in the light phase. This process occurs in the stroma of chloroplasts with the help of a series of enzyme-catalysed reactions.
- ➤ Photophosphorylation: In the process of photosynthesis, the phosphorylation of ADP to form ATP using the energy of sunlight is called photophosphorylation.
- ➤ **Stages in Photosynthesis:**
- ➤ Photosynthesis occurs in the following two stages:
- ➤ **Light Reaction:** This reaction occurs in the thylakoids during daytime in the presence of sunlight. It is known as photochemical reaction as it results in the formation of chemical energy from radiant energy. It is divided into 4 stages.
- ➤ **Absorption of light energy**: Chlorophyll pigments present in photosynthetic units in the thylakoids absorb a photon of energy. This results in electrons being excited into a higher energy level.
- ➤ **Photolysis of water:** The excess energy is used to split a molecule of water into H^+ and OH^- ions.

➢ Oxygen is formed as a by-product and is released into the atmosphere.
➢ **Reduction of NADP:** $2NADP + 4e^- + 4H^+ \rightarrow NADPH$
➢ **Photophosphorylation:** In the presence of sunlight, ADP binds with inorganic phosphate to form ATP.
➢ **Dark Reaction**: The ATP and NADPH formed in the light reaction are used to reduce CO_2 to carbohydrates in the dark reaction which occurs in the stroma. As this reaction results in the formation of biomolecules, it is called a biosynthetic phase.
➢ There are three stages identified in the Dark reaction:
➢ **Carboxylation:** CO_2 is covalently linked to a 5 carbon sugar (RuBP) and converted to 2 three carbon compounds.
➢ **Reduction:** In the presence of the energy stored in the $NADPH_2$ and ATP, the two 3-carbon molecules combine to form a six carbon glucose molecule. NADP is got back from $NADPH_2$ and ADP is obtained from ATP. These are used in the next cycle of the light reaction.
➢ **Regeneration:** The CO_2 acceptor RuBP reforms at the expense of ATP.
➢ Factors affecting Photosynthesis:

Factors affecting Photosynthesis

| Light | Carbon dioxide | Temperature | Water |

Biology

Multiple Choice Questions

1. Chromosomes get aligned at the centre of the cell during :

   (a) Metaphase   (b) Anaphase

   (c) Prophase   (d) Telophase

Ans. (a) Metaphase

   Explanation: Attachment of chromatids to the mitotic spindle and chromatid alignment on the equatorial plate occurs during metaphase.

2. The space between the cell wall and plasma membrane in a plasmolysed cell is filled with:

   (a) Isotonic solution

   (b) Hypotonic solution

   (c) Hypertonic solution

   (d) Water

Ans. (c) Hypertonic solution

   Explanation: The space between the cell wall and plasma membrane in a plasmolysed cell is filled with hypertonic solution. This is because the cell wall of plant is fully permeable and it cannot control the entry or exit of molecules of a substance. When this plant cell is placed in a hypertonic solution, it will lose water by exosmosis due to which the protoplasm of plant cell will shrink and will move inwards and away from the cell wall. This process is known as plasmolysis. As a result of plasmolysis, the hypertonic solution will occupy the space between the cell wall and plasma membrane in a plasmolysed cell.

3. Explain the term destarching:

   (a) The process of removal of all the stored starch of a plant by keeping in dark.

   (b) Addition of starch after formation of glucose during photosynthesis.

   (c) Polymerisation of starch after formation of glucose during photosynthesis.

   (d) Keeping the plant in dark for storage of starch.

Ans. (a) The process of removal of all the stored starch of a plant by keeping in dark .

   Explanation: Destarching is the process of removal of all the stored starch of a plant. Plants get destarched when kept in dark for 48 hours because in dark they are not able to produce food by the process of photosynthesis as there is no sunlight available. During this period they use the stored food (starch) in them and in the process get destarched.

4. A cross was made between tall and dwarf plants. In F_1 generation all plants were tall, when the F_1 plants were self-pollinated, the tall and dwarf plants appeared in 3:1 ratio in F_2 generation. This phenomenon is known as:

   (a) Dominance   (b) Segregation

   (c) Hybridization   (d) Crossing over

Ans. (b) Segregation

   Explanation: During gamete formation, the alleles for each gene segregate from each other so that each gamete carries only one allele for each gene. According to law of independent assortment, genes for different traits can segregate independently during the formation of gametes. Due to this in the F_2 generation 3 : 1 ratio of tall and dwarf progeny are formed.

5. A type of cell division by which gametes are formed is _____________.

   (a) Mitosis   (b) Meiosis

   (c) Amitosis   (d) Fission

Ans. (b) Meiosis

   Explanation: Gametes are haploid cells, and each cell carries only one copy of each chromosome. These reproductive cells are produced through a type of cell division called meiosis.

6. State the exact location of centromere:

   (a) Within a chromosome consisting of DNA and uncondensed protein

   (b) Point of attachment of two chromatid sisters

(c) Star-shaped structures form around each pair of centrioles

(d) DNA-protein complex in nucleus

Ans. (b) Point of attachment of two chromatid sisters

Explanation: They can vary in position on the chromosome, being in the center (metacentric) or creating long and short arms if appearing slightly towards one end (submetacentric), almost at the end (acrocentric) or joining the end of the chromatids (telocentric).

7. The crossing between two heterozygous tall plant would yield plants in the ratio of:

(a) All heterozygous tall

(b) Two tall and two dwarf

(c) One homozygous tall, two heterozygous tall and one homozygous dwarf

(d) All homozygous dwarf.

Ans. (c) one homozygous tall, two heterozygous tall and one homozygous dwarf.

Explanation:

Parents   Tt   ×   Tt

Gametes   T t   T t

	T	t
T	TT	Tt
t	Tt	tt

TT = 25% = Homozygous tall
Tt = 50% = Heterozygous tall
tt = 25% = Homozygous dwarf
Phenotypic ratio – Tall : Dwarf = 3 : 1
Genotypic ratio – TT : Tt : tt = 1 : 2 : 1

8. Explain the term osmosis:

(a) Movement of solute molecules through a semi-permeable membrane from region of their higher concentration to the lower concentration region.

(b) Movement of solvent molecules through a semi-permeable membrane from region of their higher concentration to the lower concentration region.

(c) Movement of solvent molecules through a semi-permeable membrane from region of their lower concentration to the higher concentration region.

(d) Movement of solute molecules through a semi-permeable membrane from region of their lower concentration to the higher concentration region.

Ans. (b) Movement of solvent molecules through a semi-permeable membrane from region of their higher concentration to the lower concentration region

Explanation: Osmosis is defined as the net movement of solvent molecules through a semi-permeable membrane (e.g. cell membrane) from an area of higher to an area of lower solvent concentration.

9. A genetic cross between two organisms may be shown as Gg × Gg. The letter 'g' represent _________ .

(a) A dominant allele

(b) A dominant chromosome

(c) A recessive allele

(d) A recessive chromosome

Ans. (c) A recessive allele

Explanation: Since human cells carry two copies of each chromosome, they have two versions of each gene. These different versions of a gene are called alleles. Alleles can be either dominant or recessive. Capital letters represent dominant alleles and lowercase letters represent recessive alleles.

10. Observe the diagram carefully and answer the questions that follow:

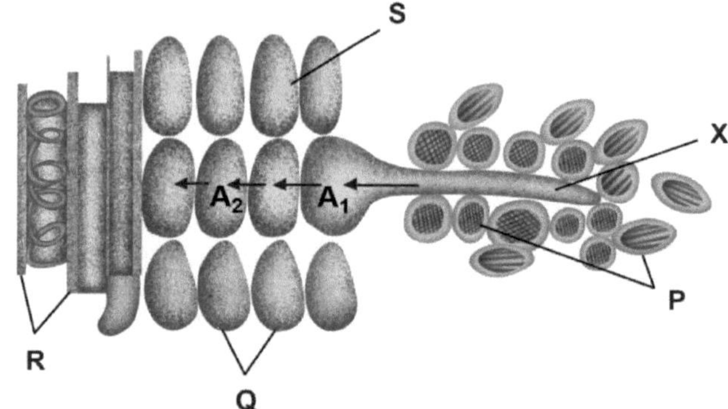

(A) Label parts P, Q, R and S

(a) P-Soil particles, Q-Xylem vessel, R-Cortex cells, S-Vacuole

(b) P-Soil particles, Q-Cortex cells, R-Xylem vessel, S-Vacuole

(c) P-Cortex cells, Q-Soil particles, R-Xylem vessel, S-Vacuole

(d) P-Cortex cells, Q-Soil particles, R-Vacuole, S-Xylem vessel

(B) The structure labelled as X is:

(a) Root tip   (b) Root cap

(c) Root hair   (d) Root nodule

(C) The structure labelled as Q is responsible for transporting water to part R by:

(a) Diffusion

(b) Turgor movement

(c) Cell to cell osmosis

(d) Imbibition

(D) Water can readily enter structure X if soil medium is:

(a) Hypertonic (b) Hypotonic

(c) Isotonic (d) None of these

(E) Structure labelled as R is responsible for:

(a) Upward conduction of water and dissolved minerals

(b) Upward conduction of dissolved food

(c) Downward conduction of water and minerals

(d) Movement of dissolved food in all directions.

Ans. (A) (b) P-Soil particles, Q-Cortex cells, R-Xylem vessel, S-Vacuole

(B) (c) Root hair

Explanation: Root hair is an extension of the epidermal cell of the root.

(C) (c) Cell to cell osmosis

Explanation: Part Q is cortex. Water molecules absorbed by root hair is passed on the cortical cells by cell to cell osmosis *i.e.,* water from one cell moves into another cell by osmosis.

(D) (b) Hypotonic

Explanation: If the outside medium is low concentration *i.e.,* hypotonic, then water will enter into root hair by osmosis.

(E) (a) Upwards conduction of water and dissolved minerals

Explanation: Xylem is responsible for upward movement of water and dissolved minerals to all the parts of the plant body.

11. The plastids which impart green colour to leaves:

(a) Chloroplast (b) Leucoplast

(c) Xanthophyll (d) Carotenes

Ans. (a) Chloroplast

Explanation: The chloroplast is a type of plastid, which produces green coloured pigment called chlorophyll. The chloroplast is involved in carrying out photosynthesis and gives green colour to leaves.

12. The term 'chromosome' literally means:

(a) Inherited bodies (b) Twisted threads

(c) Coloured bodies (d) Shining threads

Ans. (c) Coloured bodies

Explanation: Chromosomes are called coloured bodies because they are cell structures, or bodies that are strongly stained by some colourful dyes.

13. Cell wall is __________ .

(a) Semi-permeable (b) Selectively permeable

(c) Impermeable (d) Freely permeable

Ans. (d) Freely permeable

Explanation: The cell wall is freely permeable as it allows the free exchange of water and nutrients between the cells and outer environment.

14. The chromatin material is formed of:

(a) DNA only (b) DNA and Histones

(c) Histones only (d) Nucleotides

Ans. (b) DNA and Histones

Explanation: Chromatin material is formed of DNA and a basic protein called histones. DNA and histones associate with one another to form the chromatin structure. Chromatin packs up the DNA in the form of chromosomes with the help of histone proteins.

15. State the exact location of chromosomes:

(a) In the cytoplasm of plant and animal cell.

(b) In the centrosome of plant and animal cell.

(c) In the RNA of plant and animal cell.

(d) In the nucleus of plant and animal cell.

Ans. (d) In the nucleus of plant and animal cell.

Explanation: Chromosomes are thread-like structures located inside the nucleus of animal and plant cells. Each chromosome is made of protein and a single molecule of deoxyribonucleic acid (DNA).

16. The plastids which store starch in plants:

(a) Chromoplasts (b) Chloroplasts

(c) Leucoplast (d) None of these

Ans. (c) Leucoplast

Explanation: Leucoplasts are the plastids that lack colour and their function is to store nutrients and starch.

17. Explain the term phosphorylation:

(a) Addition of phosphate to NADP to form NADPH.

(b) Addition of phosphate to adenosine diphosphate (ADP) to form adenosine triphosphate (ATP)

(c) Removal of phosphate from adenosine triphosphate (ATP) to form adenosine diphosphate (ADP)

(d) Removal of phosphate from NADP to form NADPH

Ans. (a) Addition of phosphate to adenosine diphosphate (ADP) to form adenosine triphosphate (ATP)

Explanation: Phosphorylation is a biochemical process that involves the addition of phosphate to an organic compound. It includes the addition of phosphate to glucose to produce glucose monophosphate and the addition of phosphate to adenosine diphosphate (ADP) to form adenosine triphosphate (ATP).

18. The adaptation in *Nerium* to reduce transpiration is __________.

   (a) Sunken stomata
   (b) Stomata covered by hairs
   (c) Folding of leaves
   (d) Both (a) and (b)

Ans. (c) Folding of leaves

Explanation: Sunken stomata are present sunken in the leaf surface and usually surrounded by cuticles and hairs often referred to as trichomes in xerophytes like *Nerium*. It is an adaptive feature.

19. The material used to dissolve the chlorophyll pigments while testing a leaf for starch:

   (a) Cobalt chloride paper
   (b) Litmus paper
   (c) Boiled water
   (d) Methylated spirit

Ans. (d) Methylated spirit

Explanation: Methylated spirit is alcoholic in properties due to which it decolourise chlorophyll when treated with boiled water to give a test of starch in plant leaf.

20. Observe the figure given below and answer the questions that follow:

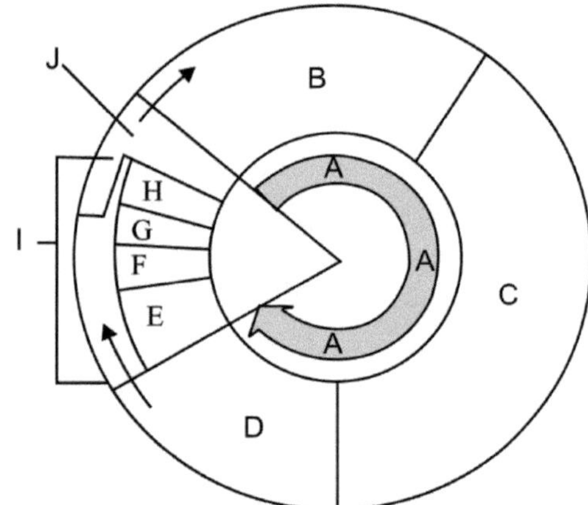

   (A) Which one of the following shows the 'Resting phase of the cell' ?
   (a) C-Synthesis phase
   (b) G-Anaphase

   (c) H-Telophase
   (d) A- Interphase

(B) Mitochondria and chloroplast divide in:
   (a) Synthesis phase
   (b) First growth phase
   (c) Second growth phase
   (d) Mitosis

(C) The cell cycle shows two phases of cell division. Which of the following option is true?
   (a) A-Interphase-Cell is growing and preparing for cell division
   (b) B-G_1 phase-RNA and protein synthesised
   (c) C-Synthesis phase-More DNA replication occur
   (d) All of these

(D) Rewrite the terms in logical sequence:
   Karyokinesis, S-phase, Cytokinesis, G_1-phase, G_2-phase
   (a) S-phase, M-phase, G_2-phase, Karyokinesis, Cytokinesis
   (b) G_1-phase, S-phase, M-phase, Karyokinesis, Cytokinesis
   (c) G_1-phase, S-phase, G_2-phase, Cytokinesis, Karyokinesis
   (d) G_1-phase, S-phase, G_2-phase, Karyokinesis, Cytokinesis

(E) Choose the correct labelling of cell cycle phases from the following options.
   I.   E- Prophase, F- Metaphase, G- Anaphase
   II. H- Telophase, I- Mitosis, J- Cytokinesis
   III. B- G_1 phase, C- S phase, D-G_2 phase
   IV. H- Metaphase, I- Karyokinesis, J- Cytokinesis
   (a) I and II
   (b) Only III
   (c) I, II and III
   (d) All of these

Ans. (A) (d) A-Interphase

Explanation: No change in chromosomes is visible externally during interphase but cell is quite active during interphase for synthesizing more DNA and preparing for cell division.

(B) (b) First growth phase

Explanation: First growth phase is usually the shortest part of interphase. In this phase intensive cellular synthesis occurs. Mitochondria and chloroplasts divide and energy stored also increase.

(C) (d) All of these

(D) (d) G_1-phase, S-phase, G_2-phase, Karyokinesis, Cytokinesis

(E) (c) I, II and III

Explanation: The diagram shown below explains about cell cycle phases.

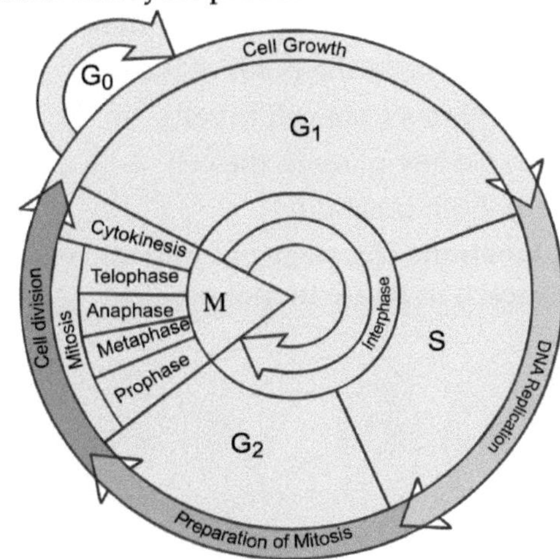

21. Explain the term turgor pressure:

    (a) Pressure exerted by cell wall on cell sap

    (b) Minimum pressure exerted to prevent the passage of pure solvent into the solution

    (c) Pressure of water against the inside cell wall of a plant cell

    (d) Pressure to raise water up through the stem into leaves

Ans. (c) Pressure of water against the inside cell wall of a plant cell

Explanation: Pressure exerted by fluid in a cell that presses the cell membrane against the cell wall is known as turgor pressure. Turgor is what makes living plant tissue rigid.

22. A cell organelle directly involved in genetics:

    (a) Cytoplasm   (b) Nucleus

    (c) Chloroplast   (d) Chromosome

Ans. (b) Nucleus

Explanation: Nucleus is the organelle found in a eukaryotic cell. It houses the cell's chromosomes and is the place where almost all DNA replication and RNA synthesis occurs. Thus, cell organelle directly involved in genetics is nucleus.

23. A molecule of _________ is produced by the process of photosynthesis.

    (a) Starch   (b) $C_6H_{12}O_6$

    (c) Ribose   (d) $C_{12}H_{22}O_{11}$

Ans. (b) $C_6H_{12}O_6$

Explanation: Glucose $C_6H_{12}O_6$ is produced by the process of photosynthesis. Plants make sugar by using energy from sunlight to transform carbon dioxide (CO_2), absorbed from the air, and water (H_2O) taken from the ground by roots into

glucose $(C_6H_{12}O_6)$ and oxygen (O_2). This process is called photosynthesis.

24. Phase in which the cleavage furrow starts forming:

    (a) Anaphase   (b) Metaphase

    (c) Prophase   (d) Telophase

Ans. (d) Telophase

Explanation: In telophase, ring becomes active, and the cleavage furrow forms and deepens until only a thin attachment remains.

25. State the exact location of thylakoids:

    (a) In the fret of chloroplast

    (b) Wall of the chloroplast

    (c) In the chlorophyll

    (d) In the stroma of the chloroplast

Ans. (d) In the stroma of the chloroplast

Explanation: Thylakoids are usually arranged in stacks (grana) connected to other stacks by simple membranes (lamellae) within the stroma.

26. A layer of irregular chlorophyll bearing cells interspersed with air spaces that fills the interior part of a leaf above lower epidermis:

    (a) Palisade parenchyma

    (b) Spongy parenchyma

    (c) Mesophyll cells

    (d) Chloroplast

Ans. (b) Spongy parenchyma

Explanation: Spongy parenchyma is the layer present below the palisade layer that contains cells with more branches and they are loosely packed, and have large intercellular space between them.

27. A plant is kept in a dark cupboard for about 48 hours before conducting any experiment on photosynthesis to _________ .

    (a) Remove starch from the plant.

    (b) Ensure that starch is not translocated from the leaves.

    (c) Remove chlorophyll from the leaf of the plant.

    (d) Remove starch from the experimental leaf.

Ans. (a) Remove starch from the plant.

Explanation: As photosynthesis requires light, putting the plant in the dark for 48 hours would halt the process. Photosynthesis generates organic sugars, which are stored in plants as starch. In the absence of photosynthesis, all stored starch would be consumed, rendering the leaf starchless.

28. Process against concentration gradient:

(a) Osmosis   (b) Translocation

(c) Diffusion   (d) Transpiration

Ans. (a) Osmosis

Explanation: In the case of the concentration gradient of solute, the movement of molecules is from the higher concentration to lower concentration. However, in the case of osmosis, it is the opposite. In osmosis, the solvent moves from an area of low solute concentration to high solute concentration across the semipermeable membrane.

29. Relative concentration of two solution to determine extent of diffusion:

(a) Humidity   (b) Tonicity

(c) Turgidity   (d) Flaccidity

Ans. (b) Tonicity

Explanation: Tonicity is defined as the ability of a solution surrounding a cell to cause that cell to gain or lose water.

30. Figure given below shows cell division with different stages.

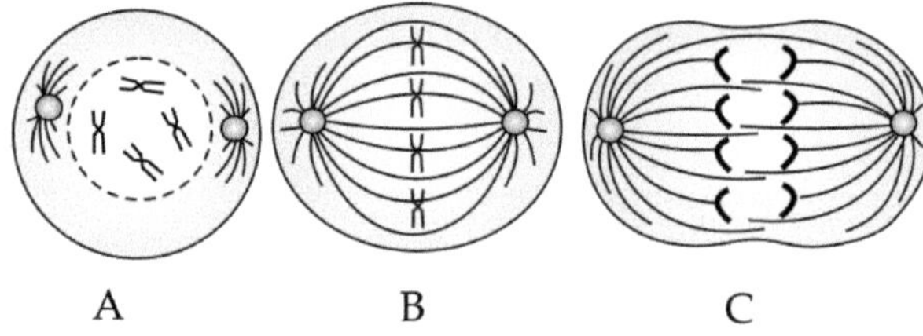

A   B   C

(A) Choose the correct numbering given to different cell division stages of mitosis.

(a) B - Metaphase, C- Early anaphase

(b) A - Metaphase, B - Metaphase

(c) A - Prophase, C - Early anaphase

(d) Both (a) and (c)

(B) The condensation of chromosomes is observed in ___________.

(a) Prophase I   (b) Anaphase I

(c) Metaphase I   (d) None of these

(C) In which stage of cell division chromosome gets attached to spindle by its centromere?

(a) Anaphase   (b) Prophase

(c) Metaphase   (d) Telophase

(D) Which of the statements define cytokinesis?

(a) A division of cytoplasm

(b) All nuclear changes during cell division

(c) Cleavage furrow deepen totally in animal cell

(d) All of these

(E) During Anaphase of mitosis , the position of the arms of chromatids are:

(a) Towards the equator of the cell

(b) Towards the poles of the cell

(c) Varies from cell to cell

(d) At any place in the cell

Ans. (A) (d) Both (a) and (c)

Explanation: The stages of mitosis cell division are shown in figure to make it clear.

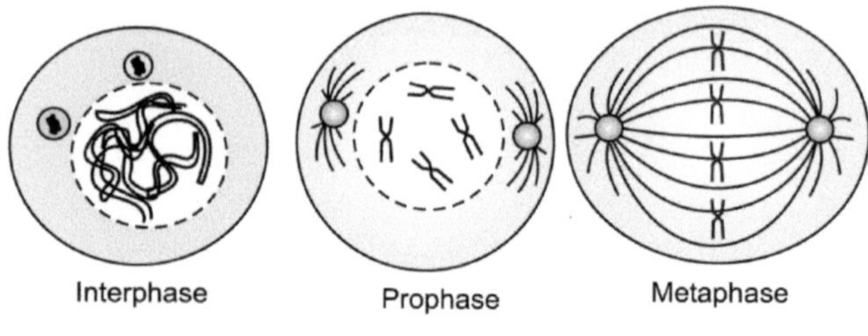

Interphase   Prophase   Metaphase

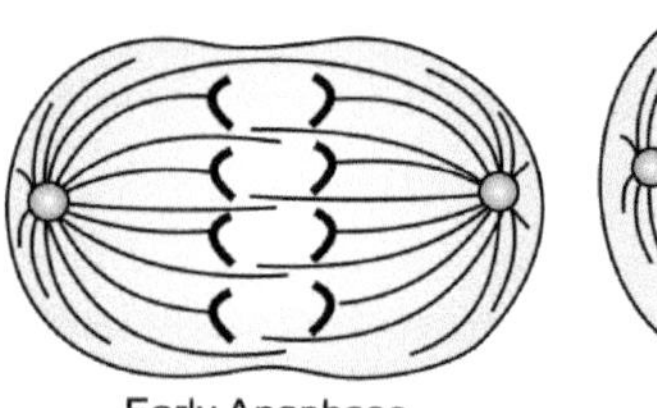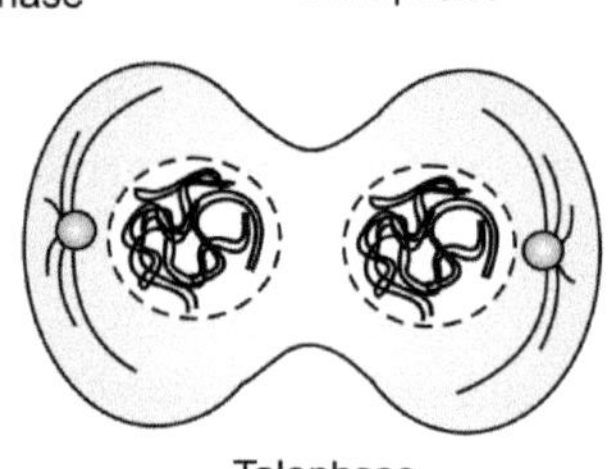

Early Anaphase   Telophase

(B) (a) Prophase I

Explanation: During prophase I, the chromosomes condense and become visible inside the nucleus. At the end of prophase I, the nuclear membrane finally begins to break down.

(C) (c) Metaphase

Explanation: In Metaphase, every chromosome gets attached to spindle by its centromere. All chromosomes line up in one plane at the equator.

(D) (d) All of these

Explanation: Cytokinesis is the physical process of cell division, which divides the cytoplasm of a parental cell into two daughter cells. Cytokinesis starts during the nuclear division phase called anaphase and continues till telophase.

(E) (a) Towards the equator of the cell

Explanation: During Anaphase of mitosis the arms of the chromatids trail behind pointing towards the equator.

31. Damage and errors in DNA cause ________.

(a) Mutation   (b) DNA repair

(c) Translation   (d) Transcription

Ans. (a) Mutation

Explanation: All the types of errors during DNA replication and damages caused by exposure to radiation or carcinogens leads to mutation.

32. The state of a cell in which the cell wall is rigid and stretched by the increase in volume due to the absorption of water is called:

(a) Flaccidity   (b) Turgidity
(c) Capillarity   (d) Tonicity

Ans. (b) Turgidity

Explanation: The state of a cell in which the cell wall is rigid and stretched by the increase in volume due to the absorption of water is called turgidity. Turgidity is essential in plant cells to make them keep standing upright.

33. Synthesis phase in the cell cycle is called so due to the synthesis of:

(a) RNA   (b) RNA and proteins
(c) DNA   (d) Glucose

Ans. (c) DNA

Explanation: Synthesis phase in the cell cycle is called so because in this phase more DNA is synthesized and the number of chromosomes are duplicated.

34. A complex consisting of DNA strand and a core of histones is ______________.

(a) Nucleotide   (b) Nucleosome
(c) Centrosome   (d) Chromosome

Ans. (b) Nucleosome

Explanation: Nucleosome is a complex structure in which DNA wraps around a protein core of eight histone molecules.

35. The differences present between the individuals of the same species or different species are known as:

(a) Variation   (b) Mutation
(c) Test cross   (d) Back cross

Ans. (a) Variation

Explanation: Variations are the differences present between the individuals of the same species or different species.

36. If a plant is kept covered with a polythene sheet, we notice some water drops on the inner side of the sheet after sometime. This is due to ________.

(a) Evaporation   (b) Transpiration
(c) Translation   (d) Transportation

Ans. (b) Transpiration

Explanation: As the potted plant covered with polythene bag is kept in the sunlight there will be loss of water through the stomata present on the leaves. The water drops will appear inside the polythene bag as a result of a loss of water from the stomata. This is due to transpiration.

37. Flaccidity is the reverse of __________.

(a) Turgidity   (b) Plasmolysis
(c) Deplasmolysis   (d) Both (a) and (c)

Ans. (d) Both (a) and (c)

Explanation: Flaccidity is the reverse of turgidity, the cell content is shrunken and the cell is no tighter. In deplasmolysis also the cell achieves turgid state.

38. Equipment used to determine the rate of transpiration in plants:

(a) Potometer   (b) Photometer
(c) Auxanometer   (d) None of these

Ans. (a) Potometer

Explanation: A potometer can be used to measure the rate of transpiration that's proportional to water uptake. Transpiration cannot be measured directly as some of the water will be used in photosynthesis.

39. A plant showing guttation.

(a) Grass   (b) Wheat
(c) Banana   (d) All of these

Ans. (a) Grass

Explanation: Guttation is the loss water as tiny droplets through hydathodes on leaf margin of small plants such as grasses, fungi and not over trees.

40. The figure given below is a diagrammatic representation of a part of the cross section of the root in the root hair zone. Study the same and then answer the questions that follow:

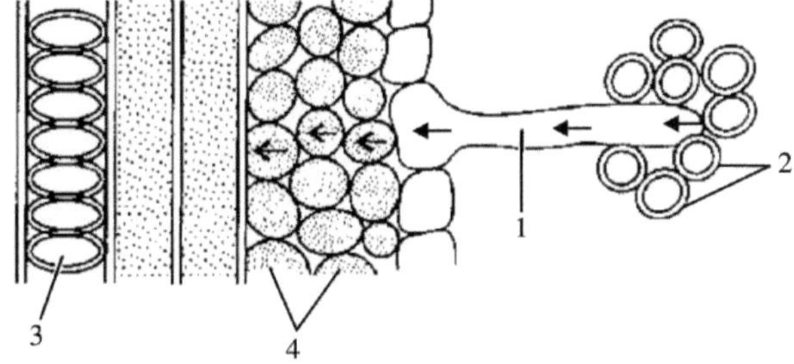

(A) Name all the labelling shown in the part of cross section of root in root hair:

(a) 1 - Root hair cell 2 - Soil particles 3 - Xylem vessel 4 - Phloem

(b) 1 - Root hair cell 2 – Water molecule 3 – Phloem vessel 4 - Cortical cells

(c) 1 - Root hair cell 2 - Soil particles 3 - Xylem vessel 4 - Cortical cells

(d) 1 - Root hair cell 2 – Water molecule 3 - Xylem vessel 4 - Cortical cells

(B) Name the process that is responsible for the movement of water in the direction indicated by the arrows.

(a) Diffusion

(b) Osmosis

(c) Active transport

(d) Passive transport

(C) In the early mornings, mostly drops of water are found along the leaf margins of herbaceous plants due to:

(a) Transpiration (b) Guttation

(c) Bleeding (d) Active transport

(D) When excess of chemical fertilizers are added in the moist soil around the root hairs:

(a) Root hairs become flaccid

(b) Root hairs become turgid

(c) Root hairs are plasmolysed

(d) Root hairs are deplasmolysed

(E) Rearrange the pathway of water and solutes from the soil to the conducting tissue of the root.

(a) soil → root hair → cortex → endodermis → pericycle → protoxylem → phloem

(b) soil → root hair → cortex → endodermis → pericycle → protoxylem → metaxylem

(c) soil → root hair → cortex → pericycle → endodermis → protoxylem → metaxylem

(d) soil → root hair → cortex → endodermis → pericycle → metaxylem → phloem

Ans. (A) (c) 1 - Root hair cell 2 - Soil particles 3 - Xylem vessel 4 - Cortical cells

The diagram depicts the correct labelling of a dicot root:

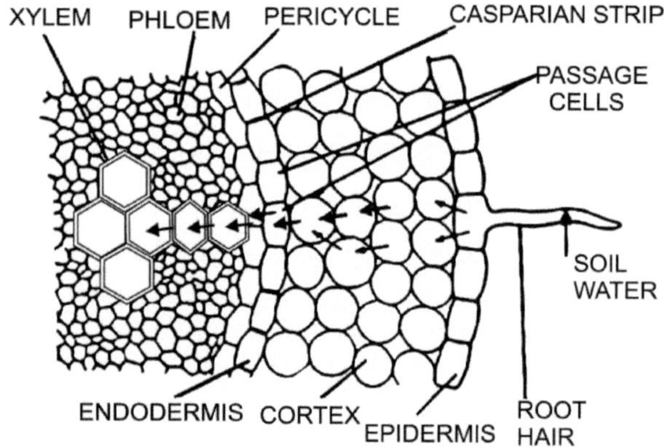

(B) (b) Osmosis

Explanation: The pressure responsible for the movement of water is 'Root Pressure'. Root Pressure is the pressure developed in the roots due to the movement of water from the soil into the living cells of the root by cell to cell osmosis

into the xylem vessels by which ascent of sap occurs in the stem.

(C) (b) Guttation

Explanation: The tiny drops we see on the leaves in the early morning is due to guttation. Guttation is loss of water in liquid form from the plants. So, the water oozes out from the uninjured tips or edges of the leaves where a major vein terminate.

(D) (a) Root hairs become flaccid

Explanation: Addition of too much fertilizer to the moist soil results in flaccidity of root hair, because the concentration of soil solution increases and water starts coming out of the root hairs due to the process of osmosis.

(E) (b) soil → root hair → cortex → endodermis → pericycle → protoxylem → metaxylem

41. Genetics is the study of __________.

(a) Development of organisms

(b) Mechanisms of inheritance

(c) Nuclear division

(d) Variation between species

Ans. (b) Mechanisms of inheritance

Explanation: Genetics is a branch of biology concerned with the study of mechanism of inheritance. In other words, it is a branch of biology that is concerned with the genes, genetic variation, and heredity in organisms.

42. The tissue responsible for upward conduction of water in the plants:

(a) Phloem (b) Xylem

(c) Root hair (d) Epidermis

Ans. (b) Xylem

Explanation: Xylem is a plant vascular tissue that conveys water and dissolved minerals from the roots to the other parts of the plant and also provides physical support. Xylem tissue consists of a variety of specialized, water-conducting cells known as tracheary elements.

43. How many mitotic divisions of a meristematic cell in a root tip are needed to produce 256 daughter cells?

(a) 8 (b) 16

(c) 32 (d) 64

Ans. (a) 8

Explanation: Every mitotic division will lead to the formation of twice the number of mother cells, hence to form 256 cells from a root tip cell, 8 generations of mitotic divisions must occur ($2^8 = 256$ cells).

44. Homozygosity and heterozygosity of an individual can be determined by __________.

   (a) Back cross   (b) Self-fertilisation
   (c) Test cross   (d) All of these

Ans. (c) Test cross

   Explanation: An organism's genetic makeup is called its genotype, and it reflects all of the alleles, or forms of the gene, that are carried by the organism. Consequently, a test cross can help to determine whether a dominant phenotype is homozygous or heterozygous for a specific allele.

45. During photosynthesis, energy absorbed from sunlight is stored as chemical energy in _______ biomolecules.

   (a) ATP, ADP   (b) ATP, NADPH
   (c) NAD, NADP   (d) $NADH_2$, ATP

Ans. (b) ATP, NADPH

   Explanation: The energy absorbed from sunlight is stored as chemical energy in ATP and NADPH molecules and used to produce carbohydrates from carbon dioxide in the calvin cycle.

46. Which chromosomes can be found in a single sperm?

   (a) X and X   (b) X and Y
   (c) X or X   (d) X or Y

Ans. (d) X or Y

   Explanation: Among males, two types of gametes are produced. 50 per cent of the total sperm produced carry the X-chromosome and the rest 50 per cent has Y-chromosome besides the autosomes.

47. Rate of transpiration increases with:

   (a) Intensity of sunlight, high atmospheric CO_2 level, high water content
   (b) Closure of stomata, high atmospheric CO_2 level, velocity of wind
   (c) Intensity of sunlight, dry air, high water content
   (d) Opening of stomata, high atmospheric CO_2 level, shedding of leaves

Ans. (c) Intensity of sunlight, dry air, high water content

   Explanation: The rate of transpiration increases when favourable conditions during day time received by the plants such as intensity of light which is necessary for opening stomata for photosynthesis. High water content and dry air helps in more evaporation of excess water. And with high wind velocity water vapourises faster.

48. The pressure by which the _______ molecules tend to cross the semi-permeable membrane is called osmotic pressure.

   (a) Water
   (b) Solute
   (c) Solute and solvent
   (d) None of these

Ans. (a) Water

   Explanation: Osmotic pressure is the minimum pressure that must be exerted to prevent the passage of pure solvent into the solution when the two are separated by a semi-permeable membrane.

49. Before testing the leaf for starch at the end of the experiment, the experimental leaf should be boiled in __________.

   (a) Water
   (b) Alcohol
   (c) KOH solution
   (d) Hydrochloric acid

Ans. (b) Alcohol

   Explanation: The leaf should be boiled with alcohol to remove chlorophyll. The boiling alcohol dissolves the chlorophyll and removes the green colour from the leaf - it turns white so it is easy to see the change in colour.

50. Some adaptations found in plants to reduce the rate of transpiration:

   (a) Sunken stomata
   (b) Modification of leaves into spines
   (c) Presence of thick layer of cuticle on the leaf surface
   (d) All of these

Ans. (d) All of these

   Explanation: To reduce excessive loss of water from the plant body through transpiration, the plants have adopted both morphological and anatomical ways to reduce excessive transpiration. Some of these adaptations are given below:

   (i) Sunken stomata
   (ii) Fewer stomata
   (iii) Narrow leaves
   (iv) Reduced exposed surface
   (v) Loss of leaves
   (vi) Thick cuticle
   (vii) Modification of leaves into spines or needles

51. After the starch test on a variegated plant leaf, we observe the parts of leaf which remains uncovered will turn to blue-black colour indicating:

    (a) Presence of chlorophyll

    (b) Absence of starch

    (c) Presence of starch

    (d) Absence of chlorophyll

Ans. (c) Presence of starch

Explanation: The exposed part has become pale yellow which on application of iodine drops turn to blue-black shows presence of starch. The covered part of the plant will turn brown showing absence of starch.

52. Mitosis occurs in __________ of our body.

    (a) Somatic cells   (b) Germ cells

    (c) All cells   (d) None of these

Ans. (c) Somatic cells

Explanation: Mitosis is responsible for reproducing somatic cells and meiosis is responsible for reproducing germ cells.

53. A crossing over is represented below. Answer the questions that follow:

	T	T
T	TT	Tt
t	Tt	tt

    (A) The phenotypic ratio is:
        (a) $9 : 3 : 3 : 1$ (b) $1 : 2 : 1$
        (c) $3 : 1$ (d) $1 : 3$
    (B) The genotypic ratio is:
        (a) $9 : 3 : 1$ (b) $1 : 2 : 1$
        (c) $1 : 3$ (d) $3 : 1$
    (C) Homozygous dominant genotype is:
        (a) TT   (b) Tt
        (c) tt   (d) None of these
    (D) Homozygous recessive genotype is:
        (a) TT   (b) Tt
        (c) tt   (d) None of these
    (E) The above experiment shows:
        (a) Law of segregation
        (b) Law of independent assortment
        (c) Dominance relationship between two alleles
        (d) None of these

Ans. (A) (c) $3 : 1$

Explanation: The cross given in the figure represents a monohybrid cross. The phenotypic ratio of a monohybrid cross is $3 : 1$.

(B) (b) $1 : 2 : 1$

Explanation: The cross given in the figure represents a monohybrid cross. The genotypic ratio of a monohybrid cross is $1 : 2 : 1$.

(C) (a) TT

Explanation: A homozygous dominant genotype is one in which both alleles are dominant. For example, in pea plants, height is governed by a single gene with two alleles, in which the tall allele (T) is dominant and the short allele (t) is recessive. So, the homozygous dominant genotype is TT.

(D) (c) tt

Explanation: The genotype of an organism with two recessive alleles is called homozygous recessive. For example, in pea plants, height is governed by a single gene with two alleles, in which the tall allele (T) is dominant and the short allele (t) is recessive. So, the homozygous recessive genotype is tt.

(E) (c) Dominance relationship between two alleles

Explanation: : Law of dominance explains that in a monohybrid cross between a pair of contrasting traits, only one parental character will be expressed in the F_1 generation and both parental characters will be expressed in the F_2 generation in the ratio $3 : 1$.

54. What do you mean by law of dominance?

    (a) When offspring shows the characters of parental generation.
    (b) When offspring of cross breed parent only show dominant characters in F_1 generation.
    (c) When offspring of cross breed parent only show dominant characters in F_2 generation.
    (d) In F_2 generation both the character which is governed by gene are separated.

Ans. (b) When offspring of cross breed parent only show dominant characters in F_1 generation.

Explanation: Mendel's law of dominance states that in a heterozygote, one trait will conceal the presence of another trait for the same characteristic. Rather than both alleles contributing to a phenotype, the dominant allele will be expressed exclusively.

55. State the exact location of cytoplasm.

    (a) Inside the cell between the nucleolus and the centromere
    (b) Inside the cell between the nucleus and the cell membrane
    (c) Inside the cell between the mitochondria and the cell membrane.
    (d) Inside the cell near to the cell membrane

Ans. (b) Inside the cell between the nucleus and the cell membrane

Explanation: Cytoplasm is located inside the cell between the nucleus and the cell membrane. It comprises gel-like substance called cytosol and the various cell organelles (the cell's internal sub-structures).

56. Potometer works on the principle of:

    (a) Osmotic pressure
    (b) Amount of water absorbed equals the amount transpired
    (c) Potential difference between the tip of the tube and that of the plant
    (d) Root pressure

Ans. (b) Amount of water absorbed equals the amount transpired

Explanation: Measurement of transpiration can be done with the help of potometer. It works on the principle of amount of water absorbed equals the amount of water transpired.

57. Explain the term wilting:

    (a) loss of flexibility of non-woody parts of plant
    (b) loss of flexibility of woody parts of plant
    (c) loss of rigidity of non-woody parts of plant
    (d) loss of rigidity of woody parts of plant

Ans. (c) loss of rigidity of non-woody parts of plant

Explanation: Wilting is the loss of rigidity of non-woody parts of plants. Wilting also serves to reduce water loss, as it makes the leaves expose less surface area. Wilting diminishes the plant's ability to transpire and grow. Permanent wilting leads to plant death.

58. After mitotic cell division, a female human cell will have ______________.

    (a) 44 + XX chromosome
    (b) 44 + XY chromosome
    (c) 22 + X chromosome
    (d) 22 + Y chromosome

Ans. (a) 44 + XX chromosome

Explanation: During mitosis, if a female cell with 44 + XX chromosomes divides, it will form 2 daughter cells with similar chromosomes *i.e.* 44 + XX whereas a male cell will divide to form cells with chromosome 44 + XY.

59. State the exact location of cambium:

    (a) At the external, periclinal cell wall of epidermal cells
    (b) Between xylem and phloem
    (c) In the centre of vascular bundle
    (d) Raised, oval or circular areas on the woody stems

Ans. (b) Between xylem and phloem

Explanation: Cambia is a layer of actively dividing cells between xylem (wood) and phloem (bast) tissues that is responsible for the secondary growth of stems and roots.

60. During night, increase in CO_2 concentration around the leaf causes ______________.

    (a) Rapid opening of stomata
    (b) Partial closure of stomata
    (c) Complete closure of stomata
    (d) No effect on stomatal opening

Ans. (c) Complete closure of stomata

Explanation: Stomata allows the carbon dioxide to enter and oxygen to exit therefore if there will be sudden increase in carbon dioxide concentration around the leaf then the stomata will get closed so that the excess gas does not enter the cell and this will further decrease the rate of transpiration too.

61. How do carbon dioxide and oxygen move into and out of a mesophyll cell?

    (a) Active transport   (b) Diffusion
    (c) Respiration   (d) Transpiration

Ans. (b) Diffusion

Explanation: Exchange of gases (CO_2 and O_2) between the plant interior and outside air occurs through diffusion.

62. Explain the term cell cycle:

    (a) A series of chemical reactions where CO_2 is removed from the air and used by living organisms
    (b) A series of events taking place for DNA duplication during cell division to produce two daughter cells
    (c) Process that plants and algae use to turn carbon dioxide from the air into sugar, the food autotrophs need to grow
    (d) Sequence of reactions in which oxidation of acetic acid or acetyl equivalent provides energy for storage in phosphate bonds in the living organism

Ans. (b) A series of events taking place for DNA duplication during cell division to produce two daughter cells

Explanation: A cell cycle is a series of events that takes place in a cell as it grows and divides. A cell starts with non-dividing phase *i.e.*, Interphase. During Interphase cell grows, replicates its chromosomes, and prepares for cell division in longer time. The cell then leaves Interphase, undergoes dividing phase *i.e.*, mitosis, and completes its division.

63. A normal human body contains __________ pairs of chromosomes and the number of sex chromosomes in a sex cell of a human being is __________.

    (a) 44, 22   (b) 23, 2

    (c) 23, 22   (d) 46, 2

Ans. (b) 23, 2

    Explanation: A normal human body have 23 pairs of chromosomes i.e., 46 chromosomes. The 23rd pair is the sex chromosomes which differ for male and female.

64. What defines a diploid nucleus?

    (a) A nucleus containing two unpaired chromosomes.

    (b) A nucleus with two alternative forms of a gene.

    (c) A nucleus with two separate threads of DNA.

    (d) A nucleus containing two sets of chromosomes.

Ans. (d) A nucleus containing two sets of chromosomes.

    Explanation: A diploid nucleus describes a cell, nucleus, or organism containing two sets of chromosomes (2n).

65. Which one of the following does not affect the rate of transpiration?

    (a) Light   (b) Humidity

    (c) Wind   (d) Age of the plant

Ans. (b) Age of the plant

    Explanation: The rate of transpiration is affected by several factors such as temperature, humidity, wind speed and light intensity. Some internal factors also affect rate of transpiration e.g., leaf area, leaf structure, etc. Age of the plant is not a factor that affect transpiration.

66. A decrease in which factor normally causes transpiration rate to increase?

    (a) Humidity   (b) Light intensity

    (c) Stomatal opening (d) Temperature

Ans. (a) Humidity

    Explanation: As the relative humidity of the air surrounding the plant rises the transpiration rate falls. It is easier for water to evaporate into dryer air than into more saturated air. Thus, a decrease in humidity causes transpiration rate to increase.

67. The nitrogen bases on a DNA strand are connected to each other by a __________ bond.

    (a) Nitrogen   (b) Carbon

    (c) Oxygen   (d) Hydrogen

Ans. (d) Hydrogen

    Explanation: Each strand of DNA has repeated nucleotides. Each nucleotide has a pentose sugar molecule, a phosphate molecule and a nitrogen base. The nitrogen bases of the two strands are connected to each other by hydrogen bonds.

68. Mendel selected which of the following traits for his studies?

    (a) Stem length, flower position

    (b) Flower colour, seed shape

    (c) Colour of pod, pod shape

    (d) All of these

Ans. (d) All of these

    Explanation: There were 7 characters of the pea plant which were selected by Mendel for the experiments. The characters were stem height, flower colour, flower position, pod shape, pod colour, seed shape and seed colour.

69. Explain the term independent assortment:

    (a) Separation of characters of one parent

    (b) Non-separation of characters of one parent

    (c) Combination of parental characters

    (d) Separation of parental characters

Ans. (d) Separation of parental characters

    Explanation: Principle of independent assortment states that two or more characters are inherited when the responsible gene separate independently from one another when reproductive cells develop.

70. The sequence of cell cycle is:

    (a) S, M, G_1 and G_2 (b) G_1, S, G_2 and M

    (c) G_1, G_2, S and M   (d) M, G_1, G_2 and S

Ans. (b) G_1, S, G_2 and M

    Explanation: The cell cycle goes through G_1, S, G_2 and then mitosis or M phase.

71. The state of a cell when it cannot accomodate any more water __________.

    (a) Turgid   (b) Flaccid

    (c) Plasmolysis   (d) Endosmosis

Ans. (a) Turgid

    Explanation: When a cell reaches a state when it cannot accomodate any more water, *i.e.*, it is fully distended it is called turgid and the condition is called turgidity.

72. State the exact location of light-dependent reactions:

(a) Thylakoid membrane of the chloroplast
(b) Stroma of the chloroplast
(c) Anywhere in the chloroplast
(d) None of these

Ans. (a) Thylakoid membrane of the chloroplast

Explanation: Light-dependent reactions happen in the thylakoid membrane of the chloroplasts and occur in the presence of sunlight. The sunlight is converted to chemical energy during these reactions.

73. Observe the diagram carefully and answer questions that follow:

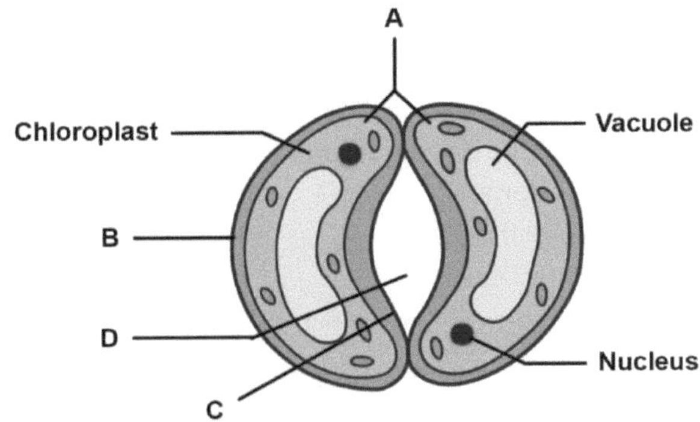

(A) Label parts A, B, C and D.

(a) A = guard cell, B = stomatal pore, C = inner wall, D = outer wall
(b) A = outer wall, B = guard cell, C = outer wall, D = stomatal pore
(c) A = guard cell, B = outer wall, C = inner wall, D = stomatal pore
(d) A = stomatal pore, B = guard cell, C = outer cell, D = inner wall

(B) The opening and closing of the stomatal pores depends upon:

(a) Oxygen
(b) Water in guard cells
(c) Temperature
(d) Concentration of CO_2 in stomata

(C) Which structure in the given diagram should be labelled as stoma?

(a) A (b) C
(c) B (d) D

(D) The singular word for stomata is:

(a) Stomata (b) Stomata's
(c) Stoma (d) None of these

(E) Plants in deserts have only few stomata to reduce:

(a) Water intake
(b) Water loss
(c) Mineral content
(d) Oxygen intake

Ans. (A) (c) A = guard cell, B = outer wall, C = inner wall, D = stomatal pore

(B) (b) Water in guard cells

Explanation: When guard cells have water, stomatal pores open and when water moves out of the guard cells, these pores close.

(C) (d) IV

Explanation: Stomatal pore is an opening surrounded by guard cells.

(D) (c) Stoma

Explanation: Stomata are pores on the surface of the leaves that allow exchange of gases. The term stoma refers to the pore and the guard cell pair.

(E) (b) Water loss

Explanation: Some desert plant's leaves have a limited number of stomata, which cuts down on the amount of evaporated water that can escape.

74. Transpiration is the loss of water as water __________ from the __________ parts of the plant.

(a) droplets, margins (b) vapour, margins
(c) droplets, aerial (d) vapour, aerial

Ans. (d) vapour, aerial

Explanation: Transpiration is the process in which water is lost in the form of water vapour from the aerial parts of the plant.

75. State the function of air bubble in potometer:

(a) It measures the water absorbed by plant.
(b) It measures loss in weight by the plant due to transpiration.
(c) Mark the progress of transpiration.
(d) To measure the water intake by plant.

Ans. (c) Mark the progress of transpiration.

Explanation: The function of air bubble in Ganong's potometer is to mark the progress of transpiration and absorption of water by the cut leafy twig which must be devoid of any roots.

76. Which of the following is not the phase of light reaction?

(a) Water splitting
(b) Oxygen release
(c) Carbon dioxide release
(d) Light absorption

Ans. (c) Carbon dioxide release

Explanation: During the process of photosynthesis, cells use carbon dioxide and energy from the Sun to make sugar molecules and oxygen. Carbon dioxide is not released during light phase but utilised.

77. In which stage of the cell cycle will RNA polymerase enzyme be most active?

    (a) M phase
    (b) G_2 phase
    (c) Telophase
    (d) Quiescent phase

Ans. (b) G_2 phase

Explanation: RNA polymerase is needed for protein synthesis which happens during G_2 phase.

78. State the function of chromatids:

    (a) Provide hereditary characteristics and genetic information

    (b) Control the inheritance of all characteristics except the sex-linked ones

    (c) Organize the microtubules and provide a structure to the cell

    (d) Allow cells to store two copies of their information in cell division

Ans. (d) Allow cells to store two copies of their information in cell division

Explanation: Chromatids allow cells to store two copies of their information in preparation for cell division. This ensure that daughter cells are healthy and fully functional, carrying a full complement of the parent cells' DNA.

79. $\underline{\hspace{1cm}} + 12H_2O \xrightarrow[\text{Chlorophyll}]{\text{Light energy}} \underline{\hspace{1cm}} + 6H_2O + 6O_2\uparrow$

    (a) O_2, $C_6H_{12}O_6$
    (b) CO_2, $C_6H_{12}O_6$
    (c) O_2, $C_{12}H_{22}O_{11}$
    (d) CO_2, $C_{12}H_{22}O_{11}$

Ans. (b) CO_2, $C_6H_{12}O_6$

Explantion: The chemical equation for photosynthesis is:

$$6CO_2 + 12 H_2O \xrightarrow[\text{Chlorophyll}]{\text{Light energy}}$$

$$C_6H_{12}O_6 + 6H_2O + 6O_2\uparrow$$

80. The type of gene, which in the presence of a contrasting allele is not expressed:

    (a) Dominant allele
    (b) Recessive allele
    (c) Homozygous
    (d) Heterozygous

Ans. (b) Recessive allele

Explanation: A recessive allele is a variety of gene that does not create a phenotype if a dominant allele is present. A heterozygous individual will appear the same as a homozygous dominant individual, means an organism with two dominant alleles appear the same as an organism with only one functioning allele.

81. The state of cell in which cell content is shrunken and is no more tight is:

    (a) Capillarity
    (b) Flaccidity
    (c) Turgidity
    (d) Tonicity

Ans. (b) Flaccidity

Explanation: When a plant cell is placed in a hypertonic solution, the plant cell loses water and the protoplasm of the cell is pulled away from the cell wall. This leaves spaces between the cell wall and the cell membrane and the plant cell shrinks and becomes flaccid. This condition is called as flaccidity.

82. State the function of nucleotides:

    (a) Storage and transfer of genetic information
    (b) Cell division and protein synthesis
    (c) Cell signaling, metabolism and enzymatic reactions
    (d) All of these

Ans. (d) All of these

Explanation: Nucleotides are essential for replication of DNA and transcription in rapidly dividing cells, providing the cellular energy sources (ATP and GTP), and are involved in numerous other metabolic roles.

83. The process of splitting of water by sunlight during light reaction of photosynthesis is called __________.

    (a) Phosphorylation
    (b) Photolysis
    (c) Dark phase
    (d) Transpiration

Ans. (b) Photolysis

Explanation: In the process of photolysis the light reactions release oxygen as a waste product of photosynthesis, while ATP and NADPH are essential to the next step in photosynthesis, the dark reactions.

84. In which of the following plants would metabolism be hindered if the leaves are coated with wax on their upper surface?

    (a) Hydrilla
    (b) Lotus
    (c) Pistia
    (d) Vallisneria

Ans. (b) Lotus

Explanation: Lotus is a partially submerged hydrophyte, the leaf floats on the surface of water and is covered with a layer of cuticle to prevent accumulation of water on the upper surface of the leaf. Surface transpiration and exchange of gases takes place with the help of stomata.

Covering of the leaf surface with wax will block stomata, stop stomatal transpiration and gaseous exchange on that surface in Lotus.

Hydrilla, Vallisneria as both are submerged hydrophytes and exchange of gases takes place through diffusion.

As Pistia is a monocot belonging to Aracaceae, the stomata are present in almost same number on both the surfaces, metabolic hindrance will be lesser.

85. State the function of chlorophyll:

   (a) To support the leaf and transport water, mineral ions and sucrose (sugar)
   (b) Allow carbon dioxide to diffuse into the leaf and oxygen to diffuse out
   (c) Absorb sunlight to convert solar energy into chemical energy
   (d) To protect the leaf from infection and prevent water loss without blocking out light

Ans. (c) Absorb sunlight to convert solar energy into chemical energy

   Explanation: Chlorophyll present in plants absorb light: usually sunlight. The energy absorbed from light is transferred to two kinds of energy-storing molecules. Through photosynthesis, the plant uses the stored energy to convert carbon dioxide (absorbed from the air) and water into glucose, a type of sugar.

86. State the exact location of spindle fibres:

   (a) In the mitochondria
   (b) In the centrosomes
   (c) Between chromatid and centromere
   (d) Between two centromeres

Ans. (b) In the centrosomes

   Explanation: The spindle apparatus of a cell is composed of spindle fibers, motor proteins, chromosomes, and, in some animal cells, microtubule arrays called asters. Spindle fibers are produced in the centrosome from cylindrical microtubules called centrioles.

87. A cross was made between tall and dwarf plants. In F_1 generation all plants were tall, when the F_1 plants were selfed, the tall and dwarf plants appeared in 3 : 1 ratio in F_2 generation. This is due to:

   (a) Dominance   (b) Hybridisation
   (c) Crossing over   (d) Segregation

Ans. (d) Segregation

   Explanation: Segregation is the separation of alleles during the formation of gametes. As a result of segregation, each gamete carries only one allele for each gene.

88. Sweat out of water along with dissolved substances directly in the liquid form from the margins of the leaves is known as ____________.

   (a) Transpiration   (b) Respiration
   (c) Guttation   (d) Bleeding

Ans. (c) Guttation

   Explanation: The exudation of drops of xylem sap on the tips or edges of leaves of some vascular plants, such as grasses and a number of fungi is known as guttation.

89. The two cobalt chloride papers are attached, one on the dorsal and the other on the ventral surface of a dorsiventral leaf with the help of glass slide and clips. The set up is left in the open for few hours. What will happen?

   (a) Cobalt chloride paper remain blue on the upper surface of the leaf
   (b) Cobalt chloride paper turn blue to pink on the lower surface of the leaf
   (c) Cobalt chloride paper turn blue to pink after a long time on the upper surface of the leaf
   (d) All of these

Ans. (d) All of these

   Explanation: Cobalt chloride paper is used to check the rate of transpiration from both sides of a leaf. It is observed that dorsal surface turns pink faster due to the presence of more stomata for transpiration.

90. Study the diagram of plant cell where water passes through the cell wall and answer the questions that follow :

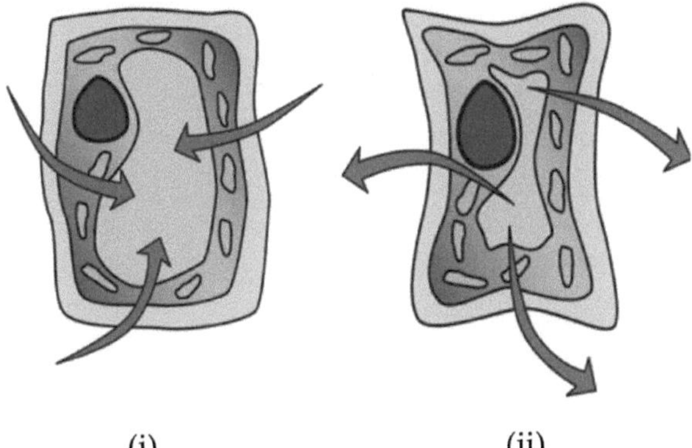

   (A) Identify the figure (i).
      (a) Flaccid cell
      (b) Turgid cell
      (c) Plasmolysed cell
      (d) None of these

(B) Identify the figure (ii).

    (a) Flaccid cell

    (b) Turgid cell

    (c) Plasmolysed cell

    (d) None of these

(C) Water regulation within the plant cell occurs through the process:

    (a) Osmosis

    (b) Diffusion

    (c) Active transport

    (d) Transpiration

(D) Marine fish when placed in tap water bursts because of:

    (a) Endosmosis   (b) Exosmosis

    (c) Diffusion   (d) Plasmolysis

(E) Match the phenomenon in absorption and conduction of water and minerals:

Column A	Column B
i. Inward diffusion of water through a semi-permeable membrane.	1. Active transport
ii. Movement of molecules from higher concentration to the lower concentration through direct contact.	2. Diffusion
iii. Passage of substance from lower concentration to the higher concentration through a living cell membrane using energy from cell.	3. Endosmosis
iv. Outward diffusion of water through membrane.	4. Osmosis
v. Movement of molecules from higher concentration to the lower concentration through a semi-permeable membrane.	5. Exosmosis

    (a) i-2, ii-3, iii-5, iv-1, v-4

    (b) i-3, ii-2, iii-1, iv-5, v-4

    (c) i-3, ii-4, iii-2, iv-5, v-1

    (d) i-3, ii-2, iii-1, iv-4, v-5

Ans. (A) (b) Turgid cell

Explanation: When a cell is placed in a solution that has a higher concentration of water than the cell, the solvent (like water) moves into the cell. This makes the cell turgid or undergo deplasmolysis.

(B) (a) Flaccid cell

Explanation: When a cell is placed in a solution that has a higher concentration of solute than the cell, the solvent moves out of the cell. This makes the cell become flaccid or undergo plasmolysis.

(C) (a) Osmosis

Explanation: Osmosis is the spontaneous passage or diffusion of water or other solvent molecules through a semi-permeable membrane from higher concentration to the lower concentration in a medium.

(D) (a) Endosmosis

Explanation: Marine fish are surrounded by salt water as compared to fresh water. Thus, in hypotonic solution the concentration of solute in the solution surrounding the cell is less than the concentration of solute inside the cytoplasm of the cell. So, water rushes into the cell of marine fish through endocytosis, swells and burst out.

(E) (b) i-3, ii-2, iii-1, iv-5, v-4

91. Explain the term test cross:

    (a) It is a cross between two homozygotes.

    (b) Cross between dominant homozygote and heterozygote.

    (c) Cross between two F_1 hybrids.

    (d) Cross between F_1 hybrid and recessive homozygote.

Ans. (d) Cross between F_1 hybrid and recessive homozygote.

Explanation: To identify whether an organism exhibiting a dominant trait is homozygous or heterozygous for a specific allele, a scientist can perform a test cross. The organism in question is crossed with an organism that is homozygous for the recessive trait, and the offspring of the test cross are examined. If the test cross results in any recessive offspring, then the parent organism is heterozygous for the allele in question. If the test cross results in only phenotypically dominant offspring, then the parent organism is homozygous dominant for the allele in question.

92. If a heterozygous tall plant is crossed with a homozygous dwarf plant, then the ratio of the dwarf plant is _______________.

    (a) 25%   (b) 50%

    (c) 75%   (d) 100%

Ans. (b) 50%

Explanation: Heterozygous tall plant: Tt

Homozygous dwarf plant: tt

The characteristics of the offsprings for F_1 generation is as shown in figure:

	tt	
Gametes	t	t
T	Tt Tall	Tt Tall
t	tt Dwarf	tt Dwarf

(Tt on left side)

50% of the offsprings are tall and 50% of the offsprings are dwarf.

93. Explain the term mutation:

(a) A permanent alteration in the nucleotide sequence of one or more genes or in the number or structure of one or more chromosomes.

(b) A temporary alteration in the nucleotide sequence of one or more genes or in the number or structure of one or more chromosomes.

(c) A permanent alteration in the sequence of RNA or in the number or structure of one or more chromosomes.

(d) A temporary alteration in the sequence of RNA or in the number or structure of one or more chromosomes.

Ans. (a) A permanent alteration in the nucleotide sequence of one or more genes or in the number or structure of one or more chromosomes.

Explanation: Mutation is a permanent alteration in the nucleotide sequence of one or more genes or in the number or structure of one or more chromosomes. It alters the heredity material and results in the change in certain traits. For example, sickle cell anaemia is a blood disease caused by genetic mutation.

94. Explain the term reciprocal cross:

(a) A cross between two parents

(b) A cross between two pure breeding plants

(c) Cross where gametes are reversed

(d) Cross where sources of gametes are reversed

Ans. (d) Cross where sources of gametes are reversed

Explanation: In the reciprocal cross, the sex of the parent showing the particular trait is interchanged. This is done to understand and determine the role of the sex of the parents in the inheritance pattern. Reciprocal cross is generally used to determine the contribution of sexes in inheritance patterns.

95. Explain the term bleeding:

(a) It is a natural process that takes place through cut/ ruptured surface of the plant.

(b) Loss of water from the uninjured part or leaves of the plant in the form of water.

(c) Natural process that takes place through the margins of the plant surface.

(d) The diffusion of water vapour from the surface of the cell into the outside atmosphere.

Ans. (a) It is a natural process that takes place through cut/ ruptured surface of the plant.

Explanation: The exudation of liquid from the cut or injured surface of plants, such as date palm is known as bleeding. The root pressure generated by a plant forces the cell sap to rise through the stem. This causes bleeding or oozing of the cell sap from the cut surface of the plant.

96. The structure in the cell that initiates cell division in an animal cell is:

(a) Centromere (b) Centrosome

(c) Chromosome (d) Nucleosome

Ans. (b) Centrosome

Explanation: Centrosome is present only in animal cells and it is located near the nucleus. Centrosome comprises of two microtubule rings known as centrioles. Its major function is to start/ initiate cell division.

97. Explain the term alleles:

(a) Alternate forms of genes

(b) Linked genes

(c) Chromosomes that have crossed over

(d) Homologous chromosomes

Ans. (a) Alternate forms of genes

Explanation: Alleles are different forms of genes, which are located at the same genetic locus of a chromosome. Human are called diploid organisms because they have two alleles at each genetic locus, with one allele inherited from each parent.

98. A plant with sunken stomata:

(a) Mango (b) *Nerium*

(c) Neem (d) Shrubs

Ans. (b) *Nerium*

Explanation: Plants growing mostly in xerophytic conditions have sunken stomata where they need to reduce transpiration rate. Some plants with sunken stomata are *Nerium*, Pine, *Acacia*, etc.

99. Explain the term chromatin:

    (a) A substance within a chromosome consisting of DNA and uncondensed protein.
    (b) A long DNA molecule with part or all of the genetic material of an organism.
    (c) A double helix, composed of repeating nucleotides join to other strands via hydrogen bonds.
    (d) The point of attachment of two chromatid sisters.

Ans. (a) A substance within a chromosome consisting of DNA and uncondensed protein

Explanation: Chromatin is a complex of DNA and proteins that forms chromosomes within the nucleus of eukaryotic cells. Nuclear DNA does not appear in free linear strands; it is highly condensed and wrapped around nuclear proteins in order to fit inside the nucleus.

100. Mendel's factors are now known as:

    (a) Chromosomes   (b) Genes
    (c) DNA   (d) Nucleic acids

Ans. (b) Genes

Explanation: Mendel found that there are alternative forms of factors—now called genes—that account for variations in inherited characteristics. For example, the gene for flower colour in pea plants exists in two forms, one for purple and the other for white. The alternative "forms" are now called alleles.

101. Explain the term osmotic pressure:

    (a) Maximum pressure exerted to prevent the passage of pure solvent into the solution separated by a semi-permeable membrane.
    (b) Minimum pressure exerted to prevent the passage of pure solvent into the solution separated by a semi-permeable membrane.
    (c) Minimum pressure exerted to prevent the passage of pure solute into the solution separated by a semi-permeable membrane.
    (d) Maximum pressure exerted to prevent the passage of pure solute into the solution separated by a semi-permeable membrane :

Ans. (b) Minimum pressure exerted to prevent the passage of pure solvent into the solution separated by a semi-permeable membrane.

Explanation: Osmotic pressure is defined as the pressure that must be applied to the solution side to stop fluid movement when a semipermeable membrane separates a solution from pure water.

102. Explain the term DNA:

    (a) Uncondensed form of nucleoprotein
    (b) Single stranded molecule having short chain of nucleotides
    (c) Double stranded molecule having long chain of nucleotides
    (d) Condensed form of nucleoprotein

Ans. (c) Double stranded molecule having long chain of nucleotides

Explanation: DNA forms a double helix, composed of repeating nucleotides which extend to join the two strands via hydrogen bonds.

103. Phenomenon by which living or dead plant cells absorb water by surface attraction:

    (a) Transpiration   (b) Osmosis
    (c) Adhesion   (d) Imbibition

Ans. (d) Imbibition

Explanation: The absorption of water by the solid particles of an adsorbent causing it to enormously increase in volume without forming a solution is called imbibition.

104. Explain the term law of segregation:

    (a) Out of a pair of contrasting characters present together, only one form of the trait will appear in the next generation
    (b) Two members of a pair of factors separate during gamete formation
    (c) Distribution of alleles of one character into the gametes is independent of the distribution of the allele of the other characters
    (d) In a pair of contrasting characters, prominently recessive trait will appear in next generation

Ans. (b) Two members of a pair of factors separate during gamete formation

Explanation: The law of segregation states that each individual i.e., a diploid has a pair of alleles (copy) for a particular trait. In essence, the law states that copies of genes separate or segregate so that each gamete receives only one allele.

105. Explain the term bleeding:

    (a) Escape of water through hydathodes of plant
    (b) Exudation of water from margins of leaves
    (c) Oozing out of water drops from injured edges or tips
    (d) Water is lost through stomata, lenticels and cuticles

Ans. (c) Oozing out of water drops from injured edges or tips

Explanation: Bleeding is the exudation of cell sap from any injured or cut part of a plant, due to increased root pressure.

106. Explain the term photolysis:

 (a) Conversion of glucose into starch

 (b) Conversion of light energy into chemical energy

 (c) Splitting of water molecule into hydrogen and oxygen ions in the presence of light

 (d) Conversion of ADP into ATP in the presence of light

Ans. (c) Splitting of water molecule into hydrogen and oxygen ions in the presence of light

Explanation: Photolysis occurs in granum of a chloroplast where light is absorbed by chlorophyll. It is a type of photosynthetic pigment that converts the light in to chemical energy, reacts with water (H_2O) and splits the oxygen and hydrogen molecules apart.

107. Marine fish when placed in tap water bursts because of:

 (a) Endosmosis   (b) Exosmosis
 (c) Diffusion   (d) Plasmolysis

Ans. (a) Endosmosis

Explanation: Marine fish cannot thrive in the fresh water. The marine fish are accustomed to salt water, which contains a high concentration of solutes (salts), whereas freshwater is devoid of solutes. As a result, when a marine fish is immersed in freshwater, endosmosis causes the freshwater to diffuse into the cells. They will swell and explode as a result of this.

108. Explain the term photosynthesis:

 (a) Conversion of light energy into chemical energy

 (b) Oxidation of carbon to carbon dioxide

 (c) Absorption of light energy by chlorophyll

 (d) All of these

Ans. (d) All of these

Explanation: Photosynthesis involves the conversion of light energy into chemical energy with the help of chlorophyll. In this process, carbon dioxide is reduced to carbohydrates.

109. Explain the term genetics:

 (a) Study of heredity in living beings

 (b) Study of variation in living beings

 (c) Study of both heredity and variation

 (d) None of these

Ans. (c) Study of both heredity and variation

Explanation: Genetics is a branch of biology concerned with the study of genes, genetic variation, and heredity in organisms.

110. The following diagram represents a plant cell after being placed in a strong sugar solution.

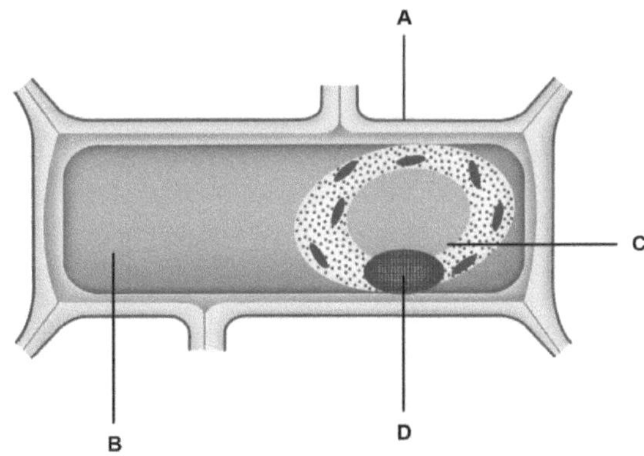

(A) Label parts A, B, C and D.

 (a) A = nucleus, B = cell wall, C = large vacuole, D = strong sugar solution.

 (b) A = nucleus, B = strong sugar solution, C = large vacuole, D = cell wall

 (c) A = cell wall, B = strong sugar solution, C = large vacuole, D = nucleus

 (d) A = cell wall, B = strong sugar solution, C = nucleus, D = large vacuole.

(B) What is the state of the cell shown in the diagram?

 (a) Turgid   (b) Flaccid
 (c) Plasmolysed   (d) Deplasmolysed

(C) Name the structure which acts as a selectively permeable membrane.

 (a) Nucleus

 (b) Large vacuole

 (c) Cell membrane

 (d) Cell wall

(D) Name any one feature of this plant cell which is not present in an animal cell.

 (a) Cell wall

 (b) Cell membrane

 (c) Nucleus

 (d) Mitochondria

(E) If the cell had been placed in distilled water instead of strong sugar solution. Which feature would not have seen?

 (a) Cell wall

 (b) Cell membrane

 (c) Nucleus

 (d) Large vacuole

Ans. (A) (c) A = cell wall, B = strong sugar solution, C = large vacuole, D = nucleus

 (B) (b) Flaccid

Explanation: In this condition, the solution outside the cell has a higher solute concentration than the fluids inside the cell. The water molecules from the interior of the cell will move out.

(C) (c) Cell membrane

Explanation: A cell membrane is selectively permeable, *i.e.*, being permeable to only certain molecules and not to all molecules.

(D) (a) Cell wall

Explanation: Cell wall provide rigidity to plant cell which keep the plant cell in shape.

(E) (b) Cell membrane

Explanation: If the cell had been placed in distilled water it remains in a fully distended condition. It's plasma membrane remains in close contact with the cell wall and pore against it.

111. Explain the term guttation:

   (a) Absorption of water by general surface like woods
   (b) Secretion of droplets of water from the pores of plants
   (c) Exhalation of water vapour through the stomata
   (d) Exchange of gases in the leaves

Ans. (b) Secretion of droplets of water from the pores of plants

   Explanation: In guttation water is secreted from the tips of the leaves of plants. Guttation happens at night when the soil is very moist and the roots absorb water. If there is too much water, root pressure causes the water to squeeze out of the plant and onto the tips of the leaves or the blades of the plant.

112. Explain the term chromosome:

   (a) Double stranded molecule having long chain of nucleotides
   (b) Single stranded molecule having short chain of nucleotides
   (c) Condensed form of nucleoprotein
   (d) Uncondensed form of nucleoprotein

Ans. (c) Condensed form of nucleoprotein

   Explanation: A chromosome is a long DNA molecule with part or all of the genetic material in condensed form of nucleoprotein of an organism.

113. Explain the term photosynthesis:

   (a) Synthesis of food from carbon dioxide and water in the presence of chlorophyll and light energy
   (b) Loss of water as water vapour from aerial parts of the plant
   (c) Contraction of cytoplasm from cell wall due to withdrawal of water when placed in hypertonic solution
   (d) Transmission of genetically based characteristics from parents to offsprings

Ans. (a) Synthesis of food from carbon dioxide and water in the presence of chlorophyll and light energy

   Explanation: Photosynthesis is the process by which plants use sunlight, water and carbon dioxide to produce oxygen and energy in the form of sugar.

114. Explain the term nucleosome:

   (a) A membrane-bound organelle that contains epigenetic information
   (b) Non-chromosomal DNA freely floating in the cytosol
   (c) A complex of proteins that controls nuclear import
   (d) A repeating unit of chromatin

Ans. (d) A repeating unit of chromatin

   Explanation: Nucleosomes are the basic, repeating units of eukaryotic chromatin. They consist of chromosomal DNA wrapped around special DNA-binding proteins called histones. There are many examples of non-chromosomal DNA, such as plasmids, but they do not contain nucleosomes. Nuclear import is controlled by import in proteins.

115. Explain the term imbibition:

   (a) Phenomenon by which living or dead plant cells absorb water by surface attraction
   (b) Movement of water molecules from higher concentration to the lower concentration region
   (c) Loss of water as tiny drops along the margins or the tips of the leaves
   (d) Loss of cell sap from a cut stem of the plant

Ans. (a) Phenomenon by which living or dead plant cells absorb water by surface attraction

   Explanation: The absorption of water by the solid particles of an adsorbent causing an enormous increase in volume without forming a solution is called imbibition. Solid substances or adsorbents which take part in imbibition are called imbibants, e.g., seeds, dry wood.

116. Which of the following is the balanced chemical reaction of process photosynthesis?

(a) $6CO_2 + 12H_2O \xrightarrow[\text{Chlorophyll}]{\text{Light energy}}$
$$C_6H_{12}O_6 + 6H_2O$$

(b) $6CO_2 + 12H_2O \longrightarrow C_6H_{12}O_6 + H_2O + O_2\uparrow$

(c) $CO_2 + H_2O \xrightarrow[\text{Chlorophyll}]{\text{Light energy}} C_6H_{12}O_6 + 6O_2\uparrow$

(d) $6CO_2 + 12H_2O \xrightarrow[\text{Chlorophyll}]{\text{Light energy}}$
$$C_6H_{12}O_6 + 6H_2O + 6O_2\uparrow$$

Ans. (d) $6CO_2 + 12H_2O \xrightarrow[\text{Chlorophyll}]{\text{Light energy}}$
$$C_6H_{12}O_6 + 6H_2O + 6O_2\uparrow$$

Explanation: The process of photosynthesis requires carbon dioxide and water to produce sugar and oxygen. Photosynthesis requires energy (sunlight), making it an endothermic reaction such that:

$$6CO_2 + 12H_2O \xrightarrow[\text{Chlorophyll}]{\text{Light energy}}$$
$$C_6H_{12}O_6 + 6H_2O + 6O_2\uparrow$$

117. Explain the term cuticle transpiration:

(a) Transpiration from leaves through stomata

(b) Transpiration directly from surface of the leaves and stems

(c) Transpiration through lenticels on the surface of woody stems

(d) Transpiration through corky covering of the stems

Ans. (b) Transpiration directly from surface of the leaves and stems

Explanation: Cuticle transpiration is the evaporation of water from the cuticle of the plants. The cuticle is a waxy covering on the surface of the leaves of the plants. About 5-10% of the water from the leaves is lost through cuticular transpiration.

118. Explain the term hypertonic solution:

(a) The outer solution having higher concentration than of the cell sap

(b) The outer solution having lower concentration than of the cell sap

(c) The outer solution having equal concentration as of the cell sap

(d) None of these

Ans. (a) The outer solution having higher concentration than of the cell sap

Explanation: A hypertonic solution is one that has a higher solute concentration outside the cell than inside. If a cell is placed in a hypertonic solution, the cell will shrink due to water osmotically moving out.

119. Explain the term phosphorylation:

(a) Formation of ATP from ADP and inorganic phosphate by the utilisation of energy

(d) Splitting of water molecule into hydrogen ions and hydroxyl ions in the presence of sunlight

(c) Conversion of several molecules of glucose to one molecule of starch

(d) Conversion of water and carbon dioxide to create oxygen and energy in the form of sugar in the presence of sunlight

Ans. (a) formation of ATP from ADP and inorganic phosphate by the utilisation of energy

Explanation: Photophosphorylation is the conversion of ADP to ATP using the energy of sunlight by activation of PSII. This involves the splitting of the water molecule into oxygen and hydrogen protons (H⁺), a process known as photolysis.

120. Explain the term transpiration:

(a) Loss of water from the surface of water bodies in the form of vapour

(b) Loss of water from the aerial parts of the plants in the form of water vapour

(c) Loss of water from the leaf margins in the form of liquids

(d) Loss of water from an injury in the form of liquids from the parts of plants

Ans. (b) Loss of water from the aerial parts of the plants in the form of water vapour

Explanation: The exhalation of water vapour through the stomata is the transpiration. Transpiration helps plants to supply water from roots to top parts of plants thereby distributing water to all parts of the plant.

121. Given below is the diagram of an apparatus used to study a particular phenomenon in plants.

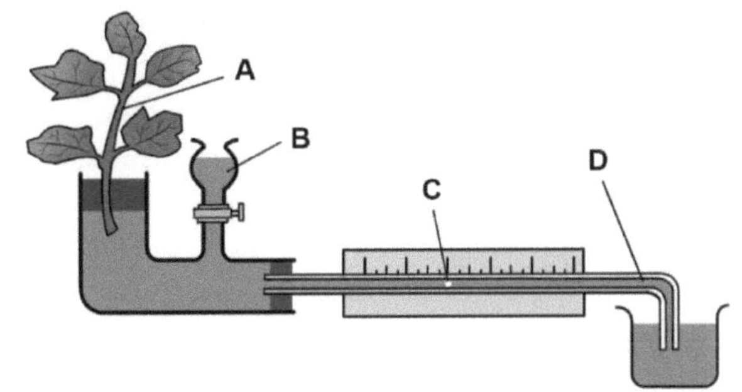

(A) Which one of the following is used for measuring the rate of transpiration?

(a) Potometer   (b) Porometer

(c) Osmometer   (d) None of these

(B) Potometer works on the principle of:

(a) Root pressure

(b) Osmotic pressure

(c) Amount of water absorbed is equal to the water transpired

(d) Potential difference between the sap of the tube and that of the plant

(C) Label parts A, B, C and D.

(a) A = Reservoir, B = Twig, C = Air bubble, D = Capillary tube

(b) A = Twig, B = Reservoir, C = Air bubble, D = Capillary tube

(c) A = Capillary tube, B = Air bubble, C = Reservoir, D = Twig

(d) A = Twig, B = Air bubble, C = Reservoir, D = Capillary tube

(D) Ganong's potometer is not so accurate because:

(a) It measures less in weight by the plant due to transpiration.

(b) It measures the amount of water lost due to guttation.

(c) It measures the water absorbed by the plant.

(d) It measures the extent and duration of transpiration.

(E) What is the use of reservoir in Ganong's potometer?

(a) To measure the water intake by plant

(b) To measure the water transpired by the plant

(c) For resetting of air bubbles

(d) None of these

Ans. (A) (a) Potometer

Explanation: Potometer is a device that measures the rate of water intake by a plant.

(B) (c) Amount of water absorbed is equal to the water transpired

Explanation: Potometer works on the principle that the amount of water absorbed equals to the amount transpired, so it measures the amount of water absorbed.

(C) (b) A = Twig, B = Reservoir, C = Air bubble, D = Capillary tube

(D) (d) It measures the extent and duration of transpiration

Explanation: A device that is used to measure the rate of transpiration in the plant parts by measuring the travelling of water in the capillary tube in a given time.

(E) (c) For resetting of air bubbles

Explanation: The reservoir in Ganong's potometer is used for resetting of air bubbles and for introducing these bubbles into the setup.

122. Unit of inheritance containing the information required to express a trait:

(a) DNA   (b) Chromosome

(c) Genes   (d) Histones

Ans. (c) Genes

Explanation: A gene made up of DNA is the basic physical and functional unit of heredity.

123. State the exact location of DNA:

(a) Inside nucleus

(b) Inside chloroplast

(c) Inside mitochondria

(d) All of these

Ans. (d) All of these

Explanation: Most DNA is located in the nucleus of cell (when it is called nuclear DNA). But a small amount of DNA can also be found in the mitochondria and chloroplast.

124. State the exact location of centriole:

(a) In plant cells   (b) In animals cells

(c) Both (a) and (b)   (d) None of these

Ans. (b) In animal cells

Explanation: Centriole is a cylindrical shaped organelle, typically located in the cytoplasm near the nucleus in cells of most animals.

125. State the exact location of epiblema:

(a) The central part of a plant root

(b) Outermost layer of protective cells in a root

(c) Extensions of the roots arising from the epidermis

(d) A separation between the xylem and phloem

Ans. (b) Outermost layer of protective cells in a root.

Explanation: Epiblema is also known as the epidermis which is the outermost layer of protective cells in a root where root hairs arise.

126. State the exact location of hydathodes:

(a) Epidermis of leaf, young stem and floral parts

(b) Margins of leaf where the vascular supply ends

(c) Adaxial or abaxial surfaces of leaves

(d) Both (b) and (c)

Ans. (d) Both (b) and (c)

Explanation: Hydathodes are located along the margin and on the adaxial or abaxial surfaces of leaves and consist of the pore and a junction of xylem vessels or xylem endings beneath the pore.

127. State the exact location of mesophyll cells:

    (a) Located above the upper epidermis

    (b) Located between the upper and lower epidermis

    (c) Located below the lower epidermis

    (d) Located above the upper and below the lower epidermis

Ans. (c) Located between the upper and lower epidermis

Explanation: Mesophyll cells are located between the upper and lower layers of the leaf epidermis and mostly made up of parenchyma (ground tissue) or chlorenchyma tissue.

128. State the exact location of root hair:

    (a) Extension of metaxylem

    (b) Extension of epidermis

    (c) Extension of cortex

    (d) Extension of pith

Ans. (b) Extension of epidermis

Explanation: Epidermis is the outermost layer of protective cells in a root and root hairs are the extensions of the roots arising from the epidermis.

129. State the exact location of thylakoids:

    (a) In the inner membrane of the chloroplasts

    (b) At the tip and margins of leaves

    (c) Fluid in the chloroplast

    (d) Green pigment in the chloroplast of the green leaves

Ans. (a) Individual flattened stacks of membranous structures inside the chloroplasts

Explanation: The interior of the chloroplast contains flattened sacs of photosynthetic membranes (thylakoids) formed by the invagination and fusion of the inner membrane. Thylakoids are usually arranged in stacks (grana) and contain the photosynthetic pigment (chlorophyll).

130. The number of chromosomes present in the nucleus of a skin cell are:

    (a) 12 pairs

    (b) 23 pairs

    (c) 22 pairs

    (d) 46 pairs

Ans. (b) 23 pairs

Explanation: Skin cells or any other body cell has full set of chromosomes that is 23 pairs of chromosomes. Gamete cells have only 50% of the chromosomes (23 chromosomes). So they are haploid.

131. State the exact location of phloem:

    (a) Outer side of the vascular bundle

    (b) Centre of the vascular bundle, deep in the plant

    (c) Between the vascular tissues and the epidermis

    (d) Between the two primary cell walls of two plant cells

Ans. (a) Outer side of the vascular bundle

Explanation: Phloem is located on the outer side of the vascular bundle. The movement in phloem is bidirectional. Phloem transports food materials that are prepared by the green parts of the plants to other parts of the plant.

132. State the exact location of lenticels:

    (a) Present in the epidermis of the stems of woody plants

    (b) Loose aggregation of cells in the bark of the stems and roots

    (c) Margins of the leaves of herbaceous plants

    (d) Both (a) and (b)

Ans. (d) Both (a) and (b)

Explanation: Lenticels are openings that develop in the bark through which exchange of gases takes place. The cork cambium, in the place of producing cork cells, forms irregular parenchymatous cells at each lenticel. These cells are loosely arranged with so many intracellular spaces. Lenticels are present in the woody stems of dicotyledonous flowering plants. Lenticels are observed as raised, oval or circular areas on the woody stems, roots and barks. Lenticels may be seen on fruits too. Example includes - apple and pear.

133. State the exact location of thymine:

    (a) Phosphate in DNA paired with sugar

    (b) Nitrogenous base in DNA paired with adenine

    (c) Pentose in RNA

    (d) Pentose in DNA

Ans. (b) Nitrogenous base in DNA paired with adenine

Explanation: Thymine (T) is one of four nitrogenous bases in DNA, rest are adenine (A), cytosine (C) and guanine (G). Within the DNA molecule, thymine bases located on one strand form chemical bonds with adenine bases on the opposite strand.

134. The condensation of chromosomes is observed in:

   (a) Prophase (b) Anaphase
   (c) Metaphase (d) None of these

Ans. (c) Prophase

   Explanation: Prophase is the first stage of mitotic division. In this phase, condensation of chromosomes is seen. Chromosomes are made up of coiled filaments, the chromatids.

135. State the exact location of sunken stomata:

   (a) Leaves of *Nerium*
   (b) Leaves of *Acacia*
   (c) Leaves of Pine
   (d) All of these

Ans. (d) All of these

   Explanation: This sunken stomata condition found in leaves of succulent xerophytes (hot desert plants) facing high temperature condition and gymnosperms. Some plants with SUNKEN STOMATA are *Nerium*, Pine, Acacia, etc. Plants growing mostly in xerophytic conditions have sunken stomata where they need to reduce transpiration rate.

136. State the exact location of thick waxy cuticle:

   (a) On the stem of xerophytes
   (b) On the leaves of xerophytes
   (c) Both (a) and (b)
   (d) On the stem of hydrophytes

Ans. (c) Both (a) and (b)

   Explanation: The xerophytes plants have a thick waxy cuticle on the stem and on the leaves. This waxy cuticle helps to reduce water evaporation.

137. Transpiration is the evaporative loss of water from __________.

   (a) Roots (b) Leaves
   (c) Stem (d) Both (b) and (c)

Ans. (d) Both (b) and (c)

   Explanation: Transpiration is the process of release of water vapour from aerial parts, such as leaves, stems and flowers.

138. Study the diagram which is related to cell division and answer the following questions:

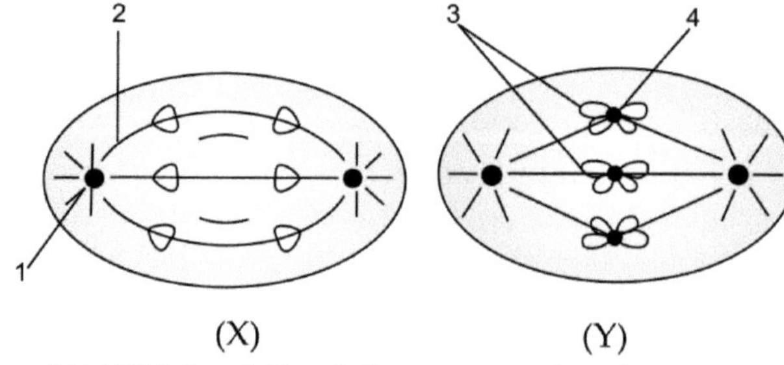

(A) Which of the following option is correctly labelled for the stages of mitosis?
   (a) 1-Centromere, 2-Spindle fibres, 3-Chromatids, 4-Centriole
   (b) 1-Centriole, 2-Spindle fibres, 3-Centromere, 4-Chromosomes
   (c) 1-Centriole, 2-Spindle fibres, 3-Chromatids, 4-Centromere
   (d) 1-Centriole, 2-Centromere, 3- Spindle fibres, 4-Chromosomes

(B) Which stage is being shown in figure (X) ?
   (a) Prophase (b) Anaphase
   (c) Telophase (d) Metaphase

(C) At what stage, chromosomes line up at the equator?
   (a) Anaphase (b) Prophase
   (c) Metaphase (d) Telophase

(D) Which of the following occurs only in meiosis, not in mitosis?
   (a) Separation of duplicated DNA
   (b) Pairing of homologous chromosomes
   (c) Cytokinesis
   (d) Disappearance of nuclear membrane

(E) How many chromosomes will each daughter cell have after the completion of the above division?
   (a) 2 (b) 3
   (c) 6 (d) 8

Ans. (A) (c) 1-Centriole, 2-Spindle fibres, 3- Chromatids, 4-Centromere

   Explanation: The diagram of stage Metaphase showing all the labels.

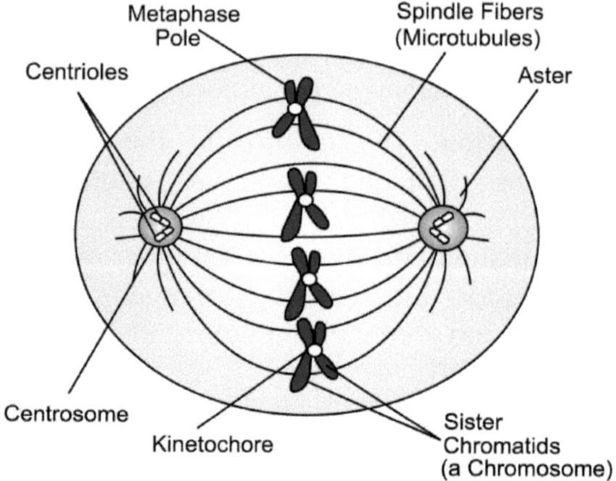

(B) (b) Anaphase

Explanation: The two sister chromatids of each chromosome separate and move apart towards opposite poles.

(C) (c) Metaphase

Explanation: Metaphase is the third phase of mitosis, that separates duplicated genetic material carried in the nucleus of a parent cell into two identical daughter cells.

(D) (b) Pairing of homologous chromosomes

Explanation: Pairing of homologous chromosomes occurs only in meiosis. The other processes are common to both mitosis and meiosis.

(E) (b) 3

Explanation: Each daughter cell have 3 chromosomes as in mitosis process, the number of chromosome remains constant.

139. State the exact location of palisade mesophyll:

(a) Upper epidermis in a leaf
(b) Lower epidermis in a leaf
(c) Between upper epidermis and spongy mesophyll
(d) Between lower epidermis and spongy mesophyll

Ans. (c) Between upper epidermis and spongy mesophyll

Explanation: Palisade mesophyll cells are located beneath the upper epidermis and above spongy layer, palisade cells are well positioned to absorb light required for photosynthesis.

140. If you put a potato into a sugar solution, it shrinks over time due to ______________.

(a) Endosmosis   (b) Diffusion
(c) Exosmosis   (d) Active transport

Ans. (c) Exosmosis

Explanation: There is a higher concentration of water in potato cells than the sugar solution, so water moves out of the potato through its membrane into the sugar solution. When the surrounding solution is more concentrated, it causes tendency to shrink out and known as exosmosis.

141. State the exact location of aster:

(a) A paired barrel-shaped organelles located in the cytoplasm of animal cells near the nuclear envelope
(b) Two identical copies of chromosome that are firmly attached at the centromere region
(c) A cellular structure shaped like a star, consisting of a centrosome and its associated microtubules during the early stages of mitosis
(d) Point of attachment of the kinetochore

Ans. (c) A cellular structure shaped like a star, consisting of a centrosome and its associated microtubules during the early stages of mitosis

Explanation: An aster is a star-shaped cellular structure, consisting of a centrosome and its associated microtubules to hold the two centrioles at the two opposite poles and help the spindle apparatus to position during nuclear division.

142. State the exact location of stroma:

(a) Within the chloroplast
(b) Outside the chloroplast
(c) Within the mitochondria
(d) None of these

Ans. (a) Within the chloroplast

Explanation: Stroma refers to the colourless fluid surrounding the grana within the chloroplast. Within the stroma are grana (stacks of thylakoid), and the sub-organelles, where photosynthesis is commenced before the chemical changes are completed in the stroma.

143. State the exact location of hydathodes:

(a) Below the epidermis and cuticle on the leaves
(b) On the margins of the leaves of herbaceous plants
(c) Below the epidermis but outside of the vascular bundles on stems
(d) Stomatal pores located in leaf epidermis

Ans. (b) On the margins of the leaves of herbaceous plants

Explanation: Hydathodes are specialized pores on the leaves of higher plants that functions in the exudation of water.

144. An individual has the genotype Rr. What is the correct description of this genotype?

(a) Heterozygous, with two different genes of the same allele.
(b) Homozygous, with two different alleles of the same gene.
(c) Heterozygous, with two different alleles of the same gene.
(d) Homozygous, with two different genes of the same allele.

Ans. (c) Heterozygous, with two different alleles of the same gene.

Explanation: Heterozygous refers to having inherited different forms of a particular gene from each parent. A heterozygous genotype stands in contrast to a homozygous genotype, where an individual inherits identical forms of a particular gene from each parent.

145. State the exact location of root hair:

(a) Extension of the cortex

(b) Extension of epithelium

(c) Extension of epidermis

(d) Extension of endodermis

Ans. (a) Extension of the cortex

Explanation: Root hairs are cylindrical extensions of cortex that are important for acquisition of nutrients and microbe interactions.

146. The plants die due to wilting when:

(a) Available light is reduced to half

(b) Xylem is blocked

(c) Few roots are broken

(d) Phloem is blocked

Ans. (b) Xylem is blocked

Explanation: If xylem is blocked, it might result in a loss of availability of water in the receiver cells and ultimately reduce the turgor pressure gradually leading to the loss of rigidity of cells and ultimately wilting.

147. State the exact location of cuticular transpiration:

(a) Cuticle cells

(b) Epidermal cells

(c) Both (a) and (b)

(d) Lenticels

Ans. (c) Both (a) and (b)

Explanation: : It occurs through the cuticle or epidermal cells of the leaves and other exposed parts of the plant. In common land plants cuticular transpiration is only 3-10% of the total transpiration.

148. State the exact location of ribosomes:

(a) Scattered inside the cell

(b) Scattered inside the plasma membrane

(c) Scattered inside the nucleus

(d) Scattered in the cytoplasm

Ans. (d) Scattered in the cytoplasm

Explanation: Ribosomes are small granules which are found scattered in the cytoplasm. They are single walled spherical bodies composed mainly of RNA.

149. State the exact location of light-independent reactions:

(a) Thylakoid membrane of the chloroplast

(b) Stroma of the chloroplast

(c) Anywhere in the chloroplast

(d) None of these

Ans. (b) Stroma of the chloroplast

Explanation: The light-independent reactions of photosynthesis take place within the stroma. It contains enzymes that work with ATP and NADPH to "fix" carbon from carbon dioxide into molecules that can be used to build glucose.

150. When some parts of the stem, both the fresh shoots of a green herbaceous plant have been removed and lower end is dip in the water. The diagram given below represents the result of the experiment.

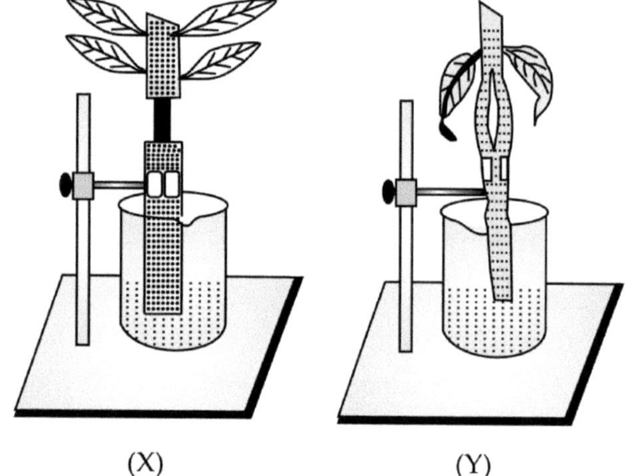

(A) Choose the correct explanation for the results.

   I. Phloem is removed and Xylem is intact in plant (X)

   II. Xylem is removed and Phloem is intact in plant (X)

   III. Phloem is intact and Xylem is removed in plant (Y)

   IV. Xylem is removed and Phloem is intact in plant (X)

(a) I and II   (b) Only III

(c) I and III   (d) All of these

(B) Chloroplast and Photosynthesis: Xylem and ___________.

(a) Food transportation

(b) Gaseous exchange

(c) Water and minerals transportation

(d) Transpiration

(C) Root pressure is maximum when:

   (a) Transpiration is high

   (b) Absorption is low

   (c) Transpiration is very low and absorption is very high

   (d) Both transpiration and absorption are very high or low

(D) Mineral salts are absorbed by roots from the soil in the form of:

   (a) Very dilute solution

   (b) Concentrated solution

   (c) Hypertonic solution

   (d) Very concentrated solution

(E) The plants die due to wilting because :

   (a) available light is reduced to half

   (b) xylem is blocked

   (c) a few roots are broken

   (d) phloem is blocked

Ans. (A) (c) I and III

Explanation: Plant (X) gets water and minerals to synthesize its food, so remains healthy. In plant (X) due to lack of xylem plant does not get water and minerals, thus leaves are seen drooping and will dry.

(B) (c) Water and minerals transportation

Explanation: Roles of xylem are transporting water and solutes originating from the plant–soil interface to the stems and leaves, and providing mechanical support and storage.

(C) (c) Transpiration is very low and absorption is very high

Explanation: Root pressure develops in the xylem sap of the root of some plants. It is maximum in rainy season when transpiration is low and absorption of water by the root is high.

(D) (d) Very dilute solution

Explanation: Minerals are absorbed by plant roots from the soil solution. In the soil, minerals existing as positively charged ions are adsorbed on clay particles because clay particles are negatively charged. Some amounts of minerals are also present dissolved in soil water as a very dilute solution. Hence, most of the minerals are actively absorbed by plant roots in addition to the direct exchange mechanism.

(E) (b) xylem is blocked

Explanation: When availability of water is low under the soil, the water chains in the xylem become thinner and thinner. Effectively, the plant is losing water faster than absorbing it. When this happens, the plant loses its turgidity and begins to wilt.

151. State the function of turgidity:

   (a) It allows transpiration to occur.

   (b) It helps in maintaining the plant rigid and upright.

   (c) It allows photosynthesis to occur.

   (d) Both (b) and (c)

Ans. (d) Both (b) and (c)

Explanation: Turgidity is very important for plants. It helps in maintaining the plant rigid and upright. It also results in replace of a cell. It saves the plant from wilting and also allows photosynthesis to occur.

152. State the function of xylem tissue:

   (a) Transport sugars, proteins, and other organic molecules in plants.

   (b) Transport of water and dissolved ions from the roots upward through the plant.

   (c) Fibres provide support.

   (d) Both (b) and (c)

Ans. (d) Both (b) and (c)

Explanation: Xylem are plant vascular tissue that conveys water and dissolved minerals from the roots to the rest of the plant and also provides physical support.

153. State the function of cell division:

   (a) Gamete formation

   (b) Growth

   (c) Reproduction

   (d) Reproduction, growth and gamete formation

Ans. (d) Reproduction, growth and gamete formation

Explanation: Cell division has three main functions:

   (i) Reproduction of an entire unicellular organism.

   (ii) Growth and repair of tissues in multicellular animals.

   (iii) Formation of gametes (eggs and sperm) for sexual reproduction in multicellular animals.

154. State the function of monohybrid cross:

   (a) Used to determine successive relationship between two alleles

   (b) Used to determine dominance relationship between two alleles

   (c) Used to determine both dominance and successive relationship between two alleles

   (d) None of these

Ans. (b) Used to determine dominance relationship between two alleles

Explanation: Generally, the monohybrid cross is used to determine the dominance relationship between two alleles. The cross begins with the parental generation. One parent is homozygous for one allele, and the other parent is homozygous for the other allele.

155. State the function of histones:

    (a) Proteins that help in coiling and packaging of RNA into nucleosomes.
    (b) Encode particular proteins which express in the form of a trait.
    (c) Proteins that help in coiling and packaging of DNA into nucleosomes.
    (d) Help in sex determination.

Ans. (c) Proteins that help in coiling and packaging of DNA into nucleosomes.

Explanation: Histones are proteins that bind and package DNA. The strand of DNA is wound around histone proteins, condensing it to fit in the nucleus and acting to moderate gene expression. Chromatin is the term given to the complex of DNA associated with histones. A nucleosome is the smallest repeating unit of chromatin, formed from eight histone proteins and two loops of coiled DNA.

156. Bacteria cannot survive in a highly salted pickle because:

    (a) Salt inhibits reproduction.
    (b) No favourable environment that leads to death of bacteria.
    (c) Bacteria do not get enough light for photosynthesis.
    (d) Bacteria plasmolysed and consequently kills.

Ans. (d) Bacteria plasmolysed and consequently kills.

Explanation: The higher concentration of salt in pickles promote the exosmosis of bacterial cells. These get plasmolysed and die.

157. State the function of lenticels:

    (a) Permit the entrance of oxygen from the plants
    (b) Permit the exit of carbon dioxide and water vapour in the plants
    (c) Promote gas exchange of oxygen, carbon dioxide and water vapour
    (d) All of these

Ans. (d) All of these

Explanation: Lenticels function as a pore, providing a pathway for the direct exchange of gases between the internal tissues and atmosphere through the bark, which is otherwise impermeable to gases.

158. State the function of stomata:

    (a) Transpiration and translocation
    (b) Exchange of gases and excretion
    (c) Transpiration and exchange of gases
    (d) Photosynthesis and translocation

Ans. (c) Transpiration and exchange of gases

Explanation: Stomata helps in regulating water movement through transpiration. Stomata facilitates in gaseous exchange.

159. State the function of gene:

    (a) It is the genetic material that passes from parent to offspring.
    (b) It is used as evidence in courts.
    (c) It helps in the synthesis of proteins.
    (d) It helps in cell division.

Ans. (a) It is the genetic material that passes from parent to offspring.

Explanation: A gene is the basic physical and functional unit of heredity. It helps to transfer genetic information from parents to offspring.

160. Study the diagram of a open stomata marked with labels. Answer the following questions based on the given figure:

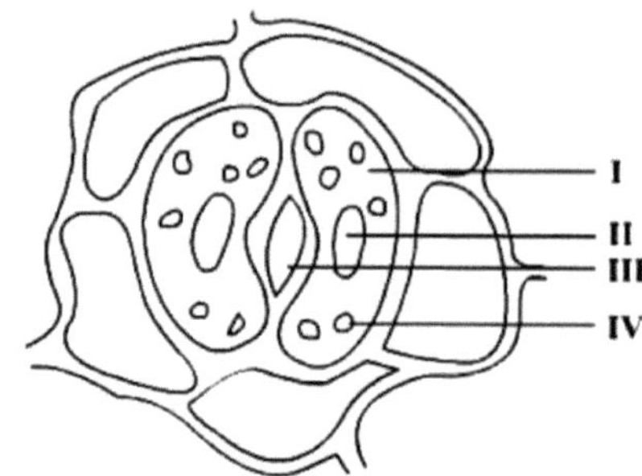

(A) Choose the appropriate labeling from the following options:
    (a) I- Stomata, II- Chloroplast, III- Nucleus, IV- Guard cells
    (b) I – Guard Cells, II- Chloroplast, III- Stomata, IV- Nucleus
    (c) I – Guard Cells, II-Nucleus, III- Stomata, IV-Chloroplast
    (d) I – Stomata, II-Nucleus, III- Guard Cells, IV-Chloroplast

(B) Stomata open and close due to:
    (a) Turgor pressure of guard cells
    (b) Root pressure
    (c) Osmotic pressure
    (d) Imbibitional pressure

(C) During the day, the plants keep their:
    (a) Stomata open

(b) Stomata closed

(c) Phloem blocked

(d) Xylem blocked

(D) The inner side of guard cells is:

(a) Rough   (b) Straight

(c) Concave   (d) Convex

(E) The opening and closing of the stomatal pores depends upon:

(a) oxygen

(b) water in guard cells

(c) temperature

(d) concentration of CO_2 in stomata

Ans. (A) (c) I – Guard Cells, II-Nucleus, III- Stomata, IV-Chloroplast

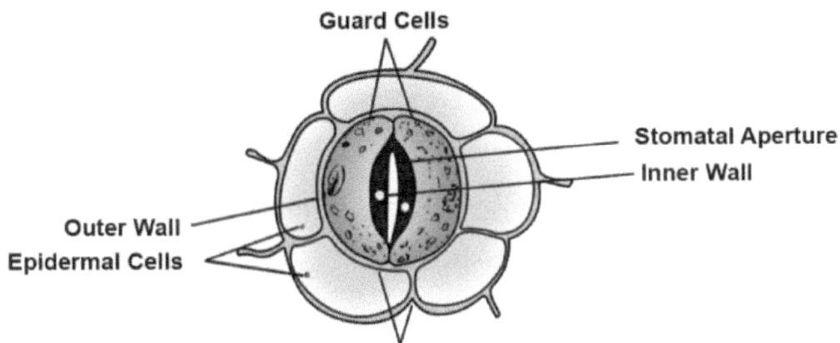

(B) (a) Turgor pressure of guard cells

Explanation: The pressure that develops in a cell due to osmotic diffusion of water inside it, is called turgor pressure. Stomata open and close due to turgor pressure of guard cells. When turgid, they swell and bend outward. As a result, the stomatal aperture opens. When they are flaccid, the tension from the wall is released and the stomatal aperture closes.

(C) (a) Stomata open

Explanation: Stomata are open during the day because photosynthesis typically occurs in daytime.

(D) (c) Concave

Explanation: Guard cells are thicker concave from inside and thinner convex from outside like a kidney shape.

(E) (b) Water in guard cells

Explanation: The opening and closing of stomata depend on the turgor pressure, caused by the osmotic flow of water in the guard cells. When the guard cells are turgid, they expand resulting in the opening of stomata. When the guard cells lose water, they become flaccid leading to stomatal closure.

161. A genotype can be described as :

(a) The genetic makeup of an organism.

(b) Part of a chromosome that codes for a certain hereditary trait.

(c) The outward, visible expression of the hereditary makeup of an organism.

(d) The shifting of gene positions in chromosomes.

Ans. (a) The genetic makeup of an organism.

Explanation: The term "genotype" refers to the genetic makeup of an organism as it describes the alleles, or variant forms of a gene, that are carried by an organism.

162. State the function of stroma:

(a) Site of dark reaction of photosynthesis

(b) Site of light independent phase of photosynthesis

(c) Site of light reaction of photosynthesis

(d) Both (a) and (b)

Ans. (d) Both (a) and (b)

Explanation: The light-independent reactions of photosynthesis take place within the stroma. It contains enzymes that work with ATP and NADPH to "fix" carbon from carbon dioxide into molecules that can be used to build glucose. The light reactions of photosynthesis take place in the thylakoid membrane, whereas the dark reactions are located in the chloroplast stroma.

163. State the function of cuticle:

(a) Absorb sunlight for the photosynthesis

(b) Wax-like layer on the epidermis of leaves to reduce transpiration

(c) Provide an increase in the surface area

(d) Contain enzymes required for photosynthesis as well as DNA, RNA

Ans. (b) Wax-like layer on the epidermis of leaves to reduce transpiration

Explanation: Plant cuticle covers leaves, fruits, flowers and non-woody parts of higher plants, protect against excessive transpiration, extreme temperatures, UV radiation, chemical attack, mechanical injuries, and pathogen/pest infection.

164. State the function of guard cells:

(a) Absorption of light energy and conversion of it into biological energy

(b) Regulate the opening and closing of stomata

(c) Prevents evaporation of water from the epidermal surface

(d) Provide the platform for the light reaction

Ans. (b) Regulates the opening and closing of stomata

Explanation: Guard cells regulate the opening and closing of stomata in leaf to facilitate transpiration and exchange of gases.

165. During which phase do chromosomes first become visible?

(a) Anaphase (b) Metaphase

(c) Prophase (d) Telophase

Ans. (c) Prophase

Explanation: Prophase is the first phase of mitosis that separates the duplicated genetic material carried in the nucleus of a parent cell into two identical daughter cells. During prophase, the complex of DNA and proteins contained in the nucleus, known as chromatin, condenses.

166. State the function of manometer:

(a) Equipment to measure atmospheric pressure

(b) Equipment to measure rate of transpiration

(c) Equipment to measure root pressure

(d) Equipment to measure turgor pressure

Ans. (c) Equipment to measure root pressure

Explanation: The hydrostatic pressure which is developed due to accumulation of water absorbed by roots is called root pressure which can be measured by manometer.

167. State the function of nucleotides:

(a) Energy carriers

(b) Components of enzyme cofactors

(c) Chemical messengers

(d) All of these

Ans. (d) All of these

Explanation: Nucleotides serve as precursors of nucleic acids i.e., monomeric units of DNA and RNA that play key roles in the storage and transfer of genetic information, cell division, protein synthesis, cellular signaling, as a source of phosphate groups used to modulate the activity of proteins and other signaling molecules, and as enzymatic cofactors.

168. State the function of guard cells:

(a) Regulate the movement of water, ions and hormones into and out of the vascular system

(b) Allowing gas exchange and controlling water loss within the leaf

(c) Transport of water and minerals vertically

(d) Responsible for the transportation of materials into the central cylinder of the root

Ans. (b) Allowing gas exchange and controlling water loss within the leaf

Explanation: Guard cells are cells surrounding each stoma. They help in exchange of gases and to regulate the rate of transpiration by opening and closing the stomata.

169. State the function of pericycle:

(a) Part of the plant that protect the pith

(b) To absorb water and mineral with the help at unit hairs

(c) Formation of lateral roots by rapidly dividing near the xylem elements of the root

(d) Outermost layer of protective cells in a root

Ans. (c) Formation of lateral roots by rapidly dividing near the xylem elements of the root

Explanation: The main function of the pericycle cells of vascular plants is to provide support, structure and protection for the plant. The pericycle cells surround the xylem and phloem in the stem and help to hold the plant upright, allowing it to grow.

170. Study the diagram related to Mitosis cell division and answer the following questions:

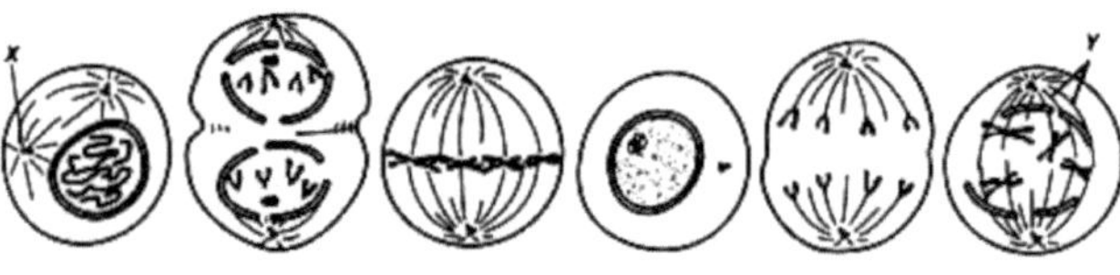

(A) Which of the following is in Metaphase?

(a) Cell P (b) Cell Q

(c) Cell R (d) Cell T

(B) In cell P, what is the structure labeled X?

(a) Centrosome (b) Centriole

(c) Chromatid (d) Aster

(C) A new membrane is forming in Q. What is this phase called?

(a) Metaphase (b) Prophase

(c) Telophase (d) Anaphase

(D) Which of the cells show early prophase and late prophase of mitosis?

(a) Cell P and Cell S

(b) Cell P and Cell U

(c) Cell S and Cell T

(d) Cell S and Cell U

(E) Sequence the six diagrams in order from first to last stages of cell division.

(a) $P \to U \to R \to T \to Q \to S$

(b) $S \to P \to U \to R \to Q \to T$

(c) $Q \to S \to R \to T \to P \to U$

(d) $S \to P \to U \to R \to T \to Q$

Ans. (A) (c) Cell R

Explanation: Long protein filaments called kinetochore microtubules extended from poles on either end of the cell and attached to the kinetochores in Metaphase.

(B) (b) Centriole

Explanation: In the first phase—prophase—a centriole, located outside the nucleus, divides.

(C) (c) Telophase

Explanation: During telophase, a nuclear membrane forms around each set of chromosomes to separate the nuclear DNA from the cytoplasm.

(D) (b) Cell P and Cell U

Explanation: Early prophase: The nuclear membrane becomes more and more indistinct and the chromatin fibers become more and more packaged and condensed.

Late prophase: The nuclear membrane and the nucleolus finally vanishes completely

(E) (d) $S \rightarrow P \rightarrow U \rightarrow R \rightarrow T \rightarrow Q$

Explanation:

P-Early Prophase

Q- Telophase

R- Metaphase

S- A cell before mitosis

T-Anaphase

U- Late Prophase

171. State the function of spongy parenchyma:

(a) To absorb more light and increase the rate of photosynthesis

(b) To allow more light to reach the palisade cells

(c) To transport water and minerals from the roots up the plant stem and into the leaves

(d) Air spaces allow gases to diffuse through the leaf

Ans. (d) Air spaces allow gases to diffuse through the leaf

Explanation: The lower half of the thickness of a leaf, consisting of loosely arranged cells with large air spaces between them is spongy parenchyma. This tissue functions essentially for the exchange of gases: supply of carbon dioxide and the removal of oxygen.

172. Which of the following stages of cell division are correctly related to their significances?

(a) Anaphase $\rightarrow$ Chromosomes move to the middle of the cell.

(b) Prophase $\rightarrow$ Sister chromatids separate and pulled to the poles of cell.

(c) Metaphase $\rightarrow$ Nuclear envelope dissolves and DNA condenses.

(d) Telophase $\rightarrow$ Nuclei reforms and cleavage furrow or cell plate forms.

Ans. (d) Telophase $\rightarrow$ Nuclei reforms and cleavage furrow or cell plate forms.

Explanation: The stages of Karyokinesis in the cell division are:

Prophase $\rightarrow$ Nuclear envelope dissolves and DNA condenses.

Metaphase $\rightarrow$ Chromosomes move to the middle of the cell.

Anaphase $\rightarrow$ Sister chromatids separate and pulled to the poles of cell.

Telophase $\rightarrow$ Nuclei reforms and cleavage furrow or cell plates form.

173. State the function of autosomes:

(a) Determine general body features

(b) Determine sex of an organism

(c) Organization of microtubules in the cell

(d) Store all of the genetic information of an organism

Ans. (a) Determine general body features

Explanation: Autosomes are type of chromosomes which determine the general body features like height, complexion, ear lobes, tongue rolling, etc.

174. State the function of NADPH:

(a) H_2 donor during photosynthesis

(b) Accepting electrons and hydrogen atoms to form NADP

(c) Addition of a phosphate group to ADP

(d) Splits off phosphates, becoming ADP + phosphate

Ans. (a) H_2 donor during photosynthesis

Explanation: Nicotinamide Adenine Dinucleotide Phosphate (NADPH) is an essential electron donor in all organisms, and provides the reducing power for anabolic reactions and redox balance.

175. Study the given Pedigree chart and answer the questions that follow.

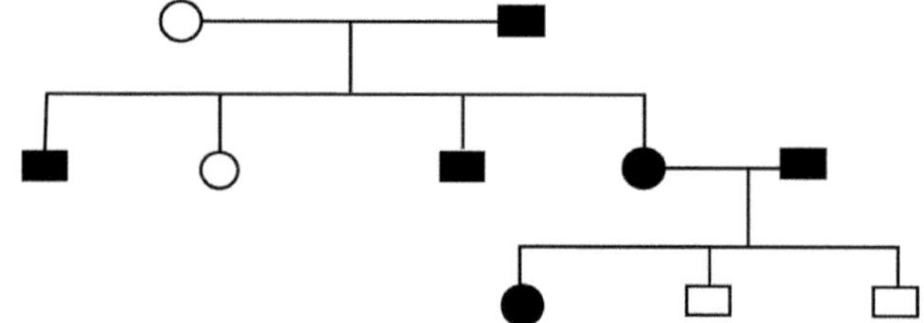

(A) Which of the following is the genotype from generation 1 parents for Mendel's cross?

(a) AA, aa   (b) Aa, aa

(c) AA, Aa   (d) Aa, Aa

(B) What would be the phenotype of the generation 1 when two homozygous alleles (dominant and recessive) are crossed?

(a) 100% Aa

(b) 75% Aa, 25% aa

(c) 50%, AA, 50% aa

(d) 0% Aa, 50% aa

(C) The genotype of Generation 1 third child _________ and 1 grand child _________.

(a) AA, aa   (b) Aa, Aa

(c) Aa, AA   (d) aa, Aa

(D) Which one of the following statements is true?

(a) Dominant trait is expressed in homozygous condition only.

(b) Recessive trait cannot be expressed in heterozygous condition.

(c) Recessive trait can only be expressed in homozygous condition.

(d) Recessive trait can always be expressed in heterozygous condition.

(E) Match the following based on the laws of Mendel's Inheritance:

Law of inheritance	Offsprings
I. Dominance	a. 100 % Tt (tall)
II. Segregation	b. 75% tall 25% short
III. Independent Assortment	c. $9:3:3:1$ ratio

(a) I- a, II- b, III- c

(b) I-a, II- c, III-b

(c) I-b, II-a III-c

(d) I-c, II- b, III-a

Ans. (A) (b) Aa, aa

Explanation: The trait is dominant allele so all the generations are affected. If A is dominant allele and a is recessive allele then genotype for Generation 1: aa, Aa

(B) (a) 100% Aa

Explanation: A cross between AA and aa will produce F$_1$ progeny

	gametes	a	a
AA	A	Aa	Aa
	A	Aa	Aa

(with aa across the top)

All progeny phenotypically A
and
Genotypically Aa

(C) (b) Aa, Aa

Explanation: Genotype of the Mendel's cross done:

Generation 1: aa, Aa

Generation 2: aa, aa, Aa, Aa

Generation 3: Aa, aa, aa

(D) (b) Recessive trait cannot be expressed in heterozygous conditions.

Explanation: When the two alleles of a gene are identical, the individual is homozygous for that trait and on the other hand, if there are two different alleles, the individual is heterozygous.

In heterozygous individuals, only dominant allele is able to express itself, while the recessive allele is hidden but still present. According to Mendelian Inheritance, an allele which cannot express itself in presence of other is recessive, hence can be expressed only in homozygous condition.

(E) (a) I-a, II-b, III-c

Explanation: Mendel's laws of Inheritance:

1. **Law of Dominance:** Out of a pair of contrasting traits present together, only one is able to express itself while other is suppressed.

2. **Law of Segregation:** During the formation of gamete, every gene separates from each other so, each gamete carries only one allele for each gene.

3. **Law of independent assortment:** The allele a gamete receives for one gene does not influence the allele received for another gene.

176. State the function of chromosomes:

(a) Cell division

(b) DNA replication

(c) Sex determination

(d) All of these

Ans. (d) All of these

Explanation: DNA present on the chromosome not only carries the genetic information but also controls the transfer of hereditary information.

Chromosomes are essential for the process of cell division, replication, division, and creation of daughter cells.

177. State the function of thylakoids:

(a) Opening and closing the pores in the leaves

(b) Site for light-dependent reactions of photosynthesis

(c) Transport of water and minerals vertically

(d) Site for light-dependent reactions of photosynthesis

Ans. (b) Site for light-dependent reactions of photosynthesis

Explanation: The principal functions of thylakoids are the trapping of light energy and the transduction of this energy into the chemical energy forms, ATP and NADPH. During photolysis, water is oxidized and oxygen is released.

178. The diagram below represents a stage during cell division. Study the same and then answer the questions that follow:

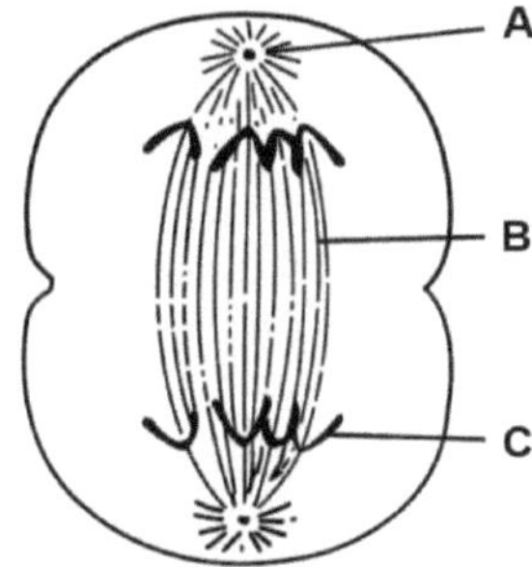

(A) Name the parts labelled A, B and C.

(a) A = Aster, B = Spindle fibre, C = Chromatid

(b) A = Spindle fibre, B = Aster, C = Chromatid

(c) A = Chromatid, B = Spindle fibre, C = Aster

(d) A = Chromatid, B = Aster, C = Spindle fibre

(B) Identify the stage shown in the figure.

(a) Anaphase

(b) Telophase

(c) Late Anaphase

(d) Metaphase

(C) Mention where in the body this type of division occur.

(a) Reproductive cells

(b) Somatic cells

(c) Both reproductive and somatic cells

(d) Only skin cells

(D) Name the stage prior to this stage.

(a) Prophase   (b) Telophase

(c) Cytokinesis   (d) Metaphase

(E) What is the diploid number of chromosomes shown in the figure?

(a) 6   (b) 8

(c) 12   (d) 16

Ans. (A) (a) A = Aster, B = Spindle fibre, C = Chromatid

(B) (c) Late Anaphase

Explanation: Because in this stage, the two sister chromatids apart towards opposite poles filled by shortening of spindle fibres.

(C) (b) Somatic cells

Explanation: Mitosis occurs only in somatic cells that means it takes place in all types of cells that are not involved in the production.

(D) (d) Metaphase

Explanation: Metaphase comes before Anaphase in which the chromosomes attached to spindle fibres by centromere are aligned at the equator inthe metaphase.

(E) (b) 8

Explanation: Eight chromosomes are seen placed at opposite poles, which are separated by spindle fibres. Thus, diploid number of chromosomes is 8.

179. Leaf modification in cacti to check transpiration:

(a) Thorns   (b) Phylloclade

(c) Prickles   (d) Spines

Ans. (d) Spines

Explanation: The spines present on cacti represent the reduced leaves. The leaf parts become modified into spines in order to protect the plants from grazing animals and excessive transpiration.

180. When red blood cells are placed in _________, the water travels into the cells via osmosis, causing the cells to ___________.

(a) hypertonic solution, swell

(b) hypotonic solution , swell

(c) isotonic solution, shrink

(d) hypotonic solution, shrink

Ans. (b) hypotonic solution, swell

Explanation: If red blood cells are placed in a solution with a lower solute concentration than is found in the cells, water moves into the cells by osmosis, causing the cells to swell; such a solution is hypotonic to the cells.

181. A plant in which stomata are sunken:

    (a) Xerophytes   (b) Conifers
    (c) Thallophytes   (d) Streptophyta

Ans. (a) Xerophytes

   Explanation: Sunken stomata condition are found in leaves of succulent xerophytes (hot desert plants) facing high temperature condition and gymnosperms. Some plants with sunken stomata are *Nerium*, Pine, *Acacia*, etc.

182. Which of the following is the logical sequence for the root showing the cell to cell conduction of water?

    (a) Root hairs → Endodermis → Soil water → Xylem → Cortex

    (b) Xylem → Cortex → Endodermis → Root hairs → Soil water

    (c) Soil water → Root hairs → Cortex → Endodermis → Xylem

    (d) Cortex → Endodermis → Xylem → Root hairs → Soil water

Ans. (c) Soil water → Root hairs → Cortex → Endodermis → Xylem

   Explanation: The diagram below shows the cross section of a root. The path of water from cell to cell is represented by arrow, showing conduction of water from root hairs to xylem.

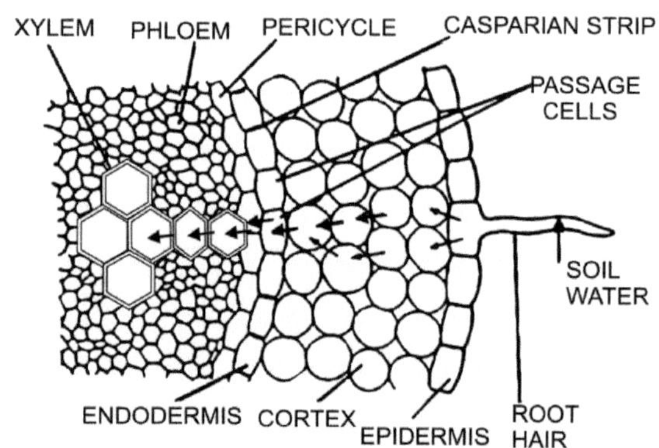

183. The recessive gene is one that expresses itself in:

    (a) Heterozygous condition

    (b) Homozygous condition

    (c) F_2 generation

    (d) Y-linked inheritance

Ans. (b) Homozygous condition

   Explanation: Homozygous is a genetic condition where an individual inherits the same alleles for a particular gene from both parents. Thus, recessive gene can be expressed in homozygous condition only.

184. Explain the term turgor pressure:

    (a) Transverse osmotic pressure within the cells of a root system

    (b) The pressure exerted on the contents of a plant cell by the cell wall

    (c) Pressure exerted by fluid in a cell that presses the cell membrane against the cell wall

    (d) Pressure exerted by molecules with the tendency to diffuse from the region of their higher concentration to the region of their lower concentration

Ans. (c) Pressure exerted by fluid in a cell that presses the cell membrane against the cell wall

   Explanation: Turgor pressure in plants affects growth, development, mechanical support, signaling, flowering and stress response in the plant. Turgor pressure is an ideal means in plant cells through which the energy content of water molecules (water potential) can be adjusted quickly, within seconds.

185. State the exact location of sunken stomata:

    (a) Below the leaves and the epidermis in the plants

    (b) Above the leaves

    (c) Between the upper and lower epidermis in the plant

    (d) Found on old bark stems of plants

Ans. (a) Below the leaves and the epidermis in the plants

   Explanation: The term sunken means hidden so sunken stomata are found below the leaves and epidermis in the plants. These stomata are present in a small pit.

186. State the exact location of bleeding:

    (a) Ruptured surfaces of plants

    (b) Any surface of plants

    (c) Leaves of plants

    (d) None of these

Ans. (a) Ruptured surfaces of plants

   Explanation: The exudation of water and cell sap through the cuts or wound of plants is known as bleeding. It also happens due to positive root pressure. In certain plants the pressure is developed either in the phloem elements or in the cells surrounding the cut or wounds.

187. State the exact location of nucleus:

    (a) Centre of the cytoplasm

    (b) Between the cell membrane and cytoplasm

    (c) Equator of the cell

    (d) Between nucleolus and cell membrane

Ans. (a) Centre of the cytoplasm

Explanation: Nucleus is a large spherical body found at the centre of the cytoplasm. It regulates all the cell function.

188. State the function of synapsis:

(a) Pairing of acentric chromosomes during mitosis

(b) Pairing of non-homologous chromosomes during meiosis

(c) Pairing of any chromosomes during mitosis

(d) Pairing of homologous chromosomes during meiosis

Ans. (d) Pairing of homologous chromosomes during meiosis

Explanation: Homologous chromosomes are a set of one maternal and one paternal chromosome that pair up with each other inside a cell during meiosis.

189. State the function of spindle fibres:

(a) Act as packaging elements for the DNA

(b) Carry the basic genetic material

(c) Equally divide the chromosomes in a parental cell into two daughter cells

(d) Hold the two centrioles at the two opposite poles and help the spindle apparatus to position during nuclear division

Ans. (c) Equally divide the chromosomes in a parental cell into two daughter cells

Explanation: Spindle fibers form a protein structure that divides the genetic material in a cell. The spindle is necessary to equally divide the chromosomes in a parental cell into two daughter cells during both types of nuclear division: mitosis and meiosis.

190. State the function of root hairs:

(a) Ability to transport nutrients into the core of the root

(b) Adapted to absorb light efficiently

(c) Absorbing water and minerals, anchoring and supporting the plant, and storing food

(d) Regulate gas exchange between the plant and environment and control of water loss

Ans. (c) Absorbing water and minerals, anchoring and supporting the plant, and storing food

Explanation: The functions of root are as follows:

(i) Anchoring of the plant to the soil.

(ii) Absorption of water and nutrients from the soil.

(iii) Conduction of absorbed water and nutrients to stem.

(iv) Storage of food.

(v) Vegetative reproduction and competition with other plants.

191. Study the parallel strands of a part of DNA and answer the following questions:

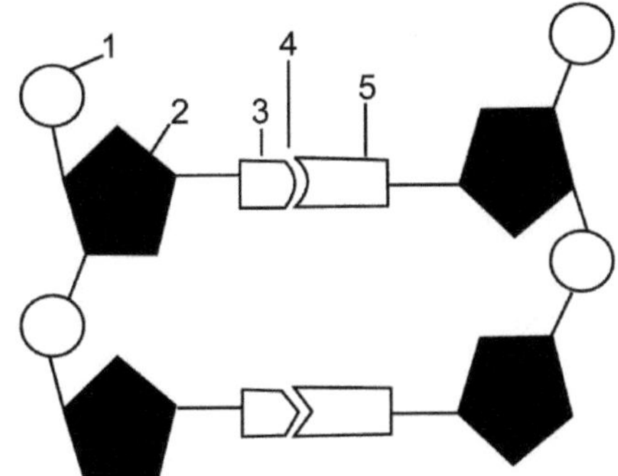

(A) What does the basic structure of nucleotide consist of?

(a) Sulphate, phosphate group, nitrogenous base

(b) Phosphate group hydrogen bond, pentose sugar

(c) Phosphate group, nitrogenous base, pentose sugar

(d) All three are nitrogenous bases

(B) Choose the appropriate labelling for the given figure.

(a) 1-Pentose sugar, 2-Phosphate group, 3-Nitrogen base, 4-Hydrogen bond, 5-Nitrogen base

(b) 1-Phosphate group, 2-Pentose sugar, 3-Hydrogen bond, 4- Nitrogen base, 5-Nitrogen base

(c) 1-Phosphate group, 2-Pentose sugar, 3-Nitrogen base, 4-Hydrogen bond, 5-Nitrogen base

(d) 1-Phosphate group, 2-Nitrogen base, 3-Pentose sugar, 4-Hydrogen bond, 5-Nitrogen base

(C) What is the name of the globular protein around which DNA is wrapped in a chromosome?

(a) Nucleolus   (b) Chromatin

(c) Histone   (d) Nucleosome

(D) Nitrogenous bases that attached with two hydrogen bonds are:

   (a) Adenine and Thymine

   (b) Cytosine and Guanine

   (c) Guanine and Thymine

   (d) Adenine and Guanine

(E) Guanine and Cytosine are attached with __________ hydrogen bonds.

   (a) two   (b) three

   (c) four   (d) one

Ans. (A) (c) Phosphate, nitrogenous base, pentose

Explanation: A nucleotide consists of a sugar molecule (either ribose in RNA or deoxyribose in DNA) attached to a phosphate group and a nitrogen-containing base. The bases used in DNA are adenine (A), cytosine (C), guanine (G), and thymine (T).

(B) (c) 1-Phosphate,   2-Sugar,   3-Base, 4-Hydrogen bond, 5- Base

Explanation: A nucleotide is made up of three components, phosphate, sugar arranged with nitrogenous base. These nucleotides are extended to join other strands by hydrogen bonds forming rungs.

(C) (c) Histone

Explanation: Histones are a family of basic proteins that associate with DNA in the nucleus and help condense it into chromatin.

(D) (a) Adenine and Thymine

Explanation: Base pairing between adenine and thymine can be found in DNA only. There are two hydrogen bonds holding the two nitrogenous bases together.

(E) (a) Three

Explanation: The hydrogen bonds act like rungs in a ladder and help hold the two strands of DNA together. There are four nucleotides, or bases, in DNA: adenine (A), cytosine (C), guanine (G), and thymine (T). These bases form specific pairs A=T (Adenine and Thymine: 2 hydrogen bonds) G ≡ C (Guanine and Cytosine: 3 hydrogen bonds)

192. The cross between two parents having one pair of contrasting characters is known as:

   (a) Test cross   (b) Monohybrid cross

   (c) Back cross   (d) None of these

Ans. (b) Monohybrid cross

Explanation: A cross between two types of plants of same species considering only the transmission of one character is called monohybrid cross. For example, a cross between tall pea plant and dwarf pea plant that is considering only the height of the parents is a monohybrid cross.

193. Mitosis produces __________ daughter cells and meiosis produces __________ daughter cells.

   (a) 2, 2   (b) 2, 4

   (c) 4, 2   (d) 4, 4

Ans. (b) 2, 4

Explanation: Mitosis involves one cell division resulting two diploid daughter cells having same number of chromosomes as parent cells.

Meiosis involves two successive cell division resulting in haploid daughter cells with half number of chromosomes of parent cells.

194. Given below is a diagram representing a stage during mitotic cell division. Answer the questions that follow:

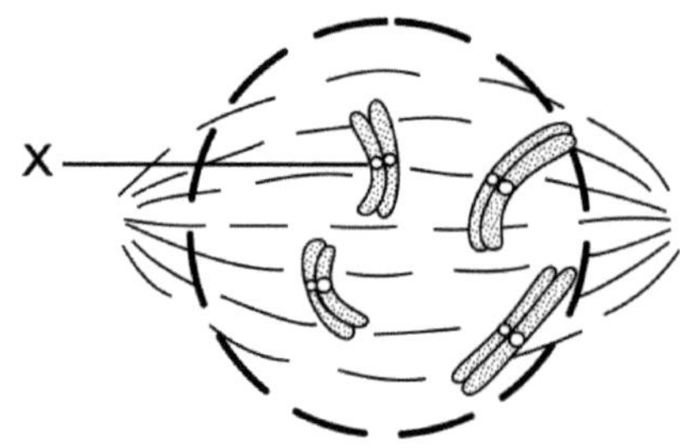

(A) Identify the stage.

   (a) Telophase   (b) Prophase

   (c) Metaphase   (d) Anaphase

(B) Label part marked 'X'

   (a) Centriole   (b) Centrosome

   (c) Centromere   (d) Chromatid

(C) Name the stage that follows the one shown here.

   (a) Interphase   (b) Anaphase

   (c) Telophase   (d) Metaphase

(D) What is the diploid number of chromosomes shown in the diagram?

   (a) 6   (b) 2

   (c) 4   (d) 8

(E) Mention one important feature of this stage.

   (a) Nucleolus reappears

   (b) Nuclear membrane reappears

   (c) Nuclear membrane disappears

   (d) Chromosomes align on the equator

Ans. (A) (b) Prophase

Explanation: Spindle fibres appear between daughter centrioles and nuclear membrane disappears. Chromosomes become distinct.

(B) (c) Centromere

Explanation: A centromere is a constricted region of a chromosome that separates it into a short arm and a long arm.

(C) (d) Metaphase

Explanation: Metaphase follows prophase. During metaphase, the chromosomes align in the center of the cell at the equatorial plate and the spindle fibers attach to the centromeres of the chromosomes

(D) (c) 4

Explanation: The total number of chromosomes in diploid cells is described as 2n, which is twice the number of chromosomes in a haploid cell (n).

(E) (c) Nuclear membrane disappears

Explanation: Both nuclear membrane and nucleolus disappears in late prophase stage of mitosis.

❑❑

Biology
Self Assessment Paper

SECTION - I

Question 1

Name the following by choosing the correct option:

(a) Equipment used to determine the rate of transpiration in plants:

    1.   Potometer   2.   Photometer

    3.   Auxanometer   4. None of these

(b) The material used to dissolve the chlorophyll pigments while testing a leaf for starch:

    1.   Cobalt chloride paper   2.   Litmus paper

    3.   Boiled water   4.   Methylated spirit

(c) The cross between two parents having one pair of contrasting characters.

    1.   Dihybrid cross   2.   Monohybrid cross

    3.   Back cross   4.   Test cross

(d) Phenomenon by which living or dead plant cells absorb water by surface attraction:

    1.   Transpiration   2.   Osmosis

    3.   Adhesion   4.   Imbibition

(e) A cell organelle directly involved in genetics:

    1.   Cytoplasm   2.   Nucleus

    3.   Chloroplast   4.   Chromosome

Question 2

Complete the following statements by choosing the appropriate option for each blank:

(a) NADP is expanded as_______________________.

    1.   Nicotinamide Adenosine Dinucleotide Phosphate

    2.   Nicotinamide Adenine Dinucleotide Phosphate

    3.   Nicotinamide Adenine Dinucleolus Phosphate

    4.   Nicotinamide Adenosine Dinucleolus Phosphate

(b) Cobalt chloride paper will turn ______________ faster due to presence of more stomata at dorsal surface of leaves.

    1.   Blue   2.   Blue black

    3.   Colourless   4.   Pink

(c) Light reaction: Granum:: Dark reaction: ______________

    1.   Stroma   2.   Mesophyll cells

    3.   Thylakoids   4.   Grana

(d) The cell sap of root hair is___________________.

    1.   Isotonic   2.   Hypotonic

    3.   Hypertonic   4.   None of these

(e) ______________ bonds are present between the complementary nitrogenous bases of DNA.

    1.   Nitrogen   2.   Hydrogen

    3.   Coordinate   4.   Ionic

Question 3

Choose the correct answer from each of the four options given below:

(a) Some adaptations found in plants to reduce the rate of transpiration:
1. Sunken stomata
2. Modification of leaves into spines.
3. Presence of thick layer of cuticle on the leaf surface
4. All of these

(b) Bacteria cannot survive in a highly salted pickle because:
1. Salt inhibits reproduction
2. No favorable environment that lead to bacteria dead
3. Bacteria do not get enough light for photosynthesis
4. Bacteria plasmolysed and consequently kills

(c) Which of the following is not the phase of light reaction?
1. Water splitting
2. Oxygen release
3. Carbon dioxide release
4. Light absorption

(d) In which stage of the cell cycle will RNA polymerase enzyme be most active?
1. M phase
2. G_2 phase
3. S phase
4. Quiescent phase

(e) A genotype can be described as :
1. The genetic makeup of an organism.
2. Part of a chromosome that codes for a certain hereditary trait.
3. The outward, visible expression of the hereditary makeup of an organism.
4. The shifting of gene positions in chromosomes

SECTION - II

Question 4

Explain the following terms:

(a) DNA
1. Uncondensed form of nucleoprotein
2. Single stranded molecule having short chain of nucleotides
3. Double stranded molecule having long chain of nucleotides
4. Condensed form of nucleoprotein

(b) Turgor pressure
1. Pressure exerted by cell wall on cell sap
2. Minimum pressure exerted to prevent the passage of pure solvent into the solution
3. Pressure of water against the inside cell wall of a plant cell
4. Pressure to raise water up through the stem into leaves

(c) Law of Segregation
1. Out of a pair of contrasting characters present together, only one form of the trait will appear in the next generation
2. Two members of a pair of factors separate during gamete formation
3. Distribution of alleles of one character into the gametes is independent of the distribution of the allele of the other characters
4. In a pair of contrasting characters, prominently recessive trait will appear in next generation

(d) Bleeding
1. Escape of water loses through hydathodes of plant
2. Exudation of water from margins of leaves

  3. Oozing out of water drops from injured edges or tips
  4. Water loses through stomata, lenticels and cuticles

(e) Photolysis
  1. Conversion of glucose into starch
  2. Conversion of light energy into chemical energy
  3. Splitting of water molecule into hydrogen and oxygen ions in the presence of light
  4. Conversion of ADP into ATP in the presence of light

Question 5

State the exact location of the following:

(a) Thylakoids
  1. Individual flattened stacks of membranous structures inside the chloroplasts
  2. At the tip and margins of leaves
  3. Fluid in the chloroplast
  4. Green pigment in the chloroplast of the green leaves

(b) Centromere
  1. Within a chromosome consisting of DNA and uncondensed protein
  2. Point of attachment of two chromatid sisters
  3. Star-shaped structures form around each pair of centrioles
  4. DNA-protein complex in nucleus

(c) Phloem
  1. Outer side of the vascular bundle
  2. Centre of the vascular bundle, deep in the plant
  3. Between the vascular tissues and the epidermis
  4. Between the two primary cell walls of two plant cells

(d) Lenticels
  1. Present in the epidermis of the stems of woody plants
  2. Loose aggregation of cells in the bark of the stems and roots
  3. Margins of the leaves of herbaceous plants
  4. Both 1 and 2

(e) Thymine
  1. Phosphate in DNA paired with sugar
  2. Nitrogenous base in DNA paired with adenine
  3. Pentose in RNA
  4. Pentose in DNA

Question 6

State the function of the following:

(a) Chromatids
  1. Provide hereditary characteristics and genetic information
  2. Control the inheritance of all characteristics except the sex-linked ones
  3. Organize the microtubules and provide a structure to the cell
  4. Allow cells to store two copies of their information in cell division

(b) Stroma
  1. Sites of dark reaction of photosynthesis
  2. Site of light independent phase of photosynthesis
  3. Site of light reaction of photosynthesis
  4. Both 1 and 2

(c) Cuticle
1. Absorb sunlight for the photosynthesis
2. Wax-like layer on the epidermis of leaves to reduce transpiration
3. Provide an increase in the surface area
4. Contain enzymes required for photosynthesis as well as DNA, RNA

(d) Guard cells
1. Absorption of light energy and conversion of it into biological energy
2. Regulate the opening and closing of stomata
3. Prevents evaporation of water from the epidermal surface
4. Provide the platform for the light reaction

(e) Nucleotides
1. Storage and transfer of genetic information
2. Cell division and Protein synthesis
3. Cell signaling, metabolism and enzyme reactions
4. All of these

SECTION - III

Question 7

Study the diagram which is related to cell division and answer the following questions:

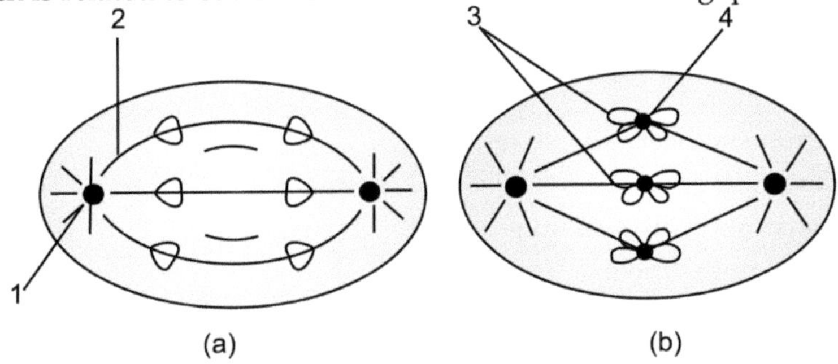

(a) Which of the following option is correctly labelled for the stages of mitosis?
1. 1- Centromere, 2-Spindle fibres, 3- Chromatids, 4-Centriole
2. 1- Centriole, 2-Spindle fibres, 3- Centromere, 4-Chromosomes
3. 1- Centriole, 2-Spindle fibres, 3- Chromatids, 4-Centromere
4. 1- Centriole, 2-Centromere, 3- Spindle fibres, 4-Chromosomes

(b) Which stage is being shown in figure (a) ?
1. Prophase
2. Anaphase
3. Telophase
4. Metaphase

(c) At what stage, chromosomes line up at the equator?
1. Anaphase
2. Prophase
3. Metaphase
4. Telophase

(d) Which of the following occurs only in meiosis, not in mitosis?
1. Separation of duplicated DNA
2. Pairing of homologous chromosomes
3. Cytokinesis
4. Disappearance of nuclear membrane

(e) How many chromosomes will each daughter cell have after the completion of the above division?
1. 2
2. 3
3. 6
4. 8

Question 8

When some parts of the stem, both the fresh shoots of a green herbaceous plant have been removed and lower end is dip in the water.

The diagram given below represents the result of the experiment.

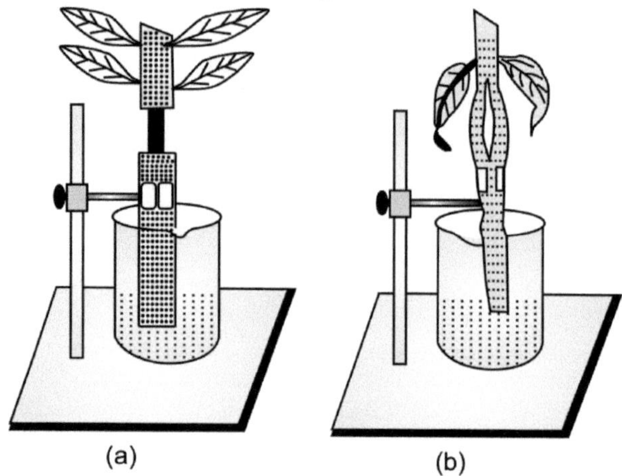

(a)   (b)

Figure

(a) Choose the correct explanation for the results

    I.   Phloem is removed and Xylem is intact in Plant A

    II.   Xylem is removed and Phloem is intact in Plant A

    III. Phloem is intact and Xylem is removed in Plant B

    IV. Xylem is removed and Phloem is intact in Plant A

    1.   I and II   2.   Only III

    3.   I and III   4.   All of these

(b) Chloroplast and Photosynthesis: Xylem and ________________

    1.   Food transportation   2.   Gaseous exchange

    3.   Water and minerals transportation   4.   Transpiration

(c) Root pressure is maximum when:

    1.   Transpiration is high

    2.   Absorption is low

    3.   Transpiration is very low and absorption is very high

    4.   Both transpiration and absorption are very high or low

(d) Mineral salts are absorbed by roots from the soil in the form of:

    1.   Very dilute solution   2.   Concentrated solution

    3.   Hypertonic solution   4.   Very concentrated solution

(e) The plants die due to wilting because :

    1.   Available light is reduced to half   2.   Xylem is blocked

    3.   A few roots are broken   4.   Phloem is blocked

Name of Exam : ___________________________

2021-22

OMR Response Sheet

Roll No.

1 ○ ○ ○ ○ ○ ○ ○
2 ○ ○ ○ ○ ○ ○ ○
3 ○ ○ ○ ○ ○ ○ ○
4 ○ ○ ○ ○ ○ ○ ○
5 ○ ○ ○ ○ ○ ○ ○
6 ○ ○ ○ ○ ○ ○ ○
7 ○ ○ ○ ○ ○ ○ ○
8 ○ ○ ○ ○ ○ ○ ○
9 ○ ○ ○ ○ ○ ○ ○
0 ○ ○ ○ ○ ○ ○ ○

Name ____

Class & Section ___________________________________

Subject ____

Subject Code : | | | |

Date of Exam : D D   M M   YYYY
□□ / □□ / □□ □□

Candidate's Sign.

Invigilator's Sign.

Instructions for filling the OMR sheet :

1. Use only black/blue ball point pen to fill the circle
2. Use of pencil is strictly prohibited
3. Circle should be designed completely and properly
4. Cutting and erasing on this sheet is not allowed

Q. No.	1	2	3	4
1. (a)	○	○	○	○
1. (b)	○	○	○	○
1. (c)	○	○	○	○
1. (d)	○	○	○	○
1. (e)	○	○	○	○
2. (a)	○	○	○	○
2. (b)	○	○	○	○
2. (c)	○	○	○	○
2. (d)	○	○	○	○
2. (e)	○	○	○	○
3. (a)	○	○	○	○
3. (b)	○	○	○	○
3. (c)	○	○	○	○
3. (d)	○	○	○	○
3. (e)	○	○	○	○
4. (a)	○	○	○	○
4. (b)	○	○	○	○
4. (c)	○	○	○	○
4. (d)	○	○	○	○
4. (e)	○	○	○	○

Q. No.	1	2	3	4
5. (a)	○	○	○	○
5. (b)	○	○	○	○
5. (c)	○	○	○	○
5. (d)	○	○	○	○
5. (e)	○	○	○	○
6. (a)	○	○	○	○
6. (b)	○	○	○	○
6. (c)	○	○	○	○
6. (d)	○	○	○	○
6. (e)	○	○	○	○
7. (a)	○	○	○	○
7. (b)	○	○	○	○
7. (c)	○	○	○	○
7. (d)	○	○	○	○
7. (e)	○	○	○	○
8. (a)	○	○	○	○
8. (b)	○	○	○	○
8. (c)	○	○	○	○
8. (d)	○	○	○	○
8. (e)	○	○	○	○

Self Assessment Chart

After solving the Self Assessement Paper, with the help of online solutions, mark yourself accordingly.

Section	Q. No.	Chapter	Topics	Marks per Question	Marks Obtained
	Ex.	Structure of Chromosomes, Cell Cycle and Cell Division	Cell division	1	1
Section-I	1(a)	Transpiration	Ganong's potometer	1	
	1(b)	Photosynthesis	Experiments on photosynthesis	1	
	1(c)	Genetics: Mendel's Laws of Inheritance	Monohybrid cross	1	
	1(d)	Absorption by Roots	Imbibition	1	
	1(e)	Structure of Chromosomes, Cell Cycle and Cell Division	Nucleus	1	
	2(a)	Photosynthesis	Phases of photosynthesis	1	
	2(b)	Photosynthesis	Experiments on photosynthesis	1	
	2(c)	Photosynthesis	Phases of photosynthesis	1	
	2(d)	Absorption by Roots	Root hair	1	
	2(e)	Structure of Chromosomes, Cell Cycle and Cell Division	Structure of DNA	1	
	3(a)	Transpiration	Adaptations in plants to reduce transpiration	1	
	3(b)	Absorption by Roots	Plasmolysis	1	
	3(c)	Photosynthesis	Light phase of photosynthesis	1	
	3(d)	Structure of Chromosomes, Cell Cycle and Cell Division	Cell Division	1	
	3(e)	Genetics: Mendel's Laws of Inheritance	Genotype and phenotype	1	
Section-II	4(a)	Structure of Chromosomes, Cell Cycle and Cell Division	Structure of DNA	1	
	4(b)	Absorption by Roots	Turgidity	1	
	4(c)	Genetics: Mendel's Laws of Inheritance	Laws of inheritance	1	
	4(d)	Transpiration	A brief idea of guttation and bleeding	1	
	4(e)	Photosynthesis	Photolysis	1	
	5(a)	Photosynthesis	Structure of chloroplasts	1	
	5(b)	Structure of Chromosomes, Cell Cycle and Cell Division	Structure of chromosomes	1	
	5(c)	Absorption by Roots	Conducting tissues	1	
	5(d)	Transpiration	Lenticular transpiration	1	
	5(e)	Structure of Chromosomes, Cell Cycle and Cell Division	Structure of DNA	1	
	6(a)	Structure of Chromosomes, Cell Cycle and Cell Division	Structure of chromosomes	1	
	6(b)	Photosynthesis	Structure of chloroplasts	1	
	6(c)	Transpiration	Cuticular transpiration	1	
	6(d)	Transpiration	Stomata	1	
	6(e)	Structure of Chromosomes, Cell Cycle and Cell Division	Structure of DNA	1	
Section-III	7(a)	Structure of Chromosomes, Cell Cycle and Cell Division	Cell division	1	
	7(b)	Structure of Chromosomes, Cell Cycle and Cell Division	Cell division	1	
	7(c)	Structure of Chromosomes, Cell Cycle and Cell Division	Cell division	1	
	7(d)	Structure of Chromosomes, Cell Cycle and Cell Division	Cell division	1	
	7(e)	Structure of Chromosomes, Cell Cycle and Cell Division	Cell division	1	
	8(a)	Absorption by Roots	Conducting tissues	1	
	8(b)	Absorption by Roots	Conducting tissues	1	
	8(c)	Absorption by Roots	Root pressure	1	
	8(d)	Absorption by Roots	Types of solution	1	
	8(e)	Absorption by Roots	Conducting tissues	1	
How did you perform ? (Marks Achieved/Maximum Marks × 100%)					

Computer Applications

1. Revision of class IX Syllabus

2. Class as a Basis of All Computation

3. User Defined Methods

4. Constructors

Chapter - 1 (Revision of class IX Syllabus)

- Java is a general purpose, object oriented programming language developed by Sun Micro systems of USA in 1991.

  We can develop two types of Java programs :

  (i)   Stand alone applications.

  (ii) Web applets.

- **Stand alone applications** are programs written in Java to carry out certain tasks on a stand alone local computer. In fact, Java can be used to develop programs of all kinds of applications, which earlier, were developed using languages like C and C++.

  Java programs involves 2 steps :

  (i)   Compiling source code into byte code using javac compiler.

  (ii) Executing the byte code program using java interpreter.

- **Applets** are small Java programs developed for internet applications. An applet located on a distant computer (server)can be down loaded via internet and executed on a local computer (client) using a Java-enable web browser.

- BlueJ is a development environment to write and compile Java programs. It is developed by Monash University, Australia In Java by BlueJ requires JDK 1.3 or above (Java dovelopment kit), it is window based or band software.

- **Working in BlueJ**

  To start BlueJ clicked at Start ➤ programs ➤ BlueJ.

  To write a Java program, one need to follow the given steps :

  (i)   Create a BlueJ project.

  (ii) Add a new class to the project.

  (iii) Edit a class code.

  (iv) Compile the source code.

  (v)   Now save the code.

  Execution in BlueJ is usually done by creating an object first and then invoking any of object's (public) methods.

- **Key Features :**

  (i)   Output from the console window can be saved as a text file.

  (ii) Source code from the class can be printed.

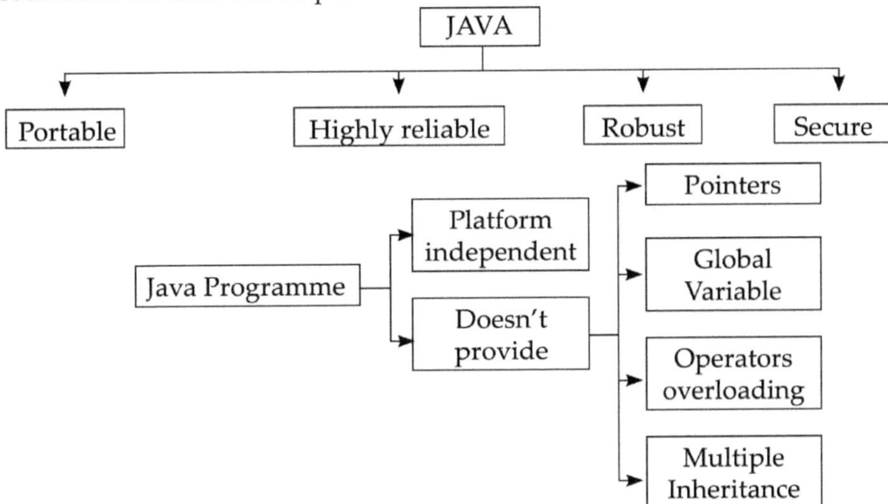

- **Java Statements**

  The statements in Java are like sentences in natural language. A statement is an executable combination of token ending with a semicolons (;) mark. Statements are usually executed in sequence in order in which they appear.

Chapter - 2 (Class as a Basis of All Computation)

- Object oriented programming is an approach that provides a way of modularizing programs by creating partitioned memory area for both data and functions, that can be used as templates for creating copies of such modules on demand.
- **What is Class?**

  A class represents a set of common properties and behaviours shared by all objects.
- **Classes as Abstractions for Sets of Objects**

  (i) A class is a named software representation for an abstraction.

  (ii) An object is a distinct instance of a given class that is structurally identical to all instances of that class.

  (iii) Software code in OOP is written to define classes, instantiate objects and manipulate these objects.
- **Class as Object Factory**

  An object factory is a producer of objects. It accepts some information about how to create an object, such as values depicting its state and then returns an instance of that object.

  Class is an object maker or object factory as it contains all the statements needed to create an object, its attributes as well as the statements to describe the operations that the object will be able to perform. By utilizing this and by providing initial values depicting an object's state, new objects can be created from the class as and when required.
- **Object :**

  An object is a software bundle of variables and related methods.

  The object can have state and behavior, which is expressed by the variables and methods within that object.
- It consists of 2 parts :

  (i) Data structure, referred to as attributes.

  (ii) Processes that may correctly change data structure, referred to as functions or methods.
- **Example :** A person object have the following attributes :

  (i) First name

  (ii) Last name

  (iii) Age

  (iv) Weight.
- **Messages :** Software objects interact and communicate with each other by sending messages to each other.
- **Characteristics of Objects**

  The real world objects share two characteristics, state and behavior :

  (i) **State :** An object can be in many states. The state is also called as attribute or properties of object.

  (ii) **Behavior :** The capability of an object to do something is its behavior.

  (iii) **Identity :** The name associated with an object helps in identifying the object.
- **OOPs Principles**

  There are four OOP's principles which are as follows :

  (i) **Encapsulation :** It is the mechanism that binds code and the data it manipulates together.

  (ii) **Inheritance :** This is the process of creating new classes called derived classes from existing classes called super classes.

  (iii) **Polymorphism :** The ability to take more than one form is called polymorphism for example a method can perform different-different operations with different type or no. of arguments. It allows two or more classes to respond to the same method in different ways.

  (iv) **Abstraction :** The concept of giving only required information without showing internal and implementation detail is called abstraction.
- **Variable**

  (i) A variable is a memory location to store any data or constant.

  (ii) The declaration of a variable generally takes the following form <data type> variable name;

➢ **Constants**

A constant is a fixed value which can not be change during the execution of program.

➢ **Constants are of the following type :**

Integer constant   : 12, 2000, – 10 etc.

Real constant   : 0.00012, – 2.8707, 29.287, – 0.28

Character constants : 'A', '–', ", '.'

String constants   : "RAM", "A/49, Kamla Nagar, Agra

                        "12 28"

boolean constant   : true, false.

➢ **Concept of Data Type**

Java like any other language provides ways and facilitates to handle different types of data by providing data types.

➢ Data types are means to identify the type of data and associated operators of handling it.

➢ Java data types are of two types :

(i)   Primitive data type.

(ii) Derived data type.

➢ **Primitive Data Type**

Primitive data types are also called basic data types. These are inbuilt data types available in Java. These data types are used to define other derived data types.

➢ Java support the following four types of primitive data types :

(i) **Numeric Integral Types :** The data types that are used to store numeric values falls under this sub-category.

Type	Size	Minimum Value	Maximum Value
byte	One byte	−128	127
short	Two bytes	−32,768	32,767
int	Four bytes	−2,147,483,648	2,147,483,647
long	Eight bytes	−9,223,372,036,854,775,808	9,223,372,036,854,775,807

(ii) **Fractional Numeric Type :** These data types can store fractional numbers i.e., numbers having decimal points.

Type	Size	Minimum Value	Maximum Value
float	4 bytes	3.4E−038	3.4E + 038
double	8 bytes	1.7E−308	1.7E + 308

(iii) **Character Type :** It is used to store characters.

Type	Size	Minimum Value	Maximum Value
char	16 bits (2 bytes)	Single character	0 to 65,535

(iv) Boolean Type : It is used to represent a single True/False value.

Type	Size	Minimum Value	Maximum Value
boolean	8 bits (used only 1 bit)	Logical or boolean values	True or False

➢ **Derived data types :** These data types also called compound or user defined data types. These are defined or derived by primitive data type.

➢ Classes, Arrays and Interfaces are examples of derived data type.

➢ **Class as a Composite Type**

The data types that are based on fundamental or primitive data types are known as composite data types. Since these data types are created by users these are also known as user-defined data types.

➢ **Java provides the following operators :**

(i)   Arithmetic operators : These operators perform arithmetical operations.

(ii) Relational operator : These operators are used to compare the values.

(iii) Logical operators : They perform logical operations.

(iv) Assignment operators : They assign one value to another.

(v) Shift operators : They performs bit manipulation on data by shifting the bits of its first operand right or left. (>>, <<, >>>)

(vi) Bitwise operators : These operators work with integer types i.e., byte, short; int and log type. (&, !, ↑, −)

(vii) Conditional or ternary operators : It stores value depending upon conditions.

condition ? Value 1 : Value 2;

➢ Other operators (P:, [ ], −, (Parameters), (type), new, instance of).

(i) Arithmetic Operators :

Operators	Description	Example
+	Addition	a + b
−	Subtraction	a − b
×	Multipication	a × b
/	Division	a / b
%	Modulus	a % b

(ii) Relational Operators :

Operators	Description	Example
= =	check for equality	a = = b
! =	not equal to	a ! = b
<	less than	a < b
>	greater than	a > b
< =	less than or equal to	a < = b
> =	greater than or equal to	a > = b

(iii) Logical Operators :

Operators	Description	Example
&&	And	opr 1 && opr 2
| |	Or	opr 1 | | opr 2
!	Not	! opr 1

(iv) Assignment Operators :

Operators	Description	Example
=	equal to	$a = 7$
+ =	add to the variable	$a + = 5$ means $a = a + 5$
− =	subtract from variable	$a − = 5$ means $a = a − 5$
× =	multiply to variable	$a × = 2$ means $a = a × 2$
/ =	divide into variable	$a / = 2$ means $a = a/2$
% =	Modulus by variable	$a % = 2$ means $a = a % 5$

➢ **Operation on Primitive Data types**

Primitive data type operations deal only with value i.e., actual read value (rvalue). That is, they store the read value directly in them.

➢ **Expressions**

An expression in Java is any valid combination of operators, constants and variables i.e., a legal combination of Java tokens.

The expressions in Java can be of any type :

(i) Arithmetic expression.

(ii) Relational expression.

(iii) Compound expressions, etc.

➢ Arithmetic expressions can be of the following types :

(i) Pure integer expressions, and

(ii) Pure real expressions.

(iii) Mixed expression.

➢ In pure expressions, all the operands are of same type and in mixed expressions the operands are of mixed type i.e., mixture of real and integer expressions.

Chapter - 3 (User-defined Methods)

- **Function**

  Function can be defined as a named unit of a group of program statements. This unit can be invoked from other parts of the program.

- **Function Definition :** The general form of a function definition is as given below :

  [access-specifier] [modifier] return-type function-name (parameter list)
  {
      body of the function
  }

- **Function Prototype :** A function prototype is the first line of the function definition that tells the program about the type of the value returned by the function and the number and type of arguments to be passed into function.

- **Function Signature :** A function signature basically refers to the number and types of arguments. Function signature and return type makes a function prototype.

- **Actual and Formal Parameters**

  The parameters that appear in function definition are called formal parameters.

  The parameters that appear in function call statement are called actual parameters.

- **Arguments to functions**

  Arguments to function can be of the following types :

  (i)   Primitive data types i.e., char, byte, short, int, long, float, double boolean

  (ii) Reference data types i.e., objects or arrays.

- **A function is invoked in two manners :** Call by value and call by reference, these are also called as pass by value and pass by reference.

- **Pass by Value :** The pass by value method copies the values of actual parameters into the formal parameters, *i.e.*, the function makes its own copy of agrument values and use them, thus original argument values does not changes. In Java all primitive data types are passed by value.

- **Pass by Reference :** In this method a reference of arguments are passed to function parameters, no another copy of arguments is created by function. So the changes made on parameters of function, will directly affect the original arguments passed. In java all objects, arrays and other derived data types are passed by reference method.

- **Returning from a function**

  Returning from a function not only terminates the function's execution but also passes the control back to the calling function.

  Generally, a return statement is used to terminate a function whether or not it returns a value.

  The return statement is useful in two ways :

  (i)   An immediate exit from the function is caused as soon as a return statement is encountered and the control passes back to the function caller.

  (ii) It is used to return a value to the calling function.

- **Pure and Impure functions**

  A pure function is the one that takes objects and/or primitives as arguments but does not modify the objects. The return value of a pure function is either a primitive or a new object created inside the method.

  An impure function changes/modifies the state of a received object.

- **Function Overloading**

  A function name having several definitions in the same scope that are differentiable by the number or types of their arguments is said to be an overloaded function.

  Function overloading not only implements polymorphism but also reduces number of comparisons in a program and thereby makes the program run faster.

Chapter - 4 (Constructors)

➢ **Constructor**

Constructor is a special member function with the same name as its class name, and it is used to initialize the objects of that class with a legal initial value. Constructor has no return type, not even void. Constructor is called automatically when an object of the class is declared.

Defining a constructor : Generally a constructor should be defined under the public section of a class, so that its objects can be created in any function.

➢ Following code fragment defines a constructor

```
class X { int i;
            public int j, k;
            public x( )
            {
            i = 0;
            j = 0;
            k = 0;    // constructor
            }
                   // other members
            }
```

➢ **Type of Constructors**

The constructor functions in Java can be of two types. These are :

(i) **Non-Parameterized or Default Constructor :** A constructor that accepts no parameter is called the non-parameterized or default constructors.

e.g.,   X 01 = new X();

will create the object 01 of type X by invoking the default constructor.

(ii) **Parameterized Constructor :** A constructor that takes arguments are called parameterized constructor. The parameterized constructors allow us initialize the various data elements of different objects with different values when they are created :

e.g.,   ABC obj1 = new ABC (13, 11.4, 'P')

➢ This statement will create an object obj 1 of type ABC and invoke the constructor of ABC to initialize obj1 with values 13, 11.4, and 'P'.

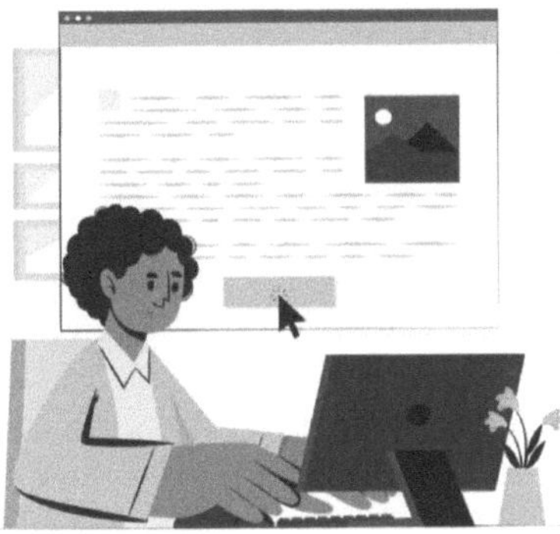

Computer Applications

Multiple Choice Questions

1. Which of the following is not a valid KEYWORD?

  (i) for   (ii) int
  (iii) break   (iv) since
  (a) (i)   (b) (ii)
  (c) (iii)   (d) (iv)

Answer.
Correct option is (d)
Explanation: In Java keywords 'since' is not available.

2. Which one is not a correct relational operator?

  (i) ==   (ii) =
  (iii) !=   (iv) <=
  (a) (i)   (b) (ii)
  (c) (ii)   (d) (iv)

Answer.
Correct option is (b).
Explanation: Except = all are relational operator.

3. Which of the following is reserved keyword in Java?

  (a) Object   (b) continue
  (c) Main   (c) for

Sol. Correct option is (b).

4. What is the final value stored in variable x?

```
int a =-7.76;
double x = Math.abs(Math.floor(a));
```
  (a) 8.0   (b) 7.0
  (c) 8   (d) 7

Answer.
Correct option is (a).
Explanation: Logically by doing floor operation the values will be rounded to – 8.0, then by applying absolute operator the value will be converted to 8, which is represented as 8.0 in integer.

5. A ___________ is the data or a sequence of characters used in a program to represent a constant that never changes its value during the execution of program.

  (a) Class   (b) Literal
  (c) Array   (d) String

Answer.
Correct option is (b)
Explanation: A literal represents a constant that never changes its value.

6. A ___________ is used to give single line comment in Java.

  (a) //* comment   (b) /* comment*/
  (c) // comment   (d) */ comment */

Answer.
Correct option is (c).
Explanation: // comment is used to give single line comment.

7. The wrapper class to which boolean type belongs:

  (a) Boolen   (b) Boot
  (c) Boolean   (d) Byte

Answer.
Correct option is (c)
Explanation: The wrapper class of boolean data type in Java in Boolean.

8. Boolean is a non - primitive data type:

  (a) True   (b) False

Answer.
(b) False
Explanation: boolean is primitive data type in Java.

9. !(20<3&&4>6)

  (a) True   (b) False

Answer.
(a) True
Explanation: Result of two false statement is false statement but its negation is true.

10. Choose the odd one:

  (a) switch   (b) if
  (c) if...else   (d) for

Answer.

Correct option is (d)

Explanation: for is looping statement while all other are conditional statement.

11. Choose the odd one:

   (a) Byte   (b) Boolean
   (c) Char   (d) Array

Answer.

Correct option is (d).

Explanation: Array is derived data type whether all others are primitive data types.

12. Give the output for the following:

```
n=10000;
while (n>10)
    {
n=n/10;
    }
System.out.println(n);
```

How many time the loop is executed and what is the output?

   (a) Loop is executed 3 times and the output is 10
   (b) Loop is executed 3 times and the output is 100
   (c) Loop is executed 1 times and the output is 10.

Answer.

Correct option is (a)

13. Given below is a class with the following specifications :

Special words are those words which start and end with the same letter.

Examples : EXISTENCE, COMIC, WINDOW

Palindrome words are those words which read the same from left to right and vice-versa.

Examples : MALAYALAM, MADAM, LEVEL, ROTATOR

All palindromes are special words, but all special words are not palindromes.

Write a program to accept a word check and print whether the word is a palindrome or only special word.

```
public class palin
{
//Function that returns true if
//str is a palindrome
static boolean isPalindrome(String str)
{
//Pointers pointing to the beginning
//and the end of the string
```

```
int i = 0, j = str.length() – 1;
//While there are characters to compare
while (i < j)
{
//If there is a mismatch
if (str.charAt(i) != str.charAt(j))
return false;
// Increment first pointer and
// decrement the other
i++;
j--;
}
//Given string is a palindrome return true;
}
public static void main(String[] args)
{
String str = "geeks";
if (isPalindrome(str))
System.out.print("Yes");
else
System.out.print("No");
 }
}
```

   (i) Name of the Class in above program is:
      (a) palin   (b) palindrome
      (c) class
   (ii) Statement to get length of string used above:
      (a) strlen();   (b) l=len();
      (c) str.length();
   (iii) Condition of while loop in above program is:
      (a) i==j;   (b) i<j
      (c) i>=j;
   (iv) What is the return type of Ispalindrome() function is:
      (a) char   (b) string
      (c) boolean
   (v) Beginning of string is denoted by:
      (a) int i=0;   (b) double i=0;
      (c) char i=0;
   (vi) Access modifier of class palin is:
      (a) public   (b) private
      (c) protected

Answer.

   (i) Correct option is (a).
   (ii) Correct option is (c).
   (iii) Correct option is (b).
   (iv) Correct option is (c).
   (v) Correct option is (a).
   (vi) Correct option is (a).

14. The following program is based on the specification given below :

A program is written to encode a word into Piglatin. To translate a word into a Piglatin word, convert the word into upper case and then place the first vowel of the original word as the start of the new word along with the remaining alphabets. The alphabets present before the vowel being shifted towards the end following by "YZ".

Sample input : Flowers
Sample Output:
OWERSFLYZ
Sample input : Olympics
Sample Output :
OLYMPICSYZ

```
import java.util.*;
public class Piglatin
    {
public static void main(String args[])
    {
Scanner ob=new Scanner(System.in);
System.out.println("Enter the word to be converted.");
String word=ob.next();
word=word.toUpperCase();
String piglatin="";
int flag=0;
for(int i=0;i<word.length();i++)
    {
char x=word.charAt(i);
if(x=='A' || x==,'E' || x=='I' || x=='O' ||x=='U')
    {
piglatin=word.substring(i)+wordsubstring(0,i)+"AY";
flag=1;
break;
    }
}
if(flag==0)
    {
piglatin=word+"AY";
    }
System.out.println(word+ "in Piglatin format is" +piglatin);
    }
}
```

(i) What is the Name of the class used in above program.
   (a) Piglatin   (b) LatinWord
   (c) PiglatinWord

(ii) Keyword to use scanner class is __________
   (a) old   (b) new
   (c) void

(iii) To input the string object __________ is used.
   (a) ob.next()   (b) ob.nextLine()
   (c) ob.nextln()

(iv) The flag is initialized as __________.
   (a) flag=0;   (b) flag!=0;
   (c) flag==0;

(v) The package used is __________
   (a) java.util.*   (b) java.sys.*
   (c) java.str.*

(vi) Inialization of the word piglatin __________
   (a) word="";   (b) piglatin="";
   (c) piglatinWord="";

Answer.
   (i) Correct option is (a).
   (ii) Correct option is (b).
   (iii) Correct option is (a).
   (iv) Correct option is (a).
   (v) Correct option is (a).
   (vi) Correct option is (b).

15. A Class to overload a function polygon() as follows is designed

   (i) void polygon(int n, char ch) : with one integer argument and one character type argument that draws a filled square of side n using the character stored in ch.

   (ii) void polygon(int x, int y) : with two integer arguments that draws a filled rectangle of length x and breadth y using the symbol '@'.

   (iii) void polygon() : with no argument that draws a filled triangle shown below :

```
public class KboatPolygon
    {
public void polygon(int n, char ch)
    {
for (int i = 1; i <= n; i++)
    {
for (int j = 1; j <= n; j++)
    {
System.out.print(ch);
    }
System.out.println();
    }
}
public void polygon(int x, int y)
```

```java
        {
    for (int i = 1; i <= x; i++)
        {
    for (int j = 1; j <= y; j++)
        {
    System.out.print('@');
        }
    System.out.println();
        }
        }
    public void polygon()
        {
    for (int i = 1; i <= 3; i++)
        {
    for (int j = 1; j <= i; j++)
        {
    System.out.print('*');
        }
    System.out.println();
        }
        }
    public static void main(String args[])
        {
    KboatPolygon obj = new KboatPolygon();
    obj.polygon(2, 'o');
    System.out.println();
    obj.polygon(2, 5);
    System.out.println();
    obj.polygon();
        }
        }
```

(i) The parameters passed to object in main program in Line 1 are ___________

(a) 5,2   (b) 2

(c) 2,5

(ii) For loop constraints in 1st constructor are ——

(a) i=0; i<=n; i++   (b) i=0; i<n; i++

(c) i=1; i<=n; i++

(iii) Access mode of method polygon is ————

(a) new   (b) public

(c) private

(iv) Name of the class is ————

(a) Kboatpolygon   (b) Polygon

(c) ob

Answer.

    (i) Correct option is (c).

   (ii) Correct option is (c).

  (iii) Correct option is (b).

  (iv) Correct option is (a).

16. Operator overloading is one of those strange language features you either love or loathe. The loathing part is understandable, since misusing operator overloading can very quickly lead to confusing code and more confusing bugs.

"Operator overloading allows Java operators to have user-defined meanings on user-defined types (classes). Overloaded operators are syntactic sugar for function calls."

Thus, if you define a class Foo, you should also be able to define an implementation for the plus operator such that FooBar = Foo + Bar;.

Operator overloading is widely considered to be a trivial language feature. Syntactic sugar is the term most frequently used to describe this phenomenon. The syntactic sugar part is true: Doesn't nearly every programming language include a syntactic sugar abstraction that allows you to write complex machine code...without actually having to do that?

(i) What is operator overloading?

(a) A block of code similar to method with same name as its class.

(b) Define the multi role of some operator

(c) A block of code to find the class

(ii) Operator overloading is the feature of

(a) Inheritance   (b) Encapsulation

(c) Default   (d) Polymorphism

(iii) Example of operator overloading is

(a) &   (b) **

(c) ++

(iv) Overloading types are?

(a) Function overloading

(b) Operator overloading

(c) All of the above

Sol. (i) Correct option is (b).

   (ii) Correct option is (d).

  (iii) Correct option is (a).

  (iv) Correct option is (c).

17. What is the final value stored in variable x ?

double a =-8.35, double b = 14.74

double x = Math.abs(Math.max(a, b));

(a) 14.0   (b) 15.0

(c) 16.0   (d) 14.74

Answer.

Correct option is (d).

Explanation: Logically max will find maximum of two and then will take absolute value which is 14.74.

18. _________ is the collection of related classes and interfaces having common functionality.

(a) Literal   (b) Package

(c) Array   (d) Polymorphism

Answer.

Correct option is (b).

19. The number of bytes occupied by double data type is __________ byte/s.

(a) 4   (b) 8

(c) 2   (d) None of these

Answer.

Correct option is (b).

Explanation: In Java, the compiler Javac allocates 8 Bytes memory for double data type.

20. The Java program use _________ to find and fix bugs.

(a) JDK   (b) JRE

(c) JVM   (d) None of these

Answer.

Correct option is (a).

Explanation: The JDK (Java Development tool kit) is a software development environment used to develop Java application and applets.

21. Class variable that is available to the entire class.

(a) Local variable

(b) Class variable

(c) Instance variable

Answer.

Correct option is (c).

22. Defining two or more methods in the same class with same name.

(a) Constructor over loading

(b) Function overloading

(c) Static function

Answer.

Correct option is (b).

23. The region within which a variable/piece of code is accessible.

(a) Area of variable   (b) Place of variable

(c) Scope of variable

Answer.

Correct option is (c).

24. Functions can't return objects.

(a) True   (b) false

Answer.

(b) False

Explanation: Functions can always return an object if the return type is the same as the object returned.

25. For loop is doubly bounded iterative statement.

(a) True   (b) False

Answer.

(a) True

Explanation: For loop has starting and terminating conditions, both.

26. Java language was initially called Oak.

(a) True   (b) False

Answer.

(a) True

Explanation: Oak was a language created by James Gosling which was later renamed as Java.

27. Choose the odd one :

(a) For   (b) While

(c) Do   (d) Far

Answer.

Correct option is (d).

Explanation: Far is not used in looping.

28. Choose the odd one :

(a) &   (b) <=

(c) >=   (d) ==

Answer.

Correct option is (a).

Explanation: Except &, all others are relational operators.

29. Give the output of the following:

```
if ( a > b )
    {
    System.out.println(a+b);
    }
else
    {
    System.out.println (a*b);
    }
```

when a = 5 and b = 7

(a) 12, 35   (b) 35

(c) 35, 12

Answer.

Output value is 35. Thus, correct option is (b).

30. Give the output of the following, if mark = 85:

```
String grade = (mark>=90)? "A" :
(mark> =80)?/"B":"C";
```

(a) A   (b) B

(c) C

Answer.

Correct option is (b).

Explanation: Since marks are greater than 80 but less than 90 hence grade is B.

31. A class student is defined with following member function : gettotal() takedata() and showdata() to get the sum of marks obtained from takedata and shown with showdata function.

Fill in the blanks in the JAVA code provided with appropriate options :

```
class (i)____________
{
private int admno;
private String sname;
private float eng, math, science, total;
private float (ii) _______________()
{
float (iii)______________ = eng + math + science;
return t;
}
public void (iv)_______________()
{
System.out.println(admno);
System.out.println(sname);
System.out.println(eng);
System.out.println(math);
System.out.println(science);
System.out.println(total);
}
public void takedata(int a, String n, int e, int m,
int s)
{
admno = a;
sname = n;
eng = e;
math = m;
science = s;
total = gettotal( );
}
}
public static void main(String [] args)
{
student (v)________________ = new student();
std1.(vi) ___________ (101, "RAM", 30, 48, 40);
std1.showdata();
}
}
```

(i) (a) Stu   (b) student
    (c) Student

(ii) (a) getdata   (b) showdata
    (c) gettotal

(iii) (a) t   (b) total
    (c) T

(iv) (a) getdata   (b) showdata
    (c) gettotal

(v) (a) Std   (b) std1
    (c) student

(vi) (a) takedata   (b) showdata
    (c) getdata

Answer.

(i) Correct option is (b).

(ii) Correct option is (c).

(iii) Correct option is (a).

(iv) Correct option is (b).

(v) Correct option is (b).

(vi) Correct option is (a).

32. The following program is based on the specification given below. Fill in the blanks with appropriate java statements.

A class named FruitJuice with the following description is defined :

Instance variables/data members :

int product_code ,String flavour , String pack_type , int pack_size , int product_price

Member methods :

FruitJuice(), void input(), void discount(), void display()

```
import java.io.*;
class (i)__________
{
int product_code, pack_size, product_price;
String flavour, pack_type;
public (ii)___________________()
{
product_code = 0;
pack_size = 0;
product_price = 0;
flavour = "";
pack_type = "";
}
void input() throws IOException
{
BufferedReader br = new BufferedReader(new
InputStreamReader(System.in));
System.out.println("Enter Product Details");
product_code = Integer.parseInt(br.readLine());
```

```
flavor = br.readLine();
pack_type = br.readLine();
pack_size = Integer.parseInt(br.readLine());
product_price = Integer.parseInt(br.readLine());
}
void (iii)___________()
{
product_price =(iv) ____________ – 10;
}
void (v)_______________()
{
System.out.println(product_code + " " + flavour
+ " " + pack_type + " " + (vi) _______________ +
product_ price);
}
}
```

(i) (a) Fruitjuice   (b) input
    (c) discount

(ii) (a) Fruit   (b) Fruitjuice
    (c) fruitjuice

(iii) (a) Discount   (b) product_price
    (c) pack_size

(iv) (a) Discount   (b) product_price
    (c) pack_size

(v) (a) Display   (b) discount
    (c) input

(vi) (a) Packsize   (b) pack_size
    (c) Pack_size

Answer.
  (i)   Correct option is (a).
  (ii)   Correct option is (b).
  (iii) Correct option is (a).
  (iv) Correct option is (b).
  (v)   Correct option is (a).
  (vi) Correct option is (b).

33. The following program segment calculates the factorial of a number.

Example: factorial of 6 is 6*5*4*3*2*1= 720

Fill in the blanks with appropriate java statement

```
class test
{
long factorial(int n)
{
long f = (i)____________;
for(int i = 1; (ii) _____________; i++)
{
f = (iii) _________* i;
}
return f;
}
System.out.println("Factorial =" + (iv)_________
___________);
}
```

(i) (a) 1.0   (b) 0.0
    (c) 1

(ii) (a) i=n   (b) i>=n
    (c) i<=n

(iii) (a) i   (b) f
    (c) n

(iv) (a) f   (b) i
    (c) fact

Answer.
  (i)   Correct option is (a).
  (ii)   Correct option is (c).
  (iii) Correct option is (b).
  (iv) Correct option is (a).

34. Read the paragraph given below and answer the questions given below:

Case study

In Java, a constructor is a block of codes similar to the method. It is called when an instance of the class is created. At the time of calling constructor, memory for the object is allocated in the memory. It is a special type of method which is used to initialize the object.

Every time an object is created using the new() keyword, at least one constructor is called. It calls a default constructor if there is no constructor available in the class. In such case, Java compiler provides a default constructor, by default. There are two types of constructors in Java : no-arg constructor and parameterized constructor.

(i) What is constructor?
    (a) A block of code similar to method with same name as its class.
    (b) A block of code to create object
    (c) A block of code to find the class

(ii) In java the types of constructors are
    (a) parameterized   (b) non parameterized
    (c) default   (d) all of these

(iii) Name of method for constructor is similar to:
    (a) package   (b) class
    (c) object

(iv) Memory can be initialized for storing objects by?
    (a) Constructors
    (b) Destructors
    (c) All of the above

Answer.

(i) Correct option is (a).

(ii) Correct option is (d).

(iii) Correct option is (b).

(iv) Correct option is (a).

35. Among the following, which method does not have a body.

(a) A class

(b) An interface

(c) An abstract method

(d) None of the above

Answer.

Correct option is (c).

Explanation: Abstract methods are declarated only and are not implemented. It does not have a method body.

36. Name the type of error in the statement given below :

int t=0;

int r=100/t;

(a) Syntax (b) Runtime

(c) Logical (d) Warning

Answer.

Correct option is (b).

Explanation: On execution of this statement the machine will show the runtime error as it traps into infinite loop on making division by zero.

37. Multiple branches is used by ____________ statement.

(a) Break (b) Switch

(c) Continue (d) Loop

Answer.

Correct option is (b).

Explanation: Branching statements allow the flow execution to jump to a different part of the program.

38. The ____________ are those pre-defined words in Java which meaning is already declared by Javac.

(a) Keywords (b) Identifier

(c) Methods (d) Package

Answer.

Correct option is (a).

Explanation: It is the keywords, whose meaning is pre-defined by Javac.

39. All the functions of a package can be imported by using the _______ character with import statement.

(a) . (b) *

(c) / (d) @

Answer.

Correct option is (b).

40. A function calling itself

(a) Calling function

(b) Recurring function

(c) Recursive function

Answer.

Correct option is (c).

Explanation: A function calling itself is known as recursive function.

41. A parent class of a class

(a) sub class (b) super class

(c) parent

Answer.

Correct option is (b).

Explanation: Parent class of the class is called 'Super Class' whether the derived one is called the child class.

42. The termination statement to each block of the switch loop is:

(a) System.exit(0) (b) Break

(c) Default

Answer.

Correct option is (b).

Explanation: For the exit from each block of the switch statement one uses break.

43. Double is a non - primitive data type

(a) True (b) False

Answer.

False

Explanation: Double is primitive data type in Java.

44. Choose the odd one

(a) Int (b) Char

(c) New (d) Double

Answer.

Correct option is (c).

Explanation: New is not any data type in Java language.

45. Choose the odd one

(a) CLR (b) JVM

(c) JDK (d) AWT

Answer.

Correct option is (d).

Explanation: AWT is a tool of Java, whether all others are components of Java compiler.

46. Give the output of the following.

```
x + = x++ + ++ x + --x + x; [ x = 1 ]
```

(a) 9   (b) 8

(c) 6   (d) 5

Answer.

Out value is 9, So the correct option is (a).

47. Give the output of the following

```
int i=6;
int d=6;
do
{
d=d*2;
i++;
} while (i<=6);
System.out.println (d),
```

How many times the loop is executed and what is the output?

(a) Loop is not executed any time and the output is 6.

(b) Loop is executed once and the output is 12.

(c) Loop is executed 2 times and the output is 24.

Answer.

Correct option is (b).

Explanation: Since i becomes 7 after execution once, loop will execute once.

48. Given below is a class with the following specifications:

Class name :Number

Member Methods :

void print (int n) – to print the first 'n' natural numbers

print (int n) – to check whether n is odd or even

Fill in the blanks of the given program with appropriate java statements:

```
class (i)_____________
{
void print (int n)
{
int k;
for ( (ii)________; (iii)__________; (iv)______________)
{
System.out.println(k);
}
```

```
}
print( (v)_________)
{
if ( (vi)__________________)
System.out.print ln("Number is even");
else
System.out.print ln("Number is odd");
}
}
```

(i) (a) Number   (b) Character

    (c) Class

(ii) (a) k = 1;   (b) k = n;

    (c) k = 0

(iii) (a) k<=n;   (b) k>=n; 4

    (c) k+n;

(iv) (a) k+=2   (b) k+=5

    (c) k++

(v) (a) int n   (b) double n

    (c) char n

(vi) (a) if (n%2 == 0)   (b) if (n%n==0)

    (c) if (n/2==0)

Answer.

(i) Correct option is (a).

(ii) Correct option is (a).

(iii) Correct option is (a).

(iv) Correct option is (c).

(v) Correct option is (a).

(vi) Correct option is (a).

49. The following program is based on the specification given below :

Fill in the blanks with appropriate java statements.

class name : Power

member variables :

int noc [number of calls]

double bill [telephone bill to be paid]

String n [name of the customer]

Member methods :

void input ( ) – to accept the data using the scanner class

void print() – to print the details

void calculate () – to calculate the telephone bill as per the following criteria based on number of calls Number of calls Rate per call First 100 calls free Above 100 calls Rs.3.50

void main ( ) – to create an object of the class and invoke the functions of the class

class (i)______________

```
{
int noc; double bill ;
String n;
Scanner ob = (ii)_______________ Scanner(System.
in);
void input( )
{
System.out.println("Enter Number of calls");
noc = (iii)___________________ ;
System.out.println("Enter name ");
n=ob.next();
}
void calculate()
{
if ( (iv)__________________ ) bill =0;
else bill = (v)_______________________________ ;
}
void print()
{
System.out.println("Name = "+n);
System.out.println("Amount to be paid="+bill);
}
void main ()
{
power t = new power();
t.input();
(vi)___________________; t.print();
}
}
```

(i) (a) Power   (b) Class

(c) Object

(ii) (a) old   (b) new

(c) void

(iii) (a) ob.nextDouble()   (b) ob.nextLine()

(c) ob.nextInt()

(iv) (a) noc< = 100   (b) noc=0

(c) noc> 100

(v) (a) bill=(n-100)*2.50   (b) bill = (n-100)*3.50

(c) bill = n*2.50

(vi) (a) t.input()   (b) t.calculate()

(c) t.print()

Answer.

(i) Correct option is (a).

(ii) Correct option is (b).

(iii) Correct option is (c).

(iv) Correct option is (a).

(v) Correct option is (b).

(vi) Correct option is (b).

50. The following program segment calculates the norm of a number norm of a number is square root of sum of squares of all digits of the number. Example: The norm of 68 is 10 6×6 + 8×8 = 36+64 = 100 square root of 100 is 10. Fill in the blanks with appropriate java statements.

```
void norm ( int n )
{ int d, s =(i)______ ;
while ( (ii)_________ )
{ d = n%10; s = (iii)_______________ ;
n=n/10;
}
System.out.println("Norm="+(iv)___________);
}
```

(i) (a) 0   (b) 0.0

(c) 1

(ii) (a) n>0   (b) n=0

(iii) (a) s+d*d   (b) s*d+d

(c) s*s+d

(iv) (a) Math.sqrt(s)   (b) Math.SQRT(s)

(c) Math.sqrt(n)

Answer.

(i) Correct option is (a).

(ii) Correct option is (a).

(iii) Correct option is (a).

(iv) Correct option is (a).

51. Read the paragraph given below and answer the questions given below :

Case study

In Java there are various types of operators. The following table highlights the category and their feature for various operators.

S.No.	Types of operators	Examples
1.	Arithmetical	+,-,*,/
2.	Logical	&&,||
3.	Relational	==,<,>,!=
4.	Bitwise	&,>>,<<
5.	Special	new

(i) What are the bitwise operators?

(a) +,-,++,--   (b) ==,<=,!=

(c) <<,>>

(ii) An operator is a symbol to process the data:

(a) char   (b) int

(c) char and int both

(iii) Name of = operator is:

(a) Relational   (b) Assignment

(c) Bitwise

(iv) Which one of the following is not an operator?

(a) new   (b) calloc

(c) malloc

Answer.

  (i) Correct option is (c).

 (ii) Correct option is (c).

(iii) Correct option is (b).

(iv) Correct option is (a).

52. Which of the following is not an operator in java?

  (i) &&   (ii) ++

(iii) **   (iv) >>

(a) (i) & (ii)   (b) (iii)

(c) (iii)   (d) None of these

Answer.

Correct option is (c).

Explanation: ** is not an operator in Java.

53. Name the type of error in the statement given below:

Math.sqrt(36-45)

(a) Syntax   (b) Runtime

(c) Logical   (d) Warning

Answer.

Correct option is (b).

Explanation: It is a runtime error as we cannot obtain the square root of –9.

54. The _____________ allows to define several methods with same name but different by their parameters type and number.

(a) Inheritance   (b) Polymorphism

(c) Encapsulation   (d) None of these

Answer.

Correct option is (b).

Explanation: The polymorphism property in Java allows to have many methods with same name but the type of parameters is different.

55. The operator that deallocates the memory occupied by an object and deletes the object is _________ .

(a) remove   (b) deallocate

(c) delete   (d) erase

Answer.

Correct option is (c).

Explanation: To remove the memory allocated, the operator 'delete' is used.

56. The special method having same name of its class is called _______

(a) Recursion   (b) Iteration

(c) Constructor   (d) Member

Answer.

Correct option is (c).

Explanation: The special function is constructor which shares the common name to its class.

57. The object is the combination of member function with its data member Name of the property to extend the features of the object is:

(a) Constructor   (b) Inheritance

(c) Method

Answer.

Correct option is (b).

Explanation: By the inheritance property the features of an object can be explored into new.

58. Invoking a function without passing parameters of a class is termed as:

(a) Call by value

(b) Call by reference

(c) Call by default

Answer.

Correct option is (c).

Explanation: The mechanism to call a method without any parameters is called default.

59. State True Or False

Scope of the global variable is with in a class.

(a) True   (b) false

Answer.

False

Explanation: Scope of a global variable is the entire package.

60. State True Or False.

The comparison operator (!=) is left associative.

(a) True   (b) False

Answer.

(a) True

Explanation: The comparison operator is left associative.

61. Choose the odd one:

(a) Return   (b) Break

(c) Continue   (d) System.exit(0)

Answer.

Correct option is (a).

Explanation: Return is associated with the value achieved after execution of the function.

62. Choose the odd one:

(a) ++   (b) %

(c) - -   (d) !

Answer.

Correct option is (b).

Explanation: Except % all others are unary operators.

63. Give the output of the following

```
n=10;
while (n>=10)
{
n=n*10;
}
System.out.println(n);
```

How many time the loop is executed and what is the output?

(a) Loop is executed 2 times and the output is 100

(b) Loop is executed 3 times and the output is 10

(c) Loop is executed 1 time and the output is 10

(d) Computer falls into infinite loop

Answer.

Correct option is (d).

64. Given below program to print first 10 numbers of Fibonacci series with class name fib

```
import java.io.*;
public class (i) _____________
{
public static void main(String args[])
{
int cnt = 2;
int a, b, c;
a = 0;
b = _____________ (vi);
System.out.println(a);
System.out.println(b);
while((ii)______<= 10)
{
c = (iii)__________ + b;
System.out.print(c);
a = (iv)_____________;
b = (v)_____________;
cnt++;
}
}
}
```

(i) (a) ABC (b) Fab

   (c) fib (d) Num

(ii) (a) cnt (b) c

    (c) a (d) b

(iii) (a) cnt (b) c

    (c) a (d) b

(iv) (a) cnt (b) b

    (c) a (d) c

(v) (a) cnt (b) a

   (c) b (d) c

(vi) (a) 0 (b) 1

    (c) a (d) None

Answer.

(i) Correct option is (c).

(ii) Correct option is (a).

(iii) Correct option is (c).

(iv) Correct option is (b).

(v) Correct option is (d).

(vi) Correct option is (b).

65. Following program to accept a number and check and display whether it is a spy number or not.

(A Number is spy if the sum of its digits equals the product of its digits.)

Example : consider the number 1124,

Sum of the digits = 1 + 1 + 2 + 4 = 8

Product of the digits = 1 × 1 × 2 × 4 = 8

```
import java.util.*;// importing package
class Spy
{
int n, d, p = (i)_________, s = 0;
void display()
{
Scanner sc = new Scanner(System.in);
System.out.println("Enter a no.");
n = sc.nextInt();
while((ii)__________)
{
d = n % 10;
s = s + d;
p = p * d;
n =(iii)_______/10;
} // while loop ending
if((iv)__________)
{
System.out.println("It is a Spy number");
}
else
{
System.out.println("It is not a Spy number");
}
}
}
```

(i) (a) 1   (b) 0
     (c) 2

(ii) (a) n<0   (b) n>0
     (c) n=0

(iii) (a) p   (b) s
     (c) n

(iv) (a) s==p   (c) s=p
     (c) p!=s

Answer.

(i) Correct option is (a).

(ii) Correct option is (b).

(iii) Correct option is (c).

(iv) Correct option is (a).

66. Case study

Conditional operators are merely a condensed form of the if-else Statement which also returns a value. Conditional Operators in Java are also known as ternary operators. The term ternary is used because this operator consists of three operands used to evaluate Boolean expressions. The ultimate aim of the operator is to decide which value is to be assigned to the variable. The Java Conditional Operator selects one of two expressions for evaluation, which is based on the value of the first operands.

(i) if (c > d)

     x = c;

     else

     x = d;

Predict the output

(a) x = (c >d) ? d : d;

(b) x = (c >d) ? c : c;

(c) x = (c >d) ? d : c;

(d) x = (c >d) ? c : d;

(ii) ? : ; are

(a) Conditional operators

(b) Arithmetic operators

(c) Bitwise operator

(d) Assignment operator

(iii) If else Statement

(a) One-way selection statement

(b) Two-way selection statement

(c) Multi-way selection statement

(d) Multipath decision statement.

(iv) What is the other name for Java Language ? : Question Mark Colon Operator.?

(a) Comparison Operator

(b) If-Else Operator

(c) Binary Operator

(d) Ternary Operator

Answer.

(i) Correct option is (d).

(ii) Correct option is (a).

(iii) Correct option is (b).

(iv) Correct option is (d).

67. Operators with higher precedence are evaluated before operators with relatively lower precedence. Arrange the operators given below in order of higher precedence to lower precedence.

(i) &&   (ii) %

(iii) >=   (iv) ++

(a) (iv), (i), (iii), (ii)

(b) (iv), (iii), (ii), (i)

(c) (iv), (ii), (iii), (i)

(d) (i), (ii), (iii), (iv)

Answer.

Correct option is (c).

Explanation: Unary operator ++ has highest priority followed by Modulo operator % followed by Comparative operator >= followed by the logical and operator && has lowest priority among the given list here.

68. Name the type of error in the statement given below:

int a ; b; c;

(a) Syntax   (b) Runtime

(c) Logical   (d) Warning

Answer.

Correct option is (a).

Explanation: Explanation: It is a syntax error as comma (,) must be used instead of semicolon (;).

69. The number of bytes occupied by int data type is __________ byte/s.

(a) 4   (b) 8

(c) 2   (d) None of these

Answer.

Correct option is (a).

Explanation: In Java, the compiler Javac allocates 4 Bytes memory for int type data.

70. An OOPs program can contain __________ no. of classes.

(a) only 999   (b) Only 100

(c) only 1   (d) Any number

Answer.

Correct option is (d).

Explanation: We can define any number of classes with different names in a single program of oops.

71. Name the following:

Package containing the Random class?

(a) java.util.package   (b) java.lang.package

(c) java.awt.package   (d) java.io.package

Answer.

Correct option is (a).

Explanation: The Random class is available in the java.util.package. An object of the Random class is used to generate a series of pseudorandom numbers.

72. An interface with no fields or method is known as _____________ .

(a) Runnable interface

(b) Market Interface

(c) Abstract interface

(d) Charsequence Interface

Answer.

Correct option is (b).

Explanation: An empty interface (containing to fields or methods) is called market interface.

73. State True Or False:

(2<3&&40>6)

(a) True   (b) False

Answer.

(a) True

Explanation: And of two true statement is true.

74. State True Or False:

Do loop executes at least once.

(a) True   (b) False

Answer.

(a) True

Explanation: The condition check is at the bottom of do loop, so always this execution will occur at least once.

75. Choose the odd one:

(a) Inheritance   (b) Data abstraction

(c) Portable   (d) Data hiding

Answer.

Correct option is (c), Portable.

Explanation: Portable is not the feature of OOPs programming languages.

76. Choose the odd one:

(a) Code reusability

(b) Efficient code

(c) Duplicate/redundant data

(d) Modularity

Answer.

Correct option is (c).

Explanation: Duplicacy or Redundancy of data is a feature that is dependent on the programmers. So, it cannot be created in the oops.

77. Choose the odd one:

(a) int var   (b) int VAR

(c) int Lvar   (d) int vart

Answer.

Correct option is (c).

Explanation: – Lvar is the keyword, hence, it is not allowed.

78. Give the output of the following:

```
if ( a > b )
    {
System.out.println(a+b);
    }
else
    {
System.out.println (a*b);
    }
```

when a = 5 and b = 7

(a) 12, 35   (b) 35

(c) 35, 12

Answer.

Output value is 35. Thus correct option is (b).

79. Give the output of the following:

int discount = bill > 10,000? (bill * 10.0/100): (bill* 50/100); when bill = 9000

(a) 900   (b) 450

(c) 400

Answer.

Correct option is (b).

Explanation: As bill is less than, 10000, hence else condition gets excuted.

80. Given below is a class with the following specifications:

Class name :polimorph

Member Methods:

void print (int n) – to print the first 'n' natural numbers

print (int m, int n) – to check whether n is a multiple of m or not

Fill in the blanks of the given program with appropriate java statements –

```
class (i)___________
{
void print (int n)
```

```
{
int k;
for ( (ii)________; (iii)___________; (iv)____________)
{ System.out.println(k);
}
}
print( int m, (v)_________)
{
if ( (vi)___________________)
return true;
else
 return false;
}
}
```

- (i) (a) POLIMORPH   (b) polimarph
  - (c) class
- (ii) (a) k = 1;   (b) k = n;
  - (c) k = 0;
- (iii) (a) k<=n;   (b) k>=n;
  - (c) k+n;
- (iv) (a) k+=2   (b) k+=5
  - (c) k++
- (v) (a) int n   (b) double n
  - (c) char n
- (vi) (a) if (n%m == 0)   (b) if (m%n==0)
  - (c) if (m/n==0) [1]

Answer.

- (i) Correct option is (b).
- (ii) Correct option is (a).
- (iii) Correct option is (a).
- (iv) Correct option is (c).
- (v) Correct option is (a).
- (vi) Correct option is (a).

81. The following program is based on the specification given below.

Fill in the blanks with appropriate java statements.

class name : Billing

member variables :

int noc [number of units]

double bill [electricity bill to be paid]

String n [name of the customer]

Member methods :

void input ( ) – to accept the data using the scanner class

void print() – to print the details

void calculate () – to calculate the electricity bill as per the following criteria based on number of units Number of units Rate per unit First 100 units free Above 100 units Rs. 2.50

void main ( ) – to create an object of the class and invoke the functions of the class

```
class (i)______________
{
int noc; double bill ;
String n;
Scanner ob=(ii)______________Scanner(System.in);
void input( )
{
System.out.println("Enter Number of units");
noc = (iii)____________________;
System.out.println("Enter name ");
n=ob.next();
}
void calculate()
{
if ( (iv)__________________) bill =0;
 else bill = (v)____________________________;
}
void print()
{
System.out.println("Name = "+n);
System.out.println("Amount to be paid="+bill);
}
void main ()
{
Billing t = new Billing();
t.input();
(vi)____________________; t.print();
}
}
```

- (i) (a) Billing   (b) class
  - (c) object
- (ii) (a) old   (b) new
  - (c) void
- (iii) (a) ob.nextDouble()   (b) ob.nextLine()
  - (c) ob.nextInt()
- (iv) (a) noc< = 100   (b) noc=0
  - (c) noc> 100
- (v) (a) bill=0+(n-100)*2.50   (b) bill = (n-100)*3.50
  - (c) bill = n*2.50
- (vi) (a) t.input()
  - (b) t.calculate()
  - (c) t.print()

Answer.

- (i) Correct option is (a).
- (ii) Correct option is (b).
- (iii) Correct option is (c).

(iv) Correct option is (a).

(v) Correct option is (a).

(vi) Correct option is (b).

82. Following program input a number and display its multiplication table, using class multiply.

```
import java.io.*;
public class (i)________________
{
public static void main(String args[]) throws IOException
{
int n, t;
Scanner sc = new Scanner (System.in);
String s = sc.nextLine();
n = Integer.parseInt(s);
for(int k = 1; (ii)______; k++)
{
t = (iii)_______* n;
System.out.println(n + "(iv)___________" + k + "=" + t);
}
}
}
```

(i) (a) mul   (b) multiply

   (c) multi

(ii) (a) k<10   (b) k>0

   (c) k<=10

(iii) (a) k   (b) t

   (c) n

(iv) (a) *   (b) +

   (c) =

Answer.

(i) Correct option is (b).

(ii) Correct option is (c).

(iii) Correct option is (a).

(iv) Correct option is (a).

83. Which of the following are valid comments?

(i) /* comment */   (ii) /* comment

(iii) // comment   (iv) */ comment */

(a) (i) & (iii)   (b) (i) & (ii)

(c) All of these   (d) None of these

Answer.

Correct option (a) which have (i) and (iii).

Explanation: In Java comment statement of single line is written by //...... and multiple line comments are written by /*......*/

84. Which of the following keyword is used to create an instance of a class?

(a) New   (b) Public

(c) Class   (d) None of these

Answer.

Correct option is (a).

Explanation: In Java keyword 'new' is used to create instance of an object.

85. Fill in the blanks with the correct option.

The ____________ allows a class to use the properties and methods of another class.

(a) Inheritance   (b) Polymorphism

(c) Encapsulation   (d) None of these

Answer.

Inheritance, So the correct option is (a).

Explanation: The inheritance property in Java allows to use the feature of the base class by the derived class.

86. Fill in the blanks with the correct option.

Method that accepts a string without any space is _______

(a) next()   (b) nextLine()

(c) nextInt()   (d) None of these

Answer.

next Line (), correct option is (b).

Explanation: The method to accept a line text without space in Java in next Line ().

87. Name the following:

Intermediate code obtained after compilation

(a) Source code   (b) Byte Code

(c) Object code

Answer.

Correct option is (b).

Explanation: In compilation process the intermediate code generated for the source code is called Byte code. The Byte code produced by JVM can be interpreted on any machine with different architecture and platform.

88. Name the following:

The statement to stop the execution of a construct.

(a) System.exit(0)   (b) break

(c) STOP

Answer.

Correct option is (a).

Explanation: The function to terminate the execution of the constructer is System.exit(0).

89. State True Or False.

Byte is a non - primitive data type

(a) True   (b) False

Answer.

False.

Explanation: Byte is primitive data type in Java.

90. State True Or False.

The assignment operator(=) is left associative.

(a) True   (b) False

Answer.

True.

Explanation: The assignment operator is left associative.

91. Choose the odd one.

(a) >   (b) ==

(c) &&   (d) <

Answer.

&&, correct option is (c).

Explanation: All are relational operators, whether && is logical AND operator.

92. Choose the odd one.

(a) +   (b) %

(c) /   (d) ||

Answer.

||, correct option is (d).

Explanation: Except || all others are arithmetical operators, || is logical OR operator.

93. Give the output of the following:

x += x++ + ++ x + --x + x; [x = 5]

(a) 29   (b) 25

(c) 26

Answer.

Out value is 25, so the correct option is (b).

94. Give the output of the following:

```
switch ( x )
{   case 'a' : System.out.println("Discipline");
    case 'b' : System.out.println ("Dedication");
    break;
    case'c':System.out.println("Commitment");
    default : System.out.println("Success");
}   when x='A'
```

(a) Discipline

(b) Dedication

(c) Success

Answer.

The decision goes into default case, so the output will be success. Thus, the correct option is (c).

95. Given below is a class with the following specifications:

Class name : overload

Member Methods:

void print (int n) – to print the first 'n' natural numbers

boolean print (int m, int n) – to check whether n is a multiple of m or not

Fill in the blanks of the given program with appropriate java statements –

```
class (i)____________
{
        void print (int n)
    {
        int k;
        for ( (ii)________; (iii)__________;
                            (iv)____________)
        {
        System.out.println(k);
        }
    }
    boolean print( int m, (v)________)
    {
        if ( (vi)__________________)
        return true;
        else
        return false;
    }
}
```

(i) (a) OVERLOAD   (b) overload

    (c) class

(ii) (a) k = 1;   (b) k = n;

    (c) k = 0

(iii) (a) k<=n;   (b) k>=n;

    (c) k+n;

(iv) (a) k+=2   (b) k+=5

    (c) k++

(iv) (a) int n   (b) double n

    (c) char n

(v) (a) if (n%m == 0)   (b) if (m%n==0)

    (c) if (m/n==0)

Answer.

(i) Correct option is (b).

(ii) Correct option is (a).

(iii) Correct option is (a).

(iv) Correct option is (c).

(v) Correct option is (a).

(vi) Correct option is (a).

96. Read the paragraph and answer the questions given below:

Case study :

Decision Control Statement are used to check for a condition and execute the statements based on the condition. The two decision control statements in java are if and switch, switch is also called as multiple branching statement. An if statement within another if statement is termed as Nested if Statement. Repetitive execution of a set of statements is termed as looping. The two types of looping statements are entry controlled and exit controlled loops. Both while and for are termed as entry-controlled loops. A for loop is used when the number of iterations is known. A while is used when the set of statements are executed as long as the condition is true, it is executed when the number of iterations are not known.

(i) What are the two decision control statements in java?

(a) If and switch (b) For and while

(c) Ternary and logical

(ii) An if statement within another if statement is termed as

(a) Nested (b) Nested while

(c) Nested if

(iii) Name given for repetitive execution of set of statements.

(a) Looping (b) Decision Control

(c) Assignment

(iv) Which one of the following does not execute even once?

(a) for(k = 1; k<=100;k++);

(b) for(k=10;k<1;k++);

(c) for(k=1;k>=1;k++);

Answer.

(i) Correct option is (a).

(ii) Correct option is (c).

(iii) Correct option is (a).

(iv) Correct option is (b).

97. What is the output if this() and super() is used in the method?

(a) Compile time error

(b) Run time error

(c) Throws Exception

(d) Runs successfully

Answer.

(a) Compile time error

Explanation: Both this() and super() can not be used together in constructor. Super keyword is used to access methods of the parent class while this is used to access methods of the current class.

98. "This" keyword is used to:

(a) Passing itself to a method of the same class

(b) Passing itself to another method

(c) Calling another constructor

(d) None of the above

Answer.

(a) Passing itself to a method of the same class

Explanation: This keyword in Java is a reference variable that refers to the current object of a method or a constructor.

99. A constructor

(a) Must have the same name as the class it is declared within

(b) Is used to create objects

(c) May be declared private

(d) Both (a) and (b) above

(e) (a), (b) and (c) above.

Answer.

(e) (a), (b) and (c) above.

Explanation: All the three (a), (b) and (c) are the properties of constructor.

100. Find the odd one out:

(a) System (b) Object

(c) Main (d) strictfp

Answer.

(d) Strictfp

Explanation: Strictfp is the only kept keyword of Java

101. Find the odd one out:

(a) ASCII

(b) UNICODE

(c) ISO-LATIN-1

(d) none of the mentioned

Answer.

(b) UNICODE

Explanation: Unicode defines fully international character. Its range is from 0 to 65536.

102. Find the odd one out:

(a) student class{ }

(b) class teacher{ public: teacher(int a){ } };

(c) class student{ student(int a){} };

(d) None of the above

Answer.

(a) student class{ }

Explanation: The keyword 'class' is present after the student. That's why this syntax is incorrect.

103. Is it True that we can use polymorphism in the C programming language?

(a) True (b) False

Answer.

(a) True

Explanation: Users can use structures and then declare pointers in the C programming language, which points to some function.

104. Java language was initially called Oak

(a) True (b) False

Answer.

(a) True

Explanation: Oak was a language created by James Gosling.

105. Each constructor must differ in __________ and _________, for constructor overloading.

(a) Return type and type of arguments
(b) Return type and definition
(c) Number of arguments and return type
(d) Number of arguments and type of arguments

Answer.

(d) Number of arguments and type of arguments

Explanation: Each constructor must differ in the number of arguments it accepts and the type of arguments. This helps to remove the ambiguity and define a unique constructor as required.

106. A Constructor without any parameters is called____________ .

(a) Static (b) Custom
(c) Dynamic (d) Default

Answer.

(d) Default

Explanation: A Constructor that does not have any parameters is called as default constructor. If you have not provided a default constructor then compiler automatically provides the default constructor.

107. __________keyword used to call another overloaded constructor is:

(a) Super (b) This
(c) Local (d) Con

Answer.

(b) This

Explanation: *this* keyword contains the same type and the same number of parameters that are present in the calling constructor.

108. The name of a constructor and the name of a class are ________.

(a) Same (b) Different
(c) Default (d) None of these

Answer.

(a) Same

109. The placement of a constructor inside a class should be _____.

(a) Always at the beginning of class
(b) Always at the end of class
(c) Anywhere in the class
(d) None

Answer.

(c) Anywhere in the class

110. Programming Based Question:

```
public class TestConstructor
{
void TestConstructor()
{
System.out.println("London");
}
TestConstructor()
{
System.out.println("America ");
}
public static void main(String[] args)
{
TestConstructor tc = new TestConstructor();
}
}
```

(a) America
(b) London
(c) Compile time error
(d) No output

Answer.

(a) America

Explanation: Here the constructor is testconstructor()without the return type.

111. Programming Based Question:

```
public class Test {
public static void main(String[] args) {
int count = 1;
while (count <= 15) {
System.out.println(count % 2 == 1 ? "***"
                                  : "+++++");
++count;
```

```
}
}
}
```

(a) 8 times *** and 7 times +++++
(b) 15 times +++++
(c) 15 times ***
(d) Both will print only once

Answer.

(a) 8 times *** and 7 times +++++

Explanation: We have declared count = 1. The value of count will be increased till 14 because of the while (count<=15) statement. If the remainder is equal to 1 on dividing the count by 2, it will print (***) else print (+++++). Therefore, for all odd numbers till 15 (1, 3, 5, 7, 9, 11, 13, 15), it will print (***), and for all even numbers till 14 (2, 4, 6, 8, 10, 12, 14) it will print (+++++).

Hence, an asterisk (***) will be printed eight times, and plus (+++++) will be printed seven times.

112. The following program is based on the specification given below. Fill in the blanks with appropriate java statements.

class name : test

we have first initialized the variables i=0.

Then it is post incremented and then added with value of i.

In the output statement +i value is printed in I

```
public class (a) _______________
{
public (b) _______________ void main(String args[])
{
int i = 0;
i = (c) _______________ + i;
System.out.println("(d) _______________ = " +i);
}
}
```

(a) (i)   class
    (ii) test
    (iii) void
(b) (i)   static
    (ii) cout
    (iii) cin
(c) (i)   ++i
    (ii) i++
    (iii) ++i++
(d) (i)   I
    (ii) J
    (iii) i

Answer.

(a) (ii)   test
(b) (i)   static
(c) (ii)   i++
(d) (i)   I

113. The following program is based on the specification given below. Fill in the blanks with appropriate java statements.

In the code first we come to main function. In that main function bar() is called.(here there are using static thats why they called directly as bar(). Here a is an int type and we assign a value 3 to it and s is the string and blue is assigned to it.

Here call() is called by passing 2 arguments.

Here s is a local variable it overide the value blue by yellow.

The output will be a = 5, s = blue.

```
public static int (a) _______________ (int a, String s)
{
s = "Yellow";
a=a+2;
return a;
}
public static void (b) _______________ ()
{
int a=3;
String s = "(c) _______________ ";
a = call((d) _______________);
System.out.println("a="+a+" s="+s);
}
public static void main(String args[])
{
bar();
}
```

(a) (i)   call
    (ii) bar
    (iii) void
(b) (i)   main
    (ii) bar
    (iii) call
(c) (i)   blue
    (ii) bar
    (iii) call
(d) (i)   a,s
    (ii) s,a
    (iii) a,a

Answer.

(a) (i)   call
(b) (i)   main

(c) (i) blue

(d) (i) a,s

114. The switch statement is a multi-way branch statement. It delivers an easy method to dispatch execution to diverse parts of code based on the value of the expression. The expression can be a byte, short, char, and int primitive data types. Start with JDK7, it also works with enumerated types (Enums in Java). The Java switch statement executes one statement from multiple conditions. It is like an if-else-if ladder statement. The switch statement works with a byte, short, int, long, enum, String, and wrapper types like Byte, Short, Int, and Long. Since Java 7, you can use strings in the switch statement

```
int a=10;
switch(a)
{
case 10: System.out.println("TEN");
}
```

(a) Predict the output

    (i) TEN

    (ii) NO OUTPUT

    (iii) NONE

    (iv) Compiler error as there is no BREAK.

(b) Choose the correct statement about Java SWITCH statements.

    (i) SWITCH can contain another SWITCH statement

    (ii) Switch case statements are allowed inside IF-ELSE ladders.

    (iii) Switch statements are allowed inside Loops like for, while and do while.

    (iv) All

(c) A SWITCH can be used to compare values for high or low.

    (i) FALSE   (ii) TRUE

(d) A SWITCH case statement in Java is a ___ control statement.

    (i) Iteration   (ii) loop

    (iii) selection   (iv) Jump

Answer.

(a) (i) TEN

(b) (iv) All

(c) (i) FALSE

(d) (iii) selection

115. Alternative way to send multiple values from a function is :

(a) Arrays   (b) Lists

(c) Tuples   (d) None

Answer.

(a) Arrays

116. The function that modifies its parameters is called a:

(a) Virtual function   (b) Pure function

(c) Impure function   (d) None

Answer.

(c) Impure function

117. The keyword used to return a value from a function is:

(a) returns   (b) return

(c) send   (d) none

Answer.

(b) return

118. A function name can begin with

(a) An alphabet   (b) A digit

(c) * Sign   (d) Space

Answer.

(a) An alphabet

119. A local variable of a function has more priority than

(a) A variable defined globally

(b) A variable defined in an imported class

(c) A variable defined in main

(d) All of the above

Answer.

(d) All of the above

120. Find the odd one out:

(a) Parameter   (b) Class

(c) Inputs to a function   (d) Argument

Answer.

(b) Class

Explanation: Rest go with the inputs that a function receives while it is called.

121. Find the odd one out:

(a) Import statement

(b) Function prototype

(c) Signature of a function

(d) Function declaration

Answer.

(a) Import statement

Explanation: Rest are related to function definition and declaration.

122. The Math package needs to be imported to use the sqrt( ) function.

(a) True   (b) False

Answer.

(b) False

123. The default return type for a User defined function is Boolean.

(a) True   (b) False

Answer.

(b) False

124. All user defined functions do not take parameters.

(a) True   (b) False

Answer.

(b) True

125. A User Defined Function can have __________ number of parameters.

(a) 2   (b) 3

(c) 4   (d) Any number

Answer.

(d) Any number

126. ____________ function is used to check whether a character is in upper case or not.

(a) isUpperCase()   (b) toUpperCase()

(c) isLowerCase()   (d) None

Answer.

(a) isUpperCase()

127. A deceleration can occur ______________ in a body of a JAVA method.

(a) in the beginning   (b) in the middle

(c) anywhere   (d) at the end

Answer.

(c) anywhere

128. The following code will give output :

```java
void sum( int n)
{
if (n%2==0)
System.out.print(Math.pow(n,2));
else
System.out. print(Math.pow(n,3));
}
void main()
{
sum(7); }
```

(a) 343   (b) 342

(c) 49   (d) 149

Answer.

(a) 343

Explanation: The function checks the parameter is odd or even and returns square or cube of the parameter, since 7 is odd, it returns 7^3=343.

129. What output will the below code give :

```java
int sumdig(int num)
{
sum=0;
while(num>0)
{
d=num%10;
sum=sum+d;
num=num/10;
}
System.out.println(sum+"");
}
void main()
{
sumdig(2334);
}
```

(a) 12   (b) 14

(c) 10   (d) No output

Answer.

(a) 12

Explanation: The function extracts each digit of the parameter by performing, "%10" and adds it to sum and reduces the number each time by "/10" , finally returns the sum , hence sum of digits of the parameter which is 2+3+3+4=12.

130. Fill in the blanks with appropriate code for proper working of the function arm(). The function will receive a number and check whether the number is an Armstrong number or not and display message accordingly.

(Armstrong Number is a number whose sum of cubes of the digits is equal to the number Ex : $153=1^3+5^3+3^3$)

```java
class Armstrong
{
public void arm(int num)
{
Temp=num;
sum=0;
while (num>0){
d= (a) ______%10;
Cube=Math.pow ((b)_____,3);
sum=sum + (c) _______;
num=num/(d) ________;
}
(e) ______ (sum==(f)________)
System.out.println("Armstrong");
else
```

System.out.println("Not Armstrong");
}

(a) (i) sum   (ii) num
   (iii) d
(b) (i) d   (ii) sum
   (iii) pow
(c) (i) num   (ii) d
   (iii) Cube
(d) (i) 9   (ii) 10
   (iii) 100
(e) (i) for   (ii) while
   (iii) if
(f) (i) temp   (ii) Temp
   (iii) n

Answer.

(a) (ii) num
(b) (i) d
(c) (iii) cube
(d) (ii) 10
(e) (iii) if
(f) (ii) Temp

131. A user defined function is one that modularises an entire program. It also makes code reusability possible. It even helps in debugging of errors. There are two types of functions–System defined and user defined. System defined functions are readymade in Java library and can be directly used by programmers . User defined functions are not available readily and have to be created by the programmers. These functions are to be however defined in classes and the classes are bundled inside packages. A group of packages together make up a library. A package and its classes with its functions can be imported by the import clause . All the functions and classes of a package can be imported by a statement import Library.Package.*;

Answer the questions on the basis of the above:

(a) The two types of functions are :
   (i) User defined and module defined
   (ii) User defined and method defined
   (iii) System defined and User defined
(b) The functions that are readily available for use are called:
   (i) User defined
   (ii) Package defined
   (iii) System defined
(c) Functions reside inside
   (i) Classes   (ii) Data members
   (iii) None
(d) The functions of a class can be imported by the clause
   (i) include
   (ii) import
   (iii) imports
(e) The character used to import all the functions and classes in a package is :
   (i) &   (ii) $
   (iii) *

Answer.

(a) (iii) System defined and User defined
(b) (iii) System defined
(c) (ii) Classes
(d) (i) import
(e) (iii) *

132. Encapsulation means

(a) Binding of all functions together
(b) Adding a function to a class
(c) Deleting a method from a class
(d) None of the above

Answer.

(d) None of the above

133. Code reuse is implemented by :

(a) Abstraction
(b) Function overloading
(c) Inheritance
(d) Polymorphism

Answer.

(c) Inheritance

134. Data type whose size is fixed are called _________ data type.

(a) primitive   (b) non-primitive
(c) explicit   (d) fixed

Answer.

(a) Primitive

135. What is known as an object factory?

(a) Instance   (b) Class
(c) Data   (d) Function

Answer.

(b) Class

136. Find the odd one out:

(a) Data members   (b) Characteristics
(c) Properties   (d) Functions

Answer.

(d) Functions

Explanation:

All others are data of a class.

137. The default access specifier for a class member is public.

  (a) True   (b) False

Answer.

  (b) False

138. The OOPS concept that indicates data hiding is Polymorphism.

  (a) True   (b) False

Answer.

  (b) False

139. Class methods are called using class name:

  (a) True   (b) False

Answer.

  (a) True

140. Static methods are called using ___________

  (a) Object   (b) Class name
  (c) Any one   (d) None

Answer.

  (b) Class name

141. The member of a class can be ___________

  (a) private   (b) protected
  (c) public   (d) any of the above

Answer.

  (d) any of the above

142. Objects cannot be created of ___________ class.

  (a) Concrete   (b) Virtual
  (c) Base   (d) Child

Answer.

  (b) Virtual

143. What should be the execution order, if a class has a method, static block, instance block and constructor as shown below?

```
public class First_C {
{
public void myMethod()
{
System.out.println("Method");
}
{
System.out.println(" Instance Block");
}
public void First_C()
{
System.out.println("Constructor ");
}
```

```
static
{
System.out.println("static block");
}
public static void main(String[] args) {
First_C c = new First_C();
c.First_C();
c.myMethod();
}
}
```

  (a) Instance block, method, static block, and constructor
  (b) Method, constructor, instance block, and static block
  (c) Static block, method, instance block, and constructor
  (d) Static block, instance block, constructor, and method

Answer.

  (d) Static block, instance block, constructor, and method

Explanation: The order of execution is:

1. The static block will execute whenever the class is loaded by JVM.

   Instance block will execute whenever an object is created, and they are invoked before the constructors. For example, if there are two objects, the instance block will execute two times for each object.

   The constructor will execute after the instance block, and it also execute every time the object is created.

   A method is always executed at the end.

   Hence, the correct answer is an option (d).

144. A class is a black box storing everything about a set of things, say a Human, a Teacher, a Student etc. . It stores the characteristics or properties or attributes as data members and functionalities as methods or functions. A class is declared using the keyword "class". The members of a class can be private, public, protected or default/package. By default the members of a class are of type default or package which means they are accessible to only with the class and all classes in the same package. Binding together of data members and functions of a class is called Encapsulation. Such encapsulation also ensures data abstraction, that is hiding of the inner complexity of the class from outer world. A class can also be inherited into another class which is called inheritance.

(a) A class is declared by the keyword:
   (i) Class   (ii) class
   (iii) classes
(b) A class binds together:
   (i) data and functions
   (ii) functions and package
   (iii) package and access specifiers
(c) The binding of data and functions together is called :
   (i) Inheritance   (ii) Abstraction
   (iii) Encapsulation
(d) Characteristics of a class are also called :
   (i) Attributes   (ii) Data members
   (iii) Both (i) and (ii)
(e) The default access specifier of members of a class is :
   (i) Private   (ii) Public
   (iii) Default

Answer.
(a) (ii) class
(b) (i) data and functions
(c) (iii) Encapsulation
(d) (iii) Both (i) and (ii)
(e) (iii) Default

145. Which of the statement satisfies the empty loop in java?

(a) It has an empty conditional clause
(b) It has an empty increment clause
(c) It has an empty initialization clause
(d) All of the above

Answer.
(d) All of the above
Explanation: An empty loop is a loop which does not have any updating or value of iteration.

146. Rounding function of Math class is

(a) min()
(b) max()
(c) abs()
(d) round()

Answer.
(d) round()
Explanation: round() is the rounding function of Math class.

147. Modulus operator, %, can be applied to:

(a) Integers
(b) Floating–point numbers
(c) Both Integers and floating – point numbers
(d) None of the above

Answer.
(c) Both Integers and floating – point numbers
Explanation: Modulus operator can be applied to both integers and floating point numbers.

148. The Math class is included in the java package__________.

(a) Java.io   (b) Java.lang
(c) Java.util   (d) Java.sys

Answer.
(b) Java.lang
Explanation: The java.lang. Math class contains methods for performing basic numeric operations such as the elementary exponential, logarithm, square root, and trigonometric functions.

149. Find the odd one out :

(a) Code Reusability
(b) Efficient code
(c) Duplicate /redundant data
(d) Modularity

Answer.
(c) Duplicate /redundant data
Explanation: Duplicacy or Redundancy of data is a feature that is dependent on the programmers. So, it cannot be created by the OOPS.

150. Find the odd one out :

(a) Data hiding
(b) Data Binding
(c) Message passing
(d) Platform independent

Answer.
(d) Platform independent
Explanation: Platform independence is a feature that does not come under the OOPS concepts. This feature depends on the programming language.

151. Find the odd one out :

(a) Integer stream   (b) Short stream
(c) Byte stream   (d) Long stream

Answer.
(c) Byte stream
Explanation: Java describes only two types of streams – Byte stream and character stream.

152. A WHILE loop in Java executes the statements at least once even the condition is not satisfied

(a) True   (b) False

Answer.
(b) False
Explanation: Only the DO WHILE loop performs the statements at least once.

153. What is the output of a Logical OR (|) operation if one of the inputs/operands is true

    (a) True   (b) False

Answer.

    (a) True

154. __________ invented OOPS.

    (a) Alan Kay

    (b) Dennis Ritchie

    (c) Adele Goldberg

    (d) Andrea Ferro

Answer.

    (a) Alan Kay

Explanation: This language was designed by **Alan Kay** in the early 1970s.

155. Byte Data Type range is ____________.

    (a) – 128 to 128   (b) – 127 to 128

    (c) – 128 to 127   (d) – 127 to 127

Answer.

    (c) – 128 to 127

Explanation: Byte data type is an 8-bit signed Java primitive integer data type. Its range is -128 to 127.

156. AWT stand for____________.

    (a) All Window Tools

    (b) All Writing Tools

    (c) Abstract Window Toolkit

    (d) Abstract Writing Toolkit

Answer.

    (c) Abstract Window Toolkit

Explanation: The Abstract Window Toolkit (AWT) is Java's original platform-dependent windowing, graphics, and user-interface widget toolkit, preceding Swing.

157. Evaluate the following Java expression, if x=3, y=5, and z=10:

++z + y - y + z + x++

    (a) 24   (b) 23

    (c) 20   (d) 25

Answer.

    (d) 25

Explanation: In the above expression, ++z means that the value will first increment by 1, i.e. 11. Now, evaluate the statement by putting the values of x, y, and z. On evaluating the expression, we get 25, as shown below.

++z +y -y +z + x++

11 + 5 - 5 + 11 + 3 = 25

Hence, the correct answer is option (d).

158. What will be the value of x after executing the following statement?

```
class A
{
    public static void main(String [] args)
    {
    int x = 11 & 9;
    int y = x ^ 3;
    System.out.println( y | 12 );
    }
}
```

Output of the above will be

    (a) 14   (b) 0

    (c) 7   (d) 8

Answer.

    (a) 14

Explanation: The & operator produces a 1 bit when both bits are 1. The result of the & operation is 9. The ^ operator produces a 1 bit when exactly one bit is 1; the result of this operation is 10. The | operator produces a 1 bit when at least one bit is 1; the result of this operation is 14.

159. The following program is based on the specification given below. Fill in the blanks with appropriate java statements.

class name : hello

We have first initialized the two variables i and k with the values 2 and 1 respectively.

While loop is used with the condition ++i < 6. Thus, the value of i will increase by 1 before it can be used further because of a preceding ++ operator in the condition.then assignment operator will be used between k and i. So the value of k will become 3.this will continue till the value of k will become 60.

```
class (a) ________________
{
public static (b) ________________ main(String args[])
{
int i=(c)________________,k=1;
while (++i<6)
(d) ________________
```

```
System.out.println(e) ________________ ;
}
}
```

(a) (i)   hello
    (ii) class
    (iii) void
(b) (i)   class
    (ii) void
    (iii) object
(c) (i)   i = 1   (ii) i = 2
    (iii) i = 0
(d) (i)   k* = i;   (ii) i* = k;
    (iii) k = i;
(e) (i)   (k)
    (ii) (i)
    (iii) (6)

Answer.

(a) (i)   hello
(b) (ii) void
(c) (ii) i = 2
(d) (i)   k* = i;
(e) (i)   (k)

160. The following program is based on the specification given below. Fill in the blanks with appropriate java statements

class name : calculate

we have first initialized the two variables x and y with the values 50 and 5 or vice versa.

Then the while loop is executed to check of x is less then equal to y,then y is divided by x.

The loop will execute 2 times. After 2 iterations y becomes less than x so condition of while loop becomes false and it stops executing.

```
class (a) ________________
{
public static void main((b) ________________
args[])
{
int     x=(c) ________________ ,y=(d)
________________;
while(x<=y)
{
y = (e) ________________;
System.out.println(y);
}
```

```
}
}
```

(a) (i)   class
    (ii) calculate
    (iii) void
(b) (i)   String
    (ii) void
    (iii) calculate
(c) (i)   x = 50
    (ii) x = 5
    (iii) x = 1
(d) (i)   y = 50
    (ii) y = 5
    (iii) y = 1
(e) (i)   y/x
    (ii) x/y
    (iii) y/y

Answer.

(a) (ii) calculate
(b) (i)   String
(c) (ii) x = 5
(d) (i)   y = 50
(e) (i)   y/x

161. While working with loops, it is sometimes needed to skip some statements inside the loop or terminate the loop immediately without examining the test expression. In such cases, break and continue statements are used. Break statement in Java terminates the loop immediately, and the program's control transfers to the next statement following the loop. It is almost used with decision-making statements (Java if...else Statement). It can be used to terminate a case in the switch statement

```
(a) int main()
{
while(true)
{
System.out.println("RABBIT");
break;
}
return 0;
}
```

Predict the output

(i) RABBIT

(ii) RABBIT is printed an unlimited number of times.

(iii) No output

(iv) Compiler error

(b) Loops in program are implemented using.

(i) While Block

(ii) For Block

(iii) Do While Block

(iv) All of the above

(c) What is the way to come out of or Quit any Loop suddenly

(i) quit; statement

(ii) leave; Statement

(iii) break; statement

(iv) continue; Statement

Answer.

(a) (iv) Compiler error

(b) (iv) All the above

(c) (iii) break; statement

❑❑

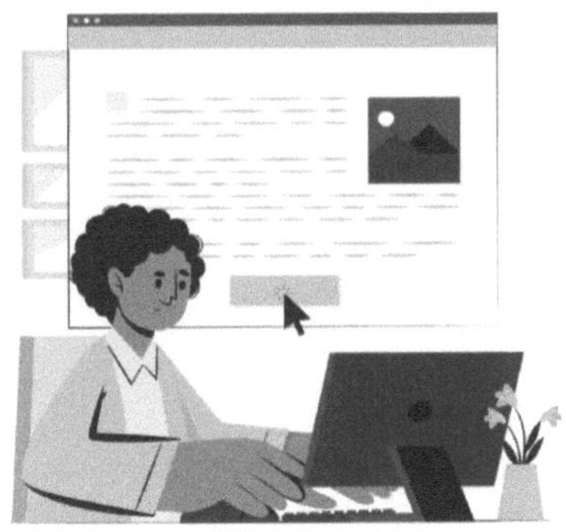

Computer Applications

Self Assessment Paper

SECTION A

Question 1

Choose the correct answer

(a) Which of the following are valid KEYWORD?

    (i)   try   (ii)   throw   (iii) extends   (iv) catch

    1.   (i) & (iii)   2.   (i) , (ii) & (iii)   3.   All of these   4.   None of these

(b) Which one is not a correct relational operator?

    (i)   ==   (ii)   =   (iii) !=   (iv) <>

    1.   ((i), (iii)   2.   (ii)   3.   (iv), (ii)   4.   (i), (ii), (iii)

(c) Which of the following keyword is not used to specify the accessible feature of the derived class?

    1.   private   2.   public   3.   new   4.   protected

(d) What is the final value stored in variable x ?

double a = –4.35, double b = 20.77

double x = Math.abs(Math.max(a, b));

    1.   14.0   2.   20.77   3.   16.0   4.   14.74

(e) Name the type of error in the statement given below :

int r=100/0;

    1.   Syntax   2.   Runtime   3.   Logical   4.   Warning

Question 2

Fill in the blanks with the correct option

(a) __________ is the collection of related classes and interfaces having common functionality.

    1.   literal   2.   Package   3.   Array   4.   Polymorphism

(b) The number of bytes occupied by double data type is __________ byte/s

    1.   4   2.   8   3.   2   4.   None of these

(c) __________ access specifier gives the most accessibility.

    1.   Public   2.   Private   3.   Pestected   4.   None of these

(d) __________ has same name as of class.

    1.   data   2.   object   3.   sub class   4.   constructor

(e) The Java program use __________ to find and fix bugs.

    1.   JDK   2.   JRE   3.   JVM   4.   None of these

Question 3

Name the following :

(a) A collection of related classes and interfaces having common funtionality.

    1.   Literals   2.   Package   3.   Object

(b) Class variable that is available to the entire class.

    1.   local variable   2.   class variable   3.   instance variable

(c) The function that modifies its parameters
1.   Virutal function 2.   Pure function   3.   Impure function

(d) Defining two or more methods in the same class with same name.
1.   Constructor over loading   2.   Function overloading
3.   Static function

(e) The region within which a variable/piece of code is accessible.
1.   Area of variable 2.   Place of variable   3.   Scope of variable

Question 4

State True Or False :

(a) string is a non - primitive data type
1.   True   2.   False

(b) !(2<3&&40>60)
1.   true   2.   false

(c) Functions can't return objects.
1.   True   2.   false

(d) For loop is doubly bounded iterative statement.
1.   True   2.   False

(e) Java language was initially called Oak.
1.   True   2.   False

Question 5

Choose the odd one :

(a) 1.   for   2.   while   3.   do   4.   far

(b) 1.   >=   2.   ==   3.   &&   4.   <=

(c) 1.   return   2.   break   3.   continue   4.   System.exit(0)

(d) 1.   byte   2.   int   3.   char   4.   String

(e) 1.   &   2.   <<   3.   >>   4.   ==

Question 6

Give the output of the following

(a) y = (++y * (y++ +5)); where y = 10
1.   176   2.   150   3.   166   4.   156

(b) if (a > b)

```
        {
System.out.println(a+b);
        }
else
        {
System.out.println (a*b);
        }
```

when a = 5 and b = 7
1.   12, 35   2.   35   3.   35, 12

(c) String grade = (mark>=90)? "A" : (mark>=80)?/"B":"C"; when marks = 83
1.   A   2.   B   3.   C

(d) switch (var)

```
        {
case 'A' : System.out.println("good");
case 'B' : System.out.println ("better");
```

```
break;
case 'C' : System.out.println("best");
break;
default : System.out.println("Poor");
}
when var='a'
```

1. Good   2. Better   3. Poor

(e) `for (int m=5; m<=20; m+=5)`
```
{
if(m%3==0)
break;
else if (m%5==0)
System.out.print(m);
continue;
}
```

1. Loop is executed 3 times and output is 5, 10, 15
2. Loop is executed 2 times and output is 5, 10
3. Loop is executed 4 times and output is 5, 10, 15, 20

SECTION B

Question 7

A class student is defined with following member function : gettotal(), takedata() and showdata() to get the sum of marks obtained from takedata and shown with showdata function.

Fill in the blanks in the JAVA code provided with appropriate options :

```
class  (a)____________
{
private int admno;
private String sname;
private float eng, math, science, total;
private float  (b) _______________()
{
float (c)_______________ = eng + math + science;
return t;
}
public void (d)_______________()
{
System.out.println(admno);
System.out.println(sname);
System.out.println(eng);
System.out.println(math);
System.out.println(science);
System.out.println(total);
}
public void takedata(int a, String n, int e, int m, int s)
{
admno = a;
sname = n;
```

```
eng = e;
math = m;
science = s;
total = gettotal( );
}
}
public class stud
{
public static void main(String [] args)
{
student (e)___________________ = new student();
std1.(f) (101, "RAM", 30, 48, 40);
std1.showdata();
}
}
```

(a)	1.	Stu	2.	student	3.	Student
(b)	1.	getdata	2.	showdata	3.	gettotal
(c)	1.	t	2.	total	3.	T
(d)	1.	getdata	2.	showdata	3.	gettotal
(e)	1.	Std	2.	std1	3.	student
(f)	1.	takedata	2.	showdata	3.	getdata

Question 8

The following program is based on the specification given below. Fill in the blanks with appropriate java statements.

A class named FruitJuice with the following description is defined :

Instance variables/data members :

int product_code ,String flavour , String pack_type , int pack_size , int product_price

Member methods :

FruitJuice(), void input(), void discount(), void display()

```
import java.io.*;
class (a)___________
{
int product_code, pack_size, product_price;
String flavour, pack_type;
public (b)___________________()
{
product_code = 0;
pack_size = 0;
product_price = 0;
flavour = "";
pack_type = "";
}
void input() throws IOException
```

```
{
BufferedReader br = new BufferedReader(new InputStreamReader(System.in));
System.out.println("Enter Product Details");
product_code = Integer.parseInt(br.readLine());
flavor = br.readLine();
pack_type = br.readLine();
pack_size = Integer.parseInt(br.readLine());
product_price = Integer.parseInt(br.readLine());
}
void (c)____________()
{
product_price =(d) _____________ – 10;
}
void (e)_______________()
{
System.out.println(product_code + " " + flavour + " " + pack_type + " " + (f) + " " + product_
price);
}
}
```

(a) 1.   Fruitjuice   2.   input   3.   discount

(b) 1.   Fruit   2.   Fruitjuice   3.   fruitjuice

(c) 1.   discount   2.   product_price   3.   pack_size

(d) 1.   Discount   2.   product_price   3.   pack_size

(e) 1.   display   2.   discount   3.   input

(f) 1.   Packsize   2.   pack_size   3.   Pack_size

Question 9

The following program segment calculates the factorial of a number.

Example: factorial of 6 is 6*5*4*3*2*1= 720

Fill in the blanks with appropriate java statement

```
class test
{
long factorial(int n)
{
long f = (a)_____________;
for(int i = 1; (b) _____________; i++)
{
f = (c) __________* i;
}
return f;
}
System.out.println("Factorial =" + (d)_______________);
}
```

(a) 1.   1.0   2.   0.0   3.   1

(b) 1.   i=n   2.   i>=n   3.   i<=n

(c) 1.   i   2.   f   3.   n

(d) 1.   f   2.   i   3.   fact

Question 10

Read the paragraph given below and answer the questions given below:

Case study

In Java, a constructor is a block of codes similar to the method. It is called when an instance of the class is created. At the time of calling constructor, memory for the object is allocated in the memory. It is a special type of method which is used to initialize the object.

Every time an object is created using the new() keyword, at least one constructor is called. It calls a default constructor if there is no constructor available in the class. In such case, Java compiler provides a default constructor, by default. There are two types of constructors in Java : no-arg constructor and parameterized constructor.

(a) What is constructor?
1. A block of code similar to method with same name as its class.
2. A block of code to create object
3. A block of code to find the class

(b) In java the types of constructors are
1. parameterized
2. non parameterized
3. default
4. All of these

(c) Name of method for constructor is similar to
1. package   2. class   3. object

(d) Memory can be initialized for storing objects by?
1. Constructors   2. Destructors   3. All of these

Name of Exam : ________________________

2021-22
OMR Response Sheet

Roll No.

Name ____

Class & Section ______________________________________

Subject ____

Subject Code :

Date of Exam :   D D   M M   YYYY
☐☐/☐☐/☐☐☐☐

Candidate's Sign.

Invigilator's Sign.

Instructions for filling the OMR sheet :

1. Use only black/blue ball point pen to fill the circle
2. Use of pencil is strictly prohibited
3. Circle should be designed completely and properly
4. Cutting and erasing on this sheet is not allowed

Q. No.	1	2	3	4
1. (a)	○	○	○	○
1. (b)	○	○	○	○
1. (c)	○	○	○	○
1. (d)	○	○	○	○
1. (e)	○	○	○	○
2. (a)	○	○	○	○
2. (b)	○	○	○	○
2. (c)	○	○	○	○
2. (d)	○	○	○	○
2. (e)	○	○	○	○
3. (a)	○	○	○	○
3. (b)	○	○	○	○
3. (c)	○	○	○	○
3. (d)	○	○	○	○
3. (e)	○	○	○	○
4. (a)	○	○	○	○
4. (b)	○	○	○	○
4. (c)	○	○	○	○
4. (d)	○	○	○	○
4. (e)	○	○	○	○

Q. No.	1	2	3	4
5. (a)	○	○	○	○
5. (b)	○	○	○	○
5. (c)	○	○	○	○
5. (d)	○	○	○	○
5. (e)	○	○	○	○
6. (a)	○	○	○	○
6. (b)	○	○	○	○
6. (c)	○	○	○	○
6. (d)	○	○	○	○
6. (e)	○	○	○	○
7. (a)	○	○	○	○
7. (b)	○	○	○	○
7. (c)	○	○	○	○
7. (d)	○	○	○	○
7. (e)	○	○	○	○
7. (f)	○	○	○	○
8. (a)	○	○	○	○
8. (b)	○	○	○	○
8. (c)	○	○	○	○
8. (d)	○	○	○	○

Q. No.	1	2	3	4
8. (e)	○	○	○	○
8. (f)	○	○	○	○
9. (a)	○	○	○	○
9. (b)	○	○	○	○
9. (c)	○	○	○	○
9. (d)	○	○	○	○
10. (a)	○	○	○	○
10. (b)	○	○	○	○
10. (c)	○	○	○	○
10. (d)	○	○	○	○

Self Assessment Chart

After solving the Self Assessment Paper, with the help of online solutions, mark yourself accordingly.

Section	Q. No.	Chapter	Topics	Marks per Question	Marks Obtained
	Ex.	Class as the Basis of all Computation		1	1
SECTION-A	1(a)	Revision of Class IX Syllabus		1	
	1(b)	Revision of Class IX Syllabus		1	
	1(c)	Class as the Basis of all Computation		1	
	1(d)	Class as the Basis of all Computation		1	
	1(e)	User - defined Methods		1	
	2(a)	User - defined Methods		1	
	2(b)	Revision of Class IX Syllabus		1	
	2(c)	Class as the Basis of all Computation		1	
	2(d)	Constructors		1	
	2(e)	Revision of Class IX Syllabus		1	
	3(a)	Class as the Basis of all Computation		1	
	3(b)	Class as the Basis of all Computation		1	
	3(c)	User - defined Methods		1	
	3(d)	Constructors		1	
	3(e)	Class as the Basis of all Computation		1	
	4(a)	Class as the Basis of all Computation		1	
	4(b)	Revision of Class IX Syllabus	Conditional construct in Java	1	
	4(c)	User - defined Methods		1	
	4(d)	Revision of Class IX Syllabus	Iteratative construct in Java	1	
	4(e)	Revision of Class IX Syllabus		1	
	5(a)	Revision of Class IX Syllabus	Conditional construct in Java	1	
	5(b)	Revision of Class IX Syllabus	Operators in Java	1	
	5(c)	User - defined Methods		1	
	5(d)	Class as the Basis of all Computation		1	
	5(e)	Revision of Class IX Syllabus	Operators in Java	1	
	6(a)	Revision of Class IX Syllabus	Operators in Java	1	
	6(b)	Revision of Class IX Syllabus	Conditional construct in Java	1	
	6(c)	Revision of Class IX Syllabus	Conditional construct in Java	1	
	6(d)	Revision of Class IX Syllabus	Conditional construct in Java	1	
	6(e)	Revision of Class IX Syllabus	Iteratative construct in Java	1	
SECTION-B	7(a)	User - defined Methods		1	
	7(b)	User - defined Methods		1	
	7(c)	User - defined Methods		1	
	7(d)	User - defined Methods		1	
	7(e)	User - defined Methods		1	
	7(f)	User - defined Methods		1	
	8(a)	Class as the Basis of all Computation		1	
	8(b)	Class as the Basis of all Computation		1	
	8(c)	Class as the Basis of all Computation		1	
	8(d)	Class as the Basis of all Computation		1	
	8(e)	Class as the Basis of all Computation		1	
	8(f)	Class as the Basis of all Computation		1	
	9(a)	Revision of Class IX Syllabus		1	
	9(b)	Revision of Class IX Syllabus		1	
	9(c)	Revision of Class IX Syllabus		1	
	9(d)	Revision of Class IX Syllabus		1	
	10(a)	Constructors		1	
	10(b)	Constructors		1	
	10(c)	Constructors		1	
	10(d)	Constructors		1	

How did you perform ? (Marks Achieved/Maximum Marks × 100%)

Printed by Libri Plureos GmbH in Hamburg,
Germany